Gabriele Rosenbaum
Reiner Schölles

Das große
Turbo Pascal 5.5
Buch

DATA BECKER

Copyright   © 1989 by DATA BECKER GmbH
Merowingerstr. 30
4000 Düsseldorf 1

1. Auflage 1989

Umschlaggestaltung   Werner Leinhos

Text verarbeitet mit   Microsoft Word 5.0

Ausgedruckt mit   Hewlett Packard Laser Jet II

**Druck und
buchbinderische Verarbeitung**   Mohndruck, Gütersloh

ISBN 3-89011-074-6

Vorwort

Turbo Pascal, ein faszinierendes Erlebnis für jeden, der Freude am Programmieren hat!

So haben wir unseren "Einstieg" in diese Programmiersprache erlebt und in dem vorliegenden Buch versucht, etwas von unseren Eindrücken zu vermitteln. Wenn es uns gelungen sein sollte, Ihr Interesse am Programmieren und an der Sprache Turbo Pascal zu wecken und Ihnen Anregungen für Ihre eigene Programmiertätigkeit geben konnten, dann haben wir das uns gesteckte Ziel erreicht.

An dieser Stelle bedanken wir uns bei allen, die an der Entstehung dieses Buches beteiligt waren, insbesondere beim Verlag und beim Lektor Jürgen Schulz, der uns für unsere Fragen stets zur Verfügung stand.

Bei Kai Sauber und Thomas Buhlrich bedanken wir uns für das Testen der Beispielprogramme und der Units.

Gabriele Rosenbaum
Reiner Schölles

Bremen, im August 1989

Dankwort des Autors

Mein ganz besonderer Dank gebührt Herrn Prof. Dr. H.G. Schönwälder für die Möglichkeit, Konzepte, die diesem Buch zugrunde liegen, Teilnehmern einer Pascal-Veranstaltung für mittlere und höhere Semester vorzutragen. Dadurch konnten die dort gewonnenen Erfahrungen in die Gestaltung der einzelnen Kapitel dieses Buches einfließen.

Meiner Frau Kirsten danke ich ganz herzlich für die stetige Unterstützung und die aufmunternden Worte auch in schwierigen Zeiten während der Arbeit an diesem Buch.

Bremen, im August 1989   *Reiner Schölles*

Inhaltsverzeichnis

1. Einleitung

Das vorliegende Buch wendet sich an alle, die mit Turbo Pascal 5.0/5.5 programmieren wollen. Es ist sowohl für Anfänger als auch für Fortgeschrittene, die sich näher mit ausgewählten Fragen beschäftigen wollen, geeignet.

Anfängern empfehlen wir, sich Kapitel für Kapitel durch das Buch durchzuarbeiten, vorgegebene Beispiele auszuprobieren und sich eigene zu überlegen. Mit dem Buch haben Sie alle Möglichkeiten, sich Turbo Pascal anzueignen und eigene Programmprojekte zu verwirklichen.

Schrittweise können Sie nachlesen, wie das Menüsystem und der Editor gehandhabt werden, Sie können die ersten Elemente von Turbo Pascal kennenlernen und sich nach und nach größeren Programmen zuwenden. Die mitgelieferten Units, die im Kapitel 6 ausführlich beschrieben werden, können Ihnen bei vielen Programmen, die Sie entwickeln möchten, eine Hilfe sein.

Die Kapitel im Überblick

Nachfolgend geben wir Ihnen einen Überblick über den Inhalt der einzelnen Kapitel:

Kapitel 2 beschreibt die Installation und den Start von Turbo Pascal auf Rechnern mit einem oder zwei Laufwerken und auf Rechnern mit einer Festplatte.

Kapitel 3 gibt Ihnen eine Übersicht über das Menüsystem und den Editor. In diesem Kapitel werden alle Menüpunkte der integrierten Entwicklungsumgebung vorgestellt und die Tastenbefehle des Editors erläutert.

Kapitel 4 beschreibt in kurzer Form den Weg "Vom Problem zum Programm" und will nicht mehr als ein Überblick sein.

Kapitel 5.1 bis *5.4* beschreiben die Ein- und Ausgabeanweisungen und die einfachen Datentypen (INTEGER, REAL, CHAR, STRING und BOOLEAN). Sie lernen den formalen Aufbau eines Pascal-Programms kennen und werden Ihr erstes Turbo-Pascal-Programm schreiben.

Kapitel 5.5 und *5.6* enthalten Erklärungen und Beispiele zur Programmierung von Schleifen und Verzweigungen.

Kapitel 5.7 beschreibt die Programmierung und Struktur von Prozeduren und Funktionen. Anhand einzelner Beispiele lernen Sie den Unterschied zwischen globalen und lokalen Variablen und den Unterschied zwischen der Wertparameter- und der Variablenparameterübergabe kennen.

Kapitel 5.8 gibt einen Überblick über Include-Dateien und Overlays. Das erste Programm, in dem nicht der gesamte Quelltext im Editor steht, kann erstellt werden.

Kapitel 5.9 beschreibt die Datenstrukturen Feld (Array) und Verbund (Record).

Kapitel 5.10 behandelt das Dateikonzept von Turbo Pascal und die Möglichkeit, Text- und andere Dateien auf externen Speichermedien zu speichern und von diesen zu lesen.

Kapitel 5.11 zeigt, wie Sie mit Zeigern und dynamischen Datenstrukturen arbeiten können.

Kapitel 5.12 gibt Ihnen anhand zweier Beispielprogramme eine Einführung in die Grafik von Turbo Pascal. Sie können in diesem Kapitel nachlesen, wie das Grafikpaket initialisiert wird, auch wenn Sie nicht wissen, welche Grafikkarten Ihr Rechner zur Verfügung stellt.

Kapitel 6 ist ein besonders umfangreiches Kapitel und behandelt das Bibliothekskonzept von Turbo Pascal: Die Units.

Außer den Erklärungen und der Einführung in den formalen Aufbau einer Unit werden Ihnen ca. 125 Routinen zur Verfügung gestellt. Jede dieser Routinen wird ausführlich erläutert. Dieses "Unitpaket" kann Ihnen bei der Erstellung Ihrer eigenen Programme eine große Hilfe sein. Es enthält u.a. Routinen zur Ein- und Ausgabe von Daten, Kontrollroutinen zum "Abfangen" fehlerhafter Eingaben, Hilfen zur Bildschirmgestaltung, Handhabung von Menüsystemen und vieles andere mehr.

Kapitel 7 stellt Ihnen die folgenden drei Programme zur Verfügung:

1. PRGLIST.PAS: Programmlistings drucken

   Mit diesem Programm können Sie sich Ihre Quelltexte in formatierter Form ausdrucken. Wahlweise können Zeilennummern den Programmzeilen vorangestellt werden.

2. DOSMENU.PAS: Schnittstelle zwischen DOS und Benutzer

Das Programm erleichtert Ihnen das Erstellen von BATCH-Dateien und hilft Ihnen bei der Verwaltung Ihrer Festplatte. Jedes Programm läßt sich auf Tastendruck aus dem Menü heraus starten.

3. ETIKETT.PAS: Etiketten drucken

Mit diesem Programm können Sie eine im Pascal-Editor erfaßte Adressenliste auf Etiketten ausgeben.

Alle drei Programme sind mit Erläuterungen und den zugehörigen Quelltexten in diesem Kapitel beschrieben. Den lauffähigen Quellcode finden Sie auf der beiliegenden Diskette.

Kapitel 8 enthält eine Einführung in die Arbeit mit dem integrierten Debugger, dem Programm zur Fehlersuche. Anhand einer Fehlersuche in einem Programm, begonnen mit der schrittweisen Ausführung des Programms, über das Setzen von Abbruchpunkten bis zum Erstellen von WATCH-Ausdrücken, können Sie die Arbeitsschritte erlernen, die Sie für den Debugger benötigen.

Kapitel 9 gibt Ihnen einen Überblick über das Installations-Programm TINST, mit dem Einstellungen für die integrierte Entwicklungsumgebung vorgenommen werden können.

Kapitel 10 schließlich beschreibt die Möglichkeiten der brandneuen Turbo-Pascal-Version 5.5 unter besonderer Berücksichtigung der objektorientierten Programmierung.

Im Anhang finden Sie u.a. ein Verzeichnis aller Fehlermeldungen, Compilerbefehle und Schaltereinstellungen.

Die Diskette zum Buch

Auf der mitgelieferten Diskette befinden sich sämtliche Beispielprogramme der einzelnen Kapitel und die Quelltexte der Units aus dem Kapitel 6 sowie die Programme der Programmsammlung aus dem Kapitel 7. Da die Kapazität der Diskette für den gesamten Quelltext nicht ausgereicht hätte, wurden alle Dateien mit der Endung .PAS komprimiert. Um mit den einzelnen Programmen arbeiten zu können, müssen Sie sie daher zunächst mit Hilfe des Programms DCOMP dekomprimieren. Das Programm befindet sich im Hauptverzeichnis der Diskette und wird folgendermaßen aufgerufen:

```
DCOMP [Lw:][Pfad]Dateiname [Lw:][Pfad]
```

Die erste Angabe benennt dabei die zu dekomprimierende Datei und die zweite das Zielverzeichnis, in das die dekomprimierte Datei geschrieben werden soll. Fehlt letztere Angabe, wird die Datei in das aktuelle Verzeichnis auf dem aktuellen Laufwerk geschrieben. Bei der Angabe der zu dekomprimierenden Datei können Sie auch Wildcards verwenden, so daß gleichzeitig mehrere Dateien dekomprimiert werden. Durch den Aufruf

```
C>a:dcomp a:\bsp\kap6\*.pas \mypas
```

werden z.B. alle Dateien (bzw. Pascal-Programme) aus dem Verzeichnis A:\BSP\KAP6 dekomprimiert, wobei die einzelnen Dateien in das Verzeichnis C:\MYPAS geschrieben werden. Im Hauptverzeichnis der Diskette befinden sich die Quelltexte der Units dieses Buches. In den Unterverzeichnissen zu \BSP befinden sich die Beispielprogramme zu den einzelnen Kapiteln. Z.B. befinden sich die Beispielprogramme zum Kapitel 6 in dem Verzeichnis

```
A:\bsp\kap6.
```

In den einzelnen Kapiteln steht hinter dem Programmkopf jeweils in geschweiften Klammern der Dateiname des Programms, unter dem Sie das Programm auf der Diskette in dem entsprechenden Unterverzeichnis finden können. Wenn Sie sich also z.B. im Kapitel 5.9 befinden und dort ein Programm mit dem Namen TEST.PAS starten wollen, so finden Sie dieses auf der Diskette in dem Verzeichnis

```
A:\bsp\kap5_9.
```

Einige Programme greifen auf eine weitere Datei aus dem entsprechenden Verzeichnis zu, so daß es vorteilhaft ist, wenn Sie innerhalb der integrierten Entwicklungsumgebung explizit in das Verzeichnis wechseln, in dem sich auch das zu testende Programm befindet.

Wie Sie vorgehen müssen, um die Units aus dem Kapitel 6 zu benutzen, lesen Sie im Kapitel 6.3.

Allgemeine Hinweise

In diesem Buch werden folgende Schreibweisen benutzt:

<CTRL>	Hiermit ist die Control-Taste gemeint, die auf den meisten Tastaturen mit CTRL- bzw. Ctrl oder Strg abgekürzt wird.
<SHIFT>	Damit wird die Shift-Taste bezeichnet, die mit dieser Bezeichnung auch auf den meisten Tastaturen zu finden ist. Sie wird auch Umschalttaste genannt.
<CR>	Diese Abkürzung bezeichnet die Return-Taste. Man nennt sie auch Enter- oder Eingabe-Taste.
<SPACE>	bezeichnet die Leertaste.
<F6>	bezeichnet die Funktionstaste F6.
<CTRL F6>	bedeutet, daß die Control-Taste zusammen mit der Taste <F6> (Funktionstaste) gedrückt wird.
<CTRL Q>	bedeutet entsprechend, daß die Control-Taste zusammen mit der Taste Q gedrückt wird.
<BS>	bezeichnet die Backspace- oder Rücktaste.
<rechts>	Pfeiltaste nach rechts.

2. Installation von Turbo Pascal

Turbo Pascal wird auf vier Disketten geliefert. Bevor Sie das Programm installieren, sollten Sie sich eine Sicherungskopie anfertigen. Bewahren Sie die Originaldisketten anschließend an einem sicheren Platz auf.

Sicherungskopie anfertigen

Starten Sie Ihren Computer wie gewöhnlich. Nach dem Erscheinen des Promptzeichens des Betriebssystems geben Sie den Befehl

```
DISKCOPY
```

ein. Soll auf ein anderes Laufwerk als das momentane kopiert werden, müssen Sie zusätzlich den Namen des Laufwerkes eingeben. Das Programm DISKCOPY wird Sie auffordern, die Originaldiskette einzulegen und die Return-Taste zu betätigen. Nach einer Weile werden Sie von DISKCOPY aufgefordert, die Zieldiskette einzulegen und mit <CR> zu bestätigen.

Nach Abschluß des Kopiervorgangs werden Sie gefragt, ob Sie weitere Disketten kopieren wollen. Beantworten Sie diese Frage mit "J", und starten Sie mit einen weiteren Kopiervorgang. Wenn alle vier Originaldisketten kopiert sind, kann mit der Installation von Turbo Pascal begonnen werden.

2.1 Installation von Turbo Pascal auf Rechnern mit einem Diskettenlaufwerk

Zur Installation von Turbo Pascal auf Rechnern mit einem Laufwerk benötigen Sie zwei Disketten: Eine leere, formatierte Diskette (Arbeitsdiskette) und eine Diskette, auf der nur das Betriebssystem gespeichert ist. Mit

```
format a: <CR>
```

formatieren Sie die erste Diskette.

Legen Sie anschließend eine weitere leere Diskette in Ihr Laufwerk ein. Auch diese Diskette soll formatiert werden. Zusätzlich soll das Betriebssystem übertragen werden. Geben Sie

```
format a:/s <CR>
```

ein. Nach der Formatierung enthält diese Diskette die Dateien des Betriebssystems. Um später möglichst einfach mit Turbo Pascal arbeiten zu können, ist es empfehlenswert, die Dateien AUTOEXEC.BAT, KEYBGR.COM und ggf. die Datei CONFIG.SYS ebenfalls zu kopieren.

Die Datei AUTOEXEC.BAT enthält verschiedenene Aufrufe von Programmen und Befehlen, die beim Start des Rechners automatisch ausgeführt werden. Die entsprechenden Programme und Befehle müssen selbstverständlich in die Datei AUTOEXEC.BAT aufgenommen werden. Dann kann unter anderem von dieser Datei KEYBGR aufgerufen werden, wodurch die deutsche Tastaturanpassung geladen wird. Kopiert wird folgendermaßen:

1. Legen Sie die Quelldiskette (in diesem Fall die Betriebssystem-Diskette) in das Laufwerk ein.

2. Geben Sie

```
copy autoexec.bat b:   <CR>
```

ein.

3. Das System liest nun die Quelldiskette und fordert Sie nach einer Weile auf, die Zieldiskette (in diesem Fall die formatierte Diskette mit dem Betriebssystem) einzulegen. Kommen Sie der Aufforderung nach und bestätigen Sie mit <CR>.

Wiederholen Sie den Kopiervorgang mit der Datei

```
KEYBGR.COM
```

und ggf. mit

```
CONFIG.SYS.
```

Jetzt können Sie beginnen, die Turbo-Pascal-Disketten für Ihren Rechner zu kopieren. Hierzu gleich eine kleine Anmerkung:

Es ist natürlich möglich, auf Rechnern mit einem Laufwerk mit Turbo Pascal zu arbeiten. Sie müssen sich jedoch entscheiden, welche der beiden Compilerversionen Sie auf Ihrem Rechner installieren wollen: Die *Integrierte Entwicklungsumgebung* oder die *Kommandozeilen-Version*.

Auf Rechnern mit einem Laufwerk sollte Turbo Pascal wie folgt installiert werden:

Systemdiskette

...	Betriebssystem
TURBO.EXE	Die integrierte Entwicklungsumgebung
TURBO.TPL	Die Unit-Bibliothek
TINST.EXE	Das Installationsprogramm

Arbeitsdiskette

TURBO.HLP	Texte zur Hilfestellung
GRAPH.TPU	Die Unit GRAPH
ATT.BGI	Grafiktreiber
CGA.BGI	Grafiktreiber
EGAVGA.BGI	Grafiktreiber
HERC.BGI	Grafiktreiber
IBM8514.BGI	Grafiktreiber
PC3270.BGI	Grafiktreiber
...	Ihre Programme

Kopieren Sie diese Dateien auf die vorbereiteten Disketten nach dem oben angegebenen Verfahren.

2.2 Installation auf Rechnern mit zwei Diskettenlaufwerken

Zur Installation von Turbo Pascal auf Rechnern mit zwei Laufwerken benötigen Sie eine leere, formatierte Diskette. Starten Sie Ihren Rechner wie gewöhnlich. Die Betriebssystem-Diskette bleibt im Laufwerk A. Legen Sie eine leere Diskette in das Laufwerk B ein. Mit

```
format b: <CR>
```

formatieren Sie die Diskette im Laufwerk B. Die weitere Arbeit wird Ihnen von dem Installationsprogramm von Turbo Pascal zum großen Teil abgenommen. Legen Sie die erste Diskette von Turbo Pascal in das Laufwerk A ein und geben Sie den Befehl

    INSTALL <CR>

ein. Das mitgelieferte Installationsprogramm wird geladen. Im Anschluß daran können Sie wählen, ob Turbo Pascal auf einer Festplatte oder zwei Laufwerken installiert werden soll. Wählen Sie zwei Laufwerke aus.

Nun müssen Sie noch die Entscheidung treffen, welche der beiden Compilerversionen kopiert werden soll: Die *integrierte Entwicklungsumgebung*, die zusammen mit der Hilfestellung rund 320 KByte Platz belegt, oder die *Kommandozeilen-Version*, die ca 100 KByte Platz belegt.

Wir empfehlen Ihnen an dieser Stelle die Arbeit mit der integrierten Entwicklungsumgebung, da diese auch in dem vorliegenden Buch beschrieben wird. Sämtliche Quelltexte können auf einer Arbeitsdiskette im zweiten Laufwerk gespeichert werden.

Befolgen Sie die weiteren Anweisungen des Installations-Programms.

2.3   Installation auf einem Rechner mit einer Festplatte

Auf Rechnern mit einer Festplatte wird Ihnen fast die gesamte Installation von Turbo Pascal von dem Programm INSTALL abgenommen. Legen Sie die erste Diskette von Turbo Pascal in das Laufwerk A ein und wechseln Sie mit

    a: <CR>

auf das Laufwerk A als Standardlaufwerk. Geben Sie anschließend den Befehl:

    INSTALL <CR>

ein. Das Installationsprogramm wird jetzt gestartet.

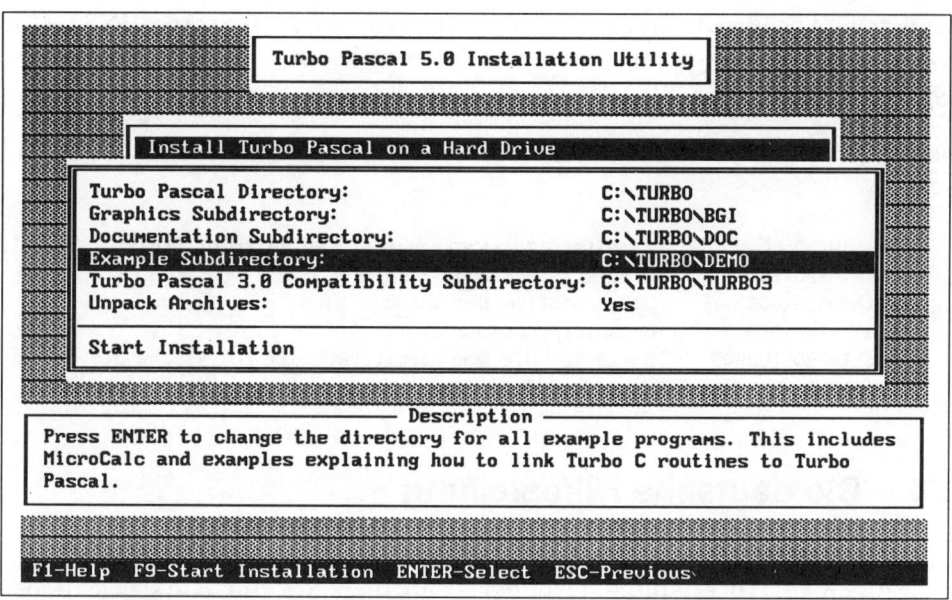

```
┌────────────────────────────────────────────────────────────────┐
│              ┌─────────────────────────────────────┐            │
│              │  Turbo Pascal 5.0 Installation Utility │          │
│              └─────────────────────────────────────┘            │
│                                                                  │
│     ┌────────────────────────────────────────────────────┐      │
│     │  Install Turbo Pascal on a Hard Drive              │      │
│     │                                                     │      │
│     │  Turbo Pascal Directory:              C:\TURBO      │      │
│     │  Graphics Subdirectory:               C:\TURBO\BGI  │      │
│     │  Documentation Subdirectory:          C:\TURBO\DOC  │      │
│     │  Example Subdirectory:                C:\TURBO\DEMO │      │
│     │  Turbo Pascal 3.0 Compatibility Subdirectory: C:\TURBO\TURBO3 │
│     │  Unpack Archives:                     Yes          │      │
│     │                                                     │      │
│     │  Start Installation                                 │      │
│     └────────────────────────────────────────────────────┘      │
│                                                                  │
│   ────────────────── Description ──────────────────             │
│   Press ENTER to change the directory for all example programs. This includes │
│   MicroCalc and examples explaining how to link Turbo C routines to Turbo    │
│   Pascal.                                                        │
│                                                                  │
│  F1-Help  F9-Start Installation  ENTER-Select  ESC-Previous     │
└────────────────────────────────────────────────────────────────┘
```

Abb. 2.3.1: Installations-Menü

Als erstes werden Sie gefragt, in welches Laufwerk die Quelldisketten von Turbo Pascal eingelegt werden. Geben Sie

    A   <CR>

ein. Als nächstes müssen Sie die Frage beantworten, ob Turbo Pascal auf einer Festplatte oder auf zwei Laufwerken installiert werden soll. Nachdem Sie die Festplatte gewählt haben, können Sie eingeben, wie das System konfiguriert werden soll:

System konfigurieren:

```
Turbo Pascal Directory          C:\TURBO
Graphics Subdirectory           C:\TURBO\BGI
Documentation Subdirectory      C:\TURBO\DOC
Example Subdirectory            C:\TURBO\DEMOS
Turbo Pascal 3.0 Compability    C:\TURBO\TURBO3
Unpack Archives                 yes
```

Wenn Sie mit den Voreinstellungen der Directories einverstanden sind, können Sie die Installation sofort mit

    <F9>

beginnen. Ansonsten ändern Sie die entsprechenden Einträge. INSTALL erzeugt automatisch die angegebenen Directories und speichert die zugehörigen Dateien dort ab.

Nach dem Ende der Installation ist Ihr System folgendermaßen konfiguriert:

```
C:\TURBO              Compiler, Zusatzprogramme, Laufzeitbibliothek
C:\TURBO\BGI          Grafiktreiber und GRAPH.TPU
C:\TURBO\DOC          Dokumentation der Units
C:\TURBO\DEMOS        Beispielprogramme
C:\TURBO\TURBO3       Units für die Kompatibilität zu Turbo Pascal 3.0,
                      Upgrade
```

2.4   Die deutsche Hilfestellung

Bei der Installation von Turbo Pascal wird automatisch auch die englischsprachige Hilfestellung installiert. Möchten Sie die Hilfstexte lieber in deutscher Sprache erhalten, so können Sie die englische gegen die deutsche Hilfestellung austauschen.

Die Datei mit den deutschen Hilfstexten befindet sich auf der vierten Originaldiskette und besitzt denselben Namen (TURBO.HLP) wie die englische Version. Festplattenbesitzer kopieren diese Datei in das Turbo-Directory, in dem sich auch TURBO.EXE befindet.

Wenn Sie mit zwei Laufwerken arbeiten, müssen Sie die Datei auf die Systemdiskette, wenn Sie mit einem Laufwerk arbeiten, auf die Arbeitsdiskette kopieren. Durch das Kopieren der Datei TURBO.HLP in das entsprechende Verzeichnis bzw. auf die entsprechende Diskette wird die englische Hilfestellung, da sie denselben Namen hat, überschrieben.

2.5 Starten von Turbo Pascal

Rechner mit einem Laufwerk

Legen Sie die Diskette, auf der sich das Betriebssystem und die Turbo-Pascal-Dateien befinden, in das Laufwerk A und schalten Sie den Rechner ein. Geben Sie

```
turbo <CR>
```

ein. Nach dem Laden von Turbo Pascal erscheint die integrierte Entwicklungsumgebung auf dem Bildschirm. Ein kleines Fenster mit dem Copyright-Vermerk und der Versionsnummer, das auf dem Bildschirm erscheint, verschwindet beim ersten Tastendruck.

Rechner mit zwei Laufwerken

Legen Sie die Diskette, auf der sich das Betriebssystem und die Turbo-Pascal-Dateien befinden, in das Laufwerk A und schalten Sie den Rechner ein. Geben Sie

```
turbo <CR>
```

ein. In das Laufwerk B legen Sie Ihre Arbeitsdiskette, auf der die erstellten Programmdateien gespeichert werden sollen.

Rechner mit Festplatte:

Sie haben zwei verschiedene Möglichkeiten, Turbo Pascal zu starten.

1. Wechseln Sie in das Inhaltsverzeichnis, in dem TURBO.EXE steht.

   Haben Sie zum Beispiel ein Turbo Pascal-Unterverzeichnis mit dem Namen TURBO angelegt, müssen Sie folgende Befehle eingeben:

   ```
   cd turbo < CR >
   turbo < CR >
   ```

2. Sie können sich auch eine BATCH-Datei anlegen, in der der Pfad angegeben ist, in dem sich die Datei TURBO.EXE befindet. Die BATCH-Datei kann dann folgendermaßen aussehen:

   ```
   (TURBO.BAT)
   echo off
   cd turbo
   turbo
   cd..
   ```

   Diese Datei wird mit dem Befehl COPY CON turbo.bat erstellt und mit <CTRL Z> <CR> gespeichert. Nun können Sie vom Hauptverzeichnis aus Turbo Pascal mit dem Befehl

   ```
   turbo <CR>
   ```

starten.

3. Das Menüsystem und der Editor

In diesem Kapitel erhalten Sie einen Überblick über das Menüsystem und den Editor von Turbo Pascal. Es werden alle Menüpunkte der integrierten Entwicklungsumgebung vorgestellt und die Tastenbefehle des Editors erläutert.

3.1 Überblick über das Menüsystem

Nach dem Start von Turbo Pascal sehen Sie auf dem Bildschirm das Menüsystem. Ein kleines Fenster mit einem Copyright-Vermerk und der Versionsnummer können Sie mit dem Druck auf eine beliebige Taste entfernen. Danach sieht Ihr Bildschirm etwa wie folgt aus:

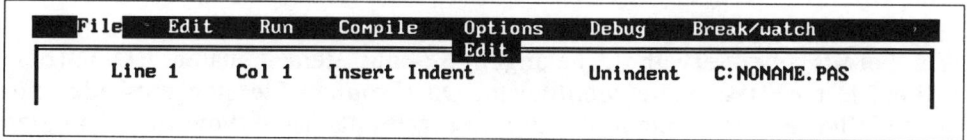

Abb. 3.1.1:   *Das Menüsystem von Turbo Pascal*

Der Cursor blinkt in dem Fenster EDIT. Darunter befindet sich das Fenster WATCH. Die Bedeutung der beiden Fenster wird weiter unten beschrieben.

In der oberen Zeile sehen Sie die Menüleiste, in der unteren die Referenzzeile.

Das gerade aktivierte Fenster verlassen Sie mit <F10> und gelangen in die Menüleiste, die Sie wiederum mit <F10> oder <E> (für EDIT) oder mit <ESC> verlassen können, um in das Fenster EDIT zurückzukehren.

Die Menüstruktur beinhaltet

Befehle: Mit einem Befehl wird eine bestimmte Operation ausgeführt. Dies kann z.B. das Speichern oder Laden einer Datei sein oder auch das Starten eines Programms.

Schalter: Ein Schalter schaltet zwischen verschiedenen Zuständen eines Wahlpunktes um. In den meisten Fällen kann ein Schalter entweder ein- (ON) oder ausgeschaltet (OFF) sein.

Parameter: Wahlpunkte mit Parametern erwarten die Eingabe von Text (z.B. Dateinamen mit Suchwegen), Zahlen (z.B. die Größe eines bestimmten Speicherbereiches) oder eine Kommandozeile.

Ihre gesamte Arbeitszeit mit Turbo Pascal werden Sie in diesem Menüsystem (der integrierten Entwicklungsumgebung) verbringen und die Vielzahl der Möglichkeiten und Hilfestellungen schätzen lernen.

3.1.1 Die Menüleiste

Die Menüleiste stellt sich in der oberen Bildschirmzeile dar (siehe Abbildung 3.1.1).

Wie bereits oben erwähnt, gelangen Sie aus dem Fenster EDIT (dem Editor) mit <F10> in die Menüleiste. Dort können Sie sich entweder mit den Pfeiltasten von einem Menüpunkt zum nächsten bewegen und den unterlegten dann mit <CR> auswählen, oder Sie drücken den Anfangsbuchstaben eines Menüpunktes, um ihn auszuwählen. Die zweite Möglichkeit ist die schnellere.

Unabhängig von dem Ort, an dem Sie sich gerade im Menüsystem befinden, erreichen Sie einen Wahlpunkt der Menüleiste immer mit der Tastenkombination <ALT Buchstabe>, wobei mit "Buchstabe" der Anfangsbuchstabe des Auswahlpunktes in der Menüleiste gemeint ist.

Beispiel:

Um aus dem Editor heraus das Menü FILE aufzurufen, haben Sie zwei Möglichkeiten:

    1. <F10> und <F> oder
    2. <ALT F>

Bis auf den Menüpunkt EDIT hat jeder ein weiteres (sog. Pulldown-) Menü, in dem weitere Wahlmöglichkeiten vorhanden sind. Auch in den Pulldown-Menüs bewegen Sie sich entweder mit den Pfeiltasten oder drücken den Anfangsbuchstaben eines Wahlpunktes.

Jedes weitere Menü oder Fenster läßt sich mit <ESC> wieder schließen. Verlassen Sie ein Pulldown-Menü, das sich aus der Menüleiste heraus geöffnet hat, befinden Sie sich automatisch wieder im Editor, so daß Sie die Eingabe <E> (für EDIT) äußerst selten benötigen. Handelt es sich bei dem ausgewählten Menüpunkt um einen Befehl, wird er ausgeführt. Ein Schalter wechselt die Einstellung, ein Parameter fordert von Ihnen eine Eingabe an.

Nachfolgend werden die Menüs der Menüleiste beschrieben. Steht hinter der Option (Wahlmöglichkeit) eines Menüs eine Taste oder Tastenkombinationen (z.B. <F2> oder <ALT F3>), so können Sie diese Option entweder auswählen, indem Sie das Menü aus der Menüleiste aufrufen und dann den Anfangsbuchstaben der Option drücken oder indem Sie die angegebene Taste bzw. Tastenkombination drücken.

Beispiel:

Wenn Sie sich im Editor befinden, haben Sie drei Möglichkeiten, um die Option LOAD aus dem Menü FILE auszuwählen:

    1. <F10><F><L> oder
    2. <ALT F><L> oder
    3. <F3>

Das Menü FILE

Das Menü FILE enthält Optionen, mit denen Sie eine Datei laden und speichern oder unter einem anderen Dateinamen ablegen können. Sie können das Directory wechseln oder sich die Dateien des momentanen Directories anzeigen lassen. Weiterhin lassen sich Betriebssystembefehle ausführen, oder die Pascal-Umgebung kann verlassen werden.

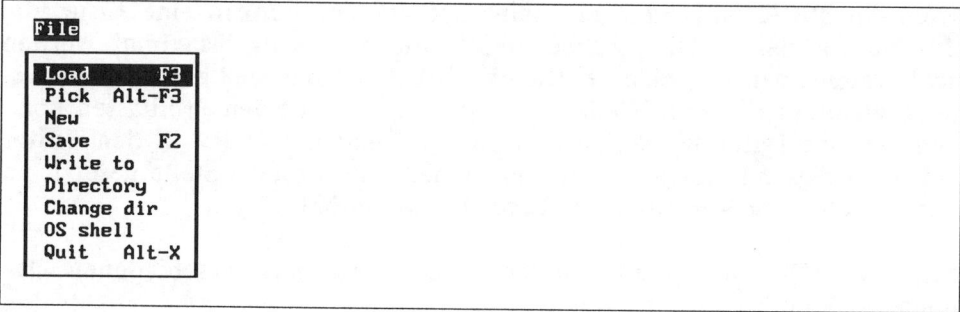

Abb. 3.1.1.1:   *Das Menü FILE*

Die Option LOAD (<F3>)

Mit LOAD lassen sich bereits existierende Dateien in den Editor laden. Nach dem Anwählen von LOAD werden Sie nach dem Namen der Datei, die geladen werden soll, gefragt. Der Dateiname muß mit dem vollständigen Suchweg eingegeben werden, wenn sich die Datei nicht in dem momentan gesetzten Directory befindet.

Befindet sich noch "alter" Text im Editor, der seit der letzten Veränderung noch nicht gesichert wurde, erhalten Sie die Möglichkeit der Speicherung. Existiert die Datei, die Sie laden wollen, erscheint der Quelltext sofort im Editor. Existiert die Datei dagegen nicht oder konnte sie nicht gefunden werden, erhalten Sie einen leeren Editor. In der oberen rechten Ecke wird der Dateiname der sich gerade im Editor befindlichen Datei angezeigt.

Die Eingabe nicht vorhandener Laufwerke oder Directories führt zu einer Fehlermeldung.

Eine besondere Möglichkeit erhalten Sie mit der Angabe von Jokerzeichen ("?", "*"). Damit werden die entsprechenden Dateien auf dem Bildschirm dargestellt und können mit den Pfeiltasten ausgewählt werden.

Der Dateiname wird automatisch um die Endung .PAS ergänzt, wenn Sie keine Endung eingeben. Wollen Sie die Eingabe eines Dateinamens abbrechen, so drücken Sie <ESC>, um in das Menü FILE zurückzukehren.

Die Option PICK (<ALT F3>)

Mit PICK können Sie mehrere Dateien abwechselnd bearbeiten. Dieser Befehl eignet sich daher insbesondere für größere Projekte, bei denen häufig zwischen verschiedenen Dateien gewechselt werden muß.

Wenn Sie PICK anwählen, erscheint auf dem Bildschirm eine Liste, die die Namen der zuletzt bearbeiteten Dateien enthält. Maximal werden acht Dateinamen gespeichert. Dabei wird der Name der zuletzt bearbeiteten Datei an die erste Stelle der Liste gesetzt. Mit den Pfeiltasten können Sie eine Datei auswählen und anschließend mit <CR> in den Editor laden. In dieser Datei wird der Cursor dann an dieselbe Stelle gesetzt, an der er sich beim Verlassen der Datei befunden hat.

Mit der PICK-Option können Sie schnell zwischen verschiedenen Dateien wechseln.

Die Auswahl des letzten Eintrages in der PICK-Liste (--load file--) hat dieselbe Wirkung wie die Option LOAD.

Soll die Liste der (maximal 8) zuletzt bearbeiteten Dateien nach dem Verlassen von Turbo Pascal nicht verlorengehen, können Sie die PICK-Liste mit dem Menüpunkt OPTIONS/DIRECTORIES/ Pick file name in einer PICK-Datei unter einem beliebigen Namen speichern oder den Namen TURBO.PCK benutzen. In diesem Fall wird die PICK-Liste beim Beenden von Turbo Pascal automatisch gespeichert.

Die Option NEW

Mit NEW erzeugen Sie eine neue Datei, die den Namen NONAME.PAS erhält.

Nach dem Anwählen dieser Funktion löscht Pascal den bisher bearbeiteten Text im Editor (nicht ohne Sie zu fragen, ob Sie speichern möchten) und hinterläßt Ihnen einen leeren Editor, in den Sie einen neuen Text (ein Programm) eingeben können. Versuchen Sie, die mit NEW angelegte Datei z.B. mit <F2> zu speichern (der Name der Datei lautet noch NOMAME.PAS), werden Sie aufgefordert, einen "endgültigen" Dateinamen einzugeben.

Die Option SAVE (<F2>)

Mit SAVE wird der momentane Inhalt des Editors auf Diskette/Festplatte gespeichert. Existiert bereits eine Datei mit diesem Namen, so bekommt sie die Endung .BAK. Die Datei im Editor wird unter dem Namen mit der Endung .PAS gespeichert. Somit existieren von einer Datei jeweis zwei Versionen auf der Diskette/Festplatte. Das automatische Backup können Sie im Menü OPTIONS/ENVIROMENT/ Backup source file abschalten.

Die Option WRITE TO

Mit WRITE TO wird der Inhalt des Editors unter dem Dateinamen, den Pascal von Ihnen anfordert, auf Diskette/Festplatte gespeichert.

Existiert diese Datei bereits, erhalten Sie eine entsprechende Meldung und die Möglichkeit der erneuten Eingabe oder des Überschreibens. Auch der im Editor befindliche Text erhält den mit WRITE TO angegebenen Namen.

Die Option DIRECTORY

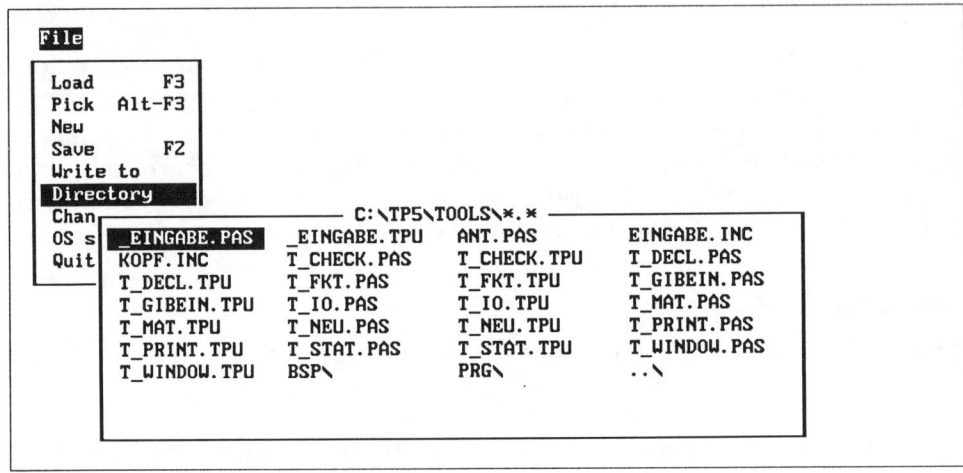

Abb 3.1.1.2:   *Das Menü FILE mit der Option DIRECTORY*

Mit der Option DIRECTORY werden die Dateien eines Directories gelistet. Sie haben die Möglichkeit, einen Suchweg, auch mit Laufwerksangabe, anzugeben. Ebenso ist es möglich, eine Suchmaske einzugeben. Die
Suchmaske "*.PAS" listet z.B. alle Dateien in dem momentanen Directory
mit der Endung .PAS. Vorgegeben ist "*.*", womit alle Dateien des momentanen Directories gelistet werden.

Mit den Pfeiltasten ist es möglich, eine Datei auszuwählen und sie mit
<CR> in den Editor zu laden. Von dieser Möglichkeit des Ladens sollten
Sie immer dann Gebrauch machen, wenn Sie bereits eine Vielzahl von
Dateien gespeichert haben und Ihnen der Name der Datei, die Sie laden
wollen, entfallen ist. Wählen Sie mit den Cursortasten ein Verzeichnis
aus und bestätigen es mit <CR>, so werden die darin enthaltenen Dateien gelistet.

Die Option CHANGE DIR

CHANGE DIR zeigt Ihnen das momentan als Standard gesetzte Directory
an. Sie haben die Möglichkeit, den Suchweg zu ergänzen oder einen
neuen einzugeben. Das von Ihnen mit <CR> bestätigte Directory wird als
neues Standard-Directory (Arbeits-Directory) gesetzt.

Die Option OS SHELL

Mit OS SHELL können Sie Pascal vorübergehend verlassen, um DOS-Befehle auszuführen. Mit EXIT, eingegeben auf der DOS-Ebene, kehren Sie in die integrierte Entwicklungsumgebung von Turbo Pascal zurück.

Diese Option ist zum Beispiel dann sinnvoll und hilfreich, wenn Sie einen Quelltext auf Diskette speichern wollen, aber keine formatierte Diskette zur Hand haben. In diesem Fall verlassen Sie Turbo Pascal mit OS SHELL und formatieren sich eine Diskette. Anschließend kehren Sie mit EXIT in die integrierte Entwicklungsumgebung zurück und speichern Ihren Text mit SAVE auf der gerade formatierten Diskette.

Sie sollten mit dieser Option jedoch keine speicherresidenten Programme laden, da dies zu unvorhersehbaren Folgen führen könnte.

Die Option QUIT (<ALT X>)

Mit QUIT können Sie Turbo Pascal verlassen. Wenn Sie eine bearbeitete, noch nicht gespeicherte Datei im Editor haben, fragt Turbo Pascal Sie, ob Sie speichern möchten, bevor das Programm beendet wird.

Der Befehl EDIT

Mit diesem Befehl wird der Editor von Turbo Pascal gestartet bzw. das Fenster EDIT aktiviert. Im Editor bearbeiten Sie Ihre Texte (Programme). Dazu stehen Ihnen eine Vielzahl von Befehlen zur Verfügung, die im Kapitel 3.2 beschrieben werden.

Sie gelangen aus der Menüleiste mit <E> oder <ESC> in den Editor. Verlassen wird er mit <F10> oder dem Aufruf eines anderen Befehls (z.B.: <ALT F>, Aufruf des Menüs FIIE).

Das Menü RUN

Die Wahlpunkte dieses Menüs beziehen sich auf das Starten eines Programms. Ein Programm kann entweder direkt oder über den integrierten Debugger (ausführliche Beschreibung siehe Kapitel 8) gestartet werden. Der Debugger dient der Fehlersuche. Daher setzen die Optionen dieses Menüs, die sich auf den Debugger beziehen (PROGRAM RESET, GO TO CURSOR, TRACE INTO, STEP OVER), voraus, daß der Schalter DEBUG/Integrated debugging auf ON gesetzt ist, da mit dieser Einstellung zusätzliche Informationen zur Fehlersuche in einem Programm gespeichert werden.

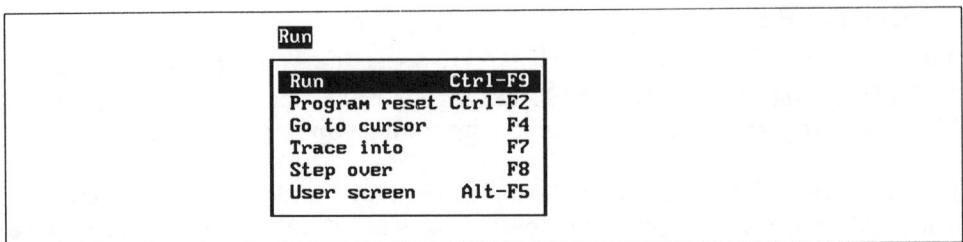

Abb. 3.1.1.3:   Das Menü RUN

Die Option RUN (<CTRL F9>)

Mit RUN starten Sie ein Programm direkt. Befindet sich unter COM-PILE/Primary file kein Eintrag, wird der im Editor befindliche Text als das zu startende Programm betrachtet. Ansonsten wird die unter PRI-MARY FILE genannte Datei in den Editor geladen.

Der Quelltext im Editor wird gegebenenfalls mit COMPILE/MAKE neu kompiliert. Befinden sich Syntaxfehler im Programm, bricht der Compiler die Übersetzung an der entsprechenden Stelle ab, kehrt in den Editor zurück, und Sie können Ihren Fehler korrigieren. Ein Programm, das keine Syntaxfehler mehr enthält, wird nach der Kompilierung automatisch gestartet. Dazu schaltet Turbo Pascal auf das Fenster OUTPUT um. Nach Ablauf des Programms kehren Sie sofort wieder in den Editor zurück. Deshalb ist es empfehlenswert, am Ende eines Programms eine Anweisung einzufügen, die das Programm veranlaßt, erst auf einen Tastendruck hin wieder in den Editor zurückzukehren.

Eine solche Anweisung innerhalb eines Pascal-Programms könnte z.B. READLN sein. Damit wird die Programmausführung solange unterbrochen, bis die <CR>-Taste gedrückt wurde. Wir werden auf diese Anweisung im Kapitel 5 noch näher eingehen. Sie können vom Editor jedoch auch mit <ALT F5> auf das Fenster OUTPUT umschalten und sich die Bildschirmausgaben des Programms ansehen. Ein beliebiger Tastendruck bringt Sie wieder in den Editor zurück.

Die Option PROGRAM RESET (<CTRL F2>)

Damit wird die Fehlersuche über den integrierten Debugger beendet, alle offenen Dateien geschlossen und zusätzlich belegter Speicherplatz wieder freigegeben.

Variablenwerte, die im Fenster WATCH gesetzt wurden, und eventuell gesetzte Abbruchpunkte werden durch diese Option nicht zurückgesetzt bzw. gelöscht. Das müssen Sie, wenn notwendig und gewünscht, selber erledigen.

Die Option GO TO CURSOR (<F4>)

Das Programm wird mit dieser Option bis zu der Stelle ausgeführt, an der sich der Cursor befindet. An der Cursorposition wird ein temporärer Abbruchpunkt gesetzt. Befindet sich jedoch zwischen der Startposition (eventuell dem Programmanfang) und der Cursorposition ein permanenter Abbruchpunkt, unterbricht die Programmausführung bereits an dieser Stelle. Das erneute Drücken von <F4> setzt die Programmausführung dann fort (bis zur Cursorposition, wenn kein weiterer Abbruchpunkt vorhanden ist.).

Die Option TRACE INTO (<F7>)

Das Programm wird schrittweise ausgeführt, wobei mit dieser Option jeweils die nächste Programmzeile ausgeführt wird. Eingeschlossen sind in diese Ausführung auch Unterprogramme, die in einer anderen Datei abgelegt sind. Jedoch müssen diese Dateien die notwendigen Informationen zur Fehlersuche enthalten (sie müssen also mit O/C/Debug information = ON und DEBUG/Integrated debugging = ON kompiliert worden sein).

Selbstverständlich muß dem Debugger der Quelltext zur Verfügung stehen. Sind die Voraussetzungen zur schrittweisen Ausführung externer Routinen nicht gegeben, wird das entsprechende Unterprogramm in einem Schritt (en bloc) ausgeführt.

Die Option STEP OVER (<F8>)

Diese Option führt ebenfalls den nächsten Schritt eines Programms aus und ist damit identisch zur Option TRACE INTO. Der Unterschied besteht darin, daß STEP OVER Aufrufe von Unterprogrammen grundsätzlich in einem Schritt (en bloc) ausführt.

Die Option USER SCREEN (<ALT F5>)

Diese Option schaltet auf das Fenster OUTPUT um, damit die Ausgaben eines Programms betrachtet werden können. Durch das Drücken einer beliebigen Taste kehren Sie in den Editor zurück.

Das Menü COMPILE

```
                        Compile
                ┌──────────────────────────────────┐
                │ Compile    Alt-F9                │
                │ Make          F9                 │
                │ Build                            │
                │ Destination        Memory        │
                │ Find error                       │
                │ Primary file:                    │
                │ Get info                         │
                └──────────────────────────────────┘
```

Abb 3.1.1.4:   Das Menü COMPILE

Das Menü COMPILE bietet verschiedene Möglichkeiten, die Kompilierung des aktuellen Programms zu beeinflussen bzw. Laufzeitfehler zu lokalisieren.

Um ein Programm ablaufen lassen zu können, muß es vorher vom Compiler in die Maschinensprache des Rechners übersetzt (kompiliert) werden. Nur ein kompiliertes Programm, das sich als EXE-Datei auf der Diskette befindet, kann auch außerhalb der Pascal-Entwicklungsumgebung von der DOS-Ebene aus gestartet werden. In dem Fall ist der Pascal-Quelltext nicht erforderlich. Die .EXE-Datei enthält alle notwendigen Informationen.

Die Option COMPILE (<ALT F9>)

Diese Option übersetzt den sich momentan im Editor befindlichen Quelltext. Dabei bleibt ein als PRIMARY FILE gesetzter Dateiname von der Kompilierung unberücksichtigt.

Ist der Schalter DESTINATION auf DISK gesetzt, wird auf der Diskette/ Festplatte eine .EXE-Datei erzeugt, die denselben Namen wie der Quelltext hat (z.B. wird aus der Quelltextdatei ZAEHLEN.PAS die Diskettendatei ZAEHLEN.EXE, die jederzeit von der DOS-Ebene aus durch die Eingabe ZAEHLEN gestartet werden kann).

Ist der Schalter DESTINATION auf MEMORY gesetzt, wird der lauffähige Programmcode nur im Arbeitsspeicher gehalten und steht nach dem Verlassen von Turbo Pascal nicht mehr zur Verfügung.

Der Vorgang der Kompilierung wird in einem Fenster am Bildschirm angezeigt. Konnte fehlerfrei übersetzt werden, kann das Fenster mit einem Tastendruck vom Bildschirm entfernt werden. Wurde während der Übersetzung ein Fehler im Quelltext festgestellt, wird die Kompilierung abgebrochen. Anschließend kehren Sie in den Editor zurück und erhalten in der oberen Zeile des Fensters EDIT die entsprechende Fehlernummer. Der Cursor befindet sich an der Stelle im Quelltext, an der dem Compiler der Fehler aufgefallen ist. Korrigieren Sie den Fehler und starten Sie dann die Übersetzung erneut.

Die Option MAKE (<F9>)

Mit der Option MAKE wird die als PRIMARY FILE angegebene Datei zuerst kompiliert. Ansonsten wird der sich im Editor befindliche Quelltext übersetzt.

Werden in die zu übersetzende Datei mit der USES-Anweisung Units eingebunden, werden die zugehörigen .TPU-Dateien mit den jeweiligen Quelltexten verglichen. Ist der Quelltext jüngeren Datums als die .TPU-Datei, wird die Unit ebenfalls erneut übersetzt. Diese automatische Überprüfung gilt auch für .OBJ- und Include-Dateien. Ist es aus dem o.g. Grund notwendig, eine Unit erneut zu übersetzen, so wird von ihr grundsätzlich eine .TPU-Datei auf der Diskette erzeugt. Der Schalter DESTINATION hat in diesem Fall keine Bedeutung. Mit MAKE wird also sichergestellt, daß sämtliche an einem Programm beteiligten Dateien immer aktualisiert sind.

Die Option BUILD

BUILD führt dieselbe Aufgabe wie MAKE aus. Der Unterschied besteht darin, daß grundsätzlich alle Module neu übersetzt werden.

Die Option DESTINATION

Mit DESTINATION legen Sie fest, ob sich die kompilierte Datei im Arbeitsspeicher oder auf der Diskette befinden soll.

Steht der Schalter auf DISK, so wird auf der Diskette eine .EXE-Datei erzeugt. Ansonsten befindet sich der übersetzte Quellcode im Arbeitsspeicher und geht nach dem Verlassen von Turbo Pascal verloren. Während der Testphase sollte der Schalter auf MEMORY gesetzt sein. Erst wenn die Testphase eines Programms oder Moduls abgeschlossen ist, sollte mit der Einstellung DISK eine .EXE-Datei erzeugt werden. Die Kompilierung im Arbeitsspeicher hat den Vorteil, daß sie wesentlich schneller geht.

Sollten Sie jedoch mit der Kompilierung Platzprobleme im Arbeitsspeicher bekommen, so sollten Sie mit der Einstellung DISK kompilieren (eventuell einzelne Module für sich).

Die Option FIND ERROR

Diese Option ist besonders nützlich, wenn Sie ein Programm von der DOS-Ebene aus gestartet haben und dieses mit einem Laufzeitfehler abbricht.

Dann erhalten Sie z.B. auf dem Bildschirm die Fehlermeldung:

```
Runtime error 106 at 0000:0201
```

Diese Fehlermeldung gibt Ihnen die Fehlernummer (106) und die Adresse (0000:0201) des Fehlers an.

Um diesen Fehler zu lokalisieren, müssen Sie folgende Schritte ausführen:

- ▶ Kehren Sie in die integrierte Entwicklungsumgebung zurück.
- ▶ Laden Sie Ihren Quelltext in den Editor.
- ▶ Rufen Sie das Menü COMPILE auf.
- ▶ Wählen Sie die Option FIND ERROR.
- ▶ Geben Sie in das Eingabefeld die Fehleradresse ein.

Turbo Pascal wird die Stelle, an der der Fehler aufgetreten ist, finden und den Cursor in die entsprechende Zeile setzen. Auf der Diskette befindet sich die Datei ERR1.PAS. Erzeugen Sie davon eine .EXE-Datei und probieren das Auffinden eines Fehlers daran einmal aus.

Voraussetzung für eine erfolgreiche Fehlersuche ist allerdings, daß Sie Ihr Programm mit dem Compiler-Befehl {D+} kompiliert bzw. den entsprechenden Schalter OPTIONS/ COMPILER/Debug information auf ON gesetzt haben. Sollten Sie diese Einstellung nicht vorgenommen haben, so können Sie dies nachträglich machen und das Programm dann nochmals kompilieren, bevor Sie mit FIND ERROR die Fehlerstelle suchen. Die Adressen der Befehle ändern sich selbstverständlich durch das nachträgliche Kompilieren mit einer veränderten Einstellung nicht.

Die Option PRIMARY FILE

Die Option PRIMARY FILE eignet sich besonders für größere Programmprojekte, die aus mehreren Dateien bestehen.

Mit der Angabe eines Dateinamens unter dieser Option teilen Sie Turbo Pascal mit, wie das Hauptprogramm eines aus mehreren Dateien bestehenden Projektes heißt. Dies ist auch gleichzeitig der Name der .EXE-Datei auf der Diskette/Festplatte.

Die Aufrufe des Compilers über RUN, MAKE und BUILD prüfen zuerst, ob sich hier ein Eintrag befindet, und laden, falls sich die angegebene Datei nicht im Editor befindet, die Datei, um sie als erste zu übersetzen. Der im Editor befindliche Text wird nur dann kompiliert, wenn er Bestandteil des Primary files ist, sonst bleibt er von der Übersetzung unberücksichtigt. Wird der Compiler dagegen über COMPILE/Compile aufgerufen, bleibt eine unter PRIMARY FILE angegebene Datei bei der Kompilierung unberücksichtigt. Es wird dann nur der im Editor befindliche Text übersetzt.

Die Option GET INFO

```
╔══════════════════ Information ══════════════════╗
║                                                 ║
║   Current directory : C:\TP5\TOOLS\PRG          ║
║   Current file      : C:\TP5\TOOLS\PRG\PRGLIST.PAS ║
║   File size         : 26717 (Max: 64615)        ║
║   EMS usage         : 0K                         ║
║                                                 ║
║   Lines compiled: 722                           ║
║                                                 ║
║   Code in memory is ready to run.               ║
║   Program exit code                             ║
║                                                 ║
║   Code size                57040 bytes          ║
║   Data size                 2934 bytes          ║
║   Stack size               16384 bytes          ║
║   Minimum heap size            0 bytes          ║
║   Maximum heap size       655360 bytes          ║
║                                                 ║
║   Available memory: 250K                        ║
╠═════════════════ Press any key ═════════════════╣
```

Abb 3.1.1.5:   *Das Menü COMPILE mit der Option GET INFO*

Die Option GET INFO bringt ein Fenster auf den Bildschirm, das Informationen über das aktuelle Programm enthält. Sie werden informiert über den Umfang des Quelltextes, die Anzahl der kompilierten Zeilen, den noch verfügbaren Platz im Hauptspeicher, den Umfang des erzeugten Codes, der erzeugten Daten, Größe des Stackbereichs, der Minimal-

und Maximalgröße des Heap und den Exit-Code der letzten Ausführung des Programms. Außerdem wird Ihnen mitgeteilt, wo sich der ausführbare Code befindet (Disk oder Memory).

Das Menü OPTIONS

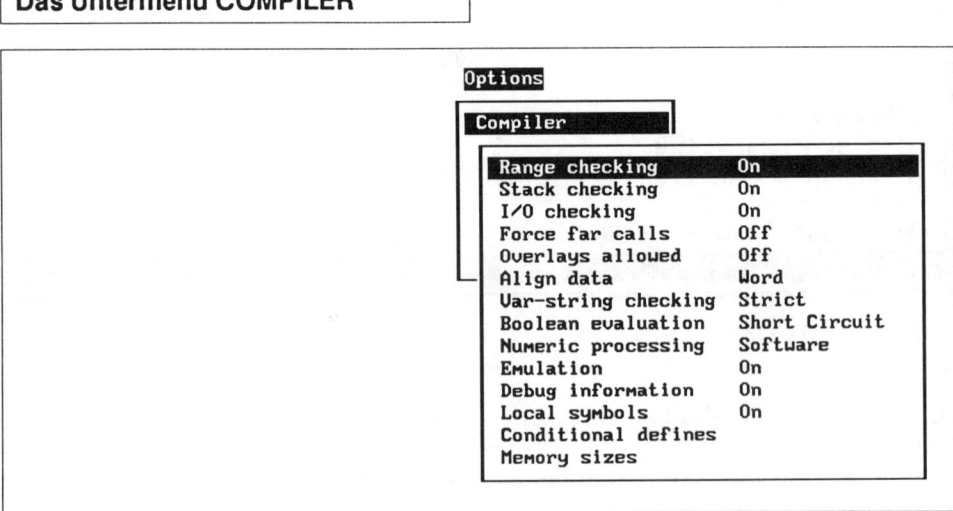

Abb. 3.1.1.6:   Das Menü OPTIONS

Das Menü OPTIONS enthält Schalter des Compilers, Suchwege für Directories und die Möglichkeit der Simulation von Kommandozeilen-Parametern, mit denen zu Testzwecken eigene Programme gestartet werden können. Die von Ihnen vorgenommenen Voreinstellungen können, damit sie bei der nächsten Arbeitssitzung wieder zur Verfügung stehen, in einer Konfigurationsdatei gespeichert oder aus einer solchen geladen werden.

Das Untermenü COMPILER

Abb. 3.1.1.7:   Das Untermenü COMPILER

In dem Untermenü COMPILER können Sie verschiedene Schalter setzen, die bei der Kompilierung vom Compiler berücksichtigt werden. Da alle hier aufgeführten Compiler-Befehle auf zwei Arten zu setzen sind (nämlich in diesem Untermenü und durch das Einfügen des entsprechenden Compiler-Befehls in den Quelltext) verweisen wir auf den Anhang A, in dem die Compiler-Befehle näher erläutert werden.

Das Untermenü LINKER

Beim Kompilieren eines Quelltextes werden die verschiedenen Teile eines Programms (Hauptprogramm, Unterprogramme) zusammengebunden (gelinkt). Ob zusätzliche Informationen und ggf. in welchem Umfang in einer Datei abgelegt werden sollen, bestimmen die beiden Optionen dieses Untermenüs.

Die Option MAP FILE

Kompilieren Sie Ihren Quelltext mit COMPILE/DESTINATION/ Disk und der Einstellung MAP FILE auf ON, so legt Turbo Pascal eine ASCII-Datei mit der Endung .MAP auf der Diskette/Festplatte an, die zusätzliche Informationen über den Quelltext enthält.

Mit den zusätzlichen Optionen

> Segments
> Publics
> Detailed

legen Sie den Umfang dieser Informationen fest.

Die Option LINK BUFFER

Diese Option entscheidet über den Ort, an dem der Linker temporäre Dateien speichert. Die Voreinstellung ist MEMORY. Die Zwischenspeicherung erfolgt also im Arbeitsspeicher. Dies kann unter Umständen zu Platzproblemen führen. Sollten Sie also beim Kompilieren eine Meldung erhalten, die Ihnen sagt, daß der Arbeitsspeicher nicht ausreicht, dann sollten Sie diesen Schalter auf DISK setzen.

Das Untermenü ENVIRONMENT

Dieses Untermenü enthält verschiedene Schalter zur Einstellung der Programmierumgebung.

Die Option CONFIG AUTO SAVE sichert, auf ON gesetzt, nach einer Veränderung der Konfiguration die Konfigurationsdatei automatisch, bevor ein Programm aufgerufen, auf die DOS-Ebene gewechselt oder die integrierte Entwicklungsumgebung endgültig verlassen wird.

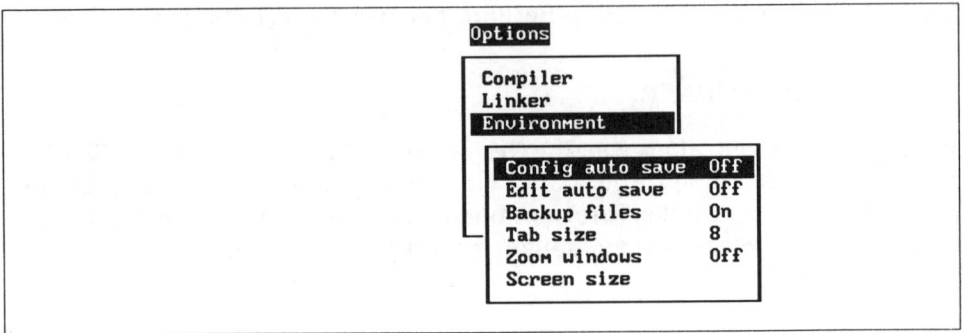

Abb. 3.1.1.8:   Das Untermenü ENVIRONMENT

Die Option EDIT AUTO SAVE sichert, auf ON gesetzt, vor jedem Aufruf eines Programms und vor dem Wechsel auf die DOS-Ebene mit FILE/OS SHELL den momentanen Inhalt des Editors auf Diskette/Festplatte.

Die Option BACKUP FILES benennt, auf ON gesetzt, eine bereits auf der Diskette/Festplatte vorhandene Datei vor dem erneuten Speichern mit SAVE in .BAK um. Somit stehen Ihnen immer die letzte und vorletzte Version Ihres Textes zur Verfügung.

Die Option TAB SIZE legt den Abstand der Tabstops im Editor fest. Zulässige Angaben liegen im Bereich von 2 bis 16.

Die Option ZOOM WINDOWS legt, auf OFF gesetzt, fest, daß sich die Fenster EDIT, OUTPUT bzw. WATCH bei der Aktivierung den Bildschirm teilen.

Die Option SCREEN SIZE zeigt Einstellungen für Bildschirme mit jeweils einer unterschiedlichen Anzahl von Zeilen pro Bildschirm an, von denen Sie eine, die zu Ihrer Rechnerkonfiguration passen muß, auswählen können.

Das Untermenü DIRECTORIES

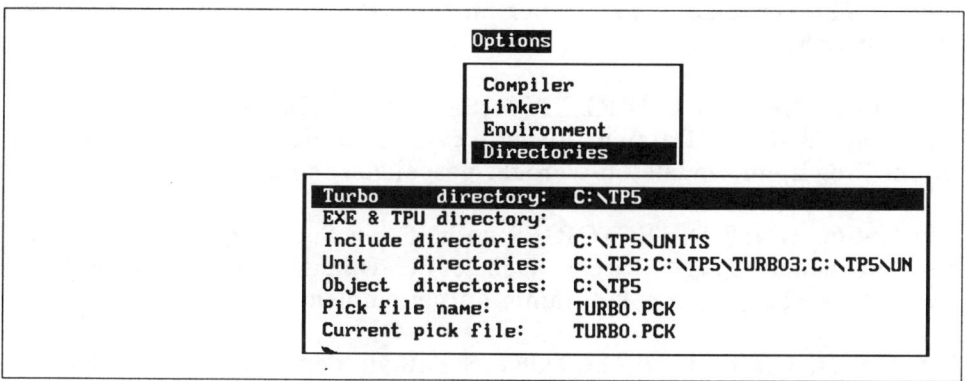

```
                              Options
                              Compiler
                              Linker
                              Environment
                              Directories
                     ┌──────────────────────────────────────────────┐
                     │ Turbo      directory:  C:\TP5                 │
                     │ EXE & TPU directory:                         │
                     │ Include directories:  C:\TP5\UNITS           │
                     │ Unit     directories:  C:\TP5;C:\TP5\TURBO3;C:\TP5\UN │
                     │ Object   directories:  C:\TP5                 │
                     │ Pick file name:       TURBO.PCK              │
                     │ Current pick file:    TURBO.PCK              │
                     └──────────────────────────────────────────────┘
```

Abb. 3.1.1.9:   Das Untermenü DIRECTORIES

Wenn Sie sehr viel programmieren, werden Sie feststellen, daß es sinnvoll ist, Dateien, nach Dateitypen geordnet, in verschiedenen
Subdirectories zu speichern. Dieses Untermenü enthält die Suchwege zu
diesen Directories und den Namen der Pick-Datei, in der die Dateinamen der (maximal 8) zuletzt bearbeiteten Dateien enthalten sind.

Wird nachfolgend von DIRECTORY gesprochen, ist nur die Angabe von
einem Directory erlaubt. DIRECTORIES dagegen deutet bereits an, daß
die Angabe von mehreren erlaubt ist, die jeweils durch ein Semikolon
voneinander getrennt werden. Soll z.B. der Eintrag der beiden Directories

        C:\TP5

und

        C:\TP5\UNITS

vorgenommen werden, so lautet die Zeile:

        C:\TP5;C:\TP5\UNITS

Die Option TURBO DIRECTORY beinhaltet den Suchweg der System-,
Konfigurations- und Hilfsdateien. Enthalten die folgenden Optionen zu
den Directories keinen Eintrag, werden die entsprechenden Dateien im
aktuellen Directory gesucht bzw. gespeichert.

Die Option EXE & TPU DIRECTORY gibt den Suchweg zu dem Directory an, in dem Turbo Pascal fertige Programme (.EXE-Dateien), Units (.TPU-Dateien) und Dateien mit Zusatzinformationen (.MAP-Dateien) speichert.

Die Option INCLUDE DIRECTORIES gibt den Suchweg zu den Directories an, in denen Dateien, die mit dem Compiler-Befehl {$I <Name>} in ein Programm eingelesen werden, gespeichert sind.

Die Option UNIT DIRECTORIES enthält den Suchweg zu den Directories, in denen Turbo Pascal nach .TPU-Dateien sucht, die mit der USES-Anweisung in ein Programm aufgenommen werden.

Die Option OBJECT DIRECTORIES enthält den Suchweg zu den Directories, in denen Turbo Pascal nach .OBJ-Dateien sucht, die mit dem Compiler-Befehl {$L <Name>} in ein Programm aufgenommen werden.

Die Option PICK FILE NAME enthält den Namen der Pick-Datei, in der die Dateinamen der (maximal 8) zuletzt bearbeiteten Dateien enthalten sind.

Die Option CURRENT PICK FILE enthält, da mehrere Pick-Dateien angelegt werden können, den Namen der aktuellen Pick-Datei.

Das Untermenü PARAMETERS

Normalerweise wird ein fertiges Programm (.EXE-Datei) von der DOS-Ebene mit seinem Namen aufgerufen und gestartet. Es ist in Turbo Pascal jedoch auch möglich, sofern dies im Programm vorgesehen ist, dem Programm bereits beim Start Parameter zu übergeben, die den gesamten oder einen Teil des Programmablaufs bestimmen.

Die Turbo-Pascal-Funktion PARAMSTR kann die an ein Programm übergebenen Parameter auswerten. Um nun ein Programm aber auch aus der integrierten Entwicklungsumgebung heraus mit den notwendigen Parametern zu starten, ohne auf die DOS-Ebene wechseln zu müssen, können Sie hier die notwendigen Parameter eingeben und anschließend das Programm mit dem RUN-Befehl starten.

Das Untermenü SAVE OPTIONS

speichert die von Ihnen eingestellten Parameter in einer Konfigurations-datei auf der Diskette/Festplatte. Der voreingestellte Dateiname lautet TURBO.TP.

Das Untermenü RETRIEVE OPTIONS

lädt eine zuvor mit SAVE OPTIONS gespeicherte Konfigurationsdatei, in der die diversen von Ihnen eingestellten Parameter gespeichert sind, und setzt sie. Konfigurationsdateien müssen sich jeweils im Turbo-Directory befinden oder der Suchweg zum Turbo-Directory muß mit Hilfe des Programms TINST (dieses Programm wird im Kapitel 9 beschrieben) permanent in der Datei TURBO.EXE gespeichert werden.

Das Menü DEBUG

Die Auswahlpunkte des Menüs DEBUG bestimmen die Arbeitsweise des integrierten Debuggers zur Fehlersuche in Turbo-Pascal-Programmen. Da Kapitel 8 "Der integrierte Debugger" eine ausführliche Beschreibung beinhaltet, gehen wir an dieser Stelle auf dieses Menü nicht weiter ein.

Das Menü BREAK/WATCH

In diesem Menü werden Abbruchpunkte und Watch-Ausdrücke gesetzt, gelöscht und bearbeitet bzw. dargestellt. Da diese Wahlpunkte in direk-tem Zusammenhang mit denen aus dem Menü DEBUG stehen, werden sie ebenfalls ausführlich im Kapitel 8 "Der integrierte Debugger" be-schrieben.

3.1.2 Das Fenster EDIT

In den Editor bzw. in das Fenster EDIT geben Sie Ihre Quelltexte ein, bearbeiten und speichern sie anschließend wieder.

Anstatt vom Fenster EDIT, werden wir von jetzt an vom EDITOR sprechen. Der Editor besteht aus der Status- (oberhalb des Bildschirms unter der Menüleiste) und der Referenzzeile (am unteren Bildschirm-rand).

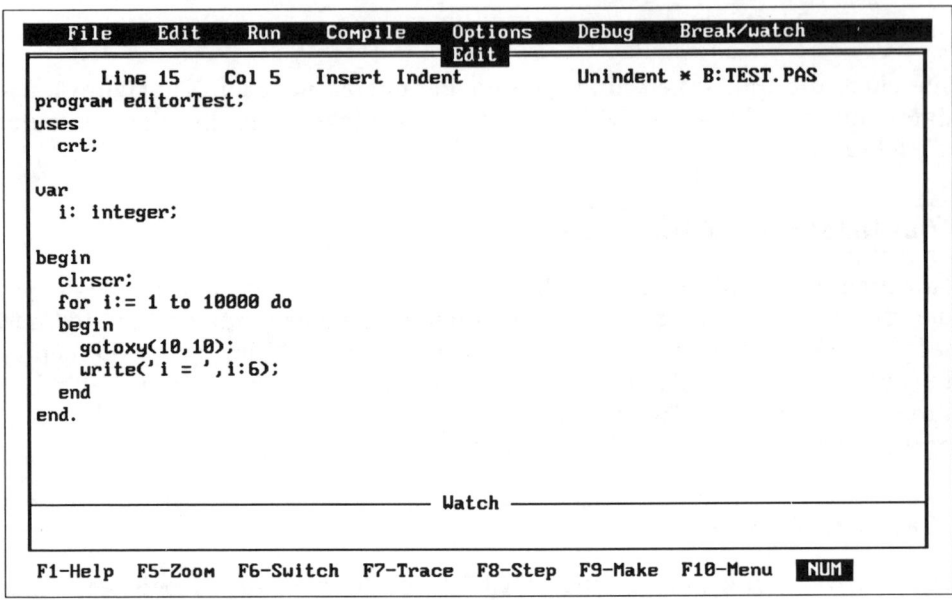

Abb. 3.1.2.1:   *Der Editor mit einem kleinen Programm*

Aus der Menüleiste gelangen Sie mit <E> in den Editor. Sie verlassen ihn wieder mit <F10> bzw. einem anderen Befehl (z.B. <ALT F>, um das Menü FILE aufzurufen). Nach dem Aufruf des Editors über <E> erscheint die Statuszeile und eine veränderte Referenzzeile.

Die Statuszeile

Sie enthält wichtige Informationen, die Sie während Ihrer Arbeit am Quelltext benötigen.

Die Bedeutung der Statuszeile im einzelnen:

LINE   sagt Ihnen, in welcher Zeile des Quelltextes sich der Cursor befindet.

COL   sagt Ihnen, in welcher Spalte des Quelltextes sich der Cursor befindet.

INSERT   zeigt an, daß Sie sich zur Zeit im sog. INSERT-Modus (Einfügemodus) befinden. Befinden Sie sich innerhalb einer Textzeile und geben ein Zeichen ein, so wird dieses an der Cursorposition eingefügt und der restliche Text nach rechts verschoben.

Mit dem Drücken der Taste <INS> wechseln Sie in den OVERWRITE-Modus (Überschreibemodus). Ein Zeichen, innerhalb einer Textzeile eingegeben, überschreibt das sich darunter befindliche Zeichen. Der rechts davon stehende Text wird nicht verschoben.

Durch einen erneuten Druck auf die Taste <INS> gelangen Sie wieder in den Einfügemodus.

INDENT zeigt Ihnen an, daß die automatische Einrückfunktion eingeschaltet ist. Bei Einrückungen im Quelltext kehrt der Cursor nach dem Drücken der Return-Taste in die Spalte zurück, in der der Anfang des eingerückten Textes steht.

Diese Funktion läßt sich mit der Tastenkombination <CTRL O><I> aus- bzw. einschalten.

TAB zeigt an, daß der Editor mit dynamisch gesetzten Tabulatoren arbeitet. Es gelten also nicht die über OPTIONS/ENVIRONMENT/ Tab size gesetzten Werte für die Tabstops.

Diese Funktion läßt sich mit der Tastenkombination <CTRL O><T> ein- bzw. ausschalten.

FILL zeigt Ihnen an, daß aufeinanderfolgende Leerzeichen bei der Speicherung automatisch platzsparend "zusammengeschoben" werden und dadurch weniger Speicherplatz benötigen.

Die Funktion läßt sich mit der Tastenkombination <CTRL O><F> ein- bzw. ausschalten, hat jedoch nur Gültigkeit, wenn der Editor mit dynamisch gesetzten Tabulatoren arbeitet (siehe unter TAB).

UNIDENT zeigt Ihnen an, daß das Drücken der <BS>-Taste bewirkt, falls sich links vom Cursor nur Leerzeichen befinden, er sich nicht nur um eine Spalte, sondern um eine Einrückebene nach links bewegt.

Zwischen dieser Funktionsweise und dem gewohnten Verhalten der <BS>-Taste (dann löscht sie das links von ihr stehende Zeichen) kann mit <CTRL O><U> umgeschaltet werden.

* bedeutet, daß der Quelltext, den Sie gerade bearbeiten, seit der letzten Veränderung noch nicht gespeichert wurde.

C:NAME.EXT nennt das Laufwerk und den Dateinamen (mit Endung) der Datei, die gerade im Editor bearbeitet wird.

Der Editor stellt Ihnen eine große Anzahl von Befehlen, den sog. Editorbefehlen, zur Verfügung, die Ihnen die Arbeit mit Ihren Quelltexten zum Teil sehr erleichtern. Diese Befehle orientieren sich sehr stark an den Befehlen der bekannten Textverarbeitung WordStar und werden im Kapitel 3.2 ausführlich beschrieben.

Vom Fenster EDIT kann auf das Fenster OUTPUT (DOS-Bildschirm) bzw. das Fenster WATCH umgeschaltet werden. Mit <F6> wechseln Sie zwischen den Fenstern EDIT und WATCH. Der Wechsel auf den DOS-Bildschirm geschieht mit <ALT F5>.

3.1.3 Das Fenster WATCH

Das Fenster WATCH wird durch <F6> aktiviert und teilt sich mit dem Editor den Bildschirm (je nach Einstellung des Wahlpunktes OPTIONS/ENVIRONMENT/Zoom windows). Mit <F5> können Sie jedoch auch den ganzen Bildschirm als WATCH-Fenster nutzen.

In diesem Fenster werden die WATCH-Ausdrücke vom integrierten Debugger dargestellt.

WATCH-Ausdrücke werden bei der Fehlersuche benötigt und werden nach jedem Programmschritt neu berechnet, so daß damit Variablenwerte verfolgt werden können. Kapitel 8 "Der integrierte Debugger" gibt weitere Auskünfte.

3.1.4 Der DOS-Bildschirm

Der DOS-Bildschirm, auch als Fenster OUTPUT bezeichnet, läßt sich vom Editor durch <ALT F5> aktivieren und zeigt Ihnen den letzten aktiven DOS-Ausschnitt, auf dem z.B. die Ausgaben eines Programms dargestellt worden sind.

3.1.5 Die Referenzzeile

Die Referenzzeile befindet sich am unteren Rand des Bildschirms und gibt, abhängig davon, in welchem Fenster Sie sich befinden, die wichtigsten Funktionen, die über sog. "Hotkeys" aufgerufen und ausgeführt werden können, wieder.

Referenzzeile (wenn das Fenster EDIT aktiviert ist)

Ist der Editor aktiviert, hat die Referenzzeile folgendes Aussehen ("F" bezeichnet eine Funktionstaste, z.B. ist mit "F1" die Funktionstaste <F1> gemeint):

```
F1-Help  F5-Zoom  F6-Switch  F7-Trace  F8-Step  F9-Make  F10-Menu
```

Die Bedeutung der Tasten im einzelnen:

F1-Help: Ruft die Hilfestellung von Turbo Pascal auf.

F5-Zoom: Erster Druck erweitert das Fenster EDIT auf die volle Größe des Bildschirms, zweiter Druck setzt es wieder auf die voreingestellte Größe zurück.

F6-Switch: Aus dem Editor heraus gedrückt, wird auf das Fenster WATCH umgeschaltet. Aus einem dieser beiden Fenster gedrückt, wird wieder in den Editor umgeschaltet.

F7-Trace: Damit wird ein Programm, sowie die daran beteiligten Funktionen, schrittweise ausgeführt. Gegebenenfalls wird es neu kompiliert.

F8-Step: Führt ein Programm ebenfalls schrittweise aus, beteiligte Funktionen jedoch grundsätzlich in einem Schritt (en bloc).

F9-Make: Übersetzt den Quelltext eines Programms.

F10-Menu: Verläßt den Editor und aktiviert die Menüleiste.

Die Referenzzeile ändert sich, wenn Sie die <ALT>-Taste drücken und
festhalten:

```
ALT: F1-Last Help  F3-Pick  F6-Swap  F9-Compile  X-Exit
```

Dabei bedeuten:

ALT F1-Last Help: Aktiviert die letzte Hilfestellung.

ALT F3-Pick: Zeigt die Pick-Liste an und ermöglicht das direkte
                      Laden einer Datei.

ALT F6-Swap: Aus dem Editor heraus gedrückt, wird der vorherige
                      Quelltext in den Editor geladen.

ALT F9-Compile: Kompiliert den im Editor befindlichen Quelltext.

ALT X: Verläßt Turbo Pascal und kehrt auf die DOS-Ebene
                      zurück.

Referenzzeile (wenn das Fenster WATCH aktiviert ist)

Bei der Aktivierung des Fensters WATCH ändert sich die Referenzzeile
und hat folgendes Aussehen:

```
F1-Help  F5-Zoom  F6-Switch  F10-Menu  Ins-Add  Del-Delete  Enter-Edit
```

F1-Help: Aktiviert die Hilfestellung und beschreibt Möglich-
                      keiten zur Eingabe und Veränderung von WATCH-
                      Ausdrücken.

F5-Zoom: Vergrößert bzw. verkleinert das Fenster WATCH.

F6-Switch: Schaltet wieder in das Fenster EDIT um.

F10-Menu: Verläßt das Fenster WATCH und aktiviert die Menü-
                      leiste.

Ins-Add: In einem Fenster kann ein weiterer WATCH-Aus-
                      druck eingegeben werden.

Del-Delete: Der WATCH-Ausdruck, auf dem sich der Cursor befindet, wird gelöscht.

Enter-Edit: Der WATCH-Ausdruck, auf dem sich der Cursor befindet, kann verändert werden.

3.2 Editorbefehle

Im Editor geben Sie Ihre Quelltexte (Programme) ein. Dazu stehen Ihnen eine Vielzahl von Befehlen, mit denen der Quelltext bearbeitet werden kann, zur Verfügung.

Prinzipiell arbeitet der Editor von Turbo Pascal wie ein Textverarbeitungsprogramm. Da jedoch an Programmtexte andere (bzw. weniger) Anforderungen gestellt werden, als an allgemeine Dokumente, sind einige Funktionen, die Sie von Textverarbeitungsprogrammen her vielleicht kennen, nicht vorhanden (z.B. automatischer Zeilenumbruch, verschiedene Schriftarten usw.). Aber wie gesagt, diese Funktionen werden auch nicht benötigt, und der Turbo-Pascal-Editor wurde speziell zur Erstellung von Programmtexten ausgerichtet.

Quelltexte können bis zu max. 64 KByte umfassen und sämtliche Zeichen des IBM-Zeichensatzes darstellen (ggf. über die Tastenkombination <ALT xxx>, wobei "xxx" dem ASCII-Code 0..255 entspricht). In einer Zeile des Editors lassen sich jeweils 78 Zeichen gleichzeitig auf dem Bildschirm darstellen. Enthält die Zeile mehr Zeichen, wird der Bildschirm automatisch zeichenweise horizontal gerollt. Die Länge einer Zeile ist auf max. 248 Zeichen beschränkt.

Noch aus den Anfängen der Textverarbeitung und des Programms WordStar stammen die Control-Sequenzen, mit denen die einzelnen Befehle eingeleitet werden. Auf MS-DOS-Rechnern stehen jedoch für eine Vielzahl von Befehlen spezielle Tasten zur Verfügung, so daß wir für diese Befehle die entsprechenden Kombinationen der CTRL-Taste mit einer oder zwei weiteren Tasten hier nicht mehr angeben. Wer sich für diese Befehls-Sequenzen interessiert, sei auf die Hilfestellung (drücken Sie im Editor <F1>) verwiesen, wo die Control-Codes erläutert werden. Mit Hilfe des Installationsprogramms TINST können die Befehls-Sequenzen außerdem an Ihre eigenen Bedürfnisse angepaßt werden.

Beispiel:

Um den Cursor ein Zeichen nach rechts zu bewegen, haben Sie zwei Möglichkeiten:

     1. Control-Sequenz: <CTRL D>
     2. Pfeiltaste   : <rechts>

In diesem Fall würden wir nur die zweite Möglichkeit angeben. Existiert jedoch keine entsprechende Taste auf der Tastatur, so wird die Tastenkombination aus Control-Sequenzen beschrieben.

Die Editor-Befehle lassen sich in mehrere Gruppen einteilen:

- ► Befehle zur Cursorbewegung
- ► Befehle für Blockoperationen
- ► Befehle zum Einfügen und Löschen
- ► Sonstige Befehle

3.2.1 Befehle zur Cursorsteuerung

Die einfachste Art der Cursorsteuerung ist die spalten- oder zeilenweise Bewegung.

Cursor ein Zeichen nach rechts:	<rechts>
Cursor ein Zeichen nach links :	<links>
Cursor eine Zeile nach unten :	<unten>
Cursor eine Zeile nach oben :	<oben>

Wortweise bewegen Sie den Cursor wie folgt:

Cursor ein Wort nach rechts:	<CTRL F>
Cursor ein Wort nach links :	<CTRL A>

Sie können Ihren Text auch rollen lassen:

Eine Zeile abwärts :	<CTRL Z>
Eine Zeile aufwärts:	<CTRL W>

Seitenweise bewegen Sie den Cursor:

Eine Seite nach unten:	<PgDn>
Eine Seite nach oben :	<PgUp>

Weitere Cursorbewegungen:

Cursor zum/ zur	
oberen Bildschirmrand	<CTRL Home>
unteren Bildschirmrand	<CTRL End>
Textbeginn	<CTRL PgUp>
Textende	<CTRL PgDn>
Blockanfang	<CTRL QB>
Blockende	<CTRL QK>
Letzten Cursorposition	<CTRL QP>
Letzten Fehlerposition	<CTRL QW>
Beginn der Zeile	<Home>
Ende der Zeile	<End>

3.2.2 Befehle zum Einfügen/Löschen

Mit den Befehlen zum Einfügen und Löschen ist es Ihnen möglich, Zeichen, Wörter und/ oder Zeilen zu löschen oder einzufügen.

Es gibt grundsätzlich zwei Modi, in denen Sie im Editor arbeiten können:

- ▸ Einfügemodus (Insertmodus)
- ▸ Überschreibmodus

Der Einfügemodus kann mit <INS> entweder ein- oder ausgeschaltet (dann befinden Sie sich im Überschreibmodus) werden.

Insertmodus Ein/Aus	<INS>
Zeile einfügen	
im Insertmodus	<CTRL N> oder <CR>
im Überschreibmodus	<CTRL N>
Zeile löschen	<CTRL Y>
Löschen bis Zeilenende	<CTRL QY>
Rechtes Wort löschen	<CTRL T>
Linkes Zeichen löschen	<BS>
Zeichen unter dem Cursor löschen	<DEL>

Zeile einfügen

Um eine Zeile einzufügen, setzen Sie den Cursor an die Position (meistens an den Zeilenanfang), an der eine Zeile eingefügt werden soll, und drücken <CTRL N> bzw., wenn Sie sich im Einfügemodus befinden, <CR>. Der gesamte Text wird dann um eine Zeile nach unten verschoben.

Zeile löschen

Um eine Zeile zu löschen, setzen Sie den Cursor in die zu löschende Zeile und drücken <CTRL Y>. Der gesamte Text rückt damit automatisch eine Zeile nach oben.

Löschen bis Zeilenende

Um ab der Cursorposition bis zum Zeilenende Text zu löschen, setzen Sie den Cursor an die Position, von der an gelöscht werden soll, und drücken <CTRL QY>. Der rechts vom Cursor stehende Text wird damit gelöscht.

3.2.3 Blockbefehle

Mit den Editorbefehlen stehen Ihnen mehrere Befehle für Blockoperationen zur Verfügung. Sie können einen Block markieren und ihn dann versetzen, kopieren, löschen, auf der Diskette ablegen, drucken oder einen Block von der Diskette in den aktuellen Text einlesen, der dann als Block markiert ist. Um Blockoperationen durchführen zu können, muß zunächst einmal ein Block markiert werden:

Blockanfang markieren	<CTRL K B>
Blockende markieren	<CTRL K K>
Ein Wort markieren	<CTRL K T>

Um einen Block zu markieren, gehen Sie an den Blockanfang und geben <CTRL KB> ein. Anschließend positionieren Sie den Cursor am Blockende und geben <CTRL KK> ein. Der markierte Block wird entweder unterlegt oder mit einer anderen Intensität hervorgehoben. Es kann zu jedem Zeitpunkt nur ein einziger Block markiert sein.

Beispiel:

Schreiben Sie in Ihren Editor folgenden kurzen Text (schließen Sie jede Zeile mit <CR> ab) und experimentieren dann mit den unten aufgeführten Blockbefehlen:

```
*****************************************************************
Ich möchte Sie einladen, an einer Feier anläßlich meines Geburtstages teil-
zunehmen. Ich würde mich freuen, wenn ich Sie als meinen Gast begrüßen
dürfte. Bitte finden Sie sich pünktlich in meinem Haus ein.
*****************************************************************
```

Markieren Sie den ersten Satz als Block.

Jetzt können Sie mit dem markierten Block verschiedene Operationen durchführen:

Block kopieren	<CTRL KC>
Block verschieben	<CTRL KV>
Block löschen	<CTRL KY>
Block spaltenweise nach links	<CTRL KU>
Block spaltenweise nach rechts	<CTRL KI>

Block verschieben oder kopieren

Der Cursor muß sich an der Stelle im Editor befinden, an die der markierte Block kopiert oder verschoben werden soll. Der übrige Text wird um den vom Block benötigten Platz ebenfalls verschoben.

Block spaltenweise nach rechts oder links

Auf diese Weise können Texte eingerückt oder Einrückungen rückgängig gemacht werden. Mit den Befehlen <CTRL KU> und <CTRL KI> können Blöcke je um eine Spalte nach rechts oder links verschoben werden.

Weitere Blockbefehle

Block auf Diskette schreiben	<CTRL KW>
Block von Diskette lesen	<CTRL KR>
Block verdecken/anzeigen	<CTRL KH>
Block/Text drucken	<CTRL KP>

Block auf Diskette schreiben

Mit <CTRL KW> kann ein markierter Block auf die Diskette geschrieben werden (der Block wird als Textdatei gespeichert). Vorher werden

Sie nach einem Namen für die Datei gefragt. Die Angabe von Laufwerk und Suchweg ist zulässig. Geben Sie keine Extension an, wird der Dateiname automatisch um den Zusatz .PAS ergänzt. Der gespeicherte Block bleibt im Editor erhalten (wird also nicht gelöscht).

Block von Diskette lesen

Der Inhalt einer Textdatei wird als Block aufgefaßt und in den Editor geladen. Vorher müssen Sie einen Dateinamen angeben, unter dem der Text auf der Diskette abgelegt ist. Geben Sie keine Extension an, wird der Dateiname automatisch um den Zusatz .PAS ergänzt.

Der so eingelesene Text ist im Editor dann als Block markiert. Die Markierungen eines eventuell vorher im Editor markierten Blockes werden gelöscht.

Block verdecken/anzeigen

Der Befehl <CTRL KH> bewirkt, daß ein markierter Block entweder hervorgehoben oder normal dargestellt wird.

Block/Text drucken

Der Befehl <CTRL KP> bewirkt, daß der gesamte Quelltext (wenn kein Block markiert ist) oder ein markierter Block gedruckt wird.

3.2.4 Sonstige Editorbefehle

Suchen	<CTRL QF>
Suchen und Ersetzen	<CTRL QA>
Wiederhole Suchen und Ersetzen	<CTRL L>
Abbrechen von Suchen u. Ersetzen	<CTRL U>
Einleitung von Steuerzeichen	<CTRL P>
Klammerebenen suchen	<CTRL Q[>
	oder <CTRL Q]>
Markierung setzen	<CTRL Qn>
Markierung finden	<CTRL Kn>

Suchen und Ersetzen

Mit dem Befehl <CTRL QA> können Sie ein Zeichen oder eine Zeichenkette suchen und durch ein anderes Zeichen oder eine Zeichenkette ersetzen.

Von dieser Möglichkeit kann Gebrauch gemacht werden, wenn z.B. in einem Quelltext der Name einer Variablen durch einen anderen Namen ersetzt werden soll. Der Suchfunktion können bestimmte Optionen angegeben werden, die bestimmen, wie das Suchen und Ersetzen konkret durchgeführt werden soll. Die Optionen werden nach der Eingabe des Suchbegriffes und des Ausdruckes, der anstelle des Suchbegriffes eingesetzt werden soll, angegeben. Folgende Optionen sind möglich:

B Von der momentanen Cursorposition an den Text rückwärts durchsuchen.

G Den gesamten Text, unabhängig von der Cursorposition, durchsuchen.

n Das n.te Vorkommen suchen, wobei 1 <= n <= 65535 ist.

U Groß- und Kleinschreibung ignorieren.

W Nur nach dem Vorkommen innerhalb eines ganzen Wortes suchen.

N Ersetze ohne Rückfrage. Bis auf diese Option stehen alle anderen auch der Funktion SUCHEN (ohne Ersetzen) zur Verfügung.

Eine Kombination der Optionen ist erlaubt, wobei sie ohne Leerzeichen hintereinander aufgeführt werden, z.B.: GUN. Die Zeichenkette, die gesucht, und die, die sie ersetzen soll, darf nicht länger als 30 Zeichen sein.

Beispiel:

Geben Sie den nachfolgenden Text in den Editor ein (schließen Sie jede Zeile mit <CR> ab):

```
*****************************************************************
Herrn Jan Müller
Holzweg 13
5000 Köln 30
Sehr geehrter Herr Müller,

ich danke Ihnen für die lieben Genesungswünsche, die Sie mir haben zukommen
lassen. Ich möchte gerne Sie und Ihre Frau, Martha Müller, zu einer kleinen
Segeltour einladen. Die Ausreise soll am kommenden Wochenende stattfinden.
Bitte benachrichtigen Sie mich, ob Sie mir Gesellschaft leisten wollen.
*****************************************************************
```

Jetzt stellen Sie fest, daß die Familie gar nicht Müller, sondern Meier, heißt. Korrigieren Sie Ihr Versehen mit der Funktion SUCHEN und ERSETZEN. Drücken Sie <CTRL QA> und geben folgendes ein:

```
Find:      Müller <CR>
Replace:   Meier  <CR>
Option:    GUN    <CR>
```

Wenn Sie alles richtig gemacht haben, muß nun im Text der Name Müller durch Meier ausgetauscht worden sein.

Wenn Sie keine Kriterien für den Suchbegriff angeben, wird der Text ab der Cursorposition durchgesucht. Dabei wird die Groß- und Kleinschreibung berücksichtigt. Auf Wortzusammenhänge wird jedoch nicht geachtet.

Klammerebenen suchen

Mit den Befehlen <CTRL Q[> und <CTRL Q]> können Sie nach Klammerebenen suchen und sich damit die Struktur eines geklammerten Ausdruckes verdeutlichen. Setzen Sie den Cursor auf eine Klammer und drücken Sie den Befehl für die entgegengesetzte Klammer. Der Cursor springt nach Ablauf der Funktion zu der dazugehörigen Klammer. Folgende Klammern sind zugelassen:

[], {}, (* *), " ", ' '.

Die Suchrichtung für die ersten drei Klammern ergibt sich dadurch, ob Sie eine geöffnete oder eine geschlossene Klammer suchen lassen. Für die Anführungszeichen können Sie die Suchrichtung durch die Angabe der Funktion vorgeben:

<CTRL Q[> sucht in Richtung Textende
<CTRL Q]> sucht in Richtung Textanfang

Markierung setzen/finden

Mit dem Befehl <CTRL Kn> haben Sie die Möglichkeit, innerhalb eines Textes bis zu 4 Markierungen zu setzen bzw. mit <CTRL Qn> zu der entsprechenden Markierung zu springen. Dabei gilt:

$0 <= n <= 3$

Weitere Editor-Befehle

Füll-Funktion an/aus	<CTRL OF>
Unindent-Funktion an/aus	<CTRL OU>
Indent-Funktion an/aus	<CTRL OI>
Tabulator	<TAB>
TAB-Modus ein/aus	<CTRL OT>
Rücknahme von Änderungen	<CTRL OL>
Compiler-Befehle einf.	<CTRL O><O>
Hilfestellung	<F1>
Letzte Hilfestellung	<ALT F1>
Pascal-Syntax	<CTRL F1>

3.2.5 Tabellarische Übersicht der Editorbefehle

Einfache Cursorbewegungen

Zeichen nach links	<links>
Zeichen nach rechts	<rechts>
Wort nach links	<CTRL A>
Wort nach rechts	<CTRL F>
Zeile nach oben	<oben>
Zeile nach unten	<unten>
Aufwärts rollen	<CTRL W>
Abwärts rollen	<CTRL Z>
Seite nach oben	<PgUp>
Seite nach unten	<PgDn>

Erweiterte Cursorbewegungen

Zeilenanfang	<HOME>
Zeilenende	<END>
Oberer Bildschirmrand	<CTRL Home>
Unterer Bildschirmrand	<CTRL End>
Textbeginn	<CTRL PgUp>
Textende	<CTRL PgDn>
Blockanfang	<CTRL QB>
Blockende	<CTRL QK>
Letzte Cursorposition	<CTRL QP>
Letzte Fehlerposition	<CTRL QW>

Einfügen und Löschen

Einfügemodus ein/aus	<INS>
Zeile einfügen	<CTRL N>
Zeile löschen	<CTRL Y>
Löschen bis Zeilenende	<CTRL QY>
Linkes Zeichen löschen	<BS>
Zeichen unter Cursor löschen	<DEL>
Rechtes Wort löschen	<CTRL T>

Blockoperationen

Blockanfang markieren	<CTRL KB>
Blockende markieren	<CTRL KK>
Einzelnes Wort als Block	<CTRL KT>
Block kopieren	<CTRL KC>
Block verschieben	<CTRL KV>
Block löschen	<CTRL KY>
Block spaltenweise nach rechts	<CTRL KI>
Block spaltenweise nach links	<CTRL KU>
Block von Diskette lesen	<CTRL KR>
Block auf Diskette schreiben	<CTRL KW>
Block verdecken/anzeigen	<CTRL KH>
Block/Text drucken	<CTRL KP>

Verschiedenes

Hilfestellung	<F1>
Letzter Hilfe-Bildschirm	<ALT F1>
Pascal-Syntax	<CTRL F1>
Compiler-Parameter	<CTRL F7>
Editor beenden	<F10>
Editorinhalt speichern	<F2>
Löschen, neue Datei anlegen/ laden	<F3>
Tabulator	<TAB>
Tab-Modus an/ aus	<CTRL OT>
Autom. Tabulierung ein/aus	<CTRL OI>
Rücknahme von Änderungen	<CTRL QL>
Marke setzen	<CTRL K>n
Zu einer Marke springen	<CTRL Q>n
Compiler-Befehle einfügen	<CTRL O><O>
Füll-Funktion an/aus	<CTRL OP>
Unindent-Funktion ein/aus	<CTRL OU>
Suchen	<CTRL QF>

Suchen und Ersetzen	<CTRL QA>
Klammerebenen suchen	<CTRL Q[>
	<CTRL Q]>
Wiederholung Suchen/Ersetzen	<CTRL L>
Einleitung für Steuerzeichen	<CTRL P>
Operation abbrechen	<CTRL U>

3.3 Die Hilfestellung

Turbo Pascal verfügt über zwei Arten der Hilfestellung:

1. Hilfe zu den Menüs und Optionen: <F1>
2. Hilfe zur Pascal-Syntax: <CTRL F1>

Wenn Sie Turbo Pascal mit dem Programm INSTALL installiert haben, steht Ihnen die Hilfe in englischer Sprache zur Verfügung. Wollen Sie jedoch lieber von deutschen Hilfstexten unterstützt werden, so steht Ihnen auf der Diskette 4 eine entsprechende Datei zur Verfügung, die denselben Namen wie die englische Ausführung (TURBO.HLP) hat. Kopieren Sie sich diese Datei einfach auf die Diskette oder in das Directory, in dem sich Ihre Pascal-Systemdateien befinden.

1. Hilfe zu den Menüs und Optionen (<F1>)

Wenn Sie sich innerhalb der Menüleiste befinden, erreichen Sie die Hilfestellung mit <F1> und erhalten Informationen zu dem Punkt, auf dem Sie sich gerade befinden. Innerhalb der Hilfestellung bewirkt das nochmalige Drücken von <F1> die Anzeige des Hilfe-Index, der sämtliche Oberbegriffe enthält.

Versuchen Sie gleich einmal, die Hilfestellung zur Option SAVE aus dem Menü FILE zu aktivieren! Aktivieren Sie dazu mit <F> oder <ALT F> (je nachdem, wo Sie sich gerade befinden) das Menü und bewegen mit den Pfeiltasten den Cursor auf die Option SAVE. Drücken Sie <F1>, um die Abbildung auf der folgenden Seite zu erhalten.

Der Hilfe-Bildschirm kann mit <ESC> wieder entfernt werden. Einige Hilfe-Bildschirme beinhalten mehrere Querverweise, wovon der erste bereits unterlegt ist.

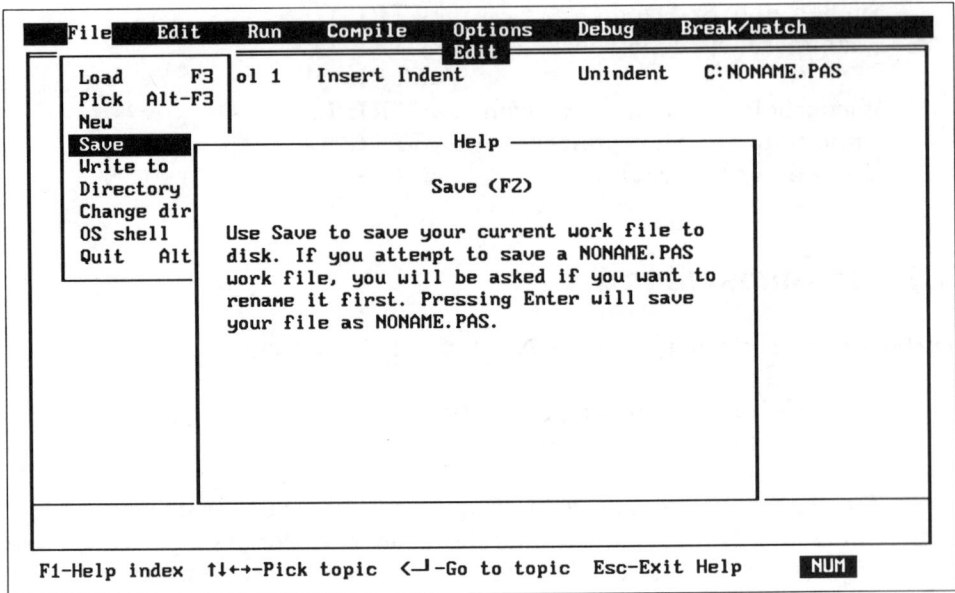

Abb. 3.3.1: Hilfestellung zur Option SAVE

Mit den Pfeiltasten bzw. <HOME> und <END> bewegen Sie sich zwischen mehreren Auswahlpunkten. Der unterlegte Punkt wird mit <CR> ausgewählt und der zugehörige Hilfstext am Bildschirm angezeigt. Besteht ein Hilfstext aus mehreren Bildschirmseiten, so können Sie mit <PgUp> und <PgDn> blättern.

2. Hilfe zur Pascal-Syntax (<CTRL F1>)

Wenn Sie sich innerhalb des Editors befinden, bekommen Sie zu jedem vordefinierten Pascal-Begriff einen Hilfstext. Welchen der vielen Hilfe-Bildschirme Sie erhalten, hängt davon ab, an welcher Stelle Sie sich im Quelltext befinden.

Aktivieren Sie den Editor mit <E> oder <F10>, geben Sie WRITE ein und positionieren Sie den Cursor auf den ersten Buchstaben des Befehls. Drücken Sie <CTRL F1>, um die nachfolgende Abbildung zu erhalten.

Wie Sie sehen, erhalten Sie über die Routine WRITE nähere Informationen und können mit <PgDn> eine Seite weiter blättern. Als Querverweis ist WRITELN bereits unterlegt. <CR> liefert Ihnen auch noch Informationen zu dieser Routine.

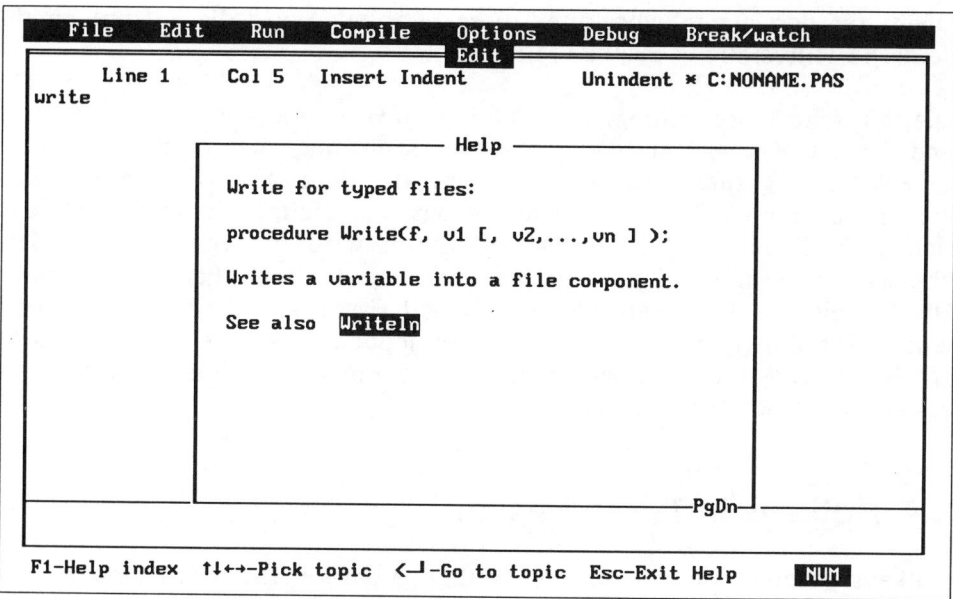

Abb. 3.3.2:   *Hilfestellung zur Ausgabeanweisung WRITE*

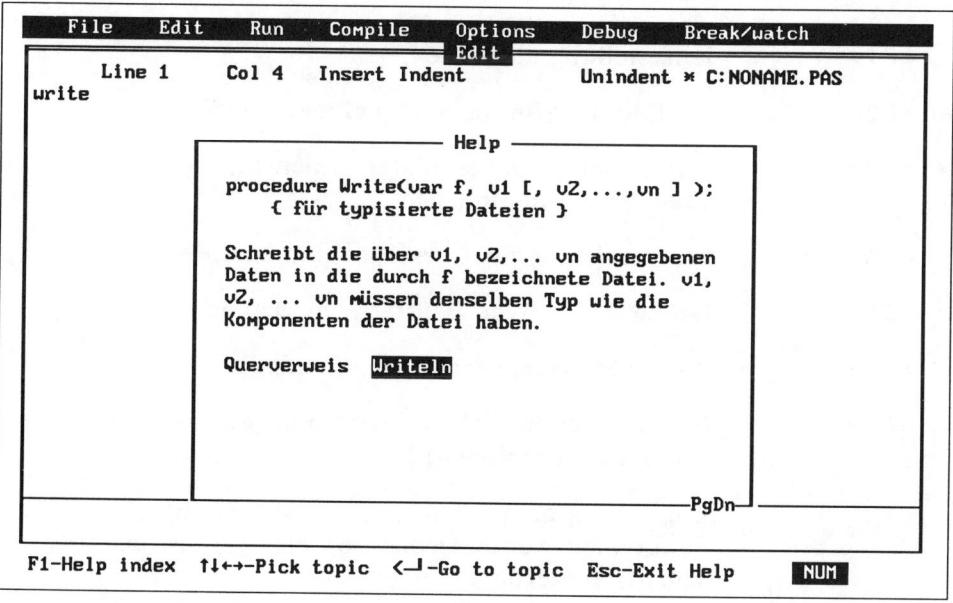

Abb. 3.3.3:   *Hilfestellung zur Ausgabeanweisung WRITE (deutsch)*

Oben, auf der letzten Abbildung dieses Kapitels, wird die entsprechende deutsche Hilfestellung zu WRITE gezeigt.

Die deutsche Hilfestellung befindet sich auf der vierten Originaldiskette und ist dort, wie die englische Ausführung, unter dem Namen TURBO.HLP gespeichert. Wollen Sie mit der deutschen Hilfestellung arbeiten, so müssen Sie diese Datei in das Verzeichnis kopieren, in dem sich auch TURBO.EXE befindet. Dadurch wird die englische Version überschrieben und beim Programmstart die deutsche Fassung geladen. Ob Sie mit der deutschen oder englischen Fassung der Hilfstexte arbeiten, bleibt Ihnen überlassen. Sie sollten jedoch beachten, daß die Datei (TURBO.HLP) mit den deutschen Texten um ca. 80 KByte größer als die englische Ausführung ist.

3.4 Hotkeys in Turbo Pascal

Hotkeys vereinen in den meisten Fällen mehrere Tastendrücke auf nur einer oder zwei Tasten. Damit können Befehle schneller ausgeführt werden. Das gesamte Menüsystem wird übersichtlicher und unterstützt eine effektive Programmentwicklung.

<F1>	Hilfestellung aktivieren.
<F2>	Im Editor befindlichen Quelltext speichern.
<F3>	Vorhandene Quelltextdatei in den Editor laden oder neue Datei anlegen.
<F4>	Programm bis zur Cursorposition ausführen.
<F5>	Größe des aktiven Fensters umschalten.
<F6>	Zwischen den Fenstern umschalten.
<F7>	Einen Programmschritt ausführen (gilt auch für beteiligte Funktionen).
<F8>	Einen Programmschritt ausführen (beteiligte Funktionen werden jedoch en bloc (in einem Schritt) ausgeführt).
<F9>	Kompiliert ein Programm via COMPILE/MAKE.
<F10>	Wechsel zwischen dem Editor und der Menüleiste.

<SHIFT F10>	Anzeige von Copyright und Versionsnummer.
<CTRL F1>	Im Editors gedrückt, wird die Syntaxhilfe aktiviert.
<CTRL F2>	Beendet die Fehlersuche und setzt den Debugger zurück.
<CTRL F3>	Innerhalb des Debuggers gedrückt, wird der Stack aufgerufener Funktionen gezeigt.
<CTRL F4>	Innerhalb des Debuggers gedrückt, wird der Wert eines Ausdrucks berechnet.
<CTRL F7>	Innerhalb des Debuggers gedrückt, kann ein WATCH-Ausdruck eingegeben werden.
<CTRL F8>	Innerhalb des Debuggers gedrückt, wird ein Abbruchpunkt gesetzt bzw. abgeschaltet.
<CTRL F9>	Startet ein Programm, ggf. wird via COMPILE/MAKE vorher kompiliert.
<ALT F1>	Der letzte Hilfstext wird auf dem Bildschirm angezeigt.
<ALT F3>	Zeigt die Pick-Liste mit den zuletzt bearbeiteten Dateien auf dem Bildschirm an.
<ALT F5>	Verläßt Turbo Pascal vorübergehend, um auf den DOS-Bildschirm umzuschalten.
<ALT F6>	Innerhalb des Editors gedrückt, wird der vorherige Quelltext geladen.
<ALT F9>	Der im Editor befindliche Quelltext wird als .OBJ-Datei kompiliert.
<ALT B>	Aktiviert das Menü BREAK/WATCH.
<ALT C>	Aktiviert das Menü COMPILE.
<ALT D>	Aktiviert das Menü DEBUG.
<ALT E>	Aktiviert den Editor.
<ALT F>	Aktiviert das Menü FILE.

<ALT O>	Aktiviert das Menü OPTIONS.
<ALT R>	Aktiviert das Menü RUN.
<ALT X>	Kehrt auf die DOS-Ebene zurück und beendet Turbo Pascal.

4. Vom Problem zum Programm

Dieses Kapitel ist der Problemanalyse, dem Programmentwurf, der Programmerstellung und dem Programmtest mit Fehlerbeseitigung gewidmet. Dabei geht es nur darum, Ihnen einen kurzen Überblick zu verschaffen. Das Thema kann an dieser Stelle weder umfassend noch erschöpfend dargestellt werden, sondern es können Ihnen nur Anregungen gegeben werden, weiterführende Literatur zu studieren.

4.1   Allgemeines

Die eigentliche Aufgabe der EDV kann vereinfacht darauf reduziert werden, daß mit Hilfe eines Programms Eingabe- zu Ausgabedaten verarbeitet werden, wobei ein Programm eine für den Rechner verständliche Arbeitsanweisung ist.

Unter Daten verstehen wir ganz allgemein Informationen, die z.B. durch die Zeichen des ASCII-Zeichensatzes in irgendeiner Form dargestellt werden können. Eingabedaten sind dementsprechend Informationen, die dem Rechner eingegeben werden (z.B. über die Tastatur). Durch den Dateiverarbeitungsprozeß (mit Hilfe des Programms) werden diese zu Ausgabedaten verarbeitet und vom Rechner ausgegeben (z.B. über den Drucker). Aus den Eingabedaten

> Kundennummer
> Bestelldatum
> Lieferdatum
> Anzahl Artikel
> Einzelpreis

könnte mit Hilfe eines Programms, das speziell für diese Aufgabe programmiert wurde, die entsprechende Rechnung erstellt und ausgedruckt werden.

Die höheren Programmiersprachen stellen verschiedene Datenstrukturen (z.B. Felder und Verbunde) zur Verfügung, um auf Daten zugreifen zu können. Dabei sind die Daten im Arbeitsspeicher des Rechners an einer bestimmten Speicheradresse abgelegt, auf die dann mit Hilfe einer Variablen zugegriffen werden kann. Für die Variable wird z.B. in Pascal

noch der entsprechende Datentyp angegeben. So könnte eine Kunden-
nummer z.B. vom Typ "Ganze Zahl" (INTEGER) sein und der Variablenname, über den auf die Speicheradresse zugegriffen werden kann,
KDNUMMER lauten. Der Nachteil der Speicherung von Daten im Arbeitsspeicher des Rechners ist, daß diese verlorengehen, wenn der Rechner ausgeschaltet wird. Daher ist es erforderlich, Daten (und auch Programme) über einen längeren Zeitraum zu speichern. Dazu werden ex-
terne Speichermedien (z.B. Diskette, Festplatte) verwendet. Ein- und
Ausgabedaten werden somit auf externen Speichermedien als Datensätze
in Dateien abgelegt, auf die dann bei Bedarf zugegriffen werden kann.

Wir haben etwas weiter oben vom Programm als eine Arbeitsanweisung
gesprochen. Wird nun die Lösung eines Problems in einzelnen Schritten
angegeben, so wird dieses allgemeine Verfahren zur Lösung der Pro-
blemstellung auch Algorithmus genannt. Ein Algorithmus muß sämtliche
Schritte, die zur Lösung des Problems notwendig sind, erfassen und
korrekt beschreiben, wobei mit gleichen Daten reproduzierbare Ergebnisse erlangt werden müssen.

4.2 Problemanalyse

Bevor das konkrete Programm (der Quelltext) zur Lösung einer Aufgabenstellung erstellt werden kann, muß das Problem in allen seinen Ein-
zelheiten erst einmal analysiert werden. Es müssen sämtliche verfügbaren
und notwendigen Informationen über die Aufgabenstellung zusammen-
getragen werden, um von dem Problem ein klares Bild zu erhalten, denn
nur, wer das Problem verstanden hat, kann es (eventuell) auch lösen.
Informationen erhält man z.B. aus der Literatur (Formelsammlung,
Fachbücher, Fachzeitschriften usw.), in einem Gespräch mit dem Be-
troffenen (z.B. Auftraggeber), durch Beobachtung der Arbeitsabläufe
"vor Ort", die mit Hilfe des zu entwickelnden Programms gesteuert werden sollen.

Bei der Beobachtung von Arbeitsabläufen achtet derjenige, der das Programm erstellen soll, mehr auf die für ihn relevanten Gegebenheiten
(also auf die Informationen, die für die Programmerstellung notwendig
sind), als z.B. der Auftraggeber, der natürlich seine Informationen nicht
vor dem Hintergrund der Programmerstellung an den Programmierer
weitergibt, sondern aus betriebsorganisatorischen Überlegungen. So ist
z.B. die Information "Die Zahlungseingänge werden in unserer Firma
ausschließlich von Herrn Müller überwacht" für einen Betriebsinhaber
oder Abteilungsleiter überaus wichtig, da sie etwas über die Qualifika-
tion oder Zuverlässigkeit von Herrn Müller aussagt (oder über die Unzu-

verlässigkeit der übrigen Mitarbeiter), für den Programmersteller ist sie jedoch nicht relevant, da das Programm von Herrn Müller unabhängig arbeiten soll.

Zur Problemanalyse gehört auch, daß überprüft wird, ob das Problem mit den zur Verfügung gestellten Mitteln überhaupt gelöst werden kann. Dabei sind sowohl die finanziellen Mittel als auch die zur Verfügung stehende Zeit zu berücksichtigen. Außerdem muß geprüft werden, ob die notwendige Hardware vorhanden ist (welchen Sinn macht es, das schönste Grafikpaket zu entwickeln, wenn der Auftraggeber nicht über die notwendige Grafikkarte verfügt!?).

Nach der Problemanalyse sollte die Aufgabenstellung so klar definiert und formuliert sein, daß mit dem Programmentwurf begonnen werden kann. Folgende Punkte sollten in einer umfangreichen Konzeption erarbeitet werden (Anforderungskatalog):

1. Es sollte detailliert festgehalten werden, welche Ergebnisse das Programm liefern muß (welche Werte sollen berechnet werden, was soll ein- und ausgegeben werden, welche Voreinstellungen sollen vom Anwender verändert werden können usw.).

2. Es müssen Überlegungen angestellt werden, wie die Programmergebnisse ausgegeben werden sollen. Ein Entwurf der Darstellung der Ergebnisse ist empfehlenswert.

3. Es sollte eine Liste darüber erstellt werden, welche Kontrollen innerhalb des Programms ausgeführt werden sollen.

4. Zwei weitere Listen sollten in Vorbereitung eines Programms erstellt und während des Programmentwurfes weiter konkretisiert werden:

   ▶ Eingabe- und Referenzdaten
   ▶ Formeln und Berechnungsvorschriften

4.3 Programmentwurf

Der Programmentwurf liefert die Grundlage für die anschließende Programmerstellung. Er legt fest, wie das Programm erstellt werden soll und liefert ein sog. Pflichtenheft. Insbesondere werden an dieser Stelle die notwendigen Algorithmen entworfen, die später dann als Quelltexte formuliert werden.

Ausgehend von dem Anforderungskatalog sollte im Pflichtenheft konkreter beschrieben werden, was in der Konzeption z·ı allgemein war. Folgende Punkte sollten im Pflichtenheft auf jeden Fall enthalten sein:

1. eine allgemeine Beschreibung des Programms, der Name des Programms und die Leistung

2. der Aufbau der Datenorganisation

3. Beschreibung der Eingabe, Verarbeitung und Ausgabe der Daten

4. eine Liste der benötigten Hardware und der Schnittstellen zu anderen Programmen

5. eine Zusammenstellung der im Programm verwendeten Formeln

Hinweis: Ein Pflichtenheft sollte ständig aktualisiert werden!

Für den systematischen Programmentwurf sind u.a. folgende Methoden bekannt:

Bottom-Up-Verfahren

Einzelne Teilprobleme werden jeweils getrennt voneinander behandelt und anschließend zu einem lauffähigen Programm zusammengebunden. Diese Methode sollte nur bei kleineren, übersichtlichen Programmprojekten angewendet werden, da bei einer isolierten Lösung von Teilproblemen Überschneidungen von Programmteilen auftreten können.

Top-Down-Verfahren

Anhand des Pflichtenheftes wird das Gesamtprogramm in logische Teilprogramme zerlegt, die ihrerseits wieder (wenn notwendig) in Teilprogramme zerlegt werden können. Das Ziel des Top-Down-Verfahrens ist es, möglichst detaillierte Teilbereiche zu bekommen. Diese Methode eignet sich auch bei größeren Programmprojekten, wenn sie ausreichend dokumentiert werden. Voraussetzung ist jedoch, daß beim Erstellen der Teilbereiche ein genauer Überblick über das Gesamtprojekt vorhanden ist.

Strukturiertes Software-Verfahren

Das Programm wird in logische Teilbereiche zerlegt. Jedes Teilprogramm wird sorgfältig getestet, in den Programmrumpf eingebunden und abermals getestet. Programmsprünge (z.B. GOTO-Anweisungen) werden im strukturierten Software-Verfahren nicht verwendet. Für die Lösung jedes einzelnen Teilprogramms sollte ein Programmplan erstellt werden. In ihm sollte folgendes enthalten sein:

1. Namen der Bezeichner

2. der logische Aufbau des Programms mit Vermerken für Ein- und Ausgaberoutinen, Entscheidungen, Programmschleifen usw..

Vielfach werden logische Programmabläufe mit Hilfe von Programmablaufplänen (PAP) oder Struktogrammen erstellt.

4.4 Programmerstellung

Mit Programmerstellung ist die Umsetzung der im Pflichtenheft entworfenen Teile in den Quellcode der entsprechenden Programmiersprache (für uns Turbo Pascal) gemeint. Dazu steht uns in Pascal der Turbo-Pascal-Editor, den wir im letzten Kapitel beschrieben haben, zur Verfügung.

Nachdem das Programm eingegeben wurde, muß es gespeichert und kompiliert (übersetzt) werden, damit ein ablauffähiges Programm zur Verfügung steht. Bei der Programmerstellung wird es durchaus notwendig sein, die im Programmentwurf entworfenen Teile noch weiter zu verfeinern, um so die Erstellung des Quelltextes zu ermöglichen.

Wie Sie aber sicherlich bemerkt haben, liegt der größte Teil der Arbeit nicht bei der Programmerstellung, sondern bei der Problemanalyse und dem Programmentwurf. Nur ein sorgfältig geplantes Programm bietet Gewähr dafür, daß es die gestellte Aufgabe erwartungsgemäß löst. Wer die ersten beiden Teile vernachlässigt und unmittelbar mit der Programmerstellung beginnt, begibt sich in den Bereich des "Hackens" und wird, insbesondere bei größeren Programmprojekten, böse Überraschungen erleben. Vielfach müssen der sorgfältige Programmentwurf und die Problemanalyse nachgeholt und die Programmerstellung wiederholt durchgeführt werden. Aber auch eine völlige Neukonzeption ist nicht ausgeschlossen, da die aufgrund der fehlenden Problemanalyse und des nicht vorgenommenen Programmentwurfs aufgetretenen Fehler nicht oder nur unvollständig lokalisiert werden können.

4.5 Programmtest und Fehlerbeseitigung

Der Programmtest sollte sich nicht erst nach Abschluß der Programmerstellung anschließen, sondern, wenn möglich, in jeder Phase der Programmerstellung durchgeführt werden. Bei der modularen Programmierung lassen sich z.B. erstellte Module jeweils einzeln testen. Damit werden Fehler frühzeitig erkannt und können noch behoben werden, bevor sie in Zusammenarbeit mit anderen Modulen untergehen und schwer lokalisierbar werden. Der Programmtest sollte in mehreren Schritten und geplant durchgeführt werden. Er dient dazu, Fehler zu finden. Dazu ist es notwendig, die Testphasen und -bereiche festzulegen.

Spätestens nach Abschluß eines Teilprogramms sollte ausreichend geprüft werden, welche Ergebnisse das Programm liefert (notfalls nachrechnen), wie sich das Programm bei fehlerhafter Eingabe verhält und ob die Ergebnisse in gewünschter Form vorliegen. Nach Möglichkeit sollte der abschließende Test nicht vom Programmierer, sondern von einer anderen Person durchgeführt werden, da diese an das Programm ganz "unvoreingenommen" herangeht und auch Funktionen prüft, die vom Programmierer als vollkommen "sicher" und damit als "testunwürdig" angesehen werden.

Gegen den Programmtest ist das Debugging abzugrenzen, da darunter die Behebung bekannter Fehler zu verstehen ist. Wurden also während der Testphase Fehler entdeckt, müssen diese anschließend beseitigt werden.

Nicht zu vergessen, und schon gar nicht zu vernachlässigen, ist die Dokumentation, die im Anschluß an die Testphase vervollständigt (nicht erst erstellt!) wird. Damit ist sowohl die Dokumentation für den Anwender (das Handbuch) als auch die für den Programmierer und für andere Personen, die den Quelltext lesen müssen, gemeint. Ein ausreichend dokumentiertes Programm erleichtert sowohl die Fehlersuche und -beseitigung als auch die Anpassung des Programms an neue Anforderungen.

5. Sprachelemente und Programmentwicklung

Turbo Pascal ist eine strukturierte Programmiersprache, d.h. sie unterstützt die strukturierte Programmierung, eine in den 60er Jahren von DIJKSTRA entwickelte Programmentwurfsmethode. In diesem Kapitel werden die Sprachelemente von Turbo Pascal vorgestellt. Schrittweise lernen Sie die Verwendung der Sprachelemente und die Erstellung eigener Programme.

5.1 Programmstruktur

Wird ein Pascal-Programm grob gegliedert, so kann es in 4 Elemente unterteilt werden:

- ► Programmkopf
- ► USES-Anweisung
- ► Deklarationsteil
- ► Hauptprogramm

Jedes vollständige Pascal-Programm muß mindestens aus dem Programmkopf und dem Hauptprogramm bestehen. Die übrigen Teile (USES-Anweisung und Deklarationsteil) sind optional, d.h. sie werden nur bei Bedarf in ein Programm aufgenommen.

Der Programmkopf besteht aus dem reservierten Wort PROGRAM und einem Programmnamen, der nicht mit dem Dateinamen, unter dem das Programm auf der Diskette/Festplatte gespeichert wird, identisch sein muß.

Die USES-Anweisung enthält die Namen sämtlicher Units, die das Programm benutzen soll und die beim Kompilieren eingebunden werden sollen.

Im Deklarationsteil (auch Vereinbarungsteil genannt) werden z.B. globale Konstanten, Variablen und Unterprogramme (Prozeduren und Funktionen) vereinbart, die vom Programm benutzt werden. An dieser Stelle können Sie sich bereits merken, daß alle Konstanten und Variablen, die im Programm benutzt werden sollen, (mit dem Compiler) vereinbart werden müssen.

Das Hauptprogramm enthält eine, oder mehrere Anweisungsblöcke. Es beginnt mit dem reservierten Wort

```
BEGIN
```

und endet mit dem reservierten Wort

```
END.
```

gefolgt von einem Punkt. Um die Lesbarkeit eines Programms zu erhöhen, haben Sie die Möglichkeit, an (fast) jeder beliebigen Stelle im Quelltext eines Programms Kommentarzeilen einzufügen. Diese werden beim Übersetzen vom Compiler ignoriert und dienen ausschließlich der Dokumentation und dem besseren Verständnis des Programmablaufs. Ein Kommentar wird von geschweiften Klammern eingeschlossen:

```
{Dies ist eine Kommentarzeile}
```

Machen Sie von Kommentaren so oft wie möglich Gebrauch, um ein Programm in seinem Ablauf ausführlich zu kommentieren.

Für die Erstellung eines Pascal-Programms lassen sich folgende Regeln aufstellen:

1. Ein Pascal-Programm beginnt mit dem reservierten Wort PROGRAM, gefolgt von einem Programmnamen.

2. Die Vereinbarung von Konstanten, Variablen, Unterprogrammen usw. beginnt jeweils mit einem entsprechenden reservierten Wort (z.B. beginnt die Vereinbarung von Variablen mit dem reservierten Wort VAR).

3. Das Hauptprogramm beginnt mit dem reservierten Wort BEGIN.

4. Jeder Pascal-Befehl endet mit einem Semikolon (;).

5. Anweisungen werden i.allg. von BEGIN und END geklammert, nach BEGIN steht kein Zeichen (z.B. k e i n Semikolon), nach END steht ein Semikolon (;).

6. Das Hauptprogramm endet mit dem reservierten Wort END, dem ein Punkt (.) folgt (END.).

Aus den oben beschriebenen vier Elementen und den sechs Regeln kann der formale Aufbau eines Pascal-Programms wie folgt angegeben werden:

```
PROGRAM programmname;      { Programmkopf   }
USES unit1,unit2,...,unitn; { USES-Anweisung }

{-----------------------------------------------}
{----- Hier beginnt der Vereinbarungsteil -----}
{-----------------------------------------------}


CONST
   { Hier werden die Konstanten vereinbart }

TYPE
   { Hier werden die Datentypen vereinbart }

VAR
   { Hier werden die Variablen vereinbart }


   { Hier werden die Unterprogramme }
   { (Prozeduren und Funktionen)    }
   { vereinbart                     }

{-----------------------------------------------}
{----- Hier endet der Vereinbarungsteil -----}
{-----------------------------------------------}

BEGIN { Hier beginnt das Hauptprogramm }
   { Es folgen die Anweisungen }
   { des Hauptprogramms         }
END.  { Hier endet das Hauptprogramm }
```

Im Vereinbarungsteil haben wir die Deklaration sogenannter LABELs, die in Verbindung mit der GOTO-Anweisung (einem Sprungbefehl) verwendet werden, ausgelassen. Aus der Programmiersprache BASIC sind derartige Sprungbefehle bekannt und werden dort in einem Umfang benutzt, daß einem alleine vom Hinsehen bereits schwindlig wird. Die Verwendung von Sprungbefehlen durchbricht den Anspruch an strukturiertes und übersichtliches Programmieren, so daß wir auf die Behandlung und Verwendung dieser Befehle in diesem Buch ganz verzichten. Jedes mit der GOTO-Anweisung programmierte Problem läßt sich auch mit anderen Strukturen lösen.

Wie bereits weiter oben angedeutet, verwendet Turbo Pascal zur Identifizierung bestimmter Programmteile sog. reservierte Wörter. Diese haben eine ganz bestimmte Bedeutung (das reservierte Wort VAR leitet z.B. die

Variablenvereinbarung ein). Reservierte Wörter sind dem Pascal-System vorbehalten und dürfen nicht für andere Zwecke benutzt werden.

Daneben gibt es noch die sog. Standardbezeichner, wozu z.B. die vordefinierten Namen von Prozeduren und Funktionen zählen, die zum Sprachumfang von Turbo Pascal gehören. Hier ist es durchaus gestattet, diese umzudefinieren und mit anderen Funktionen als den vorgegebenen zu belegen. Obwohl diese Möglichkeit besteht, wird davon abgeraten und vorgeschlagen, Standardbezeichner wie reservierte Wörter zu betrachten. Das Umdefinieren von Standardbezeichnern sollte also dem erfahrenen Programmierer vorbehalten bleiben, da dieses unvorhersehbare und ungewollte Folgen haben könnte. Eine Zusammenstellung aller reservierten Wörter und Standardbezeichner finden Sie im Kapitel 5.1.1 bzw. im Anhang E "Verzeichnis der Routinen".

Darüber hinaus kennt Turbo Pascal noch die benutzerdefinierten Bezeichner. Diese werden, wie der Name bereits sagt, vom Benutzer "geschaffen" und dürfen von beliebiger Länge sein. Benutzerdefinierte Bezeichner bezeichnen Konstanten, Variablen, Datentypen, Prozeduren und Funktionen. Auch der Name eines Programms ist ein solcher Bezeichner. Folgende Zeichen dürfen in derartigen Bezeichnern enthalten sein:

> Großbuchstaben: A..Z
> Kleinbuchstaben: a..z
> Ziffern: 0..9
> Unterstrich: _

Da Turbo Pascal nicht zwischen Groß- und Kleinschreibung unterscheidet, sind die Bezeichner (z.B. für eine Konstante)

> vier und VIER

identisch. Wenn Sie Ihre Bezeichner aus den o.g. Zeichen zusammensetzen, unterliegen Sie nur der Einschränkung, daß der Bezeichner nicht mit einer Ziffer beginnen darf. Gültige Bezeichner sind demnach:

> Dies_ist_ein_sehr_langer_Bezeichner
> _Bezeichner
> GutZuLesen
> wenigergutzulesen
> name1
> a
> _adresse

Ungültige (fehlerhafte) Bezeichner sind dagegen:

9Prozent	(erstes Zeichen ist eine Ziffer)
Zwei,Drei	(Komma nicht erlaubt)
Eins.Vier	(Punkt nicht erlaubt)
Wieviel?	(Sonderzeichen nicht erlaubt)

Obwohl die Bezeichner beliebig lang sein dürfen (der Compiler unterscheidet jedoch nur die ersten 63 Zeichen), sollte ein vernünftiges Maß zwischen Länge und Aussagekraft eines Bezeichners gewählt werden. Wird z.B. eine Konstante vereinbart, die die maximale Anzahl von Datensätzen innerhalb einer Datei angeben soll, so könnte diese wie folgt vereinbart werden:

```
CONST
  maxAnz = 100;
```

Darunter kann man sich mit Sicherheit mehr vorstellen als unter

```
CONST
  m = 100;
```

Bemühen Sie sich also, Ihren Bezeichnern aussagekräftige Namen zu geben. Auch wenn die Tipparbeit für längere Bezeichner etwas größer ist, wird dadurch die Lesbarkeit eines Programms erhöht.

5.1.1 Reservierte Wörter und Standardbezeichner

Reservierte Wörter

ABSOLUTE	END	INLINE	PROCEDURE	TYPE
AND	EXTERNAL	INTERFACE	PROGRAM	UNIT
ARRAY	FILE	INTERRUPT	RECORD	UNTIL
BEGIN	FOR	LABEL	REPEAT	USES
CASE	FORWARD	MOD	SET	VAR
CONST	FUNCTION	NIL	SHL	WHILE
DIV	GOTO	NOT	SHR	WITH
DO	IF	OF	STRING	XOR
DOWNTO	IMPLEMENTATION	OR	THEN	
ELSE	IN	PACKED	TO	

Standardbezeichner

Alle von Turbo Pascal verwendeten Namen, die nicht zu den reservierten Wörtern gehören, werden Standardbezeichner genannt. Hierzu zählen insbesondere die Standard-Prozeduren und -Funktionen. Eine Zusammenfassung und Beschreibung finden Sie im Anhang E "Verzeichnis der Routinen".

5.1.2 Programmentwicklung an einem Beispiel

Auf die besondere Bedeutung der Techniken der Programmentwicklung kann in diesem Buch aus Platzgründen leider nicht ausführlich eingegangen werden.

Kapitel 4 streift die Problematik ein wenig und liefert einen allgemeinen Rahmen. Interessierte Leser seien auf die entsprechende weiterführende Literatur (siehe Literaturverzeichnis im Anhang) verwiesen.

An dieser Stelle soll dem Anfänger an einem Beispiel eine erste Hilfestellung gegeben werden, wie ein Pascal-Programm mit Hilfe einer kurzen "Checkliste" angegangen werden kann. Für die ersten "Gehversuche" in Pascal halten wir die Anwendung eines "Kochrezeptes" für sinnvoller als eine theoretische Abhandlung über Programmentwicklung, die der Anfänger noch gar nicht in den Gesamtzusammenhang einordnen kann.

Aufgabenstellung

Es soll ein Pascal-Programm geschrieben werden, das zwei ganze Zahlen A und B über die Tastatur einliest, deren Summe berechnet und das Ergebnis anschließend ausgibt.

Um eine derartige Aufgabe zu lösen, können die folgenden drei Schritte ausgeführt werden:

1. Schritt

Konkretisierung der Aufgabenstellung und ggf. Unterteilung in kleinere Aufgaben (das Problem in Teilprobleme zerlegen).

2. Schritt

Verbale Lösung der Aufgabenstellung

    a) Bildschirm löschen.

b) Die Variablen A und B müssen über die Tastatur eingelesen werden.

c) Die Summe (A+B) muß berechnet und das Ergebnis einer weiteren Variablen zugewiesen werden.

d) Das Ergebnis muß ausgegeben werden.

e) Um das Programm zu beenden, soll auf das Drücken der <CR>-Taste gewartet werden.

In Kurzform

▶ Bildschirm löschen
▶ Lies A
▶ Lies B
▶ Summe:= A + B;
▶ Drucke SUMME
▶ Warte auf <CR>

3. Schritt

Umsetzung der verbalen Lösung (Kurzform) in Pascal.

```
CLRSCR;
READLN(A);
READLN(B);
SUMME:= A + B;
WRITELN(SUMME);
READLN;
```

Überprüfen wir nunmehr diese 6 Zeilen, die in Pascal geschrieben sind, mit den unter 5.1 genannten Regeln und den 4 Elementen eines Pascal-Programms, so stellen wir folgendes fest:

Das Hauptprogramm beginnt mit dem reservierten Wort BEGIN (Regel 3) und endet mit dem reservierten Wort END, dem ein Punkt folgt (Regel 6). Ergänzen wir unser Programm, so hat es jetzt folgendes Aussehen:

```
BEGIN
  CLRSCR;
  READLN(A);
  READLN(B);
  SUMME:= A + B;
  WRITELN(SUMME);
  READLN;
END.
```

Es fehlt noch der Deklarationsteil, denn es darf ja nur das benutzt werden, was dem Compiler auch bekannt ist. Wir benutzen die drei Variablen A, B und SUMME. Alle drei sollen ganze Zahlen sein. In Pascal
werden diese mit den Datentyp INTEGER vereinbart. Die Deklaration
von Variablen beginnt mit dem reservierten Wort VAR (Regel 2). Variablen gleichen Typs werden durch Kommata voneinander getrennt, der
Datentyp der Variablen von den Namen der Variablen durch einen ":" .
Nunmehr sieht unser Programm wie folgt aus:

```
VAR
  A,B,SUMME: INTEGER;

BEGIN
  CLRSCR;
  READLN(A);
  READLN(B);
  SUMME:= A + B;
  WRITELN(SUMME);
  READLN;
END.
```

Es fehlt nur noch der Programmkopf (Regel 1), der aus dem reservierten
Wort PROGRAM und dem Programmnamen besteht. Als Programmnamen wählen wir ADDITION. Außerdem muß noch die USES-Anweisung
für die Unit CRT eingefügt werden, in der die Prozedur CLRSCR
(Bildschirm löschen) vereinbart ist. Das vollständige Programm lautet
dann:

```
PROGRAM ADDITION;   {ADDITION.PAS}
USES CRT;
VAR
  A,B,SUMME: INTEGER;

BEGIN
  CLRSCR;
  READLN(A);
  READLN(B);
  SUMME:= A + B;
  WRITELN(SUMME);
  READLN;
END.
```

Die letzte READLN-Anweisung bewirkt, daß nach der Ausgabe der
Summe der beiden Zahlen auf ein <CR> gewartet wird. Fehlt dieses
READLN, kehrt Pascal nach der Bildschirmausgabe sofort in die Entwicklungsumgebung zurück, ohne daß Sie die Ausgabe auf dem Bildschirm sehen konnten.

Das kleine Programm ADDITION muß jetzt noch in den Editor eingegeben, gespeichert und getestet werden. Gehen Sie dazu wie folgt vor:

▶ Turbo Pascal starten.
▶ <F3> Datei laden, Dateiname: ADDITION.PAS
Es wird eine neue Datei angelegt!
▶ Eingabe des Programms in den Editor.
▶ <F2> Speichern.
▶ <CTRL F9> Programm starten.

Die Entwicklung des Programms sollte Ihnen einen ersten Eindruck von dem vermitteln, was auf den nächsten Seiten noch auf Sie zukommt. Auch wenn Ihnen einzelne Teile des Programms noch unverständlich erscheinen, so werden Sie mit jedem Kapitel etwas tiefer in die Programmiersprache Turbo Pascal einsteigen und schon bald eigene Programme schreiben können.

Wenn Sie einen Drucker an Ihren Rechner angeschlossen haben, so können Sie sich das Programm ADDITION auch ausdrucken lassen (den Quelltext). Markieren Sie dazu das gesamte Programm als Block (zur Erinnerung: Blockanfang markieren mit <CTRL KB>, Blockende mit <CTRL KK>) und drücken Sie anschließend <CTRL KP>. Damit wird das als Block markierte Programm ADDITION auf dem Drucker ausgegeben.

5.2 Die Ausgabeanweisung WRITE/WRITELN

Informationen, die sich im Rechner befinden, werden mit der Ausgabeanweisung WRITE/WRITELN der "Außenwelt" mitgeteilt. Das Standardausgabegerät ist der Bildschirm. In späteren Kapiteln werden Sie Möglichkeiten kennenlernen, Informationen auch auf anderen Einheiten (z.B. den Drucker) auszugeben.

WRITE gibt einen Text oder Daten aus und läßt den Cursor nach der Ausgabe in derselben Zeile stehen. Die nächste WRITE-/WRITELN-Anweisung schreibt dann in dieser Zeile (hinter der letzten Ausgabe) weiter.

WRITELN gibt ebenfalls einen Text bzw. Daten aus, führt jedoch nach der Ausgabe einen Zeilenvorschub durch und positioniert den Cursor an den Anfang der nächsten Zeile.

Die auszugebenden Texte bzw. Daten dürfen in Form von Konstanten, Variablen oder Ausdrücken vorliegen. Sie werden der Prozedur

WRITE/WRITELN als Argument in Klammern übergeben. Werden mehrere Argumente übergeben, so müssen sie durch Kommmata getrennt werden:

```
WRITE(A,B,INHALT);
```

Soll der Dateninhalt einer Konstanten oder Variablen ausgegeben werden, so lautet die Anweisung

```
WRITE(INHALT);
```

wobei INHALT hier eine (vorher vereinbarte) Variable oder Konstante ist. Soll ein Text auf den Bildschirm geschrieben werden, so wird dieser in Hochkommata gesetzt:

```
WRITE('Dieser Text wird ausgegeben!');
```

Eine Kombination von Text und Konstanten/Variablen ist ebenfalls möglich:

```
WRITE('Dateninhalt der Variablen A: ',A);
```

Turbo Pascal unterscheidet nicht zwischen Groß- und Kleinschreibung. Dies gilt natürlich nur für die Sprachelemente, die zum Programmieren benutzt werden. Auszugebender Text, der in Hochkomma gesetzt wurde, wird so ausgegeben, wie Sie angeben:

```
WRITE('nur kleinschreibung');
WRITE('Gemischte Schreibweise');
```

Wollen Sie auf dem Bildschirm eine Leerzeile erzeugen, so müssen Sie die WRITELN-Anweisung ohne Übergabe von Argumenten benutzen:

```
WRITELN;
```

Bei der bisherigen Anwendung der Anweisung WRITE/WRITELN hatten Sie keine Möglichkeit, die Position der Ausgabe zu bestimmen. Die beiden Befehle CLRSCR und GOTOXY gestatten Ihnen, die Bildschirmposition des Cursors zu beeinflussen.

CLRSCR löscht den Bildschirm und positioniert den Cursor in die linke obere Ecke (1,1). Eine nachfolgende WRITE-Anweisung beginnt mit der Ausgabe von Daten bzw. Text dann an dieser Position. CLRSCR sollte immer am Programmanfang vor der ersten Ausgabe verwendet werden, damit alle nicht von diesem Programm erzeugten Ausgaben vom Bildschirm verschwinden und nicht für unnötige Verwirrung sorgen.

GOTOXY(SPALTE,ZEILE) setzt den Cursor an die durch SPALTE und ZEILE angegebene Bildschirmposition. Damit können Sie sich frei auf dem Bildschirm bewegen und selber bestimmen, an welcher Stelle auf dem Bildschirm eine Ausgabe erscheinen soll. Die Bildschirmkoordinaten für die linke obere Ecke sind (1,1), für die rechte untere Ecke (80,25). Somit setzt GOTOXY(1,1) den Cursor in die linke obere Ecke (HOME-Position), GOTOXY(80,25) in die rechte untere Ecke.

Das abschließende Programm zeigt die Verwendung der Ausgabeanweisungen WRITE/WRITELN und der Befehle CLRSCR und GOTOXY.

```
program Ausgabeanweisungen; {WRITE1.PAS}
uses crt;   { Wird fuer CLRSCR und }
            { GOTOXY benoetigt.    }

begin
  clrscr; { Bildschirm loeschen }
  write('Ausgabe in der 1. Zeile. ');
  write('Gleich dahinter weiter!!');
  gotoxy(10,5);
  writeln('Spalte 10, Zeile 5');
  writeln('Darunter, aber Zeilenanfang!');
  gotoxy(30,18);
  write('Spalte 30, Zeile 18: ');
  write('Kleiner Text');
  gotoxy(1,25);
  write('Ende ---> <CR>-Taste drücken...');
         {---------------------------------}
  readln; { An dieser Stelle müssen Sie später }
          { beim Programmlauf <CR> drücken, um }
          { das Programm zu beenden!!          }
         {---------------------------------}
end.
```

Der Befehl READLN (vorletzte Zeile im Programm) wird im Kapitel 5.4 noch näher erläutert.

5.3 Konstanten- und Variablenvereinbarung

Im Kapitel 5.1 haben wir bereits die allgemeine Struktur eines Pascal-Programms besprochen und den Deklarationsteil als einen Bestandteil genannt. Für ein Pascal-Programm gilt die allgemeine Regel, daß nichts innerhalb eines Programms benutzt werden darf, was nicht vorher (mit dem Compiler) vereinbart worden ist.

Der Vereinbarungsteil beginnt direkt nach der USES-Anweisung oder, wenn diese nicht vorhanden ist, direkt nach dem Programmkopf. Für

jede Art von Vereinbarung (Konstanten, Variablen, Datentypen, Unterprogrammen usw.) stellt Turbo Pascal jeweils ein reserviertes Wort zur
Verfügung, mit dem der entsprechende Vereinbarungsteil beginnt. Er
endet, wenn das nächste, für eine Vereinbarung bestimmte, reservierte
Wort oder das BEGIN des Hauptprogramms auftritt.

Turbo Pascal verlangt keine bestimmte Reihenfolge der Vereinbarungsteile, erlaubt sogar, daß Vereinbarungsteile häufiger auftreten können (es
wird nur gefordert, daß diese vor dem Hauptprogramm stehen). In diesem Kapitel behandeln wir zwei Vereinbarungsteile:

> ▸ Vereinbarung von Konstanten
> ▸ Vereinbarung von Variablen

Die übrigen Vereinbarungsteile werden in den späteren Kapiteln behandelt.

Konstantenvereinbarung

Im Vereinbarungsteil für Konstanten deklarieren Sie Bezeichner, deren
Werte im gesamten Programm stets gleich (also konstant) bleiben. Die
Konstantenvereinbarung beginnt mit dem reservierten Wort

```
CONST
```

worauf die Namen der Bezeichner und deren Werte/Inhalte folgen
(abschließend folgt ein ";"):

```
CONST
  name1 = wert1;
  name2 = wert2;
```

Bei dem zugewiesenen Wert kann es sich um Zahlenwerte, Zeichen oder
Zeichenketten handeln. Der Wert wird dem Bezeichner mit einem "="
zugewiesen.

Beispiel:

```
const
  tp5     = 'Turbo Pascal 5.0'; {Zeichenkette}
  grossA  = 'A';                {Zeichen}
  wurzel2 = 1.414;              {Numerischer Wert}
  laenge  = 20;                 {Numerischer Wert}
```

Den Wert der Konstanten bezeichnet man auch als Dateninhalt. Implizit
wird damit auch der Datentyp einer Konstanten festgelegt. In dem o.g.

Beispiel ist LAENGE, dadurch daß dieser Konstanten der Wert 20 zugewiesen wurde, vom Datentyp INTEGER, WURZEL2 dagegen vom
Datentyp REAL (beide Datentypen werden in den nächsten Abschnitten
noch besprochen).

Wählen Sie für die Bezeichner aussagekräftige Namen. Dadurch erhöht
sich die Lesbarkeit Ihres Programms. Vereinbaren Sie nach Möglichkeit
alle Werte, die Sie im Programm benutzen und die sich nicht verändern,
als Konstante. Dadurch kann ein Programm schnell und einfach an neue
Gegebenheiten angepaßt werden.

Nehmen Sie als Beispiel die gesetzliche Mehrwertsteuer von derzeit 14%.
Angenommen, Sie haben ein Programm geschrieben, das in 100 Pro-
grammzeilen mit dem Wert 14% (=0.14) Berechnungen durchführt. Wenn
Sie die Mehrwertsteuer n i c h t als Konstante vereinbart haben, müssen
Sie bei einer eventuellen Mehrwertsteuer-Erhöhung auf 15% alle 100
Programmzeilen aktualisieren. Haben Sie dagegen folgendes vereinbart

```
const
  Mwst = 0.14;  {Gesetzl. MWST}
```

dann genügt die Veränderung einer einzigen Programmzeile, um das
Programm zu aktualisieren:

```
const
  Mwst = 0.15;  {Gesetzl. MWST}
```

Das ist doch ein wirklich überzeugendes Argument für die Verwendung
von Konstanten in einem Programm, oder nicht?!

Variablenvereinbarung

Variablen sind Bezeichner, denen Zahlen, Buchstaben, Wörter oder andere Objekte zugewiesen werden können. Die Elemente einer Variablen
sind:

Variablenname - Datentyp - Dateninhalt

Im Vereinbarungsteil erhält eine Variable ihren Namen und ihren Datentyp. Der Dateninhalt wird ihr erst, im Gegensatz zu Konstanten, im
Programm zugewiesen und kann jederzeit geändert werden.

Die Variablenvereinbarung beginnt mit dem reservierten Wort

```
VAR
```

worauf die Namen der Variablen folgen. Der Datentyp wird durch einen
":" vom Variablennamen getrennt. Mehrere Variablen gleichen Typs werden durch Kommata getrennt:

```
var
   name1,name2: datentyp1;
   name3      : datentyp2;
   name4      : datentyp3;
```

Als Datentyp sind sowohl die einfachen (wie z.B. INTEGER, REAL,
CHAR, BOOLEAN) als auch zusammengesetzte Datentypen (siehe u.a.
Kapitel 5.9) erlaubt. Nach der Nennung des Datentyps folgt ein Semi-
kolon.

Beispiel:

```
var
   a,b,c: integer;   {Variablen vom Typ INTEGER}
   x,y  : real;      {Variablen vom Typ REAL}
   ok   : boolean;   {Variable vom Typ BOOLEAN}
   ch   : char;      {Variable vom Typ CHAR}
```

Wertzuweisung bei Variablen

Die allgemeine Syntax einer Wertzuweisung lautet:

```
VarName:= wert;
```

wobei der Wert auch ein Ausdruck (z.B. eine Rechenoperation) sein darf.
Es ist darauf zu achten, daß der Wert/Ausdruck vom gleichen Datentyp
ist wie die Variable. Lesen Sie die Wertzuweisung immer von rechts nach
links: Der auf der rechten Seite stehende Wert/Ausdruck wird (eventuell
berechnet und) der auf der linken Seite stehenden Variablen zugewiesen.

Besonders zu beachten ist das Zeichen für die Zuweisung: ":=". Die Variable, der etwas zugewiesen werden soll, steht immer alleine auf der
linken Seite.

Beispiel:

```
a      := 87;              {1. Zuweisung}
x      := -3.2;            {2. Zuweisung}
betrag:= a + ( a * 0.14 ); {3. Zuweisung}
```

1. Zuweisung: Der Wert 87 wird der Variablen A zugewiesen.

2. Zuweisung: Der Wert -3.2 wird der Variablen X zugewiesen.

3. Zuweisung: Das Ergebnis des Ausdrucks (a+(a*0.14)) wird der Variablen BETRAG zugewiesen.

5.3.1 Einfache Datentypen

Zu den einfachen Datentypen zählen wir folgende:

- ▶ ganze Zahlen (INTEGER)
- ▶ Dezimalzahlen (REAL)
- ▶ Zeichen (CHAR)
- ▶ Zeichenketten (STRING)
- ▶ Wahrheitswerte (BOOLEAN)

Mit Variablen, die von einem der o.g. einfachen Datentypen sind, lassen sich verschiedene Operationen durchführen. Einige gelten nur für den speziellen Datentyp, andere (die Vergleichsoperationen) können mit Variablen jeden Datentyps durchgeführt werden.

Die Vergleichsoperationen sind:

>	größer als
<	kleiner als
> =	größer gleich
< =	kleiner gleich
=	gleich
< >	ungleich

Weiter stellt Turbo Pascal eine Reihe von Standard-Funktionen und - Prozeduren zur Verfügung, die im Zusammenhang mit den verschieden Datentypen verwendet werden können. In den nachfolgenden Kapiteln werden wir bei dem entsprechenden Datentyp jeweils einige dieser Standard-Routinen und deren Verwendung aufführen. Weitere sind im Anhang E "Verzeichnis der Routinen" zu finden.

Ganze Zahlen (INTEGER)

Aus dem Bereich der ganzen Zahlen stellt Turbo Pascal insgesamt 5 vordefinierte Datentypen zur Verfügung, die sich in ihrem Wertebereich und damit in dem benötigten Speicherplatz unterscheiden. Sie stellen jeweils Teilmengen der ganzen Zahlen dar:

Datentyp	Wertebereich	Speicherbedarf
SHORTINT	-128..127	1 Byte
INTEGER	-32768..32767	2 Byte
LONGINT	-2147483648..2147483647	4 Byte
BYTE	0..255	1 Byte
WORD	0..65535	2 Byte

Variablen vom Typ INTEGER dürfen keine Dezimalstellen besitzen.

Turbo Pascal hat eine Konstante vom Typ INTEGER vordefiniert, die den größten INTEGER-Wert darstellt:

$$MAXINT = 215 - 1 = 32767$$

Eine Variable vom Typ INTEGER wird wie folgt vereinbart:

```
var
   summe: integer;
```

Folgende Operationen sind mit Variablen vom Typ INTEGER erlaubt:

- ► alle Vergleichsoperationen
- ► Addition   : +
- ► Subtraktion   : -
- ► Multiplikation   : *
- ► Division   : DIV (Ganzzahliges Erg., Rest abgeschn.)
- ► Modulo   : MOD (Rest bei der Division)

Beispiele:

10 + 8	: Ergebnis --->	18
20 - 3	: Ergebnis --->	17
5 * 9	: Ergebnis --->	45
10 DIV 5	: Ergebnis --->	2
12 DIV 5	: Ergebnis --->	2
13 MOD 5	: Ergebnis --->	3

Für einige Operationen im Zusammenhang mit Variablen vom Typ IN-TEGER (aber auch für die noch zu besprechenden Datentypen REAL, CHAR, STRING und BOOLEAN) stellt Turbo Pascal sogenannte Standardfunktionen (das sind bereits vordefinierte Routinen, die eine bestimmte Aufgabe erledigen und ein Ergebnis liefern) zur Verfügung.

Bei der nachfolgenden Aufstellung der Standardfunktionen für Variablen vom Typ INTEGER steht X stellvertretend für eine Variable vom Typ REAL, I für eine Variable vom Typ INTEGER und ERG für eine Variable vom Typ des Ergebnistyps:

ABS(I)   Absolutbetrag der Variablen I.
Ergebnistyp   : INTEGER
Aufruf   : ERG:= ABS(I);
Beispiel   : ERG:= ABS(-27);
                  Ergebnis: 27

ROUND(X)   Gerundeter ganzzahliger Anteil der Variablen X.
Ergebnistyp   : INTEGER
Aufruf   : ERG:= ROUND(X);
Beispiel   : ERG:= ROUND(12.8);
                  Ergebnis: 13

SQR(I)   Quadrat der Variablen I.
Ergebnistyp   : INTEGER
Aufruf   : ERG:= SQR(I);
Beispiel   : ERG:= SQR(5);
                  Ergebnis: 25

TRUNC(X)   Ganzzahliger Anteil der Variablen X (der Rest wird
                  abgeschnitten, nicht gerundet!).
Ergebnistyp   : INTEGER
Aufruf   : ERG:= TRUNC(X);
Beispiel   : ERG:= TRUNC(12.8);
                  Ergebnis: 12

Das nachfolgende Programm bestimmt den Wert von MAXINT, dividiert den Wert durch 10 und gibt den ganzzahligen Anteil und den Rest aus. Um das Programm zu beenden, drücken Sie bitte nach der Bildschirmausgabe <CR>.

```
program DemoInteger; {INTDEMO.PAS}
uses
   crt;  { Unit aus Turbo Pascal 5.0 }
var
   erg : integer; { Ergebnis einer Operation }
   rest: integer; { Rest einer Operation     }

begin
   clrscr; { Bildschirm löschen }
   writeln('Wert von MAXINT: ',maxInt);
   erg := maxint div 10;
   rest:= maxint mod 10;
```

```
writeln('MAXINT div 10  : ',erg);
writeln('MAXINT mod 10  : ',rest);
        {------------------------------------}
readln; { An dieser Stelle müssen Sie später }
        { beim Programmlauf <CR> drücken, um  }
        { das Programm zu beenden!!           }
        {------------------------------------}
end.
```

Formatierte Ausgabe

Variablen vom Typ INTEGER können mit der Ausgabeanweisung WRITE/ WRITELN ausgegeben werden. Wenn I und N vom Typ INTEGER sind, dann wird die Variable I mit der Anweisung

write(I);   mit ihrer tatsächlichen Stellenanzahl und mit
write(I:N)   mit N Stellen ausgegeben.

Beispiel:

Wenn I den Wert 22 hat, dann erfolgt folgende Ausgabe:

```
write(I);   -----> 22
write(I:3); ----->  22
```

Bei der formatierten Ausgabe werden der Variablen I Leerzeichen vorangestellt, wenn N größer als die Stellenanzahl von I ist. Die Anzahl der Leerzeichen beträgt N minus Stellenanzahl von I. In unserem Beispiel wurde der 22 bei der formatierten Ausgabe 1 Leerzeichen vorangestellt.

Ist N dagegen kleiner oder gleich der Stellenanzahl von I, so wird I mit der tatsächlich vorhandenen Anzahl von Stellen ausgegeben.

Besondere Beachtung beim Umgang mit Variablen vom Typ INTEGER verlangen die beiden folgenden Fälle, die in der Praxis häufiger vorkommen können:

1. Fall

Es sei folgendes Programm gegeben:

```
program IntTest;
var
  x,y: real;
  i  : integer;

begin
  x:= 3;
```

```
    y:= 4;
    i:= x * y;   {Fehlermld. ---> Error 26: Type mismatch}
end.
```

Das Ergebnis der Multiplikation lautet 12 (würden Sie sagen!?). Tatsächlich ist das Ergebnis jedoch 12.0 und damit vom Typ REAL. Bei der Zuweisung des Ergebnisses an eine Variable vom Typ INTEGER liegt damit ein sog. Typkonflikt vor, der vom Compiler angezeigt wird. Das Ergebnis einer Operation mit einer oder mehreren Variablen vom Typ REAL hat als Ergebnis immer wieder den Datentyp REAL.

2. Fall

Es sei folgendes Programm gegeben:

```
program NochEinTest;
var
  a,b,i: integer;

begin
  a:= 450;
  b:= 900;
  i:= 100 * b div a;
  write(i);
  readln;
end.
```

Jetzt sind Sie aber ganz sicher, daß hier alles in Ordnung ist!? Leider wieder gefehlt! Das Ergebnis lautet 200. Ein INTEGER-Wert. Richtig! Aber leider stellt der Compiler bei der Berechnung des Produktes (100 * b) fest, daß das Ergebnis außerhalb des zulässigen Bereiches für Zahlen vom Typ INTEGER liegt und liefert nicht mehr das gewünschte Ergebnis. Dieser Fehler ist in einem Programm zwar schwieriger zu entdecken, er läßt sich aber ebenso einfach beheben: Setzen Sie einfach die Klammern anders:

```
i:= 100 * (b div a);
```

Behalten Sie diese beiden "Problemfälle" beim Programmieren bitte im Auge.

Dezimalzahlen (REAL)

Eine Dezimalzahl wird auch Fließkommazahl genannt und kann sowohl vor als auch hinter dem Dezimalpunkt Ziffern enthalten. Turbo Pascal stellt insgesamt 4 vordefinierte Typen aus dem Bereich der Dezimalzahlen zur Verfügung, die jeweils Teilmengen der reellen Zahlen sind:

Datentyp	Wertebereich	Speicherbedarf
REAL	2.9*10-39..1.7*1038	6 Byte
SINGLE	1.5*10-45..3.4*1038	4 Byte
DOUBLE	5.0*10-324..1.7*10308	8 Byte
EXTENDED	1.9*10-4951..1.1*104932	10 Byte
COMP	-263..263-1	8 Byte

Der Datentyp COMP kann nur ganzzahlige Wert in dem o.g. Bereich annehmen. Für einen Rechner ohne Coprozessor bzw. ohne Emulation eines solchen steht Ihnen nur der Datentyp REAL zur Verfügung. Wir werden uns in diesem Buch auch nur auf diesen Datentyp beziehen. Alle Beispielprogramme kommen ohne die anderen Datentypen aus, sie seien hier nur der Vollständigkeit halber genannt. Eine Variable vom Typ REAL wird wie folgt vereinbart:

```
var
   preis: real;
```

Folgende Operationen sind mit Variablen vom Typ REAL erlaubt:

- ▶ alle Vergleichsoperationen
- ▶ Addition : +
- ▶ Subtraktion : -
- ▶ Multiplikation: *
- ▶ Division : / (Ergebnis vom Typ REAL)

Nachfolgend noch die Zusammenstellung der Standardfunktionen für Variablen vom Typ REAL. Dabei steht X stellvertretend für eine Variable vom Typ REAL, I für eine Variable vom Typ INTEGER, Y entweder für eine Variable vom Typ REAL oder INTEGER und ERG für eine Variable vom Typ des Ergebnistyps:

ABS(X)	Absolutbetrag der Variablen X.
Ergebnistyp	: REAL
Aufruf	: ERG:= ABS(X);
Beispiel	: ERG:= ABS(-27.4);
	Ergebnis: 27.4

COS(Y)	Cosinus der Variablen Y (Y im Bogenmaß gemessen).
Ergebnistyp	: REAL
Aufruf	: ERG:= COS(Y);

Beispiel	: ERG:= COS(pi); Ergebnis: -1.0
EXP(Y) Ergebnistyp Aufruf Beispiel	Ergebnis der Exponentialfunktion ex. : REAL : ERG:= EXP(Y); : ERG:= EXP(1); Ergebnis: 2.718
FRAC(X) Ergebnistyp Aufruf Beispiel	Nicht-ganzzahliger Anteil der Variablen X. : REAL : ERG:= FRAC(X); : ERG:= FRAC(12.345); Ergebnis: 0.345
INT(X) Ergebnistyp Aufruf Beispiel	Ganzzahliger Anteil der Variablen X. : REAL : ERG:= INT(X); : ERG:= INT(12.345); Ergebnis: 12.0
LN(Y) Ergebnistyp Aufruf Beispiel	Natürlicher Logarithmus der Variablen Y. : REAL : ERG:= LN(Y); : ERG:= LN(2.7182818); Ergebnis: 1.0
SIN(Y) Ergebnistyp Aufruf Beispiel	Sinus der Variablen Y (Y im Bogenmaß gemessen). : REAL : ERG:= SIN(Y); : ERG:= SIN(pi/2); Ergebnis: 1.0
SQR(X) Ergebnistyp Aufruf Beispiel	Quadrat der Variablen X. : REAL : ERG:= SQR(X); : ERG:= SQR(2.1); Ergebnis: 4.41
SQRT(Y) Ergebnistyp Aufruf	Quadratwurzel der Variablen Y. : REAL : ERG:= SQRT(Y);

Beispiel   : ERG:= SQRT(2);
                Ergebnis: 1.414

Das nachfolgende Programm berechnet die Seitenlänge C und die Fläche
eines rechtwinkligen Dreiecks mit den beiden gegebenen Seiten a = 3 cm
und b = 4 cm. Die Berechnung der Seite C erfolgt nach dem Satz des
Pythagoras.

```
program Rechtw_Dreieck; {DREIECK.PAS}
uses
  crt;  { Unit aus Turbo Pascal 5.0 }

const
  a = 3;  { Länge der Seite A in cm }
  b = 4;  { Länge der Seite B in cm }

var
  c,              { Zu berechnende Seite C }
  flaeche: real; { Flaeche des Dreiecks   }

begin
  clrscr;
  writeln('Rechtwinkliges Dreieck');
  writeln;
  writeln('   a = 3 cm,  b = 4 cm');
  writeln;
  c:= sqrt(sqr(a) + sqr(b));
  flaeche:= a * b /2;
  writeln('Länge der Seite C  : ',c:6:2,' cm');
  writeln('Fläche des Dreiecks: ',flaeche:6:2,' qcm');
  readln;
end.
```

Formatierte Ausgabe

Variablen vom Typ REAL können mit der Ausgabeanweisung WRITE/
WRITELN ausgegeben werden. Wenn X vom Typ REAL ist, GESAMT
und NACH vom Typ INTEGER, dann wird die Variable X mit der
Anweisung

> WRITE(X);   in der Fließkomma-Notation ausgegeben

> WRITE(X:GESAMT:NACH);
>   mit insgesamt GESAMT-Stellen, davon NACH-
>   Stellen hinter dem Dezimalpunkt, ausgegeben.

Bei der formatierten Ausgabe werden der Variablen X Leerzeichen
vorangestellt, wenn GESAMT größer als die Stellenanzahl von X ist.

Zeichen (CHAR)

Der Datentyp CHAR umfaßt alle Zeichen aus dem ASCII-Zeichensatz (ASCII = American Standard Code for Information Interchange). Bei den Zeichen handelt es sich um Buchstaben, Ziffern, Sonderzeichen, grafische Zeichen und sog. Steuerzeichen.

Jedes Zeichen hat in dem Zeichensatz durch seine Ordnungsnummer (0..255) einen festen Platz. Diese Reihenfolge ist für Größenvergleiche und Sortier-Routinen von großer Wichtigkeit.

Der ASCII-Zeichensatz wird in zwei Bereiche unterteilt:

      0..127   Standard-Zeichensatz
   128..255   Erweiterter ASCII-Zeichensatz

Der Standard-Zeichensatz wird von allen Computer-Herstellern unterstützt, beim erweiterten ASCII-Zeichensatz kann es zwischen den einzelnen Herstellern zu Abweichungen kommen. Eine ASCII-Tabelle finden Sie im Anhang B.

Folgende Bereiche werden häufiger benötigt:

      0.. 31   Steuerzeichen
    48.. 57   Ziffern
    65.. 90   Großbuchstaben
    97..122   Kleinbuchstaben
  179..218   grafische Zeichen (z.B. für Umrandungen)

Werden Zeichen als Konstante vereinbart oder Variablen zugewiesen, so stehen sie immer zwischen Hochkommata:

```
const
  gleich = '=';
  kleinA = 'a';

var
  ch: char;
```

Mit der Vereinbarung der Variablen CH vom Datentyp CHAR ist folgende Zuweisung zulässig:

```
ch:= 'Y';
```

Die Zuweisung

```
ch:= 'YY';
```

ist dagegen nicht erlaubt, da es sich bei YY nicht mehr um nur ein Zeichen, sondern um eine Zeichenkette handelt. Folgende Operationen sind mit Variablen vom Typ CHAR erlaubt:

► alle Vergleichsoperationen

Nachfolgend die Zusammenstellung der Standardfunktionen für Variablen vom Typ CHAR. Dabei steht CH stellvertretend für eine Variable vom Typ CHAR, I für eine Variable vom Typ INTEGER und ERG für eine Variable vom Typ des Ergebnistyps:

CHR(I)	Liefert das entspr.Zeichen der Variablen I.
Ergebnistyp	: CHAR
Aufruf	: ERG:= CHR(I);
Beispiel	: ERG:= CHR(65);
	Ergebnis: 'A'

ORD(CH)	Ordnungsnummer der Variablen CH.
Ergebnistyp	: INTEGER
Aufruf	: ERG:= ORD(CH);
Beispiel	: ERG:= ORD('A');
	Ergebnis: 65

PRED(CH)	Vorgänger der Variablen CH.
Ergebnistyp	: CHAR
Aufruf	: ERG:= PRED(CH);
Beispiel	: ERG:= PRED('S');
	Ergebnis: 'R'

SUCC(CH)	Nachfolger der Variablen CH.
Ergebnistyp	: CHAR
Aufruf	: ERG:= SUCC(CH);
Beispiel	: ERG:= SUCC('B');
	Ergebnis: 'C'

Das nachfolgende Programm benutzt die Konstante CH = 'R', um die o.g. Standardfunktionen zu demonstrieren.

```
program charDemo;  {CHARDEMO.PAS}
uses
  crt;  { Unit aus Turbo Pascal 5.0 }
```

```
const
  ch = 'R';

begin
  clrscr;
  writeln('Das Bezugszeichen lautet: ',ch);
  writeln('Die Ordnungsnummer       : ',ord(ch));
  writeln('Das Vorgängerzeichen     : ',pred(ch));
  writeln('Das Nachfolgerzeichen    : ',succ(ch));
  readln;
end.
```

Formatierte Ausgabe

Variablen vom Typ CHAR können mit der Ausgabeanweisung WRITE/WRITELN ausgegeben werden. Wenn CH vom Typ CHAR und N vom Typ INTEGER ist, dann wird die Variable CH mit der Anweisung

WRITE(CH);   mit einer Stelle ausgegeben

WRITE(CH:N);   mit N Stellen ausgegeben, wobei führende Stellen mit Leerzeichen aufgefüllt werden.

Zeichenketten (STRING)

Eine Variable vom Typ STRING ist eine Aneinanderreihung von Zeichen des Datentyps CHAR zu einer Zeichenkette. Turbo Pascal unterstützt Zeichenketten bis zu einer maximalen Länge von 255 Zeichen. Ein String, der kein Zeichen enthält, hat die Länge 0 und wird Null- oder Leer-String genannt. Die aktuelle Länge einer Zeichenkette bezeichnet man auch als dynamisch, da sich ihre Länge mit der Anzahl der enthaltenen Zeichen dynamisch ändert. Eine Variable vom Typ STRING wird wie folgt vereinbart:

```
var
  st: string;
```

Damit kann im Programm eine Variable benutzt werden, die maximal 255 Zeichen enthalten kann. Soll die maximale Länge einer Zeichenkette verringert werden, so geschieht dies durch die Angabe eines INTEGER-Wertes, der in eckigen Klammern dem reservierten Wort STRING folgt:

```
var
  st: string[15];
```

Damit wurde eine Zeichenkette vereinbart, die maximal 15 Zeichen enthalten darf. Sie kann zwar weniger, aber niemals mehr als die angegebenen Zeichen enthalten. Werden Strings als Konstante vereinbart oder Variablen zugewiesen, so stehen sie immer zwischen Hochkommata:

```
const
  tp5  = 'Turbo Pascal 5.0';
  name = 'Ulrich Stein';

var
  st: string;
```

Mit der Vereinbarung der Variablen ST vom Datentyp STRING ist folgende Zuweisung zulässig:

```
st:= 'Eine Zuweisung!';
```

Auf jedes Zeichen der Zeichenkette kann einzeln zugegriffen werden, indem die Position des Zeichens in eckigen Klammern hinter den Namen der Zeichenkette gesetzt wird:

```
st:= 'Turbo Pascal';
write(st[7]);
```

Mit der WRITE-Anweisung wird das 7. Zeichen (das "P") der Zeichenkette ausgegeben.

Das Ergebnis des Zugriffs auf ein einzelnes Zeichen einer Zeichenkette ist vom Typ CHAR, wodurch mit der Vereinbarung

```
VAR
  ch: CHAR;
```

die Zuweisung

```
ch:= st[7];
```

zulässig ist (die Variable CH enthält damit das 7. Zeichen der o.g. Zeichenkette, ein "P"). Mit der Vereinbarung

```
var
  st: string[1];
```

wird eine Zeichenkette der maximalen Länge 1 deklariert. Obwohl dieser String aus nur einem Zeichen besteht, ist er nicht identisch mit einer Variablen vom Typ CHAR.

Eine Variable vom Typ STRING[1] besteht nicht nur aus diesem einen Zeichen, sondern besitzt außerdem noch ein nicht-sichtbares 0. Zeichen, in dem die Länge der Zeichenkette gespeichert ist. Mit der Vereinbarung

```
VAR
   ch: CHAR;
   st: STRING[1];
```

und der Zuweisung

```
ch:= st;
```

kann das eine (sichtbare) Zeichen der Zeichenkette ST nicht der Variablen CH zugewiesen werden, da es sich hierbei um einen Typkonflikt handelt (einer Variablen vom Typ CHAR soll der Dateninhalt einer Variablen vom Typ STRING zugewiesen werden!) und der Compiler mit der Fehlermeldung

```
Error 26: Type mismatch
```

reagiert. Die Zuweisung

```
ch:= st[1];
```

führt dagegen zu keiner Fehlermeldung, da, wie bereits oben beschrieben, das Ergebnis des Zugriffs auf ein einzelnes Zeichen einer Zeichenkette vom Typ CHAR ist und damit kein Typkonflikt vorliegt. Variablen vom Typ STRING dürfen alle Zeichen des ASCII-Zeichensatzes enthalten, eingeschlossen den Steuer- und Control-Zeichen.

Der ASCII-Code 7 enthält den Piepton. Um den Rechner zu veranlassen, zweimal den Piepton ertönen zu lassen, sind folgende Anweisungen gleichberechtigt:

```
write(^G^G);        bzw.        write(#7#7);
```

Wie Sie sehen, wird ein Control-Code mit dem Zeichen "^" eingeleitet, ein numerischer Wert mit einem vorangestellten "#". Zu beachten ist, daß die so angegebenen Zeichen nicht durch Kommata getrennt werden! Selbstverständlich lassen sich auch alle anderen Zeichen auf diese Weise ausgeben:

```
write(#65#66#67);
```

gibt "ABC" aus. Folgende Operationen sind mit Variablen vom Typ STRING erlaubt:

► alle Vergleichsoperationen
► Addition von Strings: +

Beispiel:

Das nachfolgende Programm addiert (verkettet) zwei Zeichenketten und gibt das Ergebnis aus:

```
program stringKette;  {STRKETTE.PAS}
var
  st1,st2: string[10];
  st3    : string[20];
begin
  st1:= 'Turbo ';
  st2:= 'Pascal';
  writeln('Erste  Zeichenkette: ',st1);
  writeln('Zweite Zeichenkette: ',st2);
  st3:= st1 + st2;
  writeln('Beide verketten    : ',st3);
  readln;
end.
```

Nachfolgend noch eine Zusammenstellung der Standardfunktionen und -Prozeduren für Variablen vom Typ STRING. Dabei stehen ST und ST1 stellvertretend für Variablen vom Typ STRING, I und J für Variablen vom Typ INTEGER, X für eine Variable vom Typ REAL oder INTE-GER und ERG für eine Variable vom Typ des Ergebnistyps:

CONCAT(ST,ST1,...)   Addiert (verkettet) mehrere Zeichenketten miteinander.

Ergebnistyp   : STRING
Aufruf   : ERG:= CONCAT(ST,ST1,...);
Beispiel   : ST := 'Turbo '; ST1:= 'Pascal';
ERG:= CONCAT(ST,ST1);
Ergebnis: 'Turbo Pascal'

COPY(ST,I,J)   Kopiert aus der Zeichenkette ST ab der Stelle I einen Teil der Länge J.

Ergebnistyp   : STRING
Aufruf   : ERG:= COPY(ST,I,J);
Beispiel   : ST:= 'Turbo Pascal';
ERG:= COPY(ST,7,6);
Ergebnis: 'Pascal'

DELETE(ST,I,J)   Löscht aus dem String ST ab der Position I genau J Zeichen.

Ergebnistyp   : Keiner, da Prozedur

Aufruf	: DELETE(ST,I,J);
Beispiel	: DELETE('Turbo Pascal,6,7);
	WRITE(ST) liefert dann:
	'Turbo'

INSERT(ST,ST1,I)	Fügt die Zeichenkette ST in den String ST1 ab der Position I ein.
Ergebnistyp	: Keiner, da Prozedur
Aufruf	: INSERT(ST,ST1,I);
Beispiel	: INSERT('bo ','TurPascal,4);
	WRITE(ST1) liefert dann:
	'Turbo Pascal'

LENGTH(ST)	Liefert die Länge der Variablen ST.
Ergebnistyp	: INTEGER
Aufruf	: ERG:= LENGTH(ST);
Beispiel	: ERG:= LENGTH('TURBO');
	Ergebnis: 5

POS(ST,ST1)	Liefert die Position des ersten Auftretens des Strings ST in der Zeichenkette ST1.
Ergebnistyp	: INTEGER
Aufruf	: ERG:= POS(ST,ST1);
Beispiel	: ST := 'Pas';
	ST1:= 'Turbo Pascal';
	ERG:= POS(ST,ST1);
	Ergebnis: 7

STR(I,ST)	Wandelt den INTEGER-Wert I in einen String um.
Ergebnistyp	: Keiner, da Prozedur
Aufruf	: STR(I,ST);
Beispiel	: STR(125,ST);
	WRITE(ST) liefert dann:
	'125'

VAL(ST,X,I)	Der String ST wird in einen Wert vom Typ REAL oder INTEGER umgewandelt, abhängig davon, von welchem Datentyp X vereinbart wurde. ST muß den Anforderungen an numerische Werte genügen. Tritt bei der Umwandlung ein Fehler auf, so ist die Position in der Variablen I gespeichert. Bei fehlerfreier Um-

wandlung enthält I den Wert 0 und X den um-
gewandelten Wert.

Ergebnistyp	: Keiner, da Prozedur
Aufruf	: VAL(ST,X,I);
Beispiel 1	: VAL('12.68',X,I);

WRITE(X,I) liefert dann für X und I
folgende Werte: X ---> 12.68
I ---> 0

Beispiel 2   : VAL('12,68',X,I);
WRITE(X,I) liefert dann für X und I
folgende Werte: X ---> 0
I ---> 3
da an der dritten Stelle bei der Umwandlung
ein Fehler aufgetreten ist (Ein "," ist nicht erlaubt!).

Variablen vom Typ STRING können mit der Ausgabeanweisung WRITE/
WRITELN ausgegeben werden. Wenn ST vom Typ STRING und N vom
Typ INTEGER ist, dann wird die Variable ST mit der Anweisung

WRITE(ST);   mit der tatsächlichen Stellenanzahl ausgegeben

WRITE(ST:N);   mit N Stellen ausgegeben, wobei führende Stellen
mit Leerzeichen aufgefüllt werden, wenn
LENGTH(ST) < N.

Wahrheitswerte (BOOLEAN)

Eine Variable vom Typ BOOLEAN kann nur zwei Werte annehmen:
FALSE (falsch) oder TRUE (wahr). Vom Wert einer boolschen Variablen
hängt häufig der weitere Verlauf eines Pascal-Programms ab. Die bereits
besprochenen Vergleichsoperationen liefern als Ergebnis ebenfalls Werte
vom Typ BOOLEAN. Ein Ausdruck wie

a < b

liefert als Ergebnis

TRUE, wenn a < b
FALSE, wenn a >= b.

Bei der Behandlung der Entscheidungen (Kapitel 5.6) werden wir darauf
noch zurückkommen.

Ausdrücke setzen sich aus Operatoren und Operanden zusammen. In dem Ausdruck (a < b) ist "<" der Operator, A und B sind die Operanden und stehen stellvertretend für Variablen beliebigen Typs, wobei jedoch A und B vom gleichen Datentyp sein müssen. Eine Variable vom Typ BOOLEAN wird wie folgt vereinbart:

```
var
   ok: boolean;
```

Folgende Operationen sind mit Variablen vom Typ BOOLEAN erlaubt:

- ▶ alle Vergleichsoperationen (wobei FALSE < TRUE gilt!)

Weiterhin stehen folgende boolsche Operationen zur Verfügung, wobei A und B stellvertretend für Variablen vom Typ BOOLEAN stehen (AND, OR, XOR und NOT sind boolsche Operatoren):

- ▶ A AND B   logisches UND
- ▶ A OR B   logisches ODER
- ▶ A XOR B   logisches ENTWEDER ODER
- ▶ NOT A   NICHT A (Negation von A)

Nachfolgend noch eine Standardfunktion für Variablen vom Typ BOOLEAN, wobei I stellvertretend für eine Variable vom Typ INTEGER steht:

ODD(I)	Liefert TRUE, wenn Variable I ungerade ist.
Ergebnistyp	: BOOLEAN
Aufruf	: ERG:= ODD(I);
Beispiel	: ERG:= ODD(15);
	Ergebnis: TRUE

Verknüpfungstabelle für logische Operationen

(A,B: Variablen vom Typ BOOLEAN, T = TRUE, F = FALSE):

A	B	A AND B	A OR B	A=B	A<>B	A<B	NOT A
T	T	T	T	T	F	F	F
T	F	F	T	F	T	F	F
F	F	F	F	T	F	F	T
F	T	F	T	F	T	T	T

5.4 Die Eingabeanweisung READ/READLN

Mit der Funktion READ/READLN können einem Programm Werte von der Tastatur übergeben werden. Die Anweisung

```
readln(varName);
```

erwartet vom Benutzer eine Eingabe von der Tastatur, die mit <CR> abgeschlossen wird. Der Eingabewert wird in der Variablen VARNAME gespeichert und kann dann im Programm weiter verarbeitet werden.

Es ist sehr genau darauf zu achten, daß der eingegebene Wert vom selben Datentyp ist wie die Variable, in der der Eingabewert gespeichert werden soll. Ggf. sind Kontrollroutinen einzubauen, die fehlerhafte Eingaben abfangen. Jede Eingabe eines Wertes, der nicht vom erwarteten Datentyp ist, führt beim weiteren Programmablauf unweigerlich zu einem Laufzeit-Fehler, wodurch die Programmausführung abgebrochen wird. Am sichersten ist es, jeden Wert in eine Variable vom Typ STRING einzulesen und anschließend in den gewünschten Datentyp zu konvertieren. Die Konvertierungs-Routinen müssen dann die notwendigen Kontrollstrukturen enthalten, um Fehleingaben zu verhindern.

Die Unit T_IO (Kapitel 6.3.3) enthält einige solcher Routinen, mit denen eine STRING-Variable in einen anderen Datentyp (z.B. in INTEGER- und REAL-Werte) umgewandelt werden kann. In den bisherigen Programmen haben wir am Ende bereits jeweils die Anweisung

```
readln;
```

eingefügt, um das Programm solange anzuhalten, bis die <CR>-Taste gedrückt wurde. Damit wurde verhindert, daß nach der Programmausführung sofort wieder in die Entwicklungsumgebung zurückgekehrt wurde, ohne daß Sie die Ausgaben des Programms auf dem Bildschirm sehen konnten. Die Anweisung

```
readln;
```

erwartet also die Eingabe eines Zeilenvorschubes (<CR>). Um READ/READLN sinnvoll in einem Programm benutzen zu können, ist es in den meisten Fällen erforderlich, eine WRITE/WRITELN-Anweisung voranzustellen, die die Eingabe erläutert:

```
write('Geben Sie Ihren Namen ein: ');
readln(name);
```

Die Ausgabe eines vorangestellten Textes ist sicherlich informativer, als wenn nur irgendwo auf dem Bildschirm der Cursor blinkt und dadurch angezeigt wird, daß eine Eingabe erwartet wird.

Es besteht auch die Möglichkeit, mit einer READLN-Anweisung mehrere Variablen einzulesen:

```
readln(varName1,varName2,varName3,...);
```

Die READ-Anweisung ist beim Lesen von Daten aus einer Diskettendatei (siehe hierzu Kapitel 5.10) von Bedeutung, nicht jedoch bei den hier besprochenen Tastatureingaben. Daher wird an dieser Stelle nicht weiter darauf eingegangen.

Das Beispielprogramm KREIS zeigt Ihnen die Verwendung der READLN-Anweisung. Es liest Ihren Vornamen und den Radius eines Kreises ein. Anschließend wird der Umfang und die Fläche des Kreises berechnet und ausgegeben. Am Ende des Programms werden Sie aufgefordert, die <CR>-Taste zu drücken, um das Programm zu beenden.

```
program kreisBerechnung; {KREIS.PAS}
uses
  crt;  { Unit aus Turbo Pascal 5.0 }

var
  vorname : string[20];  { Ihr Vorname }
  radius,
  flaeche,
  umfang  : real;

begin
  clrscr;
  write('Geben Sie Ihren Vornamen ein: ');
  readln(vorname);
  writeln;
  write(vorname,', bitte gib einen Radius ein: ');
  readln(radius);
  flaeche:= pi * sqr(radius);
  umfang := 2 * pi * radius;
  writeln;
  write('Berechnung des Kreises ');
  writeln('mit dem Radius ',radius:6:2);
  writeln;
  writeln('Die Fläche beträgt: ',flaeche:6:2);
  writeln('Der Umfang beträgt: ',umfang:6:2);
  gotoxy(1,25);
  write('Bitte <CR> drücken...');
  readln;
end.
```

5.4.1 Die Funktion READKEY

Mit der Funktion READKEY kann von der Tastatur ein Zeichen gelesen werden, ohne daß es auf dem Bildschirm sichtbar wird (ohne Echo). Der Aufruf erfolgt mit einer Variablen vom Typ CHAR:

```
ch:= readkey;
```

Nach diesem Aufruf ist das gedrückte Zeichen in der Variablen CH gespeichert und kann weiterverarbeitet werden.

Kapitel 6.3.9 "Die Unit _EINGABE" behandelt u.a. die erweiterten Möglichkeiten von READKEY.

5.4.2 Die Funktion KEYPRESSED

Mit der Funktion KEYPRESSED wird geprüft, ob eine Taste gedrückt wurde. Anwendungen finden Sie z.B. im Kapitel 5.5 "Schleifen". Das Ergebnis der Funktion ist vom Typ BOOLEAN. Ein Aufruf, in Verbindung mit einer REPEAT-Schleife, könnte z.B. wie folgt lauten:

```
...;
WRITELN('FATAL ERROR! --> Programm-Abbruch!');
WRITE('Bitte eine Taste drücken...');
repeat
   write(^G); { Piepton, bis Taste gedrückt wurde }
until keypressed;
...;
```

KEYPRESSED prüft nur, ob eine Taste gedrückt wurde, nicht welche! Das entsprechende Zeichen wird nicht abgerufen. Nachfolgende Aufrufe von KEYPRESSED liefern solange das Ergebnis TRUE, bis das eingegebene Zeichen tatsächlich z.b. mit READKEY abgerufen wurde.

5.5 Schleifen

Wir wollen dieses Kapitel mit einer kleinen Aufgabe beginnen:

Aufgabenstellung:

Es soll ein Pascal-Programm geschrieben werden, das 5 Zahlen von der Tastatur einliest, deren Summe berechnet und ausgibt. Um die Aufgabe zu lösen, benötigen wir im Programm zwei Variablen vom Typ REAL.

Die eine Variable (SUM) enthält die Summe der eingegebenen Zahlen, sie wird am Anfang auf 0 gesetzt. Die zweite Variable (X) enthält die jeweils aktuelle Zahl, sie wird jeweils zu SUM addiert. Am Ende des Programms wird der Wert der Variablen SUM mit einer WRITE-Anweisung ausgegeben.

Die Lösung als Pascal-Programm könnte wie folgt aussehen:

```
program addition {ADD.PAS}
uses
  crt;  { Unit aus Turbo Pascal 5.0 }

var
  sum,          { Summe der Zahlen }
  x   : real; { Eingelesene Zahl }

begin
  clrscr;
  sum:= 0;  { Summe auf Null setzen }
  {------------------------------------}
  { 1. Zahl einlesen und SUM berechnen }
  {------------------------------------}
  write('1. Zahl eingeben: ');
  readln(x);
  sum:= sum + x;
  {------------------------------------}
  { 2. Zahl einlesen und SUM berechnen }
  {------------------------------------}
  write('2. Zahl eingeben: ');
  readln(x);
  sum:= sum + x;
  {------------------------------------}
  { 3. Zahl einlesen und SUM berechnen }
  {------------------------------------}
  write('3. Zahl eingeben: ');
  readln(x);
  sum:= sum + x;
  {------------------------------------}
  { 4. Zahl einlesen und SUM berechnen }
  {------------------------------------}
  write('4. Zahl eingeben: ');
  readln(x);
  sum:= sum + x;
  {------------------------------------}
  { 5. Zahl einlesen und SUM berechnen }
  {------------------------------------}
  write('5. Zahl eingeben: ');
  readln(x);
  sum:= sum + x;
  {------------------------------------}
  { Summe ausgeben u. Prg beenden      }
  {------------------------------------}
  writeln;
  writeln('Die Summe beträgt: ',sum:10:2);
  gotoxy(1,25);
```

```
    write('Bitte <CR> drücken...');
    readln;
end.
```

Wie Sie vielleicht bemerkt haben, wiederholen sich die drei folgenden
Anweisungen insgesamt fünf mal. Sie unterscheiden sich nur durch die
Ziffer, die die I. Zahl anfordert (I = 1,2,3,4,5):

```
    write('I. Zahl eingeben: ');
    readln(x);
    sum:= sum + x;
```

Wir haben es hier offensichtlich mit einer Wiederholung von gleichen
Anweisungen zu tun. Wiederholungen werden in Pascal als Schleifen
bezeichnet, womit wir beim Thema dieses Kapitels wären.

Turbo Pascal stellt Strukturen zur Verfügung, die es erlauben, einen
Anweisungsblock mehrmals auszuführen, ihn also zu wiederholen.

Stellen Sie sich einmal vor, in dem o.g. Beispiel sollten nicht nur fünf
Werte, sondern 100 Werte addiert werden. Der Anweisungsblock mit den
drei Anweisungen müßte demnach 100 mal in ein Programm aufgenommen werden!

Das Wesentliche beim Einsatz von Schleifen ist die Entscheidung, wie oft
der Anweisungsblock wiederholt bzw. wann der Schleifendurchlauf
beendet werden soll.

Turbo Pascal stellt insgesamt drei Schleifenarten zur Verfügung. Sie unterscheiden sich nach der Art der Kontrollstruktur, die den Schleifendurchlauf beendet:

▶ Bei der FOR-Schleife ist die Anzahl der Schleifendurchläufe bereits
   vor dem Beginn des ersten Schleifendurchlaufs bekannt.

▶ Die REPEAT-Schleife prüft die sog. Abbruchbedingung jeweils am
   Ende des Schleifendurchlaufs. Ist die Bedingung erfüllt (TRUE), wird
   die Schleife verlassen.

▶ Die WHILE-Schleife prüft die Abbruchbedingung bereits vor dem
   ersten Schleifendurchlauf. Ist die Bedingung nicht erfüllt (also
   FALSE), werden die Anweisungen innerhalb der Schleife nicht ausgeführt.

Jede der drei Schleifen hat ihre Berechtigung und einen bestimmten Anwendungsbereich. Die REPEAT- und die WHILE-Schleife haben eine gewisse Ähnlichkeit und können prinzipiell gegeneinander ausgetauscht werden.

5.5.1 Die FOR-Schleife

Mit Hilfe der FOR-Schleife läßt sich die Aufgabe, fünf Zahlen zu addieren, viel einfacher und kürzer lösen. Sehen Sie sich zuerst das veränderte Programm an. Im Anschluß daran werden wir die allgemeine Struktur der FOR-Schleife behandeln.

```
program additionMitFOR;  {FOR1.PAS}
uses
   crt;  { Unit aus Turbo Pascal 5.0 }

const
   EndWert = 5; { Anz. Schleifendurchläufe }

var
   i  : integer; { Zaehlvariable    }
   x,            { Eingelesene Zahl }
   sum: real;    { Summe der Zahlen }

begin
   clrscr;
   sum:= 0;  { Summe auf Null setzen }
   {-------------------------------------}
   { Zahlen einlesen und SUM berechnen   }
   {-------------------------------------}
   for i:= 1 to EndWert do
   begin
      write(i,'. Zahl eingeben: ');
      readln(x)
      sum:= sum + x;
   end; { for }
   {-------------------------------------}
   { Summe ausgeben und Prg. beenden     }
   {-------------------------------------}
   writeln;
   writeln('Die Summe beträgt: ',sum:10:2);
   gotoxy(1,25);
   write('Bitte <CR> drücken...');
   readln;
end.
```

Wie Sie sehen, konnten die sich im Programm ADD.PAS wiederholenden drei Anweisungen in diesem Programm innerhalb der FOR-Schleife als Anweisungsblock zusammengefaßt werden. Mit der Struktur

```
for i:= 1 to EndWert do ...
```

erreichen wir (die Konstante ENDWERT hat den Wert 5), daß die
Schleife fünfmal durchlaufen und die darin enthaltenen Anweisungen
ausgeführt werden. Da innerhalb der FOR-Schleife mehrere Anweisungen stehen, die bei jedem Schleifendurchlauf ausgeführt werden sollen,
müssen diese von BEGIN und END geklammert werden:

```
begin
write(i,'. Zahl eingeben: ');
readln(x);
sum:= sum + x;
end; { for }
```

Folgende Bezeichnungen sind üblich:

i	Zählvariable (oder auch Laufvariable)
l	Startwert
EndWert	Endwert

Die allgemeine Syntax der FOR-Schleife lautet demnach:

```
for zaehlVar:= StartWert to EndWert do Anweisung;
```

Die Anzahl der Schleifendurchläufe läßt sich folgendermaßen berechnen:

```
EndWert - StartWert + 1
```

Sollen innerhalb der FOR-Schleife mehrere Anweisungen ausgeführt
werden, so müssen diese zwischen BEGIN und END geschachtelt werden:

```
for zaehlVar:= StartWert to EndWert do
begin
  Anweisung1;
  Anweisung2;
  ...;
end;
```

Die Zählvariable wird auf einen bestimmten Startwert gesetzt und bei
jedem Schleifendurchlauf auf das nächste Element des Bereiches, aus
dem sie stammt, gesetzt, bis der Endwert erreicht oder überschritten ist.

Sie können auch rückwärts zählen! Die Struktur lautet dann:

```
for i:= StartWert downto EndWert do ...
```

Folgt dem reservierten Wort DO ein Semikolon, so handelt es sich um
eine leere Anweisung, die als Verzögerungsschleife benutzt werden kann.
Die Dauer der Verzögerung ist jedoch vom verwendeten Rechner abhän-

gig. Eine Verzögerung sollte daher besser mit der Prozedur DELAY (siehe Anhang F) vorgenommen werden.

Start-, Endwert und Zählvariable müssen vom gleichen Datentyp sein. Als Datentyp ist jeder ordinale Typ (z.B. INTEGER, CHAR, BOOLEAN) und jeder Aufzählungstyp (siehe Kapitel 5.9.4 "Mengen") erlaubt. Vereinbaren und benutzen wir z.B. eine Variable vom Typ CHAR als Zählvariable, so lassen sich damit Zeichen der ASCII-Tabelle ausgeben:

```
for ch:= 'A' to 'Z' do write(ch);
```

oder rückwärts:

```
for ch:= 'Z' downto 'A' do write(ch);
```

Für die Zählvariable gilt die Einschränkung, daß sie durch keine Anweisung innerhalb der FOR-Schleife in ihrem Wert verändert werden darf, da dadurch die interne Struktur der FOR-Schleife durcheinander gebracht werden könnte und unvorhersehbare Folgen auftreten können (die u.U. zum Programmabsturz führen). Die Zählvariable darf aber zur Berechnung anderer Variablen oder zu anderen Zwecken innerhalb der FOR-Schleife verwendet werden. Als Start- und Endwert sind (wie im obigen Beispiel) Konstanten und/oder Variablen erlaubt. Für die Anzahl der Schleifendurchläufe gilt:

- ► 1 Schleifendurchlauf, wenn   StartWert = EndWert
- ► 0 Schleifendurchläufe, wenn
      bei Verwendung von TO   StartWert > EndWert
      bei Verwendung von DOWNTO   StartWert < EndWert

Um die Anweisungen innerhalb einer FOR-Schleife dreimal auszuführen, muß die Zählvariable nicht unbedingt von 1..3 laufen. Es kommt nur darauf an, daß die Zählvariable dreimal erhöht bzw. erniedrigt wird. So sind folgende FOR-Schleifen identisch (unter der Voraussetzung, daß die Zählvariable innerhalb der Schleife keine Verwendung finden soll):

```
for  i:=  1     to  3 do writeln('Hallo');
for  i:= 15     to 17 do writeln('Hallo');
for ch:= 'k'    to 'm' do writeln('Hallo');
for ch:= 'm' downto 'k' do writeln('Hallo');
```

In allen vier FOR-Schleifen wird der Text "Hallo" dreimal ausgegeben. Um Verwechslungen zu verhindern, sollte die Zählvariable stets als lokale Variable (siehe auch Kapitel 5.7) vereinbart werden. Vereinbaren Sie weiterhin die Variable ENDWERT nach Möglichkeit als Konstante oder Variable. So können Sie Ihr Programm leicht, ohne großen Aufwand, an veränderte Anforderungen anpassen.

Das folgende Programm benutzt die Zählvariable, um eine Berechnung durchzuführen (beachten Sie, daß die Zählvariable nicht verändert wird). Es wird die Summe der ersten 100 INTEGER-Zahlen berechnet:

```
program Summe;  {FOR2.PAS}
uses
  crt;  { Unit aus Turbo Pascal 5.0 }

const
  EndWert = 100;

var
  i,             { Zaehlvariable   }
  sum : integer; { Summe der Zahlen }

begin
  clrscr;
  sum:= 0;   { Summe auf Null setzen }
  for i:= 1 to EndWert do
  sum:= sum + i;
  writeln('Die Summe der INTEGER-Werte');
  writeln('von 1..',EndWert,' beträgt   : ',sum);
  gotoxy(1,25);
  write('Bitte <CR> drücken...');
  readln;
end.
```

Das abschließende Programm demonstriert Ihnen die Verschachtelung zweier FOR-Schleifen. Die innere Schleife wird immer erst komplett abgearbeitet, bevor die Zählvariable der äußeren Schleife verändert (erhöht oder erniedrigt) wird. In dem folgenden Beispiel wird zehnmal von 1 bis 10000 gezählt.

```
program zaehlen;  {FOR3.PAS}
uses
  crt;  { Unit aus Turbo Pascal 5.0 }

const
  EndWert_aussen =    10;
  EndWert_innen  = 10000;

var
  i,j: integer; { Zaehlvariablen }

begin
  clrscr;
  gotoxy(20,5);  write('-----> Äußere Schleife');
  gotoxy(35,20); write('Innere Schleife -----> ');
  for i:= 1 to EndWert_aussen do
  begin
```

```
    gotoxy(10,5);
    write(^G);    { Piepton }
    write('I = ',i:3);
    for j:= 1 to EndWert_innen do
    begin
      gotoxy(60,20);
      write('J = ',j:6);
    end; { for j }
  end; { for i }
  gotoxy(1,25);
  write('Bitte die <CR>-Taste drücken...');
  readln;
end.
```

5.5.2 Die REPEAT-Schleife

Bei der FOR-Schleife war die Anzahl der Wiederholungen von vornherein bekannt (vor dem ersten Schleifendurchlauf).

Bei den beiden folgenden Schleifen (REPEAT- und WHILE-Schleife) muß die Anzahl der Schleifendurchläufe nicht von vornherein bekannt sein. Beide benutzen zur Beendigung der Schleife eine Bedingung, die sogenannte Abbruchbedingung. Dabei unterscheiden sich die beiden Schleifen dadurch, ob die Abbruchbedingung am Anfang oder am Ende der Schleife geprüft wird.

REPEAT-Schleife: Prüfung der Abbruchbedingung am Ende der Schleife (also mindestens 1 Schleifendurchlauf)

WHILE-Schleife: Prüfung der Abbruchbedingung am Anfang der Schleife (also womöglich kein einziger Schleifendurchlauf)

Die unterschiedliche Struktur legt bereits nahe, daß es von der Aufgabenstellung abhängig ist, welche der beiden Schleifen zu bevorzugen ist. Die Syntax der REPEAT-Schleife lautet wie folgt:

```
repeat
  Anweisung(en);
until Abbruchbedingung;
```

Die Anweisungen innerhalb der REPEAT-Schleife werden beim ersten Durchlauf ohne Prüfung der Abbruchbedingung ausgeführt. Am Ende der Schleife wird dann geprüft, ob die Bedingung erfüllt (TRUE) ist. Ist dies der Fall, wird die Schleife verlassen, ansonsten werden die Anweisungen innerhalb der Schleife erneut und solange ausgeführt, bis die Abbruchbedingung erfüllt ist. Da die REPEAT-Schleife mindestens einen

Durchlauf absolviert, sollte sie nur dann verwendet werden, wenn dies auch tatsächlich gewünscht wird und zu keinem Fehler führt. Ansonsten ist die WHILE-Schleife zu benutzen.

Bei der Behandlung von Dateien (Kapitel 5.10) werden wir noch sehen, daß die Verwendung der WHILE-Schleife der REPEAT-Schleife in bestimmten Fällen vorzuziehen ist, nämlich dann, wenn bereits das einmalige Ausführen der Anweisungen innerhalb der Schleife zu einem Fehler führen kann (z.B. wenn aus einer Datei Elemente gelesen werden sollen und die Datei nur das Element EOF (End of File) enthält).

Die Struktur der REPEAT-Schleife verlangt offensichtlich, daß die Abbruchbedingung innerhalb der Schleife verändert wird und überhaupt die Möglichkeit bestehen muß, daß die Bedingung WAHR (TRUE) werden kann.

Besteht keine Möglichkeit, die Abbruchbedingung zu erfüllen, dann handelt es sich um eine Endlos-Schleife, in der sich das Programm "aufhängt"! In einem solchen Fall hilft häufig nur noch die Programmunterbrechung mit <CTRL><BREAK>! Schenken Sie dieser Forderung bei Verwendung der Schleifen-Strukturen Ihre besondere Aufmerksamkeit. Prüfen Sie beim Programmieren einer REPEAT-Schleife stets die beiden folgenden Punkte:

1. Besteht innerhalb der REPEAT-Schleife überhaupt die Möglichkeit, die Abbruchbedingung zu verändern?

2. Kann die Abbruchbedingung überhaupt jemals erfüllt werden?

Wenn beide Fragen mit JA beantwortet werden konnten, besteht gute Aussicht, daß sich die von Ihnen programmierte REPEAT-Schleife tatsächlich so verhält, wie Sie es sich vorgestellt haben!

In der nachfolgenden Konstruktion wird die REPEAT-Schleife niemals verlassen (die Variable CH ist vom Typ CHAR):

```
ch:= 'X';
repeat
  writeln('Bitte eine Taste drücken...');
until ch = 'J';
```

Dagegen führt

```
repeat
  writeln('Bitte eine Taste drücken...');
```

```
    ch:= readkey;
until ch = 'J';
```

dann zum Verlassen der Schleife, wenn die Taste "J" gedrückt wurde. Der Unterschied der beiden Schleifen sollte Ihnen schon klar geworden sein: Die erste Schleife schreibt den Text

```
Bitte eine Taste drücken...
```

auf den Bildschirm und prüft anschließend, ob die Variable CH das Zeichen "J" enthält. Da dies nicht der Fall ist (der Dateninhalt der Variablen CH lautet "X" und wurde innerhalb der Schleife überhaupt nicht verändert), wird die Anweisung innerhalb der Schleife wiederholt.

Die zweite Schleife schreibt ebenfalls den o.g. Text auf den Bildschirm, wartet dann aber auf die Eingabe eines Zeichens von der Tastatur. Jetzt besteht zumindest die Möglichkeit, das richtige Zeichen ("J") einzugeben, mit dem die Schleife beendet werden kann. Hier kann es zwar auch vorkommen, daß die Anweisungen innerhalb der Schleife mehrmals wiederholt werden, aber diese Wiederholungen sind gewollt (es soll ja ein "J" eingegeben werden!) und die Möglichkeit, die Schleife zu verlassen, ist grundsätzlich gegeben.

Bei der REPEAT-Schleife fällt auf, daß mehrere Anweisungen nicht von BEGIN und END geklammert werden. Diese Aufgabe übernehmen die beiden reservierten Wörter REPEAT und UNTIL.

Die Abbruchbedingung muß entweder ein Ausdruck, dessen Ergebnis vom Typ BOOLEAN ist, oder eine Variable vom Typ BOOLEAN sein. Demnach sind z.B. folgende Abbruchbedingungen zulässig (unter der Voraussetzung, daß die entsprechenden Variablen vorher im Programm vereinbart wurden):

```
until (ch = 'J') or (ch = 'j');

until (ch = 'N') or (ch = 'n');

until i = 50;

until i <= 100;

until ok;

until not ok;

until keypressed;
```

Ausdrücke, die als Abbruchbedingungen benutzt werden und deren Ergebnisse vom Typ BOOLEAN sind, können mit OR oder AND verknüpft
werden. Mit NOT kann die Negation eines Ausdruckes als Abbruchbedingung herangezogen werden:

```
repeat
  writeln('Schleife beenden (J/N)?');
  ch:= readkey;
until (ch = 'J') or (ch = 'j');
```

Oder:

```
repeat
  writeln('Schleife beenden (J/N)?');
  ch:= readkey;
until not ch = 'N';
```

Mit der Funktion KEYPRESSED könnte eine REPEAT-Schleife folgendermaßen aussehen:

```
...;
WRITELN('FATAL ERROR! --> Programm-Abbruch!');
WRITE('Bitte eine Taste drücken...');
repeat
  write(^G); { Piepton, bis Taste gedrückt wurde }
until keypressed;
...;
```

REPEAT-Schleifen zur Tastaturabfrage machen jedoch erst dann einen
Sinn, wenn das eingegebene Zeichen den weiteren Programmablauf beeinflußt. Dazu ist es notwendig, in Abhängigkeit vom eingegebenen
Zeichen, das Programm zu verzweigen. Die dafür notwendigen Strukturen lernen wir allerdings erst im nächsten Kapitel (5.6 "Entscheidungen")
kennen.

Die Verwendung einer REPEAT-Schleife in Verbindung mit einer Tastaturabfrage könnte wie folgt aussehen:

```
...
gotoxy(1,25);
write('Programm fortsetzen (J/N)?');
repeat
  ch:= upcase(readkey);
until (ch = 'J') or (ch = 'N');
...
  {-----------------------------}
  { Jetzt muß selbstverständlich }
  { eine Entscheidung mit IF oder}
  { CASE folgen, die die Prg.-   }
  { Ausführung in Abhängigkeit v.}
```

```
{ der Beantwortung der Frage  }
{ verzweigt!                  }
{----------------------------}
```

Mit der obigen Struktur stellen Sie sicher, daß ausschließlich folgende Zeichen akzeptiert werden:

```
"J", "j", "N", "n"
```

Außerdem verwandelt UPCASE jeden Kleinbuchstaben in einen Großbuchstaben, so daß nach der REPEAT-Schleife nur noch zwei Zeichen ("J","N") zur Entscheidung des weiteren Programmablaufs herangezogen werden müssen.

Das nachfolgende Programm berechnet die Jahreszinsen für ein einzugebendes Kapital für die Zinssätze 6.5% bis 7.5% nach folgender Formel:

$$Z = \frac{K * I * P}{100 * 360} \qquad \begin{array}{l} \text{K: Kapital} \\ \text{I: Zeit (in Tagen)} \\ \text{P: Zinssatz in \%} \end{array}$$

Da Jahreszinsen berechnet werden, ist der Quotient (I/360) gleich 1 und (K/100) für alle Zinssätze ein konstanter Wert, der nach der Eingabe des Kapitals einmal berechnet und dann in der Hilfsvariablen HELP gespeichert und zur Berechnung verwendet wird:

```pascal
program ZinsenBerechnen; {REPEAT1.PAS}
uses
   crt; { Unit aus Turbo Pascal 5.0 }

var
   Kapital,
   Help,
   Zinssatz,
   Zinsen  : real;

begin
   clrscr;
   write('Bitte gib das Kapital ein: ');
   readln(Kapital);
   Help:= Kapital/100;
   clrscr;
   writeln('Jahres-Zinsberechnung für ein Kapital von DM: ',
           Kapital:10:2);
   writeln;
   Zinssatz:= 6.4;
   repeat
     Zinssatz:= Zinssatz + 0.1;
     Zinsen:= Help * Zinssatz;
     writeln('Zinsen bei ',Zinssatz:4:1,':   DM ---> ',
             Zinsen:10:2);
   until Zinssatz > 7.4;
```

```
gotoxy(1,25);
write('Bitte <CR> drücken...');
readln;
end.
```

5.5.3 Die WHILE-Schleife

Auch die WHILE-Schleife macht die Ausführung der Anweisung(en) innerhalb der Schleife von einer Bedingung abhängig. Die Syntax der WHILE-Schleife lautet:

```
while Bedingung do Anweisung;
```

Bzw., wenn mehrere Anweisungen innerhalb der Schleife ausgeführt werden sollen:

```
while Bedingung do
begin
  Anweisung1;
  Anweisung2;
  ...;
end;
```

Im Gegensatz zur REPEAT-Schleife, aber in Übereinstimmung mit der FOR-Schleife, werden mehrere Anweisungen von BEGIN und END geklammert. Die Bedingung wird bereits vor der ersten Ausführung der Schleifen-Anweisungen geprüft. Ist sie erfüllt (TRUE), werden die Anweisungen ausgeführt, sonst nicht. Damit besteht die Möglichkeit, daß eine WHILE-Schleife womöglich keinmal durchlaufen wird!

Wurde die Schleife mindestens einmal durchlaufen, so wird vor jedem weiteren Schleifendurchlauf die Bedingung erneut geprüft. Nur, wenn sie noch immer TRUE ist, werden die Anweisungen erneut ausgeführt.

Die Struktur der WHILE-Schleife verlangt ebenfalls (wie die der REPEAT-Schleife), daß die Abbruchbedingung innerhalb der Schleife verändert werden und überhaupt die Möglichkeit bestehen muß, daß die Bedingung FALSE werden kann (bei der REPEAT-Schleife mußte die Bedingung zum Abbruch allerdings TRUE werden!!).

Für die WHILE-Schleife gilt:

Besteht keine Möglichkeit, daß die Bedingung für den Schleifen-Durchlauf FALSE wird, dann handelt es sich um eine Endlos-Schleife, in der sich das Programm "aufhängt".

Prüfen Sie beim Programmieren einer WHILE-Schleife stets die beiden folgenden Punkte:

1. Besteht innerhalb der WHILE-Schleife überhaupt die Möglichkeit, die Abbruchbedingung zu verändern?

2. Kann die Abbruchbedingung überhaupt jemals erfüllt werden? Oder anders ausgedrückt: Kann die Bedingung jemals den Wert FALSE annehmen?

Auch hier gilt, wie bei der REPEAT-Schleife:

Wenn beide Fragen mit JA beantwortet werden konnten, besteht gute Aussicht, daß sich die von Ihnen programmierte WHILE-Schleife tatsächlich so verhält, wie Sie es sich vorgestellt haben!

In dem folgenden Beispiel wird die WHILE-Schleife niemals verlassen (die Variable I ist vom Typ INTEGER):

```
...
i:= 0;
while i <= 10 do
begin
  i:= i + 1;
  writeln('Der Wert von I ist: ',i);
  i:= i - 1;
end;
...
```

Dagegen führt

```
...
i:= 0;
while i <= 10 do
begin
  i:= i + 1;
  writeln('Der Wert von I ist: ',i);
end;
...
```

zum Verlassen der Schleife, nachdem die Anweisungen innerhalb der Schleife elfmal ausgeführt worden sind (dann hat I nämlich den Wert 11 erreicht!). Für die Bedingung der WHILE-Schleife gilt dasselbe wie für die Abbruchbedingung der REPEAT-Schleife, nämlich, daß sie entweder ein Ausdruck oder eine Variable vom Typ BOOLEAN sein muß. Die WHILE-Schleife wird solange durchlaufen, wie die Bedingung erfüllt ist.

Analog zur REPEAT-Schleife sind für die Bedingung der WHILE-Schleife z.B. folgende Abbruchbedingungen zulässig (wieder unter der Voraussetzung, daß die entsprechenden Variablen vorher im Programm vereinbart wurden):

```
while (ch = 'J') or (ch = 'j') do ...

while (ch = 'N') or (ch = 'n') do ...

while i = 50 do ...

while i <= 100 do ...

while ok do ...

while not ok do ...
```

Ausdrücke, die als Bedingung benutzt werden und deren Ergebnisse vom Typ BOOLEAN sind, können mit OR oder AND verknüpft werden. Mit NOT kann die Negation eines Ausdruckes als Bedingung herangezogen werden (siehe entsprechende Beispiele bei der REPEAT-Schleife).

Zum Abschluß soll das Programm, das bereits mit der REPEAT-Schleife programmiert wurde, zum Vergleich mit der WHILE-Schleife geschrieben werden:

```
program ZinsenBerechnen;  {WHILE1.PAS}
uses
   crt;  { Unit aus Turbo Pascal 5.0 }

var
   Kapital,
   Help,
   Zinssatz,
   Zinsen   : real;

begin
   clrscr;
   write('Bitte gib das Kapital ein: ');
   readln(Kapital);
   Help:= Kapital/100;
   clrscr;
   writeln('Jahres-Zinsberechnung für ein Kapital von DM: ',
            Kapital:10:2);
   writeln;
   Zinssatz:= 6.4;
   while Zinssatz <= 7.4 do
   begin
     Zinssatz:= Zinssatz + 0.1;
     Zinsen:= Help * Zinssatz;
     writeln('Zinsen bei ',Zinssatz:4:1,':   DM ---> ',
              Zinsen:10:2);
   end; { while }
   gotoxy(1,25);
```

```
    write('Bitte <CR> drücken...');
    readln;
end.
```

Vergleich zwischen der REPEAT- und der WHILE-Schleife

REPEAT-Schleife	WHILE-Schleife
Abbruchbedingung wird nach jedem Schleifendurchlauf geprüft	Bedingung wird vor jedem Schleifendurchlauf geprüft
Es wird auf Abbruch des Schleifendurchlaufes geprüft	Es wird auf Fortsetzung des Schleifendurchlaufes geprüft
Schleifendurchlauf wird ausgeführt, bis die Abbruchbedingung erfüllt ist	Schleifendurchlauf wird ausgeführt, solange die Bedingung erfüllt ist
Schleife wird mindestens einmal durchlaufen	Schleife wird womöglich keinmal ausgeführt

5.6   Entscheidungen

Von einem Programm, das komplexe Aufgaben erledigen soll, muß erwartet werden können, daß es nicht nur bestimmte Anweisungen mehrmals wiederholt (wie mit den Schleifen aus Kapitel 5.5), sondern auch die Programmausführung von Entscheidungen abhängig macht.

Denken Sie z.B. an eine Regel aus der Mathematik: Die Division durch 0 ist nicht erlaubt!

Ein Programm, das Divisionen ausführt, steht also immer wieder vor der Entscheidung, welche Anweisung ausgeführt werden soll, wenn der Divisor 0 ist (die Division durch 0 führt zu der Fehlermeldung 62: Division by zero). Wir könnten folgende Struktur wählen:

```
    Wenn DIVISOR = 0    dann FehlermeldungSchreiben
    sonst               BerechnungDurchführen;
```

Turbo Pascal stellt zwei verschiedene Entscheidungs-Strukturen zur Verfügung, die in den nächsten beiden Kapiteln behandelt werden:

1. Die IF-THEN-ELSE-Struktur
2. Die CASE-Struktur.

5.6.1 Die IF-THEN-ELSE-Entscheidung

Für IF-THEN-ELSE-Entscheidungen schreiben wir auch einfach IF-Entscheidung oder IF-Struktur.

Mit der IF-Struktur entscheidet Turbo Pascal zwischen zwei Anweisungen oder Anweisungsblöcken, deren Ausführung von einer Bedingung abhängig ist. Die allgemeine Syntax lautet wie folgt:

```
if Bedingung    then Anweisung1
                else Anweisung2;
```

IF, THEN und ELSE gehören zu den reservierten Wörtern von Turbo Pascal.

IF leitet die IF-Struktur ein, worauf die Bedingung folgt, von deren Wert (TRUE oder FALSE) es abhängt, ob der THEN- oder der ELSE-Zweig ausgeführt wird. Die Bedingung muß entweder ein Ausdruck oder eine Variable vom Typ BOOLEAN sein.

Ist die Bedingung TRUE, werden die Anweisungen des THEN-Zweigs ausgeführt. Die Anweisungen im ELSE-Zweig werden dann ignoriert.

Ist die Bedingung FALSE, werden die Anweisungen des ELSE-Zweigs (falls vorhanden) ausgeführt. Die Anweisungen des THEN-Zweigs werden dann ignoriert.

Die eben gemachte Einschränkung "(falls vorhanden)" deutet bereits an, daß der ELSE-Zweig optional ist. Er muß also nicht in jeder IF-Struktur enthalten sein. Fehlt der ELSE-Zweig und ist die Bedingung FALSE, so wird der IF-Zweig übersprungen und, da kein ELSE-Zweig vorhanden ist, mit der eigentlichen Programmausführung fortgefahren (also ohne Verzweigung des Programms).

Sollen im THEN- und/oder im ELSE-Zweig mehrere Anweisungen (also ein Anweisungsblock) ausgeführt werden, so müssen diese zwischen BEGIN und END geschachtelt werden:

```
if Bedingung
then begin
     Anweisung01;
```

```
            Anweisung02;
            ...;
        end
    else begin
        Anweisung1;
        Anweisung2;
        ...;
    end;
```

Die gesamte IF-Anweisung besteht aus der Struktur IF-THEN-ELSE, woraus bereits ersichtlich ist, daß vor dem ELSE-Zweig (also vor ELSE) kein Semikolon stehen darf, da dadurch die einheitliche Struktur aufgehoben werden würde.

Entscheidungen dürfen, ebenso wie Schleifen, verschachtelt werden. Jeder Entscheidungszweig darf wiederum eine oder mehrere IF-THEN-ELSE-Strukturen enthalten. Dadurch besteht die Möglichkeit, ein mächtiges Entscheidungsgerüst zu erstellen.

Im Kapitel 5.5.2 "Die REPEAT-Schleife" haben wir auszugsweise eine Tastaturabfrage dargestellt und darauf hingewiesen, daß die weitere Programmausführung von den eingegebenen Zeichen abhängig sein muß. Jetzt sind wir soweit, daß solche Strukturen programmiert werden können. Das folgende Programm liest ein Zeichen von der Tastatur ein und verzweigt anschließend mit der IF-Entscheidung.

```
program IfStruktur;  {IF1.PAS}
uses
    crt;  { Unit aus Turbo Pascal 5.0 }

var
    ch: char;  { Eingelesenes Zeichen }

begin
    clrscr;
    gotoxy(1,25);
    write('Programm fortsetzen (J/N)? ');
    repeat
        ch:= upcase(readkey);
    until (ch = 'J') or (ch = 'N');
    clrscr;
    writeln('Sie haben die Frage mit');
    if ch = 'J'
    then begin
            writeln('     J ---> JA          ');
            writeln('beantwortet. Das Prg.  ');
            writeln('wird also fortgesetzt!!');
        end
    else begin { Wenn Bedingung FALSE }
            writeln('     N ---> NEIN       ');
            writeln('beantwortet. Das Prg.  ');
            writeln('wird also beendet!!    ');
        end;
```

```
    gotoxy(1,25);
    write('Bitte <CR> drücken...');
    readln;
  end.
```

Mit geschachtelten Entscheidungen läßt sich die Bedingung in mehrere Abschnitte aufteilen und das Programm mehrfach verzweigen. Das folgende Programm fragt Sie nach Ihrem Geburtsmonat und gibt danach das Quartal aus, in dem der Monat liegt.

```
program Quartal;   {QUARTAL.PAS}
uses
   crt;   { Unit aus Turbo Pascal 5.0 }

const
   frage = 'In welchem Monat (1-12) sind Sie geboren? ';

var
   monat: byte; { Ihr Geburtsmonat }

begin
  clrscr;
  write(frage);
  repeat
    gotoxy(1+length(frage),1);
    readln(monat);
  until (monat >= 1) and (monat <= 12);
  clrscr;
  gotoxy(10,5);
  write('Sie sind im ');
  if (monat >= 1) and (monat <= 3)
  then write('I. Quartal geboren')
  else if (monat >= 4) and (monat <= 6)
       then write('II. Quartal geboren')
       else if (monat >= 7) and (monat <= 9)
            then write('III. Quartal geboren')
            else write('IV. Quartal geboren');
  gotoxy(1,25);
  write('Bitte <CR> drücken...');
  readln;
end.
```

Diese Entscheidungs-Struktur ist nicht mehr besonders übersichtlich, obwohl sie durchaus verwendet werden kann. Wir werden dieses Beispiel im nächsten Kapitel nochmals aufgreifen und zeigen, daß die CASE-Anweisung für Mehrfach-Entscheidungen besser geeignet ist.

Sollten Sie dennoch geschachtelte Verzweigungen benutzen wollen, so müssen diese sorgfältig geplant werden. Es ist zu beachten, daß sich eine ELSE-Anweisung immer auf den letzten THEN-Zweig bezieht, der noch keine ELSE-Anweisung enthält!

Ein etwas umfangreicheres Beispiel soll die Lösung einer quadratischen Gleichung der allgemeinen Form

$$a2*x2 + a1*x + a0 = 0$$

sein. Die Normalform lautet dann

$$x2 + p*x + q = 0$$
(mit p = a1/a2, q = a0/a2 und a2 <> 0).

Die Lösungen lassen sich nach folgender Formel bestimmen:

$$x1,2 = -(p/2) \pm sqrt[sqr(p/2) - q]$$

Der Ausdruck unter der Wurzel heißt auch Diskriminante:

$$D = sqr(p/2) - q$$

Von dem Wert der Diskriminante hängt die Art der Lösung ab:

D > 0:   x1,x2 reell und verschieden,
D = 0:   x1,x2 reell und gleich,
D < 0:   x1,x2 konjugiert-komplex.

Konjugiert-komplexe Zahlen unterscheiden sich nur durch das Vorzeichen des imaginären Teils und sind selber komplexe Zahlen.

5	Reelle Zahl
5i	Imaginäre Zahl
3 + 5i	Komplexe Zahl
3 + 5i	Diese beiden zusammen sind
3 - 5i	konjugiert-komplexe Zahlen

Bei der Lösung einer quadratischen Gleichung müssen demnach mindestens die folgenden Bedingungen geprüft werden:

► a = 0
► D < 0

Wenn (a=0), dann handelt es sich um eine lineare Gleichung, die hier nicht betrachtet werden soll!

Testen Sie das folgende Programm und verändern Sie es anschließend so, daß mehrere Gleichungen nacheinander gelöst werden können. (a=0) könnte als Abbruchbedingung dienen! Das Programm kann z.B. mit folgenden Gleichungen getestet werden:

```
1)  D > 0: 2*x2 + 12*x - 14 = 0
2)  D = 0:   x2 +  2*x +  1 = 0
3)  D < 0: 2*x2 + 12*x + 26 = 0
```

Die Lösungen der Gleichungen lauten:

```
1) x1 =  1    2) x1,2 = -1    3) x1 = -3 + 2i
   x2 = -7                       x2 = -3 - 2i
```

```pascal
program QuadratischeGleichung;  {QUADGL.PAS}
uses
   crt;  { Unit aus Turbo Pascal 5.0 }

var
   a2,a1,a0,        { Koeffizienten }
   x1,x2,           { Lösungen      }
   re,im,           { Reeller und imaginärer }
                    { Anteil                 }
   p,               { p = a1/a2      }
   q,               { q = a0/a2      }
   d        : real; { Diskriminante }

begin
   clrscr;
   {-------------- Koeffizienten einlesen -------->}
   write('a2 eingeben: '); readln(a2);
   write('a1 eingeben: '); readln(a1);
   write('a0 eingeben: '); readln(a0);
   writeln;
   {-------------- Anfangswerte ---------------->}
   x1:= 0; x2:= 0; re:= 0; im:= 0; d:= 0;
   {-------------- Berechnung  ---------------->}
   if a2 = 0
   then begin { Keine Lsg. der quadr. Gleichung }
           writeln('Keine Lösung der quadr. Gleichung');
           writeln('möglich, da    a2 = 0!!          ');
        end
   else begin { Wenn a2 <> 0, dann ... }
           p:= a1/a2;
           q:= a0/a2;
           d:= sqr(p/2) - (q);
           if d < 0
           then begin  { Konjugiert-komplexe Lösung }
                   d:= abs(d); { Absolutbetrag von D }
                   re:= -(p/2);
```

```
                im:= sqrt(d);
                writeln('x1 = ',re:10:2,
                        ' + ',im:10:2,' i');
                writeln('x2 = ',re:10:2,
                        ' - ',im:10:2,' i');
            end
      else begin { Reelle Lösungen }
            x1:= -(p/2) + sqrt(d);
            x2:= -(p/2) - sqrt(d);
            writeln('x1 = ',x1:10:2);
            writeln('x2 = ',x2:10:2);
          end;
      end; { else }
  gotoxy(1,25);
  write('Bitte <CR> drücken...');
  readln;
end.
```

5.6.2 Die CASE-Entscheidung

Betrachten wir die Mehrfachentscheidung aus dem letzten Kapitel
(QUARTAL.PAS) mit der von Turbo Pascal außerdem zur Verfügung
gestellten Mehrfachentscheidung CASE:

```
program QuartalMitCase;   {QUARTAL2.PAS}
uses
  crt;  { Unit aus Turbo Pascal 5.0 }

const
  frage = 'In welchem Monat (1-12) sind Sie geboren? ';

var
  monat: byte; { Ihr Geburtsmonat }

begin
  clrscr;
  write(frage);
  repeat
    gotoxy(1+length(frage),1);
    readln(monat);
  until (monat >= 1) and (monat <= 12);
  clrscr;
  gotoxy(10,5);
  write('Sie sind im ');
  case monat of
    1..3: write('I. Quartal geboren');
    4..6: write('II. Quartal geboren');
    7..9: write('III. Quartal geboren')
    else  write('IV. Quartal geboren');
  end;
  gotoxy(1,25);
  write('Bitte <CR> drücken...');
  readln;
end.
```

Eine Mehrfachentscheidung kann mit der CASE-Anweisung viel übersichtlicher und kürzer programmiert werden. Die allgemeine Struktur der
CASE-Entscheidung lautet:

```
case Ausdruck of
  Marke1: Anweisung1;
  Marke2: Anweisung2;
  Marke3: Anweisung3;
  ...
  else
     Anweisung(en);
end; { case }
```

Turbo Pascal berechnet bei der Verwendung der CASE-Anweisung den
Ausdruck (auch Selektor genannt) und vergleicht ihn nacheinander mit
den einzelnen Marken, von denen innerhalb der CASE-Entscheidung
beliebig viele vorhanden sein können.

Stimmt der Wert des Ausdrucks mit dem Wert einer Marke überein, wird
die auf diese Marke folgende Anweisung bzw. der Anweisungsblock ausgeführt. Die restlichen Marken werden anschließend übersprungen. Findet Turbo Pascal keine Marke, deren Wert mit dem Wert des Ausdrucks
übereinstimmt, wird die Anweisung bzw. der Anweisungsblock des
(optionalen) ELSE-Zweigs ausgeführt.

Ist kein ELSE-Zweig vorhanden und wird keine Marke gefunden, deren
Wert mit dem Wert des Ausdrucks übereinstimmt, wird das Programm
mit der Anweisung fortgesetzt, die dem abschließenden END der CASE-
Entscheidung folgt.

Folgen einer Marke mehrere Anweisungen, so müssen diese von BEGIN
und END geklammert werden.

Dagegen dürfen im ELSE-Zweig auch mehrere Anweisungen stehen, die
nicht zwischen BEGIN und einem zusätzlichen END geschachtelt sind.
Das abschließende END der CASE-Entscheidung übernimmt hier auch
die Markierung des Endes des ELSE-Zweigs.

Auf jeden Fall ist zu beachten, daß die CASE-Struktur mit dem reservierten Wort CASE beginnt und mit dem reservierten Wort END endet:

```
CASE ...
  ...
  ...
  {ELSE (optional)}
END;
```

Die Werte der Marken dürfen einzelne Werte, mehrere Werte (durch Kommata getrennt) oder auch Bereiche, durch die Angabe zweier Punkte charakterisiert (B1..B2), sein.

Der Datentyp des Selektors muß mit dem der Marken übereinstimmen. Es sind alle ordinalen Datentypen (z.B. INTEGER, CHAR, BOOLEAN) erlaubt. Der Wert des Selektors muß aus dem Bereich -32768...32767 sein, wodurch für den zu bewertenden Ausdruck der Datentyp WORD entfällt (Bereich ist zu groß!). Die bisherigen Aussagen über die CASE-Struktur sollen in einem Beispiel zusammengefaßt werden (I: Variable vom Typ INTEGER):

```
case I of
  0      : begin
             Anweisung1;
             Anweisung2;
             Anweisung3;
           end; {I=0}
  1..5   : begin
             Anweisung4;
             Anweisung5;
           end; {I aus 1..5}
  6,7,8  : Anweisung6;
  9..100 : Anweisung7;
  else
    AnweisungE1;
    AnweisungE2;
    AnweisungE3;
end; { case }
```

Beachten Sie, daß jede Marke nur einmal innerhalb der CASE-Anweisung auftreten darf!

Eine mögliche Anwendung der CASE-Anweisung ist die Verwendung als Menüauswahl. Nach dem Start des Programms CASE1 sehen Sie auf dem Bildschirm das Menü einer (fiktiven) Adreßverwaltung mit verschiedenen Wahlmöglichkeiten.

Die Auswahl einer Option treffen Sie mit dem Drücken des ersten Buchstabens des Wahlpunktes, der in Klammern gesetzt ist. Stellvertretend für die Option, die sich hinter dem Wahlpunkt verbirgt, erhalten Sie nur eine entsprechende Meldung auf dem Bildschirm und kehren, nachdem Sie <CR> gedrückt haben, wieder in das Menü zurück.

Die Eingabe <E> beendet das Programm, das Ihnen beispielhaft die Verwendung der CASE-Entscheidung zeigen soll:

```
program Menue;   {CASE1.PAS}
uses
```

```
    crt;  { Unit aus Turbo Pascal 5.0 }

const
  str30 = '==============================';
  pkt0  = 'Adreßverwaltung';
  pkt1  = '(N)euanlage';
  pkt2  = '(A)endern';
  pkt3  = '(L)öschen';
  pkt4  = '(D)rucken';
  pkt5  = '(E) N D E';
  wahl  = '***** Bitte wählen Sie ---> ';

var
  ch: char;  { Ein Auswahlpunkt }

begin
  repeat
    clrscr;
    gotoxy(33,5); write(pkt0);
    gotoxy(26,6); write(str30);
    gotoxy(35,8); write(pkt1);
    gotoxy(35,10); write(pkt2);
    gotoxy(35,12); write(pkt3);
    gotoxy(35,14); write(pkt4);
    gotoxy(35,16); write(pkt5);
    gotoxy(26,18); write(str30);
    gotoxy(28,24); write(wahl);
    repeat
      gotoxy(28+length(wahl)+1,24);
      ch:= upcase(readkey);
    until ch in ['N','A','L','D','E'];
    clrscr;
    if ch <> 'E'
    then begin
           gotoxy(5,10);
           write('Sie wollen also ');
         end; { if }
    case ch of
      'N': write('eine neue Adresse eingeben!');
      'A': write('eine vorhandene Adresse ändern!');
      'L': write('eine Adresse löschen!');
      'D': write('eine Druckliste ausgeben!');
    end; { case }
    if ch <> 'E'
    then begin
           gotoxy(1,25);
           write('Bitte <CR> drücken...');
           readln;
         end;
  until ch = 'E'; { Ende Menü-Auswahl }
  clrscr;
end.
```

Die Formulierung der Abbruchbedingung

```
    until ch in ['N','A','L','D','E'];
```

ist Ihnen bisher noch unbekannt. Es handelt sich dabei um die Angabe einer Menge, die durch Aufzählen der Elemente angegeben werden kann. Näheres dazu erfahren Sie im Kapitel 5.9.4 "Mengen".

5.7 Unterprogramme

Ein "gutes" Programm sollte übersichtlich strukturiert sein. Dazu gehört einerseits eine ausreichende Dokumentation, andererseits aber auch, daß das Programm in kleinere Abschnitte, die auch Unterprogramme genannt werden, unterteilt ist. Dadurch erhöht sich die Lesbarkeit eines Programms. Außerdem können Fehler leichter entdeckt und Programmänderungen einfacher vorgenommen werden.

Ein Unterprogramm ist ein eigenständiger Teil eines Haupt- oder eines anderen Unterprogramms. Es sollte eine fest umrissene Aufgabe und höchstens einen Umfang von einer Druckseite haben. Wünschenswert ist ferner, daß es vom jeweiligen Hauptprogramm möglichst unabhängig gehalten ist. Immer, wenn ein Unterprogramm mit seinem Namen aufgerufen wird, werden die Anweisungen dieser Routine ausgeführt, so, als stünden sie an der Stelle, an der der Name der Routine im Programm genannt ist.

Durch die Unabhängigkeit eines Unterprogramms besteht außerdem die Möglichkeit, Unterprogramm-Bibliotheken zu erstellen, die von mehreren Programmen benutzt werden können. Turbo Pascal bietet drei Möglichkeiten, Unterprogramme in Bibliotheken zusammenzufassen:

- ▶ Include-Dateien   (Kapitel 5.8.1)
- ▶ Overlays   (Kapitel 5.8.2)
- ▶ Units   (Kapitel 6)

In Turbo Pascal gibt es zwei Arten von Unterprogrammen, die in diesem Kapitel beschrieben werden: Prozeduren und Funktionen. Beide unterscheiden sich nur dadurch, daß eine Funktion immer einen Wert als Ergebnis des Funktionsaufrufes an das aufrufende Programm zurückliefert. Prozeduren erledigen dagegen eine Aufgabe und liefern nicht grundsätzlich ein Ergebnis an das aufrufende Programm zurück (außer bei der Übergabe von Variablenparametern).

Die Vereinbarung von Prozeduren und Funktionen, die wir auch als Unterprogramme, Unterroutinen oder einfach als Routinen bezeichnen, gehört zum Deklarationsteil des Programms (Haupt- oder Unterprogramm), das die Unterprogramme aufrufen soll. Hier wird das Unterprogramm mit seinem Namen, einer evtl. Parameterliste, einem evtl. eigenen Vereinbarungsteil und dem Anweisungsteil, der von BEGIN und END geklammert wird, aufgeführt. Nach dem abschließenden END eines Unterprogramms steht ein Semikolon, kein Punkt.

Der "eigene" Vereinbarungsteil von Unterprogrammen führt uns zu dem nächsten Punkt dieses Kapitels: Globale und lokale Variablen.

Globale und lokale Variablen

Dieser Punkt sollte besser "Globale und lokale Bezeichner" heißen, da hier sowohl von Variablen als auch von Konstanten, Datentypen und, wiederum, von Unterprogrammen die Rede sein soll. Aber unter der Bezeichnung der Überschrift ist dieser Teil allgemein bekannt.

Global heißt "gesamt", und wir verstehen unter einem globalen Bezeichner oder unter einer globalen Variablen, Bezeichner oder Variablen, die dem gesamten Programm, einschließlich aller Unterprogramme, zur Verfügung stehen. Wird eine Variable im Vereinbarungsteil eines Programms deklariert, handelt es sich dabei also um eine globale Variable.

Lokal heißt dagegen "örtlich". Darunter verstehen wir Bezeichner oder Variablen, die nur dem Unterprogramm zur Verfügung stehen, in dessen Vereinbarungsteil sie deklariert worden sind. Den anderen Unterprogrammen und dem Hauptprogramm sind sie "unbekannt". Sie können dort nicht verwendet werden!

Turbo Pascal läßt es jedoch auch zu, daß ein Bezeichner mit demselben Namen sowohl global als auch lokal vereinbart werden darf. Für diesen Fall gilt, daß stets der lokale Bezeichner Vorrang vor dem globalen Bezeichner hat.

Beispiel:

Die globale Variable X, im Hauptprogramm vereinbart, hat in Unterprogrammen nur dann Gültigkeit, wenn dort keine Variable X vereinbart worden ist. Wurde jedoch auch in einem Unterprogramm eine Variable X deklariert, so werden mit dieser, lokalen, Variablen Operationen ausgeführt, wenn sie im Unterprogramm angesprochen wird. Die globale Variable bleibt davon unberührt und unverändert.

Verwenden Sie in Unterprogrammen so oft wie möglich lokale Variablen. Damit erreichen Sie die größtmögliche Unabhängigkeit der Routinen von einem bestimmten Hauptprogramm und können sie in andere Programme übernehmen oder in Bibliotheken zusammenfassen.

Standardprozeduren und -funktionen

Turbo Pascal hat bereits eine Reihe von Prozeduren und Funktionen, die sog. Standardprozeduren und -funktionen, vordefiniert. Sie befinden sich in der Unit SYSTEM, gehören zum Standard-Sprachumfang und stehen jedem Programm zur Verfügung (z.B. READLN und WRITELN).

Außerdem stellt Turbo Pascal noch weitere Prozeduren und Funktionen zur Verfügung, die u.a. in den Units CRT und DOS enthalten sind (z.B. CLRSCR und GOTOXY). Diese Unterprogramme können in einem Programm nur dann benutzt werden, wenn die entsprechende Unit vorher mit der USES-Anweisung in das Programm aufgenommen wurde. Die USES-Anweisung folgt direkt nach dem Programmkopf:

```
PROGRAM test;
USES CRT, DOS,...;
```

Eine vollständige Übersicht über alle in Turbo Pascal vorhandenen Routinen finden Sie im Anhang E, über Units lesen Sie etwas im Kapitel 6.

5.7.1 Prozeduren

Die einfachste Struktur einer Prozedur lautet:

```
PROCEDURE ProzedurName;  { Prozedurkopf }

{------------------------------------------}
{ Hier beginnt der Deklarationsteil der    }
{ Prozedur. Alle hier vorgenommenen Verein- }
{ barungen sind lokal.                     }
{------------------------------------------}

CONST
    { Hier werden lokale Konstanten vereinbart }

TYPE
    { Hier werden lokale Datentypen vereinbart }

VAR
    { Hier werden lokale Variablen vereinbart }


    { Hier werden lokale Unterprogramme  }
    { (Prozeduren und Funktionen) der    }
    { Prozedur PROZEDURNAME vereinbart    }
```

```
{---------------------------------------------}
{ Hier endet der Vereinbarungsteil der Prozedur }
{---------------------------------------------}

BEGIN { Hier beginnt das Hauptprogramm der Prozedur }
  { Es folgen die Anweisungen }
  { der Prozedur PROZEDURNAME }
END;  { Hier endet die Prozedur }
```

Wenn Sie die Struktur der Prozedur mit der eines Programms (Kapitel 5.1) vergleichen, werden Sie eine große Ähnlichkeit feststellen. Die Vereinbarung einer Prozedur beginnt mit dem reservierten Wort

PROCEDURE

worauf der Name (Bezeichner) folgt, über den Sie die Prozedur im aufrufenden Programm ansprechen (aufrufen) können. Anschließend folgen Vereinbarungsteil und Hauptprogramm der Prozedur.

Beachten Sie nochmals, daß alle Vereinbarungen von Konstanten, Datentypen, Variablen und Routinen, die in einer Prozedur deklariert werden, lokal sind.

Betrachten Sie das folgende Programm, das zwei Prozeduren vereinbart, die jeweils ausschließlich mit lokalen Konstanten und Variablen arbeiten:

```
program proc1;  {PROC1.PAS}
uses
  crt;  { Unit aus Turbo Pascal 5.0 }

{---------------------------------------------}
{ ueberschr                                   }
{---------------------------------------------}
procedure ueberschr;
const
  textZeile = 'Dies ist eine Überschrift';
  laenge    = 25; { Länge der Überschrift }

var
  i: integer; { Zaehlvariable }

begin
  gotoxy(25,1);
  write(textZeile);
  gotoxy(25,2);
  for i:= 1 to laenge do write('=');
end;
{---------------------------------------------}
{ warten                                      }
{---------------------------------------------}
procedure warten;
var ch: char;
```

```
begin
  gotoxy(1,25);
  write('Bitte eine Taste drücken...');
  ch:= readkey;
end;
{------------------------------------------------}

begin { Hauptprogramm }
  clrscr;      { Prozedur aus Turbo Pascal }
  ueberschr;   { Eigene Prozedur }
  warten;      { Eigene Prozedur }
end.
```

Durch die Unterteilung des Programms in Unterprogramme sind sowohl das Hauptprogramm als auch die Prozeduren selber sehr übersichtlich geworden. Die Unterprogramme sind, da sie ausschließlich lokale Bezeichner verwenden, vom Hauptprogramm unabhängig und können in mehreren Programmen verwendet werden.

Der Aspekt der besseren Übersichtlichkeit durch Verwendung von Unterprogrammen haben wir bereits angesprochen. Das ist aber nur ein Vorteil. Ein weiterer besteht darin, daß ein Unterprogramm beliebig oft aufgerufen werden kann, sein Quelltext aber nur einmal explizit angegeben sein muß. Ein Programm, das z.B. häufiger in der 25. Zeile die Meldung "Bitte eine Taste drücken..." ausgibt und dann auf einen Tastendruck wartet, muß die drei Programmzeilen der Prozedur WARTEN jedesmal im Programmtext aufführen, wenn es ihn nicht in einem Unterprogramm abgelegt hat.

Durch die Verwendung einer Prozedur, die den entsprechenden Programmtext enthält, ist jeweils nur eine Anweisung im Hauptprogramm notwendig, anstatt vorher 3 Anweisungen:

```
WARTEN;
```

Das Programm PROC2.PAS stellt "Das Kleine 1 x 1" auf dem Bildschirm dar und demonstriert, wie globale und lokale Variablen nebeneinander benutzt werden können.

```
program Kleines_1X1;  {PROC2.PAS}
uses
  crt;  { Unit aus Turbo Pascal }

var
  a,b,c,i: integer;  { Globale Variablen }

{------------------------------------------------}
{ ueberschrift                                   }
{------------------------------------------------}
procedure ueberschrift;
```

```
begin
  gotoxy(22,1);
  writeln('Das Kleine 1 x 1');
  writeln;
end;
{------------------------------------------------}
{ striche                                        }
{------------------------------------------------}
procedure striche;
var
  i: integer; { Lokale Zaehlvariable }

begin
  writeln;
  for i:= 1 to 60 do write('-');
  writeln;
end;
{------------------------------------------------}
{ rechnen                                        }
{------------------------------------------------}
procedure rechnen;
begin
  c:= c + b;
end;
{------------------------------------------------}

begin { Hauptprogramm }
  clrscr;
  ueberschrift;
  for a:= 0 to 9 do
  begin
    b:= a+1;  { Anf.-Wert je Schleifendurchlauf }
    c:= a+1;  { Anf.-Wert je Schleifendurchlauf }
    write(c:6);
    for i:= 1 to 9 do
    begin
      rechnen;
      write(c:6);
    end;
    striche;
  end;
  write('Bitte <CR> drücken...');
  readln;
end.
```

Die Variable I wird sowohl im Hauptprogramm als auch in der Prozedur STRICHE als Zählvariable benutzt. Dies ist nur möglich, weil I in der Prozedur als lokale Variable vereinbart worden ist.

Die Prozedur RECHNEN arbeitet nur mit globalen Variablen. Sie ist, im Gegensatz zu STRICHE, nicht unabhängig von diesem Hauptprogramm und kann nur bedingt in ein anderes Programm übernommen werden (wenn die Variablen B und C dort ebenfalls als vom Typ INTEGER vereinbart sind).

Unterprogramme dürfen auch andere (globale und lokale) Unterprogramme aufrufen. Dabei ist zu beachten, daß die aufzurufende vor der
aufrufenden Routine vereinbart worden ist. Soll z.B. das Unterprogramm
ZWEITES das Unterprogramm ERSTES aufrufen, so muß ERSTES vor
ZWEITES vereinbart worden sein:

```
procedure erstes;
begin
end;

procedure zweites;
begin
   erstes;
end;
```

Dem Compiler muß die Prozedur ERSTES also bereits bekannt sein, bevor sie das erstemal aufgerufen wird!

Übergabe von Wertparametern an Prozeduren

Turbo Pascal bietet die Möglichkeit, Prozeduren vom aufrufenden Programm aus Werte zu übergeben, mit denen dann innerhalb der Prozedur
gearbeitet werden kann. Dadurch wird ein Unterprogramm noch uni-
verseller einsetzbar, da jedes Programm individuelle Werte an die Routine übergeben kann. Sogar innerhalb eines Programms können beim
mehrmaligen Aufruf eines Unterprogramms verschiedene Werte übergeben werden.

Die Vereinbarung einer Prozedur mit Übergabe von Wertparametern geschieht analog zu der bereits bekannten Form aus dem Kapitel 5.7.1 mit
der einzigen Erweiterung, daß dem Prozedurnamen in Klammern eine
sog. Parameterliste folgt, die die zu übergebenden Werte mit ihren Datentypen enthält. Die allgemeine Form lautet:

```
PROCEDURE ProzedurName(<Parameterliste>);
CONST
  ...;

TYPE
  ...;

VAR
  ...;

BEGIN
  ...;
END;
```

In der Parameterliste werden die Werte mit ihren Datentypen aufgeführt. Werte gleichen Typs werden durch Kommata, Werte unterschiedlichen Typs durch ein Semikolon getrennt:

```
PROCEDURE name(Wert01,Wert02,...: Typ1;
               Wert1,Wert2,...  : Typ2;
               ...,...,...      : ...);
```

Angenommen, einer Prozedur sollen zwei Werte, A und B, vom Datentyp INTEGER übergeben werden. Dann ergibt sich folgende Prozedur-Vereinbarung:

```
PROCEDURE test(a,b: INTEGER);
BEGIN
END;
```

Soll der Prozedur TEST auch noch ein Wert CH, vom Datentyp CHAR, übergeben werden, lautet die Vereinbarung folgendermaßen:

```
PROCEDURE test(a,b: INTEGER; ch: CHAR);
BEGIN
END;
```

Die Prozedur TEST muß nach der letzten Deklaration mit genau zwei Werten vom Typ INTEGER und einem Wert vom Typ CHAR aufgerufen werden, und zwar genau in dieser Reihenfolge.

A, B und CH werden wie lokale Variablen der Prozedur TEST behandelt. Ihnen werden die übergebenen Werte zugewiesen. Über die Namen der Variablen kann mit den Werten innerhalb der Prozedur gearbeitet werden.

Der erste übergebene Wert wird der Variablen A, der zweite der Variablen B und der dritte der Variablen CH zugewiesen. Ein beispielhafter Aufruf der Prozedur TEST in einem Programm könnte lauten:

```
...;
test(2,3,'J');
...;
```

Damit erfolgt folgende Zuweisung:

```
2     A
3     B
'J'   CH
```

Die Wertübergabe muß nicht mit der expliziten Angabe der Werte erfolgen. Es dürfen an der Stelle der Werte auch Variablen stehen, deren Dateninhalt den Werten entspricht. Dabei ist jedoch zu beachten, besonders als Abgrenzung zum nächsten Kapitel, daß tatsächlich nur die Werte (Dateninhalte) übergeben werden.

Ein Hauptprogramm, das ebenfalls die Variablen A, B und CH (hier sind sie global) benutzt und diesen Werte zuweist, könnte die Prozedur TEST wie folgt aufrufen:

```
...;
a:= 2; b:= 3; ch:= 'J';
test(a,b,ch);
...;
```

Die Wirkung wäre dieselbe wie oben: Der Prozedur werden die Werte 2, 3 und 'J' übergeben und in den lokalen Variablen A, B und CH gespeichert. Auch müssen die Namen der globalen Bezeichner nicht mit denen der lokalen übereinstimmen. Ein Hauptprogramm, daß die Variablen X, Y und Z verwendet (allerdings mit den entsprechenden Datentypen), könnte die Prozedur TEST wie folgt aufrufen:

```
...;
x:= 2; y:= 3; ch:= 'J';
test(x,y,z);
...;
```

Zusammenfassend soll dieser Umstand noch einmal dargestellt werden. Unter der Voraussetzung der entsprechenden Vereinbarung der Variablen und Wertzuweisungen, sind folgende Aufrufe der Prozedur TEST vollkommen gleichbedeutend:

```
test(2,3,'J');
test(a,b,ch);
test(x,y,z);
```

Turbo Pascal erstellt von jedem übergebenen Wertparameter auf dem Stack, das ist ein bestimmter Speicherbereich, eine Kopie. Nach Beendigung der Routine und Rückkehr in das aufrufende Programm wird diese Kopie wieder vom Stack entfernt. Daher handelt es sich bei den Wertparametern um temporäre Parameter. Die Originalwerte, die vom aufrufenden Programm übergeben werden, bleiben von den Änderungen der Werte innerhalb der Prozedur unberührt.

Im Kapitel 5.7.1 haben wir in dem Programm PROC1.PAS die Routine WARTEN benutzt, die in der 25. Zeile einen Text ausgibt und auf einen Tastendruck wartet. Dieses Unterprogramm soll jetzt dahingehend modifiziert werden, daß vom Hauptprogramm aus bestimmt werden kann, an welcher Bildschirmposition die Meldung ausgegeben wird.

Die Prozedur muß mit zwei Wertparametern (für Bildschirm-Spalte und -Zeile) vom Type BYTE aufgerufen werden. Die bisherige Position innerhalb von WARTEN (GOTOXY(1,25)) muß variabel, in Abhängigkeit von den übergebenen Werten, gehalten werden. Zur Unterscheidung geben wir der Prozedur den neuen Namen

```
wartenWo
```

und vereinbaren sie wie folgt:

```
PROCEDURE wartenWo(spalte,zeile: BYTE);
VAR  ch: CHAR;

BEGIN
  GOTOXY(spalte,zeile);
  WRITE('Bitte eine Taste drücken...');
  ch:= READKEY;
END;
```

Soll die Meldung z.B., wie bisher, in der 25. Zeile ausgegeben werden, so muß die Prozedur folgendermaßen aufgerufen werden:

```
wartenWo(1,25);
```

Das Programm SINUS.PAS zeichnet eine Sinuskurve auf den Bildschirm. Es zeigt noch einmal die Verwendung von globalen und lokalen Variablen und die Übergabe von Wertparametern.

Sowohl das Hauptprogramm also auch die Prozeduren X_ACHSE und Y_ACHSE verwenden die Variable I als Zählvariable für die FOR-Schleife.

Die Prozedur WARTEWO ist Ihnen bereits bekannt und wurde in dieses Programm unverändert übernommen. Die Prozedur KURVE zeichnet den Graphen der Funktion

```
y = sin(x)
```

auf den Bildschirm. Ihr werden drei Werte übergeben:

x1	X-Koordinate des Bildpunktes
y1	Y-Koordinate des Bildpunktes
zeichen	Zeichen für den Bildpunkt

X1 und Y1 wurden vorher berechnet, ZEICHEN wurde als globale Konstante vereinbart und kann von Ihnen jederzeit geändert werden.

```
program sinusKurve;   {SINUS.PAS}
uses
  crt;   { Unit aus Turbo Pascal 5.0 }
const
  zeichen = '*';   { Zum Zeichnen des }
                   { Bildpunktes      }
var
  x,y : real;      { Koordinatenpunkte }
  i   : integer;   { Zaehlvariable }

{---------------------------------------------------}
{ x_achse                                           }
{---------------------------------------------------}
procedure x_achse;
var
  i: integer; { Zaehlvariable }

begin
  gotoxy(1,13);
  for i:= 1 to 80 do write(chr(196));
end;
{---------------------------------------------------}
{ y_achse                                           }
{---------------------------------------------------}
procedure y_achse;
var
  i: integer; { Zaehlvariable }

begin
  for i:= 1 to 25 do
  begin
    gotoxy(33,i);
    write(chr(179));
    gotoxy(33,13);
    write(chr(197));   { Zeichen für den Ursprung }
  end;
end;
{---------------------------------------------------}
{ kurve                                             }
{         Zeichnet die Sinuskurve auf den Screen    }
{---------------------------------------------------}
procedure kurve(x1,y1: real; zeichen: char);
var
  b1,b: integer;

begin
  y1:= -y1;                            { Skalierung      }
  b1:= round(((x1+3.2)*10)) + 2;       { Spaltenberechn.}
  b := round((y1*10)) + 13;            { Zeilenberechn.  }
  gotoxy(b1,b);                        { Positionieren   }
  write(zeichen);                      { Zeichen setzen  }
end;
{---------------------------------------------------}
{ warteWo                                           }
{---------------------------------------------------}
```

```
procedure warteWo(spalte,zeile: byte);
var ch: char;

begin
  gotoxy(spalte,zeile);
  write('Bitte eine Taste drücken...');
  ch:= readkey;
end;
{------------------------------------------------}

begin { Hauptprogramm }
  clrscr;
  gotoxy(35,1);
  write('S I N U S - KURVE');
  x_achse;                { X-Achse zeichnen }
  y_achse;                { Y-Achse zeichnen }
  x:= -3.3;               { Startwert        }
  for i:= 1 to 660 do
  begin
    x:= x + 0.01;         { X-Wert berechnen }
    y:= sin(x);           { Y-Wert berechnen }
    kurve(x,y,zeichen);   { Punkte zeichnen  }
  end; { for }
  x_achse;                { X-Achse erneuern }
  y_achse;                { Y-Achse erneuern }
  warteWo(1,25);
end.
```

Übergabe von Variablenparametern an Prozeduren

Soll zwischen dem aufrufenden Programm und einer Prozedur ein zwei-
seitiger Datenaustausch stattfinden, dann müssen der Prozedur anstatt
Wertparameter Variablenparameter übergeben werden. Turbo Pascal legt
von den übergebenen Variablen, im Gegensatz zur Übergabe von Wertparametern, keine Kopie auf dem Stack an, sondern arbeitet direkt mit
der Variablen. Das ist möglich, da der Prozedur genaugenommen nur die
Adresse des Speicherplatzes der Variablen übergeben wird. Ein Unterprogramm kann also den Wert einer Variablen verändern und den veränderten Wert an das aufrufende Programm zurückliefern.

Die Vereinbarung einer Prozedur mit Übergabe von Variablenparametern
geschieht analog zu der bereits bekannten Vereinbarung von Prozeduren
mit Übergabe von Wertparametern mit der Erweiterung, daß den Variablenparametern das reservierte Wort VAR vorangestellt wird. Variablen
gleichen Typs werden wieder durch Kommata, Variablen unterschiedlichen Typs durch ein Semikolon getrennt. Die allgemeine Form lautet
dann:

```
PROCEDURE name(VAR varName01,varName02,...: Typ1;
               VAR varName1,varName2,...   : Typ2;
               VAR ...,...,...             : ...);
```

Angenommen, einer Prozedur sollen zwei Variablenparameter, A und B, vom Datentyp INTEGER übergeben werden, dann ergibt sich folgende Prozedur-Vereinbarung:

```
PROCEDURE test(VAR a,b: INTEGER);
BEGIN
END;
```

Es ist auch möglich, sowohl Wert- als auch Variablenparameter zu übergeben. Ergänzen wir die Prozedur TEST noch um den Wertparameter CH vom Typ CHAR, so lautet die Vereinbarung:

```
PROCEDURE test(VAR a,b: INTEGER; ch: CHAR);
BEGIN
END;
```

Die Prozedur TEST muß demnach mit genau zwei Variablen vom Typ INTEGER und einem Wert vom Typ CHAR aufgerufen werden, und zwar genau in dieser Reihenfolge.

A, B und CH werden wie lokale Variablen der Prozedur TEST behandelt. Ihnen werden die übergebenen Variablen und Werte zugewiesen. Die erste übergebene Variable wird der Variablen A, die zweite der Variablen B und der Wert wird der Variablen CH zugewiesen.

Die Bezeichner innerhalb der Parameterliste müssen nicht mit den Bezeichnern der übergebenen Variablen übereinstimmen. Es ist besonders zu beachten, daß an Stelle der Variablenparameter nur Variablen und keine Werte stehen dürfen!! Die Variablen müssen im aufrufenden Programm oder global vereinbart worden sein.

Einer Prozedur, die ein Zeichen von der Tastatur lesen und an das aufrufende Programm zurückliefern soll, muß ein Variablenparameter vom Typ CHAR übergeben werden, der das gelesene Zeichen empfangen kann. Die Prozedur ließe sich wie folgt realisieren:

```
PROCEDURE LiesZeichen(VAR ch: CHAR);
BEGIN
  GOTOXY(1,25);
  WRITE('Bitte ein Zeichen eingeben: ');
  ch:= READKEY;
  GOTOXY(1,25);
  CLREOL;
END;
```

Die CLREOL-Prozedur löscht alle Zeichen von der momentanen Cursorposition (hier (1,25)) bis zum Zeilenende.

Das eingelesene Zeichen wird dem aufrufenden Programm über die Variable CH mitgeteilt und kann dann dort verwendet werden. Die Verwendung der Prozedur LIESZEICHEN zeigt das Programm PROC4.PAS, wobei die Position der Meldung in Form von zwei Wertparametern übergeben wird. Das Programm wird beendet, wenn der Buchstabe "E" eingegeben wurde:

```
program ZeichenLesen;   {PROC4.PAS}
uses
   crt;   { Unit aus Turbo Pascal 5.0 }

var
   zeichen: char; { Eingelesenes Zeichen }

{--------------------------------------------------}
{ LiesZeichen                                      }
{               SP und ZEI werden als Wert-        }
{               parameter, CH als Variablen-       }
{               parameter übergeben.               }
{--------------------------------------------------}
procedure LiesZeichen(sp,zei: byte; var ch: char);
begin
   gotoxy(sp,zei);
   write('Bitte ein Zeichen eingeben: ');
   ch:= readkey;
   gotoxy(sp,zei);
   clreol;          { Zeile löschen }
end;
{--------------------------------------------------}
{ warteWo                                          }
{--------------------------------------------------}
procedure warteWo(sp,zei: byte);
var   ch: char;

begin
   gotoxy(sp,zei);
   write('Bitte eine Taste drücken...');
   ch:= readkey;
end;
{--------------------------------------------------}

begin { Hauptprogramm }
   repeat
     clrscr;
     LiesZeichen(1,5,zeichen);
     gotoxy(5,10);
     write('Eingegeben wurde folgendes Zeichen: ');
     write(zeichen);
     warteWo(1,25);
   until zeichen = 'E';
end.
```

Das abschließende Programm verdeutlicht nochmals die Unterschiede der Übergabe von Wert- und Variablenparametern. A ist Wert-, B Variablenparameter. Im Hauptprogramm wird beiden folgender Dateninhalt zugewiesen:

```
a:= 1;
b:= 2;
```

Zur Verdeutlichung der Parameter-Handhabung werden die Werte der Variablen jeweils vor, innerhalb und nach der Prozedur UEBERGABE, die die Werte verändert, ausgegeben.

Die letzte Ausgabe zeigt, daß nur der Variablenparameter B den Wert, der ihm in der Prozedur UEBERGABE zugewiesen wurde, beibehalten hat. A weist dagegen wieder seinen ursprünglichen Dateninhalt auf.

```
program Parameter;  {PROC5.PAS}
uses
  crt;  { Unit aus Turbo Pascal 5.0 }

var
  a,b: integer; { Globale Variablen }

{------------------------------------------------}
{ uebergabe                                      }
{------------------------------------------------}
procedure uebergabe(a: integer; var b: integer);
begin
  a:= a + 100;
  b:= b + 100;
  write('Innerhalb der Prozedur UEBERGABE        : ');
  writeln('a = ',a:3,'         ','b = ',b:3);
end;
{------------------------------------------------}

begin { Hauptprogramm }
  clrscr;
  a:= 1;
  b:= 2;
  writeln('a ---> Wertparameter');
  writeln('b ---> Variablenparameter');
  writeln('=========================');
  writeln;
  write('Vor dem Aufruf der Prozedur UEBERGABE    : ');
  writeln('a = ',a:3,'         ','b = ',b:3);
  uebergabe(a,b);
  write('Nach dem Verlassen der Prozedur UEBERGABE: ');
  writeln('a = ',a:3,'         ','b = ',b:3);
  gotoxy(1,25);
  write('Bitte <CR> drücken...');
  readln;
end.
```

5.7.2 Funktionen

Funktionen sind die zweite Art von Unterprogrammen in Turbo Pascal. Sie unterscheiden sich von einer Prozedur nur dadurch, daß sie stets ein Ergebnis an das aufrufende Programm zurückliefern und damit auch in Ausdrücken verwendet werden können. Der Datentyp des Ergebnisses einer Funktion folgt dem Bezeichner der Funktion (bzw. der Parameterliste) und wird von ihm durch einen Doppelpunkt getrennt.

Die Ausführungen zu Prozeduren gelten für Funktionen entsprechend. Wir werden in diesem Kapitel daher nur auf die Besonderheiten in bezug auf Funktionen eingehen. Die einfachste Struktur einer Funktion lautet:

```
FUNCTION FunktionName: Ergebnistyp;

{-------------------------------------------}
{ Hier beginnt der Deklarationsteil der     }
{ Funktion. Alle hier vorgenommenen Verein- }
{ barungen sind lokal.                      }
{-------------------------------------------}

CONST
   { Hier werden lokale Konstanten vereinbart }

TYPE
   { Hier werden lokale Datentypen vereinbart }

VAR
   { Hier werden lokale Variablen vereinbart }


   { Hier werden lokale Unterprogramme   }
   { (Prozeduren und Funktionen) der     }
   { Funktion FUNKTIONNAME vereinbart    }

{-------------------------------------------}
{ Hier endet der Vereinbarungsteil der Funktion }
{-------------------------------------------}

BEGIN { Hier beginnt das Hauptprogramm der Funktion }
   { Es folgen die Anweisungen }
   { der Funktion FUNKTIONNAME }
   ...;
   FunktionName:= Ergebnis;
   ...;
END; { Hier endet die Funktion }
```

Die Struktur einer Funktion besitzt große Ähnlichkeit mit der eines Programms und der einer Prozedur. Die Vereinbarung einer Funktion beginnt mit dem reservierten Wort

```
FUNCTION
```

worauf der Name (Bezeichner) folgt, über den die Funktion aufgerufen und ihr ein Ergebnis zugewiesen wird. Darauf folgt, durch einen Doppelpunkt getrennt, der Ergebnistyp. Anschließend folgen Vereinbarungsteil und Hauptprogramm der Funktion.

Im Hauptprogramm der Funktion muß irgendwo einmal ein Ergebnis ermittelt und dem Bezeichner der Funktion zugewiesen werden. Das aufrufende Programm weist das Ergebnis der Funktion einer Variablen zu, die vom selben Ergebnistyp sein muß. Eine Funktion TEST, die den Ergebnistyp CHAR liefert, könnte wie folgt vereinbart sein:

```
FUNKTION zeichen: CHAR;
BEGIN
   ...;
   zeichen:= 'J';
   ...;
END;
```

Ein Programm, das eine Variable CH vom Typ CHAR vereinbart hat, ruft die Funktion ZEICHEN folgendermaßen auf:

```
...;
ch:= zeichen;
...;
```

Der Variablen CH wird also das Ergebnis der Funktion ZEICHEN zugewiesen. Funktionen sind Ihnen bereits von Ihrer Arbeit mit Turbo-Pascal her bekannt, z.B. die Funktion READKEY. Sie liest von der Tastatur ein Zeichen ohne Echo und wird wie folgt aufgerufen:

```
ch:= READKEY;
```

In dem Programm SINUS haben wir stillschweigend die Funktion SIN benutzt und sie so aufgerufen:

```
y:= SIN(x);
```

Hierbei handelt es sich sogar um einen Funktionsaufruf mit Übergabe eines Wertparameters!

In dem Programm PROC4.PAS haben wir die Prozedur LIESZEICHEN verwendet, die ein Zeichen von der Tastatur liest und dieses in Form eines Variablenparameters an das aufrufende Programm zurückliefert. Diese Aufgabe können wir auch mit einer Funktion, und zwar ohne Variablenparameter, erledigen, da bereits die Funktion ein Ergebnis an das aufrufende Programm zurückliefert. Als Funktion vereinbaren wir dann:

```
FUNCTION LiesZeichen2: CHAR;
BEGIN
  GOTOXY(1,5);
  WRITE('Bitte ein Zeichen eingeben: ');
  LiesZeichen2:= READKEY;
  GOTOXY(1,5);
  CLREOL;
END;
```

In ein Programm können wir die Funktion dann folgendermaßen einbinden (es wird solange ein Zeichen gelesen, bis Sie ein "E" eingeben):

```
program ReadChar;   {FUNC1.PAS}
uses
  crt;   { Unit aus Turbo Pascal 5.0 }

var
  ch: char;   { Eingelesenes Zeichen }

{------------------------------------------------}
{ LiesZeichen2                                   }
{------------------------------------------------}
function LiesZeichen2: char;
begin
  gotoxy(1,5);
  write('Bitte ein Zeichen eingeben: ');
  LiesZeichen2:= readkey;
  gotoxy(1,5);
  clreol;        { Zeile löschen }
end;
{------------------------------------------------}
{ warteWo                                        }
{------------------------------------------------}
procedure warteWo(sp,zei: byte);
var  ch: char;

begin
  gotoxy(sp,zei);
  write('Bitte eine Taste drücken...');
  ch:= readkey;
end;
{------------------------------------------------}

begin { Hauptprogramm }
  repeat
    clrscr;
    ch:= LiesZeichen2;
    gotoxy(5,10);
    write('Eingegeben wurde folgendes Zeichen: ',ch);
    warteWo(1,25);
  until ch = 'E';
end.
```

Wir hätten uns in diesem Beispiel die globale Variable CH auch sparen
können, da der Funktionsaufruf auch als Argument der WRITE-Prozedur
auftreten darf:

```
WRITE('Eingegeben wurde ');
WRITE('folgendes Zeichen: ',LiesZeichen);
```

Es geht auch mit dem Ergebnistyp BOOLEAN.

Eine Routine, die nur prüft, ob es sich bei dem eingegebenen Zeichen um einen Buchstaben handelt, kann als Ergebnistyp BOOLEAN verwenden:

```
FUNCTION buchstabe: BOOLEAN;
VAR
  ch: CHAR;

BEGIN
  GOTOXY(1,5);
  WRITE('Bitte ein Zeichen eingeben: ');
  ch:= READKEY;
  IF (ch IN ['a'..'z']) or (ch IN ['A'..'Z'])
  THEN buchstabe:= true
  ELSE buchstabe:= false;
END;
```

Das abschließende Programm zeigt die Verwendung der o.g. Routine BUCHSTABE. Es wird solange ein Zeichen von der Tastatur eingelesen, bis es kein Buchstabe ist. Dann wird das Programm beendet.

```
program LiesBuchstabe;  {FUNC2.PAS}
uses
  crt;  { Unit aus Turbo Pascal 5.0 }

var
  ok: boolean;  { Funktionsergebnis }

{-----------------------------------------------------}
{ buchstabe                                           }
{-----------------------------------------------------}
function buchstabe: boolean;
var
  ch: char;  { Eingelesenes Zeichen }

begin
  gotoxy(1,5);
  write('Bitte ein Zeichen eingeben: ');
  ch:= readkey;
  if (ch in ['a'..'z']) or (ch in ['A'..'Z'])
  then buchstabe:= true
  else buchstabe:= false;
  gotoxy(1,5);
  clreol;
end;
{-----------------------------------------------------}
{ warteWo                                             }
{-----------------------------------------------------}
procedure warteWo(sp,zei: byte);
```

```
var  ch: char;

begin
  gotoxy(sp,zei);
  write('Bitte eine Taste drücken...');
  ch:= readkey;
end;
{----------------------------------------------}

begin
  repeat
    clrscr;
    ok:= buchstabe;
    gotoxy(5,10);
    if ok
    then write('Es wurde ein Buchstabe eingegeben.')
    else write('Es wurde kein Buchstabe eingegeben.');
    warteWo(1,25);
  until not ok;
end.
```

Übergabe von Parametern an Funktionen

Die Übergabe von Wert- und Variablenparametern verläuft bei Funktionen genauso wie bei Prozeduren. Daher gehen wir an dieser Stelle darauf auch nicht mehr näher ein, sondern verweisen auf die entsprechenden Kapitel bei den Prozeduren. Die allgemeine Struktur einer Funktion, der Parameter übergeben werden, lautet:

```
FUNCTION FunktionName(<Parameterliste>): Ergebnistyp;
CONST
  ...;

TYPE
  ...;

VAR
  ...;

BEGIN
  ...;
  FUNKTIONNAME:= Ergebnis;
  ...;
END;
```

Die Parameterliste ist identisch mit der bei Prozeduren und darf sowohl Wert- als auch Variablenparameter enthalten.

5.8 Include-Dateien und Overlays

In diesem Kapitel erhalten Sie einen Überblick über Include-Dateien und Overlays und können am Ende des Kapitels Ihr erstes Programm schreiben, in dem nicht der gesamte Quelltext im Editor steht.

5.8.1 Include-Dateien

Als Include-Datei wird eine Datei bezeichnet, die einen Pascal-Quelltext enthält, der nicht notwendigerweise ein komplettes, lauffähiges Programm darstellen muß. Mit dem Compiler-Befehl

```
{$I DATEINAME},
```

der in einen Programmtext aufgenommen wird, wird die Include-Datei mit dem Namen DATEINAME an der Stelle, an der der Compiler-Befehl steht, beim Kompilieren eingelesen und mit übersetzt. Der eingelesene Text wird so behandelt, als stünde er tatsächlich an der Stelle, an der der Compiler-Befehl {$I DATEINAME} steht.

Der Compiler erzeugt von dem eigentlichen Quelltext und dem Text der Include-Datei eine einheitliche .EXE-Datei, der nicht mehr angesehen werden kann, ob und aus wievielen Include-Dateien sie besteht. Include-Dateien stellen demnach eine einfache Möglichkeit dar, fertige und getestete Routinen (Prozeduren und Funktionen), die von mehreren Programmen benutzt werden können, aufzunehmen und diesen verfügbar zu sein.

Durch die Auslagerung von Unterprogrammen ersparen Sie sich, bestimmte Quelltexte in jedes Programm kopieren zu müssen. Außerdem wird Ihr eigentliches Quellprogramm wesentlich kürzer und übersichtlicher. Include-Dateien dürfen aber nicht nur vollständige Unterprogramme, sondern auch Konstanten-, Variablen- und Typ-Vereinbarungen usw. enthalten. Auch die Aufnahme einer Include-Datei in eine andere Include-Datei ist in bis zu acht Ebenen möglich.

DATEINAME darf neben dem eigentlichen Namen auch eine Laufwerksbezeichnung und einen Suchweg enthalten. Include-Dateien sollten sich jedoch in dem über das Menü OPTIONS/ DIRECTORIES/INCLUDE DIRECTORIES angegebenen Verzeichnis befinden.

Obwohl Include-Dateien einige Vorteile bieten, sind sie noch nicht die beste und effektivste Möglichkeit, getestete und universell einsetzbare Routinen auszulagern. Ein Nachteil, besonders unter dem Aspekt der dafür benötigten Zeit, ist vor allem, daß die eingelesenen Texte bei jeder Kompilierung des Hauptprogramms ebenfalls wieder übersetzt werden, obwohl sie ja bereits in fehlerfreier Form vorliegen.

Kapitel 6 stellt Ihnen das Unit-Konzept von Turbo Pascal vor. Damit haben Sie ein professionelles Werkzeug, das den modularen Programmaufbau unterstützt. Der Vorteil liegt darin, daß getestete Routinen und einmal kompilierte Dateien auch in kompilierter Form auf der Diskette/Festplatte abgelegt werden und in dieser Form in ein Programm aufgenommen werden können, ohne jedesmal neu kompiliert werden zu müssen.

Sehen Sie sich das nachfolgende Programm (INCTEST1.PAS) an. Es enthält drei Routinen:

STERNE, LINIEN und WARTEN.

Angenommen, Sie benötigen diese drei Prozeduren häufiger in Ihren Programmen. Dann könnten Sie sie in jedes Programm hineinkopieren. Eine bessere Möglichkeit besteht jedoch darin, die drei Unterprogramme in einer Datei (z.B. mit dem Dateinamen DIVERSE.INC) abzulegen und diese Datei dann bei Bedarf mit dem Compiler-Befehl

```
{$I DIVERSE.INC}
```

in ein Programm einzulesen. Doch zuerst einmal das Programm:

```
program IncludeErstellen;  {INCTEST1.PAS}
uses
  crt;  { Unit aus Turbo Pascal 5.0 }

var
  sternchen,
  LenLinie  : integer;

{------------------------------------------------}
{ sterne                                         }
{------------------------------------------------}
procedure sterne(anz: integer);
var i: integer; { Zaehlvariable }

begin
  for i:= 1 to anz do write('*');
end;
{------------------------------------------------}
{ linien                                         }
```

```
{----------------------------------------------------}
procedure linien(laenge: integer);
const
  zeichen = #196;   { ASCII-Zeichen }

var i: integer;     { Zaehlvariable }

begin
  for i:= 1 to laenge do write(zeichen);
end;
{----------------------------------------------------}
{ warten                                             }
{----------------------------------------------------}
procedure warten;
var ch: char;

begin
  gotoxy(1,25);
  write('Bitte eine Taste drücken...');
  ch:= readkey;
end;
{----------------------------------------------------}

begin  { Hauptprogramm }
  clrscr;
  write('Anzahl der Sternchen?        : ');
  readln(sternchen);
  write('Wie lang soll die Linie sein?: ');
  readln(LenLinie);
  gotoxy(1,10); sterne(sternchen);
  gotoxy(1,15); linien(LenLinie);
  warten;
end.
```

Um die drei Routinen "auszulagern", gehen Sie wie folgt vor (die Datei INCTEST1.PAS muß sich im Editor befinden!):

1. Setzen Sie den Cursor auf die Kommentarzeile der Prozedur STERNE und markieren Sie hier den Blockanfang mit <CTRL KB>.

2. Bewegen Sie den Cursor hinter das letzte Zeichen der Kommentarzeile der Prozedur WARTEN und markieren Sie hier das Blockende mit <CTRL KK>.

3. Alle drei Routinen sollten jetzt als Block markiert sein (sie sind andersfarbig unterlegt). Drücken Sie <CTRL KW> und geben Sie bei Aufforderung den Dateinamen DIVERSE.INC ein. Damit wird dieser Block auf Diskette geschrieben.

4. Löschen Sie den noch markierten Block mit <CTRL KY>.

5. Zum Schluß fügen Sie nach der Variablenvereinbarung den Compiler-Befehl

```
{$I DIVERSE.INC}
```

ein. Speichern Sie Ihre Datei und testen Sie das Programm.

Die Datei DIVERSE.INC sollte folgenden Inhalt haben:

```
{-------------------------------------------------}
{ sterne                                          }
{-------------------------------------------------}
procedure sterne(anz: integer);
var i: integer; { Zaehlvariable }

begin
  for i:= 1 to anz do write('*');
end;
{-------------------------------------------------}
{ linien                                          }
{-------------------------------------------------}
procedure linien(laenge: integer);
const
  zeichen = #196;  { ASCII-Zeichen }

var i: integer;     { Zaehlvariable }

begin
  for i:= 1 to laenge do write(zeichen);
end;
{-------------------------------------------------}
{ warten                                          }
{-------------------------------------------------}
procedure warten;
var ch: char;

begin
  gotoxy(1,25);
  write('Bitte eine Taste drücken...');
  ch:= readkey;
end;
{-------------------------------------------------}
```

Jetzt können Sie diese Datei in jedes Programm mit dem Compiler-Befehl

```
{$I DIVERSE.INC}
```

einlesen. Das "reduzierte" Programm listen wir abschließend als Datei INCTEST2.PAS:

```
program IncludeErstellen; {INCTEST2.PAS}
uses
```

```
    crt;  { Unit aus Turbo Pascal 5.0 }

var
  sternchen,
  LenLinie  : integer;

{$I DIVERSE.INC}

begin  { Hauptprogramm }
  clrscr;
  write('Anzahl der Sternchen?        : ');
  readln(sternchen);
  write('Wie lang soll die Linie sein?: ');
  readln(LenLinie);
  gotoxy(1,10); sterne(sternchen);
  gotoxy(1,15); linien(LenLinie);
  warten;
end.
```

Wenn Sie das Programm mit <CTRL F9> kompilieren, erhalten Sie das gleiche Ergebnis wie beim Kompilieren des Programms INCTEST1.

5.8.2 Overlays

Mit Overlays haben Sie die Möglichkeit, Pascal-Programme zu schreiben, deren Code größer ist als der verfügbare Platz im Arbeitsspeicher Ihres Rechners. Programmteile werden als Overlays auf Diskette/Festplatte abgelegt, vom Programm verwaltet und bei Bedarf geladen. Dabei werden Programmteile, die zur Zeit nicht benötigt werden, überschrieben. Es teilen sich also mehrere Programmteile denselben Speicherbereich im Hauptspeicher, allerdings zu verschiedenen Zeitpunkten. Das Ablegen nicht benötigter Programmteile als Overlays auf Diskette/Festplatte und der damit verbundene Zeitaufwand beim Nachladen muß sicherlich als Nachteil der Overlay-Technik angesehen werden. Sie sollten sich daher genau überlegen, wann Sie mit Overlays arbeiten und nur dann darauf zurückgreifen, wenn sonst der Code des Programms den verfügbaren Platz im Arbeitsspeicher übersteigen würde.

Eine geladene Routine verbleibt solange im Hauptspeicher, bis der Platz für eine andere aus einem Overlay benötigt wird, die dann nachgeladen wird. Dabei können andere, zur Zeit nicht benötigte Routinen überschrieben werden. Damit sind Ihre Programme vom zur Verfügung stehenden Hauptspeicher unabhängig.

Da die Overlay-Technik nur für sehr große Programme von Bedeutung ist, verzichten wir in diesem Buch auf eine detaillierte Beschreibung. Auch kommen alle in diesem Buch vorgestellten Programme ohne Overlay-Technik aus.

Die Regeln, die Sie bei der Verwendung von Overlays beachten müssen, wurden von den Turbo-Pascal-Entwicklern auf ein Minimum beschränkt. Die gesamte Verwaltung von Overlays wird von den Routinen der Unit OVERLAY, die mit der USES-Anweisung in ein Programm aufgenommen werden muß, übernommen.

Die kleinste Einheit, die als Overlay vereinbart und auf einmal in den reservierten Speicherbereich (zwischen dem oberen Ende des Stacks und dem Anfang des Heapbereichs) geladen werden kann, ist eine Unit.

Bei der Verwendung von Overlays müssen sämtliche Routinen des Programms als FAR vereinbart werden. Am einfachsten setzen Sie dazu den Compiler-Befehl für FAR,

{$F+},

direkt hinter den Programmkopf. Eine Unit, die mit dem Compiler-Befehl

{$O+}

kompiliert wurde, kann (muß aber nicht) später als Overlay verwendet werden. Der Schalter bewirkt erst einmal nur, daß ein zusätzlicher Prüfcode erzeugt wird. Über die tatsächliche Verwendung der Unit (ob als Overlay oder nicht) entscheidet erst der im Hauptprogramm verwendete Compiler-Befehl

{$O UNITNAME}.

Eine mit der USES-Anweisung und diesem Compiler-Befehl eingebundene Unit wird als Overlay aufgenommen. Dieselbe Unit kann aber auch nur mit der USES-Anweisung in ein Programm aufgenommen werden (natürlich nicht gleichzeitig, sondern nur alternativ!). Dann wird sie "ganz normal" behandelt, wie jede andere mit USES aufgenommene Unit auch (siehe Kapitel 6).

Bei der Verwendung von Overlays muß die Unit OVERLAY als erste mit der USES-Anweisung in ein Programm aufgenommen werden und die Overlay-Verwaltung mit der Routine

```
OVRINIT(DateinameOVR)
```

einmal (am besten am Anfang des Programms) initialisiert werden. Ein Programm, mit dem Namen MYPRG.PAS, das Overlays verwendet, erzeugt beim Kompilieren auf der Diskette/Festplatte zwei Dateien, die folgenden Inhalt haben:

MYPRG.EXE   das Hauptprogramm
MYPRG.OVR   sämtliche als Overlay deklarierte Units

Initialisiert wird die Overlay-Verwaltung also mit

```
OVRINIT(MYPRG.OVR).
```

Beispiel:

Ein Programm (MYPRG.PAS), das die Units MEINE1, MEINE2 und DEINE verwendet, von denen MEINE1 und DEINE mit dem Compiler-Befehl {$O+} übersetzt wurden, könnte wie folgt aufgebaut sein:

```
PROGRAM myprg;
{$F+}      {Alle Routinen als FAR-Aufrufe}
USES
   OVERLAY,CRT,   { Units aus TP 5.0 }
   meine1,meine2,
   deine;         { Eigene Units     }

{$O meine1} {Diese beiden Units als}
{$O deine}  {Overlays in Programm  }

{Hier könnte der Verein-}
{barungsteil folgen.    }

BEGIN {Hauptprogramm}
   OVRINIT('MYPRG.OVR');
   {Weitere Anweisungen}
   {des Programms      }
END:
```

Die grundsätzliche Vorgehensweise bei der Verwendung von Overlays soll an dem folgenden Beispielprogramm nochmals explizit verdeutlicht werden. Dazu soll ein Programm geschrieben werden, das zwei Overlay-Dateien (OVRUNIT1 und OVRUNIT2) als Units einbindet, die darin enthaltenen Routinen (MELDUNG1 und MELDUNG2) insgesamt zehnmal aufruft und die Bildschirmausgaben der beiden Prozeduren jeweils anzeigt. Beachten Sie, daß die Programm-Datei nur den Compiler-Befehl

```
{$F}
```

enthält, die beiden Overlays dagegen noch zusätzlich den Compiler-Befehl

        {$O},

womit sie als Overlays verwendbar sind. Hier nun die beiden Overlays:

```
Unit ovrUnit1;    {OVRUNIT1.PAS}
{$F+,O+}              { FAR-Codierung und }
                     { Overlay allowed   }

{-------------------------------------------------}
{ Interface                                       }
{-------------------------------------------------}
interface
  procedure Meldung1;

{-------------------------------------------------}
{ Implementation                                  }
{-------------------------------------------------}
implementation
uses
  crt;  { Unit aus Turbo Pascal }

{-------------------------------------------------}
{ Meldung1                                        }
{-------------------------------------------------}
procedure Meldung1;
begin
  writeln('Hier meldet sich Overlay-Datei 1');
  delay(1000);
end;
{-------------------------------------------------}
{ End of Unit                                     }
{-------------------------------------------------}
end.



Unit ovrUnit2;    {OVRUNIT2.PAS}
{$F+,O+}              { FAR-Codierung und }
                     { Overlay allowed   }

{-------------------------------------------------}
{ Interface                                       }
{-------------------------------------------------}
interface
  procedure Meldung2;

{-------------------------------------------------}
{ Implementation                                  }
{-------------------------------------------------}
implementation
uses
  crt;  { Unit aus Turbo Pascal }

{-------------------------------------------------}
```

```
{ Meldung2                                          }
{------------------------------------------------}
procedure Meldung2;
begin
  writeln('Hier meldet sich Overlay-Datei 2');
  delay(1000);
end;
{------------------------------------------------}
{ End of Unit                                        }
{------------------------------------------------}
end.
```

Beide Overlay-Dateien müssen kompiliert werden. Dadurch befinden sich dann auf der Diskette/Festplatte (neben den beiden Quelltext-Dateien OVRUNIT1.PAS und OVRUNIT2.PAS) auch die entsprechenden .TPU-Dateien (OVRUNIT1.TPU und OVRUNIT2.TPU). Die Programm-Datei lautet wie folgt:

```
program OvrPrg;    {OVRPRG.PAS}
{$F+}                    { FAR-Codierung          }

uses
  overlay,crt,    { Units aus Turbo Pascal }
  ovrUnit1,
  ovrUnit2;       { Overlay-Units          }

  {$O ovrUnit1}   { Diese beiden Units werden }
  {$O ovrUnit2}   { als Overlays geladen      }

var
  i: integer; { Zaehlvariable }

begin { Hauptprogramm }
  ovrinit('ovrPrg.OVR'); { Initialisierung }
  for i:= 1 to 10 do
  begin
    clrscr;
    meldung1; { Aufruf aus ovrUnit1 }
    meldung2; { Aufruf aus ovrUnit2 }
  end; { for }
  gotoxy(1,25);
  write('Overlay-Demo beendet! ');
  write(' Bitte <CR> drücken...');
  readln;
end.
```

Wenn Sie das Hauptprogramm (OVRPRG) kompilieren, werden die beiden Overlays eingebunden. Auf der Diskette/Festplatte werden dann das ausführbare Programm (OVRPRG.EXE) und die Datei mit den Overlays (OVRPRG.OVR) angelegt. Wenn das Programm von der DOS-Ebene aus gestartet werden soll (nachdem es in der integrierten Entwicklungsumgebung von Turbo Pascal entsprechend kompiliert wurde), muß ihm auch die Datei OVRPRG.OVR verfügbar sein (sich also im selben Verzeichnis befinden).

Nach dem Programmstart (aus der integrierten Entwicklungsumgebung heraus oder von der DOS-Ebene) gibt das Programm jeweils eine Meldung aus und zeigt damit an, in welchem Overlay es sich gerade befindet. Am Ende dieser kleinen Demonstration werden Sie aufgefordert, die Return-Taste zu drücken, um das Programm zu beenden. Abschließend folgen noch die in der Unit OVERLAY enthaltenen Routinen und die Fehlercodes der Variablen OVRRESULT:

OVRCLEARBUF _____ Prozedur

Aufruf: `OvrClearBuf;`

Entfernt alle zur Zeit geladenen Overlays aus dem Puffer. Das nächste Overlay wird nachgeladen, wenn darauf zugegriffen wird.

OVRGETBUF _____ Funktion

Aufruf: `buf:= OvrGetBuf;`

Ermittelt die Größe des Overlay-Puffers in Byte und weist sie der Variablen BUF zu. Mit der Overlay-Initialisierung wird der Puffer-Bereich immer exakt so groß gewählt, wie das größte verwendete Overlay benötigt.

OVRINIT _____ Prozedur

Aufruf: `OvrInit(Dateiname);`

Initialisiert die Overlay-Verwaltung. Der übergebene Parameter DATEINAME ist vom Typ STRING. Die Datei (DATEINAME) mit den Overlay-Units wird geöffnet. Falls bei der Initialisierung ein Fehler auftritt, ist der entsprechende Code in der Variablen OVRRESULT gespeichert und die Overlay-Verwaltung nicht initialisiert.

OVRINITEMS _____ Prozedur

Aufruf: `OvrInitEms;`

Prüft, ob eine EMS-Karte vorhanden ist und noch genügend Speicher zur Verfügung stellt, um die entsprechende Overlay-Datei in den EMS-Speicher zu laden. Dadurch verringert sich die Zugriffszeit beim Nachladen von Overlays. Ist eine solche Karte nicht vorhanden, bleibt diese Routine wirkungslos.

OVRSETBUF _____ **Prozedur**

Aufruf: `OvrSetBuf(Size);`

Der Prozedur wird der Parameter SIZE (vom Typ LONGINT) übergeben und damit die Größe des Overlay-Puffers (in Byte) festgelegt. Die minimale Größe ist durch die größte Overlay-Datei vorgegeben. Die maximale Größe ist durch den noch verfügbaren Hauptspeicher begrenzt.

Die Werte der INTEGER-Variablen OVRRESULT, die einen entsprechenden Fehlercode darstellen, lauten wie folgt:

Fehlercodes OVRRESULT

Wert	Konstante	Bedeutung
0	ovrOk	Ausführung fehlerfrei.
-1	ovrError	Allgemeiner Fehler.
-2	ovrNotFound	Die angegebene Overlay-Datei wurde nicht gefunden.
-3	ovrNoMemory	Der Platz für den Puffer kann nicht vergrößert werden.
-4	ovrIOError	I/O-Fehler beim Zugriff auf die Overlay-Datei.
-5	ovrNoEmsDriver	EMS-Treiber nicht geladen oder nicht vorhanden.
-6	ovrNoEmsMemory	Nicht genügend Platz auf der EMS-Karte.

5.9   Datenstrukturen

In diesem Kapitel werden u.a. Felder und Verbunde behandelt. Außerdem erfahren Sie, wie Sie sich eigene Datentypen definieren können.

5.9.1 Felder (ARRAYS)

Felder zählen zu einer häufig benötigten Datenstruktur. Insbesondere das Sortieren von Datenfeldern wird in der Praxis häufig benötigt. In diesem Kapitel werden Ihnen u.a. zwei Sortierverfahren vorgestellt.

Eindimensionale Felder

Lassen Sie uns auch dieses Kapitel wieder mit einer kleinen Aufgabe beginnen, wie schon das Kapitel 5.5 "Schleifen". Wir greifen dazu nochmals die Aufgabenstellung aus dem o.g. Kapitel auf, erweitern sie jedoch wie folgt:

Aufgabenstellung:

Es soll ein Pascal-Programm geschrieben werden, das fünf Zahlen von der Tastatur einliest, deren Summe berechnet und ausgibt. Anschließend sollen die fünf Zahlen in sortierter Reihenfolge ausgegeben werden. Im Gegensatz zur Lösung aus Kapitel 5.5 kommen wir hier nicht mehr mit einer Variablen X für die einzulesenden Zahlen aus, da alle Zahlen gespeichert und anschließend ausgegeben werden sollen.

Wir müssen uns also insgesamt 5 Variablen (X1,X2,X3,X4,X5) für die einzulesenden Zahlen und eine (SUM) für die Summe vereinbaren. Alle Variablen sollen vom Typ REAL sein. Bei der Lösung der Aufgabe stellen wir das Sortierproblem für den Augenblick erst noch einmal zurück und vereinbaren dafür nur eine Prozedur, die nur aus dem Prozedurkopf und einem BEGIN und einem END besteht. Da wir für diese Problemlösung nicht einmal eine Schleife benutzen können, versuchen wir es wie folgt:

```
program Summe1;  {SUM1.PAS}
uses
  crt;  { Unit aus Turbo Pascal 5.0 }

var
  sum,           { Summe der Zahlen }
  x1,x2,
  x3,x4,x5: real; { Einzulesende Zahlen }

{--------------------------------------------------}
{ Sortiere                                         }
{          Wird später mit Inhalt gefüllt!         }
{--------------------------------------------------}
procedure sortiere;
begin
  { Anweisungen müssen noch eingefügt werden! }
end;
{--------------------------------------------------}

begin  { Hauptprogramm }
  clrscr;
  sum:= 0;  { Summe auf Null setzen }
  {-------------------------------------}
  { 1. Zahl einlesen                    }
  {-------------------------------------}
  write('1. Zahl eingeben: ');
```

```
   readln(x1);
   {------------------------------------}
   { 2. Zahl einlesen                   }
   {------------------------------------}
   write('2. Zahl eingeben: ');
   readln(x2);
   {------------------------------------}
   { 3. Zahl einlesen                   }
   {------------------------------------}
   write('3. Zahl eingeben: ');
   readln(x3);
   {------------------------------------}
   { 4. Zahl einlesen                   }
   {------------------------------------}
   write('4. Zahl eingeben: ');
   readln(x4);
   {------------------------------------}
   { 5. Zahl einlesen                   }
   {------------------------------------}
   write('5. Zahl eingeben: ');
   readln(x5);
   {------------------------------------}
   { Summe berechnen und ausgeben,      }
   { (Zahlen sortieren und ausgeben)    }
   {------------------------------------}
   sum:= x1 + x2 + x3 + x4 + x5;
   writeln;
   writeln('Die Summe beträgt: ',sum:10:2);
   sortiere;
   gotoxy(1,25);
   write('Bitte <CR> drücken...');
   readln;
end.
```

Auch in diesem Beispielprogramm wiederholen sich die beiden folgenden Anweisungen insgesamt fünfmal. Sie unterscheiden sich wiederum lediglich durch die Ziffer, die die I. Zahl anfordert und das I-te X einliest (I = 1,2,3,4,5):

```
    WRITE('I. Zahl eingeben: ');
    READLN(xI);
```

Der Verwendung einer FOR-Schleife steht nichts mehr im Wege, wenn wir eine sog. indizierte Variable verwenden könnten. Aus der Mathematik ist uns eine Variable mit einem Index unten, z.B. für die Summenbildung, bekannt:

$$S = \Sigma\ Xi \qquad \text{mit z.B. für } i = 1,2,3,4,5$$

Das ist nur eine andere Schreibweise für:

$$S = x1 + x2 + x3 + x4 + x5$$

Auch Turbo Pascal kennt indizierte Variablen und vereinbart solche als ARRAY (Feld), wobei eine derartige Variable aus mehreren Elementen gleichen Datentyps besteht. Auf jedes einzelne Element des Feldes wird über den Index zugegriffen. Die allgemeine Vereinbarung einer Variablen vom Typ ARRAY lautet:

```
VAR
    FeldName: RAY[IndexAnf..IndexEnde] OF Datentyp;
```

DATENTYP bezeichnet hier den Datentyp (z.B. INTEGER, REAL, CHAR usw.) der einzelnen Elemente des Feldes.

INDEXANF..INDEXENDE gibt den Indexbereich (z.B. 1..5, 1..100, 0..2 usw.) an, der ein ordinaler (abzählbarer) Typ oder ein Unterbereich davon sein muß.

ARRAY ist ein reserviertes Wort, das den Datentyp ARRAY (Feld) bezeichnet.

FELDNAME ist ein benutzerdefinierter Bezeichner (z.B. X, NAME, NR, ARTIKEL usw.), über den die einzelnen Elemente mit dem zugehörigen Index, der dem Bezeichner in eckigen Klammern folgt, angesprochen werden. Übertragen wir diese allgemeine Struktur auf unser Beispiel, so gilt folgende Zuordnung:

FeldName	X
IndexAnf	1
IndexEnde	5
Datentyp	REAL

Mit der Deklaration

```
VAR
    x: ARRAY[1..5] OF REAL;
```

haben wir eine Variable X vereinbart, die aus fünf Elementen vom Datentyp REAL besteht (man könnte auch sagen, daß wir fünf Variablen vom Typ REAL vereinbart haben, die unter einem gemeinsamen Bezeichner (X) zusammengefaßt sind). Im Programm wird auf jedes Element über den Feldnamen und den entsprechenden Index zugegriffen. Mit

```
x[1]:= 2.5;
```

wird dem ersten Element der Wert 2.5 zugewiesen. Der Vorteil indizierter Variablen besteht darin, daß als Index ebenfalls eine Variable verwendet werden kann. Vereinbaren wir

```
VAR
   x: ARRAY[1..5] OF REAL;
   i: INTEGER;
```

so kann dem ersten Element der Variablen X auch folgendermaßen ein Wert zugewiesen werden:

```
i:= 1;
x[i]:= 2.5;
```

Sollen Werte über die Tastatur eingelesen werden, so bietet sich die READLN-Anweisung z.B. in Verbindung mit einer FOR-Schleife an:

```
FOR i:= 1 to 5 DO READLN(x[i]);
```

Jetzt läßt sich auch das Programm SUM1.PAS viel effektiver programmieren. Für die fünf einzulesenden X-Werte vereinbaren wir das Feld

```
VAR
   x: ARRAY[1..5] OF REAL;
```

und lesen die einzelnen Elemente mit Hilfe einer FOR-Schleife ein:

```
FOR i:= 1 TO 5 DO
BEGIN
   WRITE(i,'. Zahl eingeben: ');
   READLN(x[i]);
END;
```

Das vollständige Programm lautet dann:

```
program Summe2;  {SUM2.PAS}
uses
   crt; { Unit aus Turbo Pascal 5.0 }

var
   sum: real;              { Summe der Zahlen    }
   x  : array[1..5] of real; { Einzulesende Zahlen }
   i  : integer;           { Zaehlvariable       }

{-----------------------------------------------}
{ Sortiere                                      }
{          Wird später mit Inhalt gefüllt!      }
{-----------------------------------------------}
procedure sortiere;
begin
   { Anweisungen müssen noch eingefügt werden! }
```

```
end;
{---------------------------------------------------}

begin { Hauptprogramm }
  clrscr;
  sum:= 0;  { Summe auf Null setzen }
  {-------------------------------------}
  { Zahlen einlesen                     }
  {-------------------------------------}
  for i:= 1 to 5 do
  begin
    write(i,'. Zahl eingeben: ');
    readln(x[i]);
  end;
  {-------------------------------------}
  { Summe berechnen und ausgeben,       }
  { (Zahlen sortieren und ausgeben)     }
  {-------------------------------------}
  for i:= 1 to 5 do sum:= sum + x[i];
  writeln;
  writeln('Die Summe beträgt: ',sum:10:2);
  sortiere;
  gotoxy(1,25);
  write('Bitte <CR> drücken...');
  readln;
end.
```

Felder werden in Turbo Pascal immer als statische Felder behandelt. Darunter ist zu verstehen, daß die Anzahl der Elemente eines Feldes bereits bei der Programmerstellung (bzw. bei der Kompilierung) bekannt sein muß. INDEXANF und INDEXENDE müssen also Konstanten sein. Diesen Umstand haben wir bisher immer dadurch berücksichtigt, indem der Indexbereich als konstanter Bereich angegeben wurde:

```
VAR
  x: ARRAY[1..5] OF REAL;
```

INDEXANF und INDEXENDE müssen jedoch nicht mit ihren Werten innerhalb der eckigen Klammern explizit, sondern können auch über deklarierte und berechnete Konstanten angegeben werden, so daß folgende Vereinbarungen zulässig und gleichberechtigt sind:

```
CONST
  anf  = 1;
  drei = 3;
  ende = 5;

VAR
  x: ARRAY[1..5] OF REAL; oder
  x: ARRAY[anf..5] OF REAL;        oder
  x: ARRAY[drei-2..5] OF REAL;oder
  x: ARRAY[1..ende] OF REAL;       oder
  x: ARRAY[anf..ende] OF REAL;
```

Nicht erlaubt dagegen ist folgende Vereinbarung:

```
VAR
   n: INTEGER;
   x: ARRAY[1..n] OF REAL;
```

da N eine Variable und keine Konstante ist. In diesem Fall wäre das Feld nicht mehr statisch, sondern seine Größe von der jeweiligen Wertzuweisung an N abhängig! Dies ist jedoch in Turbo Pascal, wie bereits oben erwähnt, nicht erlaubt. Hier noch einige Beispiele für die Vereinbarung von Feldern:

```
VAR
   IntZahl : ARRAY[1..100] OF INTEGER;
   RealZahl: ARRAY[0..499] OF REAL;
   Zeichen : ARRAY[1..122] OF CHAR;
   OK      : ARRAY[0..1]   OF BOOLEAN;
   name    : ARRAY[1..100] OF STRING[20];
   vorname : ARRAY[1..100] OF STRING[15];
```

Nacheinander wird jetzt jeweils dem ersten Element der oben vereinbarten Variablen ein Dateninhalt zugewiesen:

```
...
IntZahl[1] := 12;
RealZahl[0]:= 4.5;
Zeichen[1] := 'A';
OK[0]      := FALSE;
name[1]    := 'Steinbrenner';
vorname[1] := 'Hugo ';
```

Mit der Ausgabeanweisung WRITE/WRITELN können die Dateninhalte der Variablen auch ausgegeben werden (es wird beispielhaft jeweils das erste Element der o.g. Variablen ausgegeben):

```
...
WRITE(IntZahl[1]);          12
WRITE(RealZahl[0]);         4.5
WRITE(Zeichen[1]);          A
WRITE(OK[0]);               FALSE (als Text!!)
WRITE(vorname[1],name[1]);  Hugo Steinbrenner
```

Sortieren von Feldern

Noch haben wir die am Anfang des Kapitels gestellte Aufgabe nicht vollständig gelöst. Es fehlt noch eine Routine, die die eingegebenen Zahlen in aufsteigender Reihenfolge sortiert (und anschließend ausgibt). Vorliegende Daten müssen immer wieder in eine bestimmte Reihenfolge gebracht werden. Z.B. kann eine Kundendatei alphabetisch oder nach

Kundennummern sortiert werden. Unterschiedliche Daten verlangen (teilweise) auch unterschiedliche Sortierverfahren.

Die Beschäftigung mit Sortieralgorithmen wird jedem Leser empfohlen, der sich ernsthaft mit dem Programmieren befaßt (siehe auch Literatur im Anhang H). Verschiedene Sortierverfahren heißen z.B. RIPPLE-SORT, BUBBLE-SORT, SHELL-SORT, SHELL-METZNER-SORT und QUICK-SORT. Wir stellen in diesem Abschnitt zwei Verfahren vor: RIPPLE- und BUBBLE-SORT.

Beginnen wir mit RIPPLE-SORT. Dabei werden jeweils zwei benachbarte Elemente verglichen und, falls die Reihenfolge nicht stimmt, vertauscht. Dabei wird das zu sortierende Feld mehrmals durchlaufen, wenn es nicht bereits in sortierter Reihenfolge vorliegt, was mit Hilfe einer Variablen vom Typ BOOLEAN geprüft wird.

Die äußere Schleife ist eine REPEAT-, die innere eine FOR-Schleife. Die Anzahl der Elemente wird mit MAX (hier in diesem Beispiel 5) bezeichnet und ist als Konstante vereinbart.

Als Abbruchbedingung der REPEAT-Schleife benutzen wir eine Variable (SortiertOk) vom Typ BOOLEAN, die jeweils am Anfang der Schleife auf TRUE gesetzt wird (es wird also angenommen, alle Elemente liegen in geordneter Reihenfolge vor!).

Die FOR-Schleife wird jeweils vom 1. Element bis zum (MAX-1). Element (also bis zum 4. Element) durchlaufen:

```
...
FOR i:= 1 TO max-1 do
BEGIN
   ...
END;
...
```

Bei jedem Schleifendurchlauf wird das (I+1). Element mit dem I. Element verglichen. Ist es kleiner

```
IF x[i+1] < x[i] THEN ...
```

dann wird die Variable SORTIERTOK auf FALSE gesetzt (es wurde noch ein unsortiertes Paar gefunden), und die beiden Elemente werden vertauscht (Sie sehen an dieser Stelle bereits, daß bei diesem Verfahren auch das bereits sortierte Feld noch einmal durchlaufen wird!). Um die Vertauschung durchzuführen, muß eine Hilfsvariable (HELP) benutzt werden, in der eines der beiden Elemente zwischengespeichert wird, da es sonst beim Vertauschungsprozeß verlorenginge:

```
   ...
   help:= x[i];        {Element x[i] sichern}
   x[i]:= x[i+1];      {Elemente vertauschen}
   x[i+1]:= help; {Gesichertes Element zurück}
   ...
```

Erst, wenn alle Elemente sortiert sind und das Feld einmal ohne Vertauschungsprozeß durchlaufen wurde, wird die REPEAT-Schleife verlassen und der Sortiervorgang beendet.

Doch jetzt das komplette Programm, das die gestellte Aufgabe vom Anfang des Kapitels, wie gewünscht, löst:

```
program Summe3;  {SUM3.PAS}
uses
  crt;  { Unit aus Turbo Pascal 5.0 }

const
  max = 5; { Anzahl Elemente }

var
  sum: real;                  { Summe der Zahlen    }
  x  : array[1..max] of real; { Einzulesende Zahlen }
  i  : integer;               { Zaehlvariable       }

{-------------------------------------------------}
{ Sortiere                                        }
{              Aufsteigende Sortierung            }
{-------------------------------------------------}
procedure sortiere;
var
  SortiertOk: boolean;
  help      : real;    { Hilfsvariable }
  i         : integer; { Zaehlvariable }

begin
  repeat
    sortiertOk:= true;
    for i:= 1 to max-1 do
    begin
      if x[i+1] < x[i]
      then begin
             sortiertOk:= false;
             help:= x[i];
             x[i]:= x[i+1];
             x[i+1]:= help;
           end; { if }
    end; { for }
  until sortiertOk;
{-------------------------------}
{ Sortierte Zahlen ausgeben     }
{-------------------------------}
```

```
    writeln;
    writeln('Zahlen aufsteigend:');
    writeln;
    for i:= 1 to max do write(x[i]:10:1);
end;
{--------------------------------------------------}

begin  { Hauptprogramm }
  clrscr;
  sum:= 0;   { Summe auf Null setzen }
  {------------------------------------}
  { Zahlen einlesen                    }
  {------------------------------------}
  for i:= 1 to max do
  begin
    write(i,'. Zahl eingeben: ');
    readln(x[i]);
  end;
  {------------------------------------}
  { Summe berechnen und ausgeben,      }
  { Zahlen sortieren und ausgeben      }
  {------------------------------------}
  for i:= 1 to max do sum:= sum + x[i];
  writeln;
  writeln('Die Summe beträgt: ',sum:10:2);
  sortiere;
  gotoxy(1,25);
  write('Bitte <CR> drücken...');
  readln;
end.
```

In dem vorletzten Beispielprogramm werden nochmals Zahlen sortiert, die jedoch nicht über die Tastatur eingegeben werden müssen, sondern mit dem Zufallszahlengenerator von Turbo Pascal erzeugt werden. Insgesamt werden 50 Zufallszahlen aus dem Bereich 0..499 erzeugt und in einem Feld abgelegt. Die Prozedur RANDOMIZE initialisiert den Zufallszahlengenerator.

```
    RANDOM(Wert)
```

liefert eine entsprechende Zufallszahl aus dem Bereich

```
    0 <= Zahl < Wert
```

zurück. Die Zahlen werden, analog dem vorangegangenen Programm, sortiert, wobei außerdem die Anzahl der Vergleichsoperationen und die Anzahl der Tauschoperationen ermittelt wird. Ausgegeben werden die unsortierten und die sortierten Werte des Feldes sowie die jeweilige Anzahl der Vergleiche und der Tauschoperationen. Die verwendete Prozedur

```
    INC(i)
```

erhöht eine Variable I jeweils um 1 und entspricht damit der Zuweisung:

```
i:= i + 1;
```

Das Programmlisting:

```
program Sortieren; {SORT.PAS}
uses
  crt;  { Unit aus Turbo Pascal 5.0 }

const
  n = 50; { Anzahl der Elemente }

var
  x   : array[1..n] of integer;
  anzV: integer; { Anzahl der Vergleiche }
  anzT: integer; { Anzahl der Tauschop.  }

{--------------------------------------------------}
{ warten                                           }
{--------------------------------------------------}
procedure warten;
var  ch: char;

begin
  gotoxy(1,25);
  write('Bitte eine Taste drücken...');
  ch:= readkey;
end;
{--------------------------------------------------}
{ zahlenErzeugen                                   }
{            Erzeugt 50 Zufallszahlen aus dem      }
{            Bereich 0..499                        }
{--------------------------------------------------}
procedure zahlenErzeugen;
var  i: integer; { Zaehlvariable }

begin
  randomize;
  for i:= 1 to n do x[i]:= random(500);
end;
{--------------------------------------------------}
{ FeldAusgeben                                     }
{--------------------------------------------------}
procedure FeldAusgeben;
var  i: integer; { Zaehlvariable }

begin
  for i:= 1 to n do
  begin
    write(x[i]:5);
    if i mod 10 = 0 then writeln; { Zeilenvorschub }
  end; { for }
  writeln; writeln;
end;
{--------------------------------------------------}
{ Sortiere                                         }
```

```
{            Sortiert das Feld aufsteigend und    }
{            liefert die Anzahl der Vergleiche     }
{            und Anzahl der Tauschoperationen       }
{------------------------------------------------}
procedure sortiere(var anzV,anzT: integer);
var
  sortiertOK: boolean;
  help,i    : integer; {Hilfs- u. Zaehlvariable}

begin
  anzV:= 0; { Anfangswert }
  anzT:= 0;
  repeat
    sortiertOk:= true;
    for i:= 1 to n-1 do
    begin
      inc(anzV);    { Anzahl um 1 erhöhen }
      if x[i+1] < x[i]
      then begin
             sortiertOk:= false;
             inc(anzT); { Anzahl um 1 erhöhen }
             help:= x[i];
             x[i]:= x[i+1];
             x[i+1]:= help;
           end; { if }
    end; { for }
  until sortiertOk;
end;
{------------------------------------------------}
{ AnzahlAusgeben                                  }
{------------------------------------------------}
procedure anzahlAusgeben(anzV,anzT: integer);
begin
  writeln;
  writeln('Anzahl Vergleichsoperationen: ',anzV:4);
  writeln('Anzahl Tauschoperationen    : ',anzT:4);
end;
{------------------------------------------------}

begin { Hauptprogramm }
  clrscr;
  zahlenErzeugen;
  writeln('Unsortiert...');
  writeln;
  FeldAusgeben;
  Sortiere(anzV,anzT);
  writeln('Sortiert...');
  writeln;
  FeldAusgeben;
  AnzahlAusgeben(anzV,anzT);
  warten;
end.
```

BUBBLE-SORT besteht aus zwei ineinandergeschachtelten FOR-Schleifen, wobei das zu sortierende Feld ebenfalls mehrmals durchlaufen wird. Die äußere Schleife läuft vom ersten bis zum vorletzten, die innere jeweils vom (I+1). bis zum letzten Element. Es werden jeweils zwei Elemente verglichen und, falls die Reihenfolge nicht stimmt, vertauscht. Die Schleifen werden jeweils komplett abgearbeitet, auch dann, wenn das Feld bereits in sortierter Reihenfolge vorliegt! Die Routine SORTIERE (mit BUBBLE-SORT) lautet dann:

```
{------------------------------------------------}
{ Sortiere                                        }
{          Sortiert das Feld aufsteigend und      }
{          liefert die Anzahl der Vergleiche      }
{          und Anzahl der Tauschoperationen       }
{------------------------------------------------}
procedure sortiere(var anzV,anzT: integer);
var
   help,i,j: integer; {Hilfs- u. Zaehlvariable}

begin
  anzV:= 0; { Anfangswert }
  anzT:= 0;
  for i:= 1 to n-1 do
  begin
    for j:= i+1 to n do
    begin
      inc(anzV);
      if x[i] > x[j] then
      begin
        inc(anzT);
        help:= x[i];
        x[i]:= x[j];
        x[j]:= help;
      end; { if }
    end; { for J }
  end; { for I }
end;
{------------------------------------------------}
```

Wenn Sie sich die Elemente des Feldes als untereinander angeordnet vorstellen,

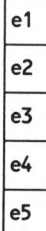

dann können Sie auch die Entstehung des Namens BUBBLE-SORT für dieses Sortierverfahren nachvollziehen: Die Elemente bewegen sich während des Sortiervorganges wie "Blasen nach oben". Hier das vollständige Programmlisting mit BUBBLE-SORT als Sortierroutine:

```
program Sortieren2;  {SORT2.PAS}
uses
  crt;  { Unit aus Turbo Pascal 5.0 }

const
  n = 50; { Anzahl der Elemente }

var
  x   : array[1..n] of integer;
  anzV: integer; { Anzahl der Vergleiche }
  anzT: integer; { Anzahl der Tauschop.  }

{------------------------------------------------------>}
{ warten                                                }
{------------------------------------------------------>}
procedure warten;
var  ch: char;

begin
  gotoxy(1,25);
  write('Bitte eine Taste drücken...');
  ch:= readkey;
end;
{------------------------------------------------------>}
{ zahlenErzeugen                                        }
{            Erzeugt 50 Zufallszahlen aus dem           }
{            Bereich 0..499                             }
{------------------------------------------------------>}
procedure zahlenErzeugen;
var  i: integer; { Zaehlvariable }

begin
  randomize;
  for i:= 1 to n do x[i]:= random(500);
end;
{------------------------------------------------------>}
{ FeldAusgeben                                          }
{------------------------------------------------------>}
procedure FeldAusgeben;
var  i: integer; { Zaehlvariable }

begin
  for i:= 1 to n do
  begin
    write(x[i]:5);
    if i mod 10 = 0 then writeln; { Zeilenvorschub }
  end; { for }
  writeln; writeln;
end;
{------------------------------------------------------>}
{ Sortiere                                              }
{            Sortiert das Feld aufsteigend und          }
{            liefert die Anzahl der Vergleiche          }
{            und Anzahl der Tauschoperationen           }
{------------------------------------------------------>}
procedure sortiere(var anzV,anzT: integer);
var
  help,i,j: integer; {Hilfs- u. Zaehlvariable}
```

```
begin
  anzV:= 0; { Anfangswert }
  anzT:= 0;
  for i:= 1 to n-1 do
  begin
    for j:= i+1 to n do
    begin
      inc(anzV);
      if x[i] > x[j] then
      begin
        inc(anzT);
        help:= x[i];
        x[i]:= x[j];
        x[j]:= help;
      end; { if }
    end; { for J }
  end; { for I }
end;
{------------------------------------------------}
{ AnzahlAusgeben                                 }
{------------------------------------------------}
procedure anzahlAusgeben(anzV,anzT: integer);
begin
  writeln;
  writeln('Anzahl Vergleichsoperationen: ',anzV:4);
  writeln('Anzahl Tauschoperationen    : ',anzT:4);
end;
{------------------------------------------------}

begin { Hauptprogramm }
  clrscr;
  zahlenErzeugen;
  writeln('Unsortiert...');
  writeln;
  FeldAusgeben;
  Sortiere(anzV,anzT);
  writeln('Sortiert...');
  writeln;
  FeldAusgeben;
  AnzahlAusgeben(anzV,anzT);
  warten;
end.
```

Testen Sie beide Sortierverfahren (RIPPLE- und BUBBLE-SORT) und achten Sie besonders auf die Anzahl der Vergleiche und die Anzahl der Tauschoperationen. Benutzen Sie auch einmal ein bereits sortiertes Feld!

Beim Programmablauf des abschließenden Programms können Sie sich bequem in Ihren Sessel zurücklehnen und sich vom Computer den BUBBLE-Sort an einem Beispiel vorführen lassen. Damit das Programm nicht ermüdend wirkt, wurde die Anzahl der zu sortierenden Zahlen auf 5 beschränkt. Zuerst wird ein Feld abfallend mit den Zahlen von 5..1 initialisiert, dann wird es aufsteigend sortiert. Die Prozedur BUBBLE-SORT entspricht dabei im wesentlichen der zuletzt vorgestellten Routine

SORTIERE. Sie wurde allerdings um die Aufrufe der Prozedur MEL-
DUNG erweitert, die den jeweiligen Arbeitsschritt auf dem Bildschirm
anzeigt (mit der Konstanten ZEIT können Sie die Verzögerung des Programmablaufs verändern!).

Und nun viel Spaß!

```pascal
program BubbleSortDemo;   {SORTDEMO.PAS}
uses
  crt;  { Unit aus Turbo Pascal }

const
  n        = 5;     { Anzahl Elemente  }
  OutZeile = 20;    { Ausgabezeile     }
  zeit     = 5000;  { Verzögerungszeit }

type
  zahlRec = record
               wert,sp: byte;
            end;

  zahlAry = array[1..n] of zahlRec;

var
  zahl: zahlAry;

{---------------------------------------------------}
{ Ueberschrift                                      }
{---------------------------------------------------}
procedure ueberschrift;
const
  tex = 'BUBBLE-Sort (aufsteigend)';

begin
  gotoxy(28,1);
  write(tex);
end;
{---------------------------------------------------}
{ Blinken                                           }
{---------------------------------------------------}
procedure blinken(ein: boolean);
begin
  if ein then textColor(white+blink)
         else textColor(white);
end;
{---------------------------------------------------}
{ warten                                            }
{---------------------------------------------------}
procedure warten;
var ch: char;

begin
  gotoxy(1,25);
  write('Bitte eine Taste drücken...');
  write(^G); { Piepton }
  ch:= readkey;
```

```
end;
{-----------------------------------------------------}
{ Meldung                                             }
{-----------------------------------------------------}
procedure meldung(nr: byte);
const
  mld1 = 'Dieses Feld wird gleich sortiert!';
  mld2 = 'Folgende Elemente werden verglichen...';
  mld3 = 'Die Elemente müssen vertauscht werden!';
  mld4 = 'Die Elemente müssen nicht vertauscht werden!';
  mld5 = 'Elemente wurden vertauscht!';
  mld6 = 'Sortiervorgang beendet!!';

begin
  gotoxy(1,OutZeile-2);
  clreol;
  case nr of
    1: write(mld1);
    2: write(mld2);
    3: write(mld3);
    4: write(mld4);
    5: write(mld5);
    6: write(mld6);
  end; { case }
  delay(zeit);
end;
{-----------------------------------------------------}
{ ElementeSchreiben                                   }
{-----------------------------------------------------}
procedure ElementeSchreiben(e1,e2: zahlRec);
begin
  blinken(true);
  gotoxy(e1.sp,OutZeile);   write(e1.wert:3);
  gotoxy(e2.sp,OutZeile);   write(e2.wert:3);
  blinken(false);
end;
{-----------------------------------------------------}
{ FeldSchreiben                                       }
{-----------------------------------------------------}
procedure FeldSchreiben;
var i: byte;

begin
  gotoxy(1,OutZeile);
  clreol;
  for i:= 1 to n do
  begin
    gotoxy(zahl[i].sp,OutZeile);
    write(zahl[i].wert:3);
  end; { for }
end;
{-----------------------------------------------------}
{ FeldInit                                            }
{            Initialisiert das Feld mit n..1          }
{-----------------------------------------------------}
procedure FeldInit;
var
  sp: integer; { Spalte           }
```

```pascal
    i : byte;     { Zaehlvariable }

begin
  sp:= -4; { Anfangswert }
  for i:= 0 to (n-1) do
  begin
    inc(sp,5);
    zahl[i+1].wert:= n-i;
    zahl[i+1].sp  := sp;
  end; { for }
end;
{--------------------------------------------------}
{ BubbleSort                                       }
{--------------------------------------------------}
procedure bubbleSort;
var
  help,i,j: byte; { Hilfs- u. Zaehlvariable }

begin
  meldung(1);
  for i:= 1 to n-1 do
  begin
    for j:= i+1 to n do
    begin
      ElementeSchreiben(zahl[i],zahl[j]);
      meldung(2);
      if zahl[i].wert > zahl[j].wert
      then begin
             meldung(3);
             help:= zahl[i].wert;
             zahl[i].wert:= zahl[j].wert;
             zahl[j].wert:= help;
             FeldSchreiben;
             meldung(5);
           end { if }
      else meldung(4);
    end; { for J }
  end; { for I }
  FeldSchreiben;
  Meldung(6);
end;
{----------------------------------------------}

begin { Hauptprogramm }
  textColor(white);
  textBackground(black);
  clrscr;
  Ueberschrift;
  FeldInit;
  FeldSchreiben;
  BubbleSort;
  warten;
  clrscr;
end.
```

Mehrdimensionale Felder

Von den mehrdimensionalen Feldern wollen wir uns nur die zweidimensionalen etwas genauer ansehen.

Zweidimensionale Felder sind Ihnen sicher aus der Mathematik bekannt: Koordinatensystem, Vektoren, Tabellen. Ein zweidimensionales Feld besteht aus Zeilen und Spalten, wobei die Anzahl folgendermaßen angegeben werden kann:

```
Zeilen     : ZeiAnf..ZeiEnde
Spalten    : SpAnf..SpEnde
```

Bei derartigen Variablen handelt es sich um doppelt-indizierte Variablen $X_{i,j}$. Wenn

```
ZeilenBer = ZeiAnf..ZeiEnde
```

und

```
SpaltenBer= SpAnf..SpEnde,
```

dann kann ein zweidimensionales Feld wie folgt vereinbart werden:

```
VAR
   FeldName: ARRAY[ZeilenBer,SpaltenBer] OF Datentyp;
```

DATENTYP bezeichnet wieder den Datentyp (z.B. INTEGER, REAL, CHAR usw.) der einzelnen Elemente des Feldes, wobei sich die Anzahl der Elemente aus dem Produkt der Anzahl der Zeilen und Spalten ergibt.

ZEIANF..ZEIENDE und SPANF..SPENDE gibt jeweils den Indexbereich (z.B. 1..5, 1..100, 0..2 usw.) an, der ein ordinaler Typ oder ein Unterbereich davon sein muß.

Die beiden Dimensionen des Feldes werden durch ein Komma getrennt, z.B:

```
VAR
   x: ARRAY[1..20,1..10] OF INTEGER;
```

Damit wird ein Feld X vereinbart, das aus 200 (20*10) Elementen besteht. Auf das Element in der 3. Zeile und 4. Spalte wird im Programm wie folgt zugegriffen:

```
x[3,4]:= 12;
```

Da sich ein zwei- von einem eindimensionalen Feld im wesentlichen nur durch die zusätzliche Dimension unterscheidet, verweisen wir auf das Kapitel 5.10.1 und fahren hier gleich mit einem Beispiel-Programm fort: Wir wollen eine Tabelle der Sinuswerte im Bereich von

```
0..360 Grad
```

erstellen und in einem zweidimensionalen Feld ablegen. Anschließend soll die Tabelle über den Drucker ausgegeben werden. Die Ausgabe einer Zeile auf den Drucker geschieht, indem die Geräteeinheit für den Drucker (LST) in die WRITE/WRITELN-Anweisung aufgenommen wird:

```
WRITE(LST,'Druckerausgabe');
```

Ein Programm, das die Geräteeinheit LST benutzt, muß die Unit PRINTER mit der USES-Anweisung einbinden:

```
USES
    PRINTER;
```

Die Anordnung der Tabelle soll so erfolgen, daß die Gradzahl zeilenweise von 0 bis 350 Grad ansteigt, spaltenweise von 0 bis 10 Grad. Ein Winkel ergibt sich dann durch Addition der Gradzahl in einer Zeile plus der entsprechenden Gradzahl in der Spalte. Der Sinus des Winkels steht in dem Element

```
(Zeile,Spalte).
```

Bei der Berechnung der Sinuswerte ist zu beachten, daß die Turbo-Pascal-Funktion SINUS ein Winkelargument gemessen im Bogenmaß erwartet, wir aber die Winkelangabe im Gradmaß eingeben wollen. Der Umrechnungsfaktor lautet:

```
0.017453 rad
```

Mit diesem Wert muß ein Winkel im Gradmaß multipliziert werden, um den entsprechenden Wert im Bogenmaß zu erhalten, der dann der Funktion SINUS übergeben werden kann. Die Tabelle sollte wie folgt aussehen:

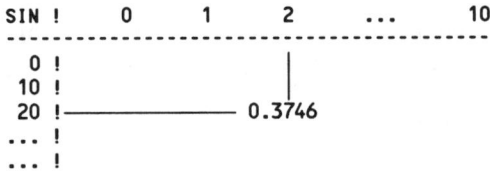

```
SIN !    0     1     2    ...    10
--------------------------------------------
   0 !                |
  10 !                |
  20 !────────────── 0.3746
 ... !
 ... !
```

```
100 !
... !
200 !
... !
300 !
... !
350 !
```

Der in der Tabelle gekennzeichnete Winkel beträgt 22 Grad, der entsprechende Sinuswert 0.3746.

Unser zweidimensionales Feld muß, um die o.g. Tabelle aufnehmen zu können, 36 Zeilen und 11 Spalten beinhalten. Daher wird es wie folgt vereinbart:

```
VAR
    tabelle: ARRAY[0..35,0..10] OF REAL;
```

Sehen Sie sich das nachfolgende Programmlisting an und testen Sie das Programm. Denken Sie daran, daß Ihr Drucker angeschlossen und betriebsbereit sein muß:

```pascal
program Sinustabelle;  {SINUS.PAS}
uses
   crt,     { Unit aus Turbo Pascal 5.0 }
   printer; { Unit aus TP für Drucker   }

var
   tabelle: array[0..35,0..10] of real;

{--------------------------------------------------}
{ SinusBerechnen                                   }
{          Berechnet den Sinuswert von 0..360      }
{          Grad und legt ihn in einem 2-dim. Feld  }
{          ab. Die BEGIN der FOR-Schleifen sind    }
{          nicht notwendig, wurden nur wegen der   }
{          besseren Übersichtlichkeit benutzt!     }
{--------------------------------------------------}
procedure SinusBerechnen;
const
   UmFak = 0.017453;
          { Umrechnungsfaktor Altgrad ---> Bogenmaß }
var
   i,j: integer;

begin
   for i:= 0 to 35 do
   begin
     for j:= 0 to 10 do
     begin
       tabelle[i,j]:= sin(((i*10)+j) * UmFak );
     end; { for J }
   end; { for I }
end;
```

```
{---------------------------------------------------}
{ Ausgabe                                           }
{          Gibt die Tabelle auf dem Drucker aus.    }
{---------------------------------------------------}
procedure Ausgabe;
const
  Ueberschr = 'Tabelle der Sinuswerte';
  Unterstr  = '======================';

var
  i,j: integer;

begin
  write(lst,#15); { Kleinschrift für EPSON }
  writeln(lst);
  writeln;         { Leerzeile Bildschirm   }
  writeln('Es wird gedruckt...');
  {-----------------------------------}
  { Tabellen-Ueberschrift             }
  {-----------------------------------}
  writeln(lst,' ':40,ueberSchr);
  writeln(lst,' ':40,unterstr);
  writeln(lst);
  write(lst,'SIN':4,' !');
  for i:= 0 to 10 do write(lst,i:9,' ');
  writeln(lst);
  for i:= 1 to 115 do write(lst,'-');
  writeln(lst); writeln(lst);
  {-----------------------------------}
  { Tabelle erstellen                 }
  {-----------------------------------}
  for i:= 0 to 35 do
  begin
    write(lst,(I*10):4,' ','!');
    for j:= 0 to 10 do
    begin
      write(lst,tabelle[i,j]:9:4,' ');
    end; { for J }
    writeln(lst);
  end; { for I }
  {-----------------------------------}
  write(lst,#18); { Kleinschrift beenden   }
  writeln(lst);
end;
{---------------------------------------------------}
{ DruckerOK                                         }
{---------------------------------------------------}
function druckerOK: boolean;
const
  frage = 'Drucker betriebsbereit (J/N)? ';

var ch: char;

begin
  gotoxy(10,5);
  write(frage);
  repeat
    gotoxy(10+length(frage),5);
    ch:= upcase(readkey);
```

```
    until (ch = 'J') or (ch = 'N');
    if ch = 'J' then druckerOK:= true
                else druckerOK:= false;
end;
{-------------------------------------------------}
```

```
begin { Hauptprogramm }
  clrscr;
  SinusBerechnen;
  if druckerOK
  then ausgabe
  else begin
         writeln(' N E I N!');
         writeln;
         writeln('Daher keine Ausgabe möglich');
       end;
  gotoxy(1,25);
  write('Bitte <CR> drücken...');
  readln;
end.
```

In der Prozedur SINUSBERECHNEN erfolgt die Berechnung der Sinuswerte zu den entsprechenden Winkeln:

```
      begin
        for i:= 0 to 35 do
        begin
          for j:= 0 to 10 do
          begin
            tabelle[i,j]:= sin(((i*10)+j) * UmFak );
          end; { for J }
        end; { for I }
      end;
```

Da die Winkel zeilenweise von 0..350 Grad laufen, das Feld aber in der ersten Komponente nur einen Bereich von 0..35 abdeckt, muß der I-Wert jeweils mit 10 multipliziert und dazu der J-Wert addiert werden, um auf die entsprechende Winkelangabe zu kommen. Der Ausdruck

```
    (i*10)+j
```

entspricht dann dem Winkel im Gradmaß. Dieser Wert muß mit dem Umrechnungsfaktor multipliziert werden, um die Winkelangabe im Bogenmaß zu erhalten. Der Ausdruck

```
    ((i*10)+j)*UmFak
```

entspricht dann dem Argument, das der Funktion SINUS übergeben wird.

Abschließend noch etwas zum Speicherplatzbedarf: Das zweidimensionale Feld

```
    VAR
      x: ARRAY[1..100,1..50] OF REAL;
```

benötigt insgesamt 30000 Bytes (100*50*6 Bytes) Speicherplatz (6 Bytes benötigt jede REAL-Zahl). Bei einem Feld, das Zeichenketten enthält, sieht es folgendermaßen aus:

```
VAR
    st: ARRAY[1..100,1..100] OF STRING[80];
```

Der Speicherplatzbedarf berechnet sich zu 100*100*81 Bytes, also insgesamt 810000 Bytes (oder 810 KByte). Damit dürften die meisten PC wohl überfordert sein, auf jeden Fall wird die 64-KByte-Grenze von Turbo Pascal überschritten. Es ist also einige Vorsicht beim Umgang mit Feldern angesagt, besonders bei zweidimensionalen! Im Kapitel 5.11 lernen wir jedoch Datenstrukturen kennen, die die Lösung dieses Problems darstellen: Dynamische Datenstrukturen.

Zum Abschluß noch ein Beispiel für die Deklaration eines mehrdimensionalen Feldes (hier: ein dreidimensionales Feld):

```
VAR
    vektor: ARRAY[1..10,1..10,1..10] of REAL;
```

Turbo Pascal unterstützt prinzipiell multidimensionale Felder, wobei jedoch die 64-KByte-Grenze von Turbo Pascal und der zur Verfügung stehende Arbeitsspeicher die Grenzen abstecken.

5.9.2 Typvereinbarungen

Die einfachen von Turbo Pascal zur Verfügung gestellten Standard-Datentypen haben wir bereits kennengelernt. In der TYPE-Vereinbarung können Sie sich eigene Datentypen erstellen. Diese können aus den von Turbo Pascal vordefinierten Datentypen bestehen, aus daraus gebildeten Unterbereichen oder aus den einfachen Datentypen zusammengesetzt sein.

Die TYP-Vereinbarung beginnt mit dem reservierten Wort

```
TYPE,
```

worauf die Bezeichner und deren Datentypen folgen:

```
TYPE
  TypName1 = Datentyp1;
  TypName2 = Datentyp2;
  ...;
```

In der Variablenvereinbarung können dann Variablen der vereinbarten Typen deklariert werden:

```
VAR
    VarName1: TypName1;
    VarName2: TypName2;
    ...;
```

Nachfolgend geben wir Ihnen einige Beispiele für Typ-Vereinbarungen und den damit möglichen Variablendeklarationen:

```
TYPE
    jahr   = 1980..2050;
    tage   = ARRAY[0..6] OF INTEGER;
    str3   = STRING[3];
    vector = ARRAY[1..100] OF REAL;

VAR
    geburtsjahr: jahr;
    wochentage : tage;
    bezeichnung: str3;
    a,b,c      : vector;
```

Selbstverständlich lassen sich die o.g. Variablen auch mit der expliziten Angabe der Datentypen (ohne den "Umweg" über die TYP-Vereinbarung) deklarieren:

```
VAR
    geburtsjahr: 1980..2050;
    wochentage : ARRAY[0..6] OF INTEGER;
    bezeichnung: STRING[3];
    a,b,c      : ARRAY[1..100] OF REAL;
```

Aufzählende Datentypen

Der aufzählende Datentyp besteht aus einer Aufzählung von Elementen, die in runden Klammern stehen und jeweils durch Kommata getrennt sind:

```
TYPE
    TypName = (element1,element2,..,elementN);
```

Beispiele für derartige TYP-Vereinbarungen sind:

```
TYPE
    zahlen  = (eins,zwei,drei,vier,fuenf);
    groesse = (gross,mittel,klein);
    farbe   = (blau,gelb,weiss,grau,rot);
```

Der aufzählende Datentyp besitzt eine bestimmte Reihenfolge, d.h. die Anordnung der Elemente ist beim Zugriff zu beachten. Die Anweisungen WRITE/WRITELN und READ/READLN sind nicht anwendbar.

Dennoch können aufzählende Datentypen die Programmstruktur erhöhen und für eine bessere Lesbarkeit sorgen. Mit der TYP- und VAR-Vereinbarung

```
TYPE
   groesse = (gross,mittel,klein);

VAR
   person: groesse;
```

ist folgende FOR-Schleife möglich:

```
FOR person:= gross TO klein DO
BEGIN
   ...;
   ...;
END;
```

Lassen Sie uns abschließend noch einen Typ für die Monate des Jahres vereinbaren:

```
TYPE
   monat = (jan,feb,mrz,apr,mai,jun,
            jul,aug,sep,okt,nov,dez);
```

Und eine Variable:

```
VAR
   datum: monat;
```

Durch die Reihenfolge der Elemente gilt auch folgende Ordnung:

```
jan < feb < mrz < ... < okt < nov < dez
```

Folgende Zuweisungen wären möglich:

```
...;
datum:= jan;
datum:= mrz;
datum:= dez;
...;
```

Eine direkte Ausgabe mit WRITE/WRITELN ist, wie bereits oben gesagt, nicht möglich. Aber über einen kleinen Umweg läßt sich eine Ausgabe konstruieren:

```
IF datum = jan THEN writeln('jan');
```

Bei einer größeren Anzahl von Elementen eignet sich die CASE-Anweisung besser:

```
...;
CASE datum OF
   jan: WRITE('jan');
   feb: WRITE('feb');
   mrz: WRITE('mrz');
   apr: WRITE('apr');
   mai: WRITE('mai');
   jun: WRITE('jun');
   jul: WRITE('jul');
   aug: WRITE('aug');
   sep: WRITE('sep');
   okt: WRITE('okt');
   nov: WRITE('nov');
   dez: WRITE('dez');
END; { case }
...;
```

Von aufzählenden Datentypen lassen sich Unterbereiche erstellen und Variablen von diesem Typ vereinbaren:

```
TYPE
   monat = (jan,feb,mrz,apr,mai,jun,
            jul,aug,sep,okt,nov,dez);
   urlaub= mrz..mai;

VAR
   MeinUrlaub: urlaub;
```

In einem Programm könnte es dann heißen:

```
...;
if MeinUrlaub = mai
THEN WRITELN('Ich habe im Mai Urlaub');
...;
```

Prozedur- und Funktionstypen

Prozeduren und Funktionen können auch als Typen deklariert werden:

```
TYPE
   ProzedurName  = procedure (parameter);
   FunktionsName = function (parameter):ergebnistyp;
```

Nach der Vereinbarung eines Prozedurtyps können zugehörige Varibalen vereinbart werden:

```
Var
   Variable1: Prozedurname;
   Variable2: Funktionsname;
```

So vereinbarte Variablen werden Prozedurvariablen genannt. Sie können (fast) genauso wie andere Variablen im Programm verwendet werden. Sie lassen sich Variablen gleichen Typs zuweisen, können mit Variablen gleichen Typs vertauscht werden oder als Parameter an andere Funktionen und Prozeduren übergeben werden. Einige Besonderheiten gelten dennoch:

► Routinen, die Prozedur-Variablen zugewiesen werden sollen, müssen als far vereinbart werden (Compilereinstellung {$F+}).

► Es können nur globale Routinen an eine Prozdurvariable übergeben werden.

► INLINE- (maschinenorientierte Routinen (Assembler)) und INTER-RUPT-Routinen (Programmunterbrechungs-Routinen) und alle Routinen der Unit System können nicht an Prozedurvariablen übergeben werden.

Das folgende Programm zeigt, wie eine Funktion als Typ und eine dazugehörige Variable prozent als Prozedurvariable vereinbart werden. Der Varibalen prozent wird im Hauptprogramm die Funktion BERECHNE zugewiesen und an eine Prozedur übergeben.

Nach dem Programmstart wird zu zwei Kontoständen (einem positiven und einem negativen) jeweils der neue Kontostand inklusive der angefallenen Zinsen berechnet und ausgegeben:

```
program prozedur_variablen;   {FUNCTYPE.PAS}
uses
  crt;   { Unit aus Turbo Pascal 5.0 }

type
  Berechne = function(x,y:real):real;

var
  x,y: real;
  i  : integer;
  prozent: Berechne; {Prozedur-Variable}

{---------------------------------------------------}
{ Zinsen                                            }
{---------------------------------------------------}
{$f+} {Far codierung der folgenden Routinen}
function zinsen (x,y:real):real;
begin
```

```
    zinsen:= x+(x*y/100);
end;
{--------------------------------------------------}
{$f-}
{--------------------------------------------------}
{ Kontoauszug                                      }
{--------------------------------------------------}
procedure kontoauszug (x,y:real; prozente:Berechne);
           {Eine Funktion wird als Parameter aufgerufen}

begin
  Write('Ihr letzter Kontoauszug hatte ein Höhe von: ');
  writeln(x:6:2,' DM');
  for i:=1 to 20 do writeln;
  write('Ihr Kontostand betraegt, bei einen Zinssatz von ');
  write(y:6:2,'%');
  writeln(' ,insgesamt ',prozente(x,y):6:2,' DM.');
  gotoxy(1,25);
  write('Bitte <CR> druecken');
  readln;
end;
{--------------------------------------------------}

begin { Hauptprogramm }
  clrscr;
  prozent:=zinsen; {Berechne zinsen an Prozedurparameter}
  Kontoauszug(2000.25,3,prozent);
  Kontoauszug(-2034.21,9.4,zinsen);
end.
```

5.9.3 Verbunde (RECORDS)

Jede bisher vereinbarte Variable bestand aus nur einem Datentyp (z.B. INTEGER, REAL, CHAR, STRING usw.). Eine Erweiterung haben wir mit der Vereinbarung einer Variablen vom Typ ARRAY kennengelernt, die aus mehreren Elementen gleichen Typs besteht (z.B. A: ARRAY[...] OF INTEGER).

Nun gibt es aber viele Dinge, die unter einem gemeinsamen Begriff zu-sammengefaßt und als Einheit behandelt werden. Denken Sie z.B. an die Anschrift eines Bekannten oder Freundes. Wenn Sie ihm einen Brief schreiben wollen, müssen Sie folgende Angaben auf dem Briefumschlag vermerken:

Anrede	Herrn
Vorname/Name	Uwe Schlapp
Strasse und Hausnummer	Brunnenweg 77
PLZ und Ort	9989 Glücksburg

Ähnlich sieht es mit einem Artikel aus. Um ihn näher zu beschreiben, sind z.B. folgende Angaben notwendig:

Artikelnummer	17005
Artikelbezeichnung	Fussmatte
Nettopreis	35.80
Lieferant	Firma Schmutzig

Die Beispiele ließen sich beliebig fortsetzen. Auffällig ist jedoch, daß die zu einem Oberbegriff (z.B. Artikel) gehörenden Unterbegriffe (z.B. Artikelnummer, Artikelbezeichnung usw.) häufig von unterschiedlichen Datentypen sind. So könnten für die einzelnen Elemente von ARTIKEL z.B. folgende Datentypen benutzt werden:

Artikelnummer	INTEGER
Artikelbezeichnung	STRING[30]
Nettopreis	REAL
Lieferant	STRING[20]

Bisher kennen wir noch keine Datenstruktur, die mehrere Elemente unterschiedlichen Datentyps unter einem Oberbegriff zusammenfaßt. Turbo Pascal stellt aber auch einen solchen Datentyp zur Verfügung.

Der strukturierte Datentyp RECORD (Verbund) faßt Variablen unterschiedlichen Typs unter einem gemeinsamen Bezeichner zusammen. Ein RECORD wird im TYP-Vereinbarungsteil deklariert und hat folgende Struktur:

```
TYPE
  RecName = RECORD
              ElementName1: Datentyp1;
              ElementName2: Datentyp2;
              ElementName3: Datentyp3;
              ...;
            END;
```

Die Bezeichner der Elemente des Records werden von den beiden reservierten Wörtern

```
RECORD
```

und

```
END
```

geklammert, wobei besonders das abschließende END zu beachten ist. Die einzelnen Elemente des Records werden auch als Felder bezeichnet, wodurch die Bezeichner der Elemente auch Feldnamen genannt werden können.

Mit der obigen TYP-Vereinbarung können jetzt eine oder mehrere Variablen dieses Typs deklariert werden:

```
VAR
     VarName: RecName;
```

Lassen Sie uns die allgemeine Definition eines Records auf das Beispiel ARTIKEL übertragen:

```
TYPE
   Artikel = RECORD
              Nummer     : INTEGER;
              Bezeichnung: STRING[30];
              Nettopreis : REAL;
              Lieferant  : STRING[20];
              END;


VAR
     Renner,
     Ladenhueter: Artikel;
```

Die beiden Variablen RENNER und LADENHUETER sind vom Datentyp ARTIKEL, dieser besteht wiederum aus den Feldern NUMMER, BEZEICHNUNG, NETTOPREIS und LIEFERANT.

Un ein Element der Variablen anzusprechen, wird der entsprechende Bezeichner aus dem Variablennamen und dem betreffenden Element zusammengesetzt. Beide sind durch einen Punkt getrennt:

```
   Renner.Nummer
```

Erst kommt der Name der Variablen (RENNER), dann der trennende Punkt, gefolgt von dem Feldnamen (NUMMER). Die einzelnen Elemente des Verbundes existieren nur in Verbindung mit einem Variablennamen.

Den Elementen der Variablen RENNER und LADENHUETER werden in einem Programm wie folgt Dateninhalte zugewiesen:

```
   ...;
   Renner.Nummer     := 17001;
   Renner.Bezeichnung:= 'Badekappe';
   Renner.Nettopreis := 17.95;
   Renner.Lieferant  := 'Firma Sonnenschein';
```

```
...;
Ladenhueter.Nummer       := 17005;
Ladenhueter.Bezeichnunng:= 'Fussmatte';
Ladenhueter.Nettopreis   := 35.80;
Ladenhueter.Lieferant    := 'Firma Schmutzig';
```

Ist die Badesaison zu Ende und wird aus dem "Renner" plötzlich ein "Ladenhüter", so können die Inhalte der beiden Variablen auch vertauscht werden. Dazu benötigen wir, ähnlich wie beim Sortieren von Feldern, eine weitere Variable vom Typ ARTIKEL, in der zwischengespeichert werden kann:

```
VAR
   Help: Artikel;

...;
Help:= Renner;
Renner:= Ladenhueter;
Ladenhueter:= Help;
...;
```

Damit hat eine Vertauschung der Dateninhalte der Variablen stattgefunden, und zwar komplett. Mit der Zuweisung

```
Renner:= Ladenhueter;
```

werden alle Teile der Variablen LADENHUETER der Variablen REN-NER zugewiesen. Dagegen wird mit

```
Renner.Nettopreis:= Ladenhueter.Nettopreis
```

nur einem Teil der Variablen RENNER ein neuer Dateninhalt zugewiesen. Bei Zuweisungen an einen Teil einer Verbundvariablen muß der zugewiesene Dateninhalt mit dem Datentyp des Teils, bei Zuweisung einer Variablen an eine andere beide Variablen, zuweisungs-kompatibel sein. Die oben vorgenommene Zuweisung

```
Help:= Renner
```

ist nur erlaubt, weil beide Variablen vom gleichen Datentyp sind!

Auch die Elemente eines ARRAYS können Verbunde sein. So läßt sich z.B. eine Variable ALLE vom Typ ARRAY vereinbaren, deren Elemente vom Typ ARTIKEL sind:

```
VAR
   Alle: ARRAY[1..10] OF ARTIKEL;
```

Der Zugriff auf einzelne Elemente der Variablen ALLE erfolgt analog dem allgemeinen Zugriff auf Felder unter Berücksichtigung des Datentyps der Elemente (hier RECORDS):

```
Alle[1].Nettopreis
```

Damit wird auf den Feldnamen NETTOPREIS des ersten Elementes der Variablen ALLE zugegriffen. Die Konstruktion von zusammengesetzten Datentypen läßt sich beliebig erweitern:

```
TYPE
   Ware = RECORD
             Nr: ARRAY[1..10] OF Artikel;
          END;

VAR
   A: ARRAY[1..100] OF Ware;
```

Mit

```
A[3].Nr[1].Nettopreis
```

greifen wir auf den Feldnamen NETTOPREIS des dritten Elementes der Variablen A und dort wiederum auf das erste Element des Feldnamens NR zu.

Die Vereinbarung eines Records in der TYP-Deklaration kann auch umgangen werden, indem der Record in die Variablenvereinbarung mit aufgenommen wird:

```
VAR
   Alle: ARRAY[1..10] OF RECORD
                            Nummer     : INTEGER;
                            Bezeichnung: STRING[30];
                            Nettopreis : REAL;
                            Lieferant  : STRING[20];
                         END;
```

Von dieser Möglichkeit sollte jedoch nicht häufig Gebrauch gemacht werden, zudem eine Vereinbarung des Datentyps ARTIKEL damit entfällt (er ist ja nicht mehr deklariert!).

Bei der Arbeit mit Record muß häufig sehr viel Schreibarbeit geleistet werden:

```
Ladenhueter.Nummer      := 17005;
Ladenhueter.Bezeichnung := 'Fussmatte';
Ladenhueter.Nettopreis  := 35.80;
Ladenhueter.Lieferant   := 'Firma Schmutzig';
```

Der Variablenname LADENHUETER muß den Feldnamen bei jedem Zugriff vorangestellt werden. Erleichterung verschafft da die WITH-Anweisung. Die allgemeine Form lautet:

```
WITH Variablenname DO...
```

bzw.

```
WITH Variablenname DO
BEGIN
   ...;
END;
```

wenn mehrere Anweisungen innerhalb der WITH-Anweisung aufgeführt sind. Damit läßt sich die ständige Wiederholung des Variablenbezeichners einsparen:

```
WITH Ladenhueter DO
BEGIN
   Nummer      := 17005;
   Bezeichnung := 'Fussmatte';
   Nettopreis  := 35.80;
   Lieferant   := 'Firma Schmutzig';
END;
```

Es wird also nur einmal zu Beginn der WITH-Anweisung der Variablenbezeichner genannt. Die nachfolgenden Feldnamen (z.B. NUMMER) werden automatisch als

```
Ladenhueter.Nummer
```

interpretiert. Das nachfolgende Programm (PERSON.PAS) zeigt die Verwendung von Records.

Die Konstante MAXAN legt die maximale Anzahl von einzugebenden Datensätzen fest und kann (fast) beliebig geändert werden.

Der Record PERSON enthält alle personenbezogenen Daten eines Arbeitnehmers. Das Feld BELEGSCHAFT kann bis zu MAXAN Datensätze aufnehmen.

Nach dem Programmstart erhalten Sie ein kleines Auswahlmenü, indem Sie zwischen folgenden Möglichkeiten wählen können:

```
(1) Arbeitnehmer anlegen
(2) Arbeitnehmer ausgeben

(3) E N D E
```

Als zusätzliche Information erhalten Sie die Anzahl der freien Datensätze. Arbeitnehmer können nur dann noch angelegt und gespeichert werden, wenn noch mindestens ein Datensatz nicht belegt ist. Dementsprechend können Arbeitnehmer nur dann angezeigt werden, wenn mindestens bereits ein Datensatz angelegt worden ist.

Nach jeder Ein- bzw. Ausgabe eines Datensatzes kehren Sie in das Menü zurück. Hinweise zur Programmerweiterung finden Sie nach dem Programmlisting am Ende der Beschreibung der einzelnen Routinen.

```pascal
program RecordsTesten;   {PERSON.PAS}
uses
  crt;   { Unit aus Turbo Pascal 5.0 }

const
  anlegen  = 'Arbeitnehmer anlegen';
  ausgeben = 'Arbeitnehmer ausgeben';
  maxAN    = 10;   { Maximale Anzahl Arbeitnehmer }

type
  person = record
             PersNr: integer;
             Name,
             Vorname: string[30];
             GebDat : string[8];
             Strasse: string[30];
             PLZ    : 1000..9999;
             Ort    : string[20];
           end;

  Belegschaft = array[1..maxAN] of person;
  str25       = string[25];

var
  AN    : Belegschaft;
  wahl  : char;
  anzahl: 0..maxAN;   { Angelegte Sätze }

{----------------------------------------------------}
{ Maske                                              }
{----------------------------------------------------}
procedure Maske(ueberschr: str25);
const
  textAry: array[1..7] of string[20] =
             ('Personal-Nummer: ',
              'Name AN .......: ',
              'Vorname AN ....: ',
              'Geb.-Datum ....: ',
              'Strasse .......: ',
              'PLZ ..........: ',
              'Ort ..........: ');

  spalte = 10; { Fuer Textbeginn }

var
```

```pascal
    zeile,            { Fuer Textbeginn }
    i    : integer; { Zaehlvariable   }
begin
  clrscr;
  gotoxy(30,2);  write(ueberschr);
  zeile:= 3;  { Anfangswert }
  for i:= 1 to 7 do
  begin
    inc(zeile,2);
    gotoxy(spalte,zeile);
    write(textAry[i]);
  end;
  gotoxy(55,24); write('Freie Datensätze: ',maxAN-anzahl);
end;
{------------------------------------------------->}
{ SatzSpeichern                                    }
{------------------------------------------------->}
procedure SatzSpeichern(satz: person);
begin
  if anzahl < maxAN
  then begin
        inc(anzahl);
        AN[anzahl]:= satz;
       end
  else begin
        gotoxy(1,25);
        write(^G);
        write('Alle Sätze belegt!! ');
        write('Bitte <CR> drücken...');
        readln;
       end;
end;
{------------------------------------------------->}
{ ANAnlegen                                        }
{------------------------------------------------->}
procedure ANAnlegen;
const
  spalte = 27;              { Eingabebeginn }
  zeile: integer = 5;

var
  satzEin: person;
  ch     : char;

begin
  gotoxy(55,5);  write('(0 = Eingabe beenden!)');
  gotoxy(55,15); write('(Bereich: 1000..9999)');
  with satzEin do
  begin
    gotoxy(spalte,zeile);      readln(PersNr);
    if PersNr = 0 then Exit; { Prozedur verlassen }
    gotoxy(spalte,zeile+2);  readln(Name);
    gotoxy(spalte,zeile+4);  readln(Vorname);
    gotoxy(spalte,zeile+6);  readln(GebDat);
    gotoxy(spalte,zeile+8);  readln(strasse);
    gotoxy(spalte,zeile+10); readln(PLZ);
    gotoxy(spalte,zeile+12); readln(Ort);
  end; { with }
```

```
  gotoxy(1,25);
  write('Satz speichern (J/N)? ');
  repeat
    ch:= upcase(readkey);
  until (ch = 'J') or (ch = 'N');
  if ch = 'J' then satzSpeichern(satzEin);
end;
{--------------------------------------------------}
{ ANAusgeben                                       }
{--------------------------------------------------}
procedure ANAusgeben;
const
  spalte = 27;            { Ausgabebeginn }
  zeile: integer = 5;

var
  nr: 0..maxAN;

begin
  clrscr;
  gotoxy(5,10);
  write('Welchen Datensatz ausgeben ');
  write('(0 - ',anzahl,'): ');
  repeat
    readln(nr);
  until (nr >= 0) and (nr <= anzahl);
  if nr <> 0
  then begin
         maske(ausgeben);
         with AN[nr] do
         begin
           gotoxy(spalte,zeile);     write(PersNr);
           gotoxy(spalte,zeile+2);   write(Name);
           gotoxy(spalte,zeile+4);   write(Vorname);
           gotoxy(spalte,zeile+6);   write(GebDat);
           gotoxy(spalte,zeile+8);   write(strasse);
           gotoxy(spalte,zeile+10);  write(PLZ);
           gotoxy(spalte,zeile+12);  write(Ort);
         end; { with }
         gotoxy(1,25);
         write('Bitte <CR> drücken...');
         readln;
       end; { if }
end;
{--------------------------------------------------}
{ Menue                                            }
{--------------------------------------------------}
procedure Menue;
const
  spalte = 28;

begin
  gotoxy(28,10);        write('Arbeitnehmer-Verwaltung');
  gotoxy(28,11);        write('=======================');
  gotoxy(spalte,15);    write('(1) Arbeitnehmer anlegen');
  gotoxy(spalte,17);    write('(2) Arbeitnehmer ausgeben');
  gotoxy(spalte,20);    write('(3) E N D E');
  gotoxy(spalte,24);
  write('Bitte wählen Sie: ');
```

```
    repeat
      wahl:= readkey;
    until wahl in ['1','2','3'];
    case wahl of
      '1': begin
             Maske(anlegen);
             ANAnlegen;
           end;
      '2': begin
             ANAusgeben;
           end;
    end; { case }
  end;
{-------------------------------------------------}

begin { Hauptprogramm }
  anzahl:= 0; { Noch kein Satz angelegt }
  repeat
    clrscr;
    menue;
  until wahl = '3';
end.
```

HAUPTPROGRAMM

Da nach dem Programmstart noch kein Datensatz angelegt ist, wird die Variable ANZAHL auf den Wert 0 gesetzt. Die Anweisungen innerhalb der REPEAT-Schleife werden solange wiederholt, bis im Menü "3" eingegeben wird, um das Programm zu beenden.

Prozedur MENUE

Die Texte der Auswahlpunkte werden auf den Bildschirm geschrieben. Die CASE-Anweisung verzweigt den weiteren Programmablauf. Soll ein AN (Arbeitnehmer) angelegt werden, so wird zuerst die Prozedur MASKE aufgerufen, die die Eingabemaske auf den Bildschirm bringt. Danach übernimmt ANANLEGEN die Eingabe eines Datensatzes.

Prozedur MASKE

Dieser Prozedur wird die String-Konstante ANLEGEN oder AUSGEBEN übergeben, wodurch die Überschrift festgelegt wird. Die typisierte Konstante TEXTARY beinhaltet die Texte der Ein- bzw. Ausgabefelder.

Prozedur ANANLEGEN

Nacheinander werden die Eingabefelder angesprungen und die Eingaben angefordert. Wird in das erste Eingabefeld der Wert 0 eingegeben, so wird der Block mit der Turbo Pascal-Prozedur EXIT verlassen, wodurch die Eingabe abgebrochen werden kann. Am Ende der Eingabe werden Sie gefragt, ob der Datensatz gespeichert werden soll. Die Eingabe "J" speichert ihn, mit "N" kehren Sie, ohne daß der Datensatz gespeichert wird, ins Menü zurück.

Beachten Sie, daß mit der lokalen Variablen SATZEIN gearbeitet wird. Ihr Dateninhalt wird, wenn gespeichert werden soll, der Prozedur SATZSPEICHERN übergeben.

Prozedur SATZSPEICHERN

Am Anfang wird geprüft, ob noch mindestens ein Datensatz nicht belegt ist. Nur wenn dies der Fall ist, wird der eingegebene Arbeitnehmer in der Variablen AN gespeichert, ansonsten erhalten Sie eine entsprechende Meldung.

Prozedur ANAUSGEBEN

Zuerst werden Sie gefragt, welcher Datensatz ausgegeben werden soll. Dabei erhalten Sie die Angabe der möglichen Datensatznummern (0 steht für Abbruch der Ausgabe!). Es wird solange ein Wert angefordert, bis die Eingabe im gültigen Bereich liegt. Ist der eingegebene Wert <> 0, so erfolgt die Ausgabe des angegebenen Datensatzes. Um in das Menü zurückzukehren, müssen Sie <CR> drücken.

Hinweise zur PROGRAMM-ERWEITERUNG

Das vorliegende Programm demonstriert zwar die Verwendung von Records, weist ansonsten aber eine Fülle von Schwachpunkten auf.

Wenig benutzerfreundlich ist der ständige Rücksprung ins Menü, nachdem ein Datensatz eingegeben bzw. angezeigt wurde. Hier sollte eine Möglichkeit ins Programm aufgenommen werden, soviele Datensätze einzugeben bzw. anzuzeigen, wie der Benutzer es wünscht. Weit unbefriedigender ist jedoch die Bildschirmsteuerung und der mangelnde Schutz vor Eingabefehlern. Das Programm "verabschiedet" sich z.B., wenn anstatt eines numerischen Wertes ein Buchstabe (z.B. im Feld PERSNR) eingegeben wird.

Derartige Eingabefehler abzufangen, erfordert häufig den größten Programmieraufwand. Die im Kapitel 5.9 vorgestellten Units beinhalten einige Routinen, die diese Aufgabe übernehmen. Versuchen Sie, eventuell mit den Routinen aus Kapitel 6, das Programm zu verbessern.

Varianten Records

Variante Records beinhalten einen variablen Teil, der dem Verbund eine flexiblere Datenstruktur gibt. In Abhängigkeit von bestimmten Eigenschaften eines Elementes treten unterschiedliche Strukturen im Verbund auf.

Der variable Teil eines Records steht immer am Ende des Verbundes und wird mit CASE eingeleitet:

```
type
  person
    = record
        name,vorname,
        strasse,wohnort: string[25];
        telefon        : string[15];
        case Alter: integer of
          0,1,2,3,
          4,5,6,7,
          8,9,10,11,
          12,13,14,
          15,16,17: (Erziehungsber: string[50]);
      end;
```

Der Datensatz einer Person erhält bei der Speicherung ein weiteres Feld (ERZIEHUNGSBER), wenn die Variable ALTER einen Wert aus dem Bereich 0..17 enthält.

Den Datensätzen von Personen, die älter als 17 Jahre sind, fehlt das Feld ERZIEHUNGSBER! Das nachfolgende Programm berücksichtigt diesen Umstand.

Nach dem Programmstart werden Sie aufgefordert, den Namen und Vornamen einer Person (z.B. eines Arbeitnehmers), sowie Straße, Wohnort, Telefonnummer und das Alter einzugeben. Wird ein Alter < 18 Jahre eingegeben, so wird zusätzlich die Eingabe des "Erziehungsberechtigten" verlangt. Lassen Sie das Programm mit zwei Werten für das Alter (größer und kleiner als 18) laufen, um die Besonderheit der Variante zu sehen:

```
program VarianteRecords;   {VARIANTE.PAS}
uses
  crt; { Unit aus Turbo Pascal 5.0 }

type
  person = record
             name,vorname,
             strasse,wohnort: string[25];
             telefon        : string[15];
             case Alter: integer of
               0,1,2,3,
               4,5,6,7,
```

```
               8,9,10,11,
               12,13,14,
               15,16,17: (Erziehungsber: string[50]);
           end;

var
  AN: person;

begin
  clrscr;
  with AN do
  begin
    write('Name ...............: '); readln(name);
    write('Vorname ...........: '); readln(vorname);
    write('Strasse ...........: '); readln(strasse);
    write('Wohnort ...........: '); readln(wohnort);
    write('Telefon ...........: '); readln(telefon);
    write('Alter ..............: '); readln(alter);
    if (alter >= 0) and (alter <= 17)
    then begin
            write('Erziehungsberechtigt: ');
            readln(Erziehungsber);
         end;
  end;
  gotoxy(1,25);
  write('Bitte <CR> drücken...');
  readln;
end.
```

Beachten Sie die besondere Vereinbarungsstruktur eines varianten Records:

```
    type
      person = record
                 ...;
                 case Alter: integer of
                   0,1,2,3,
                   ...,
                   ...: (Erziehungsber: string[50]);
               end;
```

ALTER kann als eine Entscheidungsvariable bezeichnet werden, von deren Wert es abhängt, ob der entsprechende Datensatz bei der Speicherung ein zusätzliches Feld bekommt.

Die zusätzliche Variable (ERZIEHUNGSBER) und deren Datentyp steht nach der CASE-Marke in runden Klammern. Es sind natürlich auch mehrere CASE-Marken zulässig, jedoch insgesamt nur ein variabler Teil innerhalb eines Records!

5.9.4 Mengen

Mengen bestehen in Turbo Pascal aus einer abzählbaren Anzahl von Elementen und müssen zu einem ordinalen Datentyp gehören (z.B. INTEGER, CHAR, BOOLEAN usw.). Mit dem reservierten Wort

```
SET
```

wird im TYPE- oder VAR-Vereinbarungsteil eine Menge definiert. Die allgemeine Vereinbarung lautet:

```
TYPE
    MengenName = SET OF; Mengentyp

VAR
    MengenVar: MengenName;
```

Mit folgender Mengenvereinbarung

```
type
    mengeA = set of char;
    mengeB = set of byte;
    mengeC = set of (eins,zwei,drei,vier);
```

lassen sich folgende Variablen deklarieren:

```
var
    a: mengeA;
    b: mengeB;
    c: mengeC;
```

Gültige Zuweisungen sind dann z.B.:

```
a:= ['a','A','+','?'];
b:= [1,2,3,100];
c:= [eins,drei];
```

Die maximale Anzahl der Elemente einer Menge ist auf 256 beschränkt, wobei die Werte aus dem Bereich 0..255 stammen müssen.

Enthält eine Menge kein Element, dann ist sie leer:

```
a:= [];
```

Folgende Mengenoperationen sind definiert:

+	Vereinigung
-	Differenz
*	Durchschnitt
=	Gleichheit
< >	Ungleichheit
< =	Teilmenge von...
> =	Obermenge von...
<	Echte Teilmenge von...
>	Echte Obermenge von...
IN	Element ist in Menge enthalten

In einem Programm könnte z.B. folgende Konstruktion häufiger benötigt werden:

```
TYPE
   JaNein = SET OF CHAR;

VAR
   JN: JaNein;
```

Im Programm könnte die Menge dann wie folgt initialisiert und in Verbindung mit einer REPEAT-Schleife benutzt werden:

```
...;
BEGIN
   jn:= ['J','j','N','n'];
   ...;
   write('Programm fortsetzen (J/N)? ');
   REPEAT
      ch:= UPCASE(READKEY);
   UNTIL ch IN jn;
   ...;
END.
```

5.10 Dateien

Bisher haben wir uns darauf beschränkt, alle Daten, die ein Programm erzeugt hat, im Arbeitsspeicher des Rechners zu halten. Wir haben es akzeptiert, daß diese Daten nach dem Abschalten des Computers verloren waren. Die meisten Anwendungen fordern oder erwarten aber das permanente Speichern von Daten und Informationen.

Stellen Sie sich einmal vor, Sie haben in einer Textverarbeitung einen Text erstellt und einmal ausgedruckt. Jetzt schalten Sie den Rechner aus und das Ergebnis Ihrer Arbeit ist verloren. Sie haben die Daten (den Text) zwar extern gespeichert (auf dem Papier), können sie aber nicht wieder in den Rechner zurückholen. Wollen Sie am nächsten Tag einige Textstellen verändern oder den Text erweitern und dann wieder ausdrucken, müssen Sie ihn nochmals vollständig eingeben. Unter diesen Umständen wäre der Rechner sicherlich kein geeignetes Arbeits- und Hilfsgerät.

Die geeigneten Hilfsmittel sind Dateien (engl. files), in denen sich Daten und Informationen für einen längeren Zeitraum ablegen lassen und auch nach dem Abschalten des Rechners nicht verlorengehen. Außerdem können die Daten und Informationen aus Dateien auch wieder gelesen und im Rechner weiterverarbeitet werden. Dateien, in die sowohl geschrieben als auch deren Inhalt gelesen werden kann, werden auf externen, magnetischen Speichereinheiten abgelegt. Dazu gehören z.B. die Diskette und die Festplatte.

Turbo Pascal behandelt die Ein- und Ausgabe eines Zeichens von der Tastatur bzw. zum Bildschirm jeweils vollkommen identisch mit der Ein- / Ausgabe eines Zeichens in bzw. aus einer Datei. Das bedeutet, daß die Eingabeanweisung READ/READLN und die Ausgabeanweisung WRITE/WRITELN jeweils mit einer Dateivariablen arbeiten, die die Datei angibt, in die geschrieben bzw. aus der gelesen wird. Jetzt werden Sie vielleicht beanstanden, daß wir bisher in diesem Buch z.B. bei WRITE('Guten Tag') die Dateivariable (hier den Bildschirm) unterschlagen haben.

Die Dateivariable, die dem Bildschirm zugeordnet ist, heißt OUTPUT. Sie ist in der Unit SYSTEM vereinbart und steht jedem Programm zur Verfügung. Die WRITE-Prozedur ist wie folgt vereinbart:

```
write(var f, element1,element2,...)

(f: Dateivariable beliebigen Typs).
```

Schreiboperationen mit WRITE auf den Bildschirm müßten also eigentlich die Dateivariable OUTPUT angeben:

```
WRITE(OUTPUT,'Guten Tag');
```

Turbo Pascal bietet jedoch die Möglichkeit, die Angabe einer Dateivariablen zu unterlassen, wenn die Standard-Ausgabe (Bildschirm) bzw. die Standard-Eingabe (Tastatur) angesprochen ist, so daß die weiter oben angegebene Ausgabeanweisung WRITE('Guten Tag') korrekt war.

Entsprechend der Dateivariablen OUTPUT wird in der Unit SYSTEM der Dateivariablen INPUT die Tastatur zugeordnet. Im Initialisierungsteil der Unit SYSTEM wird die Dateivariable OUTPUT für Schreibaktionen und INPUT für Leseaktionen geöffnet.

5.10.1 Das Dateikonzept von Turbo Pascal

Dateivariablen sind vom Typ FILE. Turbo Pascal unterscheidet zwischen drei Dateiarten:

Textdateien

Textdateivariablen werden mit dem in Turbo Pascal vordefinierten Dateityp TEXT vereinbart (z.B.:var f: text;). Eine solche Datei besteht aus einer Aneinanderreihung von Zeichen (aus dem ASCII-Zeichensatz), wobei die Zeichen jeweils in Zeilen (etwa wie in einem Buch) zusammengefaßt sind. Jede Zeile endet mit einem Zeilenendezeichen (ASCII-Code 13), auf das ein eventueller Zeilenvorschub (ASCII-Code 10) folgen kann. Eine Textdatei kann aus mehreren Zeilen bestehen, die von unterschiedlicher Länge sein können.

Typisierte Dateien

Typisierte Dateien werden mit FILE OF <Komponententyp> vereinbart (z.B.: var f: file of integer;), wobei der Komponententyp von beliebiger Datenstruktur sein darf. Die einfachsten Komponententypen sind z.B.:

INTEGER, REAL und CHAR,

wobei jedes Element einer Datei vom entsprechenden Komponententyp ist. Als Komponententyp sind aber auch strukturierte Datentypen, z.B. ein RECORD, zulässig.

Untypisierte Dateien

Untypisierte Dateien werden nur mit FILE vereinbart (z.B.: var f: file;). Verständlicherweise kann Turbo Pascal bei diesen Dateien keine Operationen mit den einzelnen Komponenten ausführen (diese sind ihm ja gar nicht bekannt), sondern nur sog. Blockoperationen, für die die genaue Kenntnis der Struktur der Datei nicht notwendig ist.

Prinzipiell werden die unterschiedlichen Dateitypen von Turbo Pascal auch verschieden behandelt. Es gibt jedoch, trotz der Verschiedenheit, einige Arbeitsschritte, die für alle Dateitypen gleich sind. Das gilt auch für die Dateivariablen INPUT, OUTPUT und LST, die übrigens vom

Typ TEXT sind, jedoch mit dem Vorteil, daß das Pascal-System diese Schritte ausführt und Sie sich darum nicht kümmern müssen.

Die nachfolgenden Ausführungen beziehen sich daher auf die von Ihnen selbst vereinbarten Dateivariablen. Folgende Schritte müssen Sie bei jeder Dateivariablen, die Sie im Programm benutzen, ausführen (dabei kommt es nicht auf den Dateityp an):

1. Schritt

Bevor eine Dateivariable benutzt werden kann, muß Sie mit einer externen Datei (auf Diskette/Festplatte) verbunden werden. D.h. die Dateivariable wird mit dem Dateinamen der externen Datei verknüpft. Das Ansprechen der Dateivariablen im Programm bewirkt dann, daß sich die vorgenommenen Operationen auf die Diskettendatei beziehen. Das Verbinden der Dateivariablen mit einer externen Datei übernimmt die Prozedur

```
ASSIGN(F,DATEINAME)
```

mit

F	Dateivariable beliebigen Typs
DATEINAME	Name der Datei auf Diskette/ Festplatte.

Beispiel:

Wenn folgende Dateivariable vereinbart wurde,

```
var  f: file of integer;
```

dann verbindet

```
ASSIGN(F,'INT.DAT');
```

die Dateivariable F mit der Diskettendatei INT.DAT auf dem aktuellen Laufwerk (die explizite Angabe eines Laufwerkes mit einem Pfadnamen ist auch möglich). Alle Operationen, die von jetzt an mit F vorgenommen werden, beziehen sich auf die Diskettendatei INT.DAT.

2. Schritt

Zur Zeit können weder Daten in die Datei geschrieben noch Daten aus der Datei gelesen werden. Es ist nicht einmal sichergestellt, daß die Datei mit dem angegebenen Namen überhaupt auf der Diskette/ Festplatte existiert.

Existiert die Datei, dann muß sie jetzt für Ein- und/ oder Ausgaben geöffnet werden. Die Prozedur

```
RESET(F)
```

erledigt diese Aufgabe. Existiert die Datei dagegen noch nicht, wollen Sie
also eine neue Datei anlegen, so muß die Datei zuerst erzeugt und dann
geöffnet werden. Diesen Schritt führt die Prozedur

```
REWRITE(F)
```

aus. Wenn Sie versuchen, mit RESET(F) eine nicht vorhandene Datei zu
öffnen, bricht Turbo Pascal mit einer Fehlermeldung der Laufzeitbibliothek ab.

Um derartige Programm-Abbrüche zu vermeiden, sollte die automatische
Fehlerüberprüfung vor dem Aufruf von RESET abgeschaltet und gleich
danach wieder eingeschaltet werden. Mit einem nachfolgenden Aufruf
der Funktion IORESULT kann überprüft werden, ob das Öffnen der
Datei fehlerfrei ausgeführt werden konnte. Rufen Sie RESET bzw. RE-
WRITE also stets folgendermaßen auf

{$I-}	Automatische Fehlererkennung aus
RESET(F);	Datei öffnen
{$I+}	Automatische Fehlererkennung wieder ein

und setzen das Programm in Abhängigkeit vom Wert der Funktion IO-
RESULT fort:

```
IF IORESULT = 0
THEN { Fortsetzung für fehlerfreie Ausführung }
ELSE { Fortsetzung für fehlerhafte Ausführung };
```

So vermeiden Sie unnötige "Programmabstürze" (vgl. Sie bitte auch die
Routinen T_DATEI_EXIST und T_DATEI_ERZEUGEN aus der Unit
T_CHECK im Kapitel 6, die diese Aufgaben übernehmen).

Weitere Schritte

Nachdem Sie Schritt 1 und 2 ausgeführt haben, können Sie die für den
jeweiligen Dateityp erlaubten Dateioperationen vornehmen.

Welche Operationen mit den unterschiedlichen Dateitypen erlaubt sind,
wird in den nachfolgenden Kapiteln beschrieben.

In diesen Bereich ("Weitere Schritte") gehören die jeweiligen Standard-Prozeduren und -Funktionen, die auf die entsprechenden Dateitypen anwendbar sind.

Letzter Schritt

Haben Sie die Bearbeitung einer Datei beendet (spätestens jedoch am Ende eines Programms), muß die Datei wieder geschlossen werden. Die Prozedur

```
CLOSE(F)
```

schließt die Datei, die mit der Dateivariablen F verbunden wurde, und speichert sie permanent auf der Diskette/Festplatte unter dem angegebenen Dateinamen. Wollen Sie auf die mit CLOSE(F) geschlossene Datei wieder zugreifen, müssen die Schritte 1 und 2 nochmals ausgeführt werden.

Nach dem Aufruf der Prozedur CLOSE(F) ist die Verbindung der Dateivariablen mit der Diskettendatei aufgehoben. Die Dateivariable kann jetzt erneut (auch in Verbindung mit einer anderen Diskettendatei (jedoch vom gleichen Typ)) verwendet werden.

Wie Sie vielleicht bemerkt haben, wird der Name der Diskettendatei (im o.g. Beispiel INT.DAT) nur einmal, nämlich beim Verbinden der Dateivariablen F mit dem Dateinamen, als Übergabeparameter der Prozedur ASSIGN explizit benutzt. Danach wird auf die Diskettendatei nur noch mittels der Dateivariablen F zugegriffen.

Grundsätzlich gibt es zwei Arten von Dateien, die sich durch die Art, wie auf sie zugegriffen wird, unterscheiden:

Dateien mit sequentiellem Zugriff (Sequential access files)

In einer solchen Datei sind alle Elemente hintereinander angeordnet und gespeichert. Soll auf ein Element zugegriffen werden, so müssen zuerst alle vorherigen Elemente "bearbeitet" werden, bevor auf das betreffende zugegriffen werden kann. Der Zugriff geschieht also stets in der Reihenfolge der Anordnung.

Datei mit wahlfreiem Zugriff (Random access files)

In einer solchen Datei kann auf jedes Element direkt zugegriffen werden, ohne die vorherigen Elemente zu durchlaufen.

Auf alle Dateien, gleich welchen Datentyps sie sind, können folgende Standard-Prozeduren und -Funktionen angewendet werden:

ASSIGN

Syntax: procedure Assign(VAR f: FILE; Name: string);

Verknüpft die Dateivariable F mit einer externen Datei (Diskettendatei).

CLOSE

Syntax: procedure close(VAR f: FILE);

Schließt eine zuvor geöffnete Datei F.

EOF

Syntax: FUNCTION EOF(VAR f: FILE):BOOLEAN; bzw.
FUNCTION EOF(VAR f: TEXT):BOOLEAN; für Textdateien.

Prüft, ob das Dateiende erreicht ist
(TRUE   ---> Dateiende erreicht,
FALSE   ---> Dateiende noch nicht erreicht).

ERASE

Syntax: PROCEDURE ERASE(f: FILE);

Löscht eine nicht geöffnete (!) Diskettendatei, die zuvor mit ASSIGN der Dateivariablen F zugeordnet worden sein muß.

IORESULT

Syntax: FUNCTION IORESULT: WORD

Liefert einen Wert, der angibt, ob die zuletzt ausgeführte I/O-Operation fehlerfrei ausgeführt wurde (der Wert 0 steht für fehlerfreie Ausführung).

```
RESET
```

Syntax: PROCEDURE RESET(f);

Öffnet eine existierende Datei.

```
REWRITE
```

Syntax: REWRITE(f);

Erzeugt und öffnet anschließend eine Datei.

I/O-Fehlererkennung - Die Standardfunktion IORESULT

Treten Fehler bei I/O-Operationen (Ein-/Ausgabe-Operationen) auf, bewirken diese immer einen sofortigen Programmabbruch mit einer entsprechenden Fehlermeldung der Laufzeitbibliothek von Turbo Pascal.

Ein derartiger Fehler liegt z.B. vor, wenn eine Dateioperation das Vorhandensein einer Diskettendatei erwartet, diese Datei aber nicht existiert. Ebenso tritt ein I/O-Fehler auf, wenn mittels READ/READLN Werte eingelesen werden, bei denen es zwischen den eingelesenen und den erwarteten Werten zu einem Typkonflikt kommen kann (z.B. werden Daten vom Typ REAL erwartet, eingegeben werden jedoch Daten vom Typ CHAR).

Ein Programmabbruch läßt sich jedoch vermeiden, wenn die Funktion zur automatischen I/O-Fehlererkennung vor dem Aufruf der entsprechenden Funktion ab und anschließend wieder eingeschaltet wird und Sie somit die Kontrolle über diese Operationen übernehmen.

> {$I-} schaltet die Fehlererkennung aus,
> {$I+} schaltet sie wieder ein.

Natürlich muß die Programmausführung dann vom Ausgang der dafür vorgesehen Funktion (IORESULT) abhängig gemacht werden.

Nach jeder Ein- bzw. Ausgabeoperation liefert IORESULT eine Fehlernummer (der Wert 0 steht für fehlerfreie Ausführung).

Ein Anweisungsteil in einem Pascal-Programm, der eine (existierende) Datei öffnet, könnte z.B. wie folgt aussehen:

```
...
{$I-}
RESET(F);
{$I+}
IF IORESULT = 0
THEN WRITE('Datei konnte geöffnet werden.')
ELSE WRITE('Fehler beim Öffnen der Datei!!');
...
```

Beachten Sie bitte, daß nach dem Abschalten der Fehlererkennung ({$I-})
nicht mehr das Pascal-System für den ordnungsgemäßen Fortgang des
Programms verantwortlich ist, sondern der/die Programmierer/in. Seien
Sie beim Programmieren von I/O-Operationen also stets sehr sorgfältig,
um unnötige Programmabstürze zu vermeiden.

EOF - End of File

Wenn aus einer Datei Elemente (bzw. aus einer Textdatei Zeilen) gelesen
werden, führt das Lesen über das Dateiende hinaus zu einem Programmabbruch mit einer entsprechenden Fehlermeldung. Das Programm muß
also wissen, wieviele Elemente oder Zeilen aus einer Datei gelesen werden können und wann das Dateiende erreicht ist.

Turbo Pascal bietet mit der Standard-Funktion EOF die Möglichkeit,
abzufragen, ob das Ende einer Datei erreicht ist. Wenn das nächste zu
lesende Zeichen ein Dateiendezeichen ist oder das tatsächliche Ende der
Datei erreicht ist, liefert die Funktion das Ergebnis TRUE, sonst FALSE.

Es zeigt sich bereits, daß die Abfrage wiederholt durchgeführt werden
muß. Dazu bietet sich bekanntlich eine Schleife an. Bei der Wahl der
Schleife entscheiden wir uns für die WHILE-Schleife, da bei ihr die Abbruchbedingung bereits vor dem Ausführen des ersten Schleifendurchlaufs geprüft wird. Damit erreichen wir, daß aus einer leeren Datei, die
nur das Dateiendezeichen enthält, gar nicht erst gelesen wird, die
Schleife also keinmal durchlaufen wird. Der Versuch, das Dateiendezeichen zu lesen, würde zu einem Programmabbruch führen. Mit der folgenden WHILE-Schleife kann solange aus einer Datei gelesen werden,
wie das Dateiende noch nicht erreicht ist:

```
...
WHILE NOT EOF(F) DO
BEGIN
  READ(F,ELEMENT);
  ...
END;
...
```

Die Variable ELEMENT enthält nach der Leseoperation das gelesene Element. Dabei kann es sich um eine Zahl, einen Buchstaben oder eine Textzeile handeln, je nachdem von welchem Typ die Datei ist.

5.10.2 Textdateien

Textdateien sind, wie bereits unter 5.11.1 beschrieben, Dateien, in denen Zeichen (CHAR) zeilenweise angeordnet sind und eine Zeile durch ein Zeilenendezeichen (ASCII-Code 13) abgeschlossen wird. Darauf kann ein Zeilenvorschub (ASCII-Code 10) folgen.

Bei einer Datei, deren Dateivariable vom Typ TEXT ist, handelt es sich nicht um eine typisierte Datei (z.B. nicht um file of char). Die Komponenten sind nicht die Zeichen, sondern die Folge von Zeichen (also die Zeilen). Daher kann auch auf die einzelnen Komponenten nicht zugegriffen werden. Eine Textdatei kann für drei Dateioperationen geöffnet werden:

- ► um Daten in eine Datei zu schreiben (Öffnen mit REWRITE),
- ► um Daten an eine bestehende Datei anzuhängen (Öffnen mit APPEND),
- ► um Daten aus einer Datei zu lesen (Öffnen mit RESET).

Auf Textdateien können folgende Standard-Prozeduren und -Funktionen angewendet werden:

APPEND

Syntax: PROCEDURE APPEND(VAR f: TEXT);

Öffnet eine existierende Datei. Durch nachfolgende Schreiboperationen werden Daten an die Datei angehängt.

EOLN

Syntax: `FUNCTION EOL(VAR f: TEXT): BOOLEAN;`

Prüft, ob das Zeilenende erreicht wurde
    (TRUE   ---> Zeilenende erreicht,
    FALSE   ---> Zeilenende noch nicht erreicht).

FLUSH

Syntax: `PROCEDURE FLUSH(VAR f: TEXT);`

Schreibt den Inhalt eines Ausgabepuffers auf Diskette/Festplatte, auch wenn dieser noch nicht vollständig gefüllt ist.

READ

Syntax: `PROCEDURE READ(VAR f: TEXT; v1[,v2..vn]);`

Liest aus der angegebenen Datei einen oder mehrere Werte in die entsprechende Anzahl von Variablen (v1..vn). Sind die einzelnen Variablen z.B. Strings der Länge 5, dann werden jeweils 5 Zeichen gelesen und der entsprechenden Variablen zugewiesen. Die nächsten 5 Zeichen werden dann der nächsten Variablen zugewiesen usw..

READLN

Syntax: `PROCEDURE READLN(VAR f: TEXT; v1[,v2..vn]);`

Wie READ, jedoch mit einem anschließenden Zeilenvorschub. Der "Cursor" befindet sich danach am Anfang der nächsten Textzeile.

WRITE

Syntax: `PROCEDURE WRITE(VAR f: TEXT; v1[,v2..vn]);`

Schreibt in die angegebene Datei den Inhalt einer oder mehrerer Variablen (v1..vn).

WRITELN

Syntax: PROCEDURE WRITELN(VAR f: TEXT; v1[,v2..vn]);

Wie WRITE, jedoch mit einem anschließenden Zeilenvorschub. Der "Cursor" befindet sich danach am Anfang der nächsten Textzeile.

Beachten Sie bitte, daß READLN und WRITELN nur auf Textdateien angewendet werden können. READ/READLN und WRITE/ WRITELN haben für Textdateien eine bestimmte Syntax, die es erlaubt, nicht nur Daten vom Typ CHAR, sondern auch numerische Werte, für Schreib- und Leseoperationen zu benutzen.

Bevor eine Textdatei im Programm angesprochen werden kann, muß die entsprechende Dateivariable im Vereinbarungsteil des Programms oder eines entsprechenden Unterprogramms vereinbart werden:

        var f: text;

Mit dem reservierten Wort TEXT wird der Dateivariablen dieser Daten- typ zugeordnet.

Wie bei jeder Datei, muß zuerst die Dateivariable F mit einer externen Diskettendatei verbunden werden:

        ASSIGN(F,DATEINAME);

wobei DATEINAME vom Typ STRING ist und den Namen der Datei auf der Diskette enthält. Befindet sich die Datei nicht auf dem angemel- deten Laufwerk, so muß das Laufwerk und eventuell ein Pfadname ex- plizit angegeben werden. Existiert die Datei, so kann sie mit

        RESET(F)

für Leseoperationen oder mit

        APPEND(F)

für Schreiboperationen geöffnet werden. An eine mit APPEND geöffne- ten Datei können nur Daten "angehängt" werden. Das gleichzeitige Öff- nen einer Textdatei für Schreib- und Leseoperationen ist nicht möglich.

Existiert die Datei noch nicht, soll also eine neue Datei auf der Diskette/ Festplatte angelegt werden, so wird die Datei mit

```
REWRITE(F)
```

erzeugt und anschließend für Schreiboperationen geöffnet. Textdateien bestehen allgemein aus "echten" Textzeilen (z.B. ein Brief, ein Programmlisting usw.). Soll nun eine solche Textzeile aus einer Datei gelesen werden, bietet es sich an, eine Variable zu vereinbaren, die eine solche Textzeile repräsentiert. Da eine Textzeile ein String ist, liegt folgende Deklaration nahe:

```
var  zeile: string[80];
```

Die max. Länge des Strings (hier 80 Zeichen) sollte in Abhängigkeit von der tatsächlichen Länge der längsten vorkommenden Zeile gewählt werden. Wollen Sie z.B. nur die ersten fünf Zeichen einer jeden Zeile lesen, kann die Länge auf 5 begrenzt werden (var zeile: string[5]).

Auf die Möglichkeit, auch andere Datentypen aus einer Textdatei einzulesen, gehen wir an dieser Stelle nicht weiter ein. Bevor Sie die weiteren Abschnitte dieses Kapitels lesen, sei an dieser Stelle nochmals auf das Kapitel 5.10.1 verwiesen, das die Funktionen IORESULT und EOF näher erläutert und auf deren Verwendung hinweist.

Aus einer Textdatei lesen

Mit der o.g. Vereinbarung kann eine Textdatei mit

```
READLN(F,ZEILE);
```

zeilenweise gelesen werden.

Textdateien lassen sich (besonders für Turbo-Pascal-Programmierer) einfach mit einem Editor erstellen. Wir wollen einmal eine solche Textdatei mit dem Turbo-Pascal-Editor erstellen und anschließend mit einem kleinen Programm lesen. Bearbeiten Sie dazu bitte die folgende Aufgabe.

Aufgabe

Starten Sie Turbo Pascal und erzeugen Sie mit <F3> eine neue Quelltextdatei, der Sie den Namen TEXT1.TXT geben. Anschließend tippen Sie den nachfolgenden Text ab und speichern am Ende die Quelltextdatei mit <F2>. Beenden Sie jede Zeile mit <CR>.

```
Jede wissenschaftliche Arbeit muß von einem
methodischen Bewußtsein getragen sein. Die
Erkenntnisse werden nicht zufällig, sondern
```

```
nach einer bestimmten Methode gewonnen.
Mögliche Fehlerquellen müssen von vornherein
vermieden werden.
```

Das nachfolgende Programm liest den Inhalt dieser Textdatei von der Diskette und gibt ihn auf dem Bildschirm aus. Starten und testen Sie das Programm, wobei Sie darauf achten müssen, daß sich die Textdatei (TEXT1.TXT) im selben Verzeichnis befindet, wie das Programm (sonst müssen Sie die Konstante NAME noch um einen entsprechenden Pfad ergänzen):

```pascal
program textDateiLesen; {TEXT1.PAS}
uses
  crt;   { Unit aus Turbo Pascal 5.0 }

const
  name = 'text1.txt';  { Diskettendatei }

var
  f    : text;        { Datei im Prg. }
  zeile: string[70];  { Eine Zeile    }

begin
  clrscr;
  writeln('Folgende Datei wird gelesen: ',name);
  writeln;
  assign(f,name);   { Dateien verbinden  }
  {$I-}             { Fehlererkennung aus }
  reset(f);         { Datei oeffnen       }
  {$I+}             { Fehlererkennung ein }
  if ioResult = 0   { Wenn kein Fehler... }
  then begin
        while not eof(f) do
        begin
          readln(f,zeile); { Zeile lesen    }
          writeln(zeile);  { Zeile schreiben }
        end; { while }
        close(f);          { Datei wieder schliessen }
      end { then }
  else begin
        writeln('Datei nicht gefunden!!');
        writeln('Verzeichnis überprüfen!');
      end; { else }
  gotoxy(1,25);
  write('Bitte <CR>-Taste drücken...');
  readln;
end.
```

In dem Programm wird mit

```
readln(f,zeile)
```

eine Zeile aus der Datei F gelesen und mit

```
writeln(zeile)
```

der Inhalt der Variablen ZEILE auf den Bildschirm geschrieben. Wenn Sie den Text nicht auf dem Bildschirm, sondern auf dem Drucker ausgeben wollen, müssen Sie nur die Ausgabedatei LST mit angeben:

```
writeln(lst,zeile)
```

und schon wird Ihr Text gedruckt.

Text an eine Textdatei "anhängen"

Soll eine Textdatei um eine oder mehrere Zeilen ergänzt werden, so muß sie mit APPEND für Schreiboperationen geöffnet werden. Der Text wird an die Datei "angehängt".

Das folgende Programm ergänzt die oben erstellte Textdatei TEXT1.TXT. Starten Sie das Programm, um die Textdatei um eine weitere Zeile zu ergänzen. Mit dem zuvor geschriebenen Programm (TEXT1.PAS) können Sie sich die Textdatei nochmals ausgeben lassen.

```
program textAnhaengen;  {TEXT2.PAS}
uses
   crt;  { Unit aus Turbo Pascal 5.0 }

const
   name = 'text1.txt';  { Diskettendatei }

var
   f     : text;          { Datei im Prg. }

begin
   clrscr;
   writeln('Folgende Datei wird ergaenzt: ',name);
   writeln;
   assign(f,name);   { Dateien verbinden   }
   {$I-}             { Fehlererkennung aus }
   append(f);        { Datei oeffnen       }
   {$I+}             { Fehlererkennung ein }
   if ioResult = 0   { Wenn kein Fehler... }
   then begin
         writeln(f,' ');  { Leerzeile   }
         writeln(f,'***** Neue Zeile *****');
         close(f);         { Datei wieder schliessen }
         writeln('Es konnte erfolgreich');
         writeln('geschrieben werden!  ');
      end { then }
   else begin
         writeln('Datei nicht gefunden!!');
         writeln('Verzeichnis überprüfen!');
      end; { else }
   gotoxy(1,25);
```

```
      write('Bitte <CR>-Taste drücken...');
      readln;
    end.
```

Neue Textdatei zum Schreiben öffnen

Wenn Sie eine neue Textdatei anlegen wollen, müssen Sie sie mit RE-
WRITE für Schreiboperationen öffnen. Bedenken Sie, daß eine bereits
vorhandene Datei damit überschrieben wird. Stellen Sie also sicher, daß
die Datei noch nicht existiert (z.B. mit RESET oder der Routine
T_DATEI_EXIST aus der Unit T_CHECK).

Das nachfolgende Beispiel schreibt zwei Zeilen in eine Datei mit dem
Namen TEST1.TXT, wobei vorher mit der Routine T_DATEI_EXIST
(aus der Unit T_CHECK) überprüft wird, ob die Datei bereits vorhanden ist.

```
program schreiben; {TEXT3.PAS}
uses
  crt,      { Unit aus Turbo Pascal 5.0 }
  t_check; { Unit aus Tools           }

const
  name = 'test1.txt'; { Diskettendatei }

var
  f    : text;        { Datei im Prg. }

begin
  clrscr;
  writeln('In folgende Datei schreiben: ',name);
  writeln;
  if t_datei_exist(name)
  then begin
        writeln('Datei existiert bereits!');
        writeln('REWRITE überschreibt die Datei!!!');
        writeln;
        writeln('Programm wird beendet.      ');
      end
  else begin
        assign(f,name);    { Dateien verbinden   }
        {$I-}              { Fehlererkennung aus }
        rewrite(f);        { Datei oeffnen       }
        {$I+}              { Fehlererkennung ein }
        if ioResult = 0   { Wenn kein Fehler... }
        then begin
              writeln(f,'***** 1. Neue Zeile *****');
              writeln(f,'***** 2. Neue Zeile *****');
              close(f); { Datei wieder schliessen }
              writeln('Es konnte erfolgreich');
              writeln('geschrieben werden! ');
            end { then }
        else begin
              writeln('Datei konnte nicht');
```

```
            writeln('geoeffnet werden!');
          end; { else }
      end; { else }
  gotoxy(1,25);
  write('Bitte <CR>-Taste drücken...');
  readln;
end.
```

Nach der Ausführung des Programms können Sie sich die Datei TEST1.TXT in den Editor laden, um zu überprüfen, ob die Zeilen auch tatsächlich geschrieben worden sind. Führen Sie das Programm zweimal nacheinander aus, erhalten Sie beim zweiten Versuch eine Meldung, daß die Datei bereits existiert (sie wurde ja auch beim ersten Programmlauf angelegt!).

Nochmals: Alle einmal geöffneten (Text-)Dateien müssen, spätestens am Ende des Programms, wieder mit CLOSE geschlossen werden.

Da das Lesen und Schreiben einer Diskettendatei zu den langsamsten Operationen eines Rechners gehört, reserviert Turbo Pascal für Textdateien standardmäßig einen Puffer (Speicherbereich) von 128 Bytes, um diesen bei einer Leseaktion (wenn genügend Zeichen vorhanden sind) vollständig zu füllen. Nachfolgende Leseaktionen werden dann erst einmal aus diesem Puffer bedient, bevor erneut auf die Diskette/Festplatte zugegriffen wird. Durch die Verwendung des Pufferbereiches erhöht sich die Ausführungsgeschwindigkeit für Diskettenzugriffe.

Wenn Sie große Textdateien bearbeiten, kann es vorteilhaft sein, den vorgegebenen Pufferbereich zu vergrößern, um die Ausführungsgeschwindigkeit bei den Diskettenzugriffen zu erhöhen. Turbo Pascal stellt dafür die Standard-Prozedur

```
SetTextBuf(VAR f: TEXT; VAR buf [;size: WORD]);
```

für Textdateien zur Verfügung. F ist eine Dateivariable vom Typ TEXT, BUF eine Puffervariable beliebigen Typs und SIZE ein optionaler Parameter der, wenn er angegeben wird, den von BUF zu benutzenden Teil angibt.

SETTEXTBUF sollte niemals auf bereits geöffnete Dateien angewendet werden, da dies unter Umständen zu Datenverlusten führen kann.

Um in einem Programm den Puffer z.B. auf 1 KByte (1024 Bytes) zu erhöhen, kann folgende Puffervariable vereinbart werden:

```
VAR
   f     : TEXT;  { Dateivariable }
   puffer: ARRAY[1..1024] OF CHAR;
```

Danach wird im Programm die Dateivariable F mit der Diskettendatei via ASSIGN verknüpft, F der vergrößerte Puffer zur Verfügung gestellt und die Datei geöffnet:

```
...;
ASSIGN(f,Dateiname);
SETTEXTBUF(f,puffer);
RESET(f);
...;
```

Nachfolgende Schreib-/ Leseoperationen werden wie bereits beschrieben behandelt. Die Verwaltung des Puffers übernimmt Turbo Pascal für Sie.

Auch für Schreibaktionen benutzt Turbo Pascal einen Puffer, um die auf Diskette/ Festplatte zu schreibenden Daten dort zwischenzuspeichern. Erst wenn der Puffer gefüllt ist, wird der Schreibvorgang tatsächlich ausgeführt. Mit der Standard-Prozedur

```
FLUSH(VAR f: TEXT);
```

kann der Puffer auch geleert werden, wenn er noch nicht vollständig gefüllt ist. Dadurch werden die im Puffer befindlichen Daten sofort auf Diskette/ Festplatte geschrieben und damit vor Verlust gesichert.

Bei dem Aufruf von CLOSE nach Beendigung von Dateioperationen mit einer Datei wird FLUSH automatisch aufgerufen.

5.10.3 Typisierte Dateien

Auf typisierte Dateien können zusätzlich zu den bisher bekannten noch folgende Standard-Prozeduren und -Funktionen angewendet werden:

FILEPOS

Syntax: `FUNCTION FILEPOS(f): LONGINT;`

Liefert die momentane Position innerhalb einer Datei zurück.

FILESIZE

Syntax: `FUNCTION FILESIZE(f): LONGINT;`

Liefert die Größe (in Komponenten) der angegebenen Datei zurück.

SEEK

Syntax: `PROCEDURE SEEK(f; n: LONGINT);`

Setzt den Dateizeiger innerhalb der angegebenen Datei an die Stelle N. Der Aufruf SEEK(F,FILESIZE(F)) setzt den Dateizeiger hinter die letzte Komponente.

TRUNCATE

Syntax: `PROCEDURE TRUNCATE(f);`

Schneidet eine Datei an der momentanen Position ab.

Typisierte Dateien werden wie folgt vereinbart:

```
var  f: file of KOMPONENTENTYP;
```

Beispiel:
```
var f: file of integer;
```

Die Komponenten derartiger Dateien bestehen aus gleichen Datentypen, wobei der KOMPONENTENTYP für eine beliebige Datenstruktur (z.B. integer, real, char, string[20] usw.) steht. Auch zusammengesetzte Datentypen sind erlaubt.

Beispiel:
```
type
  person = record
            nr     : integer;
            name   : string[20];
            vorname: string[15];
            strasse: string[20];
            ort    : string[30];
            alter  : 0..100;
          end;
var  f: file of person;
```

Zuerst muß die Dateivariable F wieder mit einer externen Diskettendatei verbunden werden:

```
ASSIGN(F,DATEINAME);
```

Eine existierende Datei wird mit

```
RESET(F)
```

geöffnet. Ist die Datei nicht vorhanden, soll also eine neue Datei angelegt werden, wird sie mit

```
REWRITE(F)
```

erzeugt und anschließend geöffnet. RESET öffnet eine vorhandene typisierte Datei sowohl für Schreib- als auch für Leseoperationen. REWRITE erzeugt und öffnet eine neue Datei, auf die ebenfalls sowohl Schreib- als auch Leseoperationen anwendbar sind.

Auf typisierte Dateien sind nur READ und WRITE anwendbar, nicht dagegen READLN und WRITELN.

Die Elemente einer typisierten Datei sind hintereinander angeordnet und gespeichert. Sie sind numeriert, beginnend bei 0:

Element0	Element1	Element2	...	EOF

Mit der Prozedur SEEK kann auf jedes Element der Datei über seine Nummer zugegriffen werden. Das erste Element hat die Nummer 0, das zweite die Nummer 1, ..., das n.te die Nummer (n-1). Enthält eine Datei z.B. 10 Elemente, so sind diese ab Position 0 bis Position 9 gespeichert. Ein Aufruf wie z.B.

```
SEEK(F,5)
```

setzt den Dateizeiger (Zähler für die momentane Position innerhalb einer Datei) auf die Position 5 (also auf das 6. Element). Ein mit SEEK ausgewähltes Element kann aus der Datei gelesen oder in die Datei geschrieben werden.

Die Anzahl der in einer Datei enthaltenen Elemente liefert die Funktion FILESIZE. Der Aufruf

```
ANZ:= FILESIZE(F);
```

weist also der Variablen ANZ die Anzahl der in der Datei F enthaltenen Elemente zu.

Die Funktion FILEPOS liefert die momentane Position des Dateizeigers. Befindet sich der Dateizeiger z.B. an der 5. Position einer Datei, so wird mit

```
POS:= FILEPOS(F);
```

der Variablen POS der Wert 5 zugewiesen (der Dateizeiger steht an der Position 5, dem 6. Element).

Mit den folgenden Anweisungen wird der Dateizeiger jeweils auf das 1. Element, das letzte Element und hinter das letzte Element einer Datei gesetzt:

```
SEEK(F,0);              { auf das erste Element    }
SEEK(F,FILESIZE(F)-1);  { auf das letzte Element   }
SEEK(F,FILESIZE(F));    { hinter das letzte Element }
```

In eine typisierte Datei schreiben

Wir wählen z.B. folgende Vereinbarung für eine typisierte Datei:

```
type
    str20 = string[20];

var   f: file of str20;
```

Jedes Element dieser Datei besteht aus einem String der (maximalen) Länge 20. Die Elemente könnten z.B. Nachnamen von Personen sein. Wurde F vorher über ASSIGN mit einer externen Datei verbunden und mit REWRITE geöffnet, so kann mit

```
write(f,element)
```

(wenn ELEMENT ebenfalls vom Typ STR20 ist) ein Element in die Datei geschrieben werden. Der Dateizeiger wird nach der Schreiboperation automatisch um eine Position weitergerückt, so daß das nächste Element durch die nächste Schreiboperation an die Datei angehängt werden kann.

Es ist auch möglich, mit einer WRITE-Anweisung mehrere Elemente in die Datei zu schreiben:

```
write(f,e1,e2,e3,...)
```

wobei E1,E2,E3 usw. jeweils vom selben Typ wie der Komponententyp der Dateivariablen sein müssen (im o.g. Beispiel vom Typ STR20). Auch hier wird der Dateizeiger nach jeder Schreiboperation um eine Position weitergerückt.

Wird eine Datei dagegen mit RESET geöffnet und sollen Elemente an die Datei angehängt werden, so muß der Dateizeiger zuerst hinter das letzte Element der Datei gesetzt werden, da RESET ihn beim Öffnen der Datei auf das erste Element (Position 0) setzt:

```
SEEK(F,FILESIZE(F))
```

Führen Sie diesen Schritt nicht aus und schreiben mit der WRITE-Anweisung ein Element in die Datei, so wird das bereits vorhandene Element, auf das der Dateizeiger zum Zeitpunkt der Schreiboperation zeigt, überschrieben.

Um gezielt ein Element zu aktualisieren, wird der Dateizeiger auf die Position des Elements gesetzt und dann das aktualisierte Element in die Datei geschrieben:

```
SEEK(F,POS);
WRITE(F,ELEMENT);
```

POS ist vom Typ LONGINT und gibt die Position des Elements an, das aktualisiert werden soll. Nach der WRITE-Anweisung wird der Dateizeiger um eine Position weitergerückt. Die maximale Anzahl der Datensätze ist, außer vom Wertebereich des Datentyps LONGINT, nur von der Größe des Speichermediums abhängig.

Das folgende Programm erzeugt eine neue Datei mit dem Namen TESTSTR.DAT und speichert darin zehn Nachnamen von Personen, die als Komponenten eines Arrays vereinbart und initialisiert werden. Das Schreiben der Namen in die Datei erfolgt mit einer FOR-Schleife, da die Anzahl der Elemente, die geschrieben werden sollen, bekannt ist (N = 10).

Weiter unten finden Sie dann ein Programm, das die Elemente aus der Datei wieder liest. Starten Sie jedoch zuerst das Programm TYP1.PAS und lesen Sie dann weiter.

```
program typisierteDatei_schreiben; {TYP1.PAS}
uses
  crt;  { Unit aus Turbo Pascal 5.0 }
const
```

```
    name = 'TESTSTR.DAT';  { Diskettendatei   }
    n    = 10;             { Anz. der Elemente }

type
  str20 = string[20];

var
  element: array[1..n] of str20;
  f      : file of str20;

{-------------------------------------------------}
{ elementeSchreiben                               }
{-------------------------------------------------}
procedure elementeSchreiben;
var  i: integer; { Zaehlvariable }

begin
  writeln('Folgende Elemente werden geschrieben:');
  writeln;
  for i:= 1 to n do
  begin
    write(f,element[i]);
    writeln(i:3,': ',element[i]);
  end; { for }
  writeln;
  writeln('Anzahl der Elemente: ',filesize(f));
end;
{-------------------------------------------------}
{ feldInit                                        }
{-------------------------------------------------}
procedure feldInit;
begin
  element[1]:= 'Beckmann';  element[2]:= 'Becker';
  element[3]:= 'Doerfler';  element[4]:= 'Daun';
  element[5]:= 'Engeln';    element[6]:= 'Fuchs';
  element[7]:= 'Hausmann';  element[8]:= 'Haber';
  element[9]:= 'Schmidtke'; element[10]:='Ried';
end;
{-------------------------------------------------}

begin { Hauptprogramm }
  clrscr;
  feldInit;
  assign(f,name);  { Dateien verbinden   }
  {$I-}            { Fehlererkennung aus }
  rewrite(f);      { Neue Datei anlegen  }
  {$I+}            { Fehlererkennung ein }
  if ioResult = 0
  then begin
         elementeSchreiben;
         close(f);
       end
  else begin
         writeln('Fehler beim Erzeugen');
         writeln('der Datei!!        ');
         writeln;
         writeln('Prg. wird beendet! ');
       end;
  gotoxy(1,25);
```

```
  write('Bitte <CR>-Taste drücken...');
  readln;
end.
```

Aus einer typisierten Datei lesen

Wir wählen aus Kompatibilitätsgründen wieder dieselbe Vereinbarung wie im vorherigen Abschnitt ("In eine typisierte Datei schreiben").

Jedes Element der Datei besteht aus denselben Komponententypen (hier STR20). Um aus einer bestehenden Datei Daten zu lesen, muß F über ASSIGN mit einer externen Datei verbunden und mit

```
    RESET(F)
```

geöffnet werden. Der Dateizeiger befindet sich nach diesen Operationen auf dem ersten Element der Datei (Position 0). Mit

```
    READ(F,ELEMENT)
```

(hier: ELEMENT vom Typ STR20) wird ein Element aus der Datei gelesen. Der Dateizeiger rückt nach der Leseoperation automatisch eine Position weiter.

Mit einer WHILE-Schleife und der Standardfunktion EOF können die Elemente einer Datei der Reihe nach gelesen werden. Es wird also sequentiell auf die Datei zugegriffen.

Wie auf eine Datei mit Hilfe der Prozedur SEEK wahlfrei zugegriffen wird, erfahren Sie im nächsten Abschnitt ("Typisierte Dateien ergänzen und aktualisieren"). Starten Sie jetzt jedoch erst einmal das Programm TYP2.PAS, um zu sehen, wie aus einer Datei gelesen wird. Das folgende Programm öffnet die Datei mit dem Namen TESTSTR.DAT, die etwas weiter oben im Text mit dem Programm TYP1.PAS erzeugt worden ist, und liest die darin enthaltenen Elemente. Das Lesen der Namen aus der Datei erfolgt mit einer WHILE-Schleife, bis das Ende der Datei erreicht ist.

```
program typisierteDatei_lesen; {TYP2.PAS}
uses
  crt;  { Unit aus Turbo Pascal 5.0 }

const
  name = 'TESTSTR.DAT';  { Diskettendatei }

type
  str20 = string[20];
```

```
var
  element: str20;
  f      : file of str20;

{------------------------------------------------}
{ elementeLesen                                  }
{------------------------------------------------}
procedure elementeLesen;
var  i: integer; { Zaehlvariable }

begin
  writeln('Folgende Elemente wurden gelesen:');
  writeln;
  writeln('Anzahl der Elemente: ',filesize(f));
  writeln;
  i:= 0;    { Anfangswert }
  while not eof(f) do
  begin
    inc(i);            { i:= i+1, zum Zaehlen }
    read(f,element);   { Element lesen        }
    writeln(i:3,': ',element); { Bildschirmausgabe}
  end; { while }
  writeln;
end;
{------------------------------------------------}

begin { Hauptprogramm }
  clrscr;
  assign(f,name); { Dateien verbinden   }
  {$I-}           { Fehlererkennung aus }
  reset(f);       { Alte Datei öffnen   }
  {$I+}           { Fehlererkennung ein }
  if ioResult = 0
  then begin
        elementeLesen;
        close(f);
      end
  else begin
        writeln('Fehler beim öffnen ');
        writeln('der Datei!!        ');
        writeln;
        writeln('Prg. wird beendet! ');
      end;
  gotoxy(1,25);
  write('Bitte <CR>-Taste drücken...');
  readln;
end.
```

Typisierte Dateien ergänzen und aktualisieren

Um eine Datei um ein weiteres Element zu ergänzen, brauchen Sie nur den Dateizeiger mit

```
SEEK(F,FILESIZE(F))
```

hinter das letzte Element zu setzen und dann wie unter "In eine typisierte Datei schreiben" beschrieben, die Schreiboperationen auf die Datei anzuwenden.

Um die Elemente einer Datei zu aktualisieren, muß die Größe der Datei (Anzahl der vorhandenen Elemente) bestimmt und sichergestellt werden, daß nur innerhalb dieser Grenzen (Position 0 bis Position (Anzahl-1)) auf Elemente zugegriffen werden kann.

Ist die Position des zu ändernden Elements innerhalb der Datei ermittelt, muß der Dateizeiger mit

```
SEEK(F,POS)
```

darauf gesetzt werden. Wird der alte Inhalt mit

```
READ(F,ELEMENT)
```

vor der Aktualisierung erst gelesen, dürfen Sie nicht vergessen, den Dateizeiger vor der Schreibaktion, die das Element aktualisiert, erneut auf das zu ändernde Element zu setzen (erinnern Sie sich, daß READ(F,ELEMENT) den Dateizeiger bereits auf das nächste Element setzt!!). Also nochmals:

```
SEEK(F,POS)
```

Wird das Element ohne vorherige Leseoperation aktualisiert, kann sofort nach der Anweisung SEEK(F,POS) die Schreibaktion ausgeführt werden:

```
WRITE(F,ELEMENT)
```

Das nachfolgende Programm TYP3.PAS realisiert die hier beschriebenen Vorgänge. Starten Sie das Programm, nachdem Sie sich das Programm-Listing angesehen haben, und verfolgen Sie den Programmablauf am Bildschirm (die von dem Programm TYP1.PAS erzeugte Datei TESTSTR.DAT muß sich im selben Verzeichnis wie das Programm befinden).

Nach dem Programmstart haben Sie die Möglichkeit, einen weiteren Namen (eventuell Ihren eigenen?) einzugeben, um den die Datei dann ergänzt wird. Nach der Eingabe werden alle vorhandenen Datensätze angezeigt. Drücken Sie <CR>, um einen bestehenden Datensatz zu aktualisieren (beenden können Sie das Programm durch die Eingabe -1).

Nach der Eingabe der zu aktualisierenden Position (der zulässige Bereich
wird ebenfalls angezeigt) wird nochmals der alte Inhalt angezeigt, und Sie
werden aufgefordert, einen neuen Namen einzugeben. Vergleichen Sie
bei der anschließenden Darstellung aller Datensätze, ob die gewünschte
Änderung auch vorgenommen wurde.

```pascal
program typisierteDatei_ergaenzen; {TYP3.PAS}
uses
  crt;  { Unit aus Turbo Pascal 5.0 }

const
  name = 'TESTSTR.DAT';  { Diskettendatei }

type
  str20 = string[20];

var
  element: str20;
  f      : file of str20;

{--------------------------------------------------}
{ warten                                           }
{--------------------------------------------------}
procedure warten;
var  ch: char;
begin
  gotoxy(1,25); write('Bitte Taste drücken...');
  ch:= readkey;
  gotoxy(1,25); clreol
end;
{--------------------------------------------------}
{ elementeLesen                                    }
{--------------------------------------------------}
procedure elementeLesen;
var  i: integer; { Zaehlvariable }

begin
  clrscr;
  seek(f,0);   { Dateizeiger auf Dateianfang }
  writeln('Datei enthält folgende Elemente:');
  writeln;
  writeln('Anzahl der Elemente: ',filesize(f));
  writeln;
  i:= 0;   { Anfangswert }
  while not eof(f) do
  begin
    inc(i);              { i:= i+1, zum Zaehlen }
    read(f,element);  { Element lesen         }
    writeln(i:3,': ',element); { Bildschirmausgabe}
  end; { while }
  warten;
end;
{--------------------------------------------------}
{ datensatz_aktualisieren                          }
{--------------------------------------------------}
procedure datensatz_aktualisieren;
var
```

```
    anz,             { Anzahl Datensätze   }
    pos : integer;   { Zu ändernde Position }

begin
  repeat
    clrscr;
    writeln('Datensätze aktualisieren!');
    writeln('E N D E  mit -1');
    writeln;
    anz:= filesize(f);
    writeln;
    writeln('Zulässige Werte für POS sind: ');
    writeln('  0 <= POS <= ',anz-1);
    repeat
      gotoxy(20,10);
      write('Welche Position ändern? ');
      readln(pos);
    until (pos >= -1) and (pos <= anz-1);
    if pos <> -1
    then begin
         seek(f,pos);    { Dateizeiger auf Element }
         read(f,element);{ Element lesen           }
         gotoxy(20,12);
         write('Alter Inhalt : ',element);
         gotoxy(20,14);
         write('Neuer Inhalt?: ');
         readln(element);
         seek(f,pos);    { Dateizeiger auf Element }
         write(f,element); { Element schreiben }
         elementeLesen;
       end;
  until pos = -1;
end;
{----------------------------------------------}
{ datensatz_anhaengen                          }
{----------------------------------------------}
procedure datensatz_anhaengen;
var  nachname: str20; { Neuer Datensatz }
begin
  writeln('Datei: ',name,' um 1 Element ergaenzen:');
  writeln;
  seek(f,filesize(f)); { hinter das letzte Element }
  write('Bitte gib einen Namen ein (max. 20 Z.): ');
  readln(nachname);
  write(f,nachname);    { In Datei schreiben    }
  elementeLesen;        { Neuen Inhalt anzeigen }
end;
{----------------------------------------------}


begin { Hauptprogramm }
  clrscr;
  assign(f,name); { Dateien verbinden   }
  {$I-}           { Fehlererkennung aus }
  reset(f);       { Alte Datei öffnen   }
  {$I+}           { Fehlererkennung ein }
  if ioResult = 0
  then begin
       datensatz_anhaengen;
       datensatz_aktualisieren;
```

```
        close(f);
      end
  else begin
        writeln('Fehler beim Öffnen ');
        writeln('der Datei!!        ');
        writeln;
        writeln('Prg. wird beendet! ');
        warten;
      end;
  clrscr;
  warten;
end.
```

Element aus einer typisierten Datei löschen

Wie Sie vielleicht festgestellt haben, bietet Turbo Pascal keine vordefinierte Funktion, die aus einer Datei ein Element löscht und gleichzeitig die durch das Löschen entstandene "Lücke" auffüllt. Diesen Arbeitsschritt müssen Sie selber durchführen.

Angenommen, eine Datei besteht aus fünf Elementen (E0,E1,E2,E3 und E4). Das Element E2 soll gelöscht werden. Dadurch verringert sich die Anzahl der Elemente der Datei auf 4 (5-1). Die einfachste Möglichkeit des Löschens besteht nun darin, alle Elemente, die hinter dem zu löschenden Element stehen, um jeweils eine Position in Richtung Dateianfang zu verschieben und das letzte Element, das ja bereits verschoben wurde, mit TRUNCATE abzuschneiden.

Das folgende Programm (TYP4.PAS) zeigt Ihnen eine Möglichkeit, ein Element aus einer Datei zu löschen. Beachten Sie, daß sich die Datei TESTSTR.DAT auf dem angemeldeten Laufwerk befinden muß. Sollte dies nicht der Fall sein, starten Sie bitte zuerst das Programm TYP1.PAS, das diese Datei erzeugt.

Nach dem Programmstart werden die vorhandenen Datensätze angezeigt und Sie gefragt, welche Position gelöscht werden soll.

Geben Sie die zu löschende Position ein und drücken Sie <CR>. Der entsprechende Datensatz wird gelöscht und die noch verbleibenden wieder angezeigt. Mit einem beliebigen Tastendruck beenden Sie das Programm.

```
program elementLoeschen; {TYP4.PAS}
uses
  crt;  { Unit aus Turbo Pascal 5.0 }

const
  name = 'TESTSTR.DAT';  { Diskettendatei }
```

```
type
  str20 = string[20];

var
  element: str20;
  f     : file of str20;

{--------------------------------------------------}
{ warten                                           }
{--------------------------------------------------}
procedure warten;
var  ch: char;
begin
  gotoxy(1,25); write('Bitte Taste drücken...');
  ch:= readkey;
  gotoxy(1,25); clreol
end;
{--------------------------------------------------}
{ elementeLesen                                    }
{--------------------------------------------------}
procedure elementeLesen;
var  i: integer; { Zaehlvariable }

begin
  clrscr;
  seek(f,0);   { Dateizeiger auf Dateianfang }
  writeln('Datei enthält folgende Elemente:');
  writeln;
  writeln('Anzahl der Elemente: ',filesize(f));
  writeln;
  i:= -1;   { Anfangswert }
  while not eof(f) do
  begin
    inc(i);            { i:= i+1, zum Zaehlen }
    read(f,element);   { Element lesen        }
    writeln(i:3,': ',element); { Bildschirmausgabe}
  end; { while }
end;
{--------------------------------------------------}
{ loeschen                                         }
{--------------------------------------------------}
procedure loeschen(loeschPos: longint);
var  i: longint; { Zaehlvariable }
begin
  if loeschPos = filesize(f)-1
  then begin
         { Wenn das letzte Element ge- }
         { loescht werden soll, dann   }
         { hier no action, da sowieso  }
         { gleich abgeschnitten wird!! }
       end
  else begin
         for i:= loeschPos+1 to (filesize(f)-1) do
         begin
           seek(f,i);   { Auf das naechste Element }
           read(f,element);   { Element lesen       }
           seek(f,(i-1));     { 1 Element zurück    }
           write(f,element); { Element schreiben    }
         end; { for }
```

```
        end; { else }
   seek(f,(filesize(f)-1));   { auf das letzte Element }
   truncate(f);               { Datei abschneiden      }
end;
{------------------------------------------------}
{ fragen                                         }
{------------------------------------------------}
procedure fragen;
var  position,
     anz      : longint;
begin
   anz:= filesize(f);
   if anz = 0 then
   begin
      clrscr;
      writeln('Datei enthält keine Elemente');
      writeln('zum Loeschen!!!          ');
      warten;
   end else
   begin
      repeat
         gotoxy(1,24);
         write('Welche Position soll gelöscht werden?: ');
         readln(position);
      until (position >= 0) and (position <= anz-1);
      loeschen(position);
   end; { else }
end;
{------------------------------------------------}

begin { Hauptprogramm }
   clrscr;
   assign(f,name);  { Dateien verbinden   }
   {$I-}            { Fehlererkennung aus }
   reset(f);        { Alte Datei öffnen   }
   {$I+}            { Fehlererkennung ein }
   if ioResult = 0
   then begin
         elementeLesen;
         fragen;
         elementeLesen;
         warten;
         close(f);
      end
   else begin
         writeln('Fehler beim öffnen ');
         writeln('der Datei!!       ');
         writeln;
         writeln('Prg. wird beendet! ');
         warten;
      end;
   clrscr;
end.
```

Das Entfernen des zu löschenden Datensatzes wurde dadurch realisiert,
daß alle auf den zu löschenden Datensatz folgende Elemente um eine

Position in Richtung Dateianfang verschoben wurden und die Datei dann vor dem letzten Element mit TRUNCATE abgeschnitten wurde.

Bei größeren Dateien ist es sicherlich sinnvoll, das letzte Element an die Stelle des zu löschenden zu schreiben und dann die Datei vor dem letzten Datensatz (der ja gesichert wurde) abzuschneiden.

5.10.4 Untypisierte Dateien

Die bisher behandelten Dateitypen zeichnen sich u.a. dadurch aus, daß Turbo Pascal ganz bestimmte Annahmen über Art und Aufbau der gespeicherten Daten macht. Bei Textdateien wird erwartet, daß sie aus Zeilen bestehen, die mit einem <CR> enden. Bei typisierten Dateien wird vorausgesetzt, daß die Dateistruktur eines jeden Datensatzes der Datei von einer bestimmten Art ist (z.B. Integerwert oder ein Record).

Für Operationen mit diesen Dateitypen setzt das voraus, daß einem der Aufbau der Datei bekannt ist. Für viele Anwendungen (z.B. Kopierprogramme) ist jedoch nicht der einzelne Datensatz bzw. der Aufbau der Datei interessant, sondern die Datei als Ganzes.

Mit den hier vorgestellten untypisierten Dateien steht ein leistungsfähiges Werkzeug zur Verfügung, da Turbo Pascal bei diesem Dateityp keine Kenntnisse über die Struktur der Diskettendatei benötigt bzw. voraussetzt.

Untypisierte Dateien können überall dort eingesetzt werden, wo sehr schnelle Ein- und Ausgaben erforderlich sind und keine unmittelbaren Operationen mit den einzelnen Datensätzen der Datei vorgenommen werden müssen. Untypisierte Dateien werden mit dem reservierten Wort FILE vereinbart:

```
VAR f: FILE;
```

Es fehlt der bei typisierten Dateien notwendige Zusatz OF KOMPO-NENTENTYP, da Turbo Pascal , wie bereits oben beschrieben, keine Kenntnisse über die Struktur der Diskettendatei voraussetzt.

Im Zusammenhang mit untypisierten Dateien stehen dieselben Standard-Prozeduren und -Funktionen zur Verfügung wie für typisierte Dateien (siehe Kapitel 5.10.3: FILEPOS, FILESIZE, SEEK und TRUNCATE).

Zusätzlich werden noch die Prozeduren BLOCKREAD und BLOCKWRITE bereitgestellt, RESET und REWRITE können mit einem zusätzlichen Parameter aufgerufen werden. Mit

```
RESET(f,recsize);
```

wird die (bereits existierende) Datei F geöffnet,

```
REWRITE(f,recsize);
```

erzeugt und öffnet die neue Datei F. RECSIZE ist in beiden Fällen vom Typ WORD und legt die aus der Datei F zu lesende oder die in die Datei F zu schreibende Recordgröße fest. Wird RECSIZE nicht angegeben, setzt Turbo Pascal standardmäßig eine Größe von 128 Bytes für die Recordgröße. Für Leseoperationen steht die Standard-Prozedur

```
BLOCKREAD(VAR f: FILE;
          VAR buf; count: WORD [;result:WORD]);
```

zur Verfügung, der vier Parameter (wobei RESULT optional ist) übergeben werden.

F bezeichnet die Datei, aus der gelesen werden soll. Die Variable BUF enthält die Datenstruktur, in die die Daten gelesen werden sollen, COUNT die Anzahl der zu lesenden Daten (Records).

BUF ist eine Puffervariable, die am besten als ein Feld vereinbart wird, dessen Komponenten vom Typ BYTE (kleinste adressierbare Speichereinheit) sind, z.B.:

```
VAR
   buf: ARRAY[1..2048] OF BYTE;
```

Damit wird ein Feld von 2 KByte vereinbart, in das die Datei F byteweise gelesen werden kann. Dazu sollte F dann auch mit der Angabe 1 Byte für die zu lesende Recordgröße geöffnet werden:

```
RESET(f,1);
```

Beim Lesen soll nach Möglichkeit stets der gesamte Puffer (hier die Variable BUF) vollständig gefüllt werden. Für COUNT könnte daher der Wert 2048 (die zu lesenden Records) angegeben werden. Einfacher ist es jedoch, die Größe des Puffers (und damit die einzulesenden Records) von Turbo Pascal ermitteln zu lassen. Setzen Sie für COUNT

```
SIZEOF(buf)
```

ein. Wenn jetzt aber beim Lesen der Datei das Dateiende erreicht wird, der Puffer aber noch nicht vollständig gefüllt ist, erzeugt BLOCKREAD einen Laufzeitfehler. Um das zu verhindern, sollten Sie stets auch die optionale Variable RESULT angeben.

In ihr wird die tatsächliche Anzahl der gelesenen Records gespeichert. Wenn der Pufferbereich also vollständig gefüllt werden konnte, enthält RESULT (in unserem Beispiel) den Wert 2048. Der Vorteil dieser Variablen liegt aber besonders darin, daß in ihr auch dann die Anzahl der gelesenen Records gespeichert wird, wenn der Pufferbereich nicht vollständig gefüllt werden konnte und dann kein Laufzeitfehler erzeugt wird. Der Lesevorgang wird beim Erreichen des Dateiendes also einfach abgebrochen und die Anzahl der gelesenen Records in RESULT gespeichert. Wenn RESULT den Wert 0 annimmt, wurde das Dateiende erreicht.

Selbstverständlich können Sie auch eine andere Puffergröße als in unserem Beispiel vereinbaren. Die Größe von BUF sollte sich an den Bedürfnissen des Programms orientieren. Die maximale Anzahl der bei einem Aufruf von BLOCKREAD zu lesenden Records ist durch den Wertebereich des Datentyps WORD (für COUNT) auf 65535 Bytes beschränkt (also auf 64 KByte).

Um die gelesenen Daten wieder auf Diskette/Festplatte zu schreiben, steht Ihnen die Standard-Prozedur

```
BLOCKWRITE(VAR f: FILE;
          VAR buf; count: WORD [; result: WORD]);
```

zur Verfügung, der wiederum vier Parameter (wobei RESULT ebenfalls optional ist) übergeben werden.

F bezeichnet die Datei, in die geschrieben werden soll. Die Variable BUF enthält die benutzte Datenstruktur für die Ausgabe und COUNT die Anzahl der in die Datei zu schreibenden Records. RESULT enthält die Anzahl der tatsächlich geschriebenen Records und übernimmt dieselbe Aufgabe wie bei BLOCKREAD.

Wenn Sie mit BLOCKREAD Daten lesen und diese dann mit BLOCK-WRITE wieder schreiben, sollte der Wert der Variablen RESULT eigentlich in beiden Fällen gleich sein, da das, was gelesen wurde, auch wieder geschrieben werden soll. Zu unterschiedlichen Werten kann es aber dann kommen, wenn nicht alle gelesenen Records auch wieder geschrieben werden konnten, weil z.B. die Diskette, auf die geschrieben wird, voll ist.

Konnten BLOCKREAD und BLOCKWRITE fehlerfrei ausgeführt werden, dann liefert ein nachfolgender Aufruf von IORESULT, im Modus
{$I-}, den Wert 0, sonst einen Wert <> 0.

Üblicherweise werden untypisierte Dateien insbesondere für Kopierprogramme benutzt. Bei ihnen kommt es nicht darauf an, die interne Datenstruktur der zu kopierenden Datei zu kennen. Es sollen ja nur die Daten
einer Quelldatei in eine Zieldatei kopiert werden.

Das nachfolgende Programm stellt ein einfaches Kopierprogramm dar.
Nach dem Programmstart werden Sie aufgefordert, den Namen der zu
kopierenden Datei (Quelldatei) einzugeben. Ist die Datei vorhanden, wird
der Name der Zieldatei angefordert, ansonsten wird das Programm beendet.

Auf dem Bildschirm erhalten Sie eine Meldung über die Größe (in Bytes)
der zu kopierenden Datei. Nach Beendigung des Kopiervorganges können
Sie das Programm mit dem Drücken der Return-Taste beenden.

Im Programm wird eine Puffervariable von 5 KByte vereinbart. Beide
Dateien (QUELLE und ZIEL) werden mit einer angegebenen Recordgröße von 1 Byte geöffnet:

```
RESET(Quelle,1);          und
REWRITE(Ziel,1);
```

Es wird vorausgesetzt, daß das Speichermedium noch genügend Platz be-
reitstellt, um die zu kopierende Datei aufzunehmen. Denken Sie daran,
daß REWRITE eine bereits vorhandene Datei löscht. Geben Sie also für
die Zieldatei keinen Dateinamen ein, der bereits existiert, wenn Sie nicht
wollen, daß die Datei überschrieben wird.

```
program CopyTypenloseDatei;  {UNTYP1.PAS}
uses
  crt;  { Unit aus Turbo Pascal 5.0 }

var
  Quelle,Ziel: file;              { Dateivariablen   }
  Quelldatei,                     { Diskettendatei   }
  Zieldatei  : string;            { Diskettendatei   }
  Gelesen    : integer;           { Gelesene Records }
  buf        : array[1..5120] of byte; { 5 KByte Puffer }

begin
  clrscr;
  write('Gib die Quelldatei ein: ');
  readln(Quelldatei);
  assign(quelle,Quelldatei);
  {$I-} reset(Quelle,1); {$I+}
```

```
  if ioResult <> 0 then
begin
  writeln(^G);  { Piepton }
  writeln('Datei ',Quelldatei,' nicht vorhanden!!');
  writeln;
  writeln('Programm wird beendet');
end else
begin
  write('Gib die Zieldatei  ein: ');
  readln(Zieldatei);
  assign(ziel,Zieldatei);
  {$I-}  rewrite(ziel,1);  {$I+}
  if ioResult <> 0 then
  begin
    write(^G);  { Piepton }
    writeln('Fehler bei Zieldatei!!');
    writeln;
    writeln('Programm wird beendet');
  end { if } else
  begin
    write('Es werden ',fileSize(Quelle));
    writeln(' Bytes kopiert!');
    blockRead(quelle,buf,SizeOf(buf),Gelesen);
    while Gelesen > 0 do
      begin
      blockWrite(Ziel,buf,Gelesen);
      blockRead(quelle,buf,SizeOf(buf),Gelesen);
    end; { while }
    close(quelle);
    close(ziel);
    writeln;
    writeln('Kopiervorgang beendet!!');
  end; { else }
end; { else }
gotoxy(1,25);
write('Bitte <CR> drücken...');
readln;
end.
```

Wenn Sie sich das Programmlisting ansehen, werden Sie feststellen, daß
zuerst BLOCKREAD aufgerufen wird und nur, wenn GELESEN (die
Anzahl der gelesenen Records) größer als Null ist, die Daten auch wieder
auf Diskette/Festplatte geschrieben werden.

BLOCKWRITE wird ohne den optionalen Parameter RESULT aufgerufen, da wir davon ausgehen, daß alle gelesenen Records auch wieder geschrieben werden können. Da jeweils genauso viele Records geschrieben
werden sollen wie gelesen worden sind, ist der dritte Parameter von
BLOCKWRITE identisch mit dem vierten von BLOCKREAD.

5.11 Zeiger und dynamische Datenstrukturen

Mit den Datenstrukturen, die Sie bisher kennengelernt haben, mußten Sie folgende Einschränkungen hinnehmen:

▶ die Anzahl der Daten, die ein Programm be- bzw. verarbeiten kann, muß bereits bei der Programmerstellung bekannt sein,

▶ der Speicherplatz für globale statische Variablen ist auf 64 KByte begrenzt.

Zur Speicherung von Variablen steht Ihnen also nur ein begrenzter Speicherplatz zur Verfügung. Das Datensegment, in dem die Ihnen bereits bekannten statischen Variablen gespeichert werden, umfaßt nur die o.g. 64 KByte. Das gilt selbst dann, wenn der Hauptspeicher Ihres Rechners auf 640 KByte ausgebaut ist.

Dynamische Variablen, die u.a. Thema dieses Kapitels sind, werden dagegen auf dem Heap, das ist der gesamte restliche Speicher des Rechners, der nicht durch das Betriebssystem und das z.Zt. laufende Programm belegt ist, gespeichert.

Programme, die mit großen Datenmengen und vielen Variablen arbeiten (z.B. eine Adreßverwaltung oder Datenbank) stoßen dabei schnell an die vorhandenen Grenzen. Mit der Vereinbarung

```
TYPE
   Adresse = RECORD
             Nummer  : integer;
             Name,
             Vorname : STRING[24];
             Strasse,
             Ort     : STRING[19];
             END;

VAR
   satz: ARRAY[1..500] OF Adresse;
```

müssen bereits ca. 46 KByte (von den 64 zur Verfügung stehenden) für Variablen reserviert werden. Die Möglichkeit, 500 Datensätze zu bearbeiten und zu speichern, ist für eine "gute" Adreßverwaltung aber sicherlich nicht ausreichend!

Mit der Verwendung der in diesem Kapitel besprochenen Datenstrukturen verschafft Turbo Pascal hier Abhilfe.

Durch die Verwendung von Zeigern (sie werden auch Pointer genannt) und dynamischen Datenstrukturen muß die Anzahl der zu bearbeitenden Daten nicht mehr bereits bei der Programmerstellung bekannt sein, sondern wächst mit den Anforderungen und Bedürfnissen. Begrenzt wird die mögliche Anzahl der zu verarbeitenden Daten nur noch durch den zur Verfügung stehenden Hauptspeicher.

Dynamische Variablen werden erst dann angelegt und beanspruchen auch erst dann Speicherplatz, wenn sie benötigt werden. So kann z.B. die Anzahl von Datensätzen dynamisch wachsen und muß nicht bereits bei der Programmerstellung statisch festgelegt werden. Es wird also nicht auf Vorrat wertvoller Speicherplatz "verschwendet".

5.11.1 Zeiger

Mit der Variablenvereinbarung

```
VAR
    i: INTEGER;
```

wird eine Variable I vom Typ INTEGER deklariert. Turbo Pascal erlaubt jedoch neben den bereits bekannten Vereinbarungen auch noch folgende Deklaration:

```
VAR
    p: ^Datentyp;
```

Damit wird eine Zeigervariable mit dem Namen P vereinbart. P selber ist nicht vom Typ DATENTYP, dann müßte es ja

```
VAR
    p: Datentyp;
```

heißen, sondern zeigt auf eine Variable, die vom Typ DATENTYP ist. Eine Zeigervariable zeigt auf die Startadresse eines Speicherplatzes, in dem eine Variable mit dem angegebenen Datentyp gespeichert werden kann. Dementsprechend wird mit

```
VAR
    p: ^INTEGER;
```

eine Zeigervariable P vereinbart, die auf die Speicheradresse einer Variablen vom Typ INTEGER zeigt. Die Vereinbarung von Zeigervariablen läßt sich auch wie folgt vornehmen:

```
TYPE
   zeiger = ^INTEGER;
VAR
   p: zeiger;
```

(Dies ist identisch mit: VAR p: ^INTEGER;)

Mit der in Turbo Pascal vordefinierten Prozedur "NEW(Zeigervariable)" wird auf dem Heap der entsprechende Speicherplatz für den Variablentyp, auf den die Zeigervariable zeigt (in dem o.g. Beispiel zeigt P auf einen Speicherbereich für einen Integerwert), reserviert und dem Zeiger (hier P) die Adresse des Speicherplatzes zugewiesen. Die Größe des reservierten Speicherplatzes ist davon abhängig, auf welchen Datentyp der Zeiger gerichtet ist.

Der mit "NEW(Zeigervariable)" reservierte Speicherbereich wird durch den Bezeichner

```
Zeigervariable^    (hinter den Namen kommt ein "^")
```

repräsentiert und kann als dynamische Variable bezeichnet werden (wir bezeichnen sowohl den reservierten Speicherbereich als auch den Bezeichner selbst als "dynamische Variable"). Wird

```
VAR
   p: ^INTEGER;
```

vereinbart, so wird mit

```
NEW(p);
```

die dynamische Variable "p^" (sie ist vom Typ INTEGER) auf dem Heap angelegt. Der Zeiger P ist auf diese Variable (P^) gerichtet! Wird die dynamische Variable P^ nicht mehr benötigt, so kann sie mit

```
DISPOSE(p);
```

wieder vom Heap entfernt werden. Dadurch wird der zur Verfügung gestellte Speicherplatz wieder freigegeben. DISPOSE ist damit das Gegenstück zu NEW.

MARK und RELEASE

Eine Alternative zu NEW/DISPOSE ist das Paar MARK/RELEASE, wodurch ebenfalls Speicherplatz zur Verfügung gestellt und wieder freigegeben wird.

RELEASE gibt von einem bestimmten Punkt an den gesamten Heapbereich wieder frei und löscht damit alle dynamischen Variablen, die seit dem letzten Aufruf von MARK angelegt worden sind.

Dagegen gibt DISPOSE den durch NEW reservierten Speicherbereich wieder frei, wodurch im Heapbereich "Löcher" entstehen können.

NEW/DISPOSE und MARK/RELEASE sind zwei grundsätzlich verschiedene Verfahren, um einen Speicherbereich zu reservieren bzw. wieder freizugeben, so daß im gesamten Programm jeweils nur ein Paar verwendet werden darf! Es darf also zwischendurch auch nicht gewechselt werden.

Wir benutzen im gesamten Buch NEW/DISPOSE und verzichten auf die Verwendung des anderen Paares vollkommen. Doch nun wieder zur Vereinbarung von Zeigervariablen: Mit der Vereinbarung

```
VAR
   p,q: ^INTEGER;
```

werden zwei Zeigervariablen deklariert, die auf Variablen vom Typ INTEGER zeigen können. Mit

```
VAR
   a,b: INTEGER;
```

werden dagegen zwei Variablen deklariert, die selber vom Typ INTEGER sind und bereits beim Programmstart den für sie benötigten Speicherplatz reservieren, unabhängig davon, ob die beiden Variablen tatsächlich benötigt werden.

Wurden die beiden Zeigervariablen P und Q mit

```
VAR
   p,q: ^INTEGER;
```

vereinbart und die zugehörigen Variablen P^ und Q^ mit

```
NEW(p);
NEW(q);
```

angelegt, so können den Variablen P^ und Q^ Dateninhalte zugewiesen werden:

```
p^:= 20;
q^:= 30;
```

Die Dateninhalte lassen sich selbstverständlich auch austauschen:

```
p^:= q^;
```

(P^ enthält jetzt den Wert 30, Q^ noch immer den Wert 30). Damit ist folgende Situation entstanden:

Der Zeiger P zeigt auf die Variable P^, deren Dateninhalt 30 lautet. Der Zeiger Q zeigt auf die Variable Q^, deren Dateninhalt ebenfalls 30 lautet.

Eine völlig andere Art von Zuweisung ist dagegen:

```
p:= q;
```

Damit zeigt die Zeigervariable P jetzt auf dieselbe Speicheradresse wie der Zeiger Q. Der Dateninhalt der Variablen P^ ist unwiederbringlich verloren, da auf diese Variable kein Zeiger mehr zeigt!

Das folgende Programm demonstriert die Erzeugung dynamischer Variablen, die Vertauschung von Variableninhalten und die Zuweisung einer Rechenoperation.

```pascal
program ZeigerDemo1;  {ZEIGER1.PAS}
uses
   crt;  { Unit aus Turbo Pascal 5.0 }

type
   zeiger = ^integer;

var
   a,b,c: zeiger;

begin
   clrscr;
   {Erzeugung der dynamischen Variablen a^,b^,c^}
   new(a);
   new(b);
   new(c);
   {Zuweisung von Werten an die Variablen}
   a^:= 20;
   b^:= 40;
   c^:= 60;
   writeln('a^ = ',a^,' b^ = ',b^,'  c^ = ',c^);
   writeln;
   writeln('Inhalt von b^ wird a^ zugewiesen');
   writeln;
   a^:= b^;
   writeln('a^ = ',a^,' b^ = ',b^,'  c^ = ',c^);
   writeln;
   writeln('c^ wird das Produkt a^ * b^ zugewiesen');
   writeln;
   c^:= a^ * b^;
```

```
      writeln('a^ = ',a^,'  b^ = ',b^,'   c^ = ',c^);
      gotoxy(1,25);
      write('Bitte <CR> drücken...');
      readln;
      {Dynamische Variablen wieder entfernen}
      dispose(a);
      dispose(b);
      dispose(c);
   end.
```

Zeigervariablen können auch bei benutzerdefinierten Datentypen angewendet werden. Soll z.B. ein Zeiger auf eine Variable vom Typ PER-
SON zeigen, so wird folgendes vereinbart:

```
TYPE
   zeiger = ^person;
   person = RECORD
               Name : STRING[30];
               Alter: INTEGER;
               END;

VAR
   p: zeiger;
```

Hier ergibt sich ein Problem. Mit

```
zeiger = ^person;
```

wird ein Objekt (nämlich PERSON) angesprochen, das noch nicht dekla-
riert wurde. Das Problem löst Turbo Pascal mit der Vorschrift, daß der
Zeiger vor dem Objekt, auf das er zeigen soll, deklariert werden muß.
Mit

```
NEW(p);
```

wird eine Variable P^ mit zwei Elementen angelegt:

```
p^.Name    und
p^.Alter
```

Der Zeiger P zeigt auf die Variable P^:

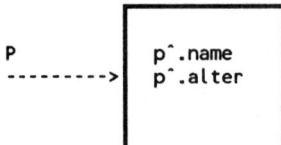

Sie können bisher zu Recht einwenden, daß noch kein überzeugender Vorteil für die Verwendung von Zeigern vorgetragen wurde. Doch vergleichen Sie einmal die beiden folgenden kleinen Programme (STATISCH.PAS und DYNAMIC.PAS), bei denen es uns jetzt hauptsächlich auf die Variablenvereinbarung ankommt.

Laden Sie jeweils beide Programme in den Editor und kompilieren Sie sie. Lassen Sie sich jeweils nach der Kompilierung Informationen (via COMPILE/Get info) anzeigen und achten Sie auf die Angabe hinter DATA SIZE!

```pascal
program FeldStatisch;   {STATISCH.PAS}
uses
  crt;

const
  n = 250;

type
  Ary = array[1..n] of string;

var
  x: Ary;

begin
end.
```

```
══════════════════ Information ══════════════════

Current directory : C:\TP5\TOOLS\BSP
Current file      : C:\TP5\TOOLS\BSP\STATISCH.PAS
File size         : 145 (Max: 64615)
EMS usage         : 0K

Lines compiled: 15

Code in memory is ready to run.
Program exit code

Code size                 22944 bytes
Data size                 64684 bytes
Stack size                16384 bytes
Minimum heap size             0 bytes
Maximum heap size        655360 bytes

Available memory: 313K
████████████████ Press any key ████████████████
```

Abb. 5.11.1.1:   Information zum Programm STATISCH.PAS

In diesem Programm wird die Variable X vom Typ ARRAY vereinbart, die aus 250 Elementen vom Typ STRING (der Länge 255) besteht. Die Information zeigt, daß fast 64 KByte Speicherplatz im Datensegment reserviert worden ist. Für weitere Variablen ist kaum noch Platz vorhanden.

Im Gegensatz dazu jetzt das zweite Programm:

```
program FeldDynamisch;   {DYNAMIC.PAS}
uses
  crt;

const
  n = 250;

type
  Ary = array[1..n] of ^string;

var
  x: Ary;

begin
end.
```

```
════════════════════════ Information ════════════════════════

 Current directory : C:\TP5\TOOLS\BSP
 Current file      : C:\TP5\TOOLS\BSP\DYNAMIC.PAS
 File size         : 146 (Max: 64615)
 EMS usage         : 0K

 Lines compiled: 15

 Code in memory is ready to run.
 Program exit code

 Code size              22944 bytes
 Data size               1684 bytes
 Stack size             16384 bytes
 Minimum heap size          0 bytes
 Maximum heap size     655360 bytes

 Available memory: 313K
                    Press any key
```

Abb. 5.11.1.2:   *Information zum Programm DYNAMIC.PAS*

Im Gegensatz zum ersten Programm wird hier ein Feld aus Zeigervariablen vereinbart, wobei jedes Element auf eine Variable vom Typ STRING zeigt. Jede Variable vom Typ POINTER (Zeiger) benötigt nur 4 Bytes (der Speicherplatz für die Variablen vom Typ STRING wird ja erst zur Laufzeit des Programms auf dem Heap bereitgestellt!), so daß das Datensegment in diesem Beispiel nur mit insgesamt 1684 Bytes "belastet" wird! Ein enormer Vorteil im Gegensatz zum ersten Programm, nicht wahr?!

In diesem Programm wurden bisher nur Zeigervariablen vereinbart, die Variablen vom Typ STRING müssen dagegen zur Laufzeit des Programms, wenn sie benötigt werden, mit z.B.

```
NEW(x[1]);  (legt die Variable X[1]^ v. Typ STRING an)
```

angelegt werden. Dies bietet uns Gelegenheit, anhand eines weiteren Programms sowohl die Erzeugung von Variablen mit Hilfe einer FOR-Schleife zu zeigen als auch das Ermitteln des noch verfügbaren Speicherplatzes auf dem Heap (vor und nach dem Erzeugen der dynamischen Variablen) mittels der Funktion MEMAVAIL:

```
program DynVarErzeugen;  {DYNAMIC2.PAS}
uses
  crt;  { Unit aus Turbo Pascal 5.0 }

const
  n = 250;

type
  Ary = array[1..n] of ^string;

var
  x: Ary;
  i: integer;

begin
  clrscr;
  writeln('Speicherplatz auf dem Heap vorher : ',memAvail);
  for i:= 1 to n do new(x[i]);
  writeln('Speicherplatz auf dem Heap nachher: ',memAvail);
  gotoxy(1,25);
  write('Bitte <CR> drücken...');
  readln;
end.
```

Auf dem Heap wird also der benötigte Speicherplatz für 250 Variablen vom Typ STRING reserviert. Wie Sie gesehen haben, wird der Speicherbedarf für Zeigervariablen natürlich auch im Datensegment reserviert und unterliegt damit ebenfalls der 64-KByte-Grenze! D.h.: Wir sind den Vorteilen von Zeigern und dynamischen Variablen zwar schon einen großen Schritt entgegengegangen, ihre volle Berechtigung erhalten sie allerdings erst im Zusammenhang mit den in den nächsten Abschnitten vorgestellen Datenstrukturen (Listen und Bäume). Die in dem o.g. Programm verwendete Funktion

> MEMAVAIL

liefert den gesamten auf dem Heap zur Verfügung stehenden Speicherplatz zurück. Das Ergebnis ist vom Typ LONGINT.

Wie wir bereits etwas weiter oben angedeutet haben, entstehen jedoch bei der Freigabe von Speicherbereichen mit DISPOSE im allgemeinen "Löcher" im Heapbereich, so daß wahrscheinlich nicht die zurückgelieferte Gesamtmenge des freien Speicherplatzes auch tatsächlich zur Verfügung steht, denn mit NEW wird stets nur zusammenhängender Speicherplatz reserviert.

Soll z.B. ein Speicherbereich von 6 Bytes reserviert werden, so muß dieser auch zusammenhängend vorhanden sein. Ein "Loch" von z.B. 4 Bytes bleibt bei der Reservierung unberücksichtigt und kann nur dann verwendet werden, wenn genau 4 Bytes benötigt werden.

Wollen Sie sich also Gewißheit darüber verschaffen, ob der zu reservierende Speichplatz auch tatsächlich zusammenhängend verfügbar ist, müssen Sie die Funktion

> MAXAVAIL

benutzen, die den Umfang des größten freien zusammenhängenden Speicherbereiches zurückliefert. Das Ergebnis ist ebenfalls vom Typ LONGINT. Liefert MAXAVAIL z.B. den Wert 5000 zurück, so kann noch mindestens eine dynamische Variable der Größe 5000 Bytes angelegt werden.

5.11.2 Listen

Eine schon bekannte Datenstruktur, die eine (statische) Liste darstellt, ist das eindimensionale Feld (ARRAY). Die Anordnung der Elemente eines solchen Feldes ist sequentiell und die Reihenfolge ist durch die Nummern der Elemente bestimmt. Den Anfang bildet das erste, das Ende das letzte Element.

Im Unterschied zu Feldern entsteht eine (dynamische) Liste aus der Verkettung dynamisch erzeugter Variablen. Im Vereinbarungsteil werden lediglich die Zeiger und deren Typen deklariert, die später auf die Liste zeigen sollen. Die einzelnen Elemente der Liste werden im Programm dynamisch erzeugt. Um einen Zugriff auf alle Elemente der Liste zu bekommen, muß ein Zeiger (WURZEL) immer auf den Anfang der Liste gerichtet sein. Der Zeiger des letzten Elementes muß auf das Ende der Liste (NIL) zeigen. Mit einem weiteren Zeiger (im Folgetext auch als Laufzeiger bezeichnet) kann auf jedes einzelne Element der Liste zugegriffen werden.

Merkmale einer Liste

Eine Liste besteht aus Elementen, die miteinander verkettet sind. Die einfachste Form einer Liste besteht aus Elementen, die einen Dateninhalt und einen Zeiger, der auf das nächste Element zeigt, beinhalten.

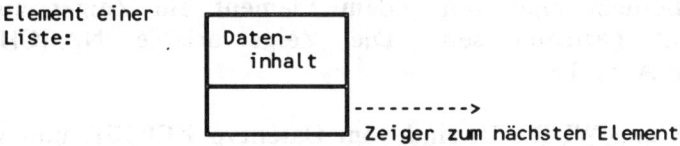

Anfangs- und Endpunkt einer Liste müssen gekennzeichnet werden. Der Anfangspunkt der Liste wird mit Hilfe einer Zeigervariablen, die überlicherweise mit WURZEL bezeichnet wird, festgehalten. Von der Variablen Wurzel zeigt ein Zeiger auf das erste Element der Liste, von dem aus wiederum ein Zeiger auf das nächste Element der Liste gerichtet ist usw.

Vom letzten Element der Liste zeigt ein Zeiger auf die vordefinierte Konstante NIL ("Not In List"). Damit kann später das Ende einer Liste bestimmt werden. Eine verkettete, lineare Liste mit Anfangs- und Endpunkt könnte z.B. so dargestellt werden:

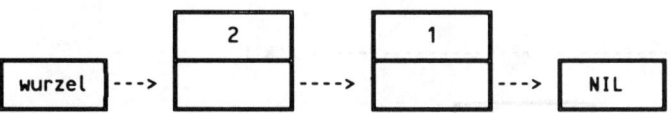

Die Zeigervariable WURZEL zeigt auf das zuletzt eingefügte Element (2), von diesem ist ein Zeiger auf das Element 1 gerichtet, von dem wiederum ein Zeiger auf die Konstante NIL gerichtet ist und damit das Ende der Liste kennzeichnet. Der Grund für die umgekehrte Reihenfolge der Elemente (vorne steht das 2. Element, dann folgt das 1. Element)

hängt mit der besonderen Art der Listenerstellung zusammen und wird im nachfolgenden Text noch erläutert.

Nachfolgend werden wir das Erstellen einer Liste schrittweise erläutern. Doch zunächst vereinbaren wir die notwendigen Datenstrukturen:

```
type
  zeiger = ^person;
  person = record
              Name     : string[30];
              Alter    : integer;
              Naechster: zeiger;
           end;

var
/ p,wurzel: zeiger;
```

Eine Variable, die ein Element der Liste darstellt, soll ein Verbund sein. Jedes Element soll z.B. den Namen und das Alter einer Person beinhalten. Außerdem muß von jedem Element ein Zeiger auf das nächste Element gerichtet sein. Die Zeigervariable NAECHSTER übernimmt diese Aufgabe.

Die Variablen P und WURZEL sind vom Datentyp ZEIGER und weisen auf eine Variable vom Typ PERSON. Wir beginnen das Erstellen der Liste damit, daß die Variable WURZEL auf die von Turbo Pascal vor-definierte Konstante NIL gerichtet wird:

```
wurzel:= NIL;
```

Damit ist WURZEL nicht undefiniert, sondern weist auf das Ende (der noch leeren) Liste.

Eine Liste wird mit den folgenden vier Schritten erstellt:

1. Es wird ein neues Element (eine Variable) erzeugt:

```
NEW(p);
```

```
WURZEL ------------------------------------> NIL
```

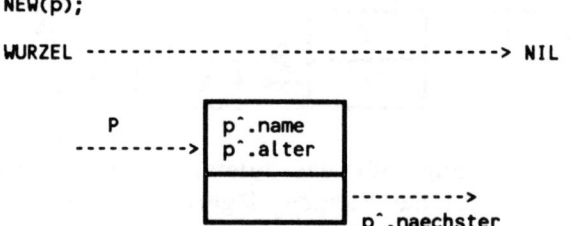

Dadurch entsteht die Variable P^ mit den Elementen

```
p^.Name
p^.Alter         und
p^.Naechster.
```

WURZEL zeigt bereits auf NIL. P^.Naechster zeigt noch ins "Leere", ist also auf kein Element gerichtet.

2. Jetzt wird der Varialben P^ ein Dateninhalt zugewiesen:

```
p^.Name := 'Meier';
p^.Alter:= 55;
```

3. Die Variable P^ muß jetzt mit der Liste verbunden werden. Dazu wird der Zeiger

```
p^.Naechster
```

auf dasselbe Element gerichtet, auf das auch WURZEL zeigt (in diesem Fall ist es NIL).

```
p^.Naechster:= wurzel;
```

4. Der letzte Schritt besteht darin, WURZEL auf das zuletzt eingefügte Element zu "verbiegen":

```
wurzel:= p;
```

Weitere Elemente werden in die Liste eingefügt, indem die o.g. vier Schritte wiederholt werden:

1. `NEW(p);`

2.
```
p^.Name := 'Schmidt';
p^.Alter:= 25;
```

Den Elementen der Variablen P^ werden in den meisten Fällen in einem Programm Dateninhalte durch die READLN-Anweisung zugewiesen:

```
READLN(p^.Name);
READLN(p^.Alter);)
```

3. `p^.Naechster:= wurzel;`

4. `wurzel:= p;`

Bei dieser Methode wird eine Liste "rückwärts" aufgebaut. Jedes neue Element wird am Anfang der Liste eingefügt, der Zeiger Wurzel zeigt immer auf das zuletzt eingefügte Element. Nun soll die eingegebene Liste auch wieder ausgegeben werden:

In diesem Fall kann der Zeiger P dazu benutzt werden, nach und nach auf jedes Element der Liste gesetzt zu werden. Er wird als Laufzeiger benutzt. Im ersten Schritt wird der Zeiger P auf den Anfang der Liste gesetzt:

```
p:= wurzel;
wurzel---> 1.Element
p--------> 1.Element ---------> 2.Element
Der Zeiger vom 1. auf das 2. Element ist pˆ.Naechster.
```

Der Inhalt des Elementes, auf das Wurzel und P zeigen, wird ausgegeben:

```
writeln(pˆ.name,' ',pˆ.alter);
```

Nun wird der Zeiger P auf das nächste Element der Liste gesetzt:

```
p:= pˆ.Naechster;
             (pˆ.naechster)
wurzel----> 1.Element -------> 2.Element
p--------------------------> 2.Element ----->
Der Zeiger vom 2. auf das 3. Element ist pˆ.Naechster.
```

In Kurzfassung:

```
    1. p:= wurzel;
    2. Ausgabe: WRITELN(pˆ.Name,' ',pˆ.Alter);
    3. p:= pˆ.Naechster;
```

Die Schritte 2 und 3 wiederholen sich, bis das Ende der Liste erreicht ist. Im Programm sollte die Ausgabe unbedingt mit einer WHILE-Schleife erfolgen, da der Versuch, über das letzte Element der Liste hinaus zu lesen, mit einer Laufzeitfehlermeldung endet:

```
...;
p:= wurzel;
while p <> NIL do
begin
  ...;
end;
...;
```

Im folgenden Programm wird eine lineare Liste erstellt und ausgegeben. Dabei werden die oben beschriebenen Programmschritte benutzt:

```pascal
program ListenDemo1;   {LISTE1.PAS}
uses
  crt;   { Unit aus Turbo Pascal 5.0 }

type
  zeiger = ^person;
  person = record
                name    : string[30];
                alter   : integer;
                naechster: zeiger;
           end;

var
  p,wurzel: zeiger;

{--------------------------------------------------}
{ Liste_erstellen                                  }
{--------------------------------------------------}
procedure liste_erstellen;
begin
  clrscr;
  Writeln('Sie können jetzt Namen und Alter von Personen');
  writeln('eingeben. <CR> beendet die Eingabe');
  writeln;
  wurzel:=nil;
  new(p);
  write('Name: ');
  readln(p^.name);
  while p^.name <> '' do
  begin
    write('Alter: ');
    readln(p^.alter);
    writeln;
    p^.naechster:= wurzel;
    wurzel:=p;
    new(p);
    write('Name: ');
    readln(p^.name);
  end;
end;
{--------------------------------------------------}
{ Liste_ausgeben                                   }
{--------------------------------------------------}
procedure liste_ausgeben;
begin
  clrscr;
  p:=wurzel;
  while p<>nil do
  begin;
    writeln('Name: ',p^.name,
            ' ':15-length(p^.name),'Alter: ',p^.alter);
    p:=p^.naechster;
  end;
  writeln;
  writeln('Bitte <CR> druecken');
  readln;
end;
{--------------------------------------------------}
```

```
begin { Hauptprogramm }
  liste_erstellen;
  liste_ausgeben;
end.
```

Bei der Ausgabe fällt auf, daß die eingegebenen Daten "rückwärts" ausgegeben werden. Dies ist in der Art der Erstellung der Liste begründet.
Wie bereits weiter oben beschrieben, wird jedes neue Element der Liste
immer vor den bereits existierenden Elementen eingefügt.

Um die Liste "in der richtigen Reihenfolge" zu erstellen, muß das neue
Element immer hinter dem letzten eingefügt werden. Dazu ist ein weiterer Zeiger notwendig, den wir mit P2 bezeichnen wollen. Unser bisheri-
ger Zeiger P erhält den Namen P1.

Angenommen, wir haben eine Liste mit mehreren Elementen. Der Zeiger
P1 ist auf das letzte Element gerichtet, P1^.naechster zeigt auf NIL. Nun
soll an dieser Stelle ein weiteres Element eingefügt werden: Mit

```
NEW(p2)
```

wird ein neues Element erzeugt, dem der entsprechende Dateninhalt zugewiesen wird:

```
p2^.Name := 'Kleinschmidt';
p2^.Alter:= 67;
```

Danach wird der Zeiger des neuen Elementes auf NIL gerichtet:

```
p2^.Naechster:= NIL;
```

und der Zeiger des vorher letzten Elementes (P1^.Naechster) auf das
neue Element P2:

```
p1^.naechster:= p2;
```

Im Anschluß daran muß der Zeiger, der bisher auf das vorherige Element zeigte, auch auf P2 zeigen, damit anschließend mit NEW(P2) ein
neues Element erzeugt werden kann und der Vorgang wieder von vorne
beginnen kann:

```
p1:= p2;
```

Das folgende Programm zeigt die Erstellung und Ausgabe einer Liste, wobei neue Elemente immer an das Ende der bereits eingegebenen Elemente angehängt werden. Die Ausgabe einer solchen Liste erfolgt nun in der richtigen Reihenfolge:

```pascal
program ListenDemo2;  {LISTE2.PAS}

uses
  crt;  { Unit aus Turbo Pascal }

type
  zeiger = ^person;
  person = record
              name    : string;
              naechster: zeiger;
            end;

var
  wurzel,p1,p2: zeiger;

{-------------------------------------------------}
{ Liste_eingeben                                  }
{-------------------------------------------------}
procedure liste_eingeben;
begin
  clrscr;
  wurzel:= nil;
  new(p1);
  p1^.naechster:= wurzel;
  wurzel:=p1;
  write('Sie können in diese Liste Namen eingeben ');
  writeln('(Mit <CR> beenden sie die Liste).');
  writeln;
  write('Name: ');
  readln(p1^.name);
  writeln;
  if p1^.name <> '' then
  begin
    new(p2);
    write('Name: ');
    readln(p2^.name);
    writeln;
    while p2^.name <> '' do
    begin
      p2^.naechster:= nil; {Nachfolgerzeiger auf NIL}
      p1^.naechster:= p2;
      p1:= p2;
      new(p2);
      write('Name: ');
      readln(p2^.name);
      writeln;
    end; { while }
  end; { if }
end;
{-------------------------------------------------}
{ Liste_ausgeben                                  }
{-------------------------------------------------}
```

```
procedure liste_ausgeben;
begin
  clrscr;
  writeln('Ausgabe der eingebenen Namen');
  writeln;
  p1:=wurzel;
  while p1 <> nil do
  begin
    writeln(p1^.name);
    p1:=p1^.naechster;
  end;
  writeln('Bitte <CR> druecken');
  readln;
end;
{-------------------------------------------------}
{ Listenelement_loeschen                          }
{-------------------------------------------------}
procedure Listenelement_loeschen;
var
  name: string;

begin
  writeln('Bitte geben sie den zu löschenden Namen ein: ');
  readln(name);
  repeat;
    p1:=wurzel;
    if p1^.name=name then wurzel:=p1^.naechster;
  until (p1^.name <>name) or (p1^.naechster = nil);
  while p1<>nil do
  begin
    p2:=p1^.naechster;
    if p2^.name = name
    then begin
           p2:=p2^.naechster;
           p1^.naechster:=p2;
         end
    else p1:=p2;
  end;
end;
{-------------------------------------------------}
{ Listenelement_einfuegen                         }
{-------------------------------------------------}
procedure listenelement_einfuegen;
var
  name1,name2: string;

begin
  write('Bitte geben sie den einzufügenden Namen ein: ');
  readln (name1);
  writeln;
  writeln('Bitte geben Sie ein, hinter welchen Namen ');
  writeln('eingefügt werden soll: ');
  readln(name2);
  p1:=wurzel;
  while p1 <> nil do
  begin
    if p1^.name=name2 then
    begin
      new(p2);
```

```
      p2^.name:=name1;
      p2^.naechster:=p1^.naechster;
      p1^.naechster:=p2;
      dispose(p2);
    end; { if }
    p1:=p1^.naechster;
  end; { while }
end;
{-----------------------------------------------}

begin { Hauptprogramm }
  liste_eingeben;
  liste_ausgeben;
  listenelement_loeschen;
  liste_ausgeben;
  listenelement_einfuegen;
  liste_ausgeben;
end.
```

In das Programm wurden außerdem die Prozeduren LISTENELE-MENT_LOESCHEN und LISTENELEMENT_EINFUEGEN aufgenommen. Beide Routinen werden etwas weiter unten im Text erläutert.

Bearbeiten von einzelnen Elementen in der Liste

Zu untersuchen sind drei unterschiedliche Situationen:

1. Der Inhalt eines Elementes soll verändert werden.
2. Ein Element der Liste soll gelöscht werden.
3. Ein Element soll in die Liste eingefügt werden.

Für alle drei Varianten ist es zunächst einmal notwendig, die Stelle in der Liste zu lokalisieren, die bearbeitet werden soll.

Suchen nach einem Listenelement

Für diesen Vorgang wird der Laufzeiger gebraucht. Jeder Eintrag der Liste muß überprüft werden, bis der Laufzeiger an der richtigen Stelle steht. Zunächst wird der Laufzeiger auf den Anfang der Liste gesetzt:

```
  p1:=wurzel;
```

Nun ergeben sich zwei Möglichkeiten:

1. Sie wissen, an welcher Stelle das Listenelement steht, das Sie suchen. Angenommen, das gesuchte Element ist das fünfte Element der Liste. Dann brauchen Sie nur den Laufzeiger in der Liste vorzurücken, bis er auf dem fünften Element der Liste steht.

```
for i:=1 to 4 do
  p1:=p1^.naechster;
```

2. Sie wissen nicht, an welcher Stelle Ihr Element in der Liste steht, kennen aber dessen Inhalt. In diesem Fall müssen Sie jedes Element auf seinen Inhalt überprüfen und gewünschte Operationen dann durchführen, wenn das richtige Element gefunden wurde.

   Gesucht wird z.B. nach einem Eintrag, der den Namen 'Meier' enthält:

```
repeat;
  p1:=p1^.naechster;
until (p1^.name='Meier') or (p1=nil);
```

Verändern des Inhaltes eines Listenelementes

Dieses ist noch die einfachste aller Operationen. Nachdem der Zeiger P1 auf das richtige Element zeigt, brauchen Sie nur die gewünschte Veränderung einzugeben. Sie ersetzen z.B den Namen Meier aus dem oberen Beispiel durch den Namen Müller. Die Zuordungsvorschrift lautet dann:

```
p1^.name:='Müller';
```

Löschen eines Elementes aus der Liste

Soll ein Element der Liste gelöscht werden, muß auf die Hilfe des Zeigers P2 zurückgegriffen werden. Die Reihenfolge des Löschens hat folgende Logik:

Der Zeiger P1 wird auf das Element gesetzt, das vor dem zu löschenden Element steht. Der Zeiger P1^.naechster zeigt dann auf das zu löschende Element. Gelöscht wird, indem P1^.naechster auf das darauffolgende Element "verbogen" wird. Dazu sind mehrere Arbeitsschritte notwendig:

1. Im ersten Schritt wird der Zeiger p1 auf das Element gesetzt, das vor dem zu löschenden Element in der Liste steht. Der Zeiger p2 wird auf das zu löschende Element gesetzt.

2. Im zweiten Schritt wird mit p2:=p2^.naechster, der Zeiger p2 auf das nachfolgende Element gerichet.

3. Im dritten Schritt wird mit p1^.naechster:=p2 der Zeiger auf das Element gerichtet, das nach dem zu löschenden Element in der Liste steht.

Da nun kein Zeiger mehr auf das Element zeigt, das gelöscht werden sollte, ist es in der Liste nicht mehr vorhanden:

```
{--------------------------------------------------}
{ Listenelement_loeschen                           }
{--------------------------------------------------}
procedure Listenelement_loeschen;
var
  name: string;

begin
  write('Bitte geben sie den ');
  writeln('zu löschenden Namen ein: ');
  readln(name);
  repeat;
    p1:=wurzel;
    if p1^.name=name then wurzel:=p1^.naechster;
  until (p1^.name <>name) or (p1^.naechster = nil);
  while p1<>nil do
  begin
    p2:=p1^.naechster;
    if p2^.name = name
    then begin
           p2:=p2^.naechster;
           p1^.naechster:=p2;
         end
    else p1:=p2;
  end;
end;
```

Einfügen eines neuen Elementes

Ein weiteres Element soll hinter dem Element, auf das P1 zeigt, eingefügt werden. Für diesen Vorgang sind ebenfalls mehrere Arbeitsschritte notwendig:

1. Im ersten Schritt wird der Zeiger P1 auf das Element gerichtet, hinter dem das neue Element eingefügt werden soll.

2. Im zweiten Schritt wird mit

   ```
   NEW(p2);
   ```

   eine dynamische Variable erzeugt und P2^.name wird der einzufügende Dateninhalt zugewiesen.

3. Im dritten Schritt wird der Nachfolgezeiger von P2 (P2^.naechster) auf das gleiche Element gerichtet, auf das auch P1^.naechster zeigt.

4. Im letzten Schritt wird der Nachfolgezeiger von P1 auf das neue (mit P2 erzeugte) Element gesetzt.

```
{---------------------------------------------------}
{ Listenelement_einfuegen                           }
{---------------------------------------------------}
procedure listenelement_einfuegen;
var
  name1,name2: string;

begin
  write('Bitte geben sie ');
  write('den einzufügenden Namen ein: ');
  readln (name1);
  writeln;
  write('Bitte geben Sie ein, ');
  write('hinter welchen Namen ');
  writeln('eingefügt werden soll: ');
  readln(name2);
  p1:=wurzel;
  while p1 <> nil do
  begin
    if p1^.name=name2 then
    begin
      new(p2);
      p2^.name:=name1;
      p2^.naechster:=p1^.naechster;
      p1^.naechster:=p2;
      dispose(p2);
    end; { if }
    p1:=p1^.naechster;
  end; { while }
end;
```

Doppelt verkettete Listen

Bisher haben wir nur Listen vorgestellt, bei denen jeweils ein Zeiger des Elements auf das darauffolgende Element zeigt. Es ist natürlich auch möglich, weitere Zeiger zu vereinbaren, die von einem Element auf ein anderes zeigen.

Bei doppelt verketteten Listen hat jedes Listenelement genau zwei Zeiger, die jeweils auf den rechten und linken Nachbarn gerichtet sind. Der Vorteil einer doppelt verketteten Liste ist, daß sie in zwei Richtungen gelesen werden kann.

```
type
  zeiger = ^person;
  person = record
             name: string;
             links,rechts: Zeiger;
           end;

Nil<---Element1<--->Element2<--->Element3---->NIL
```

Das folgende Programm demonstriert eine doppelt verkettete Liste. Jedes Element erhält als Inhalt eine Integerzahl und wird jeweils mit seinen beiden Nachbarn verbunden. Anschließend wird die Liste in beide Richtungen gelesen und der Inhalt jedes Elementes ausgegeben.

Der Zeiger Wurzel ist in diesem Programm eigentlich unnötig, da ja auf jedes Element mindestens ein Zeiger gerichtet ist. Er definiert aber ein Anfangselement und ist (nebenbei) eine kleine Sicherung, da er nicht "verbogen" wird.

```
program ListenDemo3;   {LISTE3.PAS}
uses
  crt;   { Unit aus Turbo Pascal 5.0 }

type
  zeiger = ^zahlen;
  zahlen = record
             zahl: integer;
             links, rechts: zeiger;
           end;

var
  p1,p2,
  wurzel: zeiger;
  i     : integer;

{-------------------------------------------------}
{ Liste_erstellen                                 }
{-------------------------------------------------}
procedure liste_erstellen;
begin;
  new(p1);
  wurzel:=p1; {Zur Sicherung, damit ein Zeiger auf einem
               Element der Liste steht}
  p1^.links:=nil;
  p1^.rechts:=nil;
  p1^.zahl:=1;
  for i:=2 to 10 do
  begin;
    new(p2); {neues Element erzeugen}
    p2^.zahl:=i;
    p2^.links:=p1; {Linker Zeiger von p2 auf p1}
    p1^.rechts:=p2; {Rechter Zeiger von p1 auf p2}
    p1:=p2;
  end;
  p2^.rechts:=nil;
end;
{-------------------------------------------------}
{ Liste_ausgeben                                  }
{-------------------------------------------------}
procedure liste_ausgeben;
begin;
  clrscr;
  writeln('Ausgabe der Zahlenreihe:');
  writeln;
  p1:=wurzel;
  while p1<>nil do  {Liste von links nach rechts ausgeben}
  begin
```

```
   write(p1^.zahl,' ');
   p2:=p1;
   p1:=p1^.rechts; {Zeiger p1 aufs rechte Element}
 end;
 p1:=p2; {Zeiger p1 aufs letzte Element zurück}
 writeln;
 writeln;
 while p1<>nil do {Liste von rechts nach links ausgeben}
 begin
   write(p1^.zahl,' ');
   p1:=p1^.links;
 end;
 readln;
end;
{------------------------------------------------}

begin { Hauptprogramm }
 liste_erstellen;
 liste_ausgeben;
end.
```

Am Ende dieses Abschnittes sollte Ihnen der Vorteil der Verwendung von Zeigern und dynamischen Variablen klar geworden sein: Auch wenn eine Liste mehrere hundert Elemente enthält, sind in den meisten Fällen nur etwa drei Zeigervariablen notwendig, um diese zu verwalten. Die am Anfang des Kapitels genannten Einschränkungen sind damit überwunden:

▶ die Anzahl der Daten, die ein Programm be- bzw. verarbeiten kann, muß nicht mehr bereits bei der Programmerstellung bekannt sein, sondern kann während des Programmablaufs dynamisch wachsen,

▶ das Datensegment wird nur noch mit der Vereinbarung der notwendigen Zeigervariablen (in den meisten Fällen etwa drei) "belastet".

5.11.3 Ausblick auf Bäume

Eine besondere Art der dynamischen Datenstruktur sind Bäume. Ein Baum besteht aus dynamischen Variablen, wobei jede mindestens zwei Zeiger besitzt, die auf ein anderes Element zeigen können. Auf jedes Element zeigt hingegen nur ein Zeiger. In jedem Element findet also eine Verzweigung statt.

Jedes Element hat in dem dargestellten Baum genau eine Verzweigung und zeigt auf zwei weitere Elemente. Natürlich ist es auch vorstellbar, daß ein Element noch mehr Zeiger hat, also auch z.B. auf drei oder vier Elemente zeigen kann.

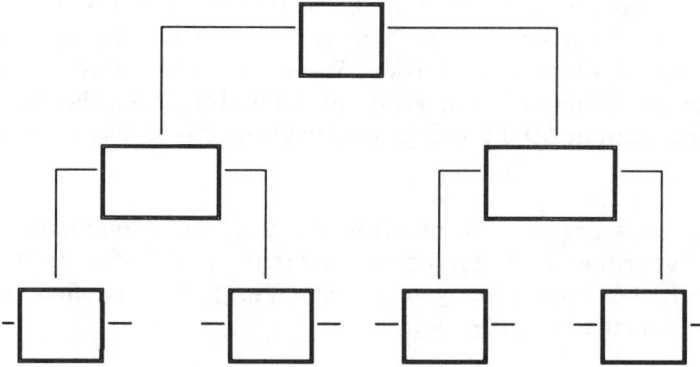

Der Vorteil eines Baumes gegenüber einer Liste liegt fast auf der Hand. Wenn es gelingen könnte, die Elemente eines Baumes irgendwie zu sortieren, würde das Programm beim Suchen nach einem bestimmten Element sehr viel schneller sein. An jeder Verzweigung müßte nur entschieden werden, in welche Richtung weiter gesucht werden soll.

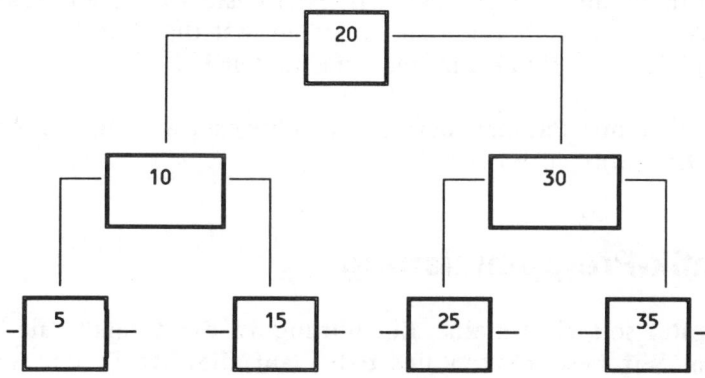

Ein solcher Baum wäre z.B ein sortierter Baum. Die Zeiger eines Elementes mit einem bestimmten Dateninhalt, die nach links gerichtet sind, zeigen immer auf ein Element, dessen Dateninhalt kleiner ist. Der Dateninhalt des rechten Elementes ist größer. Bei der Suche nach einem bestimmten Element muß jetzt jeweils nur noch entschieden werden, ob die Suche in die linke oder in die rechte Richtung fortgesetzt werden soll.

Gerade bei größeren Datenmengen (und dafür sind dynamische Datenstrukturen ja eigentlich gedacht) kann mit Bäumen viel Zeit für das Suchen nach bestimmten Dateninhalten eingespart werden. Hierzu ein kleiner Vergleich:

Angenommen, es gibt eine Liste mit 100 verschiedenen Elementen, die den Dateninhalt 1..100 haben sollen. Nun soll in dieser Liste das Element mit dem Dateninhalt 99 gesucht werden. Wenn die Liste geordnet ist, also jedes nachfolgende Element einen größeren Dateninhalt als das vorherige hat, muß das Programm 99 Elemente überprüfen, bevor das richtige gefunden wird.

In einem Baum wäre das wesentlich schneller möglich. Angenommen, der Baum ist auch geordnet und das obere Element enthält die Zahl 50. In diesem Fall muß das Programm genau sechs Vergleiche machen, bis das entsprechende Element gefunden wird:

```
            50 (1.Vergleich)
   25               75 (2.Vergleich)
            63               88 (3.Vergleich)
                      82               95 (4.Vergleich)
                               92               98 (5.Vergleich)
                                        97   99 (6.Vergleich)
```

Es gibt selbstverständlich unterschiedliche Möglichkeiten, einen Baum zu konstruieren. Ein Baum, wie er oben dargestellt ist, wird auch ausgewogen genannt. Ausgewogen heißt, daß in jedem Ast die Anzahl der noch folgenden Vergleiche maximal um eins verschieden ist.

Wer sich intensiver mit Bäumen befassen möchte, sei auf die im Anhang E aufgeführte Literatur verwiesen.

5.12   Grafik-Programmierung

In diesem Kapitel soll eine kleine Einführung in die Grafik mit Turbo Pascal erfolgen. Wir beschränken uns dabei auf die Grafik der Version 5.0, d.h. die Routinen von GRAPH3 werden nicht berücksichtigt. Alle hier besprochenen Grafik-Funktionen und Grafik-Prozeduren sind in der Unit GRAPH enthalten.

5.12.1 Einführung in die Grafik

Um Grafik-Befehle ausführen zu können, muß zunächst ein Grafiktreiber installiert werden. Alle notwendigen .BGI-Dateien befinden sich auf der DISKETTE 3 Ihres Pascal-Paketes. Diese Dateien müssen für Turbo Pascal erreichbar sein.

Turbo Pascal kann verschiedene Grafikkarten erkennen und den dafür vorgesehenen Treiber laden. Mit

```
INITGRAPH(Treiber,Modus,Suchweg);
```

wird der angegebene Treiber installiert

Treiber und Modus sind Variablen vom Typ Integer, die für verschiedene Grafiktreiber und Grafikmodi stehen. Wird für Treiber der Wert 0 (= Detect) eingegeben, prüft Turbo Pascal die vorhandene Hardware und lädt den Treiber, der zur Grafikkarte mit der höchsten Auflösung vorhanden ist.

Mit GRAPHRESULT läßt sich feststellen, ob INITGRAPH fehlerfrei ausgeführt werden konnte (der Wert 0 steht für fehlerfreie Ausführung). Es ist empfehlenswert, diese Funktion immer nach der Ausführung von INITGRAPH aufzurufen und nachfolgende Grafik-Befehle nur bei dem Ergebnis 0 auszuführen.

Voraussetzung für alle Grafik-Befehle ist, daß die Unit GRAPH mit der USES-Anweisung in das Programm eingebunden wurde.

Umschalten zwischen Grafik- und Textmodus

Wenn der Grafikmodus mit INITGRAPH installiert wurde, läßt sich jeweils mit den Prozeduren "RESTORECTRMODE und SETGRAPHMODE" zwischen dem Text- und dem Grafikmodus umschalten. Mit

```
CLOSEGRAPH
```

wird der Grafikmodus beendet.

Das Grafikfenster

Je nach geladenem Treiber und Grafikmodus definiert INITGRAPH ein Grafikfenster. Es besteht aus mindestens 320x200 und aus maximal 720x350 Punkten. Die Koordinate (0,0) beschreibt die linke obere Ecke des Graphikfensters.

GETMAXX und GETMAXY liefert die Koordinaten der rechten unteren Ecke des Bildschirms. Mit der Prozedur "VIEWPORT" läßt sich ein rechteckiges Fenster auf dem Grafikbildschirm festlegen. Alle Koordinaten gelten dann relativ zu dem gesetzten Fenster.

Der Grafikcursor

Der Grafikcursor ist im Gegensatz zum Textcursor unsichtbar. Er läßt sich mit unterschiedlichen Befehlen an jede beliebige Position des gesetzten Fensters setzen. Koordinatenangaben erfolgen dabei immer relativ zu einem evtl. gesetzten Fenster. Der Cursor bleibt immer an der Stelle der zuletzt vorgenommenen Eingabe stehen, ein automatischer Spaltenvorschub findet nicht statt.

Textausgabe

Mit "OUTTEXT und "OUTTEXTXY" läßt sich auch ein Text auf dem Grafikbildschirm ausgegeben. Schriftarten können zuvor mit "SETTEXTSTYLE" gesetzt werden. "TEXTJUSTUFY" enthält Angaben für die Art der Ausgabe (links-, rechtsbündig oder mittelzentriert).

Unser erstes Grafikprogramm demonstriert eine kleine Einführung in die Grafik:

```
program grafik_ein;  {GRAFIK1.PAS}
  {-----------------------------------------------}
  { Dieses Programm soll eine kleine Einführung }
  { in die Grafik demonstrieren. Mit InitGraph  }
  { wird der Grafikmodus gesetzt, mit CloseGraph }
  { wieder beendet.                              }
  { Die .BGI-Dateien von Turbo Pascal müssen für }
  { das Programm erreichbar sein. Ändern Sie ggf.}
  { die Konstante       sucheBGI                 }
  {-----------------------------------------------}
uses
  graph,crt;  { Units aus Turbo Pascal 5.0 }
const
  sucheBGI = 'C:\tp5';  { Suchweg für BGI-Treiber }

var
  grafiktreiber,
  grafikmodus,
  fehlercode    : integer;

{-----------------------------------------------}
{ grafik_installieren                          }
{         Grafikmodus wird automatisch erkannt. }
{-----------------------------------------------}
procedure grafik_installieren;
begin
  grafiktreiber:= detect;
  InitGraph(grafiktreiber,grafikmodus,sucheBGI);
  fehlercode:= GraphResult;
end;
{-----------------------------------------------}
{ textmodus_einschalten                        }
{-----------------------------------------------}
procedure textmodus_einschalten;
```

```
begin
  RestoreCrtMode;
  clrscr;
  writeln('Sie befinden sich im Textmodus');
  writeln('Treibervariable: ',grafiktreiber);
  writeln('Grafikmodus    : ',grafikmodus);
  writeln;
  writeln('Untere Ecke des Bildschirms:');
  writeln('x-Koordinate    : ',GetMaxX);
  writeln('y-Koordinate    : ',GetMaxY);
  writeln;
  writeln('Bitte <CR> druecken');
  readln;
end;
{-------------------------------------------------}
{ grafik_einschalten                              }
{-------------------------------------------------}
procedure grafik_einschalten;
begin
  SetGraphMode(grafikmodus);
  ClearDevice;
  OutText('Sie befinden sich im Graphikmodus');
  circle(GetMaxX div 2,GetMaxY div 2,100);
  OutTextXY(5,GetMaxY-10,'Bitte <CR> druecken');
  readln;
end;
{-------------------------------------------------}
{              Hauptprogramm                      }
{-------------------------------------------------}

begin
  grafik_installieren;
  if fehlercode = 0
  then begin;
        textmodus_einschalten;
        grafik_einschalten;
      end { if }
  else begin
        writeln('Grafiktreiber nicht installiert');
        writeln('Fehlercode: ',fehlercode);
        writeln;
        writeln('Bitte <CR> druecken');
        readln;
      end; { else }
  CloseGraph; { Grafikpaket beenden }
end.
```

Erklärungen zum Programm

Die Prozedur Grafik_installieren:

Mit

```
     GRAFIKTREIBER:= DETECT
```

wird die automatische Kennung der Hardware und das automatische Auswählen eines Grafiktreibers bestimmt.

```
INITGRAPH
```

installiert das Grafikpaket und

```
Fehlercode:= GRAPHRESULT
```

speichert den Fehlercode von GRAPHRESULT. In einer späteren Anweisung wird geprüft, ob die Initialisierung fehlerfrei ausgeführt wurde.

Die Prozedur Textmodus einschalten:

Mit

```
RESTORECRTMODE
```

wird der Textmodus eingeschaltet. Mit der Ausgaben der Variablen GRAFIKTREIBER und Grafikmodus können der Grafiktreiber und -modus, die von INITGRAPH installiert wurden, ausgegeben werden. Die Koordinatenausgabe liefert die rechte untere Ecke, und damit die Größe, des Bildschirms. Versuchen Sie später einmal manuell, evtl. verschiedene auf Ihrem Rechner vorhandene Grafiktreiber zu installieren.

Die Prozedur Grafik_einschalten:

Mit

```
SETGRAPHMODE
```

wird wieder in den Grafikmodus umgeschaltet. Das heißt, daß die bereits mit INITGRAPH installierte Grafik vom Programm aufgerufen wird.

```
CLEARDEVICE
```

löscht den Bildschirm. Die Anweisung

```
CIRCLE(GETMAXX DIV 2, GETMAXY DIV 2, 100)
```

bewirkt, daß um den Mittelpunkt des Bildschirms ein Kreis mit dem Radius 100 geschlagen wird. Mit

```
OUTTEXTXY(X,Y,...)
```

wird der Text an der durch X und Y angegebenen Stelle ausgegeben.

Das Hauptprogramm:

Begonnen wird mit der Initialisierung der Grafik. Dann wird das Ergebnis von GRAPHRESULT über die Variable FEHLERCODE abgefragt. Ist der Wert 0 (d.h. fehlerfreie Ausführung von INITGRAPH), werden die Anweisungen des THEN-Zweiges der IF-Entscheidung ausgeführt, ansonsten die des ELSE-Zweiges, wobei eine entsprechende Meldung auf dem Bildschirm erscheint. Mit

```
CLOSEGRAPH
```

wird der Grafikmodus beendet. Ein erneuter Aufruf des Grafikmodus müßte nun wieder mit INITGRAPH begonnen werden.

5.12.2 Grafiktreiber

In der Unit GRAPH sind Treiber für folgende Grafikkarten vorhanden:

CGA
MCGA
EGA
VGA
HERKULES
AT&T mit 400 Zeilen
3270 PC

Mit

```
INITGRAPH(Grafiktreiber,Grafikmodus,Suchweg)
```

wird ein Grafiktreiber und ein Grafikmodus initialisiert. Suchweg ist ein Stringausdruck, der das Laufwerk (mit evtl. Unterverzeichnissen) beinhaltet, auf dem sich die Treiberprogramme befinden. Die Grafiktreiber sind in dem Turbo-Pascal-Paket als .BGI-Dateien abgelegt und können als Integerwerte aufgerufen werden. Dabei sind folgende Konstanten vordefiniert:

Detect	0; {automatische Erkennung}
CGA	1;
MCGA	2;
EGA	3;
EGA64	4;
EGAMONO	5;
RESERVED	6;
HERCMONO	7;
ATT400	8;
VGA	9;
PC3270	10;

Hinweis: Der Grafikadapter AT&T wird von INITGRAPH nicht automatisch erkannt. Bei der Initialisierung der Grafik durch INITGRAPH müssen die vordefinierten Konstanten für Treiber und Grafikmodus eingegeben werden.

5.12.3 Grafikmodi und Fehlercodes

CGAC1	0;	{320x200, Palette 1}
CGAC2	1;	{320x200, Palette 2}
CGAHI	2;	{640x200}
MCGAC1	0;	{320x200, Palette 1}
MCGAC2	1;	{320x200, Palette 2}
MCGAMed	2;	{640x200}
MCGAHi	3;	{640x480, 2 Farben}
EGALo	0;	{640x200, 4 Seiten}
EGAHi	1;	{640x350, 16 Farben, 2 Seiten}
EGA64Lo	0;	{640x200, 16 Farben}
EGA64Hi	1;	{640x350, 4 Farben}
EGAMonoHi	3;	{640x350, 1 Seite 64 K, 4 Seiten 256 K}
HercMonoHi	0;	{720x348, 2 Seiten}
ATT400C1	0;	{320x200, Palette 1}
ATT400C2	1;	{320x200, Palette 2}
ATT400Med	2;	{640x200}
ATT400Hi	3;	{640x400}
VGALo	0;	{640x200, 16 Farben, 4 Seiten}
VGAMed	1;	{640x350, 16 Farben, 2 Seiten}
VGAHi	2;	{640x480, 16 Farben}
VGAHi2	3;	{640x480, 2 Farben}
PC3270Hi	0;	{720x350}

Der Grafikmodus wird durch INITGRAPH ebenfalls gesetzt. Auch hier wird ein Integerwert, der für einen bestimmten Grafikmodus steht, an INITGRAPH übergeben. Für die Grafikmodi sind folgende Konstanten vordefiniert:

Fehlercodes durch den Aufruf von GRAPHRESULT

Mit der Funktion GRAPHRESULT läßt sich der Fehlercode der letzten Grafikoperation ausgeben. Es ist empfehlenswert, immer nach dem Aufruf von INITGRAPH den Fehlercode dieser Operation einer Variablen zuzuweisen, um alle weiteren Grafikoperationen nur bei fehlerfreier Ausführung von INITGRAPH durchzuführen. Mit GRAPHERRORMSG (Errorcode: Integer) läßt sich zu jedem Fehlercode ein entsprechender Text ausgeben. Folgende Konstanten sind vordefiniert:

Fehlercodes von GRAPHRESULT

Errorcode	Errormsg	Bedeutung
0	grOk	Fehlerfreie Ausführung.
-1	grNoInitGraph	Graphiktreiber nicht installiert, INITGRAPH muß aufgerufen werden.
-2	grNotDetected	Kein grafikfähiger Adapter vorhanden/ gewünschter Modus kann nicht gesetzt werden.
-3	grFileNotFound	Grafiktreiberdatei nicht gefunden.
-4	grInvalidDriver	Grafiktreiberprogramm defekt.
-5	grNoLoadMem	Nicht genügend Platz im Hauptspeicher für Grafiktreiber.
-6	grNoScanMem	Nicht genügend Platz im Hauptspeicher (ScanFill).
-7	grNoFloodMem	Nicht genügend Platz im Hauptspeicher (FloodFill).
-8	grFontNoFound	Zeichensatzdatei nicht gefunden.
-9	grNoFontMem	Nicht genügend Platz im Hauptspeicher für den Zeichensatz.
-10	grInvalidMode	Grafikmodus wird von dem geladenen Treiber nicht unterstützt.
-11	grError	Generischer Fehler.
-12	grIOerror	Ein-/Ausgabefehler im Grafikprogramm.
-13	grInvalidFond	Zeichensatzprogramm defekt.
-14	grInvalidFontNum	Falsche Nummer für Zeichensatz
-15	grInvalidDiviceNum	Falsche Eingabe des Suchweges für den Zeichensatz.

5.12.4 Farben, Linien und Füllmuster

Hier sind die Konstanten aufgeführt, die von einigen Routinen der Unit GRAPH benutzt werden:

Farben für SETPALETTE und SETTALLPALLETTE

Black	= 0;	{ schwarz }
Blue	= 1;	{ blau }
Green	= 2;	{ grün }
Cyan	= 3;	{ türkis }
Red	= 4;	{ rot }
Magenta	= 5;	{ fuchsin }
Brown	= 6;	{ braun }
Lightgray	= 7;	{ hellgrau }
Darkgray	= 8;	{ dunkelgrau }
Lightblue	= 9;	{ hellblau }
Lightgreen	= 10;	{ hellgrün }
Lightcyan	= 11;	{ helltürkis }
Lightred	= 12;	{ hellrot }
Lightmagenta	= 13;	{ hellfuchsinrot }
Yellow	= 14;	{ gelb }
White	= 15;	{ weiß }

Linienarten und -breiten für GET/SETLINESTYLE

SolidLn	= 0;	{ durchgezogen }
DottedLn	= 1;	{ gepunktet }
CenterLn	= 2;	{ Punkt - Strich - Punkt }
DashedLn	= 3;	{ gestrichelt }
UserBitLn	= 4;	{ benutzerdefiniert }
NormWidth	= 1;	{ normale Breite }
ThickWidth	= 3;	{ dick }

SET/GETTEXTSTYLE

DefaultFont	= 0;	{ 8x8 Bit pixelweise definiert }
TriplexFont	= 1;	{ Vektorzeichensätze }
SmallFont	= 2;	
SansSerifFont	= 3;	
GothikFont	= 4;	
HorizDir	= 0;	{ von links nach rechts }
VertDir	= 1;	{ von unten nach oben }
NormSize	= 1;	{ normale Textgröße }

Konstanten für das Abschneiden von Linien (clipping)

ClipOn	= true;
clipOff	= false;

Für BAR3D

TopOn	= true;
TopOff	= false;

Füllmuster für GET/SETFILLSTYLE

EmptyFill	= 0;	{ Füllen mit der Hintergrundfarbe }
SolidFill	= 1;	{ Füllen mit der Vordergrundfarbe }
LineFill	= 2;	{ --- }
LtSlashFill	= 3;	{ /// }
SlashFill	= 4;	{ /// mit dicken Linien }
BkSlashFill	= 5;	{ \\\ mit dicken Linien }
LtBkSlashFill	= 6;	{ \\\ }
HatchFill	= 7;	{ leicht schraffiert }
XHatchfill	= 8;	{ stark schraffiert, überkreuzend }
InterleaveFill	= 9;	{ anwechselnde Linien }
WideDotFill	= 10;	{ weit auseinanderstehende Punkte }
CloseDotFill	= 11;	{ dicht beieinanderstehende Pkt. }
UserFill	= 12;	{ benutzerdefiniert }

BitBlt - Möglichkeiten für PUTIMAGE

NormalPut	= 0;	{ MOV }
XORPut	= 1;	{ XOR }
OrPut	= 2;	{ OR }
AndPut	= 3;	{ AND }
NotPut	= 4;	{ NOT }

Horizontale/vertikale Justierung für SETTEXTJUSTFY

LeftText	= 0;	{ linksbündig }
CenterText	= 1;	{ zentriert }
RightText	= 2;	{ rechtsbündig }
BottomText	= 0;	{ unten abschließend }
CenterText	= 1;	{ zentriert }
TopText	= 2;	{ oben abschließend }
MaxColors	= 15;	

5.12.5 Grafik an einem Beispiel

Das folgende Beispiel zeigt einen Teil der unterschiedlichen Möglichkeiten, die Ihnen in der Unit GRAPH zur Verfügung stehen. Die Erläuterung des Programms folgt nach dem Programmlisting. Damit Sie sich die erstellten Grafiken auch am Bildschirm ansehen können, wurden einige Verzögerungsschleifen eingebaut. Haben Sie beim Ablauf des Programms also etwas Geduld:

```
program GraphDemo;  {GRAFIK2.PAS}
  {-------------------------------------------------}
  { Das Programm zeigt einige Möglichkeiten der  }
  { Turbo-Pascal-Grafik. In 13 Unterprogrammen   }
  { werden jeweils verschiedene Grafikbefehle    }
  { aufgerufen.                                  }
  { Die .BGI-Dateien von Turbo Pascal müssen für }
  { das Programm erreichbar sein. Ändern Sie ggf.}
  { die Konstante      sucheBGI                   }
  {-------------------------------------------------}
uses
  graph,crt;  { Units aus Turbo Pascal 5.0 }

const
  zeit    = 500;              { Verzögerung }
  sucheBGI = 'C:\tp5';        { Suchweg für BGI-Treiber }
```

```
var
  Grafiktreiber,
  Grafikmode,
  Fehlercode    : integer;

{----------------------------------------------}
{ grafik_installieren                          }
{       Installiert die Grafik mit automatischer }
{       Erkennung des Grafiktreibers.          }
{----------------------------------------------}
procedure grafik_installieren;
begin;
  Grafiktreiber:= 0;
  InitGraph(Grafiktreiber,Grafikmode,sucheBGI);
  Fehlercode:= GraphResult;
end;
{----------------------------------------------}
{ erstes_bild                                  }
{            Erstellt Titel des Grafikprogramms }
{----------------------------------------------}
procedure erstes_bild;
begin;
  ClearDevice;
  SetTextJustify(centertext,centertext);
  SetTextStyle(3,0,2);
  OutTextXY(GetMaxX div 2,GetMaxY div 4,
          'Grafikdemonstration');
  SetTextStyle(1,0,1);
  OutTextXY(GetMaxX div 2,GetMaxY -20,
          'Bitte nach jedem Bild <CR> druecken');
  readln;
end;
{----------------------------------------------}
{ titel                                        }
{       Schreibt den jeweiligen Titel eines    }
{       Bildes auf den Bildschirm.             }
{----------------------------------------------}
procedure titel(name:string);
begin
  ClearDevice;
  SetTextJustify(centertext,centertext);
  SetTextStyle(4,0,8);
  OutTextXY(GetMaxX div 2, GetMaxY div 2, name);
  readln;
end;
{----------------------------------------------}
{ kreise                                       }
{       Erstellt 20 Kreise mit unterschiedlichen }
{       Radien.                                }
{----------------------------------------------}
procedure kreise;
var
  i,
  mx,my: integer;

begin;
  titel('Kreise');
  ClearDevice;
  mx:= GetMaxX div 2;
```

```
  my:= GetMaxY div 2;
  for i:= 1 to 20 do circle(mx,my,10*i);
  readln;
end;
{----------------------------------------------}
{ dreiecke                                     }
{          Erstellt unterschiedliche Dreiecke. }
{          In das letzte Dreieck kommt ein Kreis.}
{----------------------------------------------}
procedure dreiecke;
var
  i,
  x,y,
  dx,dy: integer;

begin;
  titel('Dreiecke');
  ClearDevice;
  x:= 0;
  y:= 0;
  for i:=1 to 30 do
  begin
    x := x+20;
    y := y+10;
    dx:= x div 2;
    dy:= y div 2;
    MoveTo(x,y);
    LineRel(0,-dy);
    LineRel(-dx,dy);
    LineRel(dx,0);
  end; { for }
  SetFillStyle(1,1); {Setzen von Füllmuster und Farbe}
  FillEllipse(x-100,y-50,40,30);
  readln;
end;
{-----------------------------------------------}
{ haus                                          }
{       Erstellt ein Haus aus Rechteck und      }
{       Dreieck.                                }
{-----------------------------------------------}
procedure haus;
var
  dx,dy,
  x1,y1,
  x2,y2 : integer;

begin
  titel('Haus mit See');
  ClearDevice;
  x1:= 10;
  y1:= GetMaxY-10;
  x2:= GetMaxX div 3;
  y2:= GetMaxY-GetMaxY div 3;
  rectangle(x1,y1,x2,y2);        {Rechteck}
  delay(zeit);
  SetFillStyle(1,10); {Setzen von Füllmuster und Farbe}
  FloodFill(x1+1,y1-1,15); {Füllen bis Randfarbe 15}
  delay(zeit);
  dx:= (x2-x1) div 2;
```

```
  dy:= (y1-y2) div 2;
  MoveTo(x2,y2);        {Hier beginnt das Dach}
  LineRel(-dx,-dy);
  LineRel(-dx,dy);
  delay(zeit);
  SetFillStyle(1,4); {Setzen von Füllmuster und Füllfarbe}
  FloodFill(x1+10,y2-2,15); {Füllen bis Randfarbe 15}
  delay(zeit);
end;
{----------------------------------------------}
{ sonne                                         }
{       Ausgefüllter Kreis in der oberen rechten }
{       Ecke stellt eine Sonne dar.             }
{----------------------------------------------}
procedure sonne;
var
  x,y,
  r1,r2: integer;

begin;
  x := GetMaxX-50;
  y := 40;
  r1:= 25;
  r2:= 20;
  SetFillStyle(1,14); {Setzen von Füllmuster und Farbe}
  FillEllipse(x,y,r1,r2); {Gefüllten Kreis erstellen}
  delay(zeit);
end;
{----------------------------------------------}
{ wolke                                         }
{     Ausgefüllte Ellipsen stellen in der oberen }
{     rechten Ecke Wolken dar.                  }
{----------------------------------------------}
procedure wolke;
var
  i,
  x,y,
  r1,r2: integer;

begin;
  for i:= 0 to 2 do
  begin
    x := 70+i*10;
    y := 40+i*5;
    r1:= 65;
    r2:= 20;
    SetFillStyle(1,15); {Setzen von Füllmuster und Farbe}
    FillEllipse(x,y,r1,r2); {Gefüllte Ellipse erstellen}
  end;
end;
{----------------------------------------------}
{ baum                                          }
{     Aus Balken und Kreisen werden 5 Bäume mit }
{     Äpfeln erstellt.                          }
{----------------------------------------------}
procedure baum;
var
  i,
  x1,y1,
```

```pascal
    x2,y2 : integer;
begin
 for i:=1 to 5 do
 begin
   x1:= GetMaxX div 2 + sqr(i*3);
   y1:= GetMaxY div 2 + i*5;
   x2:= x1+20;
   y2:= y1+30;
   SetFillStyle(1,6); {Setzen von Füllmuster und Farbe}
   bar(x1,y1,x2,y2); {Zeichen eines gefüllten Balkens}
   delay(zeit div 2);
   SetFillStyle(1,2); {Setzen von Füllmuster und Farbe}
   FillEllipse(x1+10,y1-15,20,20); {gefüllte Ellipse}
   delay(zeit div 2);
   SetFillStyle(1,13); {Setzen von Füllmuster und Farbe}
   FillEllipse(x1+13,y1-17,4,3); {gefüllte Ellipse}
   delay(zeit);
 end; { for }
end;
{------------------------------------------------}
{ zaun                                           }
{       Aus 9 dreidimensionalen Balken wird ein  }
{       Zaun erstellt.                           }
{------------------------------------------------}
procedure zaun;
var
  i,k,
  x1,y1,
  x2,y2 : integer;

begin
  for i:= 0 to 8 do
  begin
    x1:= GetMaxX div 3+i*20;
    y1:= GetMaxY - 10;
    x2:= x1+15;
    y2:= y1-30;
    SetFillStyle(1,8); {Setzen von Füllmuster und Farbe }
    bar3d(x1,y1,x2,y2,4,true); { dreidimensionalen Balken}
    delay(zeit div 2);
  end; { for }
end;
{------------------------------------------------}
{ see                                            }
{      In der rechten unteren Ecke stellt ein    }
{      ausgefüllter Ellipsenausschnitt einen See }
{      dar.                                       }
{------------------------------------------------}
procedure see;
var
  x,y,
  rx,ry: integer;

begin;
  x := GetMaxX-10;
  y := GetMaxY-10;
  rx:= (x+y) div 4;
  ry:= rx div 3;
```

```
   ellipse(x,y,90,180,rx,ry); {Ellipsenausschnitt}
   MoveTo(x,y);
   LineRel(-rx,0);
   MoveTo(x,y);
   LineRel(0,-ry);
   delay(zeit);
   SetFillStyle(1,9); {Setzen von Füllmuster und Farbe}
   FloodFill(x-2,y-2,15); {Ausfüllen}
   readln;
end;
{-------------------------------------------------}
{ flieger                                         }
{         Ein ausgefüllter Kreis wird von der     }
{         linken oberen in die rechte untere Ecke }
{         bewegt. Das Kreis wird jeweils ge-      }
{         zeichnet und wieder gelöscht.           }
{-------------------------------------------------}
procedure flieger;
var
  i,k,
  x,y,
  rx,ry: integer;

begin;
  titel('Springball');
  ClearDevice;
  x:= 10;
  y:= 10;
  for i:= 1 to 100 do
  begin
    x := x+GetMaxX div 100;   {Kreismittelpunkt}
    y := y+GetMaxY div 100+ round(sin(i)*50);
    rx:= 25;
    ry:= 15;
    SetFillStyle(1,14);{Setzen von Füllmuster und Farbe}
    FillEllipse(x,y,rx,ry); {Gefüllter Kreis}
    ClearDevice;
  end; { for }
end;
{-------------------------------------------------}
{ torte                                           }
{         Es werden 12 "Tortenstücke" mit unter-  }
{         schiedlichen Mustern und Farben gefüllt. }
{-------------------------------------------------}
procedure torte;
var
  i,x,y,
  anfangswinkel,
  endwinkel,
  radius,
  muster,farbe: integer;

begin;
  titel('Tortenstuecke');
  ClearDevice;
  x:= GetMaxX div 2;
  y:= GetMaxY div 2;
  radius:= GetMaxX div 3;
  anfangswinkel:= -30;
```

```pascal
    endwinkel:= 0;
    muster:= -1;
    farbe:= 2;
    for i:= 1 to 12 do
    begin
      anfangswinkel:= anfangswinkel+30;
      endwinkel:= endwinkel+30;
      muster:= muster+1;
      farbe:= farbe+1;
      SetFillStyle(muster,farbe);
      if i = 12
      then begin
             x:= x + 40;
             y:= y + 10;
           end;
      pieslice(x,y,anfangswinkel,endwinkel,radius);
    end; { for }
    readln;
end;
{-----------------------------------------------}
{ haus_mit_see                                  }
{             Ruft die einzelnen Prozeduren auf }
{-----------------------------------------------}
procedure Haus_mit_See;
begin
  haus;
  sonne;
  wolke;
  baum;
  zaun;
  see;
end;
{-----------------------------------------------}
{             Hauptprogramm                     }
{-----------------------------------------------}

begin
  Grafik_installieren;
  if fehlercode = 0
  then begin
         erstes_Bild;
         Haus_mit_See;
         kreise;
         dreiecke;
         flieger;
         torte;
         CloseGraph; { Grafikpaket beenden }
       end
  else begin
         writeln('Fehler bei Grafik-Initialisierung');
         readln;
       end;
end.
```

Erläuterungen zum Programmtext

Sämtliche Koordinatenangaben des Programms wurden (soweit möglich) im Programm berechnet. Ausgehend von den maximal möglichen Werten für X und Y wurden fast alle weiteren Punkte berechnet. Deshalb ist es möglich, dieses Programm auch mit unterschiedlichen Grafikkarten zu benutzen.

Globale Konstanten und Variablen

Zwei Konstanten

```
ZEIT und
SUCHEBGI
```

werden in diesem Programm global vereinbart:

Mit zeit = 500 wird die Zeit für die Verzögerungsschleife in den Prozeduren, die zum Bild "Haus mit See" gehören, festgelegt.

Mit sucheBGI wird der Suchweg für das Directory, in dem sich die Grafiktreiber (.BGI-Dateien) befinden, festgelegt.

Die drei globalen Variablen GRAFIKTREIBER, GRAFIKMODE und FEHLERCODE sind für den Grafiktreiber, den Grafikmodus und den Fehlercode. Sie werden in der Prozedur "Grafik_installieren" und teilweise im Hauptprogramm benutzt.

Die Prozedur grafik_installieren

Der Grafiktreiber wird in der ersten Zeile auf Detect (=0) gesetzt. Damit wird die vorhandene Hardware geprüft und beim Aufruf von INIT-GRAPH der passende Grafiktreiber geladen.

Mit der Funktion GRAPHRESULT wird der Errorcode der letzten Grafikoperation (INITGRAPH) der Variablen Fehlercode zugewiesen.

Die Prozedur erstes_Bild

Mit CLEARDEVICE wird der Grafikbildschirm gelöscht.

Anschließend wird mit SETTEXTJUSTIFY festgelegt, daß der nachfolgende Text horizontal und vertikal zentriert zum Cursor ausgegeben werden soll.

Mit SETTEXTSTYLE wird der Zeichensatz, die Ausrichtung des Textes (von links nach rechts) und die Größe der Zeichen für nachfolgende Ausgaben festgelegt.

Mit OUTTEXTXY wird die Cursorposition festgelegt, der Text wird nach den vorher vereinbarten Kriterien ausgegeben.

Die Prozedur titel

Der Prozedur titel wird ein Stringausdruck übergeben, der die jeweilige Bezeichnung der einzelnen Bilder beinhaltet. Mit SETTEXTSTYLE (4,0,8) wird der Zeichensatz 4 (=SansSerifFont), die horizontale Ausrichtung und der Vergrößerungsfaktor 8 festgelegt. Aufgerufen wird Titel von verschiedenen Prozeduren. OUTTEXTXY gibt den Inhalt von Name aus.

Die Prozedur kreise

In dieser Prozedur werden 20 Kreise mit dem Mittelpunkt (mx,my) und unterschiedlichen Radien erstellt. In einer Schleife (FOR i:=1 TO 20 DO...) wird die CIRCLE- Prozedur aufgerufen, der jedesmal die Koordinaten des Mittelpunktes und der Radius übergeben wird. Der Radius wird bei jedem Schleifendurchlauf um 10 erhöht. Beim Aufruf der Prozedur CIRCLE wird automatisch ein Wert für das tatsächliche Höhen- und Seitenverhältnis des Bildschirms verwendet. Dieser Wert wird vom Grafiktreiber definiert. Er läßt sich auch explizit mit der Prozedur GETASPEKTRATIO ermitteln oder mit SETASPECTRATIO setzen.

Die Prozedur dreiecke

In dieser Prozedur wird zunächst ein Dreieck in der linken oberen Ecke des Bildschirms konstruiert. Mit MOVETO(x,y) wird der Cursor auf einen Punkt des Bildschirms gesetzt. Mit LINEREL wird eine Linie von diesem Punkt zu einem Punkt, der um die Koordinate (dx,dy) zu (x,y) verschoben ist, gezogen. Der Cursor bleibt am Endpunkt dieser Linie stehen. Dieser Vorgang wird zweimal wiederholt, bis der Cursor wieder am Ausgangspunkt (x,y) steht. In einer Schleife (FOR i:= 1 TO 30 DO...) werden weitere 29 dieser Dreiecke erstellt. Dabei werden jedesmal neue Werte für (x,y) und (dx,dy) berechnet.

Am Ende von dreiecke wird mit der Prozedur FILLELLIPSE eine ausgefüllte Ellipse mit dem Mittelpunkt (x-100,y-50) und den Radien (40,30) erstellt. Die Füllfarbe wird zuvor mit SETFILLSTYLE(1,1) festgelegt. Der erste Wert gibt dabei an, daß die Ellipse komplett mit der Hintergrundfarbe ausgefüllt werden soll, der zweite bestimmt die Farbe.

Die Prozedur haus

Die Prozedur erstellt ein Haus, das aus einem ausgefüllten Rechteck und einem ausgefüllten Dreieck besteht.

Als erstes wird mit RECTANGLE(x1,y1,x2,x2) ein Rechteck erstellt. Dabei geben (x1,y1) die Koordinate für die linke obere Ecke und (x2,y2) die Koordinate für die rechte untere Ecke an. Nachdem mit SETFILL-STYE Farbe und Füllmuster gesetzt wurden, wird mit FLOOD-FILL(x1+10,y1-2,15) das Rechteck gefüllt. (x1+10,y1-2) gibt dabei die Koordinate eines Punktes innerhalb des Rechteckes an, (15) gibt an, daß bis zum Erreichen einer Grenze, die aus der Farbe 15 (hier die Hintergrundfarbe Schwarz) besteht, gefüllt werden soll.

Mit DELAY(zeit) wird eine Verzögerung der weiteren Operationen bewirkt, damit Sie die Entstehung des Bildes verfolgen können. Das Dach besteht aus einem gefüllten Dreieck.

Die Prozedur sonne

In dieser Prozedur wird ein ausgefüllter Kreis in die rechte obere Ecke des Bildschirms gezeichnet.

Die Prozedur wolke

In dieser Prozedur werden drei überlappende, ausgefüllte Ellipsen in die linke obere Ecke des Bildschirms gezeichnet.

Die Prozedur baum

Diese Prozedur besteht eigentlich aus drei Teilen:

Zuerst wird mit der Prozedur BAR(x1,y1,x2,y2) ein ausgefüllter Balken gezeichnet. (x1,y1,x2,y2) sind die Koordinaten für die linke obere und rechte untere Ecke. Der Balken wird mit dem Muster und der Farbe gefüllt, die vorher durch SETFILLSTYLE festgelegt worden sind.

Im zweiten Teil werden zwei gefüllte Ellipsen erstellt.

Der dritte Teil besteht aus der FOR-Schleife, die die oberen Aufgaben fünfmal ausführt, wobei die Position eines jeden Baumes berechnet wird.

Die Prozedur zaun

Diese Prozedur erstellt neun dreidimensionale gefüllte Balken. Mit BAR3D(x1,y1,x2,y2,4,true) wird ein dreidimensionaler Balken erstellt. Die Koordinaten für die Ecken werden mit (x1,y1,x2,y2) angegeben, der Wert 4 bestimmt die räumliche Tiefe der Balken, true gibt an, daß der Balken einen oberen Abschluß haben soll. Der Balken wird mit dem Muster und der Farbe gefüllt, die vorher mit SETFILLSTYLE festgelegt worden sind. Innerhalb der FOR-Schleife werden jeweils die Koordinaten für die Ecken neu berechnet und insgesamt 8 Balken erstellt.

Die Prozedur flieger

In dieser Prozedur bewegt sich eine ausgefüllte Ellipse über den Bildschirm. In der FOR-Schleife werden jeweils die Koordinaten für den Mittelpunkt der Ellipse berechnet, die ausgefüllte Ellipse erstellt und der Bildschirm wieder gelöscht.

Die Prozedur torte

Diese Prozedur zeigt die Funktionsweise der Prozedur PIESLICE und illustriert verschiedene Füllmuster und Farben.

In der FOR-Schleife werden jeweils der Anfangswinkel und der Endwinkel des Tortenstückes, sowie die Variablen für Füllmuster und Farbe berechnet.

Mit PIESLICE(x,y,anfangswinkel,endwinkel,radius) werden Tortenstücke mit den angegebenen Werten erstellt. Die Winkelangaben erfolgen entgegen dem Uhrzeigersinn. Senkrecht über dem Mittelpunkt befindet sich der Winkel 90o.

Prozedur Haus_mit_See

Diese Prozedur ruft die zum Bild "Haus mit See" gehörenden Prozeduren auf.

Das Hauptprogramm

Das Hauptprogramm besteht im wesentlichen aus zwei Teilen:

Nach dem Aufruf der Prozedur Grafik_installieren wird die Variable Fehlercode geprüft. Wurde INITGRAPH fehlerfrei ausgeführt, enthält diese Variable den Wert 0. In diesem Fall werden die Grafikprozduren aufgerufen.

Ist

```
Fehlercode <> 0,
```

ist bei der Initialisierung der Grafik ein Fehler aufgetreten und eine entsprechende Meldung wird ausgegeben.

6. Units

Dieses Kapitel führt Sie schrittweise in das Bibliothekskonzept von Turbo Pascal ein und stellt Ihnen ca. 125 Routinen zur Verfügung, die ausführlich erläutert werden.

6.1 Das Unit-Konzept von Turbo Pascal

Turbo Pascal hat durch die Versionen 4.0/5.0 eine mächtige Erweiterung erfahren. Eines der wichtigsten Merkmale ist wohl im Unit-Konzept zu sehen, durch das diese Programmiersprache komfortabel und flexibel eingesetzt werden kann.

Wenn Sie mit Turbo Pascal Programme entwickeln, werden Sie im Laufe der Zeit eine Vielzahl von grundlegenden Routinen erstellen, die nicht nur in einem Programm Verwendung finden, sondern universell eingesetzt werden können. Diese Unterprogramme müssen aber nicht in jedes Programm mit ihren Quelltexten aufgenommen werden, sondern können in sog. Bibliotheken abgelegt und zusammengefaßt werden, auf die jedes Programm zugreifen kann.

In der Version 3.0 konnten Sie sich nur Bibliotheken erstellen, die als Include-Dateien in das jeweilige Programm eingelesen wurden. Diese Include-Dateien konnten Typ-Vereinbarungen, Konstanten, Variablen, Funktionen und Prozeduren enthalten, die, einmal getestet, von verschiedenen Programmen benutzt werden konnten.

Eine Unit ist ebenfalls eine Bibliothek, die eine Sammlung von Typ-Vereinbarungen, Konstanten, Variablen, Funktionen und Prozeduren enthält und von einem Programm bei Bedarf eingebunden werden kann. Eine Unit ist jedoch keine Include-Datei, da sie bereits in kompilierter (übersetzter) Form vorliegt. Wird eine Unit in ein Programm aufgenommen, so wird sie lediglich eingebunden. Sie wird nicht eingelesen und nochmals kompiliert (wie eine Include-Datei).

Eine Unit kann schon fast als ein eigenständiges Pascal-Programm bezeichnet werden, denn neben Konstanten, Typ-Vereinbarungen, Variablen, Funktionen und Prozeduren kann eine Unit auch ein eigenes

Hauptprogramm besitzen, das ausgeführt wird, wenn die Unit in ein Programm eingebunden wird. Somit können z.B. Initialisierungen vorgenommen werden.

Eine Unit besteht aus einem UNIT-Kopf, einem INTERFACE-, einem IMPLEMENTATION- und eventuell einem INITIALISIERUNGS-Teil, der der Unit ein Hauptprogramm zuordnet.

Der Aufbau einer Unit

Eine Unit besteht aus folgenden Teilen:

► UNIT-Kopf

Dieser beginnt mit dem reservierten Wort UNIT. Danach folgt der Name der Unit, der zur Identifikation dient und einmalig sein muß.

► INTERFACE-Teil

Der INTERFACE-Teil folgt dem Kopf der Unit und beginnt mit dem reservierten Wort INTERFACE. Es kennzeichnet den Beginn der "öffentlichen" Deklarationen.

Sollen noch andere Units eingebunden werden, so geschieht dies dadurch, daß nach dem Wort INTERFACE eine USES-Anweisung eingefügt wird, der eine Liste der Units folgt, die eingebunden werden sollen. Mehrere Units werden durch Kommata getrennt.

Der INTERFACE-Teil endet mit dem reservierten Wort IMPLE-MENTATION, das gleichzeitig den Beginn eines weiteren Teils der Unit einleitet. Der INTERFACE-Teil kann auch als "öffentlicher" Teil bezeichnet werden. Er enthält alle Konstanten, Datentypen, Variablen, Funktionen und Prozeduren, die auch anderen Units oder Programmen zugänglich sein sollen. Damit sind diese Elemente global vereinbart. Prozeduren und Funktionen werden an dieser Stelle allerdings nur mit ihren vollständigen Kopfteilen aufgeführt. Der eigentliche Quellcode, also die Programmierung, erfolgt erst im IMPLE-MENTATION-Teil.

Vereinbarungen (z.B. Funktionen und Prozeduren), die nur innerhalb der Unit Verwendung finden (also nicht "öffentlich" sind), werden nicht im INTERFACE-Teil aufgeführt, sondern nur im IMPLE-MENTATION-Teil. Eine andere Unit oder ein Programm kann darauf dann nicht zugreifen.

Der INTERFACE-Teil ist die Schnittstelle seiner Unit mit anderen Units und Programmen.

► IMPLEMENTATION-Teil

Dieser beginnt dort, wo der INTERFACE-Teil endet, und zwar mit dem reservierten Wort IMPLEMENTATION. Hier werden die lokalen Konstanten, Datentypen, Variablen, Funktionen und Prozeduren vereinbart. Alle diese Elemente können also nur innerhalb der Unit verwendet werden und stehen anderen Units und Programmen nicht zur Verfügung. Außerdem enthält der IMPLEMENTATION-Teil den Quellcode der im INTERFACE-Teil bereits mit ihren Köpfen genannten globalen Funktionen und Prozeduren.

Auch in den IMPLEMENTATION-Teil einer Unit kann mit der USES-Anweisung eine andere Unit eingebunden werden. Das reservierte Wort USES muß unmittelbar dem Wort IMPLEMENTATION folgen. Mehrere Units werden wiederum durch Kommata getrennt. Auch diese Units sind dann nur lokal gültig.

Der IMPLEMENTATION-Teil endet, wenn kein INITIALISIE-RUNG-Teil vorhanden ist, mit dem reservierten Wort END. Dem END folgt ein Punkt ("end."). Dieses END ist gleichzeitig das Ende (der Abschluß) der Unit. Ist ein Initialisierungsteil vorhanden, endet der IMPLEMENTATION-Teil mit dem reservierten Wort BEGIN, das gleichzeitig den INITIALISIERUNS-Teil einleitet.

► INITIALISIERUNGS-Teil

Wie eben beschrieben, wird der IMPLEMENTATION-Teil von den Wörtern IMPLEMENTATION und END geklammert. Soll der Unit jedoch noch eine Art "Hauptprogramm" zugewiesen werden, so wird dieses mit dem reservierten Wort BEGIN eingeleitet. In diesem "Hauptprogramm", dem Initialisierungsteil, können jetzt beliebige Anweisungen stehen (z.B. zur einmaligen Initialisierung von Variablen oder der Ausgabe von Meldungen).

Der Initialisierungsteil einer Unit wird ausgeführt, wenn die Unit das erstemal vom Hauptprogramm aus angesprochen wird.

Der INITIALSIERUNGS-Teil wird mit demselben END abgeschlossen wie der IMPLEMENTATION-Teil. Es muß also kein zusätzliches END eingefügt werden.

6.1.1 Formaler Aufbau und Kompilierung einer Unit

Der formale Aufbau einer Unit sieht wie folgt aus:

```
{----------------------------------}
UNIT <name>;   { Kopf der Unit }

{----------------------------------}
INTERFACE  { Öffentlicher Teil }
USES
   <Liste der einzubinden Units>
   { Natürlich nur bei Bedarf }

   <Globale Deklaration von Konstanten>
   <und Variablen usw.. Prozedur- und >
   <Funktionsköpfe.          >
   { Diese Deklaration ist öffentlich }

{----------------------------------}
IMPLEMENTATION  { Nicht-öffentlicher Teil }
USES
   <Liste der einzubinden (lokalen) Units>
   { Wieder nur bei Bedarf }

   <Lokale Deklaration von Konstanten>
   <und Variablen usw..            >
   { Diese sind nicht-öffentlich }

   <Funktionen und Prozeduren>
   { Quellcode der im INTERFACE-Teil }
   { vereinbarten globalen Funktionen}
   { und Prozeduren.              }

{----------------------------------}
BEGIN  { Initialisierungsteil }
   <Anweisungen>
   { Natürlich nur bei Bedarf }
END.
{----------------------------------}
```

Damit ist Ihnen der formale Aufbau einer Unit bekannt. Aber wie, fragen Sie jetzt vielleicht, setze ich die Theorie in die Praxis um? Wie gehe ich konkret vor, um eine Unit zu erstellen? Lesen Sie sich dazu die nachfolgenden Punkte durch und bearbeiten Sie sie der Reihe nach.

Die folgenden Punkte werden im Kapitel 6.1.2 in ein konkretes Beispiel umgesetzt.

1. Starten Sie Pascal. Mit <F3> geben Sie einen Dateinamen für die Unit ein (z.B. RECHNEN.PAS). Da die Datei noch nicht existiert, wird sie angelegt.

2. Geben Sie jetzt den Quelltext der Unit in den Editor ein. Die Eingabe erfolgt analog zu einem "normalen" Pascal-Programm.

3. Wenn Sie den gesamten Quelltext eingegeben haben, sichern sie Ihre Datei (die Unit) mit <F2> auf Diskette/Festplatte.

4. Jetzt sind Sie soweit, daß Sie die Unit kompilieren können. Gehen Sie dazu in das Menü COMPILE (mit <ALT C>). Den ersten Übersetzungsversuch sollten Sie im Arbeitsspeicher machen. Dazu muß der Schalter DESTINATION auf MEMORY gesetzt sein. Verändern Sie ihn bei Bedarf und starten Sie die Kompilierung mit <C>.

Korrigieren Sie eventuelle Fehler und wiederholen Sie die Kompilierung so oft, bis die Unit fehlerfrei ist.

5. Nach fehlerfreier Übersetzung im Arbeitsspeicher muß die kompilierte Unit auf Diskette/Festplatte gespeichert werden. Setzen Sie dazu den Schalter DESTINATION auf DISK. Kompilieren Sie die Unit jetzt nochmals mit <C>.

Dieser Vorgang bewirkt nun, daß Turbo Pascal auf der Diskette/Festplatte eine Datei mit der Endung .TPU (Turbo Pascal Unit) anlegt. Dies ist ein sichtbarer Unterschied zu einem Pascal-Programm, das, auf Diskette/Festplatte kompiliert, die Endung .EXE erhält.

Erst wenn eine Unit in Form einer .TPU-Datei vorliegt, kann sie in ein Programm aufgenommen werden.

6. Damit ist die Erstellung einer Unit abgeschlossen. Jetzt können Sie ein Programm schreiben, das die Unit mit der USES-Anweisung einbindet und die Routinen der Unit verwendet.

Weitere Hinweise zu Units

Den Namen der Quelltext-Datei einer Unit dürfen Sie frei wählen. Für ihn gelten dieselben Vorschriften wie für andere Dateinamen. Aus dem Dateinamen der Quelltext-Datei ergibt sich der Dateiname der .TPU-Datei auf der Diskette/ Festplatte. Kompilieren Sie z.B. die Unit RECHNEN.PAS, so wird daraus RECHNEN.TPU. Ab der Version 5.0 muß der Name der Unit im UNIT-Kopf mit dem Dateinamen des Quelltextes übereinstimmen (z.B.: Dateiname: ADR.PAS; im UNIT-Kopf muß es dann heißen: UNIT ADR;, ansonsten erhalten Sie die Fehlermeldung 69: Unit Name mismatch).

Wenn Sie eine Unit in ein Programm mit der USES-Anweisung aufnehmen, sucht der Compiler von Turbo-Pascal diese Unit zuerst in der Datei TURBO.TPL (Turbo Pascal-Library). Kann die entsprechende .TPU-Datei darin nicht gefunden werden, wird die Suche auf der Diskette/ Festplatte in dem über das Menü OPTIONS/DIRECTORIES angegebenen Directory für .TPU-Dateien fortgesetzt.

Wird ein Programm mit COMPILE/COMPILE übersetzt und die .TPU-Datei einer mit USES aufgenommenen Unit nicht gefunden, bricht die Kompilierung mit einer entsprechenden Fehlermeldung ab.

Wird ein Programm dagegen mit COMPILE/MAKE übersetzt und die .TPU-Datei einer mit USES aufgenommenen Unit nicht gefunden, wird der Quelltext der Unit kompiliert (als .TPU-Datei auf Diskette/ Festplatte (auch wenn der Schalter DESTINATION im Menü COMPILE auf MEMORY gesetzt ist)) und dann in das Programm aufgenommen. Selbstverständlich muß wenigstens der Quelltext der Unit für den Compiler erreichbar sein.

6.1.2 Ein Beispiel

Es soll eine Unit erstellt werden, die zwei Routinen enthält, mit denen zwei Zahlen addiert bzw. subtrahiert werden können. Außerdem soll im Initialisierungsteil der Bildschirm gelöscht und eine Meldung ausgegeben werden. Anschließend soll ein Programm geschrieben werden, das die Routinen der Unit verwendet.

Nachfolgend sehen Sie die beiden Quelltexte. Geben Sie sie in den Editor ein und testen Sie anschließend das Programm. Bei der Erstellung und Kompilierung der Unit können Sie sich an den sechs im Kapitel 6.1.1 aufgeführten Punkten orientieren.

```
{------------------------------------}
{ Dateiname: rechnen.pas             }
{ Unitname : rechnen                 }
{------------------------------------}
unit rechnen;    { Kopf der Unit }

{------------------------------------}
interface    { öffentlicher Teil }
uses
  crt;       { Unit aus TP 5.0 }

  function plus(x1,x2: real): real;
  function minus(x1,x2: real): real;
```

```
{------------------------------------}
implementation  { Nicht-öffentlich }
var
  erg: real;    { Lokale Variable }

function plus(x1,x2: real): real;
begin
  erg:= x1 + x2;
  writeln('Ausgabe der Funktion PLUS:');
  writeln(x1:10:2,' + ',x2:10:2,' = ',erg:10:2);
  writeln;
  plus:= erg;
end;

function minus(x1,x2: real): real;
begin
  erg:= x1 - x2;
  writeln('Ausgabe der Funktion MINUS:');
  writeln(x1:10:2,' - ',x2:10:2,' = ',erg:10:2);
  writeln;
  minus:= erg;
end;

{------------------------------------}
begin   { Initialisierungsteil }
  clrscr;
  writeln('Jetzt im Initialisierungsteil');
  writeln('der Unit RECHNEN!!          ');
  writeln('--------------------------');
  writeln;
end. { Ende der Unit }
{------------------------------------}


====================================================


{------------------------------------}
{ Dateiname   : rechner.pas          }
{ Programmname: rechner              }
{------------------------------------}
program rechner;   { Programmkopf }
uses
  crt,        { Unit aus TP 5.0        }
  rechnen;    { Die eben erstellte Unit }

var
  x1,x2: real; { 2 globale Variablen }

begin { Hauptprogramm }
  repeat
    {--------------------}
    { x1 und x2 einlesen  }
    {--------------------}
    write('Gib x1 ein: ');
    readln(x1);
    write('Gib x2 ein: ');
    readln(x2);
    {--------------------}
```

```
{ Ergebnisse berechnen}
{--------------------}
writeln;
writeln('Ergebnis Addition: ',plus(x1,x2):10:2);
writeln;
writeln('Ergebnis Subtraktion: ',minus(x1,x2):10:2);
writeln;
{--------------------}
write('Zum Abschluß <CR> drücken!');
readln;
clrscr;
until (x1 = 0) and (x2 = 0);
end. { Programmende }
{------------------------------------}
```

Nach dem Programmstart meldet sich zuerst der Initialisierungsteil der Unit RECHNEN. Anschließend werden Sie aufgefordert, zwei Werte (x1 und x2) einzugeben. Die beiden Zahlen werden dann mit Hilfe der Routinen aus der Unit RECHNEN addiert und subtrahiert, wobei Sie jeweils eine Meldung erhalten, an welcher Stelle im Programm (bzw. in der Unit) Sie sich gerade befinden und welcher Befehl ausgeführt wurde. Das Programm wird beendet, wenn Sie sowohl für x1 als auch für x2 den Wert 0 eingeben.

6.2 Standard-Units von Turbo Pascal

Turbo Pascal beinhaltet in der Version 5.0 bereits acht fertige und kompilierte Units, die Ihnen die Arbeit ganz erheblich erleichtern. Diese, von Pascal bereitgestellten Units, werden Standard-Units genannt. Sie heißen: SYSTEM, DOS, CRT, PRINTER, GRAPH, OVERLAY, TURBO3 und GRAPH3.

Die o.g. Units werden bei Bedarf mit der USES-Anweisung in ein Programm aufgenommen. Eine Ausnahme bildet nur die Unit SYSTEM. Diese ist jedem Programm bereits bekannt und muß nicht mit USES aufgenommen werden. Sie darf aber auch nicht mit USES aufgenommen werden. Der Compiler liefert dann einen Fehler.

Die Standard-Units unterscheiden sich nicht von den Units, die Sie selber erstellen (außer, daß Ihnen der Quelltext der Standard-Units nicht zur Verfügung steht) und damit natürlich auch nicht von denen, die anschließend in diesem Buch vorgestellt werden.

Es sei noch angemerkt, daß die Units TURBO3 und GRAPH3 die Unit CRT voraussetzen. Wollen Sie also eine dieser beiden Units in ein Programm aufnehmen, so müssen Sie stets auch die Unit CRT mit der USES-Anweisung (und zwar vor TURBO3 und/oder GRAPH3) aufnehmen.

Nachfolgend eine Kurzbeschreibung der Standard-Units:

Die Unit SYSTEM: Diese Unit ist die sog. Laufzeitbibliothek und enthält den Standard-Sprachumfang. Sie enthält weiterhin Funktionen und Prozeduren, die die Ein- und Ausgabe, die Behandlung von Dateien, die Verarbeitung von Strings und mathematische Routinen übernehmen.

Die Unit DOS: Sie ist die Schnittstelle zum Betriebssystem. Diese Unit bietet Routinen, die Funktionen des Betriebssystems aufrufen können.

Die Unit CRT: Mit dieser Unit erhalten Sie die Kontrolle über Ein- und Ausgaben. Sie können mit den enthaltenen Routinen die Tastatur abfragen und den Bildschirm gestalten. Ein besonderer Vorteil ist die Schnelligkeit dieser Routinen, da diese Unit maschinennah arbeitet. Außerdem wird die Fenstertechnik unterstützt.

Die Unit PRINTER: Diese Unit unterstützt und erleichtert die Ausgabe auf einem Drucker. Sie vereinbart die Dateivariable LST und weist sie der Geräteeinheit LPT1 zu. Die Datei LST wird geöffnet und am Ende eines Programms auch wieder ordnungsgemäß geschlossen, ohne daß sich der Programmierer darum kümmern muß.

Die Unit GRAPH: Diese Unit ist ein Graphikpaket, das alle Routinen enthält, die zur Erstellung von Graphiken benötigt werden. Außerdem werden die wichtigsten Graphikadapter unterstützt.

Die Unit OVERLAY: Sie enthält Routinen, die die Overlay-Technik unterstützen. Mit Overlays können auch große Programmprojekte erstellt werden, für die sonst nicht genügend Speicherplatz zur Verfügung steht, da sich mehrere Overlays einen gemeinsamen Speicherbereich "teilen".

Die Unit TURBO3:   Mit dieser Unit ist gewährleistet, daß Sie auch die unter Turbo Pascal 3.0 erstellten Routinen und Programme teilweise ohne Veränderungen weiter benutzen können. Sie erleichtert die Übernahme alter Programme.

Sie sollten jedoch dazu übergehen, im Laufe der Zeit Ihre alten Routinen und Programme an die Version 5.0 anzupassen, da Ihnen sonst die erweiterten Möglichkeiten verborgen bleiben.

Jede der Routinen aus dieser Unit existiert in verbesserter oder erweiterter Form auch in den anderen Standard-Units.

Beachten Sie, daß diese Unit die Unit CRT voraussetzt.

Die Unit GRAPH3:   In dieser Unit sind die beiden Dateien GRAPH.P und GRAPH.BIN aus Turbo Pascal 3.0 zusammengefaßt. Sie implementiert somit die Graphikroutinen und die Turtlegraphik der Version 3.0 und erleichtert somit auch die Übernahme alter Routinen und Programme.

Beachten Sie, daß diese Unit die Unit CRT voraussetzt.

Beachten Sie bitte auch das Kapitel 6.4, in dem Ihnen gezeigt wird, wie Sie Ihre Programmerstellung noch effizienter gestalten können, indem Sie häufig benötigte Units in eine .TPL-Datei aufnehmen.

6.3 Die Units dieses Buches

Effektive und produktive Programmierung setzt voraus, daß Sie sich im Laufe der Zeit Programm-Bibliotheken erstellen, die Routinen enthalten, die in vielen Programmen Verwendung finden. Sie müssen "das Rad nicht immer neu erfinden", sondern auf bereits vorhandene Unterprogramme zurückgreifen oder neue Entwicklungs- und Programmierwerkzeuge in weiteren Bibliotheken zusammenfassen.

Im Laufe unserer Programmiertätigkeit haben wir eine Reihe solcher TOOLS gesammelt und stellen Ihnen eine Auswahl in diesem Buch vor.

Da es bereits eine Vielzahl von Routinen für Turbo Pascal gibt und der "Erfindung" von Bezeichnern Grenzen gesetzt sind, wird in diesem Buch eine bestimmte Syntax benutzt:

Alle Units, Routinen, Konstanten, Variablen und Typvereinbarungen, die diesem Buch zugrunde liegen, beginnen mit "T_" ("T" steht für Tools), so daß auch eine Abgrenzung zu Ihren eigenen Routinen aller Wahrscheinlichkeit nach gegeben ist. Eine Ausnahme bilden Routinen, Konstanten, Variablen und Typvereinbarungen aus der Unit _EINGABE (Kapitel 6.3.9). Sie beginnen alle mit einem Unterstrich ("_").

Der Aufbau der folgenden Kapitel, die sich mit den Units dieses Buches befassen, entspricht dem folgenden Muster:

Jede Unit wird mit einigen erläuternden Sätzen vorgestellt, gefolgt von einer Kurzübersicht der enthaltenen Routinen. Anschließend wird jede Routine ausführlich folgendermaßen beschrieben:

Prozedur/
Funktion <Name>: Beinhaltet den Namen der Routine und gibt an, ob es sich um eine Prozedur (procedure) oder eine Funktion (function) handelt.

Funktion: Kurzbeschreibung dessen, was die Routine leistet.

Deklaration: Gibt die vollständige Deklaration der Routine an, so wie sie in der betreffenden Unit aufgenommen ist.

Aufruf: Zeigt Ihnen, wie die Routine in einem Programm aufgerufen werden muß.

Eingabe: Gibt die Eingabeparameter (falls vorhanden) und die entsprechenden Datentypen dieser Parameter an. Alle Typen, die mit "T_" beginnen, sind Typvereinbarungen dieses Buches, die entweder in der Unit T_DECL oder in der entsprechenden Unit vereinbart sind.

Ausgabe: Gibt die Ausgabeparameter (falls vorhanden) und die entsprechenden Datentypen dieser Parameter an. Alle Typen, die mit "T_" beginnen, sind Typvereinbarungen dieses Buches, die entweder in der Unit T_DECL oder in der entsprechenden Unit vereinbart sind.

Beschreibung: Falls nicht bereits die Kurzbeschreibung unter "Funktion" ausreichend ist, wird die Routine hier ausführlich beschrieben.

Beispiel: Zu fast jeder Routine gibt es ein Beispielprogramm, das Ihnen die Einbindung in ein Pascal-Programm demonstriert. Die Bezeichnung (z.B. "IO_4.PAS") gibt Ihnen den Namen der Diskettendatei an, unter dem das Beispiel auf der beigefügten Diskette zu finden ist.

                                 Sollten Sie die Ausgaben eines Beispielprogramms nicht am Bildschirm sehen können, weil sofort nach Beendigung des Programms wieder in die Entwicklungsumgebung zurückgekehrt wird, dann müssen Sie entweder dem Beispielprogramm v o r dem letzten END die Anweisung READLN hinzufügen oder aus der Entwicklungsumgebung mit <ALT F5> auf den DOS-Bildschirm umschalten, um die Bildschirmausgabe(n) des Programms sehen zu können.

Im Anschluß an die Beschreibung einer Unit finden Sie das entsprechende Listing. Routinen, die sich von anderen nur unwesentlich unterscheiden, wurden nicht vollständig, sondern nur mit ihrem "Kopf" abgedruckt. Im Listing ist in diesem Fall ein entsprechender Hinweis vermerkt.

Wir möchten bereits an dieser Stelle auf das Kapitel 6.3.9 "Die Unit _EINGABE" hinweisen, das zwei Routinen enthält, mit denen nicht nur Funktionstasten, sondern auch Kombinationen wie <CTRL F1>...<CTRL F10>, <SHIFT F1>...<SHIFT F10>, <ALT F1>...<ALT F10>, <ALT A>...<ALT Z> und <ALT 0>...<ALT 9> abgefragt werden können.

Ein weiterer Hinweis bezieht sich auf den Anhang F "Verzeichnis der Unit-Routinen", der eine Zusammenstellung aller von uns vorgestellten Routinen, nach Units unterteilt, enthält. Es hat sich nämlich bei der praktischen Arbeit mit den Units herausgestellt, daß einem der Name und die Funktion einer Routine, die gerade benötigt wird, gegenwärtig ist, die Reihenfolge der zu übergebenden Parameter und deren Datentypen aber nicht. Mit einem Blick in diese Zusammenstellung können Sie sich die tägliche Arbeit erleichtern.

Auf der mitgelieferten Diskette befindet sich außerdem der Quellcode der nachfolgenden Units. Sie müssen diese Quelltexte in Ihren Pascal-

Editor laden und kompilieren (übersetzen). Mit diesem Arbeitsschritt wird auf der Diskette/ Festplatte von jeder Unit eine .TPU-Datei angelegt, die dann mit der USES-Anweisung in ein Pascal-Programm aufgenommen werden kann.

Die Beispielprogramme befinden sich ebenfalls auf der Diskette, damit Sie diese nicht extra eingeben müssen.

Die Dateien (der Units) im einzelnen:

T_DECL.PAS	Vereinbarungen
T_CHECK.PAS	Check-Routinen
T_IO.PAS	Input-/ Output-Routinen
T_GIBEIN.PAS	Eingabe-Routinen
T_PRINT.PAS	Drucker-Routinen
T_MAT.PAS	Mathematische Routinen
T_STAT.PAS	Statistische Routinen
T_FKT.PAS	Definition einer Funktion f(x)
_EINGABE.PAS	Erweiterte Tastaturabfrage
T_WINDOW.PAS	Window-Technik und Pull-Down-Menü

So sollten Sie vorgehen:

Verschaffen Sie sich zuerst einen Überblick über die vorhandenen Routinen dieses Kapitels, indem Sie zu jeder Unit die Kurzübersicht lesen. Kopieren Sie sich anschließend sämtliche o.g. Dateien der Diskette in das Verzeichnis, das Sie als Verzeichnis für Units in Turbo Pascal festgelegt haben. Laden Sie jede Unit in den Editor und kompilieren Sie sie.

Suchen Sie sich die für Sie interessanten Routinen heraus und testen Sie sie anhand des angegebenen Beispielprogramms, um die Funktion zu erfassen. Wenn Sie diese wenigen Hinweise beachten, sollten Sie in der Lage sein, die Routinen auch für eigene Anwendungen einsetzen zu können.

6.3.1 Die Unit T_DECL

Die in diesem Buch vorgestellten Units bilden insgesamt ein kleines "Unitsystem", wobei die einzelnen Routinen aufeinander abgestimmt sind. Um für alle Units eine gemeinsame Grundlage zu haben, wurden die am häufigsten benötigten Deklarationen in einer eigenen Unit, T_DECL, zusammengefaßt.

Damit wird einerseits erreicht, daß alle Units auf eine gemeinsame Basis zurückgreifen, andererseits aber auch, daß eventuell notwendige Änderungen an nur einer Stelle vorgenommen werden müssen und sich in allen entsprechenden Routinen umgehend auswirken. Die Zusammenfassung der Deklaration in einer einzigen Unit dient aber auch der Übersichtlichkeit.

Alle Units dieses Buches setzen die Unit T_DECL voraus. Eine entsprechende USES-Anweisung ist in allen enthalten. T_DECL enthält neben einem Initialisierungsteil eine Konstante und allgemeine Variablen- und Typvereinbarungen.

Die Stringvereinbarungen unterschiedlicher Länge eignen sich besonders für die Übergabe in einer Parameterliste an Routinen, da folgende Konstruktion nicht erlaubt ist:

```
procedure test(st: string[60]);
```

Hingegen führt

```
procedure test(st: t_str60);
```

zu keiner Fehlermeldung des Compilers. Am häufigsten wird jedoch der vereinbarte Arbeitsstring (T_WORKSTRING) benötigt. Die Länge (79 Zeichen) wurde so gewählt, daß der Inhalt einer Variablen vom Typ T_WORKSTRING in einer Bildschirmzeile dargestellt werden kann. Da so die 80. Bildschirmspalte nicht beschrieben wird, können unerwünschte Bildschirmeffekte, wie z.B. das Scrollen, vermieden werden.

Im Initialisierungsteil werden Mengen definiert, die zum Prüfen der Antwort auf eine Frage herangezogen werden können. Damit kann geprüft werden, ob eine Frage mit "JA" oder "NEIN" beantwortet wurde. Außerdem wird der Monitor auf die Hintergrundfarbe Schwarz und die Vordergrundfarbe (Schrift) Weiß gesetzt. Diese Werte haben immer Gültigkeit, wenn Sie diese Unit in ein Programm aufnehmen. Sie können die Werte verändern, indem Sie entweder in Ihren eigenen Programmen die Variablen

```
t_config.vordergrund
t_config.hintergrund
```

anders besetzen oder aus der Unit T_GIBEIN die Prozedur t_bildfarben verwenden. Sie können jedoch auch im Quelltext dieser Unit die o.g. Werte verändern, um sie Ihren eigenen Wünschen anzupassen.

Die meisten der Vereinbarungen werden Sie in der einen oder anderen
Unit wiederfinden und deren Verwendung dann auch verstehen.

Das Listing der Unit T_DECL

Programmname   : a:\t_decl.pas

```
 1: {-------------------------------------------------------}
 2: { unit      : t_decl.pas                                }
 3: {                                                       }
 4: { date      : 08.10.88                                  }
 5: { compiler  : turbo pascal 5.0/5.5                      }
 6: {                                                       }
 7: {                                                       }
 8: { update    : 11.05.89                                  }
 9: {                                                       }
10: { Autor     : Reiner Schoelles                          }
11: {-------------------------------------------------------}
12: { Diese  Unit enthaelt den allgemeinen Deklarationsteil.}
13: { Es werden Konstante, Typen und Variablen vereinbart,   }
14: { die in den anderen Units Verwendung finden.            }
15: {-------------------------------------------------------}
16: Unit t_decl;
17: {-------------------------------------------------------}
18: { Interface                                             }
19: {-------------------------------------------------------}
20: Interface
21: uses
22:    crt,dos;  { Unit aus Turbo Pascal 5.0 }
23:
24: const
25:    t_esc = #27;    { <esc>-Taste }
26:
27: type
28:    {----------------------------------}
29:    { String-Vereinbarungen unter-     }
30:    { schiedlicher Laengen             }
31:    {----------------------------------}
32:    t_str1      = string[1];    t_str2    = string[2];
33:    t_str3      = string[3];    t_str4    = string[4];
34:    t_str5      = string[5];    t_str6    = string[6];
35:    t_str7      = string[7];    t_str8    = string[8];
36:    t_str9      = string[9];    t_str10   = string[10];
37:    t_str11     = string[11];   t_str20   = string[20];
38:    t_str30     = string[30];   t_str40   = string[40];
39:    t_str50     = string[50];   t_str60   = string[60];
40:
41:    t_longstring = string[127];  { max.Laenge einer }
42:                                 { Zeile in TP      }
43:    t_workstring = string[79];   { Arbeitsstring der }
44:                                 { Laenge 79         }
45:
46:    t_ja_oder_nein = set of char;  { Antwort <J> oder <N> }
47:
48:    {+++++++++++++++++++++++++++++++++++++++++++++++++++++}
49:    { Diese Typvereinbarung fuer ein Feld  wird  be- }
50:    { nutzt, um in ein Feld 500 Strings der max. Länge }
```

```
51:     { 10 einzulesen. Das betreffende Stringfeld wird    }
52:     { dann an eine Prozedur uebergeben, die dieses Feld}
53:     { konvertiert (in Real-Werte) und mit diesen Werten}
54:     { dann weiterrechnet.                               }
55:     {++++++++++++++++++++++++++++++++++++++++++++++++++}
56:
57:     t_ary500_str10  = array[1..500] of t_str10;
58:
59:     {++++++++++++++++++++++++++++++++++++++++++++++++++}
60:     { Der Record und t_leiste werden z.B. fuer die     }
61:     { function t_auswahlLeiste aus der Unit t_io be-   }
62:     { noetigt.                                         }
63:     {++++++++++++++++++++++++++++++++++++++++++++++++++}
64:     t_auswahlRec = record
65:                        bez : string[30]; { Bezeichnung }
66:                        sp,                { Spalte      }
67:                        zei : byte;        { Zeile       }
68:                      end;
69:
70:     t_leiste = array[1..40] of t_auswahlRec;
71:
72:     {+++++++++++++++++++++++++++++++++++++++++++++}
73:     { Fuer das Auswahlmenu die Auswahlpunkte, }
74:     { 8 der Laenge 20                         }
75:     {+++++++++++++++++++++++++++++++++++++++++++++}
76:     t_arymenu1 = array[1..8] of t_str30;
77:
78:     {+++++++++++++++++++++++++++++++++++++++++++++}
79:     { Dieser Typ wird fuer die Auswahl des         }
80:     { Monitors, der Vorder- u. Hintergrund-        }
81:     { farbe benoetigt. Folgende Werte sind         }
82:     { zulaessig:                                   }
83:     { Monitor: 1 Schwarz/Weiss  2 Schwarz/Gelb }
84:     {          3 Schwarz/Gruen  4 Farbmonitor  }
85:     {                                          }
86:     { Vorder- und Hintergrundfarben:           }
87:     {        0 Schwarz    1 Blau   2 Gruen     }
88:     {        4 Rot        7 Grau  14 Gelb      }
89:     {       15 Weiss                           }
90:     {+++++++++++++++++++++++++++++++++++++++++++++}
91:     t_konfigurieren = record
92:                         monitor,
93:                         vordergrund,
94:                         hintergrund : byte;
95:                       end;
96:
97:
98: var
99:     t_taste: char;      { fuer Tastendruck, z.b. ctrl-Taste }
100:    t_ok   : boolean;  { Zur allgemeinen Verwendung        }
101:
102:    t_regs : registers;              { Prozessor-Register     }
103:
104:    t_err : byte; { Fehlerhinweis z.B. fuer Konvertierungs-}
105:                  { prozeduren.                            }
106:                  { t_err:= 0 --> Konvertierung o.k.,      }
107:                  { t_err:= 1 --> Nicht o.k                }
108:                  { Konvertierung wird aber trotzdem aus-  }
109:                  { gefuehrt, jedoch mit dem Ergebnis 0.   }
```

```
110:                    { Wird in der Unit t_check auf 0 gesetzt.}
111:
112:     t_config: t_konfigurieren;  { Monitortyp und Farben    }
113:
114:     t_jn  : t_ja_oder_nein; { Antwort auf Frage mit J,N  }
115:     t_ja  : t_ja_oder_nein; { Antwort auf Frage mit JA   }
116:     t_nein : t_ja_oder_nein; { Antwort auf Frage mit NEIN }
117:
118: Implementation
119: {++++++++++++++++++++++}
120: { Ausfuehrungsteil        }
121: {++++++++++++++++++++++}
122: begin
123:     t_jn  := ['J','j','N','n'];  { Menge fuer Antwort     }
124:     t_ja  := ['J','j'];          { Menge fuer Antwort     }
125:     t_nein:= ['N','n'];          { Menge fuer Antwort     }
126:
127:     t_config.monitor    := 1;     { S/W-Monitor        }
128:     t_config.vordergrund:= 15;    { weiße Schrift       }
129:     t_config.hintergrund:= 0;     { schwarzer Hintergr. }
130:     textcolor(t_config.vordergrund); { Vordergrundfarbe  }
131:     textbackground(t_config.hintergrund); { Hintergrundf. }
132:     clrscr;                       { Bildschirm loeschen }
133: {-------------------------------------------------------}
134: { End of Unit                                          }
135: {-------------------------------------------------------}
136: end.
```

6.3.2 Die Unit T_CHECK

Diese Unit enthält eine Reihe von Check-Routinen, die es Ihnen erlauben, Bereiche zu überprüfen und damit eventuell falsche Eingaben, die an das Programm übergeben werden, abzufangen. Eine Eingabe kann auch auf Zugehörigkeit zu einer bestimmten Menge überprüft werden.

Besonders nützlich sind die Konvertierungs-Routinen. Programmabstürze sind häufig die Folge von Eingaben eines falschen Datentyps (z.B.: das Programm erwartet die Eingabe einer Realzahl, der Benutzer gibt jedoch einen Buchstaben ein).

Vermeiden Sie in Ihren Programmen derartige Fehleingaben, indem Sie alle Eingaben als String einlesen und diesen dann in das jeweilige Datenformat konvertieren. Die notwendigen Routinen stellt Ihnen die Unit T_CHECK zur Verfügung.

Kurzübersicht

t_kleinbuchstabe:	Überprüft, ob ein Zeichen ein Kleinbuchstabe ist.
t_grossbuchstabe:	Überprüft, ob ein Zeichen ein Großbuchstabe ist.
t_buchstabe:	Überprüft, ob ein Zeichen ein Buchstabe ist.
t_numerisch:	Überprüft, ob ein Zeichen numerisch ist.
t_datei_exist:	Überprüft, ob eine Datei existiert.
t_datei_erzeugen:	Überprüft, ob eine Datei geöffnet werden kann.
t_str1_numerisch:	Überprüft, ob ein String eine Ziffer ist.
t_str1_kleinbuchstabe:	Überprüft, ob ein String ein Kleinbuchstabe ist.
t_str1_grossbuchstabe:	Überprüft, ob ein String ein Großbuchstabe ist.
t_str1_buchstabe:	Überprüft, ob ein String ein Buchstabe ist.
t_dm:	Wandelt eine Realzahl so um, daß die Nachkommastellen auf zwei genau sind und dann nur noch Nullen folgen.
t_freier_platz:	Liefert freien Speicherplatz in KByte.
t_reicht_platz:	Prüft, ob noch mindestens der angegebene Platz auf dem Laufwerk frei ist.
t_leer_ent:	Entfernt aus einem String sämtliche Leerzeichen.
t_gesetztes_LW:	Ermittelt das momentan gesetzte Directory eines Laufwerks und gibt die Bezeichnung aus.
t_LW_wechseln:	Wechselt auf ein anderes Laufwerk.
t_tag:	Ermittelt aus dem gesetzten Systemdatum den heutigen Wochentag (als String).
t_datum:	Ermittelt aus dem gesetzten Systemdatum das heutige Datum in der Form TT.MM.JJJJ.
t_str_to_int:	Konvertiert einen String in eine Integerzahl.
t_num_to_str:	Konvertiert einen numerischen Wert in einen Stringausdruck.
t_str_to_num:	Wandelt einen String in einen numerischen Wert um.
t_uhrzeit:	Liefert die Uhrzeit als String.
t_datei_zeilen:	Liefert die Länge einer (Text-)Datei in Zeilen.
t_min_delta:	Berechnet die Differenz zweier Uhrzeiten in Minuten.
t_sec_delta:	Berechnet die Differenz zweier Uhrzeiten in Sekunden.
t_real_range:	Übeprüft, ob eine Realzahl innerhalb des angegebenen Bereiches liegt.
t_int_range:	Überprüft, ob eine Integerzahl innerhalb des angegebenen Bereiches liegt.

---

t_kleinbuchstabe	**Funktion**

Funktion: Überprüft, ob ein Zeichen ein Kleinbuchstabe ist.

Deklaration:
```
function
t_kleinbuchstabe(ch: char): boolean;
```

Aufruf: `ok:= t_kleinbuchstabe(ch);`

Eingabe: `ch: char`

Ausgabe: `ok: boolean`

Beschreibung: Siehe oben.

Beispiel:

CHECK_1.PAS

```
PROGRAM KLEINBUCHSTABE;
USES
   CRT,         (* UNIT AUS Turbo Pascal 5.0 *)
   T_CHECK;     (* UNIT AUS TOOLS            *)

VAR
  A1,A2: CHAR;

BEGIN
  CLRSCR;
  A1:= 'a';  A2:= 'A';
  IF T_KLEINBUCHSTABE(A1)
  THEN WRITELN('A1 = ',A1,' IST KLEINBUCHSTABE')
  ELSE WRITELN('A1 = ',A1,' IST KEIN KLEINBUCHSTABE');
  IF T_KLEINBUCHSTABE(A2)
  THEN WRITELN('A2 = ',A2,' IST KLEINBUCHSTABE')
  ELSE WRITELN('A2 = ',A2,' IST KEIN KLEINBUCHSTABE');
END.
```

---

t_grossbuchstabe	**Funktion**

Funktion: Überprüft, ob ein Zeichen ein Großbuchstabe ist.

Deklaration:
```
function
t_grossbuchstabe(ch: char): boolean;
```

Aufruf: `ok:= t_grossbuchstabe(ch);`

Eingabe: `ch: char`

Ausgabe: `ok: boolean`

Beschreibung: Siehe oben.

Beispiel:

CHECK_2.PAS

```
PROGRAM GROSSBUCHSTABE;
USES
   CRT,         (* UNIT AUS Turbo Pascal 5.0 *)
   T_CHECK;     (* UNIT AUS TOOLS            *)
```

```
VAR
  A1,A2: CHAR;

BEGIN
  CLRSCR;
  A1:= 'a';  A2:= 'A';
  IF T_GROSSBUCHSTABE(A1)
  THEN WRITELN('A1 = ',A1,' IST GROSSBUCHSTABE')
  ELSE WRITELN('A1 = ',A1,' IST KEIN GROSSBUCHSTABE');
  IF T_GROSSBUCHSTABE(A2)
  THEN WRITELN('A2 = ',A2,' IST GROSSBUCHSTABE')
  ELSE WRITELN('A2 = ',A2,' IST KEIN GROSSBUCHSTABE');
END.
```

t_buchstabe	Funktion

Funktion: Überprüft, ob ein Zeichen ein Buchstabe ist.

Deklaration:
```
function
t_buchstabe(ch: char): boolean;
```

Aufruf: `ok:= t_buchstabe(ch);`

Eingabe: `ch: char`

Ausgabe: `ok: boolean`

Beschreibung: Siehe oben.

Beispiel:

CHECK_3.PAS

```
PROGRAM BUCHSTABE;
USES
  CRT,        (* UNIT AUS Turbo Pascal 5.0 *)
  T_CHECK;    (* UNIT AUS TOOLS            *)

VAR
  A1,A2: CHAR;

BEGIN
  CLRSCR;
  A1:= 'a';  A2:= '1';
  IF T_BUCHSTABE(A1)
  THEN WRITELN('A1 = ',A1,' IST BUCHSTABE')
  ELSE WRITELN('A1 = ',A1,' IST KEIN BUCHSTABE');
  IF T_BUCHSTABE(A2)
  THEN WRITELN('A2 = ',A2,' IST BUCHSTABE')
  ELSE WRITELN('A2 = ',A2,' IST KEIN BUCHSTABE');
END.
```

| **t_numerisch** | . | **Funktion** |

Funktion: Überprüft, ob ein Zeichen numerisch ist.

Deklaration:
```
function
t_numerisch(ch: char): boolean;
```

Aufruf: `ok:= t_numerisch(ch);`

Eingabe: `ch: char`

Ausgabe: `ok: boolean`

Beschreibung: Siehe oben.

Beispiel:

CHECK_4.PAS

```
PROGRAM NUMERISCH;
USES
   CRT,           (* UNIT AUS Turbo Pascal 5.0 *)
   T_CHECK;       (* UNIT AUS TOOLS            *)

VAR
  A1,A2: CHAR;

BEGIN
  CLRSCR;
  A1:= 'a';   A2:= '8';
  IF T_NUMERISCH(A1)
  THEN WRITELN('A1 = ',A1,' IST NUMERISCH')
  ELSE WRITELN('A1 = ',A1,' IST NICHT NUMERISCH');
  IF T_NUMERISCH(A2)
  THEN WRITELN('A2 = ',A2,' IST NUMERISCH')
  ELSE WRITELN('A2 = ',A2,' IST NICHT NUMERISCH');
END.
```

| **t_datei_exist** | | **Funktion** |

Funktion: Überprüft, ob eine Datei existiert.

Deklaration:
```
function
t_datei_exist(dateiname:
                  t_workstring): boolean;
```

Aufruf: `ok:= t_datei_exist(dateiname);`

Eingabe: `dateiname: t_workstring`

Ausgabe: `ok: boolean`

Beschreibung:

Überprüft, ob die angegebene Datei (DATEINAME) existiert. DA-
TEINAME muß die vollständige Bezeichnung der Datei enthalten (mit
Laufwerksangabe, eventuellen Pfadnamen und eventuellem Suffix). Ist

Laufwerksangabe, eventuellen Pfadnamen und eventuellem Suffix). Ist die Datei vorhanden, so ist das Ergebnis der Funktion TRUE, sonst FALSE.

Beispiel:

CHECK_5.PAS

```
PROGRAM DATEI_EXISTIERT;
USES
   CRT,                  (* UNIT AUS Turbo Pascal 5.0 *)
   T_DECL,T_CHECK;       (* UNIT AUS TOOLS            *)

VAR
   NAME: T_WORKSTRING;

BEGIN
   CLRSCR;
   NAME:= 'C:\TOOLS\T_CHECK.PAS';
   IF T_DATEI_EXIST(NAME)
   THEN WRITELN('DATEI: ',NAME,' IST VORHANDEN')
   ELSE WRITELN('DATEI: ',NAME,' IST NICHT VORHANDEN');
END.
```

---

t_datei_erzeugen	**Funktion**

Funktion: Überprüft, ob eine Datei geöffnet werden kann.

Deklaration:
```
function
t_datei_erzeugen(dateiname:
                 t_workstring): boolean;
```

Aufruf: `ok:= t_datei_erzeugen(dateiname);`

Eingabe: `dateiname: t_workstring`

Ausgabe: `ok: boolean`

Beschreibung:

Überprüft, ob die angegebene Datei (DATEINAME) erzeugt werden kann, d.h. ob REWRITE fehlerfrei ausgeführt werden konnte. Damit kann prinzipiell überprüft werden, ob ein Dateiname nur aus erlaubten Zeichen besteht.

Achtung:

Wird diese Funktion auf eine bereits bestehende Datei angewendet, so wird diese gelöscht. Stellen Sie also sicher, daß die Datei noch nicht existiert (z.B. mit der vorangegangenen Funktion T_DATEI_EXIST. Siehe hierzu auch das Beispielprogramm).

Das Ergebnis der Funktion ist TRUE, wenn REWRITE fehlerfrei ausgeführt werden konnte, sonst FALSE.

Beispiel:

CHECK__5a.PAS

```
PROGRAM KANN_DATEI_EROEFFNET_WERDEN;
USES
   CRT,      (* UNIT AUS Turbo Pascal 5.0 *)
   T_DECL,   (* UNIT AUS TOOLS          *)
   T_IO,     (* UNIT AUS TOOLS          *)
   T_CHECK;  (* UNIT AUS TOOLS          *)

VAR
   DATEINAME: T_WORKSTRING;


BEGIN
   CLRSCR;
   WRITE('GIB DATEINAME EIN: ');
   READLN(DATEINAME);
   WRITELN;
   IF T_DATEI_EXIST(DATEINAME)
   THEN BEGIN
           WRITELN('DATEI EXISTIERT BEREITS!!');
           WRITELN('ANWENDUNG VON "REWRITE" ');
           WRITELN('ZERSTOERT DIE DATEI!    ');
        END
   ELSE BEGIN
           IF T_DATEI_ERZEUGEN(DATEINAME)
           THEN BEGIN
                   WRITELN('ALLES OK!! DATEI');
                   WRITELN('KANN OHNE FEHLER');
                   WRITELN('ERZEUGT WERDEN. ');
                END
           ELSE BEGIN
                   T_PIEP(2);
                   WRITELN(' A C H T U N G !!');
                   WRITELN;
                   WRITELN('DATEI KANN NICHT ');
                   WRITELN('ANGELEGT WERDEN! ');
                   WRITELN;
                   WRITELN('DATEINAMEN UEBER-');
                   WRITELN('PRUEFEN!!        ');
                END;
        END;
   T_MIT_TASTE;
END.
```

---

t_str1_numerisch	**Funktion**

Funktion:	Überprüft, ob ein String eine Ziffer ist.
Deklaration:	function t_str1_numerisch(st: t_str1): boolean;
Aufruf:	ok:= t_str1_numerisch(st);
Eingabe:	st: t_str1

Ausgabe: ok: boolean

Beschreibung:

Beachten Sie, daß die Variable ST, die überprüft wird, ein String der Länge 1 ist. Somit ist diese Funktion nicht identisch mit der bereits besprochenen T_NUMERISCH. Dort ist die Variable, die überprüft wird, ein Zeichen (CHAR).

Der Unterschied kann von Bedeutung sein, wenn Sie mit der COPY-Funktion ein Zeichen aus einem String kopieren und dieses dann überprüfen wollen, denn das Ergebnis der COPY-Funktion ist ein String (wenn nur ein Zeichen kopiert wird, ist es ein String der Länge eins) und nicht nur ein Zeichen!

Wird das Ergebnis der COPY-Funktion an eine Prüfroutine übergeben, so muß diese (falls der Schalter OPTIONS/COMPILER/Var-string checking auf ON gesetzt ist) als Übergabeparameter einen String der Länge eins erwarten. Erwartet die Prüfroutine (wie z.B. T_NUMERISCH) dagegen ein Zeichen, übergeben wird aber ein String der Länge eins, erhalten Sie folgende Fehlermeldung:

```
Error 26: Type mismatch
(siehe auch Anhang A1 unter dem Schalter ($V)).
```

Beispiel:

CHECK_6.PAS

```
PROGRAM IST_STRING1_NUMERISCH;
USES
   CRT,                 (* UNIT AUS Turbo Pascal 5.0 *)
   T_DECL,T_CHECK;      (* UNIT AUS TOOLS            *)

VAR
   STR : STRING(.4.);
   ST  : T_STR1;

BEGIN
   CLRSCR;
   STR:= 'Nr 1';
   WRITELN('String lautet: ',STR);
   WRITELN;
   ST:= COPY(STR,4,1); (* KOPIE VON 4. STELLE, 1 ZEICHEN *)
   IF T_STR1_NUMERISCH(ST)
   THEN WRITELN('ST = ',ST,' IST EINE ZIFFER')
   ELSE WRITELN('ST = ',ST,' IST KEINE ZIFFER');
   ST:= COPY(STR,2,1); (* KOPIE VON 2. STELLE, 1 ZEICHEN *)
   IF T_STR1_NUMERISCH(ST)
   THEN WRITELN('ST = ',ST,' IST EINE ZIFFER')
   ELSE WRITELN('ST = ',ST,' IST KEINE ZIFFER');
END.
```

t_str1_kleinbuchstabe	**Funktion**

Funktion: Überprüft, ob ein String ein Kleinbuchstabe ist.

Deklaration: `function`
`t_str1_kleinbuchstabe(st: t_str1): boolean;`

Aufruf: `ok:= t_str1_kleinbuchstabe(st);`

Eingabe: `st: t_str1`

Ausgabe: `ok: boolean`

Beschreibung: Siehe entsprechend T_STR1_NUMERISCH.

Beispiel: CHECK_7.PAS (auf der Diskette)

t_str1_grossbuchstabe	**Funktion**

Funktion: Überprüft, ob ein String ein Großbuchstabe ist.

Deklaration: `function`
`t_str1_grossbuchstabe(st: t_str1): boolean;`

Aufruf: `ok:= t_str1_grossbuchstabe(st);`

Eingabe: `st: t_str1`

Ausgabe: `ok: boolean`

Beschreibung: Siehe entsprechend T_STR1_NUMERISCH.

Beispiel: CHECK_8.PAS (auf der Diskette)

t_str1_buchstabe	**Funktion**

Funktion: Überprüft, ob ein String ein Buchstabe ist.

Deklaration: `function`
`t_str1_buchstabe(st: t_str1): boolean;`

Aufruf: `ok:= t_str1_buchstabe(st);`

Eingabe: `st: t_str1`

Ausgabe: `ok: boolean`

Beschreibung: Siehe entsprechend T_STR1_NUMERISCH.

Beispiel: CHECK_9.PAS (auf der Diskette)

---

t_dm	**Funktion**

Funktion: Wandelt eine Realzahl so um, daß die Nachkommastellen auf zwei genau sind und dann nur noch Nullen folgen.

Deklaration:
```
function
t_dm(x: real): real;
```

Aufruf:
```
betrag:= t_dm(zahl);
```

Eingabe:
```
zahl  : real
```

Ausgabe:
```
betrag: real
```

Beschreibung:

Mit dieser Funktion können Realzahlen kaufmännisch gerundet werden. Das Ergebnis der Funktion (BETRAG) besitzt maximal 2 Nachkommastellen, die von Null verschieden sind.

Nützlich kann ein solcher Funktionsaufruf sein, wenn DM-Beträge (oder Maße und Gewichte) addiert werden, wobei die Ausgangswerte (evtl. durch prozentuale Berechnungen) mehr Nachkommastellen haben als das Endergebnis haben soll.

Beispiel:

    CHECK__10.PAS

```
PROGRAM DEZIMALZAHLEN;
USES
  CRT,              (* UNIT AUS Turbo Pascal 5.0 *)
  T_CHECK;          (* UNIT AUS TOOLS            *)

VAR
  R1,R2: REAL;

BEGIN
  CLRSCR;
  R1:= 1.239458;
  R2:= 3.1234;
  WRITELN('R1 VORHER: ',R1:10:6,' ===> NACHHER: ',T_DM(R1):10:6);
  WRITELN;
  WRITELN('R2 VORHER: ',R2:10:6,' ===> NACHHER: ',T_DM(R2):10:6);
END.
```

---

t_freier_platz	**Funktion**

Funktion: Liefert den freien Speicherplatz in K Byte.

Deklaration:
```
function
t_freier_platz(laufwerk: t_str1): longint;
```

Aufruf:
```
platz:= t_freier_platz(laufwerk);
```

Eingabe: laufwerk: t_str1

Ausgabe: platz   : longint

Beschreibung:

Der freie Speicherplatz auf dem unter LAUFWERK angegebenen LW wird ermittelt und als Ergebnis der Funktion in KByte zurückgeliefert.

Wird auf ein Laufwerk zugegriffen, das nicht betriebsbereit ist, so lautet das Ergebnis 0.

Beispiel:

CHECK__11.PAS

```
PROGRAM SPEICHERPLATZ;
USES
   CRT,              (* UNIT AUS Turbo Pascal 5.0 *)
   T_CHECK;          (* UNIT AUS TOOLS            *)

VAR
  ST  : STRING(.20.);
  FREI: LONGINT;

BEGIN
  CLRSCR;
  (* C NUR FUER HARDDISK, FUER LW A ==> A: *)
  ST:= 'C:\';
  FREI:= T_FREIER_PLATZ(COPY(ST,1,1));
  WRITELN('FREIER SPEICHERPLATZ: ',FREI,' kBYTE');
END.
```

---

t_reicht_platz	**Funktion**

Funktion: Prüft, ob noch mindestens der angegebene Platz auf dem Laufwerk frei ist.

Deklaration: function
           t_reicht_platz(laufwerk: t_str1;
                     kByte   : longint): boolean;

Aufruf: ok:= t_reicht_platz(laufwerk,min);

Eingabe: laufwerk: t_str1
               min   : longint

Ausgabe: ok   : boolean

Beschreibung:

Es wird überprüft, ob auf dem angegebenen LW (LAUFWERK) noch mindestens so viel Speicherplatz vorhanden ist, wie in MIN angegeben. Ist dieser Platz noch vorhanden, so ist das Ergebnis TRUE, sonst FALSE. Der Wert von MIN muß in KByte angegeben werden; somit ist der kleinste abfragbare Wert 1 KByte. Wird ein nicht betriebsbereites LW überprüft, so ist das Ergebnis stets FALSE. Wird auf ein LW zugegriffen, das nicht betriebsbereit ist, so lautet das Ergebnis ebenfalls 0.

Beispiel:

CHECK__12.PAS

```
PROGRAM AUSREICHEND_SPEICHERPLATZ;
USES
  CRT,                 (* UNIT AUS Turbo Pascal 5.0 *)
  T_CHECK;             (* UNIT AUS TOOLS            *)

VAR
  ST  : STRING(.20.);

BEGIN
  CLRSCR;
  (* C NUR FUER HARDDISK, FUER LW A ==> A: *)
  ST:= 'C:\';
  IF T_REICHT_PLATZ(COPY(ST,1,1),7600)
  THEN WRITELN('SPEICHERPLATZ REICHT AUS')
  ELSE WRITELN('SPEICHERPLATZ REICHT NICHT AUS');
END.
```

---

t_leer_ent	**Funktion**

Funktion: Entfernt aus einem String sämtliche Leerzeichen.

Deklaration: function
            t_leer_ent(st: t_workstring): t_workstring;

Aufruf: erg:= t_leer_ent(st);

Eingabe: st : t_workstring

Ausgabe: erg: t_workstring

Beschreibung: Siehe oben.

Beispiel:

CHECK__13.PAS

```
PROGRAM LEERZEICHEN_ENTFERNEN;
USES
  CRT,                 (* UNIT AUS Turbo Pascal 5.0 *)
  T_CHECK;             (* UNIT AUS TOOLS            *)

VAR
  STR  : STRING(.20.);

BEGIN
  CLRSCR;
  STR:= ' 1 2 3 4 5 6 7 8 9 ';
```

```
    WRITELN('STRING VORHER  : ',STR);
    WRITELN('STRING NACHHER : ',T_LEER_ENT(STR));
END.
```

---

t_gesetztes_LW	**Funktion**

Funktion: Ermittelt das momentan gesetzte Directory eines Laufwerkes und gibt den vollständigen Pfad des aktuellen Directories aus.

Deklaration:
```
function
t_gesetztes_LW: string;
```

Aufruf: `laufwerk:= t_gesetztes_LW;`

Eingabe: Keine

Ausgabe: `laufwerk: string`

Beschreibung: Siehe oben.

Beispiel:

CHECK_14.PAS

```
PROGRAM MOMENTANES_DIRECTORY_ERMITTELN;
USES
   CRT,              (* UNIT AUS Turbo Pascal 5.0 *)
   T_CHECK;          (* UNIT AUS TOOLS            *)


BEGIN
   CLRSCR;
   WRITELN(T_GESETZTES_LW);
END.
```

---

t_LW_wechseln	**Funktion**

Funktion: Wechselt auf ein anderes LW/Directory.

Deklaration:
```
function
t_LW_wechseln(LW: string): boolean;
```

Aufruf: `ok:= t_LW_wechseln(laufwerk);`

Eingabe: `laufwerk: string`

Ausgabe: `ok      : boolean`

Beschreibung:

Wechselt auf das unter LAUFWERK angegebene Laufwerk bzw. Directory. Wenn der Wechsel erfolgreich durchgeführt werden konnte, liefert die Funktion das Ergebnis TRUE.

Konnte nicht auf das angegebene LW gewechselt werden, so wird das vor dem Aufruf gültige LW/ Directory beibehalten und als Ergebnis der Funktion FALSE zurückgeliefert.

Beispiel:

CHECK_15.PAS

```
PROGRAM DIRECTORY_WECHSELN;
USES
  CRT,                    (* UNIT AUS Turbo Pascal 5.0 *)
  T_CHECK;                (* UNIT AUS TOOLS            *)

VAR
  NEUESLW: STRING;

BEGIN
  CLRSCR;
  WRITE('NEUES DIRECTORY: ');
  READLN(NEUESLW);
  IF T_LW_WECHSELN(NEUESLW)
  THEN WRITELN('DIRECTORY GEWECHSELT AUF: ',NEUESLW)
  ELSE WRITELN('LAUFWERK/PFAD NICHT VORHANDEN!!');
  WRITELN;
  WRITELN;
  WRITELN('GESETZTES LW: ',T_GESETZTES_LW);
END.
```

t_tag	**Funktion**

Funktion: Ermittelt aus dem gesetzten Systemdatum den heutigen Wochentag.

Deklaration:
```
function
t_tag: t_str10;
```

Aufruf: `wochentag:= t_tag;`

Eingabe: Keine

Ausgabe: `wochentag: t_str10`

Beschreibung: Siehe oben.

Beispiel:

CHECK_16.PAS

```
PROGRAM HEUTIGEN_TAG_ERMITTELN;
USES
  CRT,                    (* UNIT AUS Turbo Pascal 5.0 *)
  T_CHECK;                (* UNIT AUS TOOLS            *)

BEGIN
  CLRSCR;
  WRITELN('HEUTIGER WOCHENTAG: ',T_TAG);
END.
```

t_datum	Funktion

Funktion: Ermittelt aus dem gesetzten Systemdatum das heutige
Datum in der Form TT.MM.JJJJ.

Deklaration: `function`
`t_datum: t_str10;`

Aufruf: `datum:= t_datum;`

Eingabe: Keine

Ausgabe: `datum: t_str10`

Beschreibung: Siehe oben.

Beispiel:

CHECK_17.PAS

```
PROGRAM HEUTIGES_DATUM_ERMITTELN;
USES
   CRT,                (* UNIT AUS Turbo Pascal 5.0 *)
   T_CHECK;            (* UNIT AUS TOOLS          *)


BEGIN
   CLRSCR;
   WRITELN('HEUTIGES DATUM: ',T_DATUM);
   WRITELN;
   WRITELN;
   WRITE('DAS VOLLSTAENDIGE DATUM: ');
   WRITELN(T_TAG,', den ',T_DATUM);
END.
```

t_str_to_int	Funktion

Funktion: Konvertiert einen String in eine Integerzahl.

Deklaration: `function`
`t_str_to_int(st: t_workstring;`
`                var t_err: byte): integer;`

Aufruf: `erg:= t_str_to_int(st,t_err);`

Eingabe: `st   : t_workstring`
`t_err: byte`

Ausgabe: `erg  : integer`
`t_err: byte`

Beschreibung:

Der angegebene String ST wird in eine Integerzahl umgewandelt. Eventuelle Leerzeichen in dem String werden entfernt.

Das Ergebnis ist eine Integerzahl. Entspricht der String keiner Integerzahl, so ist das Ergebnis gleich 0 (ERG:= 0) T_ERR erhält dann den

Wert 1. Somit kann eine nach der Konvertierung durchgeführte Abfrage der Variablen T_ERR Kenntnis darüber vermitteln, ob das Ergebnis der Funktion entweder 0 war, weil eine Null eingegeben wurde oder weil ein nicht zu konvertierender String (keine Integerzahl) eingegeben wurde.

Die Variable T_ERR ist in der Unit T_DECL deklariert und besitzt die Voreinstellung 0.

Beispiel:

CHECK_18.PAS

```
PROGRAM KONVERTIERE_STRING_TO_INT;
USES
  CRT,               (* UNIT AUS Turbo Pascal 5.0 *)
  T_DECL,T_CHECK,    (* UNIT AUS TOOLS            *)
  T_IO;              (* UNIT AUS TOOLS            *)

VAR
  EINGABE: T_WORKSTRING;

BEGIN
  REPEAT
    CLRSCR;
    WRITE('INTEGER ALS STRING EINGEBEN ( 0 = ENDE) ');
    WRITELN('- AUCH MAL MIT EINEM FEHLER -');
    WRITELN;
    WRITE('EINGABE: ');
    READLN(EINGABE);
    WRITELN;
    WRITELN('IHRE EINGABE WAR: ',EINGABE);
    WRITE('KONVERTIERUNG --> ',
            T_STR_TO_INT(EINGABE,T_ERR));
    WRITELN('      --> T_ERR: ',T_ERR);
    WRITELN;
    IF T_ERR = 0
      THEN WRITELN('KONVERTIERUNG FEHLERLOS!!')
      ELSE WRITELN('KONVERTIERUNG NICHT MOEGLICH!');
    T_MIT_TASTE;
  UNTIL EINGABE = '0';
  CLRSCR;
END.
```

t_num_to_str	Funktion

Funktion: Konvertiert einen numerischen Wert in einen Stringausdruck.

Deklaration:
```
function
t_num_to_str(zahl: real;
               laenge,nach: byte): t_worksting;
```

Aufruf:
```
erg:= t_num_to_str(zahl,laenge,nach);
```

Eingabe: zahl : real
                laenge: byte
                nach : byte

Ausgabe: erg   : t_workstring

Beschreibung:

Konvertiert die ZAHL in einen Stringausdruck mit der angegebenen LAENGE und den entsprechenden Nachkommastellen NACH.

Für die zu konvertierende ZAHL gilt folgender Wertebereich:

$$-2147483648 <= ZAHL <= 2147483647$$

Beispiel:

CHECK_19.PAS

```
PROGRAM KONVERTIERUNG_NUM_STR;
USES
  CRT,                     (* UNIT AUS Turbo Pascal 5.0 *)
  T_DECL,T_IO,T_CHECK;     (* UNIT AUS TOOLS          *)

VAR
  TESTZAHL: REAL;

BEGIN
  REPEAT
    CLRSCR;
    WRITE('GIB EINE ZAHL EIN: '); READLN(TESTZAHL);
    WRITELN;
    WRITELN('ALS STRING        : ',
            T_NUM_TO_STR(TESTZAHL,6,2));
    T_MIT_TASTE;
  UNTIL TESTZAHL = 0;
END.
```

---

t_str_to_num	**Funktion**

Funktion: Wandelt einen String in einen numerischen Wert um.

Deklaration: function
                    t_str_to_num(st: t_workstring;
                                 var t_err: byte): real;

Aufruf: real_zahl:= t_str_to_num(st,t_err);

Eingabe: st : t_workstring
                t_err: byte

Ausgabe: real_zahl: real
                t_err   : byte

Beschreibung:

Ein beliebiger Stringausdruck (ST) wird in einen numerischen Wert umgewandelt, wobei Leerzeichen innerhalb des Strings entfernt werden und ein eventuelles Komma (",") durch den Dezimalpunkt (".") ersetzt wird.

Entspricht der Stringausdruck den Anforderungen an einen numerischen Wert, so enthält REAL_ZAHL den entsprechenden numerischen Wert und die Variable T_ERR den Wert 0. Tritt ein Fehler bei der Umwandlung auf, so wird REAL_ZAHL 0 und T_ERR erhält den Wert 1.

Für den zu konvertierenden String bzw. für die konvertierte Zahl REAL_ZAHL gilt folgender Wertebereich:

$$-2147483648 <= REAL\_ZAHL <= 2147483647$$

Das nachfolgende Beispiel zeigt den durchaus komfortablen Einsatz dieser Funktion.

Beispiel:

CHECK_21.PAS

```
PROGRAM NOCHMALS_STRING_IN_REAL_VERWANDELN;
USES
  CRT,                 (* UNIT AUS Turbo Pascal 5.0 *)
  T_DECL,T_IO,T_CHECK, (* UNIT AUS TOOLS            *)
  T_GIBEIN;            (* UNIT AUS TOOLS            *)

CONST
  MLD = 'Bitte eine Zahl eingeben: ';

VAR
  EINGABE: T_WORKSTRING;
  FEHLER : BYTE;
  REAL_Z : REAL;
  CTRL_T : CHAR;

BEGIN
  CLRSCR;
  REPEAT
    EINGABE:= T_ANTWORT(10,5,10,MLD,' ',CTRL_T);
    REAL_Z:= T_STR_TO_NUM(EINGABE,FEHLER);
    IF FEHLER <> 0 THEN T_PIEP(1);
  UNTIL FEHLER = 0;
  T_GO(10,10); WRITELN('IHRE EINGABE: ',EINGABE);
  T_GO(10,12); WRITELN('ALS ZAHL    : ',REAL_Z:10:3);
  READLN;
END.
```

t_uhrzeit	**Funktion**

Funktion: Liefert die Uhrzeit als String.

Deklaration:
```
function
t_uhrzeit(sek,sek100: boolean): t_str11;
```

Aufruf:
```
zeit:= t_uhrzeit(sek,sek100);
```

Eingabe:
```
    sek   : boolean
    sek100: boolean
```

Ausgabe:
```
zeit  : t_str11
```

Beschreibung:

Die Uhrzeit des Systems wird ermittelt und als String ausgegeben. Dabei kann entschieden werden, ob die Uhrzeit mit Sekunden (SEK = TRUE) und hundertstel Sekunden (SEK100 = TRUE) ermittelt werden soll.

Beispiel:

     CHECK_22.PAS

```
PROGRAM UHRZEIT_ANZEIGEN;
USES
   CRT,          (* UNIT AUS Turbo Pascal 5.0 *)
   T_DECL,T_IO,  (* UNIT AUS TOOLS            *)
   T_CHECK;      (* UNIT AUS TOOLS            *)

BEGIN
   CLRSCR;
   T_SCHREIBE(20,1,'UHRZEIT NUR MIT SEKUNDEN');
   T_SCHREIBE(20,2,'ENDE --> Taste drücken..');
   REPEAT
     T_SCHREIBE(25,10,T_UHRZEIT(TRUE,FALSE));
   UNTIL KEYPRESSED;
END.
```

t_datei_zeilen	**Funktion**

Funktion: Liefert die Länge einer Textdatei in Zeilen.

Deklaration:
```
function
t_datei_zeilen(dateiname:
                    t_workstring): integer;
```

Aufruf:
```
anz_zeilen:= t_datei_zeilen(dateiname);
```

Eingabe:
```
dateiname : t_workstring
```

Ausgabe:
```
anz_zeilen: integer
```

Beschreibung:

Die Länge einer Textdatei wird in Zeilen als Ergebnis dieser Funktion zurückgeliefert. Die entsprechende Datei wird geöffnet und, solange noch nicht das Ende der Datei (EOF) erreicht ist, jeweils das erste Zeichen einer Zeile gelesen. Existiert die Datei nicht, ist das Ergebnis 0.

Diese Funktion darf nicht auf ausführbare Dateien (i.A. mit den Endungen .COM, .EXE usw.) angewendet werden, sondern nur auf Textdateien.

Beispiel:

CHECK_23.PAS

```
PROGRAM LAENGE_VON_DATEINAMEN;
USES
  CRT,               (* UNIT AUS Turbo Pascal 5.0 *)
  T_DECL,T_CHECK,    (* UNIT AUS TOOLS            *)
  T_IO;              (* UNIT AUS TOOLS            *)

VAR
  NAME: T_WORKSTRING;

BEGIN
  CLRSCR;
  NAME:= 'CHECK_23.PAS';
  WRITELN('DIE LAENGE DIESER DATEI ANGEBEN');
  T_GO(20,10);
  WRITE('LAENGE DER DATEI ',NAME,': ');
  WRITELN(T_DATEI_ZEILEN(NAME),' ZEILEN');
END.
```

---

t_min_delta	**Funktion**

Funktion: Berechnet die Differenz zweier Uhrzeiten in Minuten.

Deklaration:
```
function
t_min_delta(t1,t2: t_str5;
            var error: byte): integer;
```

Aufruf: `differenz:= t_min_delta(t1,t2,error);`

Eingabe:
```
t1   : t_str5
t2   : t_str5
error: byte
```

Ausgabe:
```
differenz: integer
error    : byte
```

Beschreibung:

Die Differenz zweier Uhrzeiten, die in dem folgenden Format übergeben werden müssen, wird in Minuten berechnet und als Funktionsergebnis zurückgegeben. Das Format lautet: HH:MM.

Liegen die Uhrzeiten nicht in diesem Format vor oder befinden sich die Stunden (0..24) oder die Minuten (0..60) außerhalb ihres Bereiches, ist das Ergebnis (DIFFERENZ) gleich 0 und die Variable ERROR erhält den Wert 1.

Kann die Differenz der Uhrzeiten berechnet werden, so erhält ERROR den Wert 0.

Beispiel:

CHECK__24.PAS

```
PROGRAM ZEITDIFFERENZ_IN_MINUTEN;
USES
   CRT,              (* UNIT AUS Turbo Pascal 5.0 *)
   T_DECL,           (* UNIT AUS TOOLS            *)
   T_CHECK,T_IO;     (* UNIT AUS TOOLS            *)

VAR
   ZEIT1,
   ZEIT2 : T_STR5;   (* 2 ZEITEN  *)
   DELTA : INTEGER;  (* DIFFERENZ *)
   ERR   : BYTE;     (* FEHLER    *)


BEGIN
   CLRSCR;
   WHILE ZEIT2 <> '00:00' DO
   BEGIN
     CLRSCR;
     WRITELN('BITTE UHRZEITEN EINGEBEN (ENDE MIT "00:00")');
     WRITELN;
     WRITE('1. ZEITMARKE (HH:MM): '); READLN(ZEIT1);
     WRITE('2. ZEITMARKE (HH:MM): '); READLN(ZEIT2);
     DELTA:= T_MIN_DELTA(ZEIT1,ZEIT2,ERR);
     IF ERR = 0
     THEN BEGIN
             WRITELN;
             WRITELN('1. ZEITMARKE: ',ZEIT1);
             WRITELN('2. ZEITMARKE: ',ZEIT2);
             WRITELN;
             WRITELN('DIFFERENZ   : ',DELTA,' min.');
             T_MIT_TASTE;
          END
     ELSE BEGIN
             WRITELN;
             WRITELN('FEHLER IN DEN UHRZEITEN!!!');
             WRITELN('1. ZEITMARKE: ',ZEIT1);
             WRITELN('2. ZEITMARKE: ',ZEIT2);
             WRITELN;
             WRITELN('FEHLER    : ',ERR);
             WRITELN('DIFFERENZ : ',DELTA);
             T_MIT_TASTE;
          END;
   END; (* OF WHILE ... *)
END.
```

t_sec_delta	**Funktion**

Funktion: Berechnet die Differenz zweier Uhrzeiten in Sekunden.

Deklaration:
```
function
t_sec_delta(t1,t2: t_str8;
            var error: byte): longint;
```

Aufruf:
```
differenz:= t_sec_delta(t1,t2,error);
```

Eingabe:
```
t1   : t_str8
t2   : t_str8
error: byte
```

Ausgabe:
```
differenz: longint
error    : byte
```

Beschreibung:

Die Differenz zweier Uhrzeiten, die in dem folgenden Format übergeben werden müssen, wird in Sekunden berechnet und als Funktionsergebnis zurückgegeben. Das Format lautet: HH:MM:SS.

Liegen die Uhrzeiten nicht in diesem Format vor oder befinden sich die Stunden (0..24), die Minuten (0..60) oder. die Sekunden (0..60) außerhalb ihres Bereiches, ist das Ergebnis (DIFFERENZ) gleich 0 und die Variable ERROR erhält den Wert 1.

Kann die Differenz der Uhrzeiten berechnet werden, so erhält ERROR den Wert 0.

Beispiel:

CHECK_25.PAS

```
PROGRAM ZEITDIFFERENZ_IN_SEKUNDEN;
USES
   CRT,                (* UNIT AUS Turbo Pascal 5.0 *)
   T_DECL,T_IO,        (* UNIT AUS TOOLS            *)
   T_CHECK;            (* UNIT AUS TOOLS            *)

VAR
   START : T_STR8;  (* STARTZEIT                 *)
   STOP  : T_STR8;  (* STOPZEIT                  *)
   DIFF  : LONGINT; (* ZEITDIFFERENZ:START-STOP  *)
   ERR   : BYTE;    (* FUER FEHLER-CODE          *)
   I     : INTEGER; (* ZAEHLVARIABLE             *)


BEGIN
   CLRSCR;
   START:= T_UHRZEIT(TRUE,FALSE);
   FOR I:= 1 TO 1500 DO
   BEGIN
     T_GO(10,20);
     WRITE('ES WIRD GEZAEHLT: ',I:5);
```

```
      END;
      STOP:= T_UHRZEIT(TRUE,FALSE);
      DIFF:= T_SEC_DELTA(START,STOP,ERR);
      CLRSCR;
      IF ERR = 0
      THEN BEGIN
            WRITELN('STARTZEIT: ',START);
            WRITELN('STOPZEIT : ',STOP);
            WRITELN;
            WRITELN('DIFFERENZ: ',DIFF,' Sekunden');
          END
      ELSE BEGIN   (* WENN FEHLER VORLIEGT *)
            WRITELN('KEINE BERECHNUNG MOEGLICH! - ERROR --> ',ERR);
          END;
    END.
```

---

t_real_range	**Funktion**

Funktion: Überprüft, ob eine Realzahl innerhalb des angegebenen Bereiches liegt.

Deklaration:
```
function
t_real_range(min,max,zahl: real): boolean;
```

Aufruf:
```
ok:= t_real_range(min,max,zahl);
```

Eingabe:
```
min : real
max : real
zahl: real
```

Ausgabe:
```
ok  : boolean
```

Beschreibung:

Es wird überprüft, ob ZAHL innerhalb des durch MIN und MAX bestimmten Bereiches liegt. Ist dies der Fall, liefert die Funktion das Ergebnis TRUE, sonst FALSE. Eine Überprüfung, ob es sich tatsächlich um eine Realzahl handelt, findet nicht statt.

Für TRUE gilt: MIN <= ZAHL <= MAX.

Beispiel:

CHECK_26.PAS

```
PROGRAM REAL_BEREICH;
USES
   CRT,           (* UNIT AUS Turbo Pascal 5.0 *)
   T_CHECK;       (* UNIT AUS TOOLS            *)

VAR
   MIN,
   MAX,
   ZAHL : REAL;

BEGIN
```

```
        CLRSCR;
        MIN:= 2.5;
        MAX:= 8.5;
        WRITE('GIB EINE ZAHL EIN: '); READLN(ZAHL);
        WRITELN;
        IF T_REAL_RANGE(MIN,MAX,ZAHL)
        THEN WRITELN('ZAHL LIEGT INNERHALB' +
                    ' DES GUELTIGEN BEREICHES')
        ELSE WRITELN('ZAHL LIEGT AUSSERHALB' +
                    ' DES GUELTIGEN BEREICHES');
        END.
```

t_int_range	**Funktion**

Funktion: Überprüft, ob eine Integerzahl innerhalb des angegebenen Beriches liegt.

Deklaration:
```
function
t_int_range(min,max,zahl: integer): boolean;
```

Aufruf:
```
ok:= t_int_range(min,max,zahl);
```

Eingabe:
```
min : integer
max : integer
zahl: integer
```

Ausgabe:
```
ok  : boolean
```

Beschreibung: Siehe entsprechend T_REAL_RANGE.

Beispiel: CHECH_27.PAS (auf der Diskette)

Das Listing der Unit T_CHECK

Programmname   : a:\t_check.pas

```
 1: {--------------------------------------------------------}
 2: { unit    : t_check.pas                                  }
 3: {                                                        }
 4: { date    : 08.10.88                                     }
 5: { compiler : turbo pascal 5.0/5.5                        }
 6: {                                                        }
 7: {                                                        }
 8: { update  : 20.07.89                                     }
 9: {                                                        }
10: { Autor   : Reiner Schoelles                             }
11: {--------------------------------------------------------}
12: { Diese  Unit enthält Überprüfungs-Routinen.             }
13: {--------------------------------------------------------}
14: unit t_check;
15:
16: {--------------------------------------------------------}
17: { Interface                                              }
18: {--------------------------------------------------------}
19: Interface
20: uses
```

```
21:    crt,dos,  { Unit aus Turbo Pascal 5.0 }
22:    t_decl;   { Unit aus Tools           }
23:
24:    function t_kleinbuchstabe(ch: char): boolean;
25:    function t_grossbuchstabe(ch: char): boolean;
26:    function t_buchstabe(ch: char): boolean;
27:    function t_numerisch(ch: char): boolean;
28:
29:    function t_datei_exist(dateiname: t_workstring): boolean;
30:    function t_datei_erzeugen(dateiname:
31:                                 t_workstring): boolean;
32:
33:    function t_datei_zeilen(dateiname: t_workstring):integer;
34:    function t_str1_numerisch(st: t_str1): boolean;
35:    function t_str1_kleinbuchstabe(st: t_str1): boolean;
36:    function t_str1_grossbuchstabe(st: t_str1): boolean;
37:    function t_str1_buchstabe(st: t_str1): boolean;
38:    function t_dm(x: real): real;
39:
40:    function t_freier_platz(laufwerk: t_str1): longint;
41:    function t_reicht_platz(laufwerk: t_str1;
42:                            Kbyte    : longint): boolean;
43:
44:    function t_leer_ent(st: t_workstring): t_workstring;
45:
46:    function t_gesetztes_Lw: string;
47:    function t_Lw_wechseln(Lw: string): boolean;
48:
49:    function t_tag: t_str10;
50:    function t_datum: t_str10;
51:    function t_uhrzeit(sek,sek100: boolean): t_str11;
52:
53:    function t_str_to_int(st: t_workstring;
54:                          var t_err: byte): integer;
55:
56:    function t_num_to_str(zahl      : real;
57:                          laenge,nach:byte): t_workstring;
58:
59:    function t_str_to_num(st: t_workstring;
60:                          var t_err: byte): real;
61:
62:    function t_min_delta(T1,T2: t_str5;
63:                          var error: byte): integer;
64:    function t_sec_delta(T1,T2: t_str8;
65:                          var error: byte): longint;
66:
67:    function t_real_range(min,max,zahl: real): boolean;
68:    function t_int_range(min,max,zahl: integer): boolean;
69:
70: {-------------------------------------------------------}
71: { Implementation                                        }
72: {-------------------------------------------------------}
73: Implementation
74:
75: {-------------------------------------------------------}
76: { t_kleinbuchstabe                                      }
77: {-------------------------------------------------------}
78: function t_kleinbuchstabe(ch: char): boolean;
79: begin
```

```
 80:   if ch in ['a'..'z'] then t_kleinbuchstabe:= true
 81:                       else t_kleinbuchstabe:= false;
 82: end;
 83: {--------------------------------------------------------------}
 84: { t_grossbuchstabe                                             }
 85: {--------------------------------------------------------------}
 86: function t_grossbuchstabe(ch: char): boolean;
 87: begin
 88:   if ch in ['A'..'Z'] then t_grossbuchstabe:= true
 89:                       else t_grossbuchstabe:= false;
 90: end;
 91: {--------------------------------------------------------------}
 92: { t_buchstabe                                                  }
 93: {--------------------------------------------------------------}
 94: function t_buchstabe(ch: char): boolean;
 95: begin
 96:   if t_kleinbuchstabe(ch) or t_grossbuchstabe(ch)
 97:   then t_buchstabe:= true
 98:   else t_buchstabe:= false;
 99: end;
100: {--------------------------------------------------------------}
101: { t_numerisch                                                  }
102: {--------------------------------------------------------------}
103: function t_numerisch(ch: char): boolean;
104: begin
105:   if ch in ['0'..'9'] then t_numerisch:= true
106:                       else t_numerisch:= false;
107: end;
108: {--------------------------------------------------------------}
109: { t_datei_exist                                                }
110: {--------------------------------------------------------------}
111: function t_datei_exist(dateiname: t_workstring): boolean;
112: var  f: file;
113:
114: begin
115:   if length(dateiname) < 1 then dateiname:= ' ';
116:   {$I-}
117:   assign(f,dateiname);
118:   reset(f);
119:   {$I+}
120:   if ioResult = 0 then begin
121:                          t_datei_exist:= true;
122:                          close(f);
123:                        end
124:                   else t_datei_exist:= false;
125: end;
126: {--------------------------------------------------------------}
127: { t_datei_erzeugen                                             }
128: {                   Ueberprueft, ob eine Datei erzeugt         }
129: {                   (neu angelegt) werden kann, d.h., ob       }
130: {                   rewrite(dateiname) fehlerfrei ausge-       }
131: {                   fuehrt werden konnte. Die Datei darf       }
132: {                   noch nicht existieren, da sie sonst        }
133: {                   geloescht wird.                            }
134: {--------------------------------------------------------------}
135: function t_datei_erzeugen(dateiname: t_workstring):boolean;
136: var
137:   f    : file;
138:   err  : word;
```

```
139:
140: begin
141:    assign(f,dateiname);
142:    {$I-}
143:    rewrite(f);
144:    {$I+}
145:    if ioResult = 0
146:    then begin
147:          t_datei_erzeugen:= true;
148:          close(f);
149:          {$I-}
150:          erase(f); { Datei wieder loeschen }
151:          {$I+}
152:          err:= ioResult;
153:        end
154:    else t_datei_erzeugen:= false;
155: end;
156: {------------------------------------------------------}
157: { t_datei_zeilen                                       }
158: {                     Ermittelt die Laenge einer (Text-)Datei.}
159: {------------------------------------------------------}
160: function t_datei_zeilen(dateiname: t_workstring): integer;
161: var
162:    f     : text;
163:    zeile : t_str1;
164:    anz   : integer;
165:
166: begin
167:    if length(dateiname) < 1 then dateiname:= ' ';
168:    if t_datei_exist(dateiname)
169:    then begin
170:          anz:= 0;
171:          assign(f,dateiname);
172:          reset(f);
173:          while not eof(f) do
174:          begin
175:            readln(f,zeile);
176:            inc(anz);
177:          end;
178:          close(f);
179:          t_datei_zeilen:= anz;
180:        end
181:    else t_datei_zeilen:= 0; { Wenn Datei nicht existiert }
182: end;
183: {------------------------------------------------------}
184: { t_str1_numerisch                                     }
185: {------------------------------------------------------}
186: function t_str1_numerisch(st: t_str1): boolean;
187: begin
188:    if st[1] in ['0'..'9'] then t_str1_numerisch:= true
189:                           else t_str1_numerisch:= false;
190: end;
191: {------------------------------------------------------}
192: { t_str1_kleinbuchstabe                                }
193: {------------------------------------------------------}
194: function t_str1_kleinbuchstabe(st: t_str1): boolean;
195: begin
196:    if st[1] in ['a'..'z'] then t_str1_kleinbuchstabe:= true
197:                           else t_str1_kleinbuchstabe:= false;
```

```
198: end;
199: {---------------------------------------------------------------}
200: { t_str1_grossbuchstabe                                         }
201: {---------------------------------------------------------------}
202: function t_str1_grossbuchstabe(st: t_str1): boolean;
203: begin
204:    if st[1] in ['A'..'Z'] then t_str1_grossbuchstabe:= true
205:                            else t_str1_grossbuchstabe:= false;
206: end;
207: {---------------------------------------------------------------}
208: { t_str1_buchstabe                                              }
209: {---------------------------------------------------------------}
210: function t_str1_buchstabe(st: t_str1): boolean;
211: begin
212:    if t_str1_kleinbuchstabe(st) or t_str1_grossbuchstabe(st)
213:    then t_str1_buchstabe:= true
214:    else t_str1_buchstabe:= false;
215: end;
216: {---------------------------------------------------------------}
217: { t_dm                                                          }
218: {---------------------------------------------------------------}
219: function t_dm(x: real): real;
220: var                         {++++++++++++++++++++++++++++++}
221:    vor       : longint;     { Als Beispiel soll die Zahl }
222:    nach      : real;        { x = 2.4567 in eine DM-Zahl }
223:    MAL100    : real;        { mit zwei Stellen hinter dem}
224:    Ganz      : longint;     { Komma genau umgerechnet     }
225:                             { werden!                     }
226: begin                       {                             }
227:    vor       := TRUNC(X);   { vor:= 2                     }
228:    nach      := X - (vor);  { nach:= 2.4567 - 2 = 0.4567 }
229:    MAL100    := nach * 100; { MAL100:= 45.67              }
230:    Ganz      := ROUND(MAL100); { Ganz:= 46                }
231:    t_dm      := vor+(Ganz/100); { DM:= 2 + 0.46 = 2.46    }
232: end;                        {++++++++++++++++++++++++++++++}
233: {---------------------------------------------------------------}
234: { t_freier_platz                                                }
235: {             Liefert freien Speicherplatz in KByte.           }
236: {---------------------------------------------------------------}
237: function t_freier_platz(laufwerk: t_str1): longint;
238: var  Lw: integer;
239:
240: begin
241:    Lw:= 0;  { Angemeldetes Lw }
242:    Laufwerk[1]:= upcase(Laufwerk[1]);
243:    if Laufwerk[1] in ['A'..'H']
244:    then begin
245:         Lw:= ord(Laufwerk[1])-64;
246:         if diskfree(Lw) = -1
247:            then t_freier_platz:= 0
248:            else t_freier_platz:= diskfree(Lw) div 1024;
249:         end
250:    else t_freier_platz:= 0;
251: end;
252: {---------------------------------------------------------------}
253: { t_reicht_platz                                                }
254: {             Ueberprueft, ob noch mindestens der an-          }
255: {             gegebene Speicherplatz verfuegbar ist.           }
256: {---------------------------------------------------------------}
```

```
257: function t_reicht_platz(laufwerk: t_str1;
258:                          Kbyte: longint): boolean;
259: begin
260:   if t_freier_platz(laufwerk) >  Kbyte
261:     then t_reicht_platz:= true
262:     else t_reicht_platz:= false;
263: end;
264: {------------------------------------------------------}
265: { t_leer_ent                                           }
266: {              Entfernt aus einem String saemtliche Leer-   }
267: {              zeichen.                                 }
268: {------------------------------------------------------}
269: function t_leer_ent(st: t_workstring): t_workstring;
270: var
271:   helpst: t_workstring;
272:   i     : integer;
273:
274: begin
275:   if length(st) > 80
276:   then helpst:= ''
277:   else begin
278:          helpst:= ''; { Leerstring erzeugen }
279:          for i:= 1 to length(st) do
280:          begin
281:            if (copy(st,I,1)) <> ' '
282:              then helpst:= helpst + copy(st,i,1);
283:          end;
284:        end;
285:   t_leer_ent:= helpst;
286: end;
287: {------------------------------------------------------}
288: { t_gesetztes_Lw                                       }
289: {              Ermittelt das momentan gesetzte Lw. Falls}
290: {              ein Fehler auftritt, wird das Lw A: als  }
291: {              das momentane Lw angenommen.            }
292: {------------------------------------------------------}
293: function t_gesetztes_Lw: string;
294: var
295:   error : word;
296:       s : string;
297:       d : byte;
298:
299: begin
300:   error:= 0;
301:   d    := 0;
302:   s    := '';
303:   {$I-}
304:   getdir(d,s);
305:   {$I+}
306:   error:= ioResult;
307:   if error = 0
308:   then begin
309:          if copy(s,length(s),1) = '\'
310:          then s:= copy(s,1,length(s)-1);
311:          t_gesetztes_Lw:= s   { Wenn kein Fehler auftritt }
312:        end
313:   else t_gesetztes_Lw:= 'A:'; { Sonst A: annehmen!! }
314: end;
315: {------------------------------------------------------}
```

```
316: { t_Lw_wechseln                                          }
317: {                      Wechselt auf das angegebene Laufwerk/   }
318: {                      Directory, wenn dieses vorhanden ist.   }
319: {---------------------------------------------------------}
320: function t_Lw_wechseln(Lw: string): boolean;
321: var
322:    altesLw : string;
323:    neuesLw : string;
324:    laenge  : byte;
325:
326: begin
327:    altesLw:= t_gesetztes_Lw; { Altes Lw festhalten }
328:    neuesLw:= t_leer_ent(Lw);
329:    laenge:= length(neuesLw);
330:    if laenge >= 1
331:    then begin
332:          {$I-}
333:          chdir(neuesLw);
334:          {$I+}
335:          if ioResult <> 0
336:          then begin
337:                t_Lw_wechseln:= false; { Lw nicht vorh. }
338:                chdir(altesLw); { Wieder das alte nehmen}
339:             end
340:          else begin
341:                if t_reicht_platz(copy(neuesLw,1,1),0)
342:                then t_Lw_wechseln:= true { Lw vorhanden }
343:                else begin                { u. gewechselt}
344:                      t_Lw_wechseln:= false;
345:                      chdir(altesLw);
346:                   end;
347:             end;
348:       end { if }
349:    else begin
350:          { no action }
351:          t_Lw_wechseln:= false;
352:       end;
353: end;
354: {---------------------------------------------------------}
355: { t_tag                                                   }
356: {            Ermittelt aus dem Systemdatum den heutigen   }
357: {            Wochentag.                                    }
358: {---------------------------------------------------------}
359: function t_tag: t_str10;
360: var
361:    year,
362:    month,
363:    day,
364:    dayOfWeek: word;
365:
366: begin
367:    {++++++++++++++++++++++++++++++++++++}
368:    {          TP-procedure aufrufen     }
369:    {++++++++++++++++++++++++++++++++++++}
370:    getdate(year,month,day,dayOfWeek);
371:    {++++++++++++++++++++++++++++++++++++}
372:    {          Wochentag ermitteln       }
373:    {++++++++++++++++++++++++++++++++++++}
374:    case dayofweek of
```

```
375:      0: t_tag:= 'Sonntag';
376:      1: t_tag:= 'Montag';
377:      2: t_tag:= 'Dienstag';
378:      3: t_tag:= 'Mittwoch';
379:      4: t_tag:= 'Donnerstag';
380:      5: t_tag:= 'Freitag';
381:      6: t_tag:= 'Samstag';
382:    end; { case }
383:    {+++++++++++++++++++++++++++++++++++++++}
384: end;
385: {--------------------------------------------------------}
386: { t_datum                                                }
387: {          Ermittelt aus dem Systemdatum das heutige Datum }
388: {          in der Form (TT.MM.JJJJ).                      }
389: {--------------------------------------------------------}
390: function t_datum: t_str10;
391: var
392:    sys_jahr      : string[4];
393:    sys_monat_zif: string[2];
394:    sys_tag       : string[2];
395:    YEAR,
396:    MONTH,
397:    day,
398:    dayOfWeek     : word;
399:
400: begin
401:    {+++++++++++++++++++++++++++++++++++++++}
402:    {        TP-procedure aufrufen         }
403:    {+++++++++++++++++++++++++++++++++++++++}
404:    getdate(year,month,day,dayOfWeek);
405:    {+++++++++++++++++++++++++++++++++++++++}
406:    {        Jahr zuordnen                 }
407:    {+++++++++++++++++++++++++++++++++++++++}
408:    str(year:4,sys_jahr);
409:    {+++++++++++++++++++++++++++++++++++++++}
410:    {        Monat-Text ermitteln          }
411:    {+++++++++++++++++++++++++++++++++++++++}
412:    case month of
413:       1: sys_monat_zif:= '01';
414:       2: sys_monat_zif:= '02';
415:       3: sys_monat_zif:= '03';
416:       4: sys_monat_zif:= '04';
417:       5: sys_monat_zif:= '05';
418:       6: sys_monat_zif:= '06';
419:       7: sys_monat_zif:= '07';
420:       8: sys_monat_zif:= '08';
421:       9: sys_monat_zif:= '09';
422:      10: sys_monat_zif:= '10';
423:      11: sys_monat_zif:= '11';
424:      12: sys_monat_zif:= '12';
425:    end; { case }
426:    {+++++++++++++++++++++++++++++++++++++++}
427:    {        Tag umwandeln                 }
428:    {+++++++++++++++++++++++++++++++++++++++}
429:    if t_int_range(1,9,day)
430:    then begin
431:         case day of
432:             1: sys_tag:= '01';
433:             2: sys_tag:= '02';
```

```
434:               3: sys_tag:= '03';
435:               4: sys_tag:= '04';
436:               5: sys_tag:= '05';
437:               6: sys_tag:= '06';
438:               7: sys_tag:= '07';
439:               8: sys_tag:= '08';
440:               9: sys_tag:= '09';
441:          end; { case }
442:        end
443:   else str(day:2,sys_tag);
444:   t_datum:= sys_tag+'.'+sys_monat_zif+'.'+sys_jahr;
445: end;
446: {-----------------------------------------------------------}
447: { t_uhrzeit                                                 }
448: {          Liefert die Uhrzeit des Systems als String in   }
449: {          der Form HH:MM:SS zurueck.                       }
450: {-----------------------------------------------------------}
451: function t_uhrzeit(sek,sek100: boolean): t_str11;
452: var
453:    hour, min, second, sec100   : word;
454:    stunde, minute, sekunde,s100 : t_str2;
455:
456: begin
457:    {+++++++++++++++++++++++++++++++}
458:    { TP-Prozedur aufrufen          }
459:    {+++++++++++++++++++++++++++++++}
460:    gettime(hour,min,second,sec100);
461:    {+++++++++++++++++++++++++++++++}
462:    { std,min,sec in String umw.    }
463:    {+++++++++++++++++++++++++++++++}
464:    stunde := t_num_to_str(hour,2,0);
465:    minute := t_num_to_str(min,2,0);
466:    sekunde:= t_num_to_str(second,2,0);
467:    s100   := t_num_to_str(sec100,2,0);
468:    {++++++++++++++++++++++++++++++++}
469:    { Auf richtige Laenge pruefen    }
470:    {++++++++++++++++++++++++++++++++}
471:    stunde := t_leer_ent(stunde);
472:    minute := t_leer_ent(minute);
473:    sekunde:= t_leer_ent(sekunde);
474:    s100   := t_leer_ent(s100);
475:    if length(stunde)  < 2 then stunde := '0'+stunde;
476:    if length(minute)  < 2 then minute := '0'+minute;
477:    if length(sekunde) < 2 then sekunde:= '0'+sekunde;
478:    if length(s100)    < 2 then s100   := '0'+s100;
479:    {+++++++++++++++++++++++++++++++}
480:    { Uhrzeit als String            }
481:    {+++++++++++++++++++++++++++++++}
482:    if sek
483:    then begin
484:         if sek100
485:           then t_uhrzeit:=
486:                stunde+':'+minute+':'+sekunde+':'+S100
487:           else t_uhrzeit:= stunde+':'+minute+':'+sekunde;
488:         end
489:    else t_uhrzeit:= stunde+':'+minute;
490: end;
491: {-----------------------------------------------------------}
492: { t_str_to_int                                              }
```

```
493: {              Konvertiert eine String in einen Integer-Wert}
494: {------------------------------------------------------>
495: function t_str_to_int(st: t_workstring;
496:                       var t_err: byte): integer;
497:
498: var
499:   erg  : real;       { Umwandlung erst als Real-Zahl }
500:   fehler: integer;   { Innerhalb der Val-Prozedur    }
501:   i    : integer;    { Laufvariable                  }
502:   ok   : boolean;    { Ob Konvertierung ok           }
503:
504: {--------------------------------------->
505: { keine_integer_zahl                    }
506: {--------------------------------------->
507: procedure keine_integer_zahl;
508: begin
509:   t_err:= 1;
510:   t_str_to_int:= 0;
511: end;
512: {--------------------------------------->
513: begin
514:   st:= t_leer_ent(st);
515:   ok:= true; { Angenommen Integer }
516:   {----------------------------->
517:   { Integer hat keinen Dez.Pkt   }
518:   { und kein Komma               }
519:   {----------------------------->
520:   for i:= 1 to length(st) do
521:   begin
522:     if (st[i] = '.') or (st[i] = ',')
523:     then ok:= false; { Keine Integer-Zahl }
524:   end;
525:   {----------------------------->
526:   if ok
527:   then begin
528:         val(st,erg,fehler);
529:         if fehler = 0 { Erfolgreiche Konvertierung }
530:         then begin
531:              if (erg >= -32768) and (erg <= 32767)
532:              then begin
533:                   t_str_to_int:= trunc(erg);
534:                   t_err:= 0;
535:                   end
536:              else keine_integer_zahl;
537:              end
538:         else keine_integer_zahl;
539:         end
540:   else keine_integer_zahl;
541: end;
542: {----------------------------------------------------->
543: { t_num_to_str                                         }
544: {          Konvertiert einen numerischen Ausdruck in   }
545: {          einen String.                               }
546: {----------------------------------------------------->
547: function t_num_to_str(zahl       : real;
548:                       laenge,nach:byte): t_workstring;
549:
550: var
551:   st: t_workstring;
```

```
552:
553: begin
554:    st:= '';
555:    str(zahl:laenge:nach,st);
556:    t_num_to_str:= st;
557: end;
558: {---------------------------------------------------------}
559: { t_str_to_num                                            }
560: {               Konvertiert einen String in einen nume-   }
561: {               rischen Wert. Das Erg. ist vom Typ Real.  }
562: {               Leerzeichen werden entfernt. Ein evtl. "," }
563: {               wird durch "." ersetzt.                   }
564: {---------------------------------------------------------}
565: function t_str_to_num(st        : t_workstring;
566:                         var t_err: byte): real;
567: var
568:    z         : byte;       { Zaehlvariable              }
569:    real_zahl: real;        { Umgewandelter String als real  }
570:    err_code : integer;  { = 0 --> ok, > 0 --> Fehlerstelle }
571:
572: begin
573:    st:= t_leer_ent(st); { Eventuelle Leerzeichen entfernen }
574:    if length(st) > 0
575:    then begin
576:         for z:= 1 to length(st) do
577:         begin
578:            if st[z] = ',' then st[Z]:= '.';
579:         end;
580:         val(st,real_zahl,err_code);
581:         if err_code = 0
582:         then begin { Konvertierung ok }
583:                  t_str_to_num:= real_zahl;
584:                  t_err:= 0;
585:              end
586:         else begin { Konvertierung nicht ok }
587:                  t_str_to_num:= 0;
588:                  t_err:= 1; { Fehler }
589:              end;
590:         end
591:    else begin                 { Wenn Nullstring }
592:         t_err:= 1;            { Fehler          }
593:         t_str_to_num:= 0;
594:         end;
595: end;
596: {---------------------------------------------------------}
597: { t_min_delta                                             }
598: {               Berechnet Zeitdifferenz zweier Zeiten als }
599: {               Absolutbetrag. Beide Zeiten muessen inner- }
600: {               halb eines Tages liegen.                  }
601: {---------------------------------------------------------}
602: function t_min_delta(t1,t2:t_str5; var error:byte):integer;
603: var
604:    t1hh_int,t1mm_int,
605:    t2hh_int,t2mm_int : integer;{ Std./Min als Integer }
606:    t1hh,T1mm,
607:    t2hh,T2mm          : t_str2; { Std. bzw. Min als Sting }
608:    ok                 : boolean; { Fuer Umwandlung       }
609:    err                : byte;   { Fehler f. t_str_to_int }
610:
```

```
611: {+++++++++++++++++++++++++++++++}
612: { liegt_fehler_vor              }
613: {+++++++++++++++++++++++++++++++}
614: procedure liegt_fehler_vor;
615: begin
616:   if err <> 0 then ok:= false;
617: end;
618: {+++++++++++++++++++++++++++++++}
619:
620: begin
621:   ok:= true;  { Voreinstellung: Umwandlung ok }
622:   if (length(T1) <> 5) or (length(T2) <> 5)
623:   then ok:= false
624:   else begin
625:         T1HH:= t_leer_ent(copy(T1,1,2));
626:         T1MM:= t_leer_ent(copy(T1,4,2));
627:         T2HH:= t_leer_ent(copy(T2,1,2));
628:         T2MM:= t_leer_ent(copy(T2,4,2));
629:         {**************************}
630:         {      Konvertierung       }
631:         {**************************}
632:         T1HH_int:=t_str_to_int(T1HH,err);liegt_fehler_vor;
633:         T1MM_int:=t_str_to_int(T1MM,err);liegt_fehler_vor;
634:         T2HH_int:=t_str_to_int(T2HH,err);liegt_fehler_vor;
635:         T2MM_int:=t_str_to_int(T2MM,err);liegt_fehler_vor;
636:         {**************************}
637:         {      Std und Min ok?     }
638:         {**************************}
639:         if (T1HH_int< 0) or (T1HH_int >24) then ok:=false;
640:         if (T1MM_int< 0) or (T1MM_int >60) then ok:=false;
641:         if (T2HH_int< 0) or (T2HH_int >24) then ok:=false;
642:         if (T2MM_int< 0) or (T2MM_int >60) then ok:=false;
643:       end;
644:   if not ok
645:   then begin
646:         error:= 1;        { Fehler }
647:         t_min_delta:= 0; { Erg = 0}
648:       end
649:   else begin
650:         error:= 0; { Kein Fehler }
651:         {**************************}
652:         {        Berechnung        }
653:         {**************************}
654:         t_min_delta:= abs( 60 * (T1HH_int - T2HH_int)
655:                               + T1MM_int - T2MM_int);
656:       end;
657:
658: end;
659: {--------------------------------------------------------}
660: { t_sec_delta                                            }
661: {                 Berechnet die absolute Zeitdifferenz zweier }
662: {                 Zeiten in Sekunden. Beide Zeiten muessen    }
663: {                 innerhalb eines Tages liegen.               }
664: {--------------------------------------------------------}
665: function t_sec_delta(T1,T2:t_str8; var error:byte):longint;
666: var
667:   t1hh_int,t1MM_int,t1ss_int,
668:   t2hh_int,t2MM_int,t2ss_int: longint; { Als Longint }
669:   t1hh,T1mm,t1ss,
```

```
670:    t2hh,T2mm,t2ss            : t_str2;  { Als String       }
671:    ok                        : boolean; { Fuer Umwandlung }
672:    err                       : byte;    { Fehler           }
673:
674: {++++++++++++++++++++++++++++++++++}
675: { liegt_fehler_vor                }
676: {++++++++++++++++++++++++++++++++++}
677: procedure liegt_fehler_vor;
678: begin
679:    if err <> 0 then ok:= false;
680: end;
681: {++++++++++++++++++++++++++++++++++}
682:
683: begin
684:    ok:= true;  { Voreinstellung: Umwandlung ok }
685:    if (length(T1) <> 8) or (length(T2) <> 8)
686:    then ok:= false
687:    else begin
688:         T1HH:= t_leer_ent(copy(T1,1,2));
689:         T1MM:= t_leer_ent(copy(T1,4,2));
690:         T1SS:= t_leer_ent(copy(T1,7,2));
691:         T2HH:= t_leer_ent(copy(T2,1,2));
692:         T2MM:= t_leer_ent(copy(T2,4,2));
693:         T2SS:= t_leer_ent(copy(T2,7,2));
694:         {**************************}
695:         {       Konvertierung      }
696:         {**************************}
697:         T1HH_int:=t_str_to_int(T1HH,err);liegt_fehler_vor;
698:         T1MM_int:=t_str_to_int(T1MM,err);liegt_fehler_vor;
699:         T1SS_int:=t_str_to_int(T1SS,err);liegt_fehler_vor;
700:         T2HH_int:=t_str_to_int(T2HH,err);liegt_fehler_vor;
701:         T2MM_int:=t_str_to_int(T2MM,err);liegt_fehler_vor;
702:         T2SS_int:=t_str_to_int(T2SS,err);liegt_fehler_vor;
703:         {**************************}
704:         {      Std und Min ok?     }
705:         {**************************}
706:         if (T1HH_int< 0) or (T1HH_int >24) then ok:=false;
707:         if (T1MM_int< 0) or (T1MM_int >60) then ok:=false;
708:         if (T1SS_int< 0) or (T1SS_int >60) then ok:=false;
709:         if (T2HH_int< 0) or (T2HH_int >24) then ok:=false;
710:         if (T2MM_int< 0) or (T2MM_int >60) then ok:=false;
711:         if (T2SS_int< 0) or (T2SS_int >60) then ok:=false;
712:       end;
713:    if not ok
714:    then begin
715:         error:= 1;      { Fehler }
716:         t_sec_delta:= 0; { Erg = 0 }
717:       end
718:    else begin
719:         {**************************}
720:         {       BERECHNUNG         }
721:         {**************************}
722:         error:= 0; { Kein Fehler }
723:         t_sec_delta:= abs( (T1HH_int-T2HH_int) * 3600
724:                          + (60 * (T1MM_int-T2MM_int))
725:                          + T1SS_int - T2SS_int);
726:       end;
727: end;
```

```
728: {------------------------------------------------------}
729: { t_real_range                                         }
730: {              Ueberprueft, ob eine Zahl innerhalb des }
731: {              angegebenen Bereiches liegt. Fuer beide }
732: {              Grenzen gilt "<=" bzw. ">=".            }
733: {------------------------------------------------------}
734: function t_real_range(min,max,zahl: real): boolean;
735: begin
736:    if (zahl >= min) and (zahl <= max)
737:      then t_real_range:= true
738:      else t_real_range:= false;
739: end;
740: {------------------------------------------------------}
741: { t_int_range                                          }
742: {              Ueberprueft, ob eine Zahl innerhalb des }
743: {              angegebenen Bereiches liegt. Fuer beide }
744: {              Grenzen gilt "<=" bzw. ">=".            }
745: {------------------------------------------------------}
746: function t_int_range(min,max,zahl: integer): boolean;
747: begin
748:    if (zahl >= min) and (zahl <= max)
749:      then t_int_range:= true
750:      else t_int_range:= false;
751: end;
752: {------------------------------------------------------}
753: { Ausfuehrungsteil                                     }
754: {------------------------------------------------------}
755: begin
756:    t_err:= 0; { Voreinstellung: Kein Fehler }
757: {------------------------------------------------------}
758: { End of Unit                                          }
759: {------------------------------------------------------}
760: end.
```

6.3.3 Die Unit T_IO

Diese Unit enthält Routinen zur Ein- und Ausgabe und zur
Bildschirmsteuerung. Damit können Sie einfach und bequem Umrandungen auf den Bildschirm bringen und das Ergebnis einer Frage weiterver-
arbeiten.

Mit einem einfachen Menü können Sie Ihre Programme verzweigen und
benutzerfreundlich gestalten.

Im Ausführungsteil wird die Prozedur t_cursorErmitteln aufgerufen, die
bei der Einbindung dieser Unit das Aussehen (die Größe) des Cursors
ermittelt.

Kurzübersicht

t_piep:	Läßt einen Piepton ertönen.
t_go:	Positioniert den Cursor auf dem Monitor.
t_umrandung:	Zeichnet eine Umrandung auf den Bildschirm.
t_clean:	Löscht eine Bildschirmzeile teilweise.
t_cleanZeilen:	Löscht mehrere Zeilen gleicher Länge.
t_clean25:	Löscht die 25. Zeile des Monitors.
t_cursorErmitteln:	Ermittelt die momentane Größe des Cursors.
t_cursorAus:	Macht den Cursor auf dem Bildschirm unsichtbar.
t_cursorEin:	Macht den Cursor wieder sichtbar.
t_schreibe:	Schreibt einen Text an eine bestimmte Stelle auf den Bildschirm.
t_schreibe_inv:	Schreibt einen Text invers auf den Bildschirm.
t_schreibe_bli:	Schreibt einen Text an eine bestimmte Stelle auf den Bildschirm. Der Text wird blinkend dargestellt.
t_schreibe_zen:	Schreibt einen Text auf den Bildschirm, wobei dieser in der Zeile zentriert wird. Der Text kann invers oder blinkend dargestellt werden.
t_horizontale:	Zeichnet eine horizontale Linie mit dem angegebenen Zeichen auf den Bildschirm.
t_vertikale:	Zeichnet eine vertikale Linie mit dem angegebenen Zeichen auf denn Bildschirm.
t_leer:	Erzeugt eine bestimmte Anzahl von Leerzeilen auf dem Bildschirm.
t_weiter:	Der Text "Mit beliebiger Taste weiter" wird mit einem Piepton invers an eine bestimmte Bildschirmposition geschrieben.
t_mit_taste:	Fordert den Benutzer auf, eine beliebige Taste zu drücken.
t_warten:	Wartet auf einen Tastendruck.
t_frage_jn:	Gibt eine Frage mit Piepton aus und wartet auf die Beantwortung mit <J> oder <N>.
t_frage_ja:	Gibt ebenfalls eine Frage aus. Das Ergebnis ist jedoch vom Typ BOOLEAN.
t_frage:	Gibt eine Frage mit Piepton aus und wartet auf die Beantwortung. Das Antwortzeichen muß aus den Mengen ("a".."z"), ("A".."Z") oder ("0".."9") sein.
t_readkey:	Liest ein Zeichen von der Tastatur, wobei das Drücken von Funktionstasten als Ctrl-Code zurückgeliefert wird.
t_auswahlLeiste:	Auswahlpunkte können mit den Cursortasten ausgewählt werden.
t_menu1:	Stellt ein Menü mit Überschrift und acht Auswahlpunkten auf dem Bildschirm dar.

t_str_aus_datei:	Übernimmt aus einer Textdatei maximal 500 darin enthaltene Real-Werte (die als Strings gespeichert sind).
t_invers_ein:	Schaltet auf inverse Darstellung von Text um.
t_invers_aus:	Schaltet wieder auf normale Darstellung von Text um.
t_blink_ein:	Schaltet auf die blinkende Darstellung von Text um.
t_blink_aus:	Schaltet wieder auf die normale Darstellung von Text um.
t_grossBuchstaben:	Wandelt ein Wort bzw. eine Zeile (max. 127 Zeichen) in Großbuchstaben um.
t_datei_upper:	Wandelt alle Kleinbuchstaben einer Textdatei in Großbuchstaben um und erzeugt zeilenweise eine neue Datei.
t_set_monitor:	Setzt Monitortyp, Vorder- und Hintergrundfarben.
t_dir:	Listet das angegebene Directory.

t_piep   Prozedur

Funktion: Läßt einen Piepton des Lautsprechers ertönen.

Deklaration:
```
procedure
t_piep(n: integer);
```

Aufruf: `t_piep(n);`

Eingabe: `n: integer`

Ausgabe: Keine

Beschreibung:

Je nach Größe von N ertönt der Lautsprecher Ihres Rechners n-mal.

Beispiel:

IO_1.PAS

```
PROGRAM TON;
USES
  T_IO;

BEGIN
  T_PIEP(2);
END.
```

t_go   Prozedur

Funktion: Positioniert den Cursor auf dem Bildschirm.

Deklaration:
```
procedure
t_go(spalte,zeile);
```

Aufruf: `t_go(spalte,zeile);`

Eingabe: spalte: byte
                  zeile : byte

Ausgabe: Keine

Beschreibung:

Diese Prozedur ist eine Abkürzung der vordefinierten Prozedur GOTOXY aus Turbo Pascal und dient nur der Schreiberleichterung. Der Cursor wird auf die durch SPALTE und ZEILE angegebene Bildschirmposition gesetzt. Ein Aufruf wie z.B. t_go(1,1) setzt den Cursor in die linke obere Ecke des Bildschirms.

Beispiel:

   IO_2.PAS

```
PROGRAM GEHE_ZU;
USES
   T_IO;      (* UNIT AUS TOOLS *)

BEGIN
   T_GO(15,15);
   WRITE('A');
END.
```

---

t_umrandung   **Prozedur**

Funktion: Zeichnet eine Umrandung auf den Bildschirm.

Deklaration: procedure
                  t_umrandung(sp_Lo,z_Lo,
                              sp_ru,z_ru : byte;
                              breit,clear,
                              text   : boolean);

Aufruf: t_umrandung(sp_Lo,z_Lo,sp_ru,z_ru,
                              breit,clear,text);

Eingabe: sp_Lo : byte
                  z_Lo : byte
                  sp_ru : byte
                  z_ru : byte
                  breit : boolean
                  clear : boolean
                  text : boolean

Ausgabe: Keine

Beschreibung:

Es wird eine Umrandung auf den Bildschirm gezeichnet. Die Parameter (SP_LO,Z_LO) legen die linke obere und (SP_RU,Z_RU) die rechte untere Ecke der Umrandung fest. Ist BREIT gleich TRUE, so wird eine breite Umrandung gezeichnet (ASCII-Code 205). Andernfalls wird eine dünne Umrandung gezeichnet (ASCII-Code 196).

CLEAR gibt an, ob der Bildschirm vor dem Zeichnen der Umrandung gelöscht werden soll:
CLEAR gleich TRUE : Bildschirm löschen,
CLEAR gleich FALSE: Bildschirm nicht löschen.

Ist TEXT gleich TRUE, so wird in die untere Zeile der Umrandung der Text "Bitte wählen" geschrieben, wenn die Breite (SP_RU - SP_LO) der Umrandung zur Darstellung des Textes ausreicht.

Beispiel:

    IO_3.PAS

```
PROGRAM MENU_RAHMEN;
USES
   T_IO;      (* UNIT AUS TOOLS *)

BEGIN
   T_UMRANDUNG(2,2,78,24,TRUE,TRUE,TRUE);
   T_UMRANDUNG(10,10,20,20,FALSE,FALSE,FALSE);
END.
```

---

t_clean	**Prozedur**

Funktion: Löscht einen Teil einer Bildschirmzeile.

Deklaration:
```
procedure
t_clean(spalte,zeile,laenge: byte);
```

Aufruf: `t_clean(spalte,zeile,laenge);`

Eingabe:
```
spalte: byte
zeile : byte
laenge: byte
```

Ausgabe: Keine

Beschreibung:

Die Bildschirmzeile, deren Anfangspunkt (SPALTE,ZEILE) ist, wird auf einer Länge, die von LAENGE abhängig ist, gelöscht.

Beispiel:

    IO_4.PAS

```
PROGRAM ZEILE_LOESCHEN;
USES
   CRT,       (* UNIT AUS TURBO PASCAL 5.0 *)
   T_IO;      (* UNIT AUS TOOLS            *)

BEGIN
   CLRSCR;
   WRITELN('HIER WIRD GLEICH GELOESCHT');
```

```
        DELAY(5000);
        T_CLEAN(11,1,6);
    END.
```

---

t_cleanZeilen	**Prozedur**

Funktion: Löscht mehrere Bildschirmzeilen.

Deklaration:
```
procedure
t_cleanZeilen(sp,zeiAnf,zeiEnd,laenge:byte);
```

Aufruf:
```
t_cleanZeilen(sp,zeiAnf,zeiEnd,laenge);
```

Eingabe:
```
sp     : byte
zeiAnf : byte
zeiEnd : byte
laenge : byte
```

Ausgabe: Keine

Beschreibung:

Von der Bildschirmposition (SP,ZEIANF) an werden alle Zeilen bis einschließlich ZEIEND auf einer Länge von LAENGE gelöscht.

Beispiel:

IO_4A.PAS

```
PROGRAM ZEILEN_LOESCHEN;
USES
  CRT,            (* UNIT AUS TURBO PASCAL 5.0 *)
  T_IO;           (* UNIT AUS TOOLS            *)

VAR
  I: BYTE;        (* ZAEHLVARIABLE *)

BEGIN
  CLRSCR;
  FOR I:= 3 TO 20 DO T_HORIZONTALE(2,I,25,61);
  T_SCHREIBE(2,25,'ZEILEN LOESCHEN! TASTE DRUECKEN... ');
  T_WARTEN;
  T_CLEAN25;
  T_CLEANzEILEN(3,10,15,15);
  T_SCHREIBE(2,25,'ENDE MIT BELIEBIGER TASTE...');
  T_WARTEN;
  CLRSCR;
END.
```

---

t_clean25	**Prozedur**

Funktion: Löscht die 25. Zeile des Bildschirms.

Deklaration: `procedure t_clean25;`

Aufruf: `t_clean25;`

Eingabe:　　　Keine

Ausgabe:　　　Keine

Beschreibung:　Siehe oben.

Beispiel:

IO_5.PAS

```
PROGRAM ZEILE_25_LOESCHEN;
USES
   CRT,               (* UNIT AUS TURBO PASCAL 5.0 *)
   T_IO;              (* UNIT AUS TOOLS            *)

VAR
   CH: CHAR;          (* FUER TASTENDRUCK *)

BEGIN
   CLRSCR;
   T_SCHREIBE(3,25,' EIN TEXT IN DER 25. ZEILE! ');
   T_SCHREIBE(3,5,'TASTE DRUECKEN...');
   CH:= READKEY;
   T_CLEAN25;
   T_SCHREIBE(3,7,'25. ZEILE GELOESCHT!');
   T_SCHREIBE(3,9,'TASTE DRUECKEN ZUM BEENDEN...');
   CH:= READKEY;
END.
```

t_cursorErmitteln	**Prozedur**

Funktion:　　　Start- und Endzeile des Cursors werden ermittelt.

Deklaration:　　procedure
　　　　　　　　t_cursorErmitteln;

Aufruf:　　　　t_cursorErmitteln;

Eingabe:　　　Keine

Ausgabe:　　　Keine

Beschreibung:

Die momentane Größe des Cursors wird mit dieser Prozedur festgehalten. Wird die Anzeige des Cursors anschließend mit t_cursorAus abgeschaltet, so wird mit einem späteren Aufruf von t_cursorEin wieder die zuvor gültige Größe des Cursors gesetzt.

Beim Einbinden der Unit T_IO wird diese Prozedur im Ausführungsteil bereits einmal aufgerufen.

Beispiel:　　　Siehe unter t_cursorEin.

t_cursorAus	**Prozedur**

Funktion: Macht den Cursor auf dem Bildschirm unsichtbar.

Deklaration: procedure
 t_cursorAus;

Aufruf: t_cursorAus;

Eingabe: Keine

Ausgabe: Keine

Beschreibung: Siehe oben.

Beispiel: Siehe unter t_cursorEin.

t_cursorEin	**Prozedur**

Funktion: Schaltet den Cursor wieder ein.

Deklaration: procedure
 t_cursorEin;

Aufruf: t_cursorEin;

Eingabe: Keine

Ausgabe: Keine

Beschreibung:

Der Cursor erhält wieder die Form, die mit der Prozedur t_cursorErmitteln festgehalten wurde.

Beispiel:

IO_5A.PAS

```
PROGRAM CURSOR_VERAENDERN;
USES
   CRT,        (* UNIT AUS TURBO PASCAL 5.0 *)
   T_IO;       (* UNIT AUS TOOLS            *)

BEGIN
   T_SCHREIBE(15,2,'CURSOR-DEMO! JEWEILS TASTE DRUECKEN...');
   T_SCHREIBE(5,5,'CURSOR SOLLTE JETZT VORHANDEN SEIN');
   T_WARTEN;
   T_CURSORaUS;
   T_SCHREIBE(5,10,'CURSOR AUSGESCHALTET!!');
   T_WARTEN;
   T_CURSOReIN;
   T_SCHREIBE(5,15,'CURSOR WIEDER SICHTBAR');
   T_WARTEN;
   CLRSCR;
END.
```

t_schreibe	**Prozedur**

Funktion: Schreibt einen Text an eine bestimmte Stelle auf den Bildschirm.

Deklaration:
```
procedure
t_schreibe(spalte,zeile: byte;
           text: t_workstring);
```

Aufruf:
```
t_schreibe(spalte,zeile,text);
```

Eingabe:
```
spalte: byte
zeile : byte
text  : t_workstring
```

Ausgabe: Keine

Beschreibung:

Schreibt einen Text, der der Variablen TEXT entspricht, beginnend bei (SPALTE,ZEILE), auf den Bildschirm.

Beispiel:

    IO__6.PAS

```
PROGRAM TEXT_SCHREIBEN;
USES
   CRT,      (* UNIT AUS TURBO PASCAL 5.0 *)
   T_IO;     (* UNIT AUS TOOLS             *)

BEGIN
   CLRSCR;
   T_SCHREIBE(20,20,'HIER STEHT EIN TEXT');
END.
```

t_schreibe_inv	**Prozedur**

Funktion: Schreibt einen Text in inverser Darstellung auf den Bildschirm.

Deklaration:
```
procedure
t_schreibe_inv(spalte,zeile: byte;
               text: t_workstring);
```

Aufruf:
```
t_schreibe_inv(spalte,zeile,text);
```

Eingabe:
```
spalte: byte
zeile : byte
text  : t_workstring
```

Ausgabe: Keine

Beschreibung:

Schreibt einen Text, der der Variablen TEXT entspricht, beginnend bei (SPALTE,ZEILE), in inverser Darstellung auf den Bildschirm.

Beispiel:

IO__7.PAS

```
PROGRAM INVERS_SCHREIBEN;
USES
  CRT,        (* UNIT AUS TURBO PASCAL 5.0 *)
  T_DECL,     (* UNIT AUS TOOLS            *)
  T_IO;       (* UNIT AUS TOOLS            *)

VAR
  TEXT1: T_WORKSTRING;
  TEXT2: T_WORKSTRING;

BEGIN
  CLRSCR;
  TEXT1:= ' DIESER TEXT WIRD INVERS DARGESTELLT. ';
  T_SCHREIBE_INV(5,10,TEXT1);
  TEXT2:= ' JETZT WIEDER NORMALE SCHRIFT. ';
  T_SCHREIBE(5,15,TEXT2);
END.
```

---

t_schreibe_bli	**Prozedur**

Funktion: Schreibt einen Text an eine bestimmte Stelle auf den Bildschirm. Der Text blinkt.

Deklaration:
```
procedure
t_schreibe_bli(spalte,zeile: byte;
                    text: t_workstring);
```

Aufruf: t_schreibe_bli(spalte,zeile,text);

Eingabe:
```
spalte: byte
zeile : byte
text  : t_workstring
```

Ausgabe: Keine

Beschreibung:

Schreibt einen Text, der der Variablen TEXT entspricht, beginnend bei (SPALTE,ZEILE), in blinkender Darstellung auf den Bildschirm.

Beispiel:

IO__8.PAS

```
PROGRAM BLINKENDER_TEXT;
USES
  CRT,         (* UNIT AUS TURBO PASCAL 5.0 *)
  T_DECL,T_IO; (* UNIT AUS TOOLS            *)

CONST
  TEXT1 = 'DIESER TEXT WIRD BLINKEND DARGESTELLT!!';
  TEXT2 = '    JETZT WIEDER NORMALE SCHRIFT.     ';

BEGIN
```

```
      CLRSCR;
      T_SCHREIBE_BLI(10,10,TEXT1);
      T_SCHREIBE(10,15,TEXT2);
   END.
```

t_schreibe_zen	**Prozedur**

Funktion: Schreibt einen Text zentriert in eine Bildschirmzeile.

Deklaration:
```
procedure
t_schreibe_zen(anf,ende,zeile: byte;
               text: t_workstring;
               invers,blink: boolean);
```

Aufruf: `t_schreibe_inv(anf,ende,zeile,text,inv,bli);`

Eingabe:
```
anf   : byte
ende  : byte
zeile : byte
text  : t_workstring
inv   : boolean
bli   : boolean
```

Ausgabe: Keine

Beschreibung:

Zwischen den Spalten ANF und ENDE wird TEXT in der Zeile (ZEILE) zentriert dargestellt (also ausgerichtet). Ist INV gleich TRUE, so wird der Text invers dargestellt, sonst normal. Ist BLI gleich TRUE, so blinkt der Text.

Zwischen dem linken und dem rechten Bildschirmrand wird der Text in einer Zeile zentriert, wenn ANF = 1 und ENDE = 80 gesetzt wird.

Beispiel:

IO_9.PAS
```
PROGRAM ZENTRIERT;
USES
   CRT,              (* UNIT AUS TURBO PASCAL 5.0 *)
   T_DECL,T_IO;      (* UNIT AUS TOOLS            *)

VAR
   TEXT: T_WORKSTRING;

BEGIN
   CLRSCR;
   TEXT:= ' TEXT IN DREI VERSCHIEDENEN FORMEN ZENTRIERT! ';
   T_SCHREIBE_ZEN(1,80,3,TEXT,FALSE,FALSE);
   T_SCHREIBE_ZEN(1,80,5,TEXT,FALSE,TRUE);
   T_SCHREIBE_ZEN(1,80,7,TEXT,TRUE,FALSE);
   T_WEITER(22,15);
   CLRSCR;
END.
```

| **t_horizontale** | **Prozedur** |

Funktion: Zeichnet eine horizontale Linie mit dem angegebenen Zeichen auf den Bildschirm.

Deklaration:
```
procedure
t_horizontale(spalte,zeile,
              laenge : byte;
              zeichen: integer);
```

Aufruf:
```
t_horizontale(spalte,zeile,laenge,zeichen);
```

Eingabe:
```
spalte : byte
zeile  : byte
laenge : byte
zeichen: integer
```

Ausgabe: Keine

Beschreibung:

Zeichnet eine horizontale Linie, beginnend bei (SPALTE,ZEILE), mit der angegebenen LAENGE und dem entsprechenden ZEICHEN (ASCII-Code) auf den Bildschirm. Diese Prozedur kann benutzt werden, um z.B. Verbindungslinien zu zeichnen.

Beispiel:

IO_11.PAS

```
PROGRAM H_LINIE;
USES
   CRT,      (* UNIT AUS TURBO PASCAL 5.0 *)
   T_IO;     (* UNIT AUS TOOLS            *)
BEGIN
   CLRSCR;
   T_HORIZONTALE(10,8,20,223);
   T_HORIZONTALE(10,12,20,196);
END.
```

| **t_vertikale** | **Prozedur** |

Funktion: Zeichnet eine vertikale Linie mit dem angegebenen Zeichen auf den Bildschirm.

Deklaration:
```
procedure
t_vertikale(spalte,zeile,
             laenge : byte;
             zeichen: integer);
```

Aufruf:
```
t_vertikale(spalte,zeile,laenge,zeichen);
```

Eingabe:
```
spalte  : byte
zeile   : byte
laenge  : byte
zeichen : byte
```

Ausgabe: Keine

Beschreibung:

Zeichnet eine vertikale Linie, beginnend bei (SPALTE,ZEILE), mit der angegebenen LAENGE und dem entsprechenden ZEICHEN (ASCII-Code) auf den Bildschirm. Diese Prozedur kann benutzt werden, um z.B. Verbindungslinien zu zeichnen.

Beispiel:

IO_12.PAS

```
PROGRAM V_LINIE;
USES
  CRT,      (* UNIT AUS TURBO PASCAL 5.0 *)
  T_IO;     (* UNIT AUS TOOLS            *)

BEGIN
  CLRSCR;
  T_VERTIKALE(10,2,20,223);
  T_VERTIKALE(20,2,20,33);
END.
```

t_leer	**Prozedur**

Funktion: Erzeugt eine bestimmte Anzahl von Leerzeilen auf dem Bildschirm.

Deklaration: procedure
                   t_leer(zeilen: byte);

Aufruf: t_leer(zeilen);

Eingabe: zeilen: byte

Ausgabe: Keine

Beschreibung:

Es wird die in ZEILEN angegebene Anzahl von Leerzeilen auf dem Bildschirm erzeugt.

Beispiel:

IO_13.PAS

```
PROGRAM LEERZEILEN;
USES
  CRT,      (* UNIT AUS TURBO PASCAL 5.0 *)
  T_IO;     (* UNIT AUS TOOLS            *)

BEGIN
  CLRSCR;
  WRITELN('HIERNACH FOLGEN 5 LEERZEILEN');
```

```
      T_LEER(5);
      WRITELN('NACH DEN 5 LEERZEILEN'); .
   END.
```

---

t_weiter	**Prozedur**

Funktion: Fordert den Benutzer auf, eine beliebige Taste zu
drücken.

Deklaration:
```
procedure
t_weiter(spalte,zeile: byte);
```

Aufruf:
```
t_weiter(spalte,zeile);
```

Eingabe:
```
spalte: byte
zeile : byte
```

Ausgabe: Keine

Beschreibung:

In der durch SPALTE und ZEILE angegebenen Position wird die Nachricht "Mit beliebiger Taste weiter ..." mit einem Piepton ausgegeben. Die
Nachricht ist invers dargestellt. Das Programm fährt fort, wenn eine beliebige Taste gedrückt wurde. Anschließend wird der Text wieder gelöscht.

Beispiel:

IO_14.PAS
```
PROGRAM WEITER;
USES
   CRT,             (* UNIT AUS TURBO PASCAL 5.0 *)
   T_IO;            (* UNIT AUS TOOLS            *)

BEGIN
   CLRSCR;
   T_SCHREIBE(3,5,'HIER STEHT EINE TEXTZEILE');
   T_WEITER(3,7);
   T_SCHREIBE(3,11,'PROGRAMM WIRD BEENDET!');
   T_WEITER(3,15);
END.
```

---

t_mit_taste	**Prozedur**

Funktion: Fordert den Benutzer in der 25. Zeile auf, eine beliebige
Taste zu drücken. Sonst wie T_WEITER.

Deklaration:
```
procedure
t_mit_taste;
```

Aufruf:
```
t_mit_taste;
```

Eingabe: Keine

Ausgabe:	Keine
Beschreibung:	Siehe T_WEITER.
Beispiel:	IO_15.PAS (auf der Diskette)

---

t_warten   **Prozedur**

Funktion:	Wartet auf einen beliebigen Tastendruck.
Deklaration:	`procedure` `t_warten;`
Aufruf:	`t_warten;`
Eingabe:	Keine
Ausgabe:	Keine

Beschreibung:

Dort, wo sich der Cursor befindet, wird ein Tastendruck erwartet, damit das Programm anschließend fortfahren kann.

Beispiel:

IO_16.PAS

```
PROGRAM WARTEN;
USES
   CRT,              (* UNIT AUS TURBO PASCAL 5.0 *)
   T_IO;             (* UNIT AUS TOOLS            *)

BEGIN
   CLRSCR;
   T_SCHREIBE(3,5,'BITTE EINE TASTE DRUECKEN...');
   T_WARTEN;
   CLRSCR;
END.
```

---

t_frage_jn   **Funktion**

Funktion:	Gibt eine Frage mit Piepton aus und wartet auf die Beantwortung mit <J> oder <N>.

Deklaration:	`function`
	`t_frage_jn(spalte,zeile: byte;`
	`           frage: t_workstring): char;`

Aufruf:	`antwort:= t_frage_jn(spalte,zeile,frage);`

Eingabe:	`spalte : byte`
	`zeile  : byte`
	`frage  : t_workstring`

Ausgabe:	`antwort: char`

Beschreibung:

In der durch SPALTE und ZEILE angegebenen Position erscheint auf
dem Bildschirm mit einem Piepton die FRAGE.

Als Antwort werden nur <J> und <N> akzeptiert, wobei die gegebene
Antwort als Ergebnis der Funktion zurückgeliefert wird. Es wird auch
die Eingabe der Kleinbuchstaben <j> bzw. <n> angenommen, das Ergebnis ist jedoch immer ein Großbuchstabe. Nach der Beantwortung der
Frage wird der Text wieder gelöscht.

Beispiel:

IO_17.PAS

```
PROGRAM FRAGE_JN_MIT_ANTWORT;
USES
   CRT,            (* UNIT AUS TURBO PASCAL 5.0 *)
   T_IO;           (* UNIT AUS TOOLS            *)

BEGIN
   CLRSCR;
   IF T_FRAGE_JN(10,5,'SOLL EINE NACHRICHT ERSCHEINEN? ') = 'J'
   THEN T_SCHREIBE(10,10,'HIER IST IHRE NACHRICHT!!!')
   ELSE T_SCHREIBE(10,10,'P R O G R A M M   E N D E!');
END.
```

t_frage_ja	**Funktion**

Funktion:	Gibt eine Frage mit Piepton aus und wartet auf die Beantwortung mit <J> oder <N>.

Deklaration:	`function`
	`t_frage_ja(sp,zei: byte;`
	`           frage : t_workstring): boolean;`

Aufruf:	`ja:= t_frage_ja(spalte,zeile,frage);`

Eingabe:	`spalte: byte`
	`zeile : byte`
	`frage : t_workstring`

Ausgabe:	`ja    : boolean`

Beschreibung:

Wie T_FRAGE_JN mit dem Unterschied, daß das Ergebnis vom Typ
BOOLEAN ist.

Als Ergebnis der Funktion wird TRUE zurückgegeben, wenn die Frage
mit <J> beantwortet wurde, sonst ist das Ergebnis FALSE.

Beispiel:

IO_17A.PAS

```
PROGRAM FRAGE_BEANTWORTEN;
USES
   CRT,            (* UNIT AUS TURBO PASCAL 5.0 *)
   T_IO;           (* UNIT AUS TOOLS            *)

VAR
   JA: BOOLEAN;

BEGIN
   CLRSCR;
   JA:= T_FRAGE_JA(5,10,'IST IHR DRUCKER EINGESCHALTET (J/N)?');
   IF JA THEN T_SCHREIBE(5,10,'DRUCKER EINGESCHALTET!')
         ELSE T_SCHREIBE(5,10,'DRUCKER NICHT BETRIEBSBEREIT!!');
   T_SCHREIBE(5,15,'TASTE DRUECKEN...');
   T_WARTEN;
   CLRSCR;
END.
```

t_frage	**Funktion**

Funktion: Gibt eine Frage mit Piepton aus und wartet auf die Beantwortung. Das Antwortzeichen muß aus einer der folgenden Mengen stammen: ("A".."Z"), ("0".."9") oder ("a".."z").

Deklaration:
```
function
t_frage(spalte,zeile: byte;
          frage: t_workstring): char;
```

Aufruf: `antwort:= t_frage(spalte,zeile,frage);`

Eingabe:
```
spalte  : byte
zeile   : byte
frage   : t_workstring
```

Ausgabe: `antwort : char`

Beschreibung:

In der durch SPALTE und ZEILE angegebenen Position erscheint auf dem Bildschirm mit einem Piepton die FRAGE.

Das Antwortzeichen muß aus einer der o.g. Mengen sein. Dieses Zeichen wird als Ergebnis der Funktion zurückgeliefert.

Beispiel:

PROGRAM FRAGE_MIT_ANTWORT;

```
USES
   CRT,            (* UNIT AUS TURBO PASCAL 5.0 *)
   T_IO;           (* UNIT AUS TOOLS            *)
VAR
```

```
      ANTWORT: CHAR;
    BEGIN
      CLRSCR;
      T_SCHREIBE(10,10,'1 AUSWAHL NR. 1');
      T_SCHREIBE(10,12,'2 AUSWAHL NR. 2');
      T_SCHREIBE(10,14,'3 AUSWAHL NR. 3');
      REPEAT
        ANTWORT:= T_FRAGE(10,18,'Bitte waehlen Sie (1-3) ');
      UNTIL ANTWORT IN (.'1'..'3'.);
      T_GO(40,18);
      CASE ANTWORT OF
        '1': WRITE('SIE HABEN 1 GEWAEHLT');
        '2': WRITE('SIE HABEN 2 GEWAEHLT');
        '3': WRITE('SIE HABEN 3 GEWAEHLT');
      END;
    END.
```

t_readkey	**Funktion**

Funktion: Liest ein Zeichen von der Tastatur, wobei auch die Funktionstasten berücksichtigt werden.

Deklaration: `function`
`t_readkey: char;`

Aufruf: `ch:= t_readkey;`

Eingabe: Keine

Ausgabe: `ch: char`

Beschreibung:

Die Funktion liest ein Zeichen von der Tastatur. Handelt es sich dabei um einen Buchstaben, eine Ziffer oder ein Sonderzeichen (z.B. "?"), so wird dieses Zeichen als Ergebnis zurückgeliefert. Wird dagegen eine Funktionstaste, die Escape-Taste oder eine der Pfeiltasten gedrückt, so wird der nachfolgende Control-Code zurückgeliefert:

<F1>	= ^Q,	<F2>	= ^B,	<F3>	= ^R,
<F4>	= ^W,	<F5>	= ^U,	<F6>	= ^I,
<F7>	= ^O,	<F8>	= ^P,	<F9>	= ^K,
<F10>	= ^L,				
<↑>	= ^E,	<↓>	= ^X,		
<→>	= ^D,	<←>	= ^S,		
<PgUp>	= ^J,	<PgDn>	= ^Z,		
<home>	= ^A,	<end>	= ^F,		
<ins>	= ^V,	<del>	= ^G,		
<esc>	= ^C,	<cr>	= ^M,		
<bsp>	= ^H				

Der entsprechende Control-Code entspricht demjenigen aus der Unit T_GIBEIN (function t_antwort).

Beispiel:

IO_19.PAS

```
PROGRAM ZEICHEN_LESEN;
USES
   CRT,              (* UNIT AUS TURBO PASCAL 5.0 *)
   T_IO;             (* UNIT AUS TOOLS            *)

VAR
   CH: CHAR;         (* FUER TASTENDRUCK *)

BEGIN
   CLRSCR;
   T_SCHREIBE(3,5,'BITTE EINE TASTE DRUECKEN: ');
   CH:= T_READKEY;
   CASE CH OF
     'A'..'Z': BEGIN
                 T_SCHREIBE(3,7,'BUCHSTABE: ');
                 WRITE(CH);
               END;
     ^C      : T_SCHREIBE(3,7,'<ESC> GEDRUECKT');
     ELSE      T_SCHREIBE(3,7,'IRGENDEINE TASTE GEDRUECKT!');
   END; (* CASE *)
   T_WEITER(3,11);
   CLRSCR;
   T_SCHREIBE(3,5,'DRUECKEN SIE <ESC> ODER <RETURN>');
   REPEAT
     CH:= T_READKEY;
   UNTIL CH IN [^C,^M];
   IF CH = ^C
   THEN T_SCHREIBE(3,7,'SIE HABEN <ESC> GEDRUECKT!')
   ELSE T_SCHREIBE(3,7,'SIE HABEN <RETURN> GEDRUECKT!');
   T_WEITER(3,11);
   CLRSCR;
END.
```

---

t_auswahlLeiste	**Funktion**

Funktion: Auswahlpunkte können mit den Cursortasten ausgewählt werden.

Deklaration:
```
function
t_auswahlLeiste(Leiste: t_leiste;
       anz,anf       : integer;
       nebeneinander: boolean): integer;
```

Aufruf: `erg:= t_auswahlLeiste(Leiste,anz,anf,neben);`

Eingabe:
```
Leiste: t_leiste
anz   : integer
anf   : integer
neben : boolean
```

Ausgabe: erg   : integer

Beschreibung:

In der Unit T_DECL ist der Typ T_LEISTE vereinbart. Mit dieser
Funktion können Auswahlpunkte, die diesem Typ entsprechen, auf dem
Bildschirm dargestellt und mit den Cursortasten ausgewählt werden.
LEISTE ist ein Feld, das die Auswahlpunkte enthält. Jeder Auswahlpunkt
ist eindeutig bestimmt durch seine Bezeichnung und die Position (Spalte,
Zeile), an der er auf dem Bildschirm dargestellt werden soll.

ANZ enthält die Anzahl der Auswahlpunkte, ANF ist die Startposition
(der Auswahlpunkt, der beim Start unterlegt sein soll).

Sind die Auswahlpunkte nebeneinander dargestellt (auch in mehreren
Zeilen), so muß NEBEN auf TRUE gesetzt werden. In diesem Fall sind
nur die Pfeiltasten nach links und rechts aktiviert.

Werden die Auswahlpunkte untereinander dargestellt (auch in mehreren
Spalten), so muß NEBEN auf FALSE gesetzt werden.

Wurde ein Auswahlpunkt mit den Cursortasten ausgewählt, so muß er mit
<CR> bestätigt werden. Das Ergebnis der Funktion erhält dann die Ord-
nungszahl dieses Auswahlpunktes als Ergebnis.

Die Benutzung dieser Funktion bietet sich immer dann an, wenn aus
einer Menge nur genau eine Auswahl getroffen werden kann.

Die maximale Anzahl der Auswahlpunkte beträgt 40, die maximale Länge
der Bezeichnung 30.

Beispiel:

IO_20.PAS

```
PROGRAM MONAT_AUSWAEHLEN;
USES
   CRT,              (* UNIT AUS TURBO PASCAL 5.0 *)
   T_DECL,T_CHECK,   (* UNTI AUS TURBO PASCAL 5.0 *)
   T_IO;             (* UNIT AUS TOOLS            *)

VAR
   MONAT: T_LEISTE;
   ANT  : INTEGER;   (* ERGEBNIS T_AUSWAHLLEISTE *)
   START: INTEGER;   (* STARTMONAT               *)

BEGIN
   CLRSCR;
```

```
(*++++++++++++++++++++++++++++++++++*)
(* AUSWAHLLEISTE MIT DEN MONATEN      *)
(* UND DEREN POSITION INITIALISIEREN *)
(*++++++++++++++++++++++++++++++++++*)
MONAT[1].BEZ:= 'JANUAR';   MONAT[2].BEZ:= 'FEBRUAR';
MONAT[1].SP := 10;         MONAT[2].SP := 18;
MONAT[1].ZEI:= 1;          MONAT[2].ZEI:= 1;

MONAT[3].BEZ:= 'MAERZ';    MONAT[4].BEZ:= 'APRIL';
MONAT[3].SP := 27;         MONAT[4].SP := 38;
MONAT[3].ZEI:= 1;          MONAT[4].ZEI:= 1;

MONAT[5].BEZ:= 'MAI';      MONAT[6].BEZ:= 'JUNI';
MONAT[5].SP := 47;         MONAT[6].SP := 57;
MONAT[5].ZEI:= 1;          MONAT[6].ZEI:= 1;

MONAT[7].BEZ:= 'JULI';     MONAT[8].BEZ:= 'AUGUST';
MONAT[7].SP := 10;         MONAT[8].SP := 18;
MONAT[7].ZEI:= 2;          MONAT[8].ZEI:= 2;

MONAT[9].BEZ:= 'SEPTEMBER';MONAT[10].BEZ:= 'OKTOBER';
MONAT[9].SP := 27;         MONAT[10].SP := 38;
MONAT[9].ZEI:= 2;          MONAT[10].ZEI:= 2;

MONAT[11].BEZ:= 'NOVEMBER';MONAT[12].BEZ:= 'DEZEMBER';
MONAT[11].SP := 47;        MONAT[12].SP := 57;
MONAT[11].ZEI:= 2;         MONAT[12].ZEI:= 2;
(*++++++++++++++++++++++++++++++++++*)

(* ERMITTELT HEUTIGEN MONAT ALS INTEGER-WERT*)
START:= T_STR_TO_INT(COPY(T_DATUM,4,2),T_ERR);
T_SCHREIBE(10,10,'IHR URLAUBS-MONAT');
ANT:= T_AUSWAHLLEISTE(MONAT,12,START,TRUE);
CLRSCR;
T_GO(10,5);
WRITE('Ihr Urlaubsmonat: ',MONAT[ANT].BEZ);
END.
```

t_menu1	**Funktion**

Funktion: Stellt ein Menü mit Überschrift und 8 Auswahlpunkten auf dem Bildschirm dar.

Deklaration:
```
function
t_menu1(Ueberschrift: t_str60;
        auswahl: t_aryMenu1): char;
```

Aufruf: `erg:= t_menu1(ueberschrift,auswahl);`

Eingabe:
```
Ueberschrift: t_str60
auswahl     : t_aryMenu1
```

Ausgabe: `erg: char`

Beschreibung:

Ein Menü mit der UEBERSCHRIFT und den Auswahlpunkten, die in dem Array AUSWAHL enthalten sind, wird auf dem Bildschirm dargestellt. Maximal sind 8 Auswahlpunkte möglich.

Der Benutzer muß eine der Ziffern <1>..<8> auswählen. Eine andere Eingabe wird nicht angenommen.

Die Länge der Überschrift darf 60 Zeichen, jeder Auswahlpunkt maximal 30 Zeichen lang sein.

Zu beachten ist, daß jeder Auswahlpunkt einen Text enthält, mindestens jedoch, wenn er nicht belegt ist, folgendermaßen initialisiert ist:

```
AUSWAHL[I]:= ' ';
(I = "1".."8", für die I, die nicht belegt sind).
```

Wird ein Auswahlpunkt mit einem Leerzeichen ' ' initialisiert, so erhält er im Menü automatisch den Text "Nicht belegt". Wollen Sie bei den nicht belegten Auswahlpunkten nichts stehen haben, so müssen Sie diese Punkte mit zwei Leerzeichen ' ' initialisieren!

Beispiel:

IO_21.PAS

```
PROGRAM MENU_TESTEN;
USES
  CRT,            (* UNIT AUS TURBO PASCAL 5.0 *)
  T_DECL,T_IO,    (* UNIT AUS TOOLS            *)
  T_CHECK;        (* UNIT AUS TOOLS            *)

VAR
  UEBER : T_STR60;    (* UEBERSCHIRFT MENUE      *)
  WAHL  : T_ARYMENU1; (* WAHLPUNKTE DES MENUES   *)
  ERG   : CHAR;       (* AUSWAHLPUNKT '1'..'8'   *)
  I     : INTEGER;    (* ZAEHLVARIABLE           *)


BEGIN
  UEBER      := 'Ein Beispiel fuer ein Menue';
  WAHL(.1.):= 'Waesche waschen bei 30 Grad';
  WAHL(.2.):= 'Waesche waschen bei 60 Grad';
  WAHL(.3.):= 'Waesche waschen bei 90 Grad';
  WAHL(.8.):= '     E N D E              ';
  FOR I:= 4 TO 7 DO WAHL(.I.):= ' ';
  REPEAT
    ERG:= T_MENU1(UEBER,WAHL);
    CLRSCR;
    CASE ERG OF
      '1' : WRITELN('Ihre Wahl war: ',WAHL(.1.));
      '2' : WRITELN('Ihre Wahl war: ',WAHL(.2.));
```

```
        '3' : WRITELN('Ihre Wahl war: ',WAHL(.3.));
        '4',
        '5',
        '6',
        '7' : WRITELN('Dieser Menüpunkt ist nicht belegt!!!');
        '8' : WRITELN('Ende des Menüs');
      end;
      T_MIT_TASTE;
    UNTIL ERG = '8';
  END.
```

t_str_aus_datei	**Prozedur**

Funktion: Übernimmt aus einer Textdatei maximal 500 darin enthaltene Real-Werte (die als Strings gespeichert sind).

Deklaration:
```
procedure
t_str_aus_datei(Dateiname   : t_workstring;
                var str_feld : t_ary500_str10;
                var anzahl   : integer;
                var ok       : boolean);
```

Aufruf:
```
t_str_aus_datei(dateiname,str_feld,
                anzahl,ok)
```

Eingabe:
```
dateiname: t_workstring
```

Ausgabe:
```
str_feld: t_ary500_str10
anzahl  : integer
ok      : boolean
```

Beschreibung:

Diese Prozedur übernimmt aus einer Textdatei, die sich auf der Diskette/Festplatte befindet, maximal 500 darin enthaltene Real-Werte (die als Strings gespeichert sind) in ein String-Feld. Der Dateiname muß mit Laufwerk und Pfad übergeben werden. Die Variable STR_FELD enthält anschließend die Werte der Textdatei, wobei eventuelle Leerzeichen in einer Zeile der Textdatei vor der Speicherung in dem Feld entfernt werden. Ist die Datei DATEINAME auf der Disk vorhanden und beträgt die Anzahl der Zeilen, die nicht leer sind, höchstens 500, so ist die Variable OK gleich TRUE, sonst ist sie FALSE.

ANZAHL gibt die Anzahl der Datensätze an.

Beispiel: STAT_1.PAS

Ein Beispiel finden Sie in dem Kapitel "Die Unit T_STAT" unter dem o.g. Namen.

Diese Prozedur ist i.allg. sinnvoll bei der Berechnung von Mittelwert und Standardabweichung, wenn die Daten entsprechend vorliegen.

Eine Datei mit 400 Werten befindet sich ebenfalls auf der Diskette (TESTDAT.DAT), um diese Prozedur zu testen.

---

t_invers_ein	**Prozedur**

Funktion: Schaltet auf die inverse Darstellung von Text um.

Deklaration: `procedure`
               `t_invers_ein;`

Aufruf: `t_invers_ein;`

Eingabe: Keine

Ausgabe: Keine

Beschreibung:

Nach dem Aufruf dieser Prozedur wird der nachfolgende mit WRITE bzw. WRITELN geschriebene Text invers (d.h. Vorder- und Hintergrundfarbe werden vertauscht) dargestellt.

Beispiel: Siehe unter t_blink_aus.

---

t_invers_aus	**Prozedur**

Funktion: Schaltet wieder auf normale Darstellung des Textes um.

Deklaration: `procedure`
               `t_invers_aus;`

Aufruf: `t_invers_aus;`

Eingabe: Keine

Ausgabe: Keine

Beschreibung:

Nach dem Aufruf dieser Prozedur wird der nachfolgende mit WRITE bzw. WRITELN geschriebene Text wieder normal dargestellt. Diese Prozedur hebt also t_invers_ein wieder auf.

Beispiel: Siehe unter t_blink_aus.

---

t_blink_ein	**Prozedur**

Funktion: Schaltet auf die blinkende Darstellung von Text um.

Deklaration: `procedure`
               `t_blink_ein;`

Aufruf: t_blink_ein;

Eingabe: Keine

Ausgabe: Keine

Beschreibung:

Nach dem Aufruf dieser Prozedur wird der nachfolgende mit WRITE bzw. WRITELN geschriebene Text blinkend dargestellt.

Beispiel: Siehe unter t_blink_aus.

---

t_blink_aus	**Prozedur**

Funktion: Schaltet wieder auf die normale Darstellung von Text um.

Deklaration: procedure
      t_blink_aus;

Aufruf: t_blink_aus;

Eingabe: Keine

Ausgabe: Keine

Beschreibung: Siehe oben.

Beispiel:

IO_22.PAS

```
PROGRAM INVERS_UND_BLINKEN;
USES
  CRT,         (* UNIT AUS TURBO PASCAL 5.0 *)
  T_IO;        (* UNIT AUS TOOLS            *)

BEGIN
  CLRSCR;
  T_INVERS_EIN;
  WRITELN(' Dieser Text ist invers dargestellt ');
  T_INVERS_AUS;
  WRITELN;
  WRITELN(' Dieser Text ist wieder normal ');
  WRITELN;
  T_BLINK_EIN;
  WRITELN(' Dieser Text blinkt!!! ');
  T_BLINK_AUS;
  WRITELN;
  WRITELN(' Dieser Text blinkt nicht!!! ');
END.
```

---

t_grossBuchstaben   **Prozedur**

Funktion: Wandelt ein Wort bzw. eine Zeile (max. 127 Zeichen) in
                   Großbuchstaben um.

Deklaration: procedure
                   t_grossBuchstaben(var Zeile: t_Longstring);

Aufruf: t_grossBuchstaben(Zeile);

Eingabe: zeile: t_Longstring

Ausgabe: zeile: t_Longstring

Beschreibung: Siehe oben.

Beispiel:

   IO_23.PAS

```
PROGRAM UMWANDLUNG_IN_GROSSBUCHSTABEN;
USES
   CRT,              (* UNIT AUS TURBO PASCAL 5.0 *)
   T_DECL,           (* UNIT AUS TOOLS            *)
   T_IO;             (* UNIT AUS TOOLS            *)

VAR
   ZEILE: T_LONGSTRING;        (* 127 ZEICHEN LANG *)

BEGIN
   CLRSCR;
   WRITELN('Bitte ein Zeile eingeben: ');
   WRITELN;
   READLN(ZEILE);
   WRITELN;
   T_GROSSBUCHSTABEN(ZEILE);
   WRITELN('Die umgewandelte Zeile lautet: ');
   WRITELN;
   WRITELN(ZEILE);
END.
```

---

t_datei_upper   **Prozedur**

Funktion: Wandelt alle Kleinbuchstaben einer Textdatei in
                   Großbuchstaben um und erzeugt zeilenweise eine neue
                   Datei.

Deklaration: procedure
                   t_datei_upper(quelle,ziel: t_workstring;
                                      var t_err : byte);

Aufruf: t_datei_upper(quelle,ziel,t_err);

Eingabe: quelle: t_workstring
                   ziel : t_workstring

Ausgabe: t_err : byte

Beschreibung:

Die durch QUELLE angegebene Textdatei wird zeilenweise konvertiert (Kleinbuchstaben in Großbuchstaben umgewandelt) und in die angegebene Datei ZIEL geschrieben.

T_ERR erhält den Wert Null, wenn die Konvertierung erfolgreich durchgeführt werden konnte.

Ist die Quelldatei nicht vorhanden bzw. die Zieldatei bereits vorhanden, dann wird keine Konvertierung durchgeführt. T_ERR erhält dann den Wert 1.

Beispiel:

```
IO_24.PAS
PROGRAM DATEI_IN_GROSSBUCHSTABEN_KONVERTIEREN;
USES
  CRT,       (* UNIT AUS TURBO PASCAL 5.0 *)
  T_DECL,    (* UNIT AUS TOOLS            *)
  T_IO;      (* UNIT AUS TOOLS            *)

VAR
  QUELLE,
  ZIEL    : T_WORKSTRING;


BEGIN
  CLRSCR;
  WRITE('GIB QUELLDATEI EIN: '); READLN(QUELLE);
  WRITE('GIB ZIELDATEI  EIN: '); READLN(ZIEL);
  T_DATEI_UPPER(QUELLE,ZIEL,T_ERR);
  WRITELN;
  WRITELN('T_ERR = ',T_ERR);
  IF T_ERR = 0
  THEN WRITELN('KONVERTIERUNG ERFOLGREICH ABGESCHLOSSEN')
  ELSE WRITELN('KONVERTIERUNG NICHT MOEGLICH!!!');
END.
```

---

t_set_monitor	**Prozedur**

Funktion: Setzt Monitortyp, Vorder- und Hintergrundfarben.

Deklaration:
```
procedure
t_set_monitor(monitor,vorder,hinter: byte;
              clear: boolean);
```

Aufruf:
```
t_set_monitor(monitor,vorder,hinter,clear);
```

Eingabe:
```
monitor: byte
vorder : byte
hinter : byte
clear  : boolean
```

Ausgabe: Keine

Beschreibung:

Mit dieser Prozedur läßt sich die Vorder- und Hintergrundfarbe verändern. Die Werte der Farbpalette finden Sie in der Unit T_DECL. Über die hier getroffene Wahl wird die Variable T_CONFIG (aus der Unit T_DECL) verändert und über sie werden mit

```
textcolor(t_config.vordergrund)
textbackground(t_config.hintergrund)
```

die neuen Farben für Vorder- und Hintergrund gesetzt. Werte für den Monitortyp sind

1 Schwarz/Weiß
2 Schwarz/Gelb
3 Schwarz/Grün
4 Farbmonitor

Der Wert wird in T_CONFIG.MONITOR gespeichert und hat z.Zt. nur informativen Charakter (eine sog. Dummy-Variable), d.h. es werden keine Operationen in Abhängigkeit von dieser Einstellung vorgenommen. In Ihren eigenen Programmen können Sie jedoch Routinen implementieren, die in Abhängigkeit von dem Monitorwert Operationen ausführen.

Wird CLEAR auf TRUE gesetzt, so wird der Bildschirm nach dem Setzen der Farben gelöscht.

Beispiel:

IO_25.PAS

```
PROGRAM MONITOR_SETZEN;
USES
   CRT,          (* UNIT AUS TURBO PASCAL 5.0 *)
   T_DECL,T_IO;  (* UNIT AUS TOOLS            *)

BEGIN
   CLRSCR;
   T_SET_MONITOR(2,0,14,TRUE);
   T_GO(20,20);
   WRITELN(' Bernstein-Monitor? Dann jetzt invers! ');
END.
```

t_dir	Prozedur

Funktion: Listet ein Directory.

Deklaration:
```
procedure
t_dir(suchweg: t_workstring);
```

Aufruf: `t_dir(suchweg);`

Eingabe: `suchweg: t_workstring`

Ausgabe: Keine

Beschreibung:

Mit dieser Prozedur können Sie sich ein Directory auf dem Bildschirm listen lassen. SUCHWEG enthält die vollständige Angabe des Directories mit Laufwerk, Pfadnamen und Dateispezifikationen.

Bevor die Einträge angezeigt werden, wird der Bildschirm gelöscht. Wurden alle Einträge angezeigt, erhalten Sie eine entsprechende Meldung. Nach dem Drücken einer Taste wird der Bildschirm wieder gelöscht.

Ist der Suchweg fehlerhaft bzw. wird eine einzelne Datei nicht gefunden, erhalten Sie ebenfalls eine entsprechende Meldung. Beispiele für die Eingabe des Suchweges:

```
C:\*.*      Alle Dateien im Root-Dir.
C:\*.BAT    Alle Dateien mit Endung .BAT.
C:\*.PAS    Alle Dateien mit Endung .PAS.
usw.
```

Beispiel:

IO_26.PAS

```
PROGRAM DIR_ANZEIGEN;
USES
  CRT,            (* UNIT AUS TURBO PASCAL 5.0 *)
  T_IO;           (* UNIT AUS TOOLS            *)

BEGIN
  CLRSCR;
  T_SCHREIBE(3,5,'LEGEN SIE EINE DISKETTE IN DAS');
  T_SCHREIBE(3,6,'LAUFWERK A:              ');
  T_WEITER(3,10);
  T_DIR('A:\*.*');
  CLRSCR;
  T_SCHREIBE(3,5,'DAS WAR ES!!');
  T_WEITER(3,8);
END.
```

Das Listing der Unit T_IO

Programmname   : a:\t_io.pas

```
 1: {--------------------------------------------------------------}
 2: { unit     : t_io.pas                                          }
 3: {                                                              }
 4: { date     : 08.10.88                                          }
 5: { compiler : turbo pascal 5.0/5.5                              }
 6: {                                                              }
 7: {                                                              }
 8: { update   : 20.07.89                                          }
 9: {                                                              }
10: { Autor    : Reiner Schoelles                                  }
11: {--------------------------------------------------------------}
12: { Diese  Unit enthält Routinen für die Ein- und Ausgabe.  }
13: {--------------------------------------------------------------}
14: Unit t_io;
15: {--------------------------------------------------------------}
16: { Interface                                                    }
17: {--------------------------------------------------------------}
18: Interface
19: Uses
20:    crt,dos,                    { Unit aus Turbo Pascal 5.0 }
21:    t_decl,t_check;             { Unit aus tools            }
22:
23:
24:    procedure t_piep(n: integer);
25:    procedure t_go(spalte,zeile: byte);
26:    procedure t_umrandung(sp_Lo,z_Lo,
27:                          sp_ru,z_ru    : byte;
28:                          breit,clear,text: boolean);
29:
30:    procedure t_clean(spalte,zeile,Laenge: byte);
31:    procedure t_cleanZeilen(sp,zeiAnf,zeiEnd,laenge: byte);
32:    procedure t_clean25;
33:
34:    procedure t_cursorErmitteln;
35:    procedure t_cursorEin;
36:    procedure t_cursorAus;
37:
38:    procedure t_schreibe(spalte,zeile: byte;
39:                         text        : t_workstring);
40:    procedure t_schreibe_INV(spalte,zeile: byte;
41:                             text          : t_workstring);
42:    procedure t_schreibe_bli(spalte,zeile: byte;
43:                             text          : t_workstring);
44:    procedure t_schreibe_zen(anf,ende,zeile: byte;
45:                             text            : t_workstring;
46:                             invers,blink  : boolean);
47:
48:    procedure t_horizontale(spalte,zeile,Laenge: byte;
49:                            zeichen              : integer);
50:    procedure t_vertikale(spalte,zeile,Laenge: byte;
51:                          zeichen              : integer);
52:
53:    procedure t_Leer(zeilen: byte);
54:    procedure t_weiter(spalte,zeile: byte);
```

```
55:    procedure t_mit_taste;
56:    procedure t_warten;
57:
58:    function t_frage_jn(spalte,zeile: byte;
59:                        frage        : t_workstring): char;
60:    function t_frage_ja(sp,zei: byte;
61:                        frage : t_workstring): boolean;
62:    function t_frage(spalte,zeile: byte;
63:                     frage: t_workstring): char;
64:    function t_readkey: char;
65:
66:    function t_auswahlLeiste(Leiste       : t_leiste;
67:                             anz,anf       : integer;
68:                             nebeneinander: boolean):integer;
69:    function t_menu1(ueberschrift: t_str60;
70:                     auswahl: t_arymenu1): char;
71:
72:    procedure t_str_aus_datei(dateiname       : t_workstring;
73:                              var  str_feld: t_ary500_STR10;
74:                              var  anzahl  : integer;
75:                              var  ok      : boolean);
76:
77:    procedure t_invers_ein;
78:    procedure t_invers_aus;
79:    procedure t_blink_ein;
80:    procedure t_blink_aus;
81:    procedure t_grossbuchstaben(var zeile: t_Longstring);
82:    procedure t_datei_upper(quelle,ziel: t_workstring;
83:                            var t_err  : byte);
84:
85:    procedure t_set_monitor(monitor,vorder,hinter: byte;
86:                            clear                 : boolean);
87:    procedure t_dir(suchweg: t_workstring);
88:
89: {-----------------------------------------------------------}
90: { Implementation                                            }
91: {-----------------------------------------------------------}
92: Implementation
93: var
94:   t_curAnf,             { Anfangs- und Endposition }
95:   t_curEnd : byte;  { des Cursors (Groesse)    }
96:
97: {-----------------------------------------------------------}
98: { t_piep                                                    }
99: {-----------------------------------------------------------}
100: procedure t_piep(n: integer);
101: var z: integer;
102:
103: begin
104:   for Z:= 1 to n do write(chr(7));
105: end;
106: {-----------------------------------------------------------}
107: { t_go                                                      }
108: {              Abkuerzung der Pascal-Prozedur gotoxy(x,y)   }
109: {-----------------------------------------------------------}
110: procedure t_go(spalte,zeile: byte);
111: begin
112:   gotoxy(spalte,zeile);
113: end;
```

```
114: {-------------------------------------------------------}
115: { t_umrandung                                          }
116: {              Zeichnet Bildschirmumrandung. Wahlweise  }
117: {              duenner oder breiter Rand und Clrscr sowie }
118: {              text "Bitte waehlen".                    }
119: {-------------------------------------------------------}
120: procedure t_umrandung(sp_Lo,z_Lo,
121:                       sp_ru,z_ru    : byte;
122:                       breit,clear,text: boolean);
123: const
124:    text1 = ' Bitte wählen ';  { Textdarstellung }
125:
126: var
127:    help,              { Hilfsvariable         }
128:    Lo,                { Zeichen links oben    }
129:    Lu,                { Zeichen links unten   }
130:    ro,                { Zeichen rechts oben   }
131:    ru,                { Zeichen rechts unten  }
132:    zh,                { Zeichen horizontal    }
133:    zv   : integer;    { Zeichen vertikal      }
134:
135: begin
136:    {++++++++++++++++++++++++++++++++}
137:    { Breiter oder duenner Rahmen   }
138:    {++++++++++++++++++++++++++++++++}
139:    if breit then begin
140:                Lo:= 201;   Lu:= 200;
141:                Ro:= 187;   ru:= 188;
142:                zh:= 205;   zv:= 186;
143:             end
144:          else begin
145:                Lo:= 218;   Lu:= 192;
146:                Ro:= 191;   ru:= 217;
147:                zh:= 196;   zv:= 179;
148:             end;
149:    if clear then clrscr;
150:    {++++++++++++++++++++++++++++++++}
151:    { Die vier Ecken setzen         }
152:    {++++++++++++++++++++++++++++++++}
153:    t_schreibe(sp_Lo,z_ru,chr(Lu));    { Links  unten }
154:    t_schreibe(sp_ru,z_ru,chr(ru));    { Rechts unten }
155:    t_schreibe(sp_Lo,z_Lo,chr(Lo));    { Links  oben  }
156:    t_schreibe(sp_ru,z_Lo,chr(ro));    { Rechts oben  }
157:    {++++++++++++++++++++++++++++++++}
158:    { Horizontale Linien zeichnen   }
159:    {++++++++++++++++++++++++++++++++}
160:    t_horizontale(sp_Lo+1,z_Lo,sp_ru - sp_Lo - 1,zh);
161:    t_horizontale(sp_Lo+1,z_ru,sp_ru - sp_Lo - 1,zh);
162:    {++++++++++++++++++++++++++++++++}
163:    { Vertikale Linien zeichnen     }
164:    {++++++++++++++++++++++++++++++++}
165:    t_vertikale(sp_Lo,z_Lo+1,z_Ru-z_lo-1,zv);
166:    t_vertikale(sp_ru,z_Lo+1,z_ru-z_lo-1,zv);
167:    {++++++++++++++++++++++++++++++++}
168:    { Text schreiben                }
169:    {++++++++++++++++++++++++++++++++}
170:    if text
171:    then begin
172:             if ( (sp_ru - sp_Lo) >= 20)
```

```
173:          then begin
174:              help:= ((sp_ru - sp_Lo) div 2) - 7 + sp_Lo;
175:              t_schreibe(help,z_ru,text1);
176:              end;
177:       end;
178: end;
179: {----------------------------------------------------------}
180: { t_clean                                                  }
181: {          Die Bildschirmzeile mit dem angegebenen An-     }
182: {          fangspunkt wird auf einer bestimmten Laenge      }
183: {          geloescht.                                        }
184: {----------------------------------------------------------}
185: procedure t_clean(spalte,zeile,Laenge: byte);
186: begin
187:    t_horizontale(spalte,zeile,laenge,32);
188: end;
189: {----------------------------------------------------------}
190: { t_cleanzeilen                                            }
191: {                   Loescht mehrere zeilen gleicher Laenge  }
192: {----------------------------------------------------------}
193: procedure t_cleanzeilen(sp,zeiAnf,zeiEnd,laenge: byte);
194: var
195:    z: byte;
196:
197: begin
198:    for z:= zeiAnf to zeiEnd do t_clean(sp,z,laenge);
199: end;
200: {----------------------------------------------------------}
201: { t_clean25                                                }
202: {           Loescht die 25. Bildschirmzeile.               }
203: {----------------------------------------------------------}
204: procedure t_clean25;
205: begin
206:    t_clean(1,25,79);
207: end;
208: {----------------------------------------------------------}
209: { t_cursorErmitteln                                        }
210: {                   Ermittelt momentane Cursorposition     }
211: {                   Sollte zu beginn eines Prg. aufge-      }
212: {                   rufen werden                           }
213: {----------------------------------------------------------}
214: procedure t_CursorErmitteln;
215: begin
216:    t_Regs.ah:= $0F;
217:    intr($10,t_Regs);
218:    t_Regs.ah:= $03;
219:    intr($10,t_Regs);
220:    t_CurAnf:= t_Regs.ch;
221:    t_Curend:= t_Regs.cL;
222: end;
223: {----------------------------------------------------------}
224: { t_cursorEin                                              }
225: {           Macht den Cursor wieder sichtbar.              }
226: {----------------------------------------------------------}
227: procedure t_cursorEin;
228: begin
229:    t_Regs.ah:= $01;
230:    t_Regs.ch:= t_CurAnf;
231:    t_Regs.cL:= t_Curend;
```

```
232:    intr($10,t_Regs);
233: end;
234: {--------------------------------------------------------}
235: { t_cursorAus                                            }
236: {                  Macht den Cursor unsichtbar.          }
237: {--------------------------------------------------------}
238: procedure t_cursorAus;
239: begin
240:    t_Regs.ah:= $01;
241:    t_Regs.ch:= $20;
242:    t_Regs.cL:= $00;
243:    intr($10,t_Regs);
244: end;
245: {--------------------------------------------------------}
246: { t_schreibe                                             }
247: {            Schreibt einen text an eine bestimmte Stelle }
248: {            auf den Bildschirm.                          }
249: {--------------------------------------------------------}
250: procedure t_schreibe(spalte,zeile:byte; text:t_workstring);
251: begin
252:    t_go(spalte,zeile);
253:    write(text);
254: end;
255: {--------------------------------------------------------}
256: { t_schreibe_inv                                         }
257: {                  Schreibt einen text an eine bestimmte  }
258: {                  Stelle invers auf den Bildschirm.      }
259: {--------------------------------------------------------}
260: procedure t_schreibe_inv(spalte,zeile: byte;
261:                          text           : t_workstring);
262: begin
263:    t_invers_ein;
264:    t_schreibe(spalte,zeile,text);
265:    t_invers_aus;
266: end;
267: {--------------------------------------------------------}
268: { t_schreibe_bli                                         }
269: {                  Schreibt einen text an eine bestimmte  }
270: {                  Stelle blinkend auf den Bildschirm.    }
271: {--------------------------------------------------------}
272: procedure t_schreibe_bli(spalte,zeile: byte;
273:                          text           : t_workstring);
274: begin
275:    t_blink_ein;
276:    t_schreibe(spalte,zeile,text);
277:    t_blink_aus;
278: end;
279: {--------------------------------------------------------}
280: { t_schreibe_zen                                         }
281: {                  Schreibt einen text wahlweise invers und/ }
282: {                  oder blinkend zentriert zwischen 2 spalten }
283: {                  in der angegebenen zeile.              }
284: {--------------------------------------------------------}
285: procedure t_schreibe_zen(anf,ende,zeile: byte;
286:                          text           : t_workstring;
287:                          invers,blink   : boolean);
288:
289: var
290:    diff: real;        { ende-anf/2        }
```

```
291:     halb: real;        { halbe textlaenge }
292:     sp: byte;
293:
294: begin
295:     diff:= (ende-anf)/2;
296:     halb:= (length(text))/2;
297:     sp:= anf + trunc(diff-halb);
298:     if invers then t_invers_ein;
299:     if blink  then t_blink_ein;
300:     t_schreibe(sp,zeile,text);
301:     if invers then t_invers_aus;
302:     if blink  then t_blink_aus;
303: end;
304: {----------------------------------------------------------}
305: { t_horizontale                                            }
306: {              Zeichnet horizontale Linie mit dem ange-    }
307: {              gebenen Zeichen auf den Bildschirm.         }
308: {----------------------------------------------------------}
309: procedure t_horizontale(spalte,zeile,laenge: byte;
310:                         zeichen            : integer);
311: var z: byte;
312:
313: begin
314:     t_go(spalte,zeile);
315:     for z:= 1 to Laenge do write(chr(zeichen));
316: end;
317: {----------------------------------------------------------}
318: { t_vertikale                                              }
319: {              Zeichnet vertikale Linie mit dem angege-    }
320: {              benen Zeichen auf den Bildschirm.           }
321: {----------------------------------------------------------}
322: procedure t_vertikale(spalte,zeile,laenge: byte;
323:                       zeichen          : integer);
324: var z: byte;
325:
326: begin
327:     for z:= zeile to (zeile+laenge-1) do
328:         t_schreibe(spalte,z,chr(zeichen));
329: end;
330: {----------------------------------------------------------}
331: { t_leer                                                   }
332: {         Erzeugt angegebene Anzahl von Leerzeilen auf     }
333: {         dem Bildschirm.                                  }
334: {----------------------------------------------------------}
335: procedure t_leer(zeilen: byte);
336: var z: byte;
337:
338: begin
339:     for z:= 1 to zeilen do writeln;
340: end;
341: {----------------------------------------------------------}
342: { t_weiter                                                 }
343: {         Schreibt text invers und wartet auf Tasten-      }
344: {         druck. Der text wird anschl. wieder geloescht.   }
345: {----------------------------------------------------------}
346: procedure t_weiter(spalte,zeile: byte);
347: const
348:     text = ' Mit beliebiger Taste weiter ... ';
349:
```

```
350: begin
351:    t_piep(1);
352:    t_schreibe_inv(spalte,zeile,text);
353:    t_warten;
354:    t_clean(spalte,zeile,33);
355: end;
356: {----------------------------------------------------------}
357: { t_warten                                                 }
358: {            Wartet auf beliebigen Tastendruck.            }
359: {----------------------------------------------------------}
360: procedure t_warten;
361: var  ch: char;
362:
363: begin
364:    ch:= readkey;
365: end;
366: {----------------------------------------------------------}
367: { t_mit_taste                                              }
368: {              Schreibt i.d. 25. zeile text zentriert u.   }
369: {              invers und wartet auf Tastendruck. Danach   }
370: {              wird die 25. zeile wieder geloescht.        }
371: {----------------------------------------------------------}
372: procedure t_mit_taste;
373: const
374:    text = 'Mit beliebiger Taste weiter ... ';
375:
376: var taste: char;
377:
378: begin
379:    t_schreibe_zen(1,80,25,text,true,false);
380:    t_piep(1);
381:    t_warten;
382:    t_clean25;
383: end;
384: {----------------------------------------------------------}
385: { t_frage_jn                                               }
386: {              An der angegebenen Position erscheint die    }
387: {              Frage, die nur mit <J> oder <N> beantwortet  }
388: {              werden kann. Das Zeichen wird als Ergebnis   }
389: {              zurueckgeliefert. Anschliessend wird der     }
390: {              text wieder geloescht.                       }
391: {----------------------------------------------------------}
392: function t_frage_jn(spalte,zeile: byte;
393:                      frage      : t_workstring): char;
394: var
395:    taste: char;
396:
397: begin
398:    t_schreibe(spalte,zeile,FRAGE);
399:    repeat
400:      t_piep(1);
401:      t_go((spalte+length(frage)),zeile);
402:      taste:= upcase(readkey);
403:    until taste in ['J','N'];
404:    if taste = 'J' then t_frage_jn:= 'J'
405:                    else t_frage_jn:= 'N';
406:    t_clean(spalte,zeile,length(frage));
407: end;
```

```
408: {--------------------------------------------------------------}
409: { t_frage_ja                                                   }
410: {              Das Ergebnis der function ist true, wenn die }
411: {              Frage mit <J> beantwortet wurde, sonst false.}
412: {--------------------------------------------------------------}
413: function t_frage_ja(sp,zei: byte;
414:                       frage : t_workstring): boolean;
415: var
416:    taste: char;
417:
418: begin
419:    t_schreibe(sp,zei,frage);
420:    repeat
421:      t_piep(1);
422:      t_go((sp+length(frage)),zei);
423:      taste:= upcase(readkey);
424:    until taste in ['J','N'];
425:    if taste = 'J' then t_frage_ja:= true
426:                   else t_frage_ja:= false;
427:    t_clean(sp,zei,length(frage));
428: end;
429: {--------------------------------------------------------------}
430: { t_frage                                                      }
431: {        Das als Antwort eingegebene Zeichen wird als      }
432: {        Ergebnis der function zurueckgeliefert.           }
433: {--------------------------------------------------------------}
434: function t_frage(spalte,zeile: byte;
435:                    frage       : t_workstring): char;
436: var
437:    taste : char;
438:
439: begin
440:    t_schreibe(spalte,zeile,frage);
441:    repeat
442:      t_piep(1);
443:      t_go((spalte+length(frage)),zeile);
444:      taste:= readkey;
445:    until (taste in ['a'..'z']) or
446:          (taste in ['A'..'Z']) or (taste in ['0'..'9']);
447:    t_frage:= taste;
448:    t_clean(spalte,zeile,length(frage));
449: end;
450: {--------------------------------------------------------------}
451: { t_readkey                                                    }
452: {              Uebernimmt dieselbe Funktion wie die function }
453: {              readkey aus Turbo Pascal. t_readkey gibt je- }
454: {              doch auch das Druecken von Funktionstasten    }
455: {              durch die Wiedergabe von Ctrl-Codes wieder.   }
456: {              Diese entsprechen denjenigen aus dem Unit     }
457: {              t_gibein (function t_antwort).                }
458: {--------------------------------------------------------------}
459: function t_readkey: char;
460: const
461:    esc = #27;
462:
463: var
464:    ch: char;
465:
```

```
466: {+++++++++++++++++++++++++++++++++++++++++++}
467: { funktionstaste                            }
468: {+++++++++++++++++++++++++++++++++++++++++++}
469: procedure funktionstaste(chh: char);
470: const
471:    tHome        = #71;    tPgUp        = #73;
472:    tend         = #79;
473:    pfeilAuf     = #72;    pfeilRechts  = #77;
474:    pfeilAb      = #80;    pfeilLinks   = #75;
475:    F1           = #59;    F2           = #60;
476:    F3           = #61;    F4           = #62;
477:    F5           = #63;    F6           = #64;
478:    F7           = #65;    F8           = #66;
479:    F9           = #67;    F10          = #68;
480:    tPgDn        = #81;    tIns         = #82;
481:    tDel         = #83;
482:
483: begin
484:    case chh of
485:       tHome      : ch:= ^A;        tPgUp        : ch:= ^J;
486:       tend       : ch:= ^F;        tPgDn        : ch:= ^Z;
487:       pfeilAuf   : CH:= ^E;        Pfeilab      : ch:= ^X;
488:       pfeilLinks : CH:= ^S;        PfeilRechts: CH:= ^D;
489:       F1         : CH:= ^Q;        F2           : CH:= ^B;
490:       F3         : CH:= ^R;        F4           : CH:= ^W;
491:       F5         : CH:= ^U;        F6           : CH:= ^I;
492:       F7         : CH:= ^O;        F8           : CH:= ^P;
493:       F9         : CH:= ^K;        F10          : CH:= ^L;
494:       tIns       : ch:= ^V;        tDel         : ch:= ^G;
495:    end;
496: end;
497: {+++++++++++++++++++++++++++++++++++++++++++}
498:
499: begin
500:    ch:= readkey;
501:    if ch <> #0 then begin end
502:                 else funktionstaste(readkey);
503:    if ch = esc then ch:= ^C;
504:    t_readkey:= ch;
505: end;
506: {-----------------------------------------------------}
507: { t_auswahlLeiste                                     }
508: {                   Auswahlpkt. koennen neben- oder ueber- }
509: {                   einander auf dem Bildschirm dargestellt}
510: {                   werden. Auswahl mit den Cursortasten.  }
511: {                   Je nach Darstellung sind entweder nur  }
512: {                   die Pfeiltasten <links> u. <rechts>    }
513: {                   oder <oben> u. <unten> zulaessig.      }
514: {                   Die Ordnungszahl des mit <CR> ausge-   }
515: {                   waehlten Pkt. wird als Ergebnis der    }
516: {                   function zurueckgeliefert.             }
517: {-----------------------------------------------------}
518: function t_auswahlLeiste(Leiste        : t_leiste;
519:                          anz,anf       : integer;
520:                          nebeneinander : boolean):integer;
521:
522: const
523:    stop = ^M;   { Return-Taste }
524:
```

```
525: var
526:    i : integer; { Zaehlvariable }
527:    ch: char;     { Tastendruck   }
528:
529: {++++++++++++++++++++++++++++++}
530: { f_taste                      }
531: {          Innerhalb von       }
532: {          von t_auswahlLeiste  }
533: {++++++++++++++++++++++++++++++}
534: procedure f_taste(cch: char);
535: const
536:    pfeilauf     = #72;
537:    pfeillinks   = #75;
538:    pfeilrechts  = #77;
539:    pfeilab      = #80;
540:
541: begin
542:    if nebeneinander
543:    then begin
544:         case cch of
545:             pfeillinks  : ch:= ^S;
546:             pfeilrechts : ch:= ^D;
547:             else begin end;
548:         end;
549:       end
550:    else begin
551:         case cch of
552:             pfeilauf : ch:= ^E;
553:             pfeilab  : ch:= ^X;
554:             else begin end;
555:         end;
556:       end;
557: end;
558: {++++++++++++++++++++++++++++++}
559: { wahlNebeneinander            }
560: {++++++++++++++++++++++++++++++}
561: procedure wahlNebeneinander;
562: begin
563:    case ch of
564:      ^S: begin
565:            t_schreibe(Leiste[i].sp,
566:                        Leiste[i].zei,Leiste[i].bez);
567:            dec(i);
568:            if i < 1 then i:= anz;
569:            t_schreibe_inv(Leiste[i].sp,
570:                        Leiste[i].zei,Leiste[i].bez);
571:            t_go(Leiste[i].sp,Leiste[i].zei);
572:         end;
573:      ^D: begin
574:            t_schreibe(Leiste[i].sp,
575:                        Leiste[i].zei,Leiste[i].bez);
576:            inc(i);
577:            if i > anz then i:= 1;
578:            t_schreibe_inv(Leiste[i].sp,
579:                        Leiste[i].zei,Leiste[i].bez);
580:            t_go(Leiste[i].sp,Leiste[i].zei);
581:         end;
582:      else begin end;
583:    end;{ case }
```

```
584: end;
585: {+++++++++++++++++++++++++++++++++}
586: { wahlUntereinander              }
587: {+++++++++++++++++++++++++++++++++}
588: procedure wahlUntereinander;
589: begin
590:   case ch of
591:     ^E: begin
592:            t_schreibe(Leiste[i].sp,
593:                        Leiste[i].zei,Leiste[i].bez);
594:            dec(i);
595:            if i < 1 then i:= anz;
596:            t_schreibe_inv(Leiste[i].sp,
597:                        Leiste[i].zei,Leiste[i].bez);
598:            t_go(Leiste[i].sp,Leiste[i].zei);
599:          end;
600:     ^X: begin
601:            t_schreibe(Leiste[i].sp,
602:                        Leiste[i].zei,Leiste[i].bez);
603:            inc(i);
604:            if i > anz then i:= 1;
605:            t_schreibe_inv(Leiste[i].sp,
606:                        Leiste[i].zei,Leiste[i].bez);
607:            t_go(Leiste[i].sp,Leiste[i].zei);
608:          end;
609:     else begin end;
610:   end; { case }
611: end;
612: {+++++++++++++++++++++++++++++++++}
613:
614: begin
615:   for i:= 1 to anz do
616:   t_schreibe(Leiste[i].sp,Leiste[i].zei,Leiste[i].bez);
617:   if ( 1 <= anf) and (anf <= anz) then i:= anf  {Anfangs-}
618:                                   else i:= 1;   {position}
619:   t_schreibe_inv(Leiste[i].sp,Leiste[i].zei,Leiste[i].bez);
620:   t_go(Leiste[i].sp,Leiste[i].zei);{ Cursor an den Anfang }
621:   ch:= 'a';
622:   while ch <> stop do
623:   begin
624:     ch:= readkey;
625:     if ch <> #0
626:     then begin { Nur F-tasten erlaubt } end
627:     else f_taste(readkey);
628:     if nebeneinander then wahlNebeneinander
629:                       else wahlUntereinander;
630:   end; { while ch... }
631:   t_auswahlLeiste:= i; { Nummer des Auswahlpunktes }
632: end;
633: {-----------------------------------------------------------}
634: { t_menu1                                                   }
635: {          Stellt auf dem Bildschirm ein Menue mit der an-}
636: {          gegebenen Ueberschrift u. den im Array Auswahl }
637: {          aufgefuehrten Auswahlpkt. dar. Max. 8 Auswahl- }
638: {          pkt. Als Ergebnis wird ein Zeichen aus der      }
639: {          der Menge "1".."8" zurueckgeliefert.           }
640: {-----------------------------------------------------------}
641: function t_menu1(ueberschrift: t_str60;
642:                  auswahl      : t_arymenu1): char;
```

```
643: var
644:    SP : integer;      { Spalte fuer die Ueberschrift }
645:    i  : integer;      { Zaehlvariable                }
646:    zei: integer;      { Zeile fuer Auswahlpunkt      }
647:    ant: char;         { Fuer Menu-Auswahlpunkt       }
648:
649: begin
650:    t_umrandung(1,1,80,24,false,true,false);
651:    t_schreibe(1,4,chr(195));
652:    t_horizontale(2,4,78,196);   t_schreibe(80,4,chr(180));
653:    t_schreibe(1,22,chr(195));
654:    t_horizontale(2,22,78,196); t_schreibe(80,22,chr(180));
655:    if length(ueberschrift) >= 1
656:    then begin
657:          sp:= trunc(39 - (length(ueberschrift) / 2));
658:          t_schreibe(sp,3,ueberschrift);
659:       end;
660:    for i:= 1 to 8 do
661:    begin
662:      if auswahl[i] = ' ' then auswahl[i]:= 'Nicht belegt';
663:    end;
664:    zei:= 4;
665:    for i:= 1 to 8 do
666:    begin
667:      inc(zei,2);
668:      t_go(26,zei); write(I,' ',auswahl[i]);
669:    end;
670:    t_schreibe(26,23,'Bitte wählen:');
671:    repeat
672:      t_go(40,23);
673:      ant:= readkey;
674:    until ant in ['1'..'8'];
675:    t_menu1:= ant;
676: end;
677: {-------------------------------------------------------}
678: { t_str_aus_datei                                       }
679: {                     Uebernimmt aus einer textdatei max. 500}
680: {                     darin enthaltene Integer-Werte (die als}
681: {                     String gespeichert sind) in ein String-}
682: {                     Feld.                              }
683: {-------------------------------------------------------}
684: procedure t_str_aus_datei(dateiname    : t_workstring;
685:                           var   str_feld: t_ary500_str10;
686:                           var   anzahl  : integer;
687:                           var   ok      : boolean);
688:
689: const
690:    maxAnz = 500; { Maximale Anzahl der Werte }
691:
692: var
693:    f     : text;         { Datei muss eine Textdatei sein }
694:    zeile : t_workstring; { Eine Zeile aus Datei f         }
695:    i,z   : integer;      { Zaehlvariablen                 }
696:
697: {-------------------------------}
698: { DateiEinlesen                 }
699: {-------------------------------}
700: procedure DateiEinlesen;
701: begin
```

```
702:    assign(f,dateiname); { Dateien verknuepfen         }
703:    reset(f);            { Oeffnen und auf 1. Element  }
704:    z:= 0;
705:    while not eof(f) and (z < maxAnz) do
706:    begin
707:      readln(f,zeile);           { 1 zeile lesen           }
708:      zeile:= t_leer_ent(zeile); { Leerzeichen entfernen   }
709:      if length(zeile) <> 0      { Wenn nicht Leer-String  }
710:      then begin
711:             inc(z);             { Zaehler erhoehen   }
712:             str_feld[z]:= zeile; { Zeile in Feld sp.  }
713:           end;
714:    end;
715:    if not eof(f) then ok:= false { Wenn mehr als 500 Werte }
716:                   else ok:= true;
717:    close(f);                    { Datei wieder schliessen }
718:    anzahl:= z;                  { Anzahl der Datensaetze  }
719: end;
720: {------------------------------}
721:
722: begin
723:    ok     := false;   { Voreinstellung ok:= false   }
724:    anzahl:= 0;         { Zu Anfang keine Datensaetze }
725:    { Feld mit Leerstr fuellen }
726:    for i:= 1 to maxAnz do str_feld[i]:= ' ';
727:    if t_datei_exist(dateiname)
728:    then DateiEinlesen             { if Datei exist...  }
729:    else ok:= false;              { if Datei not exist.}
730:                                  { Fehler aufgetreten }
731: end;
732: {-------------------------------------------------------}
733: { t_invers_ein                                          }
734: {-------------------------------------------------------}
735: procedure t_invers_ein;
736: begin
737:    { Hintergrund- und Vordergrundfarbe vertauschen }
738:    textbackground(t_config.vordergrund);
739:    textcolor(t_config.hintergrund);
740: end;
741: {-------------------------------------------------------}
742: { t_invers_aus;                                         }
743: {-------------------------------------------------------}
744: procedure t_invers_aus;
745: begin
746:    { Hintergrund und Vordergrund wieder normal }
747:    textbackground(t_config.hintergrund);
748:    textcolor(t_config.vordergrund);
749: end;
750: {-------------------------------------------------------}
751: { t_blink_ein;                                          }
752: {-------------------------------------------------------}
753: procedure t_blink_ein;
754: begin
755:    textcolor(t_config.vordergrund+blink);
756: end;
757: {-------------------------------------------------------}
758: { t_blink_aus;                                          }
759: {-------------------------------------------------------}
760: procedure t_blink_aus;
```

```
761: begin
762:    textcolor(t_config.vordergrund);
763: end;
764: {---------------------------------------------------------}
765: { t_grossbuchstaben                                       }
766: {                    Wandelt eine zeile in Grossbuchstaben }
767: {                    um und liefert diese zurueck.         }
768: {---------------------------------------------------------}
769: procedure t_grossbuchstaben(var zeile: t_longstring);
770: var z : integer;
771:
772: begin
773:    for z:= 1 to length(zeile) do
774:    begin
775:      case zeile[z] of
776:        'ä': zeile[z]:= 'Ä';
777:        'ö': zeile[z]:= 'Ö';
778:        'ü': zeile[z]:= 'Ü';
779:        else zeile[z]:= upcase(zeile[z]);
780:      end;
781:    end;
782: end;
783: {---------------------------------------------------------}
784: { t_datei_upper                                           }
785: {                    Konvertiert eine ganze ASCII-Datei zeilen-}
786: {                    weise in Grossbuchstaben.            }
787: {---------------------------------------------------------}
788: procedure t_datei_upper(quelle,ziel: t_workstring;
789:                         var t_err: byte);
790: var
791:    fQuelle,                    { Quelldatei }
792:    fZiel    : text;            { Zieldatei  }
793:    zeile    : t_LONGSTRING;    { Eine Zeile }
794:
795: {--------------------------------------}
796: { QuelldateiConvert                    }
797: {--------------------------------------}
798: procedure QuelldateiConvert;
799: begin
800:    assign(fQuelle,quelle); { Dateien verbinden        }
801:    assign(fZiel,ziel);
802:    reset(fQuelle);         { Bestehende Datei oeffnen }
803:    rewrite(fZiel);         { Neueroeffnung einer Datei }
804:    while not eof(fQuelle) do
805:    begin
806:      readln(fQuelle,zeile);    { Aus Quelle 1 zeile lesen }
807:      t_grossbuchstaben(zeile); { Zeile umwandeln          }
808:      writeln(fZiel,zeile);     { In Ziel 1 zeile schreiben}
809:    end;
810:    close(fQuelle);
811:    close(fZiel);
812: end;
813: {--------------------------------}
814:
815: begin
816:    t_err:= 0;                { Alles ok }
817:    if t_datei_exist(quelle)
818:    then begin  { Wenn Quelldatei existiert, ... }
819:          if t_datei_exist(ziel)
```

```
820:          then begin
821:              t_err:= 1;
822:              {------------------------------------------}
823:              { Wenn diese Datei existiert, dann kann }
824:              { sie keine Zieldatei sein, da vorhan-  }
825:              { dene Daten zerstoert werden wurdenn.  }
826:              {------------------------------------------}
827:          end
828:        else quelldateiConvert;
829:              { Wenn alle Vorbedingungen erfuellt sind ! }
830:      end
831:  else t_err:= 1;{ Wenn Quelldatei nicht existiert }
832: end;
833: {------------------------------------------------------------}
834: { t_set_monitor                                              }
835: {            Setzt Monitortyp u. Vorder- und Hinter-        }
836: {            grundfarben. Die Werte sind dem Unit           }
837: {            t_decl zu entnehmen. Routine ist als tool      }
838: {            fuer den Programmierer gedacht.                }
839: {------------------------------------------------------------}
840: procedure t_set_monitor(monitor,vorder,hinter: byte;
841:                         clear              : boolean);
842:
843: begin
844:   if not t_int_range(1,4,monitor)
845:   then monitor:= 2;              { Bernstein }
846:   t_config.monitor:= monitor;
847:   t_config.vordergrund:= vorder;
848:   t_config.hintergrund:= hinter;
849:   textcolor(t_config.vordergrund);
850:   textbackground(t_config.hintergrund);
851:   if clear then clrscr;
852: end;
853: {------------------------------------------------------------}
854: { t_dir                                                      }
855: {         Zeigt auf dem Bildschirm das durch Suchweg an-    }
856: {         gegebene Directory an. Bildschirm wird vorher     }
857: {         geloescht.                                         }
858: {------------------------------------------------------------}
859: procedure t_dir(suchweg: t_workstring);
860: const
861:    text = ' Taste drücken ... ';
862:    err2 = ' Datei nicht gefunden!!';
863:    err3 = ' Suchweg nicht gefunden!!';
864:    err5 = ' Zugriff verweigert!!';
865:    err6 = ' Handle nicht definiert/ungültig!!';
866:    err8 = ' Nicht genügend Platz im Speicher!!';
867:    err10= ' "Umgebungs"-Parameter ungültig!!';
868:    err11= ' Ungültiges Befehlsformat!!';
869:    err18= ' Keine weiteren Einträge!';
870:    err  = ' Undefinierter Fehler!!';
871:    mel  = ' <ESC> Abbrechen, <CR> Weiter ... ';
872:
873: var
874:    dirInfo : searchRec;
875:    headline: t_workstring; { ueberschrift }
876:    sp,zei  : integer;      { Position     }
877:
878: label
```

```
879:   ende;   ( falls abgebrochen wird }
880:
881: {+++++++++++++++++++++++++++++++++}
882: { zeile5_bis_22_loeschen          }
883: {+++++++++++++++++++++++++++++++++}
884: procedure zeile5_bis_22_loeschen;
885: var i: byte;
886:
887: begin
888:    for i:= 5 to 22 do
889:    begin
890:      t_go(1,i);
891:      clreol;
892:    end;
893: end;
894: {+++++++++++++++++++++++++++++++++}
895:
896: begin
897:    sp    := -8;   ( Anfangswert 2.spalte - 14 }
898:    zei   := 5;    { Anfangswert 5.zeile       }
899:    clrscr;
900:    headline:= 'Directory von: ' + suchweg;
901:    t_schreibe_zen(2,78,2,headline,false,false);
902:    t_horizontale(2,3,78,205);
903:    t_horizontale(2,24,78,205);
904:    repeat
905:      findFirst(suchweg,anyFile,dirInfo);
906:      while dosError = 0 do
907:      begin
908:        if dirInfo.attr <> volumeID
909:        then begin  ( volumeID nicht listen }
910:               if dirInfo.attr = directory
911:                 then dirInfo.name:= dirInfo.name + '\';
912:               inc(sp,14);   { spalte um 14 erhoehen }
913:               t_schreibe(sp,zei,dirInfo.name);
914:               findNext(dirInfo);
915:               if (zei = 22) and (sp = 62) then
916:               begin
917:                 repeat
918:                   t_schreibe_zen(2,78,25,mel,true,false);
919:                   t_taste:= t_readkey;
920:                 until t_taste in [^C,^M];
921:                 case t_taste of
922:                   ^C: goto ende;
923:                   ^M: begin
924:                         zeile5_bis_22_loeschen;
925:                         t_clean25;
926:                         sp := -8;
927:                         zei:= 5;
928:                       end;
929:                 end; ( case }
930:               end;
931:               if sp = 62
932:               then begin
933:                       sp:= -8;
934:                       inc(zei); { Zeile um  1 erhoehen }
935:                    end;
936:             end;
937:      end; ( while }
```

```
938:  until dosError <> 0;
939:  t_piep(1);
940:  case dosError of
941:      2: t_schreibe_zen(2,78,25,err2+text,true,false);
942:      3: t_schreibe_zen(2,78,25,err3+text,true,false);
943:      5: t_schreibe_zen(2,78,25,err5+text,true,false);
944:      6: t_schreibe_zen(2,78,25,err6+text,true,false);
945:      8: t_schreibe_zen(2,78,25,err8+text,true,false);
946:     10: t_schreibe_zen(2,78,25,err10+text,true,false);
947:     11: t_schreibe_zen(2,78,25,err11+text,true,false);
948:     18: t_schreibe_zen(2,78,25,err18+text,true,false);
949:    else t_schreibe_zen(2,78,25,err+text,true,false);
950:  end; { case }
951:  t_warten;
952:  ende:          { Sprungmarke fuer Abbruch }
953:  clrscr;
954: end;
955: {-------------------------------------------------------}
956: { Ausfuehrungsteil                                      }
957: {-------------------------------------------------------}
958: begin
959:    t_cursorErmitteln;
960: {-------------------------------------------------------}
961: { End of Unit                                           }
962: {-------------------------------------------------------}
963: end.
```

6.3.4 Die Unit T_GIBEIN

Die Unit T_GIBEIN enthält Routinen zur Eingabe des Datums und der Uhrzeit, zur Passwortabfrage und zum Setzen von Bildschirmfarben.

Eine weitere Routine (T_ANTWORT) wird intern von verschiedenen Prozeduren und Funktionen zur Eingabe in ein dafür vorgesehenes Eingabefeld verwendet. Sie wird hier der Vollständigkeit halber aufgeführt, sollte jedoch in Ihren eigenen Programmen keine Verwendung finden. Eine komfortable Eingaberoutine (_INPUT) wird Ihnen im Kapitel 6.3.9 "Die Unit _EINGABE" zur Verfügung gestellt.

Kurzübersicht

t_datum_in:	Liest das Datum als String ein.
t_uhrzeit_in:	Liest die Uhrzeit als String ein.
t_passwort:	Fordert vom Benutzer ein Paßwort an.
t_bildFarben:	Ändert die Bildschirmfarben.
t_antwort:	Wird intern von einigen Routinen zur Eingabe in ein Eingabefeld benutzt.

t_datum_in	**Funktion**

Funktion: Liest das Datum als String ein.

Deklaration:
```
function
t_datum_in(spalte,zeile: byte): t_str10;
```

Aufruf:
```
datum:= t_datum_in(spalte,zeile);
```

Eingabe:
```
spalte: byte
zeile : byte
```

Ausgabe:
```
datum : t_str10
```

Beschreibung:

In der durch SPALTE und ZEILE angegebenen Position erscheint auf dem Bildschirm ein inverses Feld, in das das Datum im Format TT.MM.JJJJ eingegeben werden kann. Als Voreinstellung erscheint das Systemdatum.

Tag, Monat und Jahr müssen durch einen Punkt getrennt werden. Außerdem gelten folgende Bereiche:

```
TT  : 1..31
MM  : 1..12
JJJJ: 1900..2050
```

Die Eingabe wird solange angefordert, bis ein gültiges Datum eingegeben wurde.

Beispiel:

GIBEIN_4.PAS

```
PROGRAM DATUM_EINGEBEN;
USES
  CRT,      (* AUS Turbo Pascal 5.0 *)
  T_IO,     (* AUS TOOLS            *)
  T_GIBEIN; (* AUS TOOLS            *)

VAR
  DATUM: STRING(.10.);    (* DATUM *)

BEGIN
  CLRSCR;
  T_SCHREIBE(10,5,'Datum eingeben (tt.mm.jjjj) ');
  DATUM:=T_DATUM_IN(38,5);
  CLRSCR;
  WRITELN('Sie haben eingegeben: ',DATUM);
END.
```

t_uhrzeit_in	Funktion

Funktion: Liest die Uhrzeit als String ein.

Deklaration:
```
function
t_uhrzeit_in(spalte,zeile: byte): t_str8;
```

Aufruf:
```
uhrzeit:= t_uhrzeit_in(spalte,zeile);
```

Eingabe:
```
spalte: byte
zeile : byte
```

Ausgabe:
```
uhrzeit: t_str8
```

Beschreibung:

In durch SPALTE und ZEILE angegebenen Position erscheint auf dem Bildschirm ein inverses Feld, in das die Uhrzeit im Format HH:MM:SS eingegeben werden kann. Als Voreinstellung erscheint die Systemzeit.

Stunde, Minute und Sekunde müssen durch einen Doppelpunkt (":") getrennt werden. Außerdem gelten die folgenden Bereiche:

```
HH: 0..23
MM: 0..59
SS: 0..59
```

Die Eingabe wird solange angefordert, bis eine gültige Uhrzeit eingegeben wurde.

Beispiel:

GIBEIN_5.PAS

```
PROGRAM UHRZEIT_EINGEBEN;
USES
  CRT,         (* UNIT AUS Turbo Pascal 5.0 *)
  T_IO,        (* UNIT AUS TOOLS            *)
  T_GIBEIN;    (* UNIT AUS TOOLS            *)

VAR
  UHRZEIT: STRING[8];  (* UHRZEIT *)


BEGIN
  CLRSCR;
  T_SCHREIBE(10,5,'Uhrzeit eingeben (hh:mm:ss) ');
  UHRZEIT:= T_UHRZEIT_IN(38,5);
  CLRSCR;
  WRITELN('Sie haben eingegeben: ',UHRZEIT);
END.
```

t_passwort	**Funktion**

Funktion: Fordert vom Benutzer ein Paßwort an.

Deklaration:
```
function
t_passwort(zeile : byte;
           geheim: t_str20;
           anz   : integer): boolean;
```

Aufruf: `ok:= t_passwort(zeile,geheim,anz);`

Eingabe:
```
zeile : byte
geheim: t_str20
anz   : integer
```

Ausgabe: `ok: boolean`

Beschreibung:

An der Position (26,ZEILE) wird vom Benutzer ein Passwort angefordert, das mit GEHEIM verglichen wird. Stimmen beide überein (es wird zwischen Groß- und Kleinbuchstaben unterschieden), so ist das Ergebnis der Funktion TRUE. Die beschriebene Zeile wird anschließend wieder gelöscht.

Stimmt die Eingabe nicht mit GEHEIM überein, so wird sie so oft wiederholt zugelassen, wie in ANZ angegeben.

Sind alle Versuche, das richtige Paßwort einzugeben, fehlgeschlagen, geht die Funktion in eine Endlosschleife. Es werden keine Tastenbefehle mehr angenommen. Der Rechner läßt sich nur noch durch einen "Warmstart" erneut aktivieren.

Beispiel:

    GIBEIN_6.PAS

```
PROGRAM PASSWORT;
USES
   CRT,        (* UNIT AUS Turbo Pascal 5.0 *)
   T_IO,       (* UNIT AUS TOOLS           *)
   T_GIBEIN;   (* UNIT AUS TOOLS           *)

CONST
   PASS = 'Pascal';  (* Das Passwort *)


BEGIN
   CLRSCR;
   IF T_PASSWORT(10,pass,3)
   THEN BEGIN
        T_GO(1,1);
        WRITELN('RICHTIGES PASSWORT EINGEGEBEN!');
        WRITELN;
        WRITELN('SIE KOENNEN MIT DEM PROGRAMM  ');
```

```
        WRITELN('FORTFAHREN. <CR> drücken...   ');
        T_WARTEN;
    END;
(* ELSE-ZWEIG WIRD NIE AUSGEFUEHRT, DA T_PASSWORT *)
(* FUER DIESEN FALL IN EINE ENDLOSSCHLEIFE GEHT.  *)
END.
```

t_bildFarben	**Prozedur**

Funktion: Ändert die Bildschirmfarben.

Deklaration: procedure
            t_bildFarben;

Aufruf: t_bildFarben;

Eingabe: Keine

Ausgabe: Keine

Beschreibung:

Diese Prozedur ist schon mehr ein kleines Programm, mit dem die Bild-schirmfarben geändert werden können. Nach dem Aufruf wird der Bild-schirm gelöscht. Es erscheinen drei Kästchen, die den Bildschirmtyp und die Vorder- und Hintergrundfarben enthalten.

Die voreingestellten Werte blinken. Mit den Tasten <M> (Monitor), <V> (Vordergrund) und <H> (Hintergrund) lassen sich die Einstellungen ver-ändern. Mit <S> (Speichern) verlassen Sie die Bildschirmmaske.

Bei der Auswahl der Vorder- und Hintergrundfarbe wird überprüft, ob beide verschieden sind. Sind sie es nicht, ertönt ein Piepton.

Die Auswahl des Monitortyps hat mehr informativen Charakter und wird als sog. Dummy-Variable verwendet (siehe auch T_SET_MONITOR in der Unit T_IO). Sie hat keine Auswirkung auf die Bildschirmfarben. Die Einstellung hat bis zum Programmende oder bis zum erneuten Aufruf dieser Prozedur Gültigkeit. Wird ein Programm erneut gestartet und die Unit T_DECL aufgenommen, so gilt die dortige Voreinstellung für den Monitortyp, die Vorder- und Hintergrundfarben.

Wollen Sie grundsätzlich ein Programm z.B. mit den Einstellungen FARBMONITOR, Vordergrundfarbe BLAU und Hintergrundfarbe GRÜN starten, so müssen Sie die entsprechenden Werte in der Unit T_DECL verändern:

```
t_config.monitor:= 4;
t_config.vordergrund:= 1;
t_config.hintergrund:= 2;
```

Diese Prozedur eignet sich zur Aufnahme in ein Programm, in dem der Anwender die Möglichkeit der Farbauswahl bekommen soll.

Wollen Sie als Programmierer die Farben verändern, so benutzen Sie bitte die Routine T_SET_MONITOR aus der Unit T_IO.

Beispiel:

GIBEIN_7.PAS

```
PROGRAM BILDSCHIRM_VERAENDERN;
USES
  CRT,              (* UNIT AUS Turbo Pascal 5.0 *)
  T_DECL,T_GIBEIN;  (* UNIT AUS TOOLS            *)

VAR
  CH: CHAR;

BEGIN
  CLRSCR;
  WRITELN('Gleich koennen Sie die Bildschirmfarben');
  WRITELN('veraendern.                           ');
  WRITELN('Waehlen Sie z.B. einmal eine inverse   ');
  WRITELN('Darstellung (Hintergrund und Vorder-   ');
  WRITELN('grundfarben vertauschen!!)             ');
  WRITELN('Druecken Sie eine Taste ...            ');
  CH:= READKEY;
  T_BILDFARBEN;
  WRITELN(' Jetzt mit neuen Bildschirmfarben!!    ');
  WRITELN;
  WRITELN(' Bitte eine Taste druecken ...         ');
  CH:= READKEY;
  CLRSCR;
END.
```

---

t_antwort	**Funktion**

Funktion: Bietet die Möglichkeit der Dateneingabe in ein Eingabefeld mit einem vorangestellten Text als Erläuterung. Wird intern von einigen Routinen benutzt.

Deklaration:
```
function
t_antwort(spalte,
          zeile,
          laenge   : byte;
          text     : t_workstring;
          vor_ant  : t_workstring;
          var
          ctrl_taste: char): t_workstring;
```

Aufruf:
```
antwort:= t_antwort(spalte,zeile,laenge,
                text,vor_ant,ctrl_taste);
```

Eingabe:
```
spalte   : byte
zeile    : byte
```

```
                    laenge    : byte
                    text      : t_workstring
                    vor_ant   : t_workstring
                    ctrl_taste: char
Ausgabe:            antwort   : t_workstring
                    ctrl_taste: char
```

Beschreibung:

In der durch SPALTE und ZEILE angegebenen Position erscheint auf dem Bildschirm der angegebene TEXT. Das Eingabefeld beginnt nach einem Leerzeichen hinter TEXT. Soll eine Antwort vorgegeben werden, so kann dies mit der Angabe von VOR_ANT geschehen.

Wird das Eingabefeld mit einer der nachfolgend beschriebenen CTRL-, Funktions- oder Pfeiltaste verlassen, so ist der entsprechende CTRL-Code in der Variablen CTRL_TASTE gespeichert und kann abgefragt werden. Das Eingabefeld kann mit folgenden CTRL-Tasten bearbeitet werden (WordStar ähnlich):

<CTRL-Y>	Löscht das Eingabefeld.
<CTRL-T>	Löscht vom Cursor bis zum Zeilenende.

Folgende Tasten sind aktiviert:

<PFEIL LINKS>	Ein Zeichen nach links.
<PFEIL RECHTS>	Ein Zeichen nach rechts.
<PFEIL OBEN>	Eingabefeld verlassen.
<PFEIL UNTEN>	Eingabefeld verlassen.
<HOME>	An den Anfang der Zeile.
<END>	An das Ende der Zeile.
<INS>	Leerzeichen an Cursorposition einfügen.
<DEL>	Zeichen unter Cursor löschen.
<BSP>	Zeichen links v. Cursor löschen.
<CR>	Eingabefeld verlassen.

Die Funktionstasten, die <ESC>-Taste und die Tasten <PgUp> und <PgDn> verlassen ebenfalls das Eingabefeld.

Der CTRL-Code der Tasten, die das Eingabefeld verlassen, lautet wie folgt:

```
<F1>   =^Q,   <F7>    =^O,   <PgDn>             =^Z,
<F2>   =^B,   <F8>    =^P,   <PFEIL OBEN>       =^E,
<F3>   =^R,   <F9>    =^K,   <PFEIL UNTEN>      =^X,
<F4>   =^W,   <F10>   =^L,   <ESC>              =^C,
<F5>   =^U,   <PgUp>  =^J,   <CR>               =^M.
<F6>   =^I,
```

Beispiel:

GIBEIN_3.PAS

```
PROGRAM EINGABEFELD;
USES
  CRT,        (* UNIT AUS Turbo Pascal 5.0 *)
  T_DECL,     (* UNIT AUS TOOLS            *)
  T_IO,       (* UNIT AUS TOOLS            *)
  T_GIBEIN;   (* UNIT AUS TOOLS            *)

VAR
  ANTWORT: T_WORKSTRING;

BEGIN
  CLRSCR;
  ANTWORT:= T_ANTWORT(2,5,25,'IHR NAME:',' ',T_TASTE);
  CLRSCR;
  WRITELN('IHR NAME LAUTET: ',ANTWORT);
END.
```

Das Listing der Unit T_GIBEIN

Programmname   : a:\t_gibein.pas

```
 1: {------------------------------------------------------------}
 2: { unit      : t_gibein.pas                                   }
 3: {                                                            }
 4: { date      : 14.01.89                                       }
 5: { compiler  : turbo pascal 5.0/5.5                           }
 6: {                                                            }
 7: {                                                            }
 8: { update    : 18.07.89                                       }
 9: {                                                            }
10: { Autor     : Reiner Schoelles                               }
11: {------------------------------------------------------------}
12: {                                                            }
13: { Diese  Unit enthaelt Routinen, die die Eingabe steuern.    }
14: {------------------------------------------------------------}
15: Unit t_gibein;
16:
17: {------------------------------------------------------------}
18: { Interface                                                  }
19: {------------------------------------------------------------}
20: Interface
21: uses
22:   crt,        { Unit aus Turbo Pascal 5.0 }
23:   t_decl,     { Unit aus Tools            }
```

```
24:    t_io,       { Unit aus Tools          }
25:    t_check,    { Unit aus Tools          }
26:    _eingabe;   { Unit aus Tools          }
27:
28:
29: type
30:    t_eingabefeld = { Notwendige Angaben fuer Prg., die }
31:        record     { die Funktion t_antwort benutzen.  }
32:          spalte,
33:          zeile,
34:          laenge : byte;
35:          antwort : t_str60; { Antwort aus dem Eingabefeld }
36:          text    : t_str40; { Beschr. vor dem Eingabefeld }
37:        end;
38:
39:    function t_datum_in(spalte,zeile: byte): t_str10;
40:
41:    function t_uhrzeit_in(spalte,zeile: byte): t_str8;
42:
43:    function t_antwort(sp,zeile,laenge: byte;
44:                       text            : t_workstring;
45:                       vor_ant         : t_workstring;
46:                       var ctrl_taste : char): t_workstring;
47:
48:    function t_passwort(zeile: byte; Geheim: t_str20;
49:                        anz  : integer): boolean;
50:
51:    procedure t_bildFarben;
52:
53: {---------------------------------------------------------}
54: { Implementation                                          }
55: {---------------------------------------------------------}
56: Implementation
57:
58: {---------------------------------------------------------}
59: { t_datum_in                                              }
60: {            Liest ueber die Tastatur das Datum im Format }
61: {            (tt.mm.jjjj) ein.                             }
62: {---------------------------------------------------------}
63: function t_datum_in(spalte,zeile: byte): t_str10;
64: var
65:    ok  : boolean;       { Ob Datum korrekt eingegeben }
66:    tt,                  { Tag   }
67:    mm,                  { Monat }
68:    jj  : integer;       { Jahr  }
69:    ctrl: char;          { Fuer Control-Taste   }
70:    dat : t_str10;       { Eingegebenes Datum   }
71:    err1,                { Fehler beim Tag      }
72:    err2,                { Fehler beim Monat    }
73:    err3: byte;          { Fehler beim Jahr     }
74:
75: {++++++++++++++++++++++++++}
76: { punkte                   }
77: {++++++++++++++++++++++++++}
78: function punkte: boolean;
79: begin
80:    if (dat[3] = '.') and (dat[6] = '.')
81:    then punkte:= true
82:    else punkte:= false;
```

```
83:  end;
84:  {++++++++++++++++++++++++++}
85:  { keinfehler              }
86:  {++++++++++++++++++++++++++}
87:  function keinfehler: boolean;
88:  begin
89:    if (err1 = 0) and (err2 = 0) and (err3 = 0)
90:    then keinfehler:= true
91:    else keinfehler:= false;
92:  end;
93:  {++++++++++++++++++++++++++}
94:
95:  begin
96:    dat:= t_datum;  { Am Anfang Voreinstellung }
97:    repeat
98:      ok:= false;
99:      dat:= t_antwort(spalte-1,zeile,10,'',dat,ctrl);
100:     tt:= t_str_to_int(copy(dat,1,2),err1);
101:     mm:= t_str_to_int(copy(dat,4,2),err2);
102:     jj:= t_str_to_int(copy(dat,7,4),err3);
103:     if t_int_range(1,31,tt) and t_int_range(1,12,mm)
104:         and t_int_range(1900,2050,jj) and punkte
105:         and keinfehler then ok:= true;
106:       if not ok then t_piep(1);
107:     until ok;
108:     t_datum_in:= dat;
109: end;
110: {----------------------------------------------------------}
111: { t_uhrzeit_in                                             }
112: {               Liest ueber die Tastatur die Uhrzeit im    }
113: {               Format (hh:mm:ss) ein.                     }
114: {----------------------------------------------------------}
115: function t_uhrzeit_in(spalte,zeile: byte): t_str8;
116: var
117:    ok  : boolean;       { Ob Uhrzeit korrekt eingegeben }
118:    hh,                  { Stunde    }
119:    mm,                  { Minute    }
120:    ss  : integer;       { Sekunde   }
121:    ctrl: char;          { Fuer Control-Taste }
122:    uhr : t_str8;        { Eingegebene Uhrzeit }
123:    err1,                { Fehler hh }
124:    err2,                { Fehler mm }
125:    err3: byte;          { Fehler ss }
126:
127: {++++++++++++++++++++++++++}
128: { doppelpunkte             }
129: {++++++++++++++++++++++++++}
130: function doppelpunkte:boolean;
131: begin
132:   if (uhr[3] = ':') and (uhr[6] = ':')
133:   then doppelpunkte:= true
134:   else doppelpunkte:= false;
135: end;
136: {++++++++++++++++++++++++++}
137: { keinfehler               }
138: {++++++++++++++++++++++++++}
139: function keinfehler: boolean;
140: begin
141:   if (err1 = 0) and (err2 = 0) and (err3 = 0)
```

```
142:    then keinfehler:= true
143:    else keinfehler:= false;
144: end;
145: {++++++++++++++++++++++++++++}
146:
147: begin
148:    uhr:= t_uhrzeit(true,false);    { Voreinstellung mit Sek.}
149:    repeat
150:      ok:= false;
151:      uhr:= t_antwort(spalte-1,zeile,8,'',uhr,ctrl);
152:      hh:= t_str_to_int(copy(uhr,1,2),err1);
153:      mm:= t_str_to_int(copy(uhr,4,2),err2);
154:      ss:= t_str_to_int(copy(uhr,7,2),err3);
155:      if t_int_range(0,23,hh)      and t_int_range(0,59,mm)
156:         and t_int_range(0,59,ss) and doppelpunkte
157:         and keinfehler then ok:= true;
158:      if not ok then t_piep(1);
159:    until ok;
160:    t_uhrzeit_in:= uhr;
161: end;
162: {--------------------------------------------------------}
163: { t_antwort                                              }
164: {          Uebernimmt die Eingabe in ein Eingabefeld. In }
165: {          der Variablen Ctrl_Taste wird ein evtl. Ctrl- }
166: {          Code gespeichert, der die Eingabe beendet hat.}
167: {          Die hier verwendeten Editor-Kommandos ^A, ^F, }
168: {          ^V,^T entsprechen in der Wirkungsweise nicht  }
169: {          genau denen aus WordStar, kommen ihnen logisch}
170: {          jedoch am nähesten.                           }
171: {--------------------------------------------------------}
172: function t_antwort(sp,zeile,laenge: byte;
173:                         text          : t_workstring;
174:                         vor_ant       : t_workstring;
175:                         var ctrl_taste : char): t_workstring;
176:
177: var
178:    i      : 0..79;          { Cursor-Position      }
179:    ch     : char;          { Eingegebenes Zeichen }
180:    antwort: t_workstring;
181:    spalte : byte;          { SP + length(text) + 1}
182:    ende   : boolean;       { Eingabe beenden      }
183:
184:
185: {+++++++++++++++++++++++++++++++++++++++++++++}
186: { antwortErneuern                            }
187: {+++++++++++++++++++++++++++++++++++++++++++++}
188: procedure antwortErneuern;
189: begin
190:    t_schreibe(spalte,zeile,antwort);
191:    t_horizontale(spalte+length(antwort),zeile,
192:                   laenge-(length(antwort)),32);
193: end;
194: {+++++++++++++++++++++++++++++++++++++++++++++}
195: { invers_beginnen                            }
196: {+++++++++++++++++++++++++++++++++++++++++++++}
197: procedure invers_beginnen;
198: begin
199:    textbackground(t_config.vordergrund);
200:    textcolor(t_config.vordergrund);
```

```
201:    t_horizontale(spalte,zeile,laenge,32);
202:    t_go(spalte,zeile);
203:    textcolor(t_config.hintergrund);
204: end;
205: {+++++++++++++++++++++++++++++++++++++++++++}
206: { invers_beenden                            }
207: {+++++++++++++++++++++++++++++++++++++++++++}
208: procedure invers_beenden;
209: begin
210:    textbackground(t_config.hintergrund);
211:    textcolor(t_config.hintergrund);
212:    t_horizontale(spalte,zeile,laenge,32);
213:    textcolor(t_config.vordergrund);
214:    antwortErneuern;
215: end;
216: {+++++++++++++++++++++++++++++++++++++++++++}
217: { backspace_taste                           }
218: {+++++++++++++++++++++++++++++++++++++++++++}
219: procedure backspace_taste;
220: begin
221:    if t_int_range(1,length(antwort),i)
222:    then begin
223:            delete(antwort,i,1);
224:            dec(i);
225:            antwortErneuern;
226:            t_go(spalte+i,zeile);
227:         end;
228: end;
229: {+++++++++++++++++++++++++++++++++++++++++++}
230: { normale_taste                             }
231: {+++++++++++++++++++++++++++++++++++++++++++}
232: procedure normale_taste;
233: begin
234:    if t_int_range(0,length(antwort)-1,i)
235:    then begin
236:            t_schreibe(spalte+i,zeile,ch);
237:            inc(i);
238:            antwort[i]:= ch;
239:         end
240:    else begin
241:            if t_int_range(0,laenge-1,length(antwort))
242:            then begin
243:                    t_schreibe(spalte+i,zeile,ch);
244:                    inc(i);
245:                    antwort:= antwort+ch;
246:                 end
247:            else t_piep(1);
248:         end; { else }
249: end;
250: {+++++++++++++++++++++++++++++++++++++++++++}
251: { spezielle_taste                           }
252: {+++++++++++++++++++++++++++++++++++++++++++}
253: procedure spezielle_taste;
254:
255: {++++++++++++++++++++++++}
256: { loeschen               }
257: {++++++++++++++++++++++++}
258: procedure loeschen;
259: begin
```

```
260:    if t_int_range(1,length(antwort),length(antwort)) and
261:        t_int_range(0,length(antwort)-1,i)
262:        then delete(antwort,i+1,1);
263: end;
264: {++++++++++++++++++++++}
265: { einfuegen            }
266: {++++++++++++++++++++++}
267: procedure einfuegen;
268: begin
269:    if t_int_range(0,laenge-1,length(antwort))
270:    then antwort:= concat(copy(antwort,1,i),' ',
271:                          copy(antwort,i+1,laenge));
272: end;
273: {++++++++++++++++++++++}
274:
275: begin
276:    case ch of
277:      {--------------------------}
278:      { ^A,^S,^D,^F bewegen nur  }
279:      { den Cursor i.d. Zeile    }
280:      {--------------------------}
281:      ^A : i:= 0; { Anfang Zeile }
282:      ^S : if t_int_range(1,length(antwort),i)
283:             then dec(i)         { Zeichen nach links  }
284:             else t_piep(1);
285:      ^D : if t_int_range(0,length(antwort)-1,i)
286:             then inc(i)         { Zeichen nach rechts }
287:             else t_piep(1);
288:
289:      ^F : i:= length(antwort);  { Ende Zeile }
290:      {--------------------------}
291:      { ^G,^V,^T,^Y verändern die }
292:      { Antwort.                 }
293:      {--------------------------}
294:      ^G : loeschen;
295:      ^V : einfuegen;
296:      ^T : antwort:= copy(antwort,1,i);
297:      ^Y : begin
298:             i:= 0;
299:             antwort:= '';
300:           end;
301:    end; { OF CASE CH OF ... }
302:    if ch in [^G,^V,^T,^Y]
303:    then antwortErneuern;
304: end;
305: {+++++++++++++++++++++++++++++++++++++++++}
306: { FeldVerlassen                           }
307: {+++++++++++++++++++++++++++++++++++++++++}
308: procedure FeldVerlassen;
309: begin
310:    ctrl_taste:= ch; { Zeichen speichern }
311:    ende:= true;
312: end;
313: {+++++++++++++++++++++++++++++++++++++++++}
314: { EingabeVorbereiten                      }
315: {+++++++++++++++++++++++++++++++++++++++++}
316: procedure eingabeVorbereiten;
317: begin
318:    spalte:= sp + length(text) + 1;
```

```
319:    antwort:= '';              { Noch keine Antwort }
320:    t_schreibe(sp,zeile,text);
321:    antwortErneuern;
322:    i:= 0;                     { Anfangsposition        }
323:    t_go(spalte,zeile);
324:    antwort:= vor_ant;         { Antwort uebernehmen    }
325:    invers_beginnen;
326:    antwortErneuern;
327:    t_go(spalte+i,zeile);      { Cursor positionieren   }
328:    ende:= false;             { Bitte eingeben!         }
329: end;
330: {++++++++++++++++++++++++++++++++++++++++++++++++}
331:
332: begin
333:    eingabeVorbereiten;
334:    while not ende do
335:    begin
336:      ch:= t_readkey;    { Ein Zeichen lesen }
337:      case ch of
338:        ^D,^S,^A,
339:        ^F,^G,^V,
340:        ^Y,^T      : spezielle_taste;
341:
342:        ^H         : backspace_taste;
343:
344:        ^C,^M,
345:        ^E,^X,^Q,
346:        ^B,^R,^W,
347:        ^U,^I,^O,
348:        ^J,^Z,
349:        ^P,^K,^L   : FeldVerlassen;
350:
351:        ^N         : begin
352:                        { Noch nicht belegt in t_readkey }
353:                     end;
354:        else normale_taste;
355:      end; { case }
356:      t_go(spalte+i,zeile);
357:    end; { while }
358:    invers_beenden;
359:    t_antwort:= antwort;
360: end;
361: {-------------------------------------------------------}
362: { passwort                                              }
363: {          Ermoeglicht die Eingabe eines Passwortes, das }
364: {          mit einem vorgegebenen verglichen wird. Wird  }
365: {          das vorgegebene Passwort nicht richtig einge-  }
366: {          geben, fuehrt die function eine Endlosschleife }
367: {          aus.                                           }
368: {-------------------------------------------------------}
369: function t_passwort(zeile: byte;
370:                     Geheim: t_str20;
371:                     anz   : integer): boolean;
372: const
373:    tex = 'Passwort: ';
374:    len = 20;               { Laenge des Feldes }
375:    sp  = 26;               { Spalte für Text   }
376:
377: var
```

```
378:    i,
379:    versuche,
380:    zaehler  : integer;  { Laengenzaehler     }
381:    ch       : char;     { Eingelesenes Zeichen }
382:    wort     : t_str20;  { Geheimwort         }
383:
384: begin
385:    t_cursorAus;
386:    versuche:= 0;
387:    repeat
388:      inc(versuche);
389:      wort:= '';
390:      t_schreibe(sp,zeile,tex);
391:      ch:= 'a';
392:      t_go(sp+length(tex)+length(wort),zeile);
393:      t_invers_ein;
394:      for i:= 1 to len do write(' ');
395:      t_go(sp+length(tex)+length(wort),zeile);
396:      zaehler:= 0;
397:      while ch <> _cr do
398:      begin
399:        ch:= _readkey;
400:        inc(zaehler);
401:        if ch <> _cr then
402:        begin
403:          if (t_int_range(32,126,ord(ch))) and
404:          (zaehler <= len) then
405:          begin
406:            wort:= wort + ch;
407:            write('*');
408:            t_go(sp+length(tex)+length(wort),zeile);
409:          end;
410:        end
411:      end; { while }
412:      t_invers_aus;
413:    until (wort = geheim) or (versuche = anz);
414:    t_cursorEin;
415:    if (versuche = anz) and (wort <> geheim)
416:    then begin
417:        t_passwort:= false;
418:        repeat
419:          anz:= 0;
420:          { Endlosschleife }
421:        until anz = 1;
422:      end;
423:    t_clean(sp,zeile,30);
424:    t_passwort:= true;
425: end;
426: {---------------------------------------------------------}
427: { t_bildFarben                                            }
428: {                 Waehlt einen Bildschirm, die Vorder- und }
429: {                 die Hintergrundfarbe aus und setzt die   }
430: {                 beiden Attribute neu (t_config)          }
431: {---------------------------------------------------------}
432: procedure t_bildFarben;
433:                 {------------------------------}
434:                 { Hinweis fuer TP 4.0-Anwender: }
435:                 { Konstante Stringausdrücke können}
436:                 { nicht mit "+" zusammengefügt    }
```

```
437:                  { werden. Schreiben Sie die beiden}
438:                  { folgenden Texte in eine Zeile   }
439:                  { ( aus      '...'+ '...';         }
440:                  {   wird      '... ...';           }
441:                  {----------------------------------}
442: const
443:   ueberschr = 'Bildschirm, Vorder- u.'
444:              +' Hintergrundfarbe festlegen';
445:   unterschr = 'Auswählen mit: <M>onitor -'
446:              +' <V>ordergrund - <H>intergrund';
447:   uebermoni = ' Monitor ';
448:   uebervor  = 'Vordergrund';
449:   ueberhint = 'Hintergrund';
450:   spBild    = 12;              { Spalte fuer Bildschirm  }
451:   spVor     = 39;              { Spalte fuer Vordergrund }
452:   spHinter  = 61;              { Spalte fuer Hintergrund }
453:
454: var                                     { Texte fuer  }
455:   bildsch: array[1..4] of t_auswahlRec; { Bildschirme }
456:   vorder : array[1..7] of t_auswahlRec; { Vordergrund }
457:   hinter : array[1..7] of t_auswahlRec; { Hintergrund }
458:   i           : integer;    { Zaehlvariable          }
459:   monitor,                  { Werte 1..4             }
460:   vordergrund,              { Werte 0,1,2,4,7,14,15  }
461:   hintergrund : byte;       { Werte 0,1,2,4,7,14,15  }
462:   wahlMonitor,              { Werte 1..4             }
463:   wahlVorder,               { Werte 1..7             }
464:   wahlHinter  : byte;       { Werte 1..7             }
465:   auswahlpkt  : set of char;{ Auswahl: M,V,H,S       }
466:   wahl        : char;       { Ein Auswahlpunkt       }
467:
468: begin
469:   clrscr;
470:   auswahlpkt := ['M','V','H','S']; { Menge definieren }
471:   monitor    := t_config.monitor;
472:   vordergrund:= t_config.vordergrund;
473:   hintergrund:= t_config.Hintergrund;
474:   t_horizontale(1,2,79,205); t_horizontale(1,22,79,205);
475:   t_schreibe_zen(1,79,1,ueberschr,false,false);
476:   t_schreibe(2,24,unterschr);
477:   t_schreibe(68,24,'<S>peichern');
478:   {*********************************}
479:   { Monitorkaestchen initialisieren }
480:   {*********************************}
481:   bildsch[1].sp:= spBild; bildsch[1].zei:=  7;
482:                           bildsch[1].bez:= 'Schwarz/Weiss';
483:   bildsch[2].sp:= spBild; bildsch[2].zei:=  9;
484:                           bildsch[2].bez:= 'Schwarz/Gelb ';
485:   bildsch[3].sp:= spBild; bildsch[3].zei:= 11;
486:                           bildsch[3].bez:= 'Schwarz/Gruen';
487:   bildsch[4].sp:= spBild; bildsch[4].zei:= 13;
488:                           bildsch[4].bez:= 'Farbmonitor  ';
489:   {*************************************}
490:   { Vordergrundkaestchen initialisieren }
491:   {*************************************}
492:   vorder[1].sp:= spVor; vorder[1].zei:= 7;
493:                         vorder[1].bez:= 'Schwarz';
494:   vorder[2].sp:= spVor; vorder[2].zei:= 9;
495:                         vorder[2].bez:= 'Blau';
```

```
496:    vorder[3].sp:= spVor; vorder[3].zei:=11;
497:                          vorder[3].bez:= 'Gruen';
498:    vorder[4].sp:= spVor; vorder[4].zei:=13;
499:                          vorder[4].bez:= 'Rot';
500:    vorder[5].sp:= spVor; vorder[5].zei:=15;
501:                          vorder[5].bez:= 'Grau';
502:    vorder[6].sp:= spVor; vorder[6].zei:=17;
503:                          vorder[6].bez:= 'Gelb';
504:    vorder[7].sp:= spVor; vorder[7].zei:=19;
505:                          vorder[7].bez:= 'Weiss';
506:    (************************************)
507:    { Hintergrundkaestchen initialisieren }
508:    (************************************)
509:    hinter[1].sp:= spHinter; hinter[1].zei:= 7;
510:                             hinter[1].bez:= 'Schwarz';
511:    hinter[2].sp:= spHinter; hinter[2].zei:= 9;
512:                             hinter[2].bez:= 'Blau';
513:    hinter[3].sp:= spHinter; hinter[3].zei:=11;
514:                             hinter[3].bez:= 'Gruen';
515:    hinter[4].sp:= spHinter; hinter[4].zei:=13;
516:                             hinter[4].bez:= 'Rot';
517:    hinter[5].sp:= spHinter; hinter[5].zei:=15;
518:                             hinter[5].bez:= 'Grau';
519:    hinter[6].sp:= spHinter; hinter[6].zei:=17;
520:                             hinter[6].bez:= 'Gelb';
521:    hinter[7].sp:= spHinter; hinter[7].zei:=19;
522:                             hinter[7].bez:= 'Weiss';
523:    (************************************)
524:    { Monitorkaestchen schreiben        }
525:    (************************************)
526:    t_umrandung(11,4,25,14,false,false,false);
527:    t_schreibe(11,6,chr(195));
528:    t_horizontale(12,6,13,196);
529:    t_schreibe(25,6,chr(180));
530:    t_schreibe(14,5,uebermoni);
531:    for i:= 1 to 4 do
532:    t_schreibe(bildsch[i].sp,bildsch[i].zei,bildsch[i].bez);
533:    (************************************)
534:    { Vordergrundkaestchen schreiben    }
535:    (************************************)
536:    t_umrandung(36,4,48,20,false,false,false);
537:    t_schreibe(36,6,chr(195));
538:    t_horizontale(37,6,11,196);
539:    t_schreibe(48,6,chr(180));
540:    t_schreibe(37,5,uebervor);
541:    for i:= 1 to 7 do
542:    t_schreibe(vorder[i].sp,vorder[i].zei,vorder[i].bez);
543:    (************************************)
544:    { Hintergrundkaestchen schreiben    }
545:    (************************************)
546:    t_umrandung(58,4,70,20,false,false,false);
547:    t_schreibe(58,6,chr(195));
548:    t_horizontale(59,6,11,196);
549:    t_schreibe(70,6,chr(180));
550:    t_schreibe(59,5,ueberhint);
551:    for i:= 1 to 7 do
552:    t_schreibe(hinter[i].sp,hinter[i].zei,hinter[i].bez);
```

```
553:    {***************************************}
554:    { Voreinstellung Monitor blinkend      }
555:    {***************************************}
556:    wahlmonitor:= monitor;
557:    if (monitor < 1) or (monitor > 4) then wahlmonitor:= 2;
558:    t_schreibe_bli(bildsch[wahlmonitor].sp,
559:                      bildsch[wahlmonitor].zei,
560:                      bildsch[wahlmonitor].bez);
561:    {***************************************}
562:    { Voreinstellung:Vordergrund blinkend  }
563:    {***************************************}
564:    case vordergrund of
565:       0: wahlVorder:= 1;
566:       1: wahlVorder:= 2;
567:       2: wahlVorder:= 3;
568:       4: wahlVorder:= 4;
569:       7: wahlVorder:= 5;
570:      14: wahlVorder:= 6;
571:      15: wahlVorder:= 7;
572:      else wahlVorder:= 6;
573:    end; { case }
574:    t_schreibe_bli(vorder[wahlVorder].sp,
575:                      vorder[wahlVorder].zei,
576:                      vorder[wahlVorder].bez);
577:    {***************************************}
578:    { Voreinstellung Hintergrund blinkend  }
579:    {***************************************}
580:    case hintergrund of
581:       0: wahlHinter:= 1;
582:       1: wahlHinter:= 2;
583:       2: wahlHinter:= 3;
584:       4: wahlHinter:= 4;
585:       7: wahlHinter:= 5;
586:      14: wahlHinter:= 6;
587:      15: wahlHinter:= 7;
588:      else wahlHinter:= 1;
589:    end; { case }
590:    t_schreibe_bli(hinter[wahlhinter].sp,
591:                      hinter[wahlhinter].zei,
592:                      hinter[wahlhinter].bez);
593:    {***************************************}
594:    repeat
595:      repeat
596:        t_go(1,22);
597:        wahl:= upcase(readkey);
598:      until wahl in auswahlpkt;
599:      case wahl of
600:        'M': begin
601:                t_schreibe(bildsch[wahlmonitor].sp,
602:                              bildsch[wahlmonitor].zei,
603:                              bildsch[wahlmonitor].bez);
604:                inc(wahlmonitor);
605:                if wahlmonitor > 4 then wahlmonitor:= 1;
606:                t_schreibe_bli(bildsch[wahlmonitor].sp,
607:                                  bildsch[wahlmonitor].zei,
608:                                  bildsch[wahlmonitor].bez);
609:              end;
610:        'V': begin
611:                t_schreibe(vorder[wahlVorder].sp,
```

```
612:                         vorder[wahlVorder].zei,
613:                         vorder[wahlVorder].bez);
614:             inc(wahlVorder);
615:             if wahlVorder > 7 then wahlVorder:= 1;
616:             t_schreibe_bli(vorder[wahlVorder].sp,
617:                            vorder[wahlVorder].zei,
618:                            vorder[wahlVorder].bez);
619:          end;
620:     'H': begin
621:             t_schreibe(hinter[wahlhinter].sp,
622:                        hinter[wahlhinter].zei,
623:                        hinter[wahlhinter].bez);
624:             inc(wahlHinter);
625:             if wahlHinter > 7 then wahlHinter:= 1;
626:             t_schreibe_bli(hinter[wahlhinter].sp,
627:                            hinter[wahlhinter].zei,
628:                            hinter[wahlhinter].bez);
629:          end;
630:     'S': begin
631:             if wahlHinter <> wahlVorder then
632:             begin
633:                (*************************)
634:                { Neuen Monitor zuordnen }
635:                (*************************)
636:                t_config.monitor:= wahlMonitor;
637:                (*************************)
638:                { Neue Vordergrundfarbe  }
639:                (*************************)
640:                case wahlVorder of
641:                   1: t_config.vordergrund:=  0;
642:                   2: t_config.vordergrund:=  1;
643:                   3: t_config.vordergrund:=  2;
644:                   4: t_config.vordergrund:=  4;
645:                   5: t_config.vordergrund:=  7;
646:                   6: t_config.vordergrund:= 14;
647:                   7: t_config.vordergrund:= 15;
648:                end; { case }
649:                (*************************)
650:                { Neue Hintergrundfarbe  }
651:                (*************************)
652:                case wahlHinter of
653:                   1: t_config.hintergrund:=  0;
654:                   2: t_config.hintergrund:=  1;
655:                   3: t_config.hintergrund:=  2;
656:                   4: t_config.hintergrund:=  4;
657:                   5: t_config.hintergrund:=  7;
658:                   6: t_config.hintergrund:= 14;
659:                   7: t_config.hintergrund:= 15;
660:                end; { case }
661:                (*************************)
662:                t_set_monitor(t_config.monitor,
663:                              t_config.vordergrund,
664:                              t_config.hintergrund,true);
665:             end else
666:             begin
667:                t_piep(1);   { Vorder- und Hintergrund- }
668:                wahl:= '?'; { farbe dürfen nicht über-  }
669:             end;           { einstimmen!!              }
670:          end;
```

```
671:    end; { case }
672:    until wahl = 'S';
673: end;
674: {-------------------------------------------------------}
675: { End of Unit                                          }
676: {-------------------------------------------------------}
677: end.
```

6.3.5 Die Unit T_PRINT

In dieser Unit sind alle Routinen zusammengefaßt, die den angeschlossenen Drucker steuern.

Folgende Variable ist in dieser Unit vereinbart:

```
var
   t_drucker: integer;
```

Diese Variable wird im Initialisierungsteil auf den Wert 1 gesetzt und entspricht einem EPSON RX 80-Drucker (t_drucker:= 1;). Die Routinen dieser Unit treffen eine Fallunterscheidung je nach dem Wert dieser Variablen.

Zur Zeit wird nur dieser Drucker unterstützt, so daß Sie diese Variable in ihrem Wert nicht verändern müssen.

Kurzübersicht

t_teil_init_lst:	Druckerinitialisierung (teilweise).
t_voreinstellung_lst:	Druckerinitialisierung (Voreinstellung).
t_papierEnde_ein_lst:	Einschalten der Papierenderkennung.
t_papierEnde_aus_lst:	Abschalten der Papierenderkennung.
t_seitenvorschub_lst:	Seitenvorschub.
t_perforation_aus_lst:	Löschen des Überspringens der Perforation.
t_perforation_zeilen_lst:	Perforationssprung von N Zeilen, wobei $1 <= N <= 127$ gilt.
t_normal_ein_lst:	Normalschriftmodus setzen.
t_elite_ein_lst:	Umschalten auf Schönschrift (Elite).
t_elite_aus_lst:	Umschalten auf Normalschrift.
t_gedehnt_ein_lst:	Setzt gedehnten Schriftmodus.
t_gedehnt_aus_lst:	Umschalten auf Normalschrift.
t_klein_ein_lst:	Setzt Schmalschrift.
t_klein_aus_lst:	Schmalschriftmodus löschen.

t_betont_ein_lst:	Fettdruck setzen.
t_betont_aus_lst:	Fettdruckmodus löschen.
t_doppel_ein_lst:	Doppeldruck setzen.
t_doppel_aus_lst:	Beendet den Doppeldruck.
t_italic_ein_lst:	Kursivschrift beginnen.
t_italic_aus_lst:	Kursivschrift beenden.
t_unidirectional_lst:	Unidirektionaler Druck.
t_bidirectional_lst:	Bidirektionaler Druck.
t_Lrand_lst:	Setzen des linken Randes.
t_Rrand_lst:	Setzen des rechten Randes.
t_zeilenAbstand_lst:	Setzt den Zeilenabstand auf N/72-Zoll.
t_FL_zeilen_lst:	Setzen der Formularlänge in Zeilen.
t_FL_zoll_lst:	Setzen der Formularlänge in Inch.
t_langsam_ein_lst:	Druck mit halber Geschwindigkeit.
t_langsam_aus_lst:	Beendet den Druck mit halber Geschwindigkeit.
t_ZS_lst:	Auswahl der internationalen Zeichensätze.
t_unterstreichen_ein_lst:	Unterstreichung einschalten.
t_unterstreichen_aus_lst:	Unterstreichung ausschalten.
t_horizontale_lst:	Druckt eine horizontale Linie mit dem angegebenen Zeichen (ASCII-Code).
t_leer_lst:	Erzeugt eine bestimmte Zahl von Leerzeilen auf dem Drucker.
t_druckername_lst:	Liefert den Namen des angeschlossenen Druckers.
t_betriebsbereit_lst:	Prüft den Drucker, ob er betriebsbereit ist.
t_ueberschr_lst:	Druckt einen Text unterstrichen aus.

t_teil_init_lst   Prozedur

Funktion: Druckerinitialisierung (teilweise).

Deklaration: procedure
                  t_teil_init_lst;

Aufruf: t_teil_init_lst;

Eingabe: Keine

Ausgabe: Keine

Beschreibung: Siehe oben.

Beispiel: Siehe unter PRINT.PAS

t_voreinstellung_lst	**Prozedur**

Funktion: Druckerinitialisierung (Voreinstellung).

Deklaration: `procedure`
`t_voreinstellung_lst;`

Aufruf: `t_voreinstellung_lst;`

Eingabe: Keine

Ausgabe: Keine

Beschreibung: Siehe oben.

Beispiel: Siehe unter PRINT.PAS

t_papierEnde_ein_lst	**Prozedur**

Funktion: Einschalten der Papierenderkennung.

Deklaration: `procedure`
`t_papierEnde_ein_lst;`

Aufruf: t_papierEnde_ein_lst;

Eingabe: Keine

Ausgabe: Keine

Beschreibung: Siehe oben.

Beispiel: Siehe unter PRINT.PAS

t_papierEnde_aus_lst	**Prozedur**

Funktion: Abschalten der Papierenderkennung.

Deklaration: `procedure`
`t_papierEnde_aus_lst;`

Aufruf: `t_papierEnde_aus_lst;`

Eingabe: Keine

Ausgabe: Keine

Beschreibung: Siehe oben.

Beispiel: Siehe unter PRINT.PAS

---

t_seitenvorschub_lst	**Prozedur**

Funktion: Seitenvorschub.

Deklaration: procedure
t_seitenvorschub_lst;

Aufruf: t_seitenvorschub_lst;

Eingabe: Keine

Ausgabe: Keine

Beschreibung: Siehe oben.

Beispiel: Siehe unter PRINT.PAS

---

t_perforation_aus_lst	**Prozedur**

Funktion: Löschen des Überspringens der Perforation.

Deklaration: procedure
t_perforation_aus_lst;

Aufruf: t_perforation_aus_lst;

Eingabe: Keine

Ausgabe: Keine

Beschreibung: Siehe oben.

Beispiel: Siehe unter PRINT.PAS

---

t_perforation_zeilen_lst	**Prozedur**

Funktion: Perforationssprung von N Zeilen, wobei
$1 <= N <= 127$ gilt.

Deklaration: procedure
t_perforation_zeilen_lst(n: integer);

Aufruf: t_perforation_zeilen_lst(n);

Eingabe: n: integer

Ausgabe: Keine

Beschreibung:

Diese Prozedur legt die Anzahl der Zeilen fest, die beim Erreichen des unteren Seitenrandes übersprungen werden sollen, um in die 1. Zeile der neuen Seite zu gelangen, wobei die Perforation übersprungen wird.

Beispiel: Siehe unter PRINT.PAS

---

t_normal_ein_lst	**Prozedur**

Funktion: Normalschriftmodus setzen.

Deklaration: procedure
t_normal_ein_lst;

Aufruf: t_normal_ein_lst;

Eingabe: Keine

Ausgabe: Keine

Beschreibung:

Alle folgenden Zeichen und Daten werden in normaler Schrift ausgegeben.

Beispiel: Siehe unter PRINT.PAS

---

t_elite_ein_lst	**Prozedur**

Funktion: Umschalten auf Schönschrift (Elite).

Deklaration: procedure
t_elite_ein_lst;

Aufruf: t_elite_ein_lst;

Eingabe: Keine

Ausgabe: Keine

Beschreibung:

Alle folgenden Zeichen und Daten werden in Schönschrift ausgegeben. Ein eventuell gesetzter Modus wie Schmalschrift, Fettschrift oder gedehnte Schrift wird nicht beachtet.

Beispiel: Siehe unter PRINT.PAS

---

t_elite_aus_lst	**Prozedur**

Funktion: Umschalten auf Normalschrift.

Deklaration: procedure
t_elite_aus_lst;

Aufruf: t_elite_aus_lst;

Eingabe: Keine

Ausgabe: Keine

Beschreibung: Alle folgenden Zeichen und Daten werden wieder in
Normalschrift ausgegeben.

Beispiel: Siehe unter PRINT.PAS

---

t_gedehnt_ein_lst	**Prozedur**

Funktion: Setzt gedehnten Schriftmodus.

Deklaration: procedure
t_gedehnt_ein_lst;

Aufruf: t_gedehnt_ein_lst;

Eingabe: Keine

Ausgabe: Keine

Beschreibung: Der gedehnte Schriftmodus wird eingeschaltet, und gilt
solange, bis er wieder ausgeschaltet wird.

Beispiel: Siehe unter PRINT.PAS

---

t_gedehnt_aus_lst	**Prozedur**

Funktion: Umschalten auf Normalschrift.

Deklaration: procedure
t_gedehnt_aus_lst;

Aufruf: t_gedehnt_aus_lst;

Eingabe: Keine

Ausgabe: Keine

Beschreibung: Der gedehnte Schriftmodus wird ausgeschaltet und alle
Zeichen werden wieder in Normalschrift ausgegeben.

Beispiel: Siehe unter PRINT.PAS

---

t_klein_ein_lst	**Prozedur**

Funktion: Setzt Schmalschrift.

Deklaration: procedure
t_klein_ein_lst;

Aufruf: t_klein_ein_lst;

Eingabe: Keine

Ausgabe: Keine

Beschreibung: Siehe oben.

Beispiel: Siehe unter PRINT.PAS

| **t_klein_aus_lst** | **Prozedur** |

Funktion: Schmalschrift löschen.

Deklaration: procedure
t_klein_aus_lst;

Aufruf: t_klein_aus_lst;

Eingabe: Keine

Ausgabe: Keine

Beschreibung: Siehe oben.

Beispiel: Siehe unter PRINT.PAS

| **t_betont_ein_lst** | **Prozedur** |

Funktion: Fettdruck setzen.

Deklaration: procedure
t_betont_ein_lst;

Aufruf: t_betont_ein_lst;

Eingabe: Keine

Ausgabe: Keine

Beschreibung: Die Daten und Zeichen werden im Fettdruckmodus
ausgegeben. Die Druckgeschwindigkeit verringert sich.

Beispiel: Siehe unter PRINT.PAS

| **t_betont_aus_lst** | **Prozedur** |

Funktion: Fettdruckmodus löschen.

Deklaration: procedure
t_betont_aus_lst;

Aufruf: t_betont_aus_lst;

Eingabe: Keine

Ausgabe: Keine

Beschreibung: Siehe oben.

Beispiel: Siehe unter PRINT.PAS

t_doppel_ein_lst	Prozedur

Funktion: Doppeldruck setzen.

Deklaration: procedure
t_doppel_ein_lst;

Aufruf: t_doppel_ein_lst;

Eingabe: Keine

Ausgabe: Keine

Beschreibung:

Beim Doppeldruck wird eine Druckzeile in zwei Druckdurchgängen erstellt, wobei nach dem ersten Durchgang ein minimaler Papiervorschub
vorgenommen wird. Dadurch erhält man eine höhere Druckqualität.

Der minimale Papiervorschub wird bei der Berechnung der Seitenlänge,
des Zeilenabstandes und der Tabulatoren berücksichtigt.

Beispiel: Siehe unter PRINT.PAS

t_doppel_aus_lst	Prozedur

Funktion: Beendet den Doppeldruck.

Deklaration: procedure
t_doppel_aus_lst;

Aufruf: t_doppel_aus_lst;

Eingabe: Keine

Ausgabe: Keine

Beschreibung: Schaltet in den Normalschriftmodus zurück.

Beispiel: Siehe unter PRINT.PAS

t_italic_ein_lst	Prozedur

Funktion: Kursivschrift beginnen.

Deklaration: procedure
t_italic_ein_lst;

Aufruf: t_italic_ein_lst;

Eingabe: Keine

Ausgabe: Keine

Beschreibung: Schaltet auf den Alternativzeichensatz um. Es wird hiermit die Kursivschrift gewählt.

Beispiel: Siehe unter PRINT.PAS

---

t_italic_aus_lst	**Prozedur**

Funktion: Kursivschrift beenden.

Deklaration: procedure
t_italic_aus_lst;

Aufruf: t_italic_aus_lst;

Eingabe: Keine

Ausgabe: Keine

Beschreibung: Schaltet wieder in den Normalschriftmodus.

Beispiel: Siehe unter PRINT.PAS

---

t_unidirectional_lst	**Prozedur**

Funktion: Unidirektionaler Druck.

Deklaration: procedure
t_unidirectional_lst;

Aufruf: t_unidirectional_lst;

Eingabe: Keine

Ausgabe: Keine

Beschreibung: Es wird nur von links nach rechts gedruckt.

Beispiel: Siehe unter PRINT.PAS

---

t_bidirectional_lst	**Prozedur**

Funktion: Bidirektionaler Druck.

Deklaration: procedure
t_bidirectional_lst;

Aufruf: t_bidirectional_lst;

Eingabe: Keine

Ausgabe: Keine

Beschreibung: Es wird von links nach rechts und von rechts nach links gedruckt.

Beispiel: Siehe unter PRINT.PAS

| **t_Lrand_lst** | **Prozedur** |

Funktion: Setzen des linken Randes.

Deklaration: procedure
t_Lrand_lst(n: integer);

Aufruf: t_Lrand_lst(n);

Eingabe: n: integer

Ausgabe: Keine

Beschreibung:

Setzt den linken Rand. Zu beachten ist, daß die folgenden Grenzen eingehalten werden:

0 <= N <= 78	Normal- u. Fettdruck
0 <= N <= 134	Schmalschrift
0 <= N <= 93	Elite

Beispiel: Siehe unter PRINT.PAS

| **t_Rrand_lst** | **Prozedur** |

Funktion: Setzen des rechten Randes.

Deklaration: procedure
t_Rrand_lst(n: integer);

Aufruf: t_Rrand_lst(n);

Eingabe: n: integer

Ausgabe: Keine

Beschreibung:

Setzt den rechten Rand. Zu beachten ist, daß die folgenden Grenzen eingegalten werden:

1 <= N <= 80	Normal- u. Fettdruck
1 <= N <= 137	Schmalschrift
1 <= N <= 40	Normalschrift gedehnt
1 <= N <= 68	Schmalschrift gedehnt

Beispiel: Siehe unter PRINT.PAS

---

t_zeilenAbstand_lst	**Prozedur**

Funktion: Setzt den Zeilenabstand auf N/72 Zoll

Deklaration: procedure
                  t_zeilenAbstand_lst(n: integer);

Aufruf: t_zeilenAbstand_lst(n);

Eingabe: n: integer

Ausgabe: Keine

Beschreibung:

Der Zeilenabstand wird auf N/72 Zoll gesetzt. Der neue Zeilenabstand wird jedoch erst beim nächsten Zeilenvorschub gültig. Folgende Grenzen sind zu beachten:

$$0 <= N <= 85$$

Beispiel: Siehe unter PRINT.PAS

---

t_FL_zeilen_lst	**Prozedur**

Funktion: Setzen der Formularlänge in Zeilen.

Deklaration: procedure
                  t_FL_zeilen_lst(n: integer);

Aufruf: t_FL_zeilen_lst(n);

Eingabe: n: integer

Ausgabe: Keine

Beschreibung:

Die Länge einer Druckseite wird absolut auf N Zeilen festgelegt. Auf diese Seitenlänge beziehen sich der Seitenvorschub und das Überspringen der Perforation.

Da die Länge der Druckseite als Absolutwert gespeichert ist, ändert sich die Formularlänge nicht, wenn der Zeilenabstand geändert wird.

Beispiel: Siehe unter PRINT.PAS

---

t_FL_zoll_lst	**Prozedur**

Funktion: Setzen der Formularlänge in Inch.

Deklaration: `procedure`
`t_FL_zoll_lst(n: integer);`

Aufruf: `t_FL_zoll_lst(n);`

Eingabe: `n: integer;`

Ausgabe: Keine

Beschreibung:

Die Länge einer Druckseite wird absolut auf N Zoll festgelegt.

Die Seitenlänge beträgt N Zoll.

Beispiel: Siehe unter PRINT.PAS

---

t_langsam_ein_lst	**Prozedur**

Funktion: Druck mit halber Geschwindigkeit.

Deklaration: `procedure`
`t_langsam_ein_lst;`

Aufruf: `t_langsam_ein_lst;`

Eingabe: Keine

Ausgabe: Keine

Beschreibung: Die Druckgeschwindigkeit, aber auch die Geräuschent-
wicklung, vermindert sich.

Beispiel: Siehe unter PRINT.PAS

---

t_langsam_aus_lst	**Prozedur**

Funktion: Beendet den Druck mit halber Geschwindigkeit.

Deklaration: `procedure`
`t_langsam_aus_lst;`

Aufruf: `t_langsam_aus_lst;`

Eingabe: Keine

Ausgabe: Keine

Beschreibung: Druckt wieder mit normaler Geschwindigkeit.

Beispiel: Siehe unter PRINT.PAS

---

t_zs_lst	**Prozedur**

Funktion: Auswahl der internationalen Zeichensätze.

Deklaration: procedure
               t_zs_lst(n: integer);

Aufruf: t_zs_lst(n);

Eingabe: n: integer

Ausgabe: Keine

Beschreibung:

Alle Daten und Zeichen werden in dem durch N angegebenen Zeichensatz gedruckt.

Die Einstellung ist bis zum nächsten Wechsel gültig.

Folgende Länder sind N zugeordnet:

     0 = United States
     1 = France
     2 = Germany
     3 = England
     4 = Denmark I
     5 = Sweden
     6 = Italy
     7 = Spain
     8 = Japan
     9 = Norway
    10 = Denmark II

Beachten Sie bitte die Zuordnungstabellen in Ihrem Druckerhandbuch.

Beispiel: Siehe unter PRINT.PAS

t_unterstreichen_ein_lst	**Prozedur**

Funktion: Unterstreichung einschalten.

Deklaration: procedure
               t_unterstreichen_ein_lst;

Aufruf: t_unterstreichen_ein_lst;

Eingabe: Keine

Ausgabe: Keine

Beschreibung:

Nach dem Aufruf dieser Prozedur werden alle Zeichen unterstrichen, bis
die Unterstreichung ausgeschaltet wird.

Beispiel: Siehe unter PRINT.PAS

---

t_unterstreichen_aus_lst	**Prozedur**

Funktion: Unterstreichung ausschalten.

Deklaration:
```
procedure
t_unterstreichung_aus_lst;
```

Aufruf: `t_unterstreichung_aus_lst;`

Eingabe: Keine

Ausgabe: Keine

Beschreibung: Diese Prozedur beendet das Unterstreichen von Zeichen.

Beispiel: Siehe unter PRINT.PAS

---

t_horizontale_lst	**Prozedur**

Funktion: Druckt eine horizontale Linie mit dem angegebenen
                  Zeichen (ASCII-Code).

Deklaration:
```
procedure
t_horizontale_lst(laenge : byte;
                  zeichen: integer);
```

Aufruf: `t_horizontale_lst(laenge,zeichen);`

Eingabe:
```
laenge : byte
zeichen: integer
```

Ausgabe: Keine

Beschreibung: Siehe oben.

Beispiel:

PRINT_3.PAS

```
PROGRAM LINIE_AUF_DRUCKER;
USES
  PRINTER,    (* UNIT AUS TURBO PASCAL 5.0 *)
  T_PRINT;    (* UNIT AUS TOOLS            *)
VAR
  I: INTEGER;

BEGIN
  FOR I:= 197 TO 206 DO
  BEGIN
    WRITELN(LST,'ASCII-CODE: ',I);
    T_HORIZONTALE_LST(20,I);
    T_LEER_LST(2);
  END;
END.
```

t_leer_lst	**Prozedur**

Funktion: Erzeugt eine bestimmte Anzahl von Leerzeilen auf dem Drucker.

Deklaration: `procedure`
              `t_leer_lst(zeilen: integer);`

Aufruf: `t_leer_lst(zeilen);`

Eingabe: `zeilen: integer`

Ausgabe: Keine

Beschreibung: Es wird die in ZEILEN angegebene Anzahl von Leerzeilen auf dem Drucker erzeugt.

Beispiel: Siehe unter PRINT.PAS

t_druckername_lst	**Funktion**

Funktion: Liefert den Namen des angeschlossenen Druckers.

Deklaration: `function`
              `t_druckername_lst: t_workstring;`

Aufruf: `name:= t_druckername_lst;`

Eingabe: Keine

Ausgabe: `name: t_workstring`

Beschreibung:

Wenn ein Programm diese Unit (T_PRINT) benutzt, wird die Variable T_DRUCKER (sie ist im Interfaceteil dieser Unit deklariert) auf 1 gesetzt (d.h.: T_DRUCKER:= 1). Damit werden die in dieser Unit (T_PRINT) benutzten Routinen von einem EPSON RX 80 richtig ausgeführt.

Sie können diese Routine im Quellcode ergänzen, indem Sie weitere Druckernamen hinzufügen. Beachten Sie jedoch, daß sämtliche Routinen dieser Unit dann ebenfalls angepaßt werden müssen. In diesem Fall müssen die entsprechenden Steuerzeichen Ihres Druckers in die jeweilige Routine aufgenommen werden.

Einen anderen als den voreingestellten Drucker wählen Sie aus, indem Sie die Variable T_DRUCKER verändern, z.B.:

```
T_DRUCKER:= N;
```

N muß eine Integer-Zahl sein, die einem der eingetragenen Drucker entspricht.

Wird ein Drucker mit der entsprechenden Zahl N unterstützt, so liefert T_DRUCKERNAME_LST den Namen des Druckers. Wird dagegen ein Wert N eingegeben, der keinem Drucker entspricht, so liefert T_DRUCKERNAME_LST den String "NO NAME" zurück.

Beispiel:

PRINT_1.PAS

```
PROGRAM DRUCKERNAME;
USES
  CRT,             (* UNIT AUS TURBO PASCAL 5.0 *)
  T_DECL,T_PRINT;  (* UNIT AUS TOOLS            *)

VAR
  NAME: T_WORKSTRING;

BEGIN
  CLRSCR;
  NAME:= T_DRUCKERNAME_LST;
  WRITE('ANGESCHLOSSENER DRUCKER: ',NAME);
END.
```

t_betriebsbereit_lst	Funktion

Funktion: Prüft den Drucker, ob er betriebsbereit ist.

Deklaration:
```
function
t_betriebsbereit_lst: boolean;
```

Aufruf: `ok:= t_betriebsbereit_lst;`

Eingabe: Keine

Ausgabe: `ok: boolean`

Beschreibung:

Der angeschlossene Drucker wird überprüft. Ist er betriebsbereit, ist die Variable OK gleich TRUE.

Ist der Drucker nicht betriebsbereit, so erscheint in der 25. Bildschirmzeile ein Hinweis, daß der Drucker nicht betriebsbereit ist und die Aufforderung, eine Taste zu drücken, wenn er betriebsbereit geschaltet wurde.

Mit <ESC> kann der Prüfvorgang abgebrochen werden. Die Variable OK erhält dann den Wert FALSE.

Beispiel:

PRINT_2.PAS

```
PROGRAM DRUCKER_PRUEFEN;
USES
  CRT,              (* UNIT AUS TURBO PASCAL 5.0 *)
  T_PRINT,T_IO;     (* UNIT AUS TOOLS            *)

VAR
  OK : BOOLEAN;

BEGIN
  CLRSCR;
  OK:= T_BETRIEBSBEREIT_LST;
  IF OK THEN BEGIN
              T_GO(20,20);
              WRITE('DRUCKER OK!');
            END
        ELSE BEGIN
              T_GO(20,20);
              WRITE('DRUCKER NICHT OK!');
            END;
END.
```

---

t_ueberschr_lst	**Prozedur**

Funktion: Druckt einen Text unterstrichen aus.

Deklaration:
```
procedure
t_ueberschr_lst(text: t_workstring;
                leer: byte);
```

Aufruf: t_ueberschr_lst(text,leer);

Eingabe: text: t_workstring
               leer: byte

Ausgabe: Keine

Beschreibung:

Der angegebene TEXT wird unterstrichen ausgedruckt. Diese Prozedur eignet sich besonders für Überschriften.

Nach dem Ausdruck der Zeile wird ein Zeilenvorschub vorgenommen. Anschließend folgen soviele Leerzeilen, wie mit LEER angegeben.

Beispiel:

PRINT_4.PAS

```
PROGRAM UNTERSTREICHEN_DRUCKER;
USES
  CRT,PRINTER,  (* UNIT AUS TURBO PASCAL 5.0 *)
  T_IO,T_PRINT; (* UNIT AUS TOOLS            *)
```

```
VAR
  TEXT: STRING[20];

BEGIN
  CLRSCR;
  T_SCHREIBE(5,5,'BITTE DEN DRUCKER EINSCHALTEN!!...');
  T_WARTEN;
  T_SCHREIBE(5,10,'DIE FOLGENDE TEXTAUSGABE ERFOLGT ');
  T_SCHREIBE(5,11,'AUF DEM DRUCKER...');
  T_WARTEN;
  T_UEBERSCHR_LST('DIESER TEXT IST UNTERSTRICHEN!!',2);
  WRITELN(LST,'TRENNUNG SIND 2 LEERZEILEN.');
END.
```

Das nachfolgende Programm (PRINT.PAS) testet die Routinen der Unit T_PRINT. Nach dem Programmstart wird zuerst geprüft, ob der Drucker betriebsbereit ist.Ist er nicht betriebsbereit, erhalten Sie eine entsprechende Meldung. Ist der Drucker zum Drucken bereit, beginnt der Test der ersten Routine, deren Bezeichnung am Bildschirm angezeigt wird. Nach jeder Routine werden Sie gefragt:

```
Naechste Routine (J/N)?
```

Mit <J> wird das Programm fortgesetzt, mit <N> vorzeitig beendet.

Das Beispiel-Programm PRINT.PAS:

```
PROGRAM DIE_UNIT_T_PRINT_TESTEN;
USES
  CRT,PRINTER,      { UNIT AUS TURBO PASCAL 5.0 }
  T_IO,T_PRINT;     { UNIT AUS TOOLS            }

CONST
  T1 = 'Die Unit T_PRINT testen';
  T2 = 'Routine: ';
  T3 = 'Eine kurze Testzeile';

{-------------------------------------------------}
PROCEDURE FORTFAHREN;
VAR TASTE: CHAR;

BEGIN
  T_SCHREIBE(29,14,'Naechste Routine (J/N)? ');
  REPEAT
    TASTE:= UPCASE(READKEY);
  UNTIL TASTE IN ['J','N'];
  CASE TASTE OF
    'J' : BEGIN
            T_CLEAN(29,14,30);
            T_CLEAN(15,10,30);
          END;
    'N' : BEGIN
            CLRSCR;
            T_VOREINSTELLUNG_LST;
            HALT;
```

```
          END;
   END;
END;
{---------------------------------------------------}
PROCEDURE TEXTBLOCK;
BEGIN
  WRITELN(LST,'Diese wenigen Textzeilen  sollen');
  WRITELN(LST,'Ihnen die verschiedenen Routinen');
  WRITELN(LST,'demonstrieren.                   ');
  WRITELN(LST);
  WRITELN(LST);
END;
{---------------------------------------------------}
PROCEDURE ELITE_SCHRIFT_TESTEN;
BEGIN
  T_SCHREIBE(15,10,'T_ELITE_EIN_LST');
  T_ELITE_EIN_LST;
  TEXTBLOCK;
  T_ELITE_AUS_LST;
  FORTFAHREN;
END;
{---------------------------------------------------}
PROCEDURE GEDEHNT_TESTEN;
BEGIN
  T_SCHREIBE(15,10,'T_GEDEHNT_EIN_LST');
  T_GEDEHNT_EIN_LST;
  TEXTBLOCK;
  T_GEDEHNT_AUS_LST;
  FORTFAHREN;
END;
{---------------------------------------------------}
PROCEDURE SCHMALSCHRIFT_TESTEN;
BEGIN
  T_SCHREIBE(15,10,'T_KLEIN_EIN_LST');
  T_KLEIN_EIN_LST;
  TEXTBLOCK;
  T_KLEIN_AUS_LST;
  FORTFAHREN;
END;
{---------------------------------------------------}
PROCEDURE NORMALSCHRIFT_TESTEN;
BEGIN
  T_SCHREIBE(15,10,'T_NORMAL_EIN_LST');
  T_NORMAL_EIN_LST;
  TEXTBLOCK;
  FORTFAHREN;
END;
{---------------------------------------------------}
PROCEDURE FETTDRUCK_TESTEN;
BEGIN
  T_SCHREIBE(15,10,'T_BETONT_EIN_LST');
  T_BETONT_EIN_LST;
  TEXTBLOCK;
  T_BETONT_AUS_LST;
  FORTFAHREN;
END;
{---------------------------------------------------}
PROCEDURE DOPPELDRUCK_TESTEN;
BEGIN
```

```
    T_SCHREIBE(15,10,'T_DOPPEL_EIN_LST');
    T_DOPPEL_EIN_LST;
    TEXTBLOCK;
    T_DOPPEL_AUS_LST;
    FORTFAHREN;
END;
{-------------------------------------------------}
PROCEDURE KURSIVSCHRIFT_TESTEN;
BEGIN
    T_SCHREIBE(15,10,'T_ITALIC_EIN_LST');
    T_ITALIC_EIN_LST;
    TEXTBLOCK;
    T_ITALIC_AUS_LST;
    FORTFAHREN;
END;
{-------------------------------------------------}
PROCEDURE LINKEN_RAND_TESTEN;
VAR I: INTEGER;

BEGIN
  T_SCHREIBE(15,10,'T_LRAND_LST(N: INTEGER)');
  I:= 10;
  WHILE I <> 22 DO
  BEGIN
    T_LRAND_LST(I);
    TEXTBLOCK;
    I:= I + 2;
  END;
  T_VOREINSTELLUNG_LST;
  FORTFAHREN;
END;
{-------------------------------------------------}
PROCEDURE ZEILENABSTAND_TESTEN;
VAR I: INTEGER;

BEGIN
  T_SCHREIBE(15,10,'T_ZEILENABSTAND_LST');
  WRITELN(LST,'DER DRUCK BEGINNT ... ');
  I:= 5;
  WHILE I < 30 DO
  BEGIN
    T_ZEILENABSTAND_LST(I);
    WRITELN(LST,'DER ABSTAND BETRAEGT: ',I:3,'/72 ZOLL');
    I:= I + 2;
  END;
  WRITELN(LST,'DER DRUCK IST BEENDET.');
  T_VOREINSTELLUNG_LST;
  FORTFAHREN;
END;
{-------------------------------------------------}
PROCEDURE UNTERSTREICHEN_TESTEN;
BEGIN
  T_SCHREIBE(15,10,'T_UNTERSTREICHEN_EIN_LST');
  T_UNTERSTREICHEN_EIN_LST;
  TEXTBLOCK;
  T_UNTERSTREICHEN_AUS_LST;
END;
{--------------- HAUPTPROGRAMM ---------------}
BEGIN
```

```
  IF T_BETRIEBSBEREIT_LST THEN
  BEGIN
    T_UMRANDUNG(2,5,78,15,FALSE,TRUE,FALSE);
    T_SCHREIBE(29,7,T1);
    T_SCHREIBE(5,10,T2);
    T_VOREINSTELLUNG_LST;
    ELITE_SCHRIFT_TESTEN;
    GEDEHNT_TESTEN;
    SCHMALSCHRIFT_TESTEN;
    NORMALSCHRIFT_TESTEN;
    FETTDRUCK_TESTEN;
    DOPPELDRUCK_TESTEN;
    KURSIVSCHRIFT_TESTEN;
    LINKEN_RAND_TESTEN;
    ZEILENABSTAND_TESTEN;
    UNTERSTREICHEN_TESTEN;
  END;
END.
```

Das Listing der Unit T_PRINT

Programmname   : a:\t_print.pas

```
 1: {------------------------------------------------------------}
 2: { unit      : t_print.pas                                    }
 3: {                                                            }
 4: { date      : 08.10.88                                       }
 5: { compiler  : turbo pascal 5.0/5.5                           }
 6: {                                                            }
 7: {                                                            }
 8: { update    : 10.03.89                                       }
 9: {                                                            }
10: { Autor     : Reiner Schoelles                               }
11: {------------------------------------------------------------}
12: { Diese  Unit enthaelt Routinen, die den Drucker steuern. }
13: { Der Epson RX 80 wird als Voreinstellung gewaehlt. Die    }
14: { Variable t_drucker legt den Druckertyp fest, der unter-  }
15: { stuetzt wird. Folgende Drucker werden z.Zt. unter-       }
16: { stuetzt:                                                  }
17: {                                                            }
18: {                       1 = EPSON RX 80                      }
19: {------------------------------------------------------------}
20: unit t_print;
21: {------------------------------------------------------------}
22: { Interface                                                  }
23: {------------------------------------------------------------}
24: Interface
25: uses
26:    crt,printer,    { UNIT AUS turbo pascal 5.0 }
27:    t_decl,t_io;    { UNIT AUS TOOLS            }
28:
29: var
30:    t_drucker: integer; { DRUCKERTYP ----> 1 = EPSON RX 80 }
31:
32:    procedure t_teil_init_lst;
33:    procedure t_voreinstellung_lst;
34:
```

```
35:    procedure t_papierende_ein_lst;
36:    procedure t_papierende_aus_lst;
37:
38:    procedure t_seitenvorschub_lst;
39:
40:    procedure t_perforation_aus_lst;
41:    procedure t_perforation_zeilen_lst(n: integer);
42:
43:    procedure t_normal_ein_lst;
44:
45:    procedure t_elite_ein_lst;
46:    procedure t_elite_aus_lst;
47:
48:    procedure t_gedehnt_ein_lst;
49:    procedure t_gedehnt_aus_lst;
50:
51:    procedure t_klein_ein_lst;
52:    procedure t_klein_aus_lst;
53:
54:    procedure t_betont_ein_lst;
55:    procedure t_betont_aus_lst;
56:
57:    procedure t_doppel_ein_lst;
58:    procedure t_doppel_aus_lst;
59:
60:    procedure t_italic_ein_lst;
61:    procedure t_italic_aus_lst;
62:
63:    procedure t_unidirectional_lst;
64:    procedure t_biderectional_lst;
65:
66:    procedure t_lrand_lst(n: integer);
67:    procedure t_Rrand_lst(n: integer);
68:
69:    procedure t_zeilenabstand_lst(n: integer);
70:
71:    procedure t_fl_zeilen_lst(n: integer);
72:    procedure t_fl_zoll_lst(n: integer);
73:
74:    procedure t_langsam_ein_lst;
75:    procedure t_langsam_aus_lst;
76:
77:    procedure t_zs_lst(n: integer);
78:
79:    procedure t_unterstreichen_ein_lst;
80:    procedure t_unterstreichen_aus_lst;
81:
82:    procedure t_horizontale_lst(laenge : byte;
83:                               zeichen: integer);
84:
85:    procedure t_leer_lst(n: integer);
86:
87:    function t_druckername_lst: t_workstring;
88:
89:    function t_betriebsbereit_lst: boolean;
90:
91:    procedure t_ueberschr_lst(text:t_workstring; Leer: byte);
92:
93: {-------------------------------------------------------------}
```

```
 94: { Implementation                                                }
 95: {---------------------------------------------------------------}
 96: Implementation
 97:
 98: {---------------------------------------------------------------}
 99: {                     Drucker normieren                         }
100: {---------------------------------------------------------------}
101: procedure t_teil_init_lst;
102: begin
103:    case t_drucker of
104:         1: write(lst,#27,#64);
105:      else { no action }
106:    end;
107: end;
108:
109: procedure t_voreinstellung_lst;
110: begin
111:    case t_drucker of
112:         1: write(lst,#28,#64);
113:      else { no action }
114:    end;
115: end;
116: {---------------------------------------------------------------}
117: {                    Papierenderkennung                         }
118: {---------------------------------------------------------------}
119: procedure t_papierende_ein_lst;
120: begin
121:    case t_drucker of
122:         1: write(lst,#27,'9');
123:      else { no action }
124:    end;
125: end;
126:
127: procedure t_papierende_aus_lst;
128: begin
129:    case t_drucker of
130:         1: write(lst,#27,'8');
131:      else { no action }
132:    end;
133: end;
134: {---------------------------------------------------------------}
135: {                      Seitenvorschub                           }
136: {---------------------------------------------------------------}
137: procedure t_seitenvorschub_lst;
138: begin
139:    case t_drucker of
140:         1: write(lst,#12);
141:      else { no action }
142:    end;
143: end;
144: {---------------------------------------------------------------}
145: {                Perforation ueberspringen                      }
146: {---------------------------------------------------------------}
147: procedure t_perforation_aus_lst;
148: begin
149:    case t_drucker of
150:         1: write(lst,#27,'0');
151:      else { no action }
152:    end;
```

```
153: end;
154:
155: procedure t_perforation_zeilen_lst(n: integer);
156: begin
157:    case t_drucker of
158:         1: write(lst,#27,'N',chr(n));
159:      else { no action }
160:    end;
161: end;
162: {--------------------------------------------------------}
163: {                    Normal-Schrift                      }
164: {--------------------------------------------------------}
165: procedure t_normal_ein_lst;
166: begin
167:    case t_drucker of
168:         1: write(lst,#27,'P');
169:      else { no action }
170:    end;
171: end;
172: {--------------------------------------------------------}
173: {                    Elite-Schrift                       }
174: {--------------------------------------------------------}
175: procedure t_elite_ein_lst;
176: begin
177:    case t_drucker of
178:         1: write(lst,#27,'M');
179:      else { no action }
180:    end;
181: end;
182:
183: procedure t_elite_aus_lst;
184: begin
185:    case t_drucker of
186:         1: write(lst,#27,'P');
187:      else { no action }
188:    end;
189: end;
190: {--------------------------------------------------------}
191: {                    Gedehnte-Schrift                    }
192: {--------------------------------------------------------}
193: procedure t_gedehnt_ein_lst;
194: begin
195:    case t_drucker of
196:         1: write(lst,#27,'W',#1);
197:      else { no action }
198:    end;
199: end;
200:
201: procedure t_gedehnt_aus_lst;
202: begin
203:    case t_drucker of
204:         1: write(lst,#27,'W',#0);
205:      else { no action }
206:    end;
207: end;
208: {--------------------------------------------------------}
209: {                    Kleinschrift                        }
210: {--------------------------------------------------------}
211: procedure t_klein_ein_lst;
```

```
212: begin
213:   case t_drucker of
214:         1: write(lst,#15);
215:       else { no action }
216:   end;
217: end;
218:
219: procedure t_klein_aus_lst;
220: begin
221:   case t_drucker of
222:         1: write(lst,#18);
223:       else { no action }
224:   end;
225: end;
226: {----------------------------------------------------------}
227: {                       Betonte-Schrift                    }
228: {----------------------------------------------------------}
229: procedure t_betont_ein_lst;
230: begin
231:   case t_drucker of
232:         1: write(lst,#27,'E');
233:       else { no action }
234:   end;
235: end;
236:
237: procedure t_betont_aus_lst;
238: begin
239:   case t_drucker of
240:         1: write(lst,#27,'F');
241:       else { no action }
242:   end;
243: end;
244: {----------------------------------------------------------}
245: {                       Doppeldruck                        }
246: {----------------------------------------------------------}
247: procedure t_doppel_ein_lst;
248: begin
249:   case t_drucker of
250:         1: write(lst,#27,'G');
251:       else { no action }
252:   end;
253: end;
254:
255: procedure t_doppel_aus_lst;
256: begin
257:   case t_drucker of
258:         1: write(lst,#27,'H');
259:       else { no action }
260:   end;
261: end;
262: {----------------------------------------------------------}
263: {                         Italic                           }
264: {----------------------------------------------------------}
265: procedure t_italic_ein_lst;
266: begin
267:   case t_drucker of
268:         1: write(lst,#27,'4');
269:       else { no action }
270:   end;
```

```
271: end;
272:
273: procedure t_italic_aus_lst;
274: begin
275:    case t_drucker of
276:         1: write(lst,#27,'5');
277:      else { no action }
278:    end;
279: end;
280: {-------------------------------------------------------}
281: {                    Druckrichtung                      }
282: {-------------------------------------------------------}
283: procedure t_unidirectional_lst;
284: begin
285:    case t_drucker of
286:         1: write(lst,#27,'U',#1);
287:      else { no action }
288:    end;
289: end;
290:
291: procedure t_biderectional_lst;
292: begin
293:    case t_drucker of
294:         1: write(lst,#27,'U',#0);
295:      else { no action }
296:    end;
297: end;
298: {-------------------------------------------------------}
299: {                    Raender setzen                     }
300: {-------------------------------------------------------}
301: procedure t_lrand_lst(n: integer);
302: begin
303:    case t_drucker of
304:         1: write(lst,#27,'l',chr(n));
305:      else { no action }
306:    end;
307: end;
308:
309: procedure t_Rrand_lst(n: integer);
310: begin
311:    case t_drucker of
312:         1: write(lst,#27,'Q',chr(n));
313:      else { no action }
314:    end;
315: end;
316: {-------------------------------------------------------}
317: {                    Zeilenabstaende                    }
318: {-------------------------------------------------------}
319: procedure t_zeilenabstand_lst(n: integer);
320: begin
321:    case t_drucker of
322:         1: write(lst,#27,'A',chr(n));
323:      else { no action }
324:    end;
325: end;
326: {-------------------------------------------------------}
327: {                    Formularlaenge                     }
328: {-------------------------------------------------------}
329: procedure t_fl_zeilen_lst(n: integer);
```

```
330: begin
331:    case t_drucker of
332:         1: write(lst,#27,'C',chr(n));
333:       else { no action }
334:    end;
335: end;
336:
337: procedure t_fl_zoll_lst(n: integer);
338: begin
339:    case t_drucker of
340:         1: write(lst,#27,'C',chr(0),chr(n));
341:       else { no action }
342:    end;
343: end;
344: {----------------------------------------------------------}
345: {                     Druckgeschwindigkeit                 }
346: {----------------------------------------------------------}
347: procedure t_langsam_ein_lst;
348: begin
349:    case t_drucker of
350:         1: write(lst,#27,'s',#1);
351:       else { no action }
352:    end;
353: end;
354:
355: procedure t_langsam_aus_lst;
356: begin
357:    case t_drucker of
358:         1: write(lst,#27,'s',#0);
359:       else { no action }
360:    end;
361: end;
362: {----------------------------------------------------------}
363: {                     Zeichensaetze                        }
364: {----------------------------------------------------------}
365: procedure t_zs_lst(n: integer);
366: begin
367:    case t_drucker of
368:         1: write(lst,#27,'R',chr(n));
369:       else { no action }
370:    end;
371: end;
372:        {****************************************}
373:        { Fuer n gelten folgende Werte:         }
374:        {                                       }
375:        {  0 = UNITED STATES    1 = FRANCE      }
376:        {  2 = GERMANY          3 = ENGLAND     }
377:        {  4 = DENMARK I        5 = SWEDEN      }
378:        {  6 = ITALY           7 = SPAIN       }
379:        {  8 = JAPAN           9 = NORWAY      }
380:        { 10 = DENMARK II      11 = NETHERLAND  }
381:        {                         (NEC P6)     }
382:        {                                       }
383:        {****************************************}
384: {----------------------------------------------------------}
385: {                     Unterstreichen                       }
386: {----------------------------------------------------------}
387: procedure t_unterstreichen_ein_lst;
388: begin
```

```
389:    case t_drucker of
390:          1: write(lst,#27,'-',chr(1));
391:       else { no action }
392:    end;
393: end;
394:
395: procedure t_unterstreichen_aus_lst;
396: begin
397:    case t_drucker of
398:          1: write(lst,#27,'-',chr(0));
399:       else { no action }
400:    end;
401: end;
402: {-------------------------------------------------------}
403: {                        Sonstiges                      }
404: {-------------------------------------------------------}
405: procedure t_horizontale_lst(laenge:byte; zeichen: integer);
406: var  z: byte;
407:
408: begin
409:    for z:= 1 to laenge do write(lst,chr(zeichen));
410: end;
411:
412: procedure t_leer_lst(n: integer);
413: var Z: integer;
414:
415: begin
416:    for z:= 1 to n do writeln(lst);
417: end;
418:
419: function t_druckerName_lst: t_workstring;
420: begin
421:    case t_drucker of
422:          1 : t_druckerName_lst:= 'EPSON RX 80';
423:       else    t_druckerName_lst:= 'NO NAME';
424:    end;
425: end;
426:
427: function t_betriebsbereit_lst: boolean;
428: const
429:    text1 = 'Drucker nicht betriebsbereit! ===>';
430:    text2 = ' Taste drücken, wenn OK oder <ESC>';
431:
432: var
433:    fehler: word;
434:    ch    : char;
435:    ok    : boolean;
436:
437: begin
438:    t_clean(1,25,79);
439:    t_betriebsbereit_lst:= false;
440:    ok:= false;
441:    repeat
442:      {$I-}
443:      write(lst,' ');
444:      {$I+}
445:      fehler:= ioResult;
446:      if fehler <> 0
447:      then begin
```

```
448:            t_schreibe(1,25,text1+text2);
449:            t_piep(1);
450:            ch:= readkey;
451:            t_clean25;
452:         end
453:    else ok:= true;
454:    until ok or (ch = t_esc);
455:    if ok then t_betriebsbereit_lst:= true
456:         else t_betriebsbereit_lst:= false;
457: end;
458:
459:
460: procedure t_ueberschr_lst(text: t_workstring; Leer: byte);
461: begin
462:    t_unterstreichen_ein_lst;
463:    writeln(lst,text);
464:    t_unterstreichen_aus_lst;
465:    if Leer >= 1 then t_leer_lst(Leer);
466: end;
467: {-----------------------------------------------------------}
468: { Ausfuehrungsteil                                          }
469: {-----------------------------------------------------------}
470: begin
471:    t_drucker:= 1;  { Drucker voreinstellen ==> EPSON RX 80 }
472: {-----------------------------------------------------------}
473: { End of Unit                                               }
474: {-----------------------------------------------------------}
475: end.
```

6.3.6 Die Unit T_MAT

Diese Unit enthält einige nützliche mathematische Routinen.

Eine weitere mathematische Anwendung (Nullstellenberechnung) befindet sich in der Unit T_FKT (Kapitel 6.3.8). Statistische Anwendungen werden in der Unit T_STAT (Kapitel 6.3.7) behandelt.

Kurzübersicht

t_Lsg_quad:	Löst beliebige quadratische Gleichungen.
t_pytha:	Berechnet in einem rechtwinkligen Dreieck, wenn zwei Seiten bekannt sind, die dritte Seite (nach dem Satz des Pythagoras).
t_kreis:	Berechnet die Fläche und den Umfang eines Kreises.
t_kugel:	Berechnet das Volumen und die Oberfläche einer Kugel.
t_rechteck:	Berechnet die Fläche, den Umfang und die Diagonale eines Rechtecks.

t_Lsg_quad	**Prozedur**

Funktion:　　　Löst beliebige quadratische Gleichungen.

Deklaration:
```
procedure
t_Lsg_quad(a2,a1,a0: real;
           var x1  : real;
           var x2  : real;
           var ok  : boolean;
           var re  : real;
           var im  : real);
```

Aufruf:　　　`t_Lsg_quad(a2,a1,a0,x1,x2,ok,re,im);`

Eingabe:　　　`a2,a1,a0  : real`

Ausgabe:
```
x1,x2 : real
ok    : boolean
re,im : real
```

Beschreibung:

Diese Prozedur löst beliebige quadratische Gleichungen der Form:

$$a2*x2 + a1*x + a0 = 0.$$

Die Lösungen werden mit Hilfe der Lösungsformel für quadratische Gleichungen ermittelt.

Die Lösungen X1,X2 sind reell, wenn der Wert unter der Wurzel (in der Lösungsformel), die Diskriminante, nicht negativ ist (D > 0).

Die Lösungen sind konjugiert-komplex, wenn der Wert unter der Wurzel negativ ist.

Liegen reelle Lösungen vor, so sind diese in den beiden Variablen X1 und X2 festgehalten. Die Variable OK hat dann den Wert TRUE. Die Variablen RE und IM erhalten dann den Wert 0.

Liegen konjugiert-komplexe Lösungen vor, so ist die Variable OK gleich FALSE. Die Variable RE enthält den reellen Anteil der Lösung, die Variable IM den imaginären Anteil der Lösung. Bei den Lösungen (X1,X2) ist dann zu berücksichtigen, daß sich konjugiert-komplexe Zahlen nur durch das Vorzeichen des imaginären Teils unterscheiden.

Angenommen, es liegen konjugiert-komplexe Lösungen mit RE = 5 und IM = 3 vor, dann lauten die Lösungen:

$$X1 = 5 + 3i$$
$$X2 = 5 - 3i$$

Vorausgesetzt wird selbstverständlich A2 ungleich Null, da sonst keine quadratische Gleichung vorliegt. Für A2 = 0 sind alle Variablen Null und OK gleich FALSE.

Beispiel:

MAT_1.PAS

```
PROGRAM LOESUNG_QUADRATISCHER_GLEICHUNGEN;
USES
   CRT,              (* UNIT AUS TURBO PASCAL 5.0 *)
   T_IO,T_MAT;       (* UNIT AUS TOOLS            *)

VAR
  A2,A1,A0: REAL;
  OK       : BOOLEAN;
  X1,X2    : REAL;
  RE,IM    : REAL;


BEGIN
  CLRSCR;
  WRITE('GIB A2 EIN: '); READLN(A2);
  WRITE('GIB A1 EIN: '); READLN(A1);
  WRITE('GIB A0 EIN: '); READLN(A0);
  WRITELN;
  T_LSG_QUAD(A2,A1,A0,X1,X2,OK,RE,IM);
  IF OK
  THEN BEGIN
         WRITELN('LOESUNGEN REELL');
         WRITELN;
         WRITELN('X1 = ',X1:10:2);
         WRITELN('X2 = ',X2:10:2);
       END
  ELSE BEGIN
         WRITELN('LOESUNGEN KONJUGIERT KOMPLEX');
         WRITELN;
         WRITELN('X1/X2 = ',RE:10:2,
                 ' ',CHR(241),IM:10:2,' i');
       END;
END.
```

---

t_pytha	**Funktion**

Funktion: Berechnet in einem rechtwinkligen Dreieck, wenn zwei Seiten bekannt sind, die dritte Seite (nach dem Satz des Pythagoras).

Deklaration:
```
function
t_pytha(a,b,c: real): real;
```

Aufruf:
```
erg:= t_pytha(a,b,c);
```

Eingabe:
```
a,b,c : real
```

Ausgabe:
```
erg   : real
```

Beschreibung:

In einem rechtwinkligen Dreieck bezeichnet man die Schenkel, als Katheten.Die dem rechten Winkel gegenüberliegende Seite wird als Hypotenuse bezeichnet.

A und B sind die Katheten, C die Hypotenuse.

Folgende Bedingungen müssen erfüllt sein, um diese Funktion benutzen zu können:

- ▶ Die gesuchte Seite wird mit Null an die Funktion übergeben.
- ▶ Die beiden anderen Seiten müssen größer als Null sein.
- ▶ Es darf höchstens eine Seite unbekannt sein.

Das Ergebnis der Funktion ist die gesuchte Seite. Bei ungültigen Eingaben ist das Ergebnis 0.

Beispiel:

A = 3, C = 5, B ist gesucht. Aufruf der Funktion:

```
erg:= t_pytha(3,0,5);
```

Die Lösung (B) wird als Ergebnis der Funktion zurückgeliefert.

Beispiel:

MAT_2.PAS

```
PROGRAM PYTHAGORAS;
USES
   CRT,         (* UNIT AUS TURBO PASCAL 5.0 *)
   T_MAT;       (* UNIT AUS TOOLS            *)

VAR
   A,B,C: REAL;

BEGIN
   CLRSCR;
   WRITE('GIB A EIN: '); READLN(A);
   WRITE('GIB B EIN: '); READLN(B);
   WRITE('GIB C EIN: '); READLN(C);
   WRITELN;
   WRITELN('DIE LOESUNG LAUTET: ',T_PYTHA(A,B,C):10:2);
   READLN;
END.
```

| **t_kreis** | **Prozedur** |

Funktion: Berechnet die Fläche und den Umfang eines Kreises.

Deklaration:
```
procedure
t_kreis(radius: real; var flaeche: real;
                      var umfang : real);
```

Aufruf: `t_kreis(radius,flaeche,umfang);`

Eingabe: `radius : real`

Ausgabe: `flaeche: real`
               `umfang : real`

Beschreibung:

Wenn für RADIUS ein Wert <= 0 eingegeben wird, erhalten die Variablen FLAECHE und UMFANG ebenfalls den Wert Null.

Beispiel:

    MAT_3.PAS

```
PROGRAM KREISBERECHNUNG;
USES
  CRT,        (* UNIT AUS TURBO PASCAL 5.0 *)
  T_MAT;      (* UNIT AUS TOOLS            *)

VAR
  RADIUS,
  FLAECHE,
  UMFANG    : REAL;

BEGIN
  CLRSCR;
  WRITE('BITTE RADIUS EINGEBEN: '); READLN(RADIUS);
  WRITELN;
  T_KREIS(RADIUS,FLAECHE,UMFANG);
  WRITELN('DIE KREISFLAECHE BETRAEGT: ',FLAECHE:10:2);
  WRITELN('DER KREISUMFANG  BETRAEGT: ',UMFANG:10:2);
END.
```

| **t_kugel** | **Prozedur** |

Funktion: Berechnet das Volumen und die Oberfläche einer Kugel.

Deklaration:
```
procedure
t_kugel(radius: real; var volumen: real;
                      var oberfl : real);
```

Aufruf: `t_kugel(radius,volumen,oberfl);`

Eingabe: `radius : real`

Ausgabe: `volumen: real`
               `oberfl : real`

Beschreibung:

Wenn für RADIUS ein Wert <= 0 eingegeben wird, erhalten die Variablen VOLUMEN und OBERFL ebenfalls den Wert Null.

Beispiel:

MAT_4.PAS

```
PROGRAM KUGELBERECHNUNG;
USES
   CRT,            (* UNIT AUS TURBO PASCAL 5.0 *)
   T_MAT;          (* UNIT AUS TOOLS            *)

VAR
   RADIUS,
   VOLUMEN,
   OBERFL : REAL;

BEGIN
   CLRSCR;
   WRITE('BITTE RADIUS EINGEBEN: '); READLN(RADIUS);
   WRITELN;
   T_KUGEL(RADIUS,VOLUMEN,OBERFL);
   WRITELN('VOLUMEN     DER KUGEL: ',VOLUMEN:10:2);
   WRITELN('OBERFLAECHE DER KUGEL: ',OBERFL:10:2);
END.
```

---

t_rechteck	**Prozedur**

Funktion: Berechnet die Fläche, den Umfang und die Diagonale eines Rechtecks.

Deklaration:
```
procedure
t_rechteck(a,b: real;
           var flaeche  : real;
           var umfang   : real;
           var diagonale: real);
```

Aufruf: `t_rechteck(a,b,flaeche,umfang,diagonale);`

Eingabe: `a,b: real`

Ausgabe:
```
flaeche   : real
umfang    : real
diagonale: real
```

Beschreibung:

A und B sind die Seiten eines Rechtecks. Ist eine der Seiten <= 0, dann sind FLAECHE = 0, UMFANG = 0 und DIAGONALE = 0.

Beispiel:

MAT_5.PAS

```
PROGRAM RECHTECK;
```

```
     USES
       CRT,        (* UNIT AUS TURBO PASCAL 5.0 *)
       T_MAT;      (* UNIT AUS TOOLS            *)

     VAR
       A,B,
       FLAECHE,
       UMFANG,
       DIAGONALE : REAL;


     BEGIN
       CLRSCR;
       WRITE('GIB A EIN: '); READLN(A);
       WRITE('GIB B EIN: '); READLN(B);
       WRITELN;
       T_RECHTECK(A,B,FLAECHE,UMFANG,DIAGONALE);
       WRITELN('FLAECHE   RECHTECK : ',FLAECHE:10:2);
       WRITELN('UMFANG    RECHTECK : ',UMFANG:10:2);
       WRITELN('DIAGONALE RECHTECK : ',DIAGONALE:10:2);
     END.
```

Das Listing der Unit T_MAT

Programmname   : a:\t_mat.pas

```
 1: {--------------------------------------------------------------}
 2: { unit     : t_mat.pas                                         }
 3: {                                                              }
 4: { date     : 03.12.88                                          }
 5: { compiler : turbo pascal 5.0/5.5                              }
 6: {                                                              }
 7: {                                                              }
 8: { update   : 20.07.89                                          }
 9: {                                                              }
10: { Autor    : Reiner Schoelles                                  }
11: {--------------------------------------------------------------}
12: {                                                              }
13: { Diese  Unit enthaelt mathematische Routinen.                 }
14: {--------------------------------------------------------------}
15: UNIT t_MAT;
16: {--------------------------------------------------------------}
17: { Interface                                                    }
18: {--------------------------------------------------------------}
19: Interface
20: uses
21:   crt,           { Unit aus Turbo Pascal 5.0 }
22:   t_decl,t_io;   { Unit aus Tools            }
23:
24:
25:   procedure t_lsg_quad(a2,a1,a0: real;
26:                          var  x1: real;
27:                          var  x2: real; var ok: boolean;
28:                          var  re: real; var im: real);
29:
30:   function t_pytha(a,b,c: real): real;
31:   procedure t_kreis(radius: real; var flaeche: real;
```

```
32:                                    var umfang: real);
33:     procedure t_kugel(radius: real; var volumen: real;
34:                                    var oberfl: real);
35:     procedure t_rechteck(A,B: real; var flaeche    : real;
36:                                    var umfang     : real;
37:                                    var diagonale  : real);
38:
39: {------------------------------------------------------------}
40: { Implementation                                             }
41: {------------------------------------------------------------}
42: Implementation
43:
44: {------------------------------------------------------------}
45: { t_lsg_quad                                                 }
46: {           Berechnet die Loesung einer quadr. Gleichung,}
47: {           die in der Form a2*x*x+a1*x+a0 = 0           }
48: {           vorliegen muss.                             }
49: {------------------------------------------------------------}
50: procedure t_lsg_quad(a2,a1,a0: real;
51:                      var   x1: real;
52:                      var   x2: real; var ok: boolean;
53:                      var   re: real; var im: real);
54:  var
55:    p,q: real;     { p=a1/a2,  q=a0/a2, aus der Formel }
56:    d  : real;     { Diskriminante                     }
57:
58: begin
59:    x1:= 0; x2:= 0;  ok:= true;   { Anfangswerte }
60:    re:= 0; im:= 0;
61:    if a2 = 0
62:    then ok:= false               { Keine Lsg moeglich }
63:    else begin                    { Wenn a2 <> 0 ist... }
64:          p:= a1/a2;
65:          q:= a0/a2;
66:          d:= sqr(p/2) - (q);
67:          if d < 0
68:          then begin              { Imaginaere Lsg. }
69:                x1:= 0;
70:                x2:= 0;
71:                ok:= false;
72:                d:= abs(d);
73:                re:= -(p/2);
74:                im:= sqrt(d);
75:              end
76:          else begin              { Reelle Lsg. }
77:                ok:= true;
78:                re:= 0;
79:                im:= 0;
80:                x1:= -(p/2) + sqrt(d);
81:                x2:= -(p/2) - sqrt(d);
82:              end;
83:        end;
84: end;
85: {------------------------------------------------------------}
86: { t_pytha                                                    }
87: {           Berechnet eine fehlende Seite eines rechtwink- }
88: {           ligen Dreiecks, wenn die beiden uebrigen Seiten }
```

```
 89: {          bekannt sind. Die gesuchte Seite muss mit 0     }
 90: {          uebergeben werden.                              }
 91: {-----------------------------------------------------------}
 92: function t_pytha(a,b,c: real): real;
 93: var
 94:   wurzel : real;          { Ausdruck unter der wurzel }
 95:   gesucht: char;          { Welche Loesung gesucht?   }
 96:   i      : integer;       { Zaehlvariable             }
 97:   erg    : real;          { Ergebnis f. Übergabe      }
 98:
 99: begin
100:   i:= 0;                  { Anfangswert }
101:   if a = 0 then inc(i);
102:   if b = 0 then inc(i);
103:   if c = 0 then inc(i);
104:   if i <> 1
105:   then erg:= 0
106:         {------------------------------------------}
107:         { Mehr als 1 Var. = 0 ---> Keine Loesung }
108:         { Null als Ergebnis zurueckliefern        }
109:         {------------------------------------------}
110:   else begin
111:         {------------------------------------------}
112:         { Genau 1 Var. = 0 ---> Loesung moeglich }
113:         {------------------------------------------}
114:         if a = 0 then gesucht:= 'A';
115:         if b = 0 then gesucht:= 'B';
116:         if c = 0 then gesucht:= 'C';
117:         if (a < 0) or (b < 0) or (c < 0)
118:         then erg:= 0 { Keine Loesung moeglich }
119:         else begin
120:               case gesucht of
121:                 'A': begin
122:                       wurzel:= sqr(C) - sqr(B);
123:                       if wurzel > 0
124:                         then erg:= sqrt(wurzel)
125:                         else erg:= 0;
126:                     end;
127:                 'B': begin
128:                       wurzel:= sqr(C) - sqr(A);
129:                       if wurzel > 0
130:                         then erg:= sqrt(wurzel)
131:                         else erg:= 0;
132:                     end;
133:                 'C': begin
134:                       wurzel:= sqr(A) + sqr(B);
135:                       erg:= sqrt(wurzel);
136:                     end;
137:               end; { case }
138:             end; { else }
139:         end;
140:   t_pytha:= erg; { Übergabe als Funktionsergebnis }
141: end;
142: {-----------------------------------------------------------}
143: { t_kreis                                                   }
144: {          Berechnet den Umfang und die Flaeche eines       }
145: {          Kreises.                                         }
146: {-----------------------------------------------------------}
147: procedure t_kreis(radius: real; var flaeche: real;
```

```
148:                              var umfang: real);
149: begin
150:    if radius < 0
151:    then begin              { Keine Loesung, Flaeche negativ }
152:           flaeche:= 0;
153:           umfang := 0;
154:        end
155:    else begin
156:           flaeche:= pi * radius * radius;
157:           umfang := 2 * pi * radius;
158:        end;
159: end;
160: {--------------------------------------------------------------}
161: { t_kugel                                                      }
162: {           Berechnet das Volumen und die Oberflaeche einer    }
163: {           Kugel bei bekanntem Radius.                        }
164: {--------------------------------------------------------------}
165: procedure t_kugel(radius: real; var volumen: real;
166:                                 var oberfl : real);
167: begin
168:    if radius < 0
169:    then begin
170:           volumen:= 0;
171:           oberfl := 0;
172:        end
173:    else begin
174:           volumen:= (4/3) * pi * radius * radius * radius;
175:           oberfl := 4 * pi * radius * radius;
176:        end;
177: end;
178: {--------------------------------------------------------------}
179: { t_rechteck                                                   }
180: {           Berechnet die Flaeche, den Umfang und die          }
181: {           Diagonale eines Rechtecks.                         }
182: {--------------------------------------------------------------}
183: procedure t_rechteck(a,b: real; var flaeche   : real;
184:                                 var umfang    : real;
185:                                 var diagonale : real);
186: begin
187:    if (a <= 0) or (b <= 0)
188:    then begin                      { Keine Loesung moeglich }
189:           flaeche   := 0;
190:           umfang    := 0;
191:           diagonale:= 0;
192:        end
193:    else begin
194:           flaeche:= a * b;
195:           umfang := 2 * (a + b);
196:           diagonale:= t_pytha(a,b,0);
197:        end;
198: end;
199: {--------------------------------------------------------------}
200: { End of Unit                                                  }
201: {--------------------------------------------------------------}
202: end.
```

6.3.7 Die Unit T_STAT

Die Routine dieser Unit beschäftigt sich mit statistischen Problemen und bietet eine komfortable und vielseitige Möglichkeit, Mittelwert, Standardabweichung, größten und kleinsten Wert einer Menge von Zahlen zu berechnen bzw. zu ermitteln.

Wer häufig mit experimentellen Daten zu tun hat weiß, daß die Daten nicht immer in der gewünschten Form vorliegen. Diese Tatsache versucht die Routine zu berücksichtigen.

Kurzübersicht

t_mean_real500:	Berechnet aus maximal 500 Realwerten das arithmetische Mittel, die Standardabweichung, den kleinsten und den größten Wert.

t_mean_real500	**Prozedur**

Funktion: Berechnet aus maximal 500 Realwerten das arithmetische Mittel, die Standardabweichung, den kleinsten und den größten Wert.

Deklaration:
```
procedure
t_mean_real500(eingeben: boolean;
               text    : t_workstring;
               spalte,
               zeile   : byte;
           var str_feld: t_ary500_str10;
           var anzahl  : integer;
           var xQuer   : real;
           var sigma   : real;
           var low     : real;
           var high    : real;
           var ok      : boolean);
```

Aufruf:
```
t_mean_real500(eingeben,text,spalte,zeile,
    str_feld,anzahl,xQuer,sigma,low,high,ok);
```

Eingabe:
```
eingeben  : boolean
<text>    : t_workstring
<spalte>  : byte
<zeile>   : byte
str_feld  : t_ary500_str10
<anzahl>  : integer
```

Ausgabe:
```
str_feld  : t_ary500_str10
anzahl    : integer
xQuer     : real
sigma     : real
```

```
low       : real
high      : real
ok        : boolean
```

Beschreibung:

Die Werte für die bei "Eingabe" mit <...> beschriebenen Übergabeparameter werden nur in Abhängigkeit davon berücksichtigt, ob EINGEBEN gleich TRUE oder FALSE ist (für jeden Übergabeparameter muß jedoch ein Wert angegeben werden, auch wenn er innerhalb der Routine nicht relevant ist).

Die Prozedur berechnet das arithmetische Mittel, die Standardabweichung, den kleinsten und den größten Wert von Realwerten, die entweder in einem Stringfeld vorliegen oder über die Tastatur eingegeben werden können.

Es bestehen zwei Möglichkeiten, die Prozedur zu benutzen:

1. Eingabe über die Tastatur

Sie setzen EINGEBEN auf TRUE. Damit können Sie die Werte über die Tastatur eingeben. Den oben mit <...> gekennzeichneten Größen müssen nun "Werte" zugewiesen werden.

Mit TEXT können Sie einen beliebigen Text festlegen, der jeweils vor das Eingabefeld geschrieben werden soll.

SPALTE und ZEILE legen die Position fest, an der die Bezeichnung (TEXT) des Eingabefeldes beginnt. Das Eingabefeld beginnt dann erst nach der Bezeichnung. Es ist noch zu beachten, daß vor der Bezeichnung die jeweilige Nummer des aktuellen Datensatzes angezeigt wird und hinter der Bezeichnung ein ":" und ein Leerzeichen eingefügt werden, bevor das Eingabefeld beginnt. Zu der von Ihnen angegebenen Spalte müssen Sie die Länge von TEXT und 7 addieren, um die Spalte zu erhalten, an der das Eingabefeld beginnt.

Beispiel:

```
SPALTE:= 10, TEXT:= 'DATENSATZ', ZEILE:= 12.
```

Dann beginnt das Eingabefeld in der Zeile 12 bei Spalte 26 (Länge von TEXT (=9), dazu addiert die eingegebene Spalte (=10), dazu addiert 7 ergibt 26).

Die Werte werden in das Eingabefeld eingegeben und mit <CR> bestätigt. Es werden nur Real- bzw. Integerwerte akzeptiert. Die Eingabe der Werte kann mit <ESC> beendet werden.

Das Eingabefeld kann mit denselben Befehlen bearbeitet werden, die bereits bei der Funktion T_ANTWORT beschrieben wurden.

2. Werte aus einem Feld übergeben

Die Werte können auch aus einem Stringfeld übergeben werden. Dazu wird EINGEBEN auf FALSE gesetzt. Die Variable ANZAHL muß die Anzahl der Werte, die in dem Stringfeld berücksichtigt werden sollen, enthalten.

Nachdem entweder die Werte über die Tastatur eingegeben oder aus einem Stringfeld übergeben wurden, werden die o.g. Berechnungen durchgeführt.

Anschließend können die Variablen abgefragt werden.

str_feld Das Feld enthält die eingegebenen bzw. übergebenen Werte in der Ursprungsform.

anzahl Enthält die Anzahl der eingegebenen bzw. übergebenen Werte.

xQuer Arithmetisches Mittel der Werte.

sigma Standardabweichung der Werte.

low Der kleinste aller Werte.

high Der größte aller Werte.

ok Ist TRUE, wenn alle Konvertierungen von String nach Integer korrekt durchgeführt werden konnten und die Anzahl der Werte größer als Null ist.

Ist dies nicht der Fall (wenn also ein Fehler aufgetreten ist), dann ist OK gleich FALSE.

Mittelwert und Standardabweichung werden nach den folgenden Formeln berechnet:

$$xQuer \; = \; (1/anzahl) * (X1+X2+...+Xn)$$

$$sigma \; = \; sqrt(SABQ/(anzahl-1))$$
mit SABQ = $((X1-XQuer)2+...+(Xn-XQuer)2)$
(SABQ: Summe Abweichungsquadrate).

Beispiel: STAT__1.PAS

Zeigt die Verwendung der Prozedur T_STR_AUS_DATEI aus der Unit
T_IO zur Berechnung von Mittelwert und Standardabweichung.

Die auf der Diskette mitgelieferte Datei TESTDAT.DAT enthält 400
Werte und muß sich in demselben Verzeichnis befinden wie dieses Beispielprogramm (STAT__1.PAS).

Nach dem Programmstart wird die Datei gelesen und aus den darin befindlichen Werten wird der Mittelwert, die Standardabweichung, der
kleinste und der größte Wert bestimmt und ausgegeben.

```
PROGRAM STRING_AUS_DATEI_LESEN;
{-----------------------------------------------------}
{ DIE DATEI 'TESTDAT.DAT', DIE 400 INTEGER-WERTE      }
{ ALS STRINGS ENTHAELT, MUSS SICH IN IHREM MOMEN-     }
{ TANEN VERZEICHNIS BEFINDEN. WENN NICHT, GEBEN       }
{ SIE UNTER DATEINAME DEN VOLLSTAENDIGEN NAMEN        }
{ MIT LAUFWERK UND PFAD AN.                           }
{-----------------------------------------------------}
USES
   CRT,                  { UNIT AUS TURBO PASCAL 5.0 }
   T_DECL,T_IO,T_CHECK,  { UNIT AUS TOOLS            }
   T_STAT;               { UNIT AUS TOOLS            }

VAR
   DATEINAME : T_WORKSTRING;
   FELD      : T_ARY500_STR10;
   ANZAHL    : INTEGER;
   XQUER     : REAL;
   SIGMA     : REAL;
   MIN,MAX   : REAL;
   OK        : BOOLEAN;


BEGIN
   CLRSCR;
   {-----------------------------------------------------}
   { WERTE AUS EINER DISKETTENDATEI EINLESEN             }
   {-----------------------------------------------------}
   DATEINAME:= 'TESTDAT.DAT';
   T_STR_AUS_DATEI(DATEINAME,FELD,ANZAHL,OK);
   WRITELN('ANZAHL DER DATENSAETZE: ',ANZAHL:3);
   WRITELN;
   IF OK THEN WRITELN('DATEI IN FELD ----> OK!!!')
        ELSE WRITELN('DATEI IN FELD ----> NICHT OK!!!');
   {-----------------------------------------------------}
   { JETZT NOCH MITTELWERT UND STANDARDABWEICHUNG        }
   {-----------------------------------------------------}
   T_MEAN_REAL500(FALSE,' ',1,1,FELD,ANZAHL,
               XQUER,SIGMA,MIN,MAX,OK);
   IF OK
   THEN BEGIN
         WRITELN;
```

```
         WRITELN('ANZAHL WERTE: ',ANZAHL:3);
         WRITELN('MITTELWERT  : ',XQUER:10:2);
         WRITELN('STANDARDABW.: ',SIGMA:10:2);
         WRITELN('KLEINSTER   : ',MIN:10:2);
         WRITELN('GROESSTER   : ',MAX:10:2);
       END
  ELSE BEGIN
       WRITELN;
       WRITELN('BERECHNUNG NICHT MOEGLICH!!');
       WRITELN('---- WERTE UEBERPRUEFEN ---');
       END;
  T_WARTEN;
END.
```

Das Listing der Unit T_STAT

Programmname   : a:\t_stat.pas

```
 1: {-------------------------------------------------------}
 2: { unit     : t_stat.pas                                 }
 3: {                                                       }
 4: { date     : 16.10.88                                   }
 5: { compiler : Turbo Pascal 5.0/5.5                       }
 6: {                                                       }
 7: {                                                       }
 8: { update   : 20.07.89                                   }
 9: {                                                       }
10: { Autor    : Reiner Schoelles                           }
11: {-------------------------------------------------------}
12: {                                                       }
13: { Diese  Unit enthaelt Routinen, die fuer statistische  }
14: { Berechnungen notwendig sind.                          }
15: {-------------------------------------------------------}
16: unit t_stat;
17: {-------------------------------------------------------}
18: { Interface                                             }
19: {-------------------------------------------------------}
20: Interface
21: uses
22:   crt,printer,            { Unit aus Turbo Pascal 5.0 }
23:   t_decl,t_io,t_check,
24:   t_gibein;              { Unit aus Tools            }
25:
26:
27:   procedure t_mean_real500(eingeben    : boolean;
28:                            text        : t_workstring;
29:                            spalte,
30:                            zeile       : byte;
31:                            var str_feld : t_ary500_str10;
32:                            var anzahl   : integer;
33:                            var xquer    : real;
34:                            var st_abw   : real;
35:                            var low      : real;
36:                            var high     : real;
37:                            var ok       : boolean);
38:
39: {-------------------------------------------------------}
```

```
40: { Implementation                                               }
41: {--------------------------------------------------------------}
42: Implementation
43:
44:
45: {--------------------------------------------------------------}
46: { t_mean_real500                                               }
47: {                       Berechnet Mittelwert und Standardab-    }
48: {                       weichung von max. 500 Realwerten, die   }
49: {                       entweder als Stringfeld oder ueber die  }
50: {                       Tastatur eingegeben werden.             }
51: {--------------------------------------------------------------}
52: procedure t_mean_real500(eingeben    : boolean;
53:                          text        : t_workstring;
54:                          spalte,
55:                          zeile       : byte;
56:                          var str_feld : t_ary500_str10;
57:                          var anzahl  : integer;
58:                          var xquer   : real;
59:                          var st_abw  : real;
60:                          var low     : real;
61:                          var high    : real;
62:                          var ok      : boolean);
63:
64: const
65:   max_anz = 500; { Maximale Anzahl der Werte }
66:
67: var
68:   { Feld fuer konvertierte Real-Zahlen }
69:   real_feld : array[1..max_anz] of real;
70:   z         : integer; { Zaehlvariable }
71:   summe     : real;    { Summe aller Real-Werte }
72:   abweichung: real;    { Abweichung real_feld[z]-(xquer) }
73:   control   : char;    { Fuer Tastendruck         }
74:   sp        : byte;    { Spalte in t_antwort      }
75:   fertig    : boolean; { Bearbeitung beendet      }
76:   help      : real;    { Ist String real?         }
77:   realerr   : byte;    { Err bei Konvertierung    }
78:
79: {++++++++++++++++++++++++++++++++++++++++++++}
80: { procedure str_feld_konvertieren;           }
81: {++++++++++++++++++++++++++++++++++++++++++++}
82: procedure str_feld_konvertieren;
83: var  z: integer;
84:
85: begin
86:   for z:= 1 to anzahl do
87:   begin
88:     real_feld[z]:= t_str_to_NUM(str_feld[z],t_err);
89:     {-------------------------------------------}
90:     { Wenn Fehler bei Konvertierung aufgetreten }
91:     {-------------------------------------------}
92:     if t_err  <> 0 then ok:= false;
93:   end;
94: end;
95: {++++++++++++++++++++++++++++++++++++++++++++}
96: { mittelwert_u_sigma_berechnen               }
97: {++++++++++++++++++++++++++++++++++++++++++++}
98: procedure mittelwert_u_sigma_berechnen;
```

```
 99: var   z: integer;
100:
101: begin
102:    summe:= 0;                  { Summe gleich Null setzen }
103:    for z:= 1 to anzahl do
104:    summe:= summe + (real_feld[z]); { Summe berechnen }
105:    {+++++++++++++++++++++++++++++}
106:    { Mittelwert berechnen        }
107:    {+++++++++++++++++++++++++++++}
108:    xquer:= summe / anzahl;
109:    {+++++++++++++++++++++++++++++}
110:    { Standardabweichung berechnen }
111:    {+++++++++++++++++++++++++++++}
112:    summe:= 0;
113:    for z:= 1 to anzahl do
114:    begin
115:      abweichung:= real_feld[z] - (xquer);
116:      summe:= summe + abweichung * abweichung;
117:    end;
118:    summe:= summe / (anzahl-1); { Division durch (n-1) }
119:    st_abw:= sqrt(summe);
120: end;
121: {+++++++++++++++++++++++++++++++++++++++++++++}
122: { extremwerte_bestimmen                       }
123: {+++++++++++++++++++++++++++++++++++++++++++++}
124: procedure extremwerte_bestimmen;
125: var
126:    z  : integer; { Zaehlvariable  }
127:    max: real;    { Maximaler Wert }
128:    min: real;    { Minimaler Wert }
129:
130: begin
131:    max:= real_feld[1]; { Anfangswert }
132:    min:= real_feld[1]; { Anfangswert }
133:    for z:= 1 to anzahl do
134:    begin
135:      if real_feld[z] > max then max:= real_feld[z];
136:      if real_feld[z] < min then min:= real_feld[z];
137:    end;
138:    high:= max;  { Zuordnung des groessten Wertes }
139:    low := min;  { Zuordnung des kleinsten Wertes }
140: end;
141: {+++++++++++++++++++++++++++++++++++++++++++++}
142: { naechste_eingabe                            }
143: {+++++++++++++++++++++++++++++++++++++++++++++}
144: procedure naechste_eingabe;
145: begin
146:    help:= t_str_to_NUM(str_feld[(anzahl+1)],realerr);
147:    if realerr <> 0
148:    then begin
149:            t_piep(1);
150:            control:= #0;
151:         end
152:    else begin
153:            if anzahl = max_anz - 1 { 500 Werte eingegeben }
154:            then begin
155:                    control:= ^C;
156:                    fertig := true;
157:                 end
```

```
158:            else anzahl:= anzahl + 1; { Anz. erhoehen }
159:         end;
160: end;
161: {+++++++++++++++++++++++++++++++++++++++++++++++}
162:
163: begin
164:       {++++++++++++++++++++++++++++++++}
165:       { Voreinstellung der Variablen  }
166:       {++++++++++++++++++++++++++++++++}
167:       xquer := 0;
168:       st_abw:= 0;
169:       ok    := true;
170:       summe := 0;
171:       for  z:= 1 to max_anz do real_feld[z]:= 0;
172:       {++++++++++++++++++++++++++++++++}
173:       if eingeben
174:       then begin
175:             {++++++++++++++++++++++++++++++++}
176:             { Wenn die Prozedur die Eingabe }
177:             { der Daten uebernehmen soll, ..}
178:             {++++++++++++++++++++++++++++++++}
179:             for z:= 1 to max_anz do str_feld[z]:= ' ';
180:             fertig:= false;    { Noch kein ctrl-c gedr. }
181:             anzahl:= 0;        { Noch kein Datensatz    }
182:             while not fertig do { Noch nicht <ESC> gedr. }
183:             begin
184:               t_go(spalte,zeile);
185:               write((anzahl+1):3,'. ',text,': ');
186:               sp:= spalte + length(text) + 7;
187:               repeat
188:                  control:= #0;
189:                  str_feld[(anzahl+1)]:= t_antwort(sp-1,zeile,10,'',
190:                                         str_feld[(anzahl+1)],
191:                                         control);
192:                  fertig:= ( control = ^C);
193:                  case control of
194:                    ^X,^M : naechste_eingabe;
195:                    else begin { Falsche Taste gedrueckt } end;
196:                  end; { of case control of ... }
197:               until (control = ^C) or (control = ^X)
198:                                    or (control = ^M);
199:             end; { of while not ... }
200:             str_feld_konvertieren;
201:             {---------------------------------------}
202:             { Wenn keine Werte, dann keine Berechnung }
203:             {---------------------------------------}
204:             if anzahl <= 0 then ok:= false;
205:          end
206:       else begin
207:             {++++++++++++++++++++++++++++++++}
208:             { Wenn die Daten als String-Feld}
209:             { uebergeben werden, ...        }
210:             {++++++++++++++++++++++++++++++++}
211:             str_feld_konvertieren;
212:             {---------------------------------------}
213:             { Wenn keine Werte, dann keine Berechnung }
214:             {---------------------------------------}
215:             if anzahl <= 0 then ok:= false;
216:          end;
```

```
217:    if ok
218:    then begin
219:          {++++++++++++++++++++++++++++++}
220:          { Wenn Konvertierung ok, dann  }
221:          { Mittelwert + Sigma berechnen }
222:          { Extremwerte bestimmen        }
223:          {++++++++++++++++++++++++++++++}
224:          mittelwert_u_sigma_berechnen;
225:          extremwerte_bestimmen;
226:       end
227:    else begin
228:          {++++++++++++++++++++++++++++++}
229:          { Wenn auch nur eine Konver-   }
230:          { tierung nicht ok, dann kann  }
231:          { keine Berechnung erfolgen!!! }
232:          {++++++++++++++++++++++++++++++}
233:          xquer := 0;
234:          st_abw:= 0;
235:          high:= 0;
236:          low := 0;
237:       end;
238: end;
239: {-------------------------------------------------------}
240: { End of Unit                                           }
241: {-------------------------------------------------------}
242: end.
```

6.3.8 Die Unit T_FKT

Diese Unit enthält nur zwei Routinen zur Berechnung von Nullstellen, von denen die eine, T_F, an Ihre eigenen Bedürfnisse angepaßt werden muß.

In der implementierten Funktion T_F müssen Sie Ihre mathematische Funktion f(x), deren Nullstellen Sie mit der Funktion T_BISEKTION aus dieser Unit berechnen wollen, definieren.

Angenommen, Sie wollen für die Funktion

$$f(x) = x3 - x2 - x - 1$$

die im Intervall (1,2) liegende Nullstelle berechnen; dann gehen Sie wie folgt vor:

1. Schreiben Sie ein Pascal-Programm
   (ähnlich dem Beispiel FKT_1).

2. Laden Sie die Unit T_FKT in den Editor von Pascal.

3. Verändern Sie die Funktion T_F wie folgt:

    `t_f:= x*x*x - x*x - x - 1;`

oder in der Form

    `t_f:= ((x-1) * x - 1) * x - 1;`

4. Speichern Sie die Unit und kompilieren Sie sie.

5. Kehren Sie in Ihr Programm zurück und lassen Sie es laufen. Die Nullstelle sollte sich wie folgt ergeben:

    `x0 = 1.839287`

(mit den Intervallgrenzen a = 1, b = 2, und der Toleranz epsilon = 1E-5).

Kurzübersicht

t_f:	Enthält die zu untersuchende Funktion.
t_bisektion:	Berechnet die Nullstellen einer reellwertigen Funktion nach dem Bisektionsverfahren.

t_f	**Funktion**

Funktion: Enthält die zu untersuchende Funktion f(x).

Deklaration: `function`
`t_f(x: real): real;`

Aufruf: `erg:= t_f(x);`

Eingabe: `x : real`

Ausgabe: `erg: real`

Beschreibung:

Diese Funktion enthält die zu untersuchende Funktion f(x) und muß an Ihre eigenen Bedürfnisse angepaßt werden. Sie wird i.allg. nur von der Funktion T_BISEKTION aufgerufen.

Beispiel: Siehe unter t_bisektion.

---

t_bisektion	**Funktion**

Funktion: Berechnet die Nullstellen einer reellwertigen Funktion nach dem Bisektionsverfahren.

Deklaration:
```
function
t_bisektion(a,b,epsilon: real;
            var n     : integer;
            var t_err : byte): real;
```

Aufruf:
```
x0:= t_bisektion(a,b,epsilon,n,t_err);
```

Eingabe:
```
a,b    : real
epsilon: real
```

Ausgabe:
```
x0   : real
n    : integer
t_err: byte
```

Beschreibung:

Eine Funktion f(x) besitzt im Intervall (A,B) eine Nullstelle, wenn innerhalb des Intervalls ein Vorzeichenwechsel der Funktionswerte stattfindet, also: f(A) * f(B) < 0.

A und B sind die Intervallgrenzen (A < B). EPSILON ist die Toleranz, mit der die Nullstelle ermittelt werden soll. (Eine ausreichende Genauigkeit erhalten Sie, wenn EPSILON in der Größenordnung 1E-6 liegt.) Beim Bisektionsverfahren wird das durch (A,B) gegebene Intervall jeweils halbiert, bis die Nullstelle mit der Toleranz EPSILON ermittelt worden ist. Daher werden stets mehrere Schritte notwendig sein. Die Anzahl der Iterationen ist in der Variablen N gespeichert und kann abgefragt werden. Wenn die Bedingungen

1. A < B und
2. f(A) * f(B) < 0

erfüllt sind und die Nullstelle ermittelt werden konnte, erhält die Variable T_ERR den Wert 0 (fehlerfreie Ausführung), und das Ergebnis der Funktion T_BISEKTION liefert den Wert der Nullstelle. Ansonsten ist T_ERR <> 0 und ERG gleich Null.

Wichtig:

In dieser Unit ist die Funktion T_F implementiert. Sie muß die Funktion f(x) enthalten. Jeder Benutzer muß diese Funktion an seine eigenen Befürfnisse anpassen. Vordefiniert ist die Funktion

$$f(x) = x3 - x2 - x - 1$$

mit der Nullstelle bei x0= 1.839287. Anwendung findet die Funktion T_BISEKTION natürlich nicht bei der Lösung quadratischer Funktionen (hierfür gibt es eine Lösungsformel (p-q-Formel)), sondern bei Funktionen f(x), die tatsächlich nur noch numerisch zu lösen sind, z.B.:

$$f(x) = 1 + 0.3*\cos(x) - x$$
$$f(x) = \sin(x) - \cos(x) + 0.5$$

Beispiel:

FKT_1.PAS

```
(*----------------------------------------------*)
(* BERECHNET DIE NULLSTELLE IM INTERVALL (1,2) *)
(* DER FUNKTION  F(X) = X*X*X-X*X-X-1          *)
(* DIESE FKT. IST IN DER UNIT T_FKT DEFINIERT. *)
(*----------------------------------------------*)
PROGRAM BISEKTIONS_VERFAHREN;
USES
  CRT,          (* UNIT AUS TURBO PASCAL 5.0 *)
  T_FKT;        (* UNIT AUS TOOLS            *)

CONST
  EPSILON = 1E-6; (* TOLERANZ *)

VAR
  X0  : REAL;    (* NULLSTELLE        *)
  N   : INTEGER; (* ANZAHL ITERATIONEN *)
  ERR : BYTE;    (* FUER FEHLER       *)

BEGIN
  CLRSCR;
  X0:= T_BISEKTION(1,2,EPSILON,N,ERR);
  IF ERR = 0
  THEN BEGIN
        WRITELN('NULLSTELLE BEI X0 = ',X0:9:6);
        WRITELN;
        WRITELN('ANZAHL ITERATIONEN: ',N:3);
      END
  ELSE BEGIN
        WRITELN('ES LIEGT EIN FEHLER VOR!!');
        WRITELN;
        WRITELN('KEINE NULLSTELLE ERMITTELT!!');
      END;

END.
```

Das Listing der Unit T_FKT

Programmname   : a:\t_fkt.pas

```
1: {------------------------------------------------------}
2: { unit      : t_fkt.pas                                }
3: {                                                      }
4: { date      : 20.12.88                                 }
```

```
 5: { compiler   : turbo pascal 5.0/5.5                            }
 6: {                                                              }
 7: {                                                              }
 8: { update     : 20.12.88                                        }
 9: {                                                              }
10: { Autor      : Reiner Schoelles                                }
11: {--------------------------------------------------------------}
12: { Diese  Unit enthaelt eine Routine zur Berechnung von         }
13: { Nullstellen nach dem Bisektionsverfahren und die da-         }
14: { fuer benoetigte Funktion t_f.                                }
15: { Der Benutzer muss hier seine eingene Funktion, fuer          }
16: { die die Nullstellen berechnet werden soll, eintragen.        }
17: { Vordefiniert ist die Funktion  f(x) = x*x*x-x*x-x-1.         }
18: { Nullstelle liegt bei x0 = 1.839287 (zum Testen geeignet)}
19: {--------------------------------------------------------------}
20: unit t_fkt;
21:
22: {--------------------------------------------------------------}
23: { Interface                                                    }
24: {--------------------------------------------------------------}
25: Interface
26:
27:    function t_f(x: real): real;
28:    function t_bisektion(a,b,epsilon: real;
29:                         var n      : integer;
30:                         var t_err  : byte): real;
31:
32: {--------------------------------------------------------------}
33: { Implementation                                               }
34: {--------------------------------------------------------------}
35: Implementation
36:
37: {--------------------------------------------------------------}
38: { t_f                                                          }
39: {    Muss an eigene Beduerfnisse angepasst werden. Vor-        }
40: {    eingestellt ist die Funktion f(x) = x*x*x-x*x-x-1,        }
41: {    die nach dem Verfahren des fortgesetzten Ausklammerns}
42: {    folgende Form hat:                                        }
43: {        f(x) = ((x-1) * x - 1) * x -1                         }
44: {    Damit ist die Funktion linearisiert und effektiver        }
45: {    zu berechnen. Sie kann selbstverstaendlich auch in        }
46: {    der folgenden Form angegeben werden:                      }
47: {        t_f:= x*x*x-x*x-x-1;                                   }
48: {    Die function t_f wird von der function t_bisektion         }
49: {    aufgerufen.                                                }
50: {--------------------------------------------------------------}
51: function t_f(x:real):real;
52: begin
53:    t_f:= ((x-1) * x - 1) * x -1;
54: end;
55: {--------------------------------------------------------------}
56: { t_bisektion                                                  }
57: {             Die function berechnet nach dem Bisektions- }
58: {             verfahren Nullstellen von reellwertigen          }
59: {             Funktionen und gibt die Nullstelle als Er-       }
60: {             gebnis der function zurueck.                     }
61: {             a und b (a < b) sind die beiden Intervall-       }
62: {             grenzen, zw. denen eine Nullstelle liegt.        }
63: {             Die Nullstelle wird als Erg. der function        }
```

```
64: {              geliefert. Liegt ein Fehler vor, ist das   }
65: {              Ergebnis 0. Die Variable N enthaelt die An- }
66: {              zahl der Iterationen, die notwendig waren,  }
67: {              um die Nullstelle mit der angegebenen       }
68: {              Toleranz epsilon zu ermitteln.              }
69: {-------------------------------------------------------}
70: function t_bisektion(a,b,epsilon: real;
71:                      var n     : integer;
72:                      var t_err : byte): real;
73:
74: var
75:    stop: boolean;       { true, wenn Nullstelle gefunden }
76:    c  : real;           { c:= (a+b)/2                     }
77:
78: begin
79:    stop := false;       { Noch keine Nullstelle }
80:    t_err:= 0;           { Noch kein Fehler       }
81:    n    := 0;           { Anfangswert            }
82:    if a < b             { a < b Bedingung        }
83:    then begin
84:          { Vorzeichenwechsel? }
85:          if ((t_f(a) * t_f(b)) < 0)
86:          then begin
87:                repeat
88:                   c:= (a+b)/2;  { Intervallhalbierung }
89:                   n:= n + 1;
90:                   if  (abs(b-c) <= epsilon)
91:                   and (t_f(c)   <= epsilon)
92:                   then begin     { Nullstelle gefunden }
93:                        stop:= true;
94:                        t_bisektion:= c;
95:                      end
96:                   else begin { Noch keine Nullstelle  }
97:                        if (t_f(b) * t_f(c) < 0)
98:                        then a:= c
99:                        else b:= c;
100:                      end;
101:                until stop;
102:             end
103:          else begin { Keine Nullstelle zw. a und b }
104:                t_err:= 1;
105:                t_bisektion:= 0;
106:                n:= 0;
107:              end;
108:       end
109:    else begin { wenn a > b, dann Bedingung verletzt }
110:          t_err:= 1;
111:          t_bisektion:= 0;
112:          n:= 0;
113:        end;
114: end;
115: {-------------------------------------------------------}
116: { End of Unit                                           }
117: {-------------------------------------------------------}
118: end.
```

6.3.9 Die Unit _EINGABE

Diese Unit bietet Ihnen Möglichkeiten der erweiterten Tastaturabfrage. Dabei soll es darum gehen, die Spezialtasten der Tastatur (Funktionstasten, Pfeiltasten, Tastenkombinationen wie z.B. <ALT D>, <CTRL F9>, <SHIFT F10> usw.) abfragen zu können. Die Routine, die die Abfrage ermöglicht, ist in dieser Unit unter dem Namen _READKEY enthalten. In diesem ersten Teil des Kapitels geht es darum, die Gründe für die Entstehung der Routine nachzuvollziehen.

Uns lag daran, mit möglichst einfachen Mitteln (d.h. ohne BIOS-Routinen zu benutzen) eine gedrückte Spezialtaste ermitteln zu können. Außerdem sollte die Spezialtaste als "echtes" Zeichen (vom Typ CHAR) gespeichert werden und für weitere Arbeitsschritte zur Verfügung stehen.

Wenn Sie sich die Tabelle des ASCII-Zeichensatzes (s. ANHANG B) ansehen, werden Sie feststellen, daß fast alle Codes von 0..255 bereits mit Zeichen belegt sind. Die Spezialtasten auf einen noch nicht belegten ASCII-Code zu legen, kann somit nicht realisiert werden. Andererseits kann man berechtigterweise unterstellen, daß ein Programm (z.B. eine Adreßverwaltung), das die Spezialtasten zur Programmablauf-Steuerung benutzt (z.B. die <F1>-Taste, um die Hilfestellung zu aktivieren), bestimmte Zeichen des ASCII-Zeichensatzes nicht benutzt.

Wir haben uns daher entschlossen, die mehr als 90 unterstützten Spezialtasten in den Bereich 157..250 des ASCII-Zeichensatzes zu legen. Damit stehen diese (hauptsächlich grafischen) Zeichen für eine Tastaturabfrage mit der Funktion _READKEY nicht mehr zur Verfügung, sondern sind mit den Spezialtasten belegt (aber welches Programm fordert den Benutzer auch schon auf "Bitte geben Sie "ä" ein, um das Programm zu beenden" !?!).

Doch zunächst wollen wir die ganz "normale" Tastaturabfrage behandeln. Mit der Turbo-Pascal-Funktion READKEY kann ein Zeichen ohne Echo von der Tastatur gelesen werden. Das folgende Programm fordert Sie solange auf, ein Zeichen einzugeben, bis Sie die <ESC>-Taste gedrückt haben.

```
program readkeyTesten;   {READKEY1.PAS}
uses
   crt;   { Unit aus Turbo Pascal 5.0 }
var
   ch: char; { Eingelesenes Zeichen }

begin
   clrscr;
```

```
      repeat
        write('Bitte eine Taste drücken ');
        write('(<ESC> = ENDE): ');
        ch:= readkey;
        writeln;
        writeln(ch);
      until ch = #27; { <ESC>-Taste }
    end.
```

Die Abfrage eines Zeichens bereitet sicherlich noch keine Schwierigkeiten. Der Aufwand wird jedoch bereits etwas größer, wenn, in Abhängigkeit von der gedrückten Taste, das Programm unterschiedliche Aufgaben ausführen soll. Sollen außerdem noch Spezialtasten unterstützt werden, so ist zu beachten, daß diese durch ein 1. und ein 2. Byte repräsentiert werden, wobei das 1. Byte das NUL-Zeichen (#0) und das 2. Byte die entsprechende Spezialtaste repräsentiert.

Wir wollen mit dem folgenden Programm die Verzweigung in Abhängigkeit von der gedrückten Taste zeigen. Das Programm enthält eine REPEAT-Schleife, deren Abbruchbedingung (CH = #27 (<ESC>-Taste)) zur Beendigung des Programms führt.

Sie werden aufgefordert, eine Taste zu drücken. Anschließend wird das Zeichen oder eine Meldung, welche Spezialtaste gedrückt wurde, ausgegeben.

Das Programm unterstützt exemplarisch die Spezialtasten <F1>, <F10> und <ALT D>. Der entsprechende SCAN-Code kann dem ANHANG C entnommen werden.

```
      program readkeyErweitert;  {READKEY2.PAS}
      uses
        crt;  { Unit aus Turbo Pascal 5.0 }

      var
        ch: char; { Eingelesenes Zeichen }

      begin
        repeat
          clrscr;
          write('Bitte eine Taste drücken ');
          write('(<ESC> = ENDE): ');
          ch:= readkey;
          writeln;
          write('Sie haben eingegeben: ');
          if ch <> #0
          then begin
                  if ord(ch) in [32..125]
                  then write(ch);
               end { then }
```

```
      else begin
           ch:= readkey; { 2. Byte lesen }
           case ch of
               #59 : write('Funktionstaste <F1>');
               #68 : write('Funktionstaste <F10>');
               #32 : write('Tastenkombination <ALT D>');
               {-----------------------------------------}
               { Hier könnten weitere Scan-Codes von   }
               { Spezialtasten stehen!! (s. ANHANG C)  }
               {-----------------------------------------}
               else  write('Andere Spezialtaste');
           end; { case }
         end; { else }
      gotoxy(1,25);
      write('Bitte <CR>-Taste drücken ');
      readln;
   until ch = #27; { <ESC>-Taste }
end.
```

Wir haben bisher ausschließlich die Turbo-Pascal-Funktion READKEY benutzt. Nach jedem Aufruf der Funktion muß, falls Sie auch Spezialtasten unterstützen wollen, eine Abfrage nach dem 1. Byte auf #0 und dann eventuell eine zweite Abfrage nach dem 2. Byte durchgeführt werden. Anschließend muß in einem Programm dann mit einer CASE-Entscheidung die weitere Verzweigung, in Abhängigkeit von der gedrückten Taste, bestimmt werden.

In der Routine _READKEY haben wir das Einlesen von Zeichen, auch unter Berücksichigung von Spezialtasten, bereits implementiert.

_READKEY liefert entweder das eingegebene Zeichen oder eine entsprechende Konstante (vom Typ CHAR) für eine Spezialtaste zurück. Die Spezialtasten wurden, wie bereits oben erwähnt, auf den ASCII-Code 157..250 gelegt und im Deklarationsteil der Unit _EINGABE als Konstante vereinbart.

Mit der Aufnahme der Unit _EINGABE in ein Programm und unter Verwendung der Routine _READKEY können Sie in Ihren eigenen Programmen zur Verzweigung des Programmablaufs sehr einfach auch die Spezialtasten verwenden.

Das abschließende Programm dient dem Vergleich mit dem Programm READKEY2.PAS und zeigt die Verwendung der Routine _READKEY. Sie werden solange aufgefordert, eine Taste zu drücken, die dann angezeigt wird, bis Sie zum Beenden des Programms <ESC> gedrückt haben. Beachten Sie, daß innerhalb der CASE-Entscheidung bereits die Konstanten _f1, _f10 und _AltD der Unit _EINGABE verwendet werden:

```
program _readkeyDemo;   {READKEY3.PAS}
uses
  crt,       { Unit aus Turbo Pascal 5.0 }
  _eingabe; { Unit aus Tools            }

var
  ch: char; { Eingelesenes Zeichen }

begin
  repeat
    clrscr;
    write('Bitte eine Taste drücken ');
    write('(<ESC> = ENDE): ');
    ch:= _readkey;
    writeln;
    write('Sie haben eingegeben: ');
    case ch of
      ' '..'}': write(ch);
      _f1     : write('Funktionstaste <F1>');
      _f10    : write('Funktionstaste <F10>');
      _AltD   : write('Tastenkombination <ALT D>');
      {-------------------------------------------}
      { Hier können weitere Spezialtasten als      }
      { Konstante eingetragen werden (s. Verein-   }
      { barungsteil der Unit _EINGABE).            }
      {-------------------------------------------}
      else write('Anderes Zeichen oder Spezialtaste');
    end; { case }
    gotoxy(1,25);
    write('Bitte <CR>-Taste drücken ');
    readln;
  until ch = _esc; { <ESC>-Taste }
end.
```

In der Unit _EINGABE sind folgende Konstanten (vom Typ CHAR)
vereinbart:

_f1..._f10	Funktionstasten <F1>..<F10>.
_ShiftF1..._ShiftF10	Kombination der Shift-Taste mit einer der Funktionstasten <SHIFT F1>..<SHIFT F10>.
_CtrlF1..._CtrlF10	Kombination der Ctrl-Taste mit einer der Funktionstasten <CTRL F1>..<CTRL F10>.
_AltF1..._AltF10	Kombination der Alt-Taste mit einer der Funktionstasten <ALT F1>..<ALT F10>.
_AltA..._AltZ	Kombination der Alt-Taste mit einer der Buchstabentasten <ALT A>..<ALT Z>.
_Alt0..._Alt9	Kombination der Alt-Taste mit einer der Zifferntasten <ALT 0>..<ALT 9>.
_Up, _Dn	Pfeiltasten <oben>, <unten>.

_Left, _Right	Pfeiltasten <links>, <rechts>.
_PgUp, _PgDn,	
_home, _end,	
_Ins, _Del	Tasten, die Sie mit dieser Bezeichnung auch auf Ihrer Tastatur finden.
_CtrlLeft, _CtrlRight,	
_CtrlEnd, _CtrlHome,	
_CtrlPgDn	Kombination der Ctrl-Taste mit einer der entsprechenden Tasten.
_bsp	Backspace-Taste
_esc	Escape-Taste
_cr	Return-Taste

Wenn Sie nachzählen, werden Sie feststellen, daß Sie über 90 Möglichkeiten haben, Spezialtasten abzufragen, von denen z.B. Ihr weiterer Programmablauf abhängen kann! Die Routinen der erweiterten Tastaturabfrage haben eine eigene Syntax: Sie beginnen mit dem Unterstrich "_".

Kurzübersicht

_readkey:	Liest ein Zeichen von der Tastatur, wobei das Drücken von Spezialtasten als Konstante vom Typ CHAR zurückgeliefert wird.
_Input:	Bietet die Möglichkeit der komfortablen Dateneingabe in ein Eingabefeld mit einem vorangestellten Text als Erläuterung.

_readkey	**Funktion**

Funktion: Liest ein Zeichen von der Tastatur, wobei auch die Spezialtasten (Funktionstasten, Pfeiltasten, Tastenkombinationen wie z.B. <CTRL F1>, <SHIFT F10>, <ALT F4> usw.) berücksichtigt werden.

Deklaration: `function`
`_readkey: char;`

Aufruf: `ch:= _readkey;`

Eingabe: Keine

Ausgabe: `ch: char`

Beschreibung:

Die Funktion liest ein Zeichen von der Tastatur. Handelt es sich dabei um einen Buchstaben, eine Ziffer oder ein Sonderzeichen (z.B. "?"), so wird dieses als Ergebnis der Funktion zurückgeliefert.

Wird dagegen eine der unter der Konstanten-Vereinbarung der Unit _EINGABE genannten Spezialtasten gedrückt, so wird die entsprechende Konstante vom Typ CHAR zurückgeliefert.

Beispiel:

```
REPEAT
  ch:= _readkey;
UNTIL ch in [_f1,_esc];
```

Hier wird solange ein Zeichen angefordert, bis entweder die Funktionstaste <F1> oder die Escape-Taste gedrückt wurde (siehe das folgende Beispielprogramm).

Beispiel:

_INPUT1.PAS

```
program _readkeyTesten;
uses
  crt,                    { Unit aus Turbo Pascal 5.0 }
  t_decl,t_io,_eingabe;  { Unit aus Tools            }

var
  ch: char;

begin
  clrscr;
  t_schreibe(5,5,'Drücken Sie eine der beiden');
  t_schreibe(5,7,'Tasten <F1> oder <ESC>     ');
  repeat
    t_go(5,10);
    ch:= _readkey;
  until ch in [_f1,_esc];
  t_go(5,15);
  case ch of
    _f1  : write('<F1> gedrückt!');
    _esc : write('<ESC> gedrückt!');
  end; { case }
  t_warten;
  clrscr;
end.
```

_input	Funktion

Funktion: Bietet die Möglichkeit der komfortablen Dateneingabe in ein Eingabefeld mit einem vorangestellten Text als Erläuterung.

Deklaration:
```
function
_input(sp,zeile,
       laenge    : byte;
       tex,
       vor_ant   : t_workstring;
   var ctrl_taste: char): t_workstring;
```

Aufruf:
```
antwort:= _input(spalte,zeile,laenge,
                 tex,vor_ant,ctrl_taste);
```

Eingabe:
```
spalte    : byte
zeile     : byte
laenge    : byte
tex       : t_workstring
vor_ant   : t_workstring
ctrl_taste: char
```

Ausgabe:
```
antwort    : t_workstring
ctrl_taste: char
```

Beschreibung:

In der durch SPALTE und ZEILE angegebenen Position erscheint auf dem Bildschirm der in der Variablen TEX angegebene Text als Erläuterung des Eingabefeldes. Das Eingabefeld beginnt nach einem Leerzeichen hinter TEX.

Soll eine Antwort vorgegeben werden, so kann dies mit der Angabe VOR_ANT geschehen.

Wird das Eingabefeld mit einer der am Anfang des Kapitels beschriebenen Spezialtasten verlassen, so ist die entsprechende Konstante (vom Typ CHAR) in der Variablen CTRL_TASTE gespeichert und kann abgefragt werden.

Die in der Variablen CTRL_TASTE gespeicherte Taste, die zum Abbruch der Eingabe geführt hat, entspricht einer der Konstanten, die in dieser Unit vereinbart worden sind.

Das folgende Beispielprogramm zeigt Ihnen eine einfache Verwendung dieser Routine. Nach dem Programmstart werden Sie aufgefordert, Ihre Eingabe in das dafür vorgesehene Eingabefeld vorzunehmen. Beenden können Sie die Eingabe entweder mit <CR> (reguläres Beenden) oder mit <ESC> (Abbrechen).

Wenn Sie die Eingabe mit <CR> beendet haben, wird Ihre Eingabe nochmals angezeigt. Haben Sie dagegen mit <ESC> abgebrochen, erscheint eine entsprechende Meldung.

Beispiel:

_INPUT2.PAS

```
program _inputTesten;
uses
  crt,                    { Unit aus Turbo Pascal 5.0 }
  t_decl,t_io,_eingabe;   { Unit aus Tools            }

var
  ant : t_workstring;
  ctrl: char;

begin
  clrscr;
  t_schreibe(5,5,'Ihre Eingabe: ');
  t_schreibe(5,7,'<CR> bestätigen, <ESC> Abbruch');
  repeat
    ant:= _input(24,10,15,'Ihre Eingabe: ',ant,ctrl);
  until ctrl in [_cr,_esc];
  t_go(5,15);
  case ctrl of
    _cr  : write('Ihre Eingabe: ',ant);
    _esc : write('Bearbeitung mit <ESC> abgebrochen!!');
  end; { case }
  t_warten;
  clrscr;
end.
```

Das Listing der Unit _EINGABE

Programmname   : a:_eingabe.pas

```
 1: {-----------------------------------------------------------}
 2: { unit     : _eingabe.pas                                   }
 3: {                                                           }
 4: { date     : 03.03.89                                       }
 5: { compiler : turbo pascal 5.0/5.5                           }
 6: {                                                           }
 7: {                                                           }
 8: { update   : 22.07.89                                       }
 9: {                                                           }
10: { Autor    : Reiner Schoelles                               }
11: {-----------------------------------------------------------}
12: {                                                           }
13: { Enthaelt Routinen fuer die Eingabe.                       }
14: { Die Funktionstasten wurden auf einen von keiner           }
15: { "Taste" belegten Bereich gelegt.                          }
16: {-----------------------------------------------------------}
17: unit _eingabe;
18:
```

```
19: {---------------------------------------------------------}
20: { Interface                                               }
21: {---------------------------------------------------------}
22: Interface
23: uses
24:    crt,            { Unit aus Turbo Pascal 5.0 }
25:    t_decl,t_io;    { Unit aus Tools            }
26:
27: const
28:    _f1  = #250;       _ShiftF1  = #240;    _CtrlF1  = #230;
29:    _f2  = #249;       _ShiftF2  = #239;    _CtrlF2  = #229;
30:    _f3  = #248;       _ShiftF3  = #238;    _CtrlF3  = #228;
31:    _f4  = #247;       _ShiftF4  = #237;    _CtrlF4  = #227;
32:    _f5  = #246;       _ShiftF5  = #236;    _CtrlF5  = #226;
33:    _f6  = #245;       _ShiftF6  = #235;    _CtrlF6  = #224;
34:    _f7  = #244;       _ShiftF7  = #234;    _CtrlF7  = #223;
35:    _f8  = #243;       _ShiftF8  = #233;    _CtrlF8  = #222;
36:    _f9  = #242;       _ShiftF9  = #232;    _CtrlF9  = #221;
37:    _f10 = #241;       _ShiftF10 = #231;    _CtrlF10 = #220;
38:
39:    _AltF1  = #219;    _AltQ = #209;    _AltA = #199;
40:    _AltF2  = #218;    _AltW = #208;    _AltS = #198;
41:    _AltF3  = #217;    _AltE = #207;    _AltD = #197;
42:    _AltF4  = #216;    _AltR = #206;    _AltF = #196;
43:    _AltF5  = #215;    _AltT = #205;    _AltG = #195;
44:    _AltF6  = #214;    _AltY = #204;    _AltH = #194;
45:    _AltF7  = #213;    _AltU = #203;    _AltJ = #193;
46:    _AltF8  = #212;    _AltI = #202;    _AltK = #192;
47:    _AltF9  = #211;    _AltO = #201;    _AltL = #191;
48:    _AltF10 = #210;    _AltP = #200;
49:
50:
51:    _AltZ = #190;      _Alt1 = #183;    _home  = #173;
52:    _AltX = #189;      _Alt2 = #182;    _PgUp  = #172;
53:    _AltC = #188;      _Alt3 = #181;    _End   = #171;
54:    _AltV = #187;      _Alt4 = #180;    _PgDn  = #170;
55:    _AltB = #186;      _Alt5 = #179;    _Ins   = #163;
56:    _AltN = #185;      _Alt6 = #178;    _Del   = #162;
57:    _AltM = #184;      _Alt7 = #177;    _Up    = #161;
58:                       _Alt8 = #176;    _Dn    = #160;
59:                       _Alt9 = #175;    _Right = #159;
60:                       _Alt0 = #174;    _Left  = #158;
61:
62:    _ctrlLeft  = #169;    _ctrlPrtSc = #165;
63:    _ctrlRight = #168;    _esc       = #164;
64:    _ctrlEnd   = #167;
65:    _ctrlPgDn  = #166;    _cr        = ^M;
66:    _ctrlHome  = #157;    _bsp       = ^H;
67:
68:
69:    function _readkey: char;
70:    function _input(sp,zeile,laenge: byte;
71:                    text         : t_workstring;
72:                    vor_ant      : t_workstring;
73:                    var ctrl_taste : char): t_workstring;
74:
75: {---------------------------------------------------------}
76: { Implementation                                          }
77: {---------------------------------------------------------}
```

```
 78: Implementation
 79:   {------------------------------------------}
 80:   { Hinweis für TP 4.0-Anwender:            }
 81:   { In der Version 4.0 darf im Teil         }
 82:   { IMPLEMENTATION keine USES-Anweisung     }
 83:   { stehen. Löschen Sie diese hier und er-  }
 84:   { gänzen Sie die USES-Anweisung im Teil   }
 85:   { INTERFACE (weiter oben) um t_check;     }
 86:   {------------------------------------------}
 87: uses
 88:   t_check; { Unit aus Tools }
 89:
 90: {--------------------------------------------------------}
 91: { _readkey                                               }
 92: {--------------------------------------------------------}
 93: function _readkey: char;
 94: const
 95:   esc = #27;
 96:
 97: var
 98:   ch    : char;
 99:
100: {+++++++++++++++++++++++++++++++++++++++++++++}
101: { funktionstaste                              }
102: {                    Innerhalb von _readkey   }
103: {+++++++++++++++++++++++++++++++++++++++++++++}
104: procedure funktionstaste(cch: char);
105: begin
106:   case cch of
107:     #59: ch:= _f1;   #84: ch:= _ShiftF1;  #94: ch:= _CtrlF1;
108:     #60: ch:= _f2;   #85: ch:= _ShiftF2;  #95: ch:= _CtrlF2;
109:     #61: ch:= _f3;   #86: ch:= _ShiftF3;  #96: ch:= _CtrlF3;
110:     #62: ch:= _f4;   #87: ch:= _ShiftF4;  #97: ch:= _CtrlF4;
111:     #63: ch:= _f5;   #88: ch:= _ShiftF5;  #98: ch:= _CtrlF5;
112:     #64: ch:= _f6;   #89: ch:= _ShiftF6;  #99: ch:= _CtrlF6;
113:     #65: ch:= _f7;   #90: ch:= _ShiftF7;  #100:ch:= _CtrlF7;
114:     #66: ch:= _f8;   #91: ch:= _ShiftF8;  #101:ch:= _CtrlF8;
115:     #67: ch:= _f9;   #92: ch:= _ShiftF9;  #102:ch:= _CtrlF9;
116:     #68: ch:= _f10;  #93: ch:= _ShiftF10; #103:ch:=_CtrlF10;
117:
118:     #104: ch:= _AltF1;      #120: ch:= _Alt1;
119:     #105: ch:= _AltF2;      #121: ch:= _Alt2;
120:     #106: ch:= _AltF3;      #122: ch:= _Alt3;
121:     #107: ch:= _AltF4;      #123: ch:= _Alt4;
122:     #108: ch:= _AltF5;      #124: ch:= _Alt5;
123:     #109: ch:= _AltF6;      #125: ch:= _Alt6;
124:     #110: ch:= _AltF7;      #126: ch:= _Alt7;
125:     #111: ch:= _AltF8;      #127: ch:= _Alt8;
126:     #112: ch:= _AltF9;      #128: ch:= _Alt9;
127:     #113: ch:= _AltF10;     #129: ch:= _Alt0;
128:
129:     #16: ch:= _AltQ;   #30: ch:= _AltA;   #44: ch:= _AltZ;
130:     #17: ch:= _AltW;   #31: ch:= _AltS;   #45: ch:= _AltX;
131:     #18: ch:= _AltE;   #32: ch:= _AltD;   #46: ch:= _AltC;
132:     #19: ch:= _AltR;   #33: ch:= _AltF;   #47: ch:= _AltV;
133:     #20: ch:= _AltT;   #34: ch:= _AltG;   #48: ch:= _AltB;
134:     #21: ch:= _AltY;   #35: ch:= _AltH;   #49: ch:= _AltN;
135:     #22: ch:= _AltU;   #36: ch:= _AltJ;   #50: ch:= _AltM;
136:     #23: ch:= _AltI;   #37: ch:= _AltK;
```

```
137:      #24: ch:= _AltO;    #38: ch:= _AltL;
138:      #25: ch:= _AltP;
139:
140:      #71: ch:= _home;    #114: ch:= _ctrlPrtSc;
141:      #73: ch:= _PgUp;    #115: ch:= _ctrlLeft;
142:      #79: ch:= _End;     #116: ch:= _ctrlRight;
143:      #81: ch:= _PgDn;    #117: ch:= _ctrlEnd;
144:      #82: ch:= _Ins;     #118: ch:= _ctrlPgDn;
145:      #83: ch:= _Del;     #119: ch:= _ctrlHome;
146:      #72: ch:= _Up;
147:      #80: ch:= _Dn;
148:      #77: ch:= _Right;
149:      #75: ch:= _Left;
150:    end; { case }
151: end;
152: {+++++++++++++++++++++++++++++++++++++++++++}
153:
154: begin
155:    ch:= readkey;
156:    if ch <> #0 then begin end
157:                  else funktionstaste(readkey);
158:    if ch = esc then ch:= _esc;
159:    if ch = ^M  then ch:= _cr;
160:    if ch = ^H  then ch:= _bsp;
161:    _readkey:= ch;
162: end;
163: {--------------------------------------------------------}
164: { _input                                               }
165: {      Uebernimmt die Eingabe in ein Eingabefeld. In der }
166: {      Variablen ctrl-Taste wird ein evtl. Ctrl-Code, der}
167: {      die Eingabe abbricht, gespeichert. Der Ctrl-Code  }
168: {      entspricht einer der in diesem Unit vereinbarten  }
169: {      Konstanten. Das verwendete Editor-Kommando ^T     }
170: {      entspricht in seiner Wirkungsweise nicht genau dem}
171: {      aus WordStar, kommt diesem aber am nächsten.      }
172: {--------------------------------------------------------}
173: function _input(sp,zeile,laenge: byte;
174:                 text          : t_workstring;
175:                 vor_ant       : t_workstring;
176:                 var ctrl_taste : char): t_workstring;
177:
178: var
179:    i      : 0..79;          { Cursor-Position          }
180:    ch     : char;           { Das eingegebene Zeichen }
181:    antwort: t_workstring;
182:    spalte : byte;           { sp + lengzh(text) + 1   }
183:    ende   : boolean;        { Eingabe beenden         }
184:
185: {+++++++++++++++++++++++++++++++++++++++++++}
186: { antwortErneuern                           }
187: {+++++++++++++++++++++++++++++++++++++++++++}
188: procedure antwortErneuern;
189: begin
190:    t_schreibe(spalte,zeile,antwort);
191:    t_horizontale(spalte+length(antwort),zeile,
192:                  laenge-(length(antwort)),32);
193: end;
194: {+++++++++++++++++++++++++++++++++++++++++++}
195: { invers_beginnen                           }
```

```
196: {++++++++++++++++++++++++++++++++++++++++++}
197: procedure invers_beginnen;
198: begin
199:    textbackground(t_config.vordergrund);
200:    textcolor(t_config.vordergrund);
201:    t_horizontale(spalte,zeile,laenge,32);
202:    t_go(spalte,zeile);
203:    textcolor(t_config.hintergrund);
204: end;
205: {++++++++++++++++++++++++++++++++++++++++++}
206: { invers_beenden                           }
207: {++++++++++++++++++++++++++++++++++++++++++}
208: procedure invers_beenden;
209: begin
210:    textbackground(t_config.hintergrund);
211:    textcolor(t_config.hintergrund);
212:    t_horizontale(spalte,zeile,laenge,32);
213:    textcolor(t_config.vordergrund);
214:    antwortErneuern;
215: end;
216: {++++++++++++++++++++++++++++++++++++++++++}
217: { backspace_taste                          }
218: {++++++++++++++++++++++++++++++++++++++++++}
219: procedure backspace_taste;
220: begin
221:    if t_int_range(1,length(antwort),i)
222:    then begin
223:          delete(antwort,I,1);
224:          dec(i);
225:          antwortErneuern;
226:          t_go(spalte+i,zeile);
227:       end;
228: end;
229: {++++++++++++++++++++++++++++++++++++++++++}
230: { normale_taste                            }
231: {++++++++++++++++++++++++++++++++++++++++++}
232: procedure normale_taste;
233: begin
234:    if t_int_range(0,length(antwort)-1,i)
235:    then begin
236:          t_schreibe(spalte+i,zeile,ch);
237:          inc(i);
238:          antwort[I]:= CH;
239:       end
240:    else begin
241:          if t_int_range(0,laenge-1,length(antwort))
242:          then begin
243:                t_schreibe(spalte+i,zeile,ch);
244:                inc(i);
245:                antwort:= antwort+ch;
246:             end;
247:       end; { else }
248: end;
249: {++++++++++++++++++++++++++++++++++++++++++}
250: { spezielle_taste                          }
251: {++++++++++++++++++++++++++++++++++++++++++}
252: procedure spezielle_taste;
253:
```

```
254: {++++++++++++++++++}
255: { Loeschen              }
256: {++++++++++++++++++}
257: procedure loeschen;
258: begin
259:    if t_int_range(1,length(antwort),length(antwort)) and
260:        t_int_range(0,length(antwort)-1,i)
261:        then delete(antwort,i+1,1);
262: end;
263: {++++++++++++++++++}
264: { Einfuegen             }
265: {++++++++++++++++++}
266: procedure einfuegen;
267: begin
268:    if t_int_range(0,laenge-1,length(antwort))
269:    then antwort:= concat(copy(antwort,1,i),' ',
270:                          copy(antwort,i+1,laenge));
271: end;
272: {++++++++++++++++++}
273:
274: begin
275:    case ch of
276:       {---------------------------------}
277:       { _home, _left, _right, _end be-   }
278:       { wegen nur den Cursor in der Zeile }
279:       {---------------------------------}
280:       _home : i:= 0;  { Anfang Zeile }
281:       _left : if t_int_range(1,length(antwort),i)
282:                    then dec(i)       { Zeichen nach links  }
283:                    else t_piep(1);
284:       _right: if t_int_range(0,length(antwort)-1,i)
285:                    then inc(i)        { Zeichen nach rechts }
286:                    else t_piep(1);
287:       _end  : i:= length(antwort); { Ende Zeile }
288:       {---------------------------------}
289:       { _del, _ins, ^Y, ^T verändern die  }
290:       { Antwort                           }
291:       {---------------------------------}
292:       _del  : loeschen;
293:       _ins  : einfuegen;
294:       ^T    : antwort:= copy(antwort,1,i);
295:       ^Y    : begin
296:                   i:= 0;
297:                   antwort:= '';
298:               end;
299:    end; { case }
300:    if ch in [_del,_ins,^T,^Y]
301:    then antwortErneuern;
302: end;
303: {++++++++++++++++++++++++++++++++++++++++++}
304: { FeldVerlassen                            }
305: {++++++++++++++++++++++++++++++++++++++++++}
306: procedure FeldVerlassen;
307: begin
308:    ctrl_taste:= ch; { Zeichen speichern }
309:    ende:= true;
310: end;
```

```
311: {+++++++++++++++++++++++++++++++++++++++++++}
312: { EingabeVorbereiten                        }
313: {+++++++++++++++++++++++++++++++++++++++++++}
314: procedure eingabeVorbereiten;
315: begin
316:   spalte:= sp + length(text) + 1;
317:   antwort:= '';                { Noch keine Antwort   }
318:   t_schreibe(sp,zeile,text);
319:   antwortErneuern;
320:   i:= 0;                       { Anfangsposition      }
321:   t_go(spalte,zeile);
322:   antwort:= vor_ant;           { Antwort uebernehmen  }
323:   invers_beginnen;
324:   antwortErneuern;
325:   t_go(spalte+i,zeile);        { Cursor positionieren }
326:   ende:= false;               { Bitte eingeben!      }
327: end;
328: {+++++++++++++++++++++++++++++++++++++++++++}
329:
330: begin
331:   eingabeVorbereiten;
332:   while not ende do
333:   begin
334:     ch:= _readkey;     { Ein Zeichen lesen }
335:     case ch of
336:       _Right,_Left,_home,_end,
337:       _del,_ins,^Y,^T              : spezielle_taste;
338:
339:       _bsp                         : backspace_taste;
340:
341:       _f1,    _ShiftF1,   _CtrlF1,   _AltF1,
342:       _f2,    _ShiftF2,   _CtrlF2,   _AltF2,
343:       _f3,    _ShiftF3,   _CtrlF3,   _AltF3,
344:       _f4,    _ShiftF4,   _CtrlF4,   _AltF4,
345:       _f5,    _ShiftF5,   _CtrlF5,   _AltF5,
346:       _f6,    _ShiftF6,   _CtrlF6,   _AltF6,
347:       _f7,    _ShiftF7,   _CtrlF7,   _AltF7,
348:       _f8,    _ShiftF8,   _CtrlF8,   _AltF8,
349:       _f9,    _ShiftF9,   _CtrlF9,   _AltF9,
350:       _f10,   _ShiftF10,  _CtrlF10,  _AltF10,
351:
352:       _AltQ,  _AltA,      _AltZ,     _Alt1,
353:       _AltW,  _AltS,      _AltX,     _Alt2,
354:       _AltE,  _AltD,      _AltC,     _Alt3,
355:       _AltR,  _AltF,      _AltV,     _Alt4,
356:       _AltT,  _AltG,      _AltB,     _Alt5,
357:       _AltY,  _AltH,      _AltN,     _Alt6,
358:       _AltU,  _AltJ,      _AltM,     _Alt7,
359:       _AltI,  _AltK,                 _Alt8,
360:       _AltO,  _AltL,                 _Alt9,
361:       _AltP,                         _Alt0,
362:
363:       _esc,   _ctrlLeft,             _ctrlPrtSc,
364:       _PgUp,  _ctrlRight,            _ctrlPgDn,
365:       _PgDn,  _ctrlEnd,
366:       _cr,    _ctrlHome,
367:       _Up,
368:       _Dn                          : FeldVerlassen;
369:
```

```
370:          else normale_taste;
371:        end; { case }
372:        t_go(spalte+i,zeile);
373:      end; { while }
374:      invers_beenden;
375:      _input:= antwort;
376: end;
377: {--------------------------------------------------------}
378: { End of Unit                                          }
379: {--------------------------------------------------------}
380: end.
```

6.3.10 Die Unit T_WINDOW

In dieser Unit finden Sie Routinen zur Fensterverwaltung und zum Einsatz eines Pulldown-Menüs. Außerdem können Sie den Monitortyp ermitteln (Farb- oder Monochrom-Monitor) und den Bildschirminhalt speichern und laden. Dadurch erhalten Sie einen besonders schnellen Bildschirmaufbau, da direkt in den Bildschirmspeicher geschrieben wird. Zuvor jedoch einige Erläuterungen:

Der Bildschirminhalt kann auf verschiedene Arten gespeichert werden. Eine Möglichkeit besteht darin, ihn auf der Diskette/Festplatte zu speichern. Der Vorteil liegt darin, daß die Anzahl der abzulegenden Bildschirme nur von der Speicherkapazität des Speichermediums abhängig ist. Da jedoch immer ein Diskettenzugriff erfolgen muß, wird relativ viel Zeit benötigt. Daher ist diese Möglichkeit für ein Pulldown-Menü nicht sinnvoll.

Eine andere Möglichkeit besteht darin, den Bildschirminhalt mit Hilfe einer dynamischen Variablen auf dem Heap zu speichern. Diese Möglichkeit ist sehr schnell und bietet außerdem den Vorteil, daß der Speicherplatz nur solange bereitgestellt werden muß, wie der Bildschirm gespeichert wird. Anschließend kann der Platz auf dem Heap wieder freigegeben werden.

Die in dieser Unit vorgestellte Routine t_pullDownMenu macht von der Speicherung auf dem Heap Gebrauch. Wenn Sie diese Routine und andere (die einen Bildschirm auf dem Heap speichern) in Ihre Programme aufnehmen, so sollten Sie mit dem Compiler-Befehl {$M}, der etwas weiter unten noch erläutert wird, entsprechenden Platz auf dem Heap bereitstellen.

Als Heap wird derjenige Speicher bezeichnet, der noch zur Verfügung steht, wenn man vom gesamten, zur Verfügung stehenden Arbeitsspeicher den Speicherbedarf des Betriebssystems und des laufenden Programms abzieht.

Ein anderer Speicherbereich, der häufig im Zusammenhang mit dem Heap genannt wird, ist der Stack. Auf dem Stack werden Rücksprungadressen von Unterprogrammen (Prozeduren und Funktionen), lokale Variablen usw. gespeichert. Erhalten Sie während der Ausführung Ihres Programms einmal die Fehlermeldung "202 Stack overflow error", dann sollten Sie, falls kein Programmierfehler vorliegt, mit dem Compiler-Befehl {$M} die Stackgröße erhöhen.

Mit dem Compiler-Befehl {$M} können Werte für die Speicherbelegung (Stackgröße, minimaler und maximaler Heap-Bereich) festgelegt werden:

```
Die Syntax lautet     : {$M StackgröBe,HeapMin,HeapMax}
Standardvorgabe       : {$M 16384,0,655360}
```

Für den Stack wird also eine Speichergröße von 16 KByte (16*1024 Byte) festgelegt.

Wenn Sie mit dynamischen Variablen arbeiten, sollten Sie eventuell HeapMin auf eine bestimmte Größe setzen. Dadurch prüft Pascal beim Programmstart, ob dieser Heap-Bereich tatsächlich verfügbar ist. Steht dieser angegebene Speicherplatz nicht zur Verfügung, bricht das Programm ab.

Arbeiten Sie z.B. mit einer dynamischen Variablen für die Bildschirmspeicherung (benötigter Speicherplatz 4000 Bytes), so könnte der Befehl wie folgt aussehen:

```
(*$M 16384,4000,655360*)
```

Ein mit diesem Befehl Kompiliertes Programm bricht mit der Ausführung ab, wenn nicht mindestens 4000 Bytes auf dem Heap zur Verfügung stehen. Sie können den auf dem Heap zur Verfügung stehenden Speicherplatz aber auch mit der Funktion MAXAVAIL bzw. MEMAVAIL ermitteln und mit dem benötigten Platz vergleichen, um die Programmausführung von dem Ergebnis der Prüfung abhängig zu machen:

```
...;
IF MAXAVAIL < 4000
THEN BEGIN
      WRITELN('Nicht genügend Platz auf dem Heap!');
```

```
        ...;
    END
ELSE ...;
    ...;
```

Die Prozedur T_HEAPMIN, die in dieser Unit beschrieben wird, unterstützt Sie ebenfalls bei der Überprüfung des freien Heap-Bereiches. Weitere Informationen über dynamische Datenstrukturen finden Sie im Kapitel 5.11.

Typ- und Konstanten-Vereinbarungen in der Unit T_WINDOW

Eine Konstante, die bei den Typ-Vereinbarungen benötigt wird, ist wie folgt deklariert:

```
const
    t_maxWin = 8;
```

Sie legt die maximale Anzahl der Auswahlpunkte in der Menüleiste und in den Fenstern, die zu jedem Menüpunkt existieren können, fest (also 8 Menüpunkte mit jeweils einem Fenster, in dem wieder 8 Auswahlpunkte enthalten sein können, aber nicht müssen).

```
type
    t_leistePullDown = array[1..t_maxWin] of
        record
            bez   : string[30];
            sp,zei: byte;
        end;
```

Eine Auswahlleiste kann aus bis zu maximal t_maxWin Auswahlpunkten bestehen, wobei jeder Auswahlpunkt eindeutig durch die Angabe der Spalte und der Zeile bestimmt ist. BEZ gibt die Bezeichnung des Auswahlpunktes, SP die Spalte und ZEI die Zeile auf dem Bildschirm an.

```
type
    t_windowVorhanden = array[1..t_maxWin] of boolean;
```

Zu jedem Auswahlpunkt in der Auswahlleiste muß angegeben werden, ob dazu ein Fenster (Untermenü mit Auswahlpunkten) existiert oder nicht.

```
type
    t_unterWindow = array[1..t_maxWin] of
        record
            spLO,zLO: byte;
            bez     : array[1..t_maxWin] of string[30];
            anz,
            maxLen  : byte;
        end;
```

Besitzt ein Auswahlpunkt in der Auswahlleiste ein Fenster, so muß dieses Fenster näher bestimmt werden. (SPLO,ZLO) gibt die linke obere Ecke des Fensters auf dem Bildschirm an. Da jedes Fenster bis zu t_maxWin Unterpunkte aufnehmen kann, müssen diese benannt werden. Dies geschieht mit dem Array BEZ. ANZ gibt die Anzahl der Unterpunkte in diesem Fenster an. MAXLEN muß die Länge der längsten Bezeichnung beinhalten (höchstens 30 Zeichen), da mit dieser Angabe die Breite des Fensters berechnet wird. Die Länge des Fensters ergibt sich aus (SPLO,ZLO) und der Anzahl der Unterpunkte (jeder Unterpunkt darf aus maximal einer Zeile (max. 30 Zeichen) bestehen).

```
type
  t_bildschirm = array[1..2000] of
    record
      zeichen: char;
      attr   : byte;
    end;
```

Der Bildschirm besteht aus 25 Zeilen x 80 Zeichen/Zeile (Spalten). Das ergibt 2000 Zeichen, wobei das jeweilige Zeichen bzw. Bildschirmattribut (Farbe, evtl. blinkende Darstellung) festgehalten werden.

```
type
  t_bildPointer = ^t_bildschirm;
```

Hiermit wird ein Zeigertyp auf den Typ t_bildschirm vereinbart. Um einen Bildschirminhalt auf dem Heap zu speichern, müssen Sie im entsprechenden Programm eine Zeigervariable vom Typ t_bildPointer deklarieren, z.B.:

```
    VAR
        scr: t_bildPointer;
```

Nähere Informationen zu Zeigervariablen finden Sie im Kapitel 5.11.

Kurzübersicht

t_farbMonitor:	Ermittelt den Monitortyp.
t_heapMin:	Überprüft den verfügbaren Speicherplatz auf dem Heap.
t_bildAufHeap:	Speichert den Bildschirminhalt auf dem Heap.
t_bildVomHeap:	Lädt einen Bildschirminhalt vom Heap.
t_bildSpeichern:	Speichert den Bildschirminhalt auf Diskette/Festplatte.
t_bildLaden:	Lädt einen Bildschirminhalt von Diskette/Festplatte.
t_makeWindow:	Erzeugt ein Fenster auf dem Bildschirm.
t_pullDownMenu:	Verwaltet ein Pulldown-Menü.

---

t_farbMonitor	**Funktion**

Funktion: Ermittelt den Monitortyp.

Deklaration:
```
function
t_farbMonitor: boolean;
```

Aufruf:
```
ok:= t_farbMonitor;
```

Eingabe: Keine

Ausgabe:
```
ok: boolean
```

Beschreibung:

Diese Funktion wird für die Bildschirmspeicherung benötigt, da die Anfangsadresse des Bildschirmspeichers für Farb- bzw. Monochrom-Bildschirme unterschiedlich ist.

Liegt ein Farbmonitor vor, so ist das Ergebnis der Funktion TRUE, sonst FALSE.

Beispiel:

WINDOW_1.PAS

```
PROGRAM MONITORTYP_ERMITTELN;
USES
   CRT,           (* UNIT AUS Turbo Pascal 5.0 *)
   T_WINDOW;      (* UNIT AUS TOOLS             *)

BEGIN
   CLRSCR;
   IF T_FARBMONITOR THEN WRITELN('FARBMONITOR')
                    ELSE WRITELN('MONOCHROM-MONITOR');
END.
```

---

t_heapMin	**Prozedur**

Funktion: Überprüft den zur Verfügung stehenden Speicherplatz auf dem Heap.

Deklaration:
```
procedure
t_heapMin(Groesse: LongInt);
```

Aufruf:
```
t_heapMin(Groesse);
```

Eingabe:
```
Groesse: longint
```

Ausgabe: Keine

Beschreibung:

Es wird überprüft, ob auf dem Heap noch mindestens soviel zusammenhängender Speicherplatz zur Verfügung steht, wie in GROESSE (Angabe in Byte) angegeben ist.

Steht der Speicherplatz zur Verfügung, wird keine weitere Aktivität ausgeführt.

Steht der gewünschte Speicherplatz nicht zur Verfügung, erscheint auf dem Bildschirm in einem Fenster eine entsprechende Fehlermeldung. Nach dem Drücken der <ESC>-Taste bricht die Routine das aufrufende Programm ab.

Diese Prozedur sollte stets vor der Erzeugung einer dynamischen Variablen aufgerufen werden (falls Sie wünschen, daß das Programm beim Vorliegen eines entsprechenden Fehlers abgebrochen wird).

Beispiel:

WINDOW_2.PAS

```
program HeapTest;
uses
  crt,         { Unit aus Turbo Pascal 5.0 }
  t_window;    { Unit aus Tools            }

begin
  clrscr;
  {-------------------------------------------}
  { Der Routine t_heapMin sollte ein Wert     }
  { übergeben werden, der mit Sicherheit      }
  { nicht mehr zur Verfügung steht, um auch   }
  { das Ergebnis der Routine zu sehen!        }
  {-------------------------------------------}
  t_heapMin(655000);
  gotoxy(1,24);
  write('Genügend Platz auf dem Heap vorhanden!');
  gotoxy(1,25);
  write('Bitte <CR> drücken...');
  readln;
end.
```

---

t_bildAufHeap	**Prozedur**

Funktion: Speichert einen Bildschirminhalt in einer dynamischen Variablen auf dem Heap.

Deklaration:
```
procedure
t_bildAufHeap(var bildName: t_bildPointer);
```

Aufruf: `t_bildAufHeap(bildName);`

Eingabe: `bildName: t_bildPointer`

Ausgabe: `bildName: t_bildPointer`

Beschreibung:

Im Hauptprogramm oder im aufrufenden Unterprogramm muß eine Variable vereinbart sein, die vom Typ t_bildPointer ist (siehe auch Bsp. WINDOW_3.PAS). In dieser Variablen wird der momentane Bildschirm dynamisch gespeichert. Er kann mit der nachfolgenden Routine t_bildVomHeap wieder zurückgeholt werden.

Bevor der Bildschirminhalt in einer dynamischen Variablen gespeichert werden kann, muß diese mit

```
new(variablenName);
```

erzeugt worden sein. Vergessen Sie nicht (spätestens am Ende des Programms), diesen Speicherplatz wieder freizugeben. Dies geschieht mit:

```
dispose(variablenName);
```

Die Routine überprüft nicht, ob genügend Platz auf dem Heap vorhanden ist. Dies müssen Sie vor der Erzeugung der dynamischen Variablen selber erledigen. Dazu können Sie entweder die Routine T_HEAPMIN aus dieser Unit benutzen oder die Funktion MAXAVAIL aus Turbo Pascal.

Ein zu speichernder Bildschirminhalt benötigt 4000 Bytes Speicherplatz. Daher könnte mit MAXAVAIL wie folgt geprüft werden, ob dieser Bereich noch auf dem Heap zur Verfügung steht und die Erzeugung einer dynamischen Variablen vom Ausgang der Prüfung abhängig gemacht werden:

```
IF MAXAVAIL > 4000
THEN NEW(dynVar)
ELSE ...;
```

Ausführliche Informationen über dynamische Datenstrukturen finden Sie im Kapitel 5.11.

Beispiel: Siehe unter t_bildVomHeap.

t_bildVomHeap	**Prozedur**

Funktion: Lädt einen mit t_bildAufHeap gespeicherten Bildschirminhalt direkt in den Bildschirmspeicher.

Deklaration:
```
procedure
t_bildVomHeap(bildName  : t_bildschirm;
              normScreen: boolean);
```

Aufruf:
```
t_bildVomHeap(bildName,normScreen);
```

Eingabe:
```
bildName   : t_bildPointer
normScreen: boolean
```

Ausgabe: Keine

Beschreibung:

Im Hauptprogramm oder im aufrufenden Unterprogramm muß eine Variable vom Typ t_bildPointer vereinbart sein. Dann lädt diese Routine einen mit t_bildAufHeap gespeicherten Bildschirminhalt direkt in den Bildschirmspeicher.

Ist NORMSCREEN gleich TRUE, dann wird der Bildschirm wieder auf die volle Größe (1,1,80,25) gesetzt. Ansonsten bleibt ein eventuell gesetztes Fenster in seiner Größe bestehen.

Beachten Sie, daß der dynamisch belegte Speicherplatz (spätestens am Ende des Programms) mit

```
dispose(variablenName);
```

wieder freigegeben wird.

Beispiel:

WINDOW_3.PAS
```
PROGRAM BILD_AUF_HEAP_SPEICHERN;
USES
   CRT,              (* UNIT AUS Turbo Pascal 5.0 *)
   T_IO,T_WINDOW;    (* UNIT AUS TOOLS            *)

VAR
   SCR: T_BILDPOINTER; (* VARIABLE ZUR BILDSCHIRM- *)
                       (* SPEICHERUNG, DIE UEBER-  *)
                       (* GEBEN WIRD.              *)

BEGIN
   NEW(SCR); (* ERZEUGT DYNAMISCHE VARIABLE *)
   (*-------------------------------------------*)
   (* ERST EINMAL EINEN BILDSCHIRM AUFBAUEN     *)
   (*-------------------------------------------*)
   T_UMRANDUNG(2,2,79,24,TRUE,TRUE,FALSE);
```

```
     T_SCHREIBE(5,5,'DIESER BILDSCHIRM WIRD GESPEICHERT!');
     T_HORIZONTALE(5,9,60,61);
     T_HORIZONTALE(5,11,50,65);
     T_HORIZONTALE(5,17,52,72);
     T_SCHREIBE(5,25,'TASTE DRUECKEN ...');
     T_WARTEN;
     (*----------------------------------------------*)
     (* BILDSCHIRM SPEICHERN UND DANN LOESCHEN        *)
     (*----------------------------------------------*)
     T_BILDAUFHEAP(SCR);
     CLRSCR;
     T_SCHREIBE(5,2,'LEERER BILDSCHIRM!!');
     T_WARTEN;
     (*----------------------------------------------*)
     (* BILDSCHIRM ZURUECKHOLEN                       *)
     (*----------------------------------------------*)
     T_BILDVOMHEAP(SCR,FALSE);
     T_CLEAN25;
     T_SCHREIBE(5,25,'WIEDER DA...');
     T_WARTEN;
     CLRSCR;
     DISPOSE(SCR); (* DYNAMISCHEN SPEICHERPLATZ FREIGEBEN *)
   END.
```

---

t_bildSpeichern	**Prozedur**

Funktion: Speichert einen Bildschirminhalt auf Diskette/Festplatte.

Deklaration:
```
procedure
t_bildSpeichern(name : t_workstring;
                ueber: boolean): boolean;
```

Aufruf: `ok:= t_bildSpeichern(name,ueber);`

Eingabe:
```
name : t_workstring
ueber: boolean
```

Ausgabe: `ok   : boolean`

Beschreibung:

Auf der Diskette/Festplatte wird der momentane Bildschirminhalt in einer Datei mit dem Dateinamen NAME gespeichert. Die Angabe eines LW und eines Pfades ist erlaubt. Der Dateiname muß ohne Endung eingegeben werden, da jeder gespeicherte Bildschirm die Endung ".SCR" automatisch angehängt bekommt.

Ist UEBER gleich TRUE, so wird eine Datei mit dem angegebenen Namen, falls vorhanden, überschrieben. Außerdem wird überprüft, ob auf dem angegebenen LW noch mindestens 4 kB Speicherplatz zur Verfügung steht. Konnte der Bildschirminhalt erfolgreich gespeichert werden, so liefert die Funktion das Ergebnis TRUE, sonst FALSE.

Beispiel: Siehe unter t_bildLaden.

t_bildLaden	Prozedur

Funktion:　　　Lädt einen Bildschirminhalt von Diskette/Festplatte.

Deklaration:
```
procedure
t_bildLaden(name  : t_workstring;
            loesch: boolean): boolean;
```

Aufruf:　　　`ok:= t_bildLaden(name,loesch);`

Eingabe:
```
name  : t_workstring
loesch: boolean
```

Ausgabe:
```
ok    : boolean
```

Beschreibung:

Von der Diskette/Festplatte wird ein Bildschirminhalt direkt in den Bildschirmspeicher geladen. Der Dateiname wird mit NAME angegeben. Die Angabe eines Laufwerkes und eines Pfades ist erlaubt. Der Dateiname muß jedoch ohne Endung eingegeben werden, da die Endung ".SCR" automatisch angehängt wird.

Ist LOESCH gleich TRUE, so wird die Datei nach dem Laden von der Diskette/Festplatte gelöscht, ansonsten bleibt die Datei für spätere Zugriffe bestehen.

Konnte die Datei geladen werden, so liefert die Funktion das Ergebnis TRUE, sonst FALSE.

Beispiel:　　　WINDOW_4.PAS (auf der Diskette)

t_makeWindow	Prozedur

Funktion:　　　Öffnet auf dem Bildschirm ein Fenster.

Deklaration:
```
procedure
t_makeWindow(spLO,zLO,
             spRu,zRu: byte;
             rand    : boolean;
             hinter  : byte);
```

Aufruf:　　　`t_makeWindow(spLO,zLO,spRu,zRu,rand,hinter);`

Eingabe:
```
spLO,zLO,
spRu,zRu : byte
rand     : boolean
hinter   : byte
```

Ausgabe:　　　Keine

Beschreibung:

Auf dem Bildschirm wird ein Fenster mit den Eckpunkten (SPLO,ZLO (linke obere Ecke)) und (SPRU,ZRU (rechte untere Ecke)) erzeugt.

Ist RAND gleich TRUE, so wird das Fenster invers umrandet und die Fenstergröße um diesen Rand verkleinert.

HINTER gibt die Hintergrundfarbe des Fensters an. Die Werte entnehmen Sie bitte der Unit T_DECL (Kapitel 5.9.3.1).

Im Unterschied zur Turbo-Pascal-Prozedur WINDOW können Sie hier also zusätzlich noch eine Umrandung und eine Hintergrundfarbe auswählen.

Nach dem Aufruf dieser Prozedur ist das erzeugte Fenster gültig. Alle Bildschirmangaben (z.B. gotoxy, clrscr) beziehen sich relativ auf dieses Fenster. Bildschirmkoordinaten, die außerhalb des gültigen Bereiches (des Fensters) liegen, werden ignoriert.

Vor dem Aufruf dieser Prozedur sollte der Bildschirminhalt gespeichert werden (z.B. mit t_bildAufHeap), um ihn nach den Aktivitäten in dem erzeugten Fenster wieder rekonstruieren zu können (z.B. mit t_bildVomHeap).

Soll der gesamte Bildschirm wieder zur Verfügung stehen, muß die Pascal-Routine WINDOW aufgerufen werden: WINDOW(1,1,80,25).

Beispiel:

WINDOW_5.PAS

```
PROGRAM WINDOW_ERSTELLEN;
USES
   CRT,               (* UNIT AUS Turbo Pascal 5.0 *)
   T_IO,T_WINDOW;     (* UNIT AUS TOOLS            *)


BEGIN
   CLRSCR;
   T_MAKEWINDOW(5,3,75,7,TRUE,1);
   T_SCHREIBE_ZEN(1,70,2,'1. FENSTER',FALSE,FALSE);
   WINDOW(1,1,80,25);
   T_MAKEWINDOW(5,10,50,15,TRUE,1);
   T_SCHREIBE_ZEN(1,45,3,'2. FENSTER',FALSE,FALSE);
   WINDOW(1,1,80,25);
   T_MAKEWINDOW(52,10,75,15,TRUE,1);
   CLRSCR;
   T_SCHREIBE_ZEN(1,23,3,'3. FENSTER',FALSE,FALSE);
   WINDOW(1,1,80,25);
   T_MAKEWINDOW(5,17,75,21,TRUE,1);
```

```
T_SCHREIBE_ZEN(1,70,2,'4. FENSTER',FALSE,FALSE);
WINDOW(1,1,80,25);
T_SCHREIBE(5,25,'TASTE DRUECKEN...');
T_WARTEN;
CLRSCR;
END.
```

t_pullDownMenu	Funktion

Funktion: Verwaltet ein komplettes Pulldown-Menü.

Deklaration:
```
function
t_pullDownMenu
  (hauptLeiste  : t_leistePullDown;
   anzahl,anf   : byte;
   nebeneinander: boolean;
   fensterVorh  : t_windowVorhanden;
   unterFenster : t_unterWindow;
   rahmen       : boolean;
   farbe        : byte): integer;
```

Aufruf:
```
erg:= t_pullDownMenu(hauptLeiste,anzahl,
                 anf,nebeneinander,
                 fensterVorh,
                 unterFenster,rahmen,
                 farbe);
```

Eingabe:
```
hauptLeiste   : t_leistePullDown
anzahl,anf    : byte
nebeneinander : boolean
fensterVorh   : t_windowVorhanden
unterFenster  : t_unterWindow
rahmen        : boolean
farbe         : byte
```

Ausgabe:
```
erg           : integer
```

Beschreibung:

Da diese Routine recht umfangreich ist, folgt im Anschluß an die allgemeine Beschreibung eine Beschreibung zur Programmerstellung mit einem konkreten Beispiel, die Sie als Anleitung für den Einsatz eines Pulldown-Menüs benutzen können.

In dem Vorspann zu dieser Unit wurden die Typ-Vereinbarungen besprochen, aus denen Sie ergänzende Informationen erhalten können.

Das Pulldown-Menü ist so aufgebaut, daß maximal bis zu 8 Auswahlpunkte in einer Hauptleiste dargestellt werden können. Diese werden mit ihrer Position und Bezeichnung in HAUPTLEISTE festgelegt.

ANZAHL gibt die Anzahl der Auswahlpunkte in dieser Hauptleiste an.
ANF bestimmt, welcher Auswahlpunkt zu Beginn des Menüs voreinge-
stellt ist (meistens der erste: ANF = 1).

Mit NEBENEINANDER legen Sie fest, ob die Auswahlpunkte nebeneinander (TRUE) oder untereinander (FALSE) dargestellt werden.

Werden die Auswahlpunkte nebeneinander dargestellt, so sind die Pfeiltasten <links> und <rechts> aktiv. Außerdem springen Sie mit <HOME>
in das erste und mit <END> in das letzte Auswahlfeld.

Werden die Auswahlpunkte untereinander dargestellt, so sind die Pfeiltasten <oben> und <unten> aktiv. Außerdem springen Sie wieder mit
<HOME> in das erste und mit <END> in das letzte Auswahlfeld.

FENSTERVORH legt für jeden Auswahlpunkt fest, ob dazu weitere
Unterpunkte (also ein Fenster) existieren.

Für jeden Auswahlpunkt, für den FENSTERVORH auf TRUE gesetzt
wurde, muß mit UNTERFENSTER das Fenster näher beschrieben werden.

RAHMEN legt fest, ob um die Fenster eine Umrandung gezeichnet wird.
Ist RAHMEN gleich TRUE, so wird um das jeweilige Fenster eine inverse Umrandung gezeichnet und das Fenster entsprechend verkleinert.

FARBE legt die Hintergrundfarbe des Fensters fest.

Das Ergebnis der Funktion ist ein Integerwert, der sich wie folgt ergibt:

Wird ein Auswahlpunkt, der kein Fenster besitzt, mit den Pfeiltasten an-
gewählt und mit <CR> bestätigt, so ist das Ergebnis gleich der Ord-
nungszahl des Auswahlpunktes.

Beispiel:
Der fünfte Auswahlpunkt besitzt kein Fenster und wurde mit <CR> bestätigt. Dann ist das Ergebnis der Funktion 5 (ERG = 5).

Wird ein Auswahlpunkt, der ein Fenster besitzt, mit den Pfeiltasten an-
gewählt und mit <CR> bestätigt, so öffnet sich das zugehörige Fenster.
Wird es mit <ESC> verlassen, so befinden Sie sich wieder in der Auswahlleiste; es wurde keine Wahl getroffen. Bestätigen Sie dagegen in dem

Fenster einen Auswahlpunkt, so wird das Ergebnis der Funktion wie folgt ermittelt und zurückgeliefert:

```
erg:=   (AuswahlpunktHauptleiste * 10)
          + (AuswahlpunktFenster)
```

Beispiel:

In der Hauptleiste wählen und bestätigen Sie den fünften Auswahlpunkt, in dem zugehörigen Fenster den dritten Auswahlpunkt. Dann lautet das Ergebnis der Funktion 53:

```
erg:= (5*10) + 3
```

Ein Fenster verlassen Sie stets mit <ESC>, ohne eine Auswahl getroffen zu haben. Sie befinden sich dann wieder in der Hauptleiste und zwar auf dem Auswahlpunkt, von dem zuletzt eine Auswahl getroffen wurde.

Drücken Sie in der Hauptleiste <ESC>, so ist das Ergebnis der Funktion 0 und Sie können das Pulldown-Menü verlassen (bzw. das Programm beenden).

Beispiel: WINDOW_6.PAS (auf Diskette).

Programmbeschreibung für WINDOW_6

Nachfolgend geben wir Ihnen eine konkrete Beschreibung zur Erstellung eines Programms, das ein Pulldown-Menü verwendet.

Dem Programm könnte folgende Aufgabenstellung zugrunde liegen:

Ein Programm, das Kunden, Lieferanten und Artikel verwaltet und Rechnungen schreibt, soll über ein Pulldown-Menü gesteuert werden.

Wir beschränken uns hier selbstverständlich auf die Realisierung des Pulldown-Menüs und legen erst einmal fest, zu welchen Hauptauswahlpunkten Fenster existieren und welche Auswahlpunkte darin enthalten sein sollen:

Rechnung	Kunden	Lieferanten	Lager	Artikel	Sonstiges	Ende
Schreiben	Anlegen	Anlegen	Kein	Anlegen	Kein	Kein
Drucken	Löschen	Löschen	Fenster	Löschen	Fenster	Fenster
Storno	Liste	Liste		Bestellen		
Mahnung				Liste		

Jetzt können wir das Programm schrittweise erstellen. Folgen Sie dazu den nachfolgenden Punkten.

1. Wählen Sie einen Programmnamen und binden Sie die Units crt,t_decl,t_io und t_window mit USES ein.

   Dateiname: WINDOW_6.PAS

   ```
   program pullDownMenu;
   uses
      crt,            { Unit aus Turbo Pascal 5.0 }
      t_decl,t_io,
      t_window;       { Unit aus Tools          }
   ```

2. Überlegen Sie sich die Anzahl der Menüpunkte, deren Bezeichnung und Position auf dem Bildschirm. Legen Sie außerdem fest, welcher Auswahlpunkt ein Fenster haben soll.

   Vorteilhaft für die inverse Darstellung ist es, wenn Sie vor und hinter der Bezeichnung jeweils ein Leerzeichen berücksichtigen!

   Sieben Auswahlpunkte mit folgenden Bezeichnungen und Positionen:

(1)	' Rechnung'	(4,2)	Fenster: ja
(2)	' Kunden'	(15,2)	Fenster: ja
(3)	' Lieferanten'	(24,2)	Fenster: ja
(4)	' Lager'	(38,2)	Fenster: nein
(5)	' Artikel'	(46,2)	Fenster: ja
(6)	' Sonstiges'	(56,2)	Fenster: nein
(7)	' Ende'	(68,2)	Fenster: nein

3. Bestimmen Sie für jedes vorhandene Fenster die Position (Spalte,Zeile), die Bezeichnungen der Unterpunkte und deren Anzahl sowie die maximale Länge einer Bezeichnung.

   ```
   1. Fenster: Position: (4,5)
               Bezeichnung: (1) ' Schreiben '
                            (2) ' Drucken   '
                            (3) ' Storno    '
                            (4) ' Mahnung   '
               Anzahl    : 4
               Max. Länge: 11

   2. Fenster: Position: (15,5)
               Bezeichnung: (1) ' Anlegen '
                            (2) ' Löschen '
                            (3) ' Liste   '
               Anzahl    : 3
               Max. Länge: 9
   ```

```
3. Fenster: Position: (24,5)
            Bezeichnung: (1) ' Anlegen '
                         (2) ' Löschen '
                     (3) ' Liste   '
         Anzahl    : 3
         Max. Länge: 9

(***** Ein 4. Fenster existiert nicht *****)

5. Fenster: Position: (46,5)
            Bezeichnung: (1) ' Anlegen    '
                         (2) ' Löschen    '
                         (3) ' Bestellen  '
                         (4) ' Liste      '
         Anzahl    : 4
         Max. Länge: 11

(***** Ein 6. und 7. Fenster existieren nicht *****)
```

4. Wählen Sie einen Namen für eine Prozedur, mit der Sie die Initialisierungen durchführen können. Außerdem muß eine Variable für die Auswahlpunkte, eine Variable für vorhandene Fenster, eine Variable für die Unterfenster und eine Variable für das Ergebnis der Funktion deklariert werden:

```
Prozedur-Name            : menuInit
Variable für Auswahlpunkte: haupt
Variable für vorh. Fenster: winVorh
Variable für Unterfenster : unter
Variable für das Ergebnis : erg
```

Die Variablen müssen jetzt im Programm vereinbart werden. Außerdem müssen in der Prozedur MENUINIT die Initialisierungen eingetragen werden. Eine Initialisierungs-Prozedur (hier menuInit) muß im Programm vor t_pullDownMenu aufgerufen werden!!

```
var
  haupt  : t_leistePullDown;
  winVorh: t_windowVorhanden;
  unter  : t_unterWindow;
  erg    : integer;
procedure menuInit;
const  zeile = 2; { immer dieselbe Zeile }
begin
  haupt[1].bez:= ' Rechnung ';
  haupt[1].sp := 4;
  haupt[1].zei:= zeile;

  haupt[2].bez:= ' Kunden ';
  haupt[2].sp := 15;
  haupt[2].zei:= zeile;

  haupt[3].bez:= ' Lieferanten ';
```

```
      haupt[3].sp := 24;
      haupt[3].zei:= zeile;

      haupt[4].bez:= ' Lager ';
      haupt[4].sp := 38;
      haupt[4].zei:= zeile;

      haupt[5].bez:= ' Artikel ';
      haupt[5].sp := 46;
      haupt[5].zei:= zeile;

      haupt[6].bez:= ' Sonstiges ';
      haupt[6].sp := 56;
      haupt[6].zei:= zeile;

      haupt[7].bez:= ' Ende ';
      haupt[7].sp := 68;
      haupt[7].zei:= zeile;

      winVorh[1]:= true;    winVorh[2]:= true;
      winVorh[3]:= true;    winVorh[4]:= false;
      winVorh[5]:= true;    winVorh[6]:= false;
      winVorh[7]:= false;

      unter[1].spLo  := 4;
      unter[1].zLo   := zeile + 3;
      unter[1].bez[1]:= ' Schreiben ';
      unter[1].bez[2]:= ' Drucken   ';
      unter[1].bez[3]:= ' Storno    ';
      unter[1].bez[4]:= ' Mahnung   ';
      unter[1].anz   :=  4;
      unter[1].maxLen:= 11;

      unter[2].spLo  := 15;
      unter[2].zLo   := zeile + 3;
      unter[2].bez[1]:= ' Anlegen ';
      unter[2].bez[2]:= ' Löschen ';
      unter[2].bez[3]:= ' Liste   ';
      unter[2].anz   := 3;
      unter[2].maxLen:= 9;

      unter[3].spLo  := 24;
      unter[3].zLo   := zeile + 3;
      unter[3].bez[1]:= ' Anlegen ';
      unter[3].bez[2]:= ' Löschen ';
      unter[3].bez[3]:= ' Liste   ';
      unter[3].anz   := 3;
      unter[3].maxLen:= 9;

      unter[5].spLo  := 46;
      unter[5].zLo   := zeile + 3;
      unter[5].bez[1]:= ' Anlegen   ';
      unter[5].bez[2]:= ' Löschen   ';
      unter[5].bez[3]:= ' Bestellen ';
      unter[5].bez[4]:= ' Liste     ';
      unter[5].anz   :=  4;
      unter[5].maxLen:= 11;
end;
```

5. Nunmehr muß nur noch das Hauptprogramm erstellt werden.

   Die Auswahlleiste soll umrandet werden. Das Pulldown-Menü wird
   verlassen, wenn das Ergebnis entweder 0 (<ESC>) oder 7 (<ENDE>)
   ist. Wird ein anderer Auswahlpunkt gewählt, so soll das Ergebnis auf
   dem Bildschirm angezeigt werden. Wird es bestätigt, fährt das Programm fort. In Ihren eigenen Programmen soll natürlich nicht bei jeder Auswahl dasselbe gemacht werden. Sie müssen die CASE-Abfrage
   dann weiter spezifizieren.

   Vor dem Aufruf der Funktion t_pullDownMenu soll der Cursor vom
   Bildschirm verschwinden, danach soll er wieder angezeigt werden.
   Diese Routinen sind aus der Unit T_IO.

```
begin { Hauptprogramm }
  menuInit;
  t_umrandung(2,1,79,3,true,true,false);
  repeat
    t_cursorAus;
    erg:= t_pullDownMenu(haupt,7,1,true,winVorh,
                         unter,true,1);
    t_cursorEin;
    t_schreibe(5,10,'Sie haben gewählt: ');
    case erg of
      0,7                 : begin
                              write(erg:3);
                              t_schreibe(5,15,
                                'Programm-Ende!!!');
                            end;

      1,11,12,13,14,
      2,21,22,23,
      3,31,32,33,
      4,
      5,51,52,53,54,
      6                   : begin
                              write(erg:3);
                              t_schreibe(5,15,
                                'Programm geht weiter!!');
                            end;
    end; { case }
    t_warten;
    t_clean(5,10,35);
    t_clean(5,15,35);
  until (erg = 0) or (erg = 7);
  clrscr;
end.
```

6. Auf der Diskette finden Sie das vollständige Programm (unter dem
   Namen WINDOW_6.PAS). Beachten Sie, daß nur die entsprechenden
   Programmteile zusammenkopiert wurden.

Auch wenn Ihnen die Initialisierung des Pulldown-Menüs etwas lang vorkommt, so bedenken Sie, daß Ihnen damit 64 Auswahlmöglichkeiten (8*8) (8*8) (8*8) (8*8) zur Verfügung stehen. Außerdem können Sie sich die Initialisierungen etwas erleichtern, wenn Sie von den Blockoperationen des Pascal-Editors Gebrauch machen.

Das Listing der Unit T_WINDOW

Programmname   : a:\t_window.pas

```
 1: {--------------------------------------------------------------}
 2: { unit     : t_window.pas                                      }
 3: {                                                              }
 4: { date     : 08.03.89                                          }
 5: { compiler : Turbo Pascal 5.0/5.5                              }
 6: {                                                              }
 7: {                                                              }
 8: { update   : 21.07.89                                          }
 9: {                                                              }
10: { Autor    : Reiner Schoelles                                  }
11: {--------------------------------------------------------------}
12: {                                                              }
13: { Enthaelt alle Routinen, die sich mit der Window-Technik }
14: { befassen, z.B. auch das Speichern und Laden von Bild-    }
15: { schirminhalten. Wird ein Screen auf Diskette/Festplatte }
16: { gespeichert, so muessen mindestens 4000 Bytes zur Ver-  }
17: { fuegung stehen.                                          }
18: { Ein Programm, das Routinen benutzt, die Variablen auf   }
19: { dem Heap speichern, sollte mit der Compiler-Option fuer }
20: { mindestens 4000 Bytes HeapMin compiliert werden.        }
21: {--------------------------------------------------------------}
22: unit t_window;
23:
24: {--------------------------------------------------------------}
25: { Interface                                                    }
26: {--------------------------------------------------------------}
27: Interface
28: uses
29:   crt,dos,                  { Unit aus turbo pascal 5.0 }
30:   t_decl,t_io,t_check,      { Unit aus Tools            }
31:   _eingabe;                 { Unit aus Tools            }
32:
33: const
34:   t_maxWin = 8;  { Max. 8 Auswahlpunkte in der Haupt-  }
35:                  { leiste und in jedem Unterfenster    }
36:
37: type
38:   {--------------------------------------------------------------}
39:   { Jede AuswahlLeiste kann aus bis zu t_maxWin Auswahl- }
40:   { punkten bestehen, wobei jeder Auswahlpkt. eindeutig  }
41:   { durch die Angabe der Spalte und Zeile festgelegt ist. }
42:   {--------------------------------------------------------------}
43:   t_LeistePullDown = array[1..t_maxWin] of
44:        record
45:           bez   : string[30];
46:           sp,zei: byte;
```

```
 47:        end;
 48:
 49:     {------------------------------------------------------------}
 50:     { Zu jedem Auswahlpunkt muss angegeben werden, ob zu        }
 51:     { diesem ein Fester existiert.                              }
 52:     {------------------------------------------------------------}
 53:     t_windowVorhanden = array[1..t_maxWin] of boolean;
 54:
 55:     {------------------------------------------------------------}
 56:     { Jedes Unterfenster ist eindeutig durch die Angabe der }
 57:     { linken oberen und der rechten unteren Ecke bestimmt.  }
 58:     { Jedes Unterfenster kann wieder bis zu t_maxWin Aus-   }
 59:     { wahlpunkte aufnehmen. Diese werden automatisch posi-  }
 60:     { tioniert, so dass die Angabe von Spalte und Zeile     }
 61:     { entfallen kann. Es muss jedoch die Anzahl der Punkte  }
 62:     { je Fenster angegeben werden.                          }
 63:     { MaxLen gibt die Laenge der laengsten Bez. an. Daraus  }
 64:     { wird SpRu und ZRu berechnet.                          }
 65:     {------------------------------------------------------------}
 66:     t_unterWindow = array[1..t_maxWin] of
 67:         record
 68:           spLo,zLo  : byte;
 69:           bez       : array[1..t_maxWin] of string[30];
 70:           anz,maxLen: byte;
 71:         end;
 72:
 73:     {------------------------------------------------------------}
 74:     { Der Bildschirm besteht aus 25 Zeilen x 80 Zeichen/    }
 75:     { Zeile. Das ergibt 2000 Zeichen, wobei das jeweilige   }
 76:     { Zeichen und das zugehoerige Attribut festgehalten     }
 77:     { werden.                                               }
 78:     {------------------------------------------------------------}
 79:     t_bildschirm = array[1..2000] of record
 80:                                       zeichen: char;
 81:                                       attr   : byte;
 82:                                     end;
 83:
 84:     t_bildPointer  = ^t_bildschirm; { fuer Heap-Speicherung }
 85:
 86:
 87:
 88:     function t_farbmonitor: boolean;
 89:     procedure t_HeapMin(Groesse: LongInt);
 90:     procedure t_bildAufHeap(var bildname: t_bildPointer);
 91:     procedure t_bildVomHeap(bildname  : t_bildPointer;
 92:                             NormScreen: boolean);
 93:     function t_BildSpeichern(Name : t_workstring;
 94:                              Ueber: boolean): boolean;
 95:     function t_BildLaden(Name  : t_workstring;
 96:                          Loesch: boolean): boolean;
 97:
 98:     procedure t_makeWindow(spLo,zLo,
 99:                            spRu,zRu: byte;
100:                            Rand    : boolean;
101:                            hinter  : byte);
102:
103:     function t_pullDownWahl(Leiste : t_LeistePullDown;
104:                             anz,anf: byte;
```

```
105:                          nebeneinander: boolean): integer;
106:
107:    function t_pullDownMenu(Hauptleiste   : t_leistePullDown;
108:                            anzahl,anf    : byte;
109:                            nebeneinander: boolean;
110:                            fensterVorh   : t_windowVorhanden;
111:                            unterfenster  : t_unterWindow;
112:                            rahmen        : boolean;
113:                            farbe         : byte): integer;
114:
115: {------------------------------------------------------}
116: { Implementation                                       }
117: {------------------------------------------------------}
118: Implementation
119: var
120:    t_mono: t_bildschirm absolute $B000:0000;{ Mono-Monitor }
121:    t_farb: t_bildschirm absolute $B800:0000;{ Farbmonitor  }
122:
123: {------------------------------------------------------}
124: { t_HeapMin                                            }
125: {            Prüft, ob noch mindestens der in GROESSE an- }
126: {            gegebene Speicherplatz auf dem Heap als zu-  }
127: {            sammenhaengender Block frei ist. Ist er nicht }
128: {            frei, bricht die Routine das aufrufende Prg.ab}
129: {------------------------------------------------------}
130: procedure t_HeapMin(Groesse: LongInt);
131: const
132:    mld: array[1..10] of t_str40 =
133:         ('          !! F E H L E R !!              ',
134:          '                                         ',
135:          ' Der im Arbeitsspeicher zur Verfügung    ',
136:          ' stehende Platz reicht nicht aus!!       ',
137:          '                                         ',
138:          ' Entfernen Sie eventuell vorhandene      ',
139:          ' speicherresidente Prg. und starten Sie  ',
140:          ' das laufende Programm dann nochmals!    ',
141:          '                                         ',
142:          ' <ESC> beendet das laufende Programm.');
143: var
144:    ch: char; { Fuer Tastendruck }
145:    i : byte; { Zaehlvariable     }
146:
147: begin
148:    if MaxAvail < Groesse then
149:    begin
150:      t_makeWindow(19,6,60,18,true,t_config.hintergrund);
151:      for i:= 2 to 11 do t_schreibe(1,i,mld[i-1]);
152:      t_piep(1);
153:      t_cursorAus;
154:      repeat
155:        ch:= _readkey;
156:      until ch = _esc;
157:      t_cursorEin;
158:      window(1,1,80,25);
159:      clrscr;
160:      halt;
161:    end;
162: end;
```

```
163: {------------------------------------------------------------}
164: { t_pullDownWahl                                             }
165: {                 Schreibt eine Auswahlleiste auf den Bild-  }
166: {                 schirm und steuert die Auswahl mit den     }
167: {                 Cursortasten. Abbruch mit <ESC> (dann      }
168: {                 Ergebnis gleich Null).                     }
169: {------------------------------------------------------------}
170: function t_pullDownWahl(Leiste        : t_LeistePullDown;
171:                         anz,anf       : byte;
172:                         nebeneinander : boolean): integer;
173:
174: var
175:   i : byte;    { Zaehlvariable }
176:   ch: char;    { Tastendruck   }
177:
178: {+++++++++++++++++++++++++++++++++++++}
179: { ausgewaehlte_zeileSchr              }
180: {+++++++++++++++++++++++++++++++++++++}
181: procedure ausgewaehlte_ZeileSchr;
182: begin
183:    t_schreibe_inv(Leiste[i].sp,Leiste[i].zei,Leiste[i].bez);
184:    t_go(Leiste[i].sp,Leiste[i].zei); { Cursor an den Anfang}
185: end;
186: {+++++++++++++++++++++++++++++++++++++}
187: { AlteZeileSchreiben                  }
188: {+++++++++++++++++++++++++++++++++++++}
189: procedure AlteZeileSchreiben;
190: begin
191:    t_schreibe(Leiste[i].sp,
192:               Leiste[i].zei,
193:               Leiste[i].bez);
194: end;
195: {+++++++++++++++++++++++++++++++++++++}
196:
197: begin
198:    for i:= 1 to anz do
199:    t_schreibe(Leiste[i].sp,Leiste[i].zei,Leiste[i].bez);
200:    if t_int_range(1,anz,anf) then i:= anf
201:                              else i:= 1;
202:    ausgewaehlte_ZeileSchr;
203:    ch:= 'a'; { Irgendeine Vorgabe }
204:    while (ch <> _esc) and (ch <> _cr) do
205:    begin
206:      ch:= _readkey;
207:      if nebeneinander
208:      then begin
209:            case ch of
210:              _left : begin
211:                       AlteZeileSchreiben;
212:                       dec(i);
213:                       if i < 1 then i:= anz;
214:                       ausgewaehlte_ZeileSchr;
215:                      end;
216:              _right: begin
217:                       AlteZeileSchreiben;
218:                       inc(i);
219:                       if i > anz then i:= 1;
220:                       ausgewaehlte_ZeileSchr;
221:                      end;
```

```
222:              _home : begin
223:                        AlteZeileSchreiben;
224:                        i:= 1;
225:                        ausgewaehlte_ZeileSchr;
226:                      end;
227:               _end : begin
228:                        AlteZeileSchreiben;
229:                        i:= anz;
230:                        ausgewaehlte_ZeileSchr;
231:                      end;
232:               _esc  : i:= 0; { Ende der Auswahl }
233:               else    begin end;
234:             end; { case }
235:           end { nebeneinander }
236:     else begin
237:           case ch of
238:             _up    : begin
239:                        AlteZeileSchreiben;
240:                        dec(i);
241:                        if i < 1 then i:= anz;
242:                        ausgewaehlte_ZeileSchr;
243:                      end;
244:             _dn    : begin
245:                        AlteZeileSchreiben;
246:                        inc(i);
247:                        if i > anz then i:= 1;
248:                        ausgewaehlte_ZeileSchr;
249:                      end;
250:             _home : begin
251:                        AlteZeileSchreiben;
252:                        i:= 1;
253:                        ausgewaehlte_ZeileSchr;
254:                      end;
255:             _end  : begin
256:                        AlteZeileSchreiben;
257:                        i:= anz;
258:                        ausgewaehlte_ZeileSchr;
259:                      end;
260:             _esc  : i:= 0;
261:             else    begin end;
262:           end; { case }
263:         end { nicht nebeneinander }
264:     end; { while }
265:     t_pullDownWahl:= i; { Nr. des Auswahlpkt., 0 fuer <ESC> }
266: end;
267: {------------------------------------------------------------}
268: { t_pullDownMenu                                             }
269: {                 Steuert die gesamte Verwaltung eines       }
270: {                 Pulldown-Menues. Das Untermenue wird       }
271: {                 noch initialisiert.                        }
272: {------------------------------------------------------------}
273: function t_pullDownMenu(Hauptleiste    : t_leistePullDown;
274:                         anzahl         : byte;
275:                         anf            : byte;
276:                         nebeneinander  : boolean;
277:                         fensterVorh    : t_windowVorhanden;
278:                         unterfenster   : t_unterWindow;
279:                         rahmen         : boolean;
```

```
280:                            farbe        : byte): integer;
281:
282: var
283:    erg      : byte;      { Ergebnis der Hauptleiste }
284:    untererg : byte;      { Ergebnis der Unterleiste }
285:    ok       : boolean;   { Ende der Auswahl          }
286:    unterL   : array[1..t_maxWin] of
287:                   t_leistePullDown; { Jedes Unterfenster ist }
288:                            { wieder eine Leiste        }
289:    altHinter: byte;            { alte Hintergrundfarbe     }
290:    spRu,zRu : byte;            { Spalte,Zeile Unterfenster}
291:    altWin   : t_bildPointer; { vorheriger Bildschirminh.}
292:
293: {+++++++++++++++++++++++++++++++++++++++++++++++++++++}
294: { Unterfenster_init                                   }
295: {                        Initialisiert das Unterf.   }
296: {+++++++++++++++++++++++++++++++++++++++++++++++++++++}
297: procedure unterFenster_init;
298: var
299:    i      : integer;   { Zaehlvariable }
300:    j      : integer;   { Zaehlvariable }
301:    anfZei: integer;   { Zeile fuer Text }
302:
303: begin
304:    for i:= 1 to anzahl do
305:    begin { Fuer jeden Hauptpunkt }
306:      if fensterVorh[i]
307:      then begin { Wenn Fenster vorh., dann initialisieren }
308:             AnfZei:= 1;
309:             for j:= 1 to unterfenster[i].anz do
310:             begin
311:               anfZei:= AnfZei + 1;
312:               unterL[i][j].bez:= unterfenster[i].bez[j];
313:               unterL[i][j].sp := 2;
314:               unterL[i][j].zei:= AnfZei;
315:             end;
316:           end;
317:    end;
318: end;
319: {+++++++++++++++++++++++++++++++++++++++++++++++++++++}
320:
321: begin
322:    t_heapMin(4000); { Mindestens 4000 Bytes vorh.? }
323:    new(altWin);     { Erzeugt dynamische Variable }
324:    altHinter:= t_config.hintergrund; { Alten Hintergrund }
325:    unterFenster_init;                { festhalten        }
326:    ok:= false;
327:    repeat
328:      t_set_monitor(t_config.monitor,
329:                    t_config.vordergrund,
330:                    altHinter,false);
331:      erg:= t_pullDownWahl(hauptLeiste,anzahl,
332:                           anf,nebeneinander);
333:      t_set_monitor(t_config.monitor,
334:                    t_config.vordergrund,farbe,false);
335:      if erg = 0
336:      then begin { Menue Ende }
337:             ok:= true;
338:             t_pullDownMenu:= erg;
```

```
339:            end
340:      else begin
341:            if fensterVorh[erg]
342:            then begin
343:                    {--------------------------------}
344:                    { Bildschirm sichern/ speichern  }
345:                    {--------------------------------}
346:                    t_bildAufHeap(altWin);
347:                    spRu:=   unterFenster[erg].spLo
348:                           + unterFenster[erg].maxLen + 3;
349:                    zRu :=   unterFenster[erg].zLo
350:                           + unterFenster[erg].anz + 3;
351:                    t_makeWindow(unterFenster[erg].spLo,
352:                                 unterfenster[erg].zLo,
353:                                 spRu,zRu,rahmen,farbe);
354:                    untererg:= t_pullDownWahl(unterL[erg],
355:                                   unterFenster[erg].anz,
356:                                   1,false);
357:                    if untererg = 0
358:                    then begin { <ESC> wurde gedrueckt }
359:                            {-------------------------------}
360:                            { <ESC> immer Ende des Unter-   }
361:                            { menues ohne Auswahl und zurueck}
362:                            { zur Hauptleiste.              }
363:                            {-------------------------------}
364:                            window(1,1,80,25);
365:                            t_bildVomHeap(altWin,true);
366:                         end
367:                    else begin
368:                            window(1,1,80,25);
369:                            t_bildVomHeap(altWin,true);
370:                            ok:= true;
371:                            t_pullDownMenu:= erg*10+untererg;
372:                         end;
373:                 end
374:            else begin
375:                    {----------------------------------}
376:                    { Wenn zu dem gewaehlten Punkt kein }
377:                    { Fenster existiert, dann muss dieser }
378:                    { Wahlpunkt als Ergebnis zurueckge- }
379:                    { liefert werden.                  }
380:                    {----------------------------------}
381:                    ok:= true;
382:                    t_pullDownMenu:= erg;
383:                 end;
384:         end; { else }
385:    until ok;
386:    t_set_monitor(t_config.monitor,
387:                  t_config.vordergrund,
388:                  altHinter,false);  { Alter Zustand }
389:    dispose(altWin);
390: end;
391: {----------------------------------------------------------}
392: { t_farbmonitor                                            }
393: {            Liefert TRUE, wenn Farbmonitor vorliegt      }
394: {----------------------------------------------------------}
395: function t_farbmonitor: boolean;
396: begin
397:    intr($11,t_regs);  { software-Interrupt }
```

```
398:    if t_regs.ax and $30=$30 then t_farbmonitor:= false
399:                              else t_farbmonitor:= true;
400: end;
401: {-----------------------------------------------------------}
402: { t_bildAufHeap                                             }
403: {              Speichert einen Bildschirminhalt auf dem     }
404: {              Heap. Dafuer muss im aufrufenden Prg. eine    }
405: {              Variable vereinbart werden: z.B.              }
406: {                  var  scr: t_bildPointer                   }
407: {              Ausserdem muss  v o r  dem Aufruf dieser      }
408: {              Prozedur mit NEW(scr) eine entsprechende      }
409: {              Variable erzeugt werden. Ebenfalls muss       }
410: {              diese Variable wieder vom Heap entfernt       }
411: {              werden (mit DISPOSE(SCR)). Das Entfernen      }
412: {              muss spaetestens am Prg.-Ende erfolgen!!      }
413: {-----------------------------------------------------------}
414: procedure t_bildAufHeap(var bildname: t_bildPointer);
415: begin
416:    if t_farbMonitor then bildname^:= t_farb
417:                     else bildname^:= t_mono;
418: end;
419: {-----------------------------------------------------------}
420: { t_bildVomHeap                                             }
421: {              Holt einen gespeicherten Bildschirminhalt     }
422: {              vom Heap zurueck. Ist NormScreen = TRUE,      }
423: {              so wird der Bildschirm wieder auf die         }
424: {              Groesse (1,1,80,25) gesetzt.                  }
425: {              V o r  dem Aufruf dieser Prozedur muss mit    }
426: {              t_bildAufHeap ein Bildschirm gespeichert      }
427: {              worden sein. Davor muss eine entsprechende    }
428: {              Variable mit NEW(vaiable) vom Typ             }
429: {              t_bildPointer erzeugt worden sein.            }
430: {-----------------------------------------------------------}
431: procedure t_bildVomHeap(bildname  : t_bildPointer;
432:                         NormScreen: boolean);
433: begin
434:    if t_farbMonitor then t_farb:= bildname^
435:                     else t_mono:= bildname^;
436:    if normScreen then window(1,1,80,25);
437: end;
438: {-----------------------------------------------------------}
439: { t_BildSpeichern                                           }
440: {                  Speichert einen Bildschirminhalt auf      }
441: {                  Diskette/Festplatte.                      }
442: {-----------------------------------------------------------}
443: function t_BildSpeichern(Name : t_workstring;
444:                          Ueber: boolean): boolean;
445: var
446:    f  : file of t_bildschirm;
447:    Lw : t_str1;  { LW, auf dem gespeichert werden soll }
448:
449: {+++++++++++++++++++++++++++++++++++++++++}
450: { SpeicherVersuch                         }
451: {+++++++++++++++++++++++++++++++++++++++++}
452: procedure SpeicherVersuch;
453: begin
454:    if (t_reicht_platz(Lw,4)) and (t_datei_erzeugen(name))
455:    then begin
456:          rewrite(f);
```

```
457:            if t_farbmonitor then write(f,t_farb)
458:                          else write(f,t_mono);
459:         close(f);
460:          t_bildSpeichern:= true; { Gespeichert! }
461:       end
462:    else t_bildSpeichern:= false; { Nicht gespeichert! }
463: end;
464: {+++++++++++++++++++++++++++++++++++++++++}
465:
466: begin
467:    name:= name + '.SCR';  { Endung wird angefuegt }
468:    if name[2] = ':' then Lw:= name[1]
469:                     else Lw:= copy(t_gesetztes_Lw,1,1);
470:    assign(f,name);
471:    if Ueber
472:    then SpeicherVersuch
473:    else begin
474:          if t_datei_exist(name)
475:          then t_bildSpeichern:= false
476:          else SpeicherVersuch;
477:       end;
478: end;
479: {--------------------------------------------------------}
480: { t_BildLaden                                            }
481: {          Ein Bildschirminhalt wird von Diskette/Festplatte}
482: {          geladen.                                       }
483: {--------------------------------------------------------}
484: function t_BildLaden(Name   : t_workstring;
485:                      Loesch: boolean): boolean;
486: var
487:    f  : file of t_bildschirm;
488:
489: begin
490:    name:= name + '.SCR'; { Endung wird angefuegt }
491:    assign(f,name);
492:    if t_datei_exist(name)
493:    then begin
494:          reset(f);
495:          if t_farbmonitor then read(f,t_farb)
496:                           else read(f,t_mono);
497:          close(f);
498:          if Loesch then erase(f);
499:          t_bildLaden:= true;
500:       end
501:    else t_BildLaden:= false;
502: end;
503: {--------------------------------------------------------}
504: { t_makeWindow                                           }
505: {          Erstellt an der angegebenen Position ein      }
506: {          Fenster auf dem Bildschirm dar. Ist RAND      }
507: {          gleich true, so wird invers eine duenne Um-   }
508: {          randung gezeichnet. Das Fenster wird mit der  }
509: {          Hintergrundfarbe HINTER ausgefuellt           }
510: {          (z.b. blau = 1).                              }
511: {--------------------------------------------------------}
512: procedure t_makeWindow(spLo,zLo,
513:                        spRu,zRu: byte;
514:                        Rand    : boolean;
```

```
515:                        hinter  : byte);
516:
517: begin
518:     if rand
519:     then begin
520:            t_invers_ein;
521:            t_umrandung(spLo,zLo,spRu,zRu,false,false,false);
522:            t_invers_aus;
523:            window(spLo+1,zLo+1,spRu-1,zRu-1);
524:          end
525:     else window(spLo,zLo,spRu,zRu);
526:     textbackground(hinter);
527:     clrscr;                      { Nur window }
528:     t_set_monitor(t_config.monitor,
529:                   t_config.vordergrund,
530:                   t_config.hintergrund,false);
531: end;
532: {--------------------------------------------------------}
533: { End of Unit                                            }
534: {--------------------------------------------------------}
535: end.
```

6.4 Das Programm TPUMOVER

In dem Kapitel 6.1.1 wurde das Vorgehen des Compilers beim Aufnehmen einer Unit mit der USES-Anweisung in ein Programm besprochen.

Zuerst sucht der Compiler die entsprechende .TPU-Datei in der Datei
TURBO.TPL. Findet er sie dort nicht, wird die Suche auf der Dis-
kette/Festplatte fortgesetzt. Da die Datei TURBO.TPL im Arbeitsspeicher
gehalten wird, ist eine Suche in dieser Datei sehr schnell, und die dort
enthaltenen Units sind bei der Kompilierung immer verfügbar.

Das Suchen einer Datei auf der Diskette/Festplatte dauert natürlich entsprechend länger. Daher ist es vorteilhaft, häufig benötigte Units in die
Datei TURBO.TPL aufzunehmen. Selten benötigte Units sollten dagegen
aus ihr entfernt werden. Wenn Sie also eine Unit erstellt haben, die Sie
häufig in Ihren Programmen verwenden, dann sollten Sie sie, nachdem
die Unit ausreichend getestet wurde und fehlerfrei ist, in die Datei
TURBO.TPL aufnehmen. Wie Sie dabei vorgehen müssen, zeigt Ihnen das
nachfolgende Kapitel 6.4.1. In diesem Kapitel erhalten Sie noch einige
Erläuterungen zu dem Programm TPUMOVER.EXE, mit dem Sie Units
in eine .TPL-Datei aufnehmen oder daraus entfernen können. Das Programm befindet sich auf einer der Originaldisketten bzw., wenn Sie
Turbo Pascal auf Ihrer Festplatte installiert haben, im Turbo-Directory.

TPUMOVER.EXE wird von der DOS-Ebene aus gestartet. Wechseln sie
dazu in das Directory, in dem sich die Datei befindet und geben Sie ein:

```
tpuMover <CR>
```

Den Startbildschirm zeigt die nachfolgende Abbildung.

```
                    Turbo Pascal Unit Librarian
                           Version 5.0

 ┌═══ C:\TP5\TURBO.TPL ═══════════┐   ┌═══ C:\TP5\NONAME.TPU ═══════┐
 │ Unit     Code  Data  Syms Uses │   │ Unit       Code  Data  Syms Uses │
 │ ▓▓▓▓▓▓▓▓▓▓▓▓▓▓▓▓▓▓▓▓▓▓▓▓▓▓▓▓▓▓ │   │                                  │
 │ SYSTEM   21332  664  4036      │   │                                  │
 │ OVERLAY   1586   10   696      │   │                                  │
 │ CRT       1555   20  1651      │   │                                  │
 │ DOS       1589    6  4143      │   │                                  │
 │ PRINTER     37  256   276      │   │                                  │
 │                                │   │                                  │
 │                                │   │                                  │
 │                                │   │                                  │
 │                                │   │                                  │
 │                                │   │                                  │
 │                                │   │                                  │
 │                                │   │                                  │
 └────────────────────────────────┘   └──────────────────────────────────┘

      File size:    79 K
      Drive C:    15518 K free

 F1-Help F2-Save F3-New F4-Info F6-Switch +-Mark Ins-Copy Del-Delete Esc-Quit
```

Abb. 6.4.1: Der Startbildschirm von TPUMOVER

Wie Sie aus der Abbildung ersehen können, werden die in der Datei TURBO.TPL befindlichen Units in dem linken Fenster mit zusätzlichen Informationen angezeigt. Das rechte Fenster ist leer. Nach dem Startvorgang ist stets das linke Fenster aktiviert und der erste Unitname mit einem Balken hinterlegt. In dem jeweils aktivierten Fenster können Sie sich mit den Pfeiltasten <OBEN> und <UNTEN> bewegen. TPUMOVER stellt Ihnen folgende Befehle zur Verfügung:

<F1> - Hilfestellung

Die eingebaute Hilfestellung wird aktiviert. In einem Fenster erhalten Sie zusätzliche Informationen.

<F2> - Datei speichern

Die sich im aktivierten Fenster befindliche Datei wird auf Diskette/Festplatte gespeichert.

<F3> - Datei laden

Nach der Eingabe eines Dateinames wird die angegebene Datei in das aktivierte Fenster geladen. Existiert die Datei nicht, wird eine neue erzeugt.

<F4> - Zusätzliche Information

Über die mit dem unterlegten Balken gekennzeichnete Unit erhalten Sie nähere Informationen.

<F6> - Fenster wechseln

Wechselt zwischen den beiden Fenstern (aktiviert also das jeweils andere Fenster).

< + > - Unit markieren

Markiert bzw. entfernt die Markierung der mit einem Balken hinterlegten Unit.

<INS> - Unit kopieren

Kopiert die markierte(n) Unit(s) in das andere Fenster.

<DEL> - Unit löschen

Löscht die markierte(n) Unit(s). Gehen Sie mit diesem Befehl sehr umsichtig um. Lesen Sie dazu im nächsten Kapitel noch einige Zeilen über das Löschen markierter Units.

<ESC> - TPUMOVER beenden

Wenn Sie TPUMOVER mit <ESC> beenden, werden die veränderten Dateien nicht automatisch gespeichert. Das Speichern müssen Sie vorher mit <F2> erledigen, falls Sie die vorgenommenen Veränderungen beibehalten wollen. Wurden mit <DEL> versehentlich Units gelöscht, so können Sie TPUMOVER mit <ESC> problemlos beenden und die gelöschten Dateien somit retten.

Wie nun .TPU-Dateien in die Datei TURBO.TPL aufgenommen werden, können Sie im nächsten Kapitel nachlesen.

6.4.1 Aufnahme von Units in eine .TPL-Datei

Die Aufnahme einer Unit in die Datei TURBO.TPL soll an einem Beispiel erläutert werden. Von den in diesem Buch vorgestellten Units werden folgende häufiger benötigt: T_DECL, T_IO und T_CHECK. Diese
sollen daher in die Datei TURBO.TPL aufgenommen werden. Führen Sie
folgende Schritte aus:

1. Starten Sie das Programm TPUMOVER von der DOS-Ebene aus dem
    richtigen Verzeichnis, indem Sie eingeben:

    ```
    tpuMover <CR>
    ```

2. Sie erhalten, wie bereits bekannt, den Startbildschirm dieses Pro-
    gramms. Im linken Fenster erscheint TURBO.TPL, das rechte Fenster
    ist leer. Mit <F6> aktivieren Sie das rechte Fenster.

3. Drücken Sie <F3> und geben Sie den Dateinamen für die Unit
    T_DECL ohne Endung ein. Eventuell müssen Sie ein Laufwerk und
    einen Pfadnamen voranstellen. Anschließend sollte die Datei
    T_DECL.TPU im rechten Fenster angezeigt werden.

4. Markieren Sie die ausgewählte Unit mit <+>.

5. Geben Sie <INS> ein, um die markierte Unit in das andere (linke)
    Fenster und damit in die Datei TURBO.TPL zu kopieren.

6. Wiederholen Sie Schritt 3 bis 5 auch für die beiden anderen Units
    T_IO und T_CHECK.

7. Drücken Sie <F6>, um wieder das linke Fenster zu aktivieren. Mit
    <F2> speichern Sie die veränderte Version von TURBO.TPL auf der
    Diskette/Festplatte.

8. Mit <ESC> verlassen Sie TPUMOVER.EXE und kehren auf die DOS-
    Ebene zurück.

Wie der Bildschirm nach dem Kopiervorgang aussehen sollte, zeigt Ihnen
die folgende Abbildung:

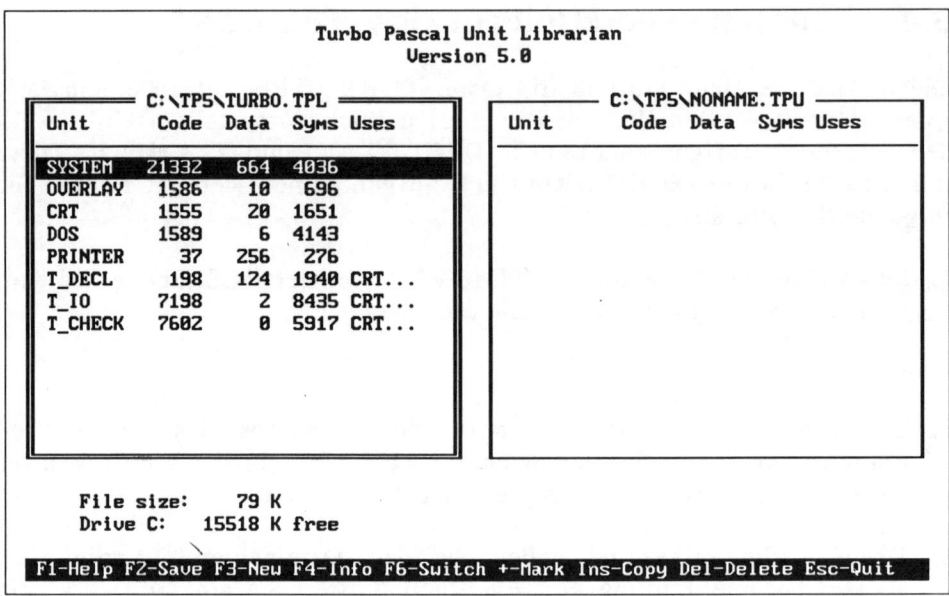

```
                        Turbo Pascal Unit Librarian
                              Version 5.0

    ════════ C:\TP5\TURBO.TPL ════════        ════════ C:\TP5\NONAME.TPU ════════
    Unit      Code  Data  Syms Uses          Unit      Code  Data  Syms Uses

    SYSTEM   21332   664  4036
    OVERLAY   1586    10   696
    CRT       1555    20  1651
    DOS       1589     6  4143
    PRINTER     37   256   276
    T_DECL     198   124  1940 CRT...
    T_IO      7198     2  8435 CRT...
    T_CHECK   7602     0  5917 CRT...




    File size:     79 K
    Drive C:    15518 K free

 ══════════════════════════════════════════════════════════════════════════════
 F1-Help F2-Save F3-New F4-Info F6-Switch +-Mark Ins-Copy Del-Delete Esc-Quit
```

Abb. 6.4.1.1: Der Bildschirm nach dem Kopiervorgang

7. Programmsammlung

Die nachfolgende Programmsammlung besteht aus einigen mehr oder weniger großen Programmen, die Ihnen unter Umständen bei Ihrer täglichen Arbeit mit dem Computer nützlich sein können. Die vorgestellten Programme sollen Ihnen aber auch zeigen, wie die Routinen der in diesem Buch beschriebenen Units zur komfortablen Programmerstellung benutzt werden können.

Alle Programme wurden sorgfältig erstellt und getestet. Sie sind in der vorliegenden Form lauffähig.

Jedem Programm-Listing ist eine Beschreibung des Programms und, falls erforderlich, der einzelnen Routinen vorangestellt. Lesen Sie sich die jeweilige Programmbeschreibung sorgfältig durch, bevor Sie das Programm einsetzen. Studieren Sie anschließend das Programm-Listing und strukturieren sich das Programm bei Bedarf so, wie Sie es von Ihren eigenen Programmen gewohnt sind.

Passen Sie die Programme eventuell Ihren eigenen Bedürfnissen an. Nehmen Sie die Veränderungen jedoch nicht an der Originaldatei vor, sondern benutzen Sie dazu eine Arbeitskopie. Damit stellen Sie sicher, daß Sie auch bei Änderungen, die nicht lauffähig sind, auf die Originaldatei zurückgreifen können. Die in die Programme aufgenommenen Units stammen entweder aus der Turbo-Pascal-Version 5.0/5.5 oder aus diesem Buch. Die aus diesem Buch stammenden Units (siehe Kapitel 6.3) sind im Kommentar als "Unit aus Tools" gekennzeichnet.

Stellen Sie sicher, daß Turbo Pascal die entsprechenden .TPU-Dateien bzw. die Quelldateien der Units dieses Buches auch findet. Über die Menüleiste können Sie mit OPTIONS/Directories festlegen, in welchem Verzeichnis sich .TPU-Dateien befinden. Lesen Sie bei Bedarf nochmals im Kapitel 3 die entsprechenden Unterpunkte nach.

7.1 PRGLIST.PAS - Programmlistings drucken

Von jedem Programm sollte man sich von Zeit zu Zeit ein Programmlisting erstellen, sei es zur Fehlersuche oder zur Dokumentation.

Der DOS-Befehl "PRINT" bzw. "TYPE" bietet hier nicht genügend Komfort. Der Ausdruck erfolgt, ohne daß ein Perforationssprung durchgeführt wird; Zeilen werden nicht numeriert. Wichtige Informationen wie z.B.

- ▶ Datum und Uhrzeit des Ausdruckes
- ▶ Name der Datei, die gelistet wird, und
- ▶ Seitennumerierung

werden nicht ausgedruckt. Aber auch das Listen in eine Diskettendatei kann nützlich sein, wenn ein Listing z.B. in ein Textverarbeitungsprogramm übernommen werden soll.

Allgemeine Beschreibung des Programms

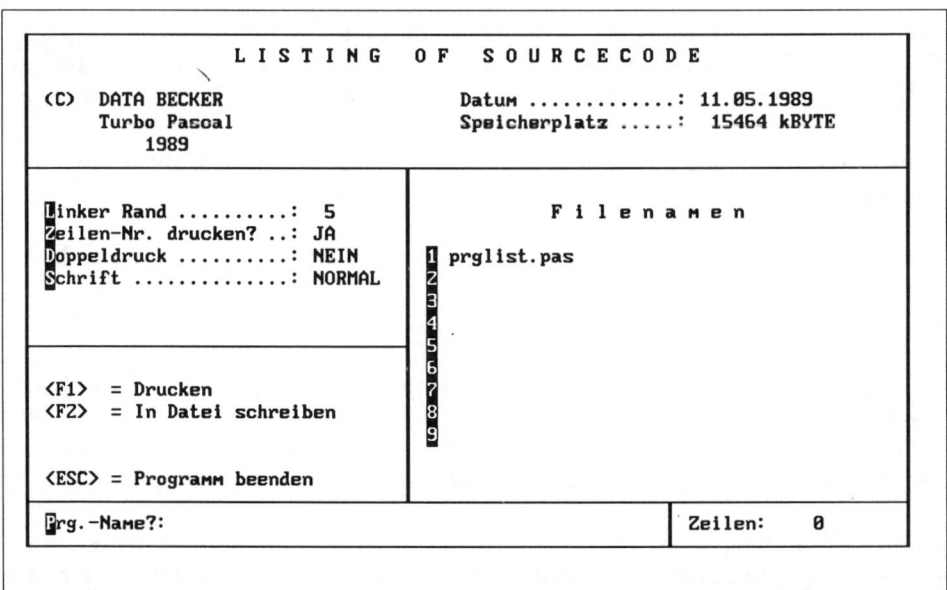

Abb. 7.1.1:   Die Bildschirmmaske des Programms PRGLIST.PAS

Nach dem Programmstart erscheint die in der Abbildung 7.1.1 dargestellte Bildschirmmaske. In der oberen Zeile steht der Programmtext "Listing of Sourcecode". Rechts darunter wird das aktuelle Datum und der freie Speicherplatz des angemeldeten Laufwerks in Kilobyte angezeigt. Die invers dargestellten Buchstaben bzw. Ziffern dienen als Auswahlpunkte. Mit <F1> wird die Datei, die vorher mit <P> ausgewählt wurde, auf den Drucker ausgegeben, mit <F2> in eine Diskettendatei geschrieben, deren Name nach dem Drücken von <F2> angefordert wird. Mit <ESC> wird das Programm verlassen.

Bei der Ausgabe auf den Drucker sind die auf der linken Seite dargestellten Voreinstellungen gültig.

Der linke Druckrand läßt sich von 0 bis 10 wahlweise einstellen. <SHIFT L> erhöht den Rand um 1, <L> verringert ihn um 1.

Mit <Z> können Sie festlegen, ob beim Drucken vor jeder Zeile eine Zeilennummer gedruckt werden soll (JA) oder nicht (NEIN).

Um die Druckqualität etwas zu verbessern, kann jede Zeile doppelt gedruckt werden. Mit <D> oder <d> können Sie den Doppeldruck ein- bzw. ausschalten. Außerdem stehen Ihnen zwei Schriftarten (Klein- oder Normalschrift) zur Verfügung. Wenn Sie beim Programmieren überlange Zeilen schreiben, dann sollten Sie Ihre Programmlistings mit der Kleinschrift ausdrucken, sonst in Normalschrift. Sie wechseln die Schriftart mit <S>.

Wenn Sie ein größeres Programmprojekt bearbeiten, dann gehören dazu häufig mehrere Dateien (z.B. Units oder Include-Dateien). Gerade während der Programmentwicklung wird man von jeder veränderten Datei ein Listing anfertigen. Auf der rechten Seite des Bildschirms haben Sie die Möglichkeit, neun Dateinamen einzutragen, von denen Sie häufiger ein Listing erstellen wollen. Diese neun Dateinamen werden nach dem Programmende in einer Datei gespeichert und stehen Ihnen bei einem erneuten Start des Programms wieder zur Verfügung.

Drücken Sie eine der Ziffern <1>..<9>, so können Sie in das jeweilige Eingabefeld einen Dateinamen eintragen.

Haben Sie <P> gedrückt, um einen Programmnamen einzugeben, können Sie wahlweise auch eine der Ziffern <1>..<9> eingeben und mit <CR> bestätigen. Dadurch wird der unter der entsprechenden Ziffer abgelegte Dateiname in das Eingabefeld übernommen. Nochmaliges Drücken von <CR> schließt die Eingabe ab.

Wenn Sie das Eingabefeld für den Programmnamen verlassen haben, prüft das Programm, ob die von Ihnen ausgewählte Datei vorhanden ist. Ist die Datei vorhanden, wird sie geöffnet und die Anzahl der Zeilen wird ermittelt. In der unteren rechten Ecke wird die Anzahl der Zeilen angegeben. Ist die Datei nicht vorhanden, werden 0 Zeilen angezeigt. Eine weitere Meldung erhalten Sie noch nicht.

Mit <F1> wird die ausgewählte Datei gedruckt. Ist die Datei nicht vorhanden, erhalten Sie jetzt eine entsprechende Meldung. Haben Sie noch keine Datei ausgewählt, wird Ihnen dies ebenfalls mitgeteilt.

Mit <F2> wird die ausgewählte Datei in eine Diskettendatei gelistet. Nach dem Drücken von <F2> werden Sie nach einem Dateinamen für die neue Datei gefragt. Geben Sie hier einen entsprechenden Namen ein. Existiert bereits eine Datei mit dem von Ihnen gewählten Namen, so erhalten Sie eine entsprechende Meldung und werden gefragt, ob die Datei überschrieben werden soll. Antworten Sie mit <J>, so wird die Datei überschrieben. <N> beendet den Vorgang. Sie können dann erneut mit <F2> einen anderen Dateinamen angeben.

Beachten Sie bitte, daß das Programm jeweils den vollständigen Dateinamen (mit Laufwerk, Pfad und Suffix) benötigt, um die jeweilige Datei zu finden.

Die von Ihnen gewählten Voreinstellungen und eingetragenen Dateinamen werden in der Datei VOR.DAT auf Diskette/Festplatte gespeichert und stehen bei einem erneuten Programmstart mit der letzten Einstellung wieder zur Verfügung.

Wenn Sie das (kompilierte) Programm (Endung .EXE) starten, müssen Sie nur darauf achten, daß sich die Datei VOR.DAT, die die Voreinstellungen und die neun Dateinamen enthält, in demselben Verzeichnis befindet wie die Programmdatei (PRGLIST.EXE). Sonst bricht das Programm mit einer Fehlermeldung ab.

Für den Fall, daß Ihnen die Datei VOR.DAT einmal verlorengeht, befindet sich auf der Diskette ein Programm (VOR.PAS), das diese Datei wieder herstellt. Das Programm arbeitet ohne Start- und irgendwelche Fehlermeldungen und ist nur für den "Notfall" gedacht.

Hauptprogramm

Im Hauptprogramm werden der Variablen AUSWAHLPKT die Zeichen zugeordnet, die für die Auswahl einer Funktion zur Verfügung stehen. Es wird die Datei mit den Voreinstellungen geladen und der Bildschirm aufgebaut. Anschließend wird die Prozedur WAEHLEN so oft wiederholt aufgerufen, bis das Programm mit <ESC> beendet wird. Danach wird die Datei mit den Voreinstellungen gespeichert und der Bildschirm gelöscht. Das Programm ist beendet.

Prozedur WAEHLEN

Es wird ein Zeichen von der Tastatur eingelesen und entsprechend in ein Unterprogramm verzweigt. Beachten Sie, daß nur bei <L> und <l> zwischen Groß- und Kleinschreibung unterschieden wird. <ESC> beendet das Programm.

Prozedur AUF_PAPIER

In diese Routine verzweigt das Programm, wenn Sie <F1> gedrückt haben. Von hier aus wird geprüft, ob die zu druckende Datei existiert. Vor Druckbeginn wird der Drucker entsprechend den Voreinstellungen initialisiert. Die Prozedur SOURCECODE_DRUCKEN steuert dann den weiteren Druck. Nach dem Ende des Druckens wird der Drucker wieder auf die Anfangswerte eingestellt.

Prozedur AUF_DISK

In diese Routine verzweigt das Programm, wenn Sie <F2> gedrückt haben. Auch hier wird geprüft, ob die ausgewählte Datei existiert. Den weiteren Schreibvorgang in eine Datei übernimmt die Prozedur SOURCECODE_IN_DATEI.

Die übrigen Prozeduren und Funktionen werden an dieser Stelle nicht weiter erläutert, da sich deren Arbeitsweise aus der entsprechende Kommentierung im Programm ergibt.

7.1.1 Das Programmlisting zu PRGLIST.PAS

Programmname   : a:\bsp\kap7\prglist.pas

```
 1: {------------------------------------------------------}
 2: { program  : prglist.pas                              }
 3: {                                                      }
 4: { date     : 13.08.88                                 }
 5: { compiler : turbo pascal 5.0/5.5                     }
 6: {                                                      }
 7: {                                                      }
 8: { update   : 19.07.88                                 }
 9: {                                                      }
10: { Autor    : Reiner Schoelles                         }
11: {------------------------------------------------------}
```

```
12: { Das Programm druckt den Quelltext eines Pascal-      }
13: { Programms bzw. eine Textdatei aus. Wahlweise kann     }
14: { auf einen Drucker oder in eine Datei ausgegeben wer-  }
15: { den. Der Anwender kann verschiedene Optionen aus-     }
16: { waehlen. Insbesondere koennen 9 Filenamen vordefi-    }
17: { niert und in der Datei VOR.DAT gespeichert werden.    }
18: {------------------------------------------------------}
19: program prglist;
20: uses
21:    crt,printer,        { Units aus Turbo Pascal 5.0 }
22:    t_decl,t_io,        { Units aus Tools            }
23:    t_check,t_print,    { Units aus Tools            }
24:    t_gibein,           { Unit  aus Tools            }
25:    _eingabe;           { Unit  aus Tools            }
26:
27: const
28:    dateiname = 'VOR.DAT';   { Diskettendatei mit Vorein- }
29:                             { stellungen                 }
30:
31: type
32:    filenamen = array[1..9] of string[40];
33:
34:    option = record
35:                 lr        : integer;    { linker rand    }
36:                 zeilen_nr : boolean;    { true= ja       }
37:                 doppeldr  : boolean;    { true= doppeldr }
38:                 schrift   : string[6];  { Klein/ Normal  }
39:                 name      : filenamen;  { 9 dateien sp.  }
40:             end;
41:
42:    file_of_option = file of option; { dateityp f.  disk }
43:
44: var
45:    vor         : option;       { Voreinstellungen     }
46:    wahl        : char;         { eine auswahl         }
47:    programname : string[40];   { Programm zum listen  }
48:    zieldatei   : string[40];   { fuer in Datei listen }
49:    standardlw  : t_workstring; { gesetztes Laufwerk   }
50:    list_seite  : integer;      { Seitennummerierung   }
51:    list_zeile  : integer;      { Zeilennummerierung   }
52:    anz_zeilen  : integer;      { zeilen der Datei     }
53:    auswahlpkt  : set of char;  { wahlmoeglichkeiten   }
54:
55: {------------------------------------------------------}
56: { voreinstellungen_laden                               }
57: {                                                      }
58: { Datei VOR.dat wird geladen. Wenn nicht vorhanden,    }
59: { bricht das Prg. mit Fehlermeldung ab. VOR.dat muss   }
60: { sich immer auf dem angemeldeten LW befinden!         }
61: {------------------------------------------------------}
62: procedure voreinstellungen_laden;
63: var
64:    f: file_of_option;
65:
66: {+++++++++++++++++++++++++++++++++++++++++++++++++++++}
67: { fehlermeldung_schreiben                             }
68: {                                                     }
69: { Innerhalb der procedure voreinstellung_laden }
70: {+++++++++++++++++++++++++++++++++++++++++++++++++++++}
```

```
71: procedure fehlermeldung_schreiben;
72: const
73:    z: array[1..9] of string[50] =
74:
75:        ('              F E H L E R             ',
76:         'Die Datei mit  den Voreinstellungen  (VOR.DAT)',
77:         'befindet sich NICHT auf dem angemeldeten Lauf-',
78:         'werk!!!                                        ',
79:         'Das Programm wird daher gleich  beendet, damit',
80:         'Sie  entweder das  Laufwerk wechseln  oder die',
81:         'Datei     VOR.DAT        in das jetzige Inhalts-',
82:         'verzeichnis kopieren koennen.                 ',
83:         '(Weitere Informationen siehe PRG.-BESCHR.)   ');
84:
85:    tL = 16; { position Text links }
86:
87: var
88:    i: byte;  { Laufvariable }
89:
90: begin
91:    t_umrandung(10,5,70,19,true,true,false); { Rahmen }
92:    {******************}
93:    { texte schreiben }
94:    {******************}
95:    t_schreibe(tL,7,z[1]);        t_schreibe(tL,9,z[2]);
96:    t_schreibe(tL,10,z[3]);       t_schreibe(tL,11,z[4]);
97:    for i:= 5 to 9 do t_schreibe(tL,(i+8),z[i]);
98:    {******************}
99:    t_piep(2);
100:    t_mit_taste;    { auf Tastendruck warten }
101:    clrscr;
102:    halt;           { Programmabbruch          }
103: end;
104: {++++++++++++++++++++++++++++++++++++++++++++++++++}
105:
106: begin
107:    if t_datei_exist(dateiname)
108:    then begin
109:          assign(f,dateiname);
110:          reset(f);
111:          read(f,vor);
112:       end
113:    else fehlermeldung_schreiben;
114: end;
115: {---------------------------------------------------:}
116: { voreinstellungen_speichern                        }
117: {                                                   }
118: { Datei VOR.dat wird auf dem angemeldeten LW ge-    }
119: { speichert, wobei die alte Datei ueberschrieben wird. }
120: { Kann die Datei nicht gespeichert werden, erscheint }
121: { eine entsprechende Meldung.                       }
122: {---------------------------------------------------}
123: procedure voreinstellungen_speichern;
124: var
125:    f: file_of_option;
126:
127: begin
128:    if t_datei_erzeugen(dateiname)
129:    then begin
```

```
130:          assign(f,dateiname);
131:          rewrite(f);
132:          write(f,vor);
133:          close(f);
134:        end
135:   else begin
136:          clrscr;
137:          t_schreibe(10,4,'      F E H L E R     ');
138:          t_schreibe(10,6,'Datei mit den Vorein- ');
139:          t_schreibe(10,7,'stellungen (VOR.DAT)  ');
140:          t_schreibe(10,8,'konnte nicht gespei-  ');
141:          t_schreibe(10,9,'chert werden!!!       ');
142:          halt; { Programmabbruch }
143:        end;
144: end;
145: {--------------------------------------------------------}
146: { bildschirm_aufbauen                                    }
147: {                                                        }
148: { Baut die Bildschirmmaske auf.                          }
149: {--------------------------------------------------------}
150: procedure bildschirm_aufbauen;
151: const
152:   t: array[1..16] of string[50] =
153:
154:     ('L I S T I N G   O F   S O U R C E C O D E',
155:      '(C) Reiner Schölles',
156:      '    Turbo Pascal  ',
157:      '        1989      ',
158:      'Datum .............: ',
159:      'Speicherplatz .....: ',
160:      'F i l e n a m e n',
161:      'Linker Rand ........: ',
162:      'Zeilen-Nr. drucken? ..: ',
163:      'Doppeldruck ..........: ',
164:      'Schrift .............: ',
165:      '<F1>  = Drucken',
166:      '<F2>  = In Datei schreiben',
167:      '<ESC> = Programm beenden',
168:      'Prg.-Name?: ',
169:      'Zeilen: ');
170:
171:   L =  3; { Spalte Zeichen links  }
172:   r = 37; { Spalte Zeichen rechts }
173:
174: var
175:   st: string[1]; { fuer Stringumwandlung }
176:
177: {++++++++++++++++++++++++++++++++++++++++++++++++++++}
178: { zeichen_und_linien_setzen                          }
179: {                                                    }
180: { Innerhalb der procedure bildschirm_aufbauen        }
181: {++++++++++++++++++++++++++++++++++++++++++++++++++++}
182: procedure zeichen_und_linien_setzen;
183: begin
184:   t_schreibe(1,7,chr(195));    t_schreibe(79,7,chr(180));
185:   t_schreibe(1,22,chr(195));   t_schreibe(79,22,chr(180));
186:   t_horizontale(2,7,77,196);
187:   t_horizontale(2,22,77,196);
188:   t_schreibe(35,7,chr(194));   t_schreibe(35,22,chr(193));
```

```
189:     t_vertikale(35,8,14,179);
190:     t_schreibe(1,15,chr(195));     t_schreibe(35,15,chr(180));
191:     t_horizontale(2,15,33,196);
192:     t_schreibe(58,22,chr(194));
193:     t_schreibe(58,23,chr(179));
194:     t_schreibe(58,24,chr(193));
195: end;
196: {+++++++++++++++++++++++++++++++++++++++++++++++}
197: { text_schreiben                                }
198: {                                               }
199: { Innerhalb der procedure bildschirm_aufbauen   }
200: {+++++++++++++++++++++++++++++++++++++++++++++++}
201: procedure text_schreiben;
202: var   i: byte;   { Zaehlvariable }
203: begin
204:     t_schreibe(20,2,t[1]);
205:     t_schreibe(L,4,t[2]);     t_schreibe(40,4,t[5]);
206:                               write(t_datum);
207:     t_schreibe(L,5,t[3]);     t_schreibe(40,5,t[6]);
208:     write(t_freier_platz(copy(standardlw,1,1)):6,' kBYTE');
209:     t_schreibe(L,6,t[4]);
210:                                 t_schreibe(48,9,t[7]);
211:     for i:=  9 to 12 do t_schreibe(L,i,t[(i-1)]);
212:     for i:= 17 to 18 do t_schreibe(L,i,t[(i-5)]);
213:     t_schreibe(L,21,t[14]);
214:     t_schreibe(L,23,t[15]);
215:     t_schreibe(60,23,t[16]);
216:     {*********************}
217:     { ziffern invers      }
218:     {*********************}
219:     for i:= 1 to 9 do
220:     begin
221:       st:= t_num_to_str(i,1,0);
222:       t_schreibe_inv(r,(10+i),st);
223:     end;
224:     {**********************************}
225:     { voreinstellungen auf den Bildschirm }
226:     {**********************************}
227:     t_go(27,9);  write(vor.Lr:2);
228:     t_go(27,10); if vor.zeilen_nr then write('JA  ')
229:                               else write('NEIN');
230:     t_go(27,11); if vor.doppeldr  then write('JA  ')
231:                               else write('NEIN');
232:     t_schreibe(27,12,vor.schrift);
233:     for i:= 1 to 9 do t_schreibe(39,(10+i),vor.name[i]);
234:     t_go(68,23); write(anz_zeilen:4);
235:     {**********************************}
236:     { Anfangszeichen invers hervorheben }
237:     {**********************************}
238:     t_invers_ein;
239:     t_schreibe(L,9,'L');   t_schreibe(L,10,'Z');
240:     t_schreibe(L,11,'D');  t_schreibe(L,12,'S');
241:     t_schreibe(L,23,'P');
242:     t_invers_aus;
243: end;
244: {+++++++++++++++++++++++++++++++++++++++++++++++}
245:
246: begin { bildschirm_aufbauen }
247:     t_umrandung(1,1,79,24,false,true,false);
```

```
248:    zeichen_und_linien_setzen;
249:    text_schreiben;
250: end;
251: {---------------------------------------------------------------}
252: { wahl_gross_L                                                  }
253: {                                                               }
254: { Linken Rand erhoehen (0-10)                                   }
255: {---------------------------------------------------------------}
256: procedure wahl_gross_L;
257: begin
258:    if vor.lr = 10 then vor.lr:= 0
259:                   else inc(vor.lr); { plus 1 }
260:    t_go(27,9); write(vor.lr:2);
261: end;
262: {---------------------------------------------------------------}
263: { wahl_klein_L                                                  }
264: {                                                               }
265: { Linken Rand verringern (0-10)                                 }
266: {---------------------------------------------------------------}
267: procedure wahl_klein_L;
268: begin
269:    if vor.lr = 0 then vor.lr:= 10
270:                  else dec(vor.lr); { minus 1 }
271:    t_go(27,9); write(vor.lr:2);
272: end;
273: {---------------------------------------------------------------}
274: { wahl_z                                                        }
275: {                                                               }
276: { Sollen Zeilennummern gedruckt werden? True = ja               }
277: {---------------------------------------------------------------}
278: procedure wahl_z;
279: begin
280:    if vor.zeilen_nr
281:    then begin
282:         vor.zeilen_nr:= false;
283:         t_schreibe(27,10,'NEIN');
284:         end
285:    else begin
286:         vor.zeilen_nr:= true;
287:         t_schreibe(27,10,'JA  ');
288:         end;
289: end;
290: {---------------------------------------------------------------}
291: { wahl_d                                                        }
292: {                                                               }
293: { Sollen die Zeilen doppelt gedruckt werden? True = ja          }
294: { Verbessert die Druckqualitaet ein wenig.                      }
295: {---------------------------------------------------------------}
296: procedure wahl_d;
297: begin
298:    if vor.doppeldr
299:    then begin
300:         vor.doppeldr:= false;
301:         t_schreibe(27,11,'NEIN');
302:         end
303:    else begin
304:         vor.doppeldr:= true;
305:         t_schreibe(27,11,'JA  ');
306:         end;
```

```
307: end;
308: {-------------------------------------------------------}
309: { wahl_s                                               }
310: {                                                      }
311: { Schaltet zwischen Klein- und Normalschrift um.       }
312: { Kleinschrift sollte immer dann gewaehlt werden, wenn }
313: { die zu druckenden Zeilen breiter als 75 Zeichen sind }
314: {-------------------------------------------------------}
315: procedure wahl_s;
316: begin
317:    if vor.schrift = 'KLEIN '
318:    then begin
319:         vor.schrift:= 'NORMAL';
320:         t_schreibe(27,12,'NORMAL');
321:      end
322:    else begin
323:         vor.schrift:= 'KLEIN ';
324:         t_schreibe(27,12,'KLEIN ');
325:      end;
326: end;
327: {-------------------------------------------------------}
328: { wahl_p                                                }
329: {                                                       }
330: { Fordert den Dateinamen der zu listenden Datei an.     }
331: { Ist die Datei vorhanden, wird die Anzahl der Zeilen   }
332: { ermittelt. Ist die Datei nicht vorhanden, wird die    }
333: { Anzahl der Zeilen mit 0 angezeigt. Eine weitere       }
334: { Meldung erscheint noch nicht, sondern erst beim Aus-  }
335: { druck (Wahl <F1> oder <F2>.                           }
336: {-------------------------------------------------------}
337: procedure wahl_p;
338: var
339:    cch   : char;
340:    help  : byte;
341:    f     : text;    { Datei auf Diskette als Textdatei }
342:    tzeile: t_str2;  { Nur Anf. e. Zeile zum Zaehlen    }
343:    ctrl  : char;    { Von t_eingabe benoetigt          }
344:
345: begin
346:    programname:= t_antwort(14,23,40,'',programname,ctrl);
347:    help:= t_str_to_int(t_leer_ent(programname),t_err);
348:    if t_int_range(1,9,help) then
349:    {*********************************}
350:    { wenn eine Ziffer 1..9 eingegeben }
351:    { wurde, dann den entsprechenden   }
352:    { Dateinamen als Programname nehmen}
353:    {*********************************}
354:    programname:= t_antwort(14,23,40,'',vor.name[help],ctrl);
355:    {*********************************}
356:    if length(programname) < 1 then programname:= ' ';
357:    if t_datei_exist(programname)
358:    then begin
359:         anz_zeilen:= 0;
360:         assign(f,programname);
361:         reset(f);
362:         while not eof(f) do
363:         begin
364:           readln(f,tzeile);
365:           inc(anz_zeilen);      { plus 1 }
```

```
366:        end;
367:        close(f);
368:      end
369:   else anz_zeilen:= 0;    { Keine Zeilen vorhanden }
370:   t_go(68,23); write(anz_zeilen:4);
371: end;
372:
373: {******************************************************}
374: {******************************************************}
375: { Hier beginnen die Prozeduren und Funktionen,die sich }
376: { auf den Ausdruck der Datei beziehen. Die Prozedur    }
377: { auf_papier ist die Schnittstelle zum Menue und ver-  }
378: { zweigt dann zu den hier aufgefuehrten Unterprg.      }
379: {******************************************************}
380: {******************************************************}
381:
382: {------------------------------------------------------}
383: { enter_druck_list                                     }
384: {                                                      }
385: { Stellt Drucker auf Anfangswerte ein                  }
386: {------------------------------------------------------}
387: procedure enter_druck_list;
388: begin
389:    t_voreinstellung_lst;
390:    t_zs_lst(0);                    { zeichensatz USA }
391:    t_lrand_lst(vor.lr);
392:    if vor.doppeldr then t_doppel_ein_lst;
393:    if vor.schrift = 'KLEIN ' then t_klein_ein_lst
394:                         else t_normal_ein_lst;
395:    list_seite:= 0;
396:    list_zeile:= 0;
397: end;
398: {------------------------------------------------------}
399: { exit_druck_list                                      }
400: {                                                      }
401: { Drucker wieder initialisieren                        }
402: {------------------------------------------------------}
403: procedure exit_druck_list;
404: begin
405:    t_voreinstellung_lst;
406: end;
407: {------------------------------------------------------}
408: { sourcecode_drucken                                   }
409: {                                                      }
410: {------------------------------------------------------}
411: procedure sourcecode_drucken;
412: var
413:    znr   : integer;       { Seitenlaenge = 65 Zeilen }
414:    f     : text;          { Listdatei als Textdatei  }
415:    tzeile: string[249];   { Eine gelesene Textzeile  }
416:
417: {+++++++++++++++++++++++++++++++++++}
418: { listkopf_drucken                  }
419: {                                   }
420: { Druckt auf jeder neuen Seite die  }
421: { Ueberschrift.                     }
422: { Innerhalb von sourcecode_drucken  }
423: {+++++++++++++++++++++++++++++++++++}
424: procedure listkopf_drucken;
```

```
425: begin
426:    if vor.schrift = 'KLEIN '     { Kopf wird immer   }
427:    then begin                    { in Normalschirft }
428:          t_klein_aus_lst;        { geschrieben      }
429:          t_normal_ein_lst;
430:       end;
431:    if not vor.doppeldr then t_doppel_ein_lst;
432:    inc(list_seite);
433:    write(lst,'Programmlisting vom: ',t_tag);
434:    write(lst,', den ',t_datum);
435:    write(lst,' ':18-length(t_tag));
436:    writeln(lst,'Seite: ',list_seite:3);
437:    write(lst,'Programmname    : ',programname);
438:    writeln(lst);
439:    write(lst,'Uhrzeit         : ');
440:    write(lst,t_uhrzeit(false,false));
441:    writeln(lst);
442:    t_horizontale_lst(65,61);
443:    t_leer_lst(3);                { 3 Zeilen vor }
444:    if vor.schrift = 'KLEIN ' then t_klein_ein_lst;
445:    if not vor.doppeldr then t_doppel_aus_lst;
446:    znr:= 7; { 7 Zeilen bereits beschrieben }
447: end;
448: {+++++++++++++++++++++++++++++++++++}
449:
450: begin { sourcecode_drucken }
451:    t_schreibe(20,25,'!!! Datei wird gedruckt... !!!');
452:    assign(f,programname);
453:    reset(f);
454:    listkopf_drucken;
455:    while not eof(f) do
456:    begin
457:       readln(f,tzeile);
458:       inc(list_zeile);       { absolute zeilenNr }
459:       inc(znr);              { relative zeilenNr }
460:       if vor.zeilen_nr
461:       then writeln(lst,list_zeile:4,': ',tzeile)
462:       else writeln(lst,tzeile);
463:       if znr = 65 then begin
464:                         t_seitenvorschub_lst;
465:                         listkopf_drucken;
466:                      end;
467:    end; { while }
468:    close(f);
469:    t_seitenvorschub_lst;
470:    t_clean25;
471: end;
472: {--------------------------------------------------------}
473: { es_kann_gedruckt_werden                                }
474: {                                                        }
475: { Ueberprueft, ob wirklich gedruckt werden soll          }
476: {--------------------------------------------------------}
477: function es_kann_gedruckt_werden: boolean;
478: const
479:    t='Drucker einschalten, auf Blattanfang. Fertig (J/N)?';
480:
481: var  ch: char;
482:
483: begin
```

```
484:     repeat
485:       t_schreibe(1,25,t);
486:       t_piep(1);
487:       ch:= upcase(readkey);
488:     until ch in t_jn;
489:     t_clean25;
490:     case ch of
491:       'J' : begin
492:               if t_betriebsbereit_lst
493:               then es_kann_gedruckt_werden:= true
494:               else es_kann_gedruckt_werden:= false;
495:             end;
496:       'N' : es_kann_gedruckt_werden:= false;
497:     end;
498: end;
499: {---------------------------------------------------------}
500: { auf_papier                                              }
501: {                                                         }
502: { Ist die Schnittstelle zu den Auswahlpunkten und ver-    }
503: { zweigt zu den uebrigen Unterprogrammen, die sich auf    }
504: { den Ausdruck beziehen.                                  }
505: {---------------------------------------------------------}
506: procedure auf_papier;
507: begin
508:     if programname <> ' '
509:     then begin
510:           if t_datei_exist(programname)
511:           then begin
512:                   if es_kann_gedruckt_werden
513:                   then begin
514:                           enter_druck_lst;
515:                           sourcecode_drucken;
516:                           exit_druck_lst;
517:                         end
518:                   else begin
519:                           {******************************}
520:                           { wenn nicht gedruckt werden   }
521:                           { kann, dann no action         }
522:                           {******************************}
523:                         end;
524:                 end
525:           else begin { wenn datei nicht existiert, ... }
526:                   t_schreibe(1,25,'Datei existiert nicht');
527:                   t_mit_taste;
528:                 end;
529:         end
530:     else begin { wenn keine Datei ausgewaehlt,... }
531:           t_schreibe(1,25,'Keine Datei ausgewählt!');
532:           t_mit_taste;
533:         end;
534:     t_clean25;
535: end;
536:
537: {********************************************************}
538: {********************************************************}
539: { Hier beginnen die Prozeduren und Funktionen,die sich }
540: { auf die Ausgabe der Quelldatei in eine Zieldatei be- }
541: { ziehen. Die Prozedur auf_disk ist die Schnittstelle  }
542: { zum Menue und verzweigt dann zu den hier aufgefuehr- }
```

```
543: { ten Unterprogrammen.                                   }
544: {******************************************************}
545: {******************************************************}
546:
547: {------------------------------------------------------}
548: { es_kann_geschrieben_werden                           }
549: {                                                      }
550: { Fordert den Dateinamen der Zieldatei an, prueft, ob  }
551: { diese eventuell existiert und ggf. ueberschrieben    }
552: { werden kann oder nicht. Liefert true, wenn in diese  }
553: { Datei gelistet werden kann.                          }
554: {------------------------------------------------------}
555: function es_kann_geschrieben_werden: boolean;
556: const
557:    t1 = 'Name der Zieldatei? ';
558:    t2 = 'Zieldatei existiert! Ueberschreiben (J/N)? ';
559:    t3 = 'Zieldatei kann nicht geoeffnet werden!  <TASTE> ';
560:
561: var
562:    ctrl: char; { fuer t_antwort }
563:    ok  : boolean;
564:
565: begin
566:    ok:= true; { es kann geschrieben werden }
567:    t_piep(1);
568:    zieldatei:= t_antwort(1,25,40,t1,zieldatei,ctrl);
569:    t_clean25;
570:    if t_datei_exist(zieldatei)
571:    then begin
572:            if t_frage_jn(1,25,t2) in t_nein then ok:= false;
573:         end
574:    else begin { wenn zieldatei nicht existiert }
575:            if not t_datei_erzeugen(zieldatei)
576:            then begin
577:                   t_piep(2);
578:                   t_schreibe(1,25,t3);
579:                   t_warten;
580:                   ok:= false;
581:                 end;
582:         end;
583:    if ok then es_kann_geschrieben_werden:= true
584:          else es_kann_geschrieben_werden:= false;
585:    t_clean25;
586: end;
587: {------------------------------------------------------}
588: { sourcecode_in_datei                                  }
589: {                                                      }
590: { Listet in die zieldatei                              }
591: {------------------------------------------------------}
592: procedure sourcecode_in_datei;
593: var
594:    fziel,                   { zieldatei  im Prg.  }
595:    fquelle: text;           { quelldatei im Prg.  }
596:    tzeile : string[249];    { eine gelesene zeile }
597:    i      : byte;           { laufvariable        }
598:
599: begin
600:    assign(fziel,zieldatei);
601:    assign(fquelle,programmname);
```

```
602:    reset(fquelle);              { oeffnet exist. Datei }
603:    rewrite(fziel);              { erzeugt neue   Datei }
604:    list_zeile:= 0;              { anfangswert          }
605:    t_schreibe(20,25,'!!! Datei wird geschrieben... !!!');
606:    write(fziel,'Programmlisting vom: ',t_tag);
607:    writeln(fziel,', den ',t_datum);
608:    writeln(fziel,'Programmname       : ',programname);
609:    write(fziel,'Uhrzeit            : ');
610:    writeln(fziel,t_uhrzeit(false,false));
611:    for i:= 1 to 65 do write(fziel,'=');
612:    for i:= 1 to 3 do writeln(fziel);
613:    while not eof(fquelle) do
614:    begin
615:      readln(fquelle,tzeile);
616:      inc(list_zeile);
617:      if vor.zeilen_nr
618:      then writeln(fziel,list_zeile:4,': ',tzeile)
619:      else writeln(fziel,tzeile);
620:    end;
621:    close(fquelle);
622:    close(fziel);
623:    t_clean25;
624: end;
625: {----------------------------------------------------------}
626: { auf_disk                                                 }
627: {                                                          }
628: { Ist die Schnittstelle zu den Auswahlpunkten und ver-     }
629: { zweigt zu den uebrigen Unterprogrammen, die sich auf     }
630: { das Listen in eine Datei beziehen.                       }
631: {----------------------------------------------------------}
632: procedure auf_disk;
633: begin
634:    if programname <> ' '
635:    then begin
636:          if t_datei_exist(programname)
637:            then begin
638:                 if es_kann_geschrieben_werden
639:                 then sourcecode_in_datei
640:                 else begin
641:                     {******************************}
642:                     { wenn nicht geschreiben werden }
643:                     { kann, dann no action          }
644:                     {******************************}
645:                     end;
646:                 end
647:            else begin { wenn datei nicht existiert, ... }
648:                 t_schreibe(1,25,'Datei existiert nicht');
649:                 t_mit_taste;
650:                 end;
651:          end
652:    else begin { wenn keine Datei ausgewaehlt,... }
653:          t_schreibe(1,25,'Keine Datei ausgewählt!');
654:          t_mit_taste;
655:          end;
656:    t_clean25;
657: end;
658:
659: {********************************************************}
660: {********************************************************}
```

```
661:
662: {------------------------------------------------------------}
663: { wahl_1_bis_9                                               }
664: {                                                            }
665: { Fordert die zu speichernden Dateinamen an.                 }
666: {------------------------------------------------------------}
667: procedure wahl_1_bis_9;
668: var
669:    cch : char;
670:    nr  : integer;
671:    ctrl: char;
672:
673: begin
674:    nr:= t_str_to_int(wahl,t_err);
675:    vor.name[nr]:=
676:             t_antwort(38,(10+nr),40,'',vor.name[nr],ctrl);
677:    vor.name[nr]:= t_leer_ent(vor.name[nr]);
678: end;
679: {------------------------------------------------------------}
680: { waehlen                                                    }
681: {                                                            }
682: { Liest ein Zeichen (den Auswahlpunkt) von der Tasta-        }
683: { tur, wobei den Funktionstasten und der Escape-Taste        }
684: { die entspr. Konstanten zugeordnet werden.                  }
685: {------------------------------------------------------------}
686: procedure waehlen;
687: begin
688:    repeat
689:      t_go(25,14);
690:      wahl:= _readkey;
691:    until wahl in auswahlpkt;
692:    case wahl of
693:      'L'      : wahl_gross_L;
694:      'l'      : wahl_klein_L;
695:      'Z','z'  : wahl_z;
696:      'D','d'  : wahl_d;
697:      'S','s'  : wahl_s;
698:      'P','p'  : wahl_p;
699:      _esc     : begin { Programm beenden } end;
700:      _f1      : auf_papier;
701:      _f2      : auf_disk;
702:      '1'..'9': wahl_1_bis_9;
703:    end; { case }
704: end;
705: {------------------------------------------------------------}
706: { Hauptprogramm                                              }
707: {------------------------------------------------------------}
708: begin
709:    auswahlpkt:= ['L','l','Z','z','D','d','S','s','P','p',
710:                  '1'..'9',_esc,_f1,_f2];
711:    standardlw := t_gesetztes_lw; { LW ermitteln   }
712:    anz_zeilen := 0;              { Voreinstellung }
713:    programname:= ' ';           { initialisieren }
714:    zieldatei  := ' ';           { initialisieren }
715:    voreinstellungen_laden;
716:    bildschirm_aufbauen;
717:    repeat
718:      waehlen;
719:    until wahl = _esc; { Entspricht <ESC>-Taste }
```

```
720:    voreinstellungen_speichern;
721:    clrscr;
722: end.
723: {--------------------------------------------------------}
724: { End of Program                                         }
725: {--------------------------------------------------------}
```

7.2   DOSMENU.PAS - Schnittstelle zwischen DOS und Benutzer

Wenn Sie ein Programm starten wollen, so müssen Sie dessen Namen, ohne Suffix, auf der DOS-Ebene eingeben. Festplattenbesitzer werden bestätigen, daß sich ihre Programme auf viele Unterverzeichnisse verteilen und der Name, mit dem das Programm gestartet wird, nicht jederzeit gegenwärtig ist. Eine Lösung des Problems besteht in der Anlage einer Batchdatei für das jeweilige Programm, um es aus dem Hauptverzeichnis zu starten.

```
┌────────────────────────────────────────────────────┬──────────┐
│                  ▐ M E N Ü ▌                        │  Datum   │
│                                                     │ 11.05.1989│
│  <A> +++++ Nicht belegt  │ <J> +++++ Nicht belegt   ├──────────┤
│                          │                          │  Uhrzeit │
│  <B> +++++ Nicht belegt  │ <K> +++++ Nicht belegt   │ 15:34:19 │
│                          │                          ├──────────┤
│  <C> +++++ Nicht belegt  │ <L> +++++ Nicht belegt   │ Disk-Free│
│                          │                          │ 15424 kB │
│  <D> +++++ Nicht belegt  │ <M> +++++ Nicht belegt   ├──────────┤
│                          │                          │ Prg.-Start│
│  <E> +++++ Nicht belegt  │ <N> +++++ Nicht belegt   │ <A>...<R>│
│                          │                          ├──────────┤
│  <F> +++++ Nicht belegt  │ <O> +++++ Nicht belegt   │ Einträge │
│                          │                          │   <F1>   │
│  <G> +++++ Nicht belegt  │ <P> +++++ Nicht belegt   ├──────────┤
│                          │                          │   LW:    │
│  <H> +++++ Nicht belegt  │ <Q> +++++ Nicht belegt   │    C     │
│                          │                          │          │
│  <I> +++++ Nicht belegt  │ <R> +++++ Nicht belegt   │          │
├─────────────────────────────────────────────────────┴──────────┤
│    <F3> Date + Time      <F4> Dir A:\     <F5> DOS-Ebene        │
└────────────────────────────────────────────────────────────────┘
```

Abb. 7.2.1: Die Bildschirmmaske des Programms DOSMENU.PAS

Aber das Erstellen einer Batchdatei ist nicht immer ganz einfach. Man muß einen Editor, wenn nicht gar den unhandlichen EDLIN, benutzen. Die wenigen notwendigen Zeilen werden eingegeben, die Datei gespeichert und der Editor wieder verlassen. Anschließend kann das Programm aus der Batchdatei heraus gestartet werden.

Allgemeine Beschreibung des Programms

Das vorliegende Programm (DOSMENU) erleichtert das Erstellen der Batchdatei bzw. nimmt Ihnen die gesamte Arbeit ab. Außerdem werden bis zu 18 vorhandene Programme am Bildschirm angezeigt und können auf Tastendruck gestartet werden. Nach dem Start des Programms sehen Sie die Bildschirmmaske. Auf der rechten Seite sehen Sie einige nützliche Angaben (Datum, Uhrzeit, aktuelles Laufwerk). Um ein Programm in das Menü aufzunehmen, gehen Sie wie folgt vor:

1. Drücken Sie <F1>.

2. Geben Sie den Buchstaben ein, mit dem das Programm gestartet werden soll.

3. Geben Sie in dem entsprechenden Eingabefeld einen erklärenden Text ein (z.B.: Turbo Pascal).

4. Geben Sie das Laufwerk mit der vollständigen Pfadbezeichnung ein, in dem sich das Programm befindet (z.B.: C:\TP5).

5. Geben Sie den Namen ein, mit dem das Programm gestartet wird (z.B.: TURBO).

Schließen Sie alle Eingaben bis auf 1. und 2. mit <CR> ab. Anschließend wird die Batchdatei START1.BAT im Hauptverzeichnis aktualisiert. Ab sofort können Sie das entsprechende Programm mit dem Drücken des zugehörigen Buchstabens starten. Nach Beendigung des Programms kehren Sie automatisch wieder in das Menü zurück. Mit den Funktionstasten <F3> (Date + Time), <F4> (Dir A:/p) und <F5> (Auf die DOS-Ebene) stehen Ihnen weitere Aktionsmöglichkeiten zur Verfügung.

<F3>   Datum und Uhrzeit einstellen.

<F4>   Directory von LW A seitenweise anzeigen.

<F5>   Menü verlassen und auf die DOS-Ebene zurück
        (Erneuter Start des Menüs: START1 <CR>).

Damit das Programm DOSMENU fehlerfrei läuft, ist es notwendig, daß Sie folgende Dateien in das Hauptverzeichnis Ihrer Festplatte kopieren:

```
DOSMENU.EXE, DOSMENU.DAT und START1.BAT
```

Damit Sie aus dem Menü heraus andere Programme starten können, muß
DOSMENU aus der Batchdatei START1 heraus gestartet werden. Geben
Sie also ein:

```
START1 <CR>      (Aus dem Hauptverzeichnis)
```

Der Start eines Ihrer Programme über die Batchdatei START1 ist möglich, da das vorliegende Programm, wenn Sie eine der Tasten "A" .."R"
gedrückt haben, mit einem ERRORLEVEL beendet wird. Dieser wird in
der Batchdatei dann abgefragt und das entsprechende Programm aufgerufen. In der Datei DOSMENU.DAT sind die eingegebenen Programmnamen gespeichert. Beim Programmstart wird diese Datei zuerst
eingelesen. Die Eingabefelder hinter den Buchstaben "A".."R" können mit
den Befehlen editiert werden, die in der Routine t_eingabe in der Unit
t_gibein beschrieben wurden. Dieses Programm ist nur mit einer Festplatte zu benutzen. Wenn Sie es mit einem oder zwei Diskettenlaufwerken
einsetzen wollen, müssen Sie die entsprechenden Programmteile anpassen!
Für den Fall, daß Ihnen die Datei DOSMENU.DAT einmal verlorengeht,
befindet sich auf der Diskette ein Programm (DOSAUS.PAS), das diese
Datei wieder herstellt. Das Programm arbeitet ohne Start- und irgendwelche Fehlermeldungen und ist nur für den "Notfall" gedacht.

Hauptprogramm

Im Hauptprogramm wird die Datei mit den voreingestellten Programmnamen (DOSMENU.DAT), die sich im Hauptverzeichnis befinden muß,
eingelesen. Anschließend werden mit der Prozedur
WAHL19_UND_20_INITIALISIEREN einige benötigte Texte den entsprechenden Textfeldern zugeordnet und der Bildschirm aufgebaut. Die
Prozedur WAEHLEN wird so oft wiederholt aufgerufen, bis das Programm mit der Auswahl <A>..<R> beendet wird. Die eigentliche Steuerung des Programms, und damit auch die Entscheidung, wann das Programm endgültig verlassen wird, übernimmt jedoch die Batchdatei
START1.BAT. Danach wird das Programm DOSMENU verlassen, wenn
auf die DOS-Ebene gewechselt wird (<F5>).

Prozedur WAEHLEN

Diese Prozedur übernimmt die Steuerung des Programms. Mit <F1> können neue Programme in das Menü aufgenommen bzw. aktualisiert werden. Die Auswahl mit <A>..<R>, <F3> oder <F4> beendet das Programm
mit einer definierten Fehlernummer, die dann in der Batchdatei START1
mit ERRORLEVEL abgefragt wird. Entsprechend dem Wert von

ERRORLEVEL wird innerhalb der Batchdatei verzweigt. <F5> kehrt auf die DOS-Ebene zurück und beendet das Programm DOSMENU.

Prozedur WAHL_F1

Übernimmt die Steuerung für das Aktualisieren der eingetragenen Programme.

Prozedur BATCHDATEI_ERSTELLEN

Wurde über <F1> ein neuer Programmname eingegeben, so wird nach Abschluß der Eingabe die Batchdatei START1 aktualisiert, d.h. die alte Batchdatei wird überschrieben.

7.2.1 Das Programmlisting zu DOSMENU.PAS

Programmname : a:\bsp\kap7\dosmenu.pas

```
 1: {------------------------------------------------------------}
 2: { program  : dosmenu.pas                                     }
 3: {                                                            }
 4: { date     : 27.11.88                                        }
 5: { compiler : turbo pascal 5.0/5.5                            }
 6: {                                                            }
 7: {                                                            }
 8: { update   : 19.07.89                                        }
 9: {                                                            }
10: { Autor    : Reiner Schoelles                                }
11: {------------------------------------------------------------}
12: { Das Programm stellt ein komfortables Menue zur Ver-        }
13: { fuegung, das als Schnittstelle zwischen Benutzer und       }
14: { DOS arbeitet. Aus dem Menue heraus koennen 18 Pro-         }
15: { gramme gestartet werden, wobei zu jedem Programm ein       }
16: { ein erklaerender Text, der Pfadname und der Aufruf         }
17: { des Programms gespeichert werden. Der Benutzer muss        }
18: { sich nicht mehr um das Erstellen einer Batch-Datei         }
19: { kuemmern; diese wird automatisch erstellt.                 }
20: { Das Programm ist nur auf Festplatten einsetzbar.           }
21: { Die folgenden Dateien muessen sich im Hauptverzeinis       }
22: { der Festplatte befinden: DOSMENU.EXE,DOSMENU.DAT und       }
23: { START1.BAT.                                                }
24: { Das Prg. wird, wenn eine der Tasten 'A'..'R' ge-           }
25: { drueckt wird, mit einem ERRORLEVEL verlassen, der          }
26: { dann in der Datei START1 abgefragt wird.                   }
27: {------------------------------------------------------------}
28: program DosMenu;
29: uses
30:    crt,                   { unit aus turbo pascal 5.0 }
31:    t_decl,t_io,t_check,   { unit aus tools            }
32:    t_gibein;              { unit aus tools            }
33:
```

```
34: const
35:    maxAuswahl = 18;            { 18 Auswahlpkt.   }
36:    datenName  = 'dosmenu.dat'; { Programmnamen    }
37:    batchName  = 'start1.bat';  { Batchdatei       }
38:
39: type
40:    auswahl = record
41:                      text: array[1..maxAuswahl] of string[25];
42:                      pfad: array[1..maxAuswahl] of string[25];
43:                      name: array[1..maxAuswahl] of string[25];
44:             end;
45:
46:    file_of_auswahl = file of auswahl; { Diskettendatei }
47:
48: var
49:    wahl19 : array[1..3] of string[5]; { Date + Time }
50:    wahl20 : array[1..3] of string[9]; { Dir A:/p    }
51:    pkt    : auswahl;                  { Auswahlpkt. }
52:    wahl   : char;
53:
54: {-------------------------------------------------------->}
55: { wahl19_und_20_initialisieren                           }
56: {                                                        }
57: { Initialisiert die Auswahlpunkte 19 (Date + Time) und   }
58: { 20 (Dir A:/p)                                          }
59: {-------------------------------------------------------->}
60: procedure wahl19_und_20_initialisieren;
61: begin
62:    wahl19[1]:= 'cls';        wahl20[1]:= 'cls';
63:    wahl19[2]:= 'date';       wahl20[2]:= 'dir A:/p';
64:    wahl19[3]:= 'time';       wahl20[3]:= 'pause';
65: end;
66: {-------------------------------------------------------->}
67: { datenDatei_speichern                                   }
68: {                                                        }
69: { Speichert die Datei mit den 18 eingetragenen Prg.      }
70: { Gespeichert werden zu jedem Prg. der Text, Pfadname    }
71: { und der Name des Programms.                            }
72: {-------------------------------------------------------->}
73: procedure datenDatei_speichern;
74: var
75:    f  : file_of_auswahl; { Diskettendatei }
76:
77: begin
78:    assign(f,datenName);
79:    rewrite(f);
80:    write(f,pkt);
81:    close(f);
82: end;
83: {-------------------------------------------------------->}
84: { datenDatei_einlesen                                    }
85: {                                                        }
86: { Liest die 18 eingetragenen Prg. aus der Datei          }
87: { DOSMENU.DAT ein. Diese Datei muss sich im ROOT-Dir.    }
88: { befinden. Kann die Datei nicht eingelesen werden,      }
89: { erscheint eine Fehlermeldung und das Prg. bricht ab.   }
90: {-------------------------------------------------------->}
91: procedure datenDatei_einlesen;
92: var
```

```
 93:    element: auswahl;          { Die Auswahlpkt.}
 94:    f      : file_of_auswahl; { Diskettendatei }
 95:    i      : integer;         { Zaehlvariable  }
 96:
 97: {+++++++++++++++++++++++++++++++++++++++++++++++++}
 98: { FEHLERMELDUNG_SCHREIBEN                          }
 99: {                                                  }
100: { Innerhalb der procedure datenDatei_einlesen }
101: {+++++++++++++++++++++++++++++++++++++++++++++++++}
102: PROCEDURE FEHLERMELDUNG_SCHREIBEN;
103: CONST
104:    z: array[1..11] of string[50] =
105:
106:       ('          F E H L E R                  ',
107:        '                                       ',
108:        'Die Datei mit den Voreinstellungen DOSMENU.DAT ',
109:        'befindet sich NICHT auf dem angemeldeten Lauf- ',
110:        'werk!!!                                ',
111:        '                                       ',
112:        'Das Programm wird daher gleich  beendet, damit ',
113:        'Sie  entweder das  Laufwerk wechseln  oder die ',
114:        'Datei   DOSMENU.DAT    in das jetzige Inhalts- ',
115:        'zeichnis kopieren koennen.             ',
116:        '(Weitere Informationen siehe PRG.-BESCHR]      ');
117:
118:    tL = 16; { position Text links }
119:
120: var  i: byte; { zaehlvariable }
121:
122: begin
123:    t_umrandung(10,5,70,19,true,true,false);
124:    for i:= 1 to 11 do t_schreibe(tL,(i+6),z[i]);
125:    t_piep(3);
126:    t_mit_taste;
127:    clrscr;
128:    halt;              { Programm-Abbruch }
129: end;
130: {+++++++++++++++++++++++++++++++++++++++++++++++++}
131:
132: begin
133:    if t_datei_exist(datenName)
134:    then begin
135:        assign(f,datenName);
136:        reset(f);
137:        read(f,element);
138:        close(f);
139:        for i:= 1 to maxAuswahl do
140:        begin
141:          pkt.text[i]:= element.text[i];
142:          pkt.pfad[i]:= element.pfad[i];
143:          pkt.name[i]:= element.name[i];
144:        end;
145:      end
146:    else fehlermeldung_schreiben;
147: end;
148: {-----------------------------------------------------}
149: { MenuRahmen_mitText                                  }
150: {                                                     }
151: { Erstellt die Bildschirmmaske und fuellt sie mit     }
```

```
152: { Text.                                                    }
153: {------------------------------------------------------}
154: procedure MenuRahmen_mitText;
155: const
156:    t0 = '  M E N Ü   ';       a = '<A>';  b = '<B>';
157:    t1 = '  Datum   ';         c = '<C>';  d = '<D>';
158:    t2 = ' Uhrzeit  ';         e = '<E>';  f = '<F>';
159:    t3 = 'Disk-Free ';         g = '<G>';  h = '<H>';
160:    t4 = 'Prg.-Start';         i = '<I>';  j = '<J>';
161:    t5 = ' Einträge ';         k = '<K>';  l = '<L>';
162:    t6 = '   LW:    ';         m = '<M>';  n = '<N>';
163:    t7 = '<A>...<R> ';         o = '<O>';  p = '<P>';
164:    t8 = '   <F1>   ';         q = '<Q>';  r = '<R>';
165:
166:    li =  3;
167:    re = 36;
168:
169: var
170:    lw : string;             { das gesetzte laufwerk }
171:    ii,
172:    jj : integer;            { Zaehlvariable         }
173:
174: {+++++++++++++++++++++++++++++++++++}
175: { auswahl_in_25_zeile;              }
176: {                                   }
177: { Innerhalb von MenuRahmen_mitText  }
178: {+++++++++++++++++++++++++++++++++++}
179: procedure auswahl_in_25_zeile;
180: begin
181:    t_invers_ein;
182:    t_schreibe(7,25,' <F3> ');
183:    t_schreibe(29,25,' <F4> ');
184:    t_schreibe(46,25,' <F5> ');
185:    t_invers_aus;
186:    t_schreibe(14,25,'Date + Time');
187:    t_schreibe(36,25,'Dir A:\');
188:    t_schreibe(53,25,'DOS-Ebene');
189: end;
190: {+++++++++++++++++++++++++++++++++++}
191:
192: begin
193:    lw:= copy(t_gesetztes_lw,1,1);
194:    t_umrandung(1,1,80,24,false,true,false);
195:    t_schreibe_inv(28,2,t0);
196:    t_schreibe(67,1,chr(194));   t_vertikale(67,2,22,179);
197:                                 t_schreibe(67,24,chr(193));
198:    ii:= 1;
199:    while ii <> 21 do
200:    begin
201:       inc(ii,4);
202:       t_schreibe(67,ii,chr(195));
203:       t_horizontale(68,ii,12,196);
204:       t_schreibe(80,ii,chr(180));
205:    end;
206:    t_schreibe(1,3,chr(195));   t_schreibe(1,22,chr(195));
207:    t_horizontale(2,3,65,196); t_horizontale(2,22,65,196);
208:    t_schreibe(67,3,chr(180)); t_schreibe(67,22,chr(180));
209:    t_vertikale(33,4,18,179);
210:    t_invers_ein;
```

```
211:     t_schreibe(69,2,t1);
212:     t_schreibe(69,6,t2);
213:     t_schreibe(69,10,t3);
214:     t_schreibe(69,14,t4);
215:     t_schreibe(69,18,t5);
216:     t_schreibe(69,22,t6);
217:     t_invers_aus;
218:     t_schreibe(69,4,t_datum);
219:     t_go(69,12); write(t_freier_platz(lw):5,' kB');
220:     t_schreibe(69,16,t7);
221:     t_schreibe(69,20,t8);
222:     t_schreibe(73,23,lw);
223:     t_invers_ein;
224:     t_schreibe(li,5,a);            t_schreibe(re,5,j);
225:     t_schreibe(li,7,b);            t_schreibe(re,7,k);
226:     t_schreibe(li,9,c);            t_schreibe(re,9,l);
227:     t_schreibe(li,11,d);           t_schreibe(re,11,m);
228:     t_schreibe(li,13,e);           t_schreibe(re,13,n);
229:     t_schreibe(li,15,f);           t_schreibe(re,15,o);
230:     t_schreibe(li,17,g);           t_schreibe(re,17,p);
231:     t_schreibe(li,19,h);           t_schreibe(re,19,q);
232:     t_schreibe(li,21,i);           t_schreibe(re,21,r);
233:     t_invers_aus;
234:     ii:= 3; jj:= 0;
235:     while ii <> 21 do
236:     begin
237:       inc(ii,2);
238:       inc(jj);
239:       t_schreibe(7,ii,pkt.text[jj]);
240:       t_schreibe(40,ii,pkt.text[jj+9]);
241:     end;
242:     auswahl_in_25_zeile;
243: end;
244: {----------------------------------------------------------}
245: { batchDatei_erstellen                                     }
246: {                                                          }
247: { Erstellt die Batchdatei mit dem Namen START1.BAT,        }
248: { aus der die Programme gestartet werden. Diese Datei      }
249: { wird immer dann neu erstellt, wenn ein Auswahlpunkt      }
250: { geaendert wurde.                                         }
251: {----------------------------------------------------------}
252: procedure batchDatei_erstellen;
253: const
254:   t1 = 'if errorlevel = ';
255:
256: var
257:   f         : text;                    { neue Batch-Datei }
258:   kopf      : array[1..25] of string[35];
259:   wahl      : array[1..21] of string[7];
260:   wahl_ende : array[1..3]  of string[15];
261:   wahl_dos  : array[1..3]  of string[15];
262:   schluss   : array[1..3]  of string[7];
263:   help      : t_workstring;
264:   i,j       : integer;                 { Laufvariable     }
265:
266: begin
267:   {------------------------}
268:   { felder initialisieren  }
269:   {------------------------}
```

```
270:     kopf[1] := 'echo off';
271:     kopf[2] := ':anfang';
272:     kopf[3] := 'cls';
273:     kopf[4] := 'DOSMENU';
274:     kopf[5] := t1 + '21 goto wahl21';
275:     kopf[6] := t1 + '20 goto wahl20';
276:     kopf[7] := t1 + '19 goto wahl19';
277:     kopf[8] := t1 + '18 goto wahl18';
278:     kopf[9] := t1 + '17 goto wahl17';
279:     kopf[10]:= t1 + '16 goto wahl16';
280:     kopf[11]:= t1 + '15 goto wahl15';
281:     kopf[12]:= t1 + '14 goto wahl14';
282:     kopf[13]:= t1 + '13 goto wahl13';
283:     kopf[14]:= t1 + '12 goto wahl12';
284:     kopf[15]:= t1 + '11 goto wahl11';
285:     kopf[16]:= t1 + '10 goto wahl10';
286:     kopf[17]:= t1 + ' 9 goto wahl9';
287:     kopf[18]:= t1 + ' 8 goto wahl8';
288:     kopf[19]:= t1 + ' 7 goto wahl7';
289:     kopf[20]:= t1 + ' 6 goto wahl6';
290:     kopf[21]:= t1 + ' 5 goto wahl5';
291:     kopf[22]:= t1 + ' 4 goto wahl4';
292:     kopf[23]:= t1 + ' 3 goto wahl3';
293:     kopf[24]:= t1 + ' 2 goto wahl2';
294:     kopf[25]:= t1 + ' 1 goto wahl1';
295:
296:     wahl[1] := ':wahl1';     wahl[2] := ':wahl2';
297:     wahl[3] := ':wahl3';     wahl[4] := ':wahl4';
298:     wahl[5] := ':wahl5';     wahl[6] := ':wahl6';
299:     wahl[7] := ':wahl7';     wahl[8] := ':wahl8';
300:     wahl[9] := ':wahl9';     wahl[10] := ':wahl10';
301:     wahl[11]:= ':wahl11';    wahl[12]:= ':wahl12';
302:     wahl[13]:= ':wahl13';    wahl[14]:= ':wahl14';
303:     wahl[15]:= ':wahl15';    wahl[16]:= ':wahl16';
304:     wahl[17]:= ':wahl17';    wahl[18]:= ':wahl18';
305:     wahl[19]:= ':wahl19';    wahl[20]:= ':wahl20';
306:     wahl[21]:= ':wahl21';
307:
308:     wahl_ende[1]:= 'cls';
309:     wahl_ende[2]:= 'cd C:\';
310:     wahl_ende[3]:= 'goto anfang';
311:
312:     wahl_dos[1]:= 'cls';       { fuer auswahlpunkt <F5> }
313:     wahl_dos[2]:= 'cd C:\';
314:     wahl_dos[3]:= 'goto ende';
315:
316:     schluss[1] := ':ende';    { fuer auswahlpunkt <F5> }
317:     schluss[2] := 'cls';
318:     schluss[3] := 'cd C:\';
319:     {------------------------------}
320:     { Neue Batch-Datei speichern   }
321:     {------------------------------}
322:     assign(f,batchName);
323:     rewrite(f);
324:     for i:= 1 to 25 do writeln(f,kopf[i]);
325:     writeln(f,' ');
326:     for i:= 1 to maxAuswahl do
327:     begin
328:       writeln(f,wahl[i]);
```

```
329:      help:= 'cd ' + pkt.pfad[i];
330:      writeln(f,help);
331:      writeln(f,pkt.name[i]);
332:      for j:= 1 to 3 do writeln(f,wahl_ende[j]);
333:      writeln(f,' ');
334:    end;
335:    writeln(f,wahl[19]);      { fuer date + time }
336:    writeln(f,wahl19[1]);
337:    writeln(f,wahl19[2]);
338:    writeln(f,wahl19[3]);
339:    for j:= 1 to 3 do writeln(f,wahl_ende[j]);
340:    writeln(f,' ');
341:    writeln(f,wahl[20]);      { fuer dir a:/p    }
342:    writeln(f,wahl20[1]);
343:    writeln(f,wahl20[2]);
344:    writeln(f,wahl20[3]);
345:    for j:= 1 to 3 do writeln(f,wahl_ende[j]);
346:    writeln(f,' ');
347:    writeln(f,wahl[21]);      { fuer DOS-Ebene   }
348:    for j:= 1 to 3 do writeln(f,wahl_dos[j]);
349:    writeln(f,' ');
350:    for j:= 1 to 3 do writeln(f,schluss[j]);
351:    close(f);
352: end;
353: {----------------------------------------------------}
354: { wahl_f1                                            }
355: {                                                    }
356: { Uebernimmt die Steuerung, wenn <F1> gedrueckt wurde. }
357: {----------------------------------------------------}
358: procedure wahl_F1;
359: const
360:    li    =  7;  { Spalte links  }
361:    re    = 40;  { Spalte rechts }
362:    L     = 25;  { Laenge eines Eingabefeldes }
363:    frage = 'Welchen Auswahlpunkt ändern? ';
364:
365: var
366:    buchstabe: char;
367:    ctrl     : char;
368:    zeile,                { Zeile fuer Text       }
369:    nr        : integer; { Nr des Auswahlpunktes }
370:
371: {++++++++++++++++++++++++++++++++++++++++++++++++++++}
372: { pfad_eingeben(i: integer);                         }
373: {                                                    }
374: { Innerhalb von Wahl_F1.                             }
375: { Uebernimmt die Eingabe des Pfadnamens              }
376: {++++++++++++++++++++++++++++++++++++++++++++++++++++}
377: procedure pfad_eingeben(i: integer);
378: begin
379:    t_schreibe(3,23,'Laufwerk mit Pfad angeben: ');
380:    pkt.pfad[i]:= t_antwort(29,23,L,'',pkt.pfad[i],ctrl);
381:    if length(pkt.pfad[i]) < 3
382:    then pkt.pfad[i]:= 'C:\';
383:    t_clean(3,23,60);
384: end;
385: {+++++++++++++++++++++++++++++++++++++++++++++++}
386: { prg_eingeben(i: integer);                    }
387: {                                              }
```

```
388: { Innerhalb von Wahl_F1.                  }
389: { Uebernimmt die Eingabe des Programm-     }
390: { namen, der das Prg. startet.            }
391: {++++++++++++++++++++++++++++++++++++++++++}
392: procedure prg_eingeben(i: integer);
393: begin
394:     t_schreibe(3,23,'Programmstart durch: ');
395:     pkt.name[i]:= t_antwort(23,23,L,'',pkt.name[i],ctrl);
396:     if length(pkt.name[i]) < 1 then pkt.name[i]:= 'NoName';
397:     t_clean(3,23,60);
398: end;
399: {++++++++++++++++++++++++++++++++++++++++++}
400:
401: begin
402:     repeat
403:        buchstabe:= upcase(t_frage(3,23,frage));
404:     until buchstabe in ['A'..'R'];
405:     case buchstabe of
406:       'A'..'I': begin { Linke Bildschirmseite }
407:                   case buchstabe of
408:                       'A': begin nr:= 1; zeile:=  5; end;
409:                       'B': begin nr:= 2; zeile:=  7; end;
410:                       'C': begin nr:= 3; zeile:=  9; end;
411:                       'D': begin nr:= 4; zeile:= 11; end;
412:                       'E': begin nr:= 5; zeile:= 13; end;
413:                       'F': begin nr:= 6; zeile:= 15; end;
414:                       'G': begin nr:= 7; zeile:= 17; end;
415:                       'H': begin nr:= 8; zeile:= 19; end;
416:                       'I': begin nr:= 9; zeile:= 21; end;
417:                   end; { case }
418:                   pkt.text[nr]:=
419:                   t_antwort(li-1,zeile,L,'',pkt.text[nr],ctrl);
420:                   pfad_eingeben(nr);
421:                   prg_eingeben(nr);
422:                end;
423:       'J'..'R': begin { Rechte Bildschirmseite }
424:                   case buchstabe of
425:                       'J': begin nr:= 10; zeile:=  5; end;
426:                       'K': begin nr:= 11; zeile:=  7; end;
427:                       'L': begin nr:= 12; zeile:=  9; end;
428:                       'M': begin nr:= 13; zeile:= 11; end;
429:                       'N': begin nr:= 14; zeile:= 13; end;
430:                       'O': begin nr:= 15; zeile:= 15; end;
431:                       'P': begin nr:= 16; zeile:= 17; end;
432:                       'Q': begin nr:= 17; zeile:= 19; end;
433:                       'R': begin nr:= 18; zeile:= 21; end;
434:                   end; { case }
435:                   pkt.text[nr]:=
436:                   t_antwort(re-1,zeile,L,'',pkt.text[nr],ctrl);
437:                   pfad_eingeben(nr);
438:                   prg_eingeben(nr);
439:                end;
440:     end; { case }
441:     datenDatei_speichern;
442:     batchDatei_erstellen;
443: end;
444: {--------------------------------------------------------}
445: { waehlen                                                }
446: {                                                        }
```

```
447: { Steuert die Auswahlmoeglichkeiten                    }
448: {---------------------------------------------------}
449: procedure waehlen;
450: begin
451:   repeat
452:     t_cursorAus;   { Cursor unsichtbar    }
453:     repeat         { schleife fuer uhrzeit }
454:       t_go(69,8);
455:       write(t_uhrzeit(true,false));
456:     until keypressed;
457:     wahl:= upcase(t_readkey);
458:     t_cursorEin; { Cursor wieder sichtbar }
459:   until wahl in ['A'..'R',^Q,^R,^W,^U];
460:   if wahl <> ^Q then clrscr;
461:   case wahl of
462:     'A'..'R': halt(ord(wahl) - 64);
463:     ^R        : halt(19);
464:     ^W        : halt(20);
465:     ^U        : halt(21);
466:     ^Q        : wahl_F1;
467:   end;
468: end;
469: {---------------------------------------------------}
470: { Hauptprogramm                                     }
471: {---------------------------------------------------}
472: begin
473:   datenDatei_einlesen;
474:   wahl19_und_20_initialisieren;
475:   MenuRahmen_mitText;
476:   repeat
477:     waehlen;
478:   until wahl in ['A'..'R'];
479: end.
480: {---------------------------------------------------}
481: { End of program                                    }
482: {---------------------------------------------------}
```

7.3 ETIKETT.PAS - Etiketten drucken

In Firmen oder Vereinen müssen häufig viele Kunden bzw. Mitglieder angeschrieben werden (z.B. Rundschreiben). Die Adreßaufkleber werden in vielen Büros noch immer mit der Schreibmaschine geschrieben und dann auf den Briefumschlag geklebt. Die Arbeit wiederholt sich dann bei jedem Anschreiben.

Mit dem vorliegenden Programm können die einmal mit einem Editor erfaßten Adressen immer wieder ausgedruckt werden. Der Vorteil des Programms besteht darin, daß Sie Ihre Adressen mit jedem Textprogramm erstellen können, das die Datei als ASCII-Datei speichert. Das Programm greift dann auf diese Adressen zurück.

Allgemeine Beschreibung des Programms

Die Adressen können z.B. mit dem Editor aus Turbo Pascal erfaßt werden. Es können beliebig viele Adreßdateien angelegt werden, da der Dateiname der zu druckenden Datei vom Programm abgefragt wird. Mit den Blockbefehlen des Editors haben Sie natürlich auch die Möglichkeit, aus einer Gesamtdatei, die z.B. alle Mitglieder Ihres Vereins enthält, einen Teil (z.B. Mitglieder des Vorstandes) in eine neue Datei zu kopieren und dann nur die darin enthaltenen Adressen auszudrucken.

Das Programm fordert nur, daß alle Adressen den gleichen Aufbau haben (die gleiche Anzahl von zu druckenden Zeilen, z.B. 5). Außerdem müssen zwei aufeinanderfolgende Adressen durch eine Leerzeile getrennt werden.

```
  ┌────────────────────────────────────────────────────────────┐
  │ ┌────────────────────────────────────────────────────────┐ │
  │ │             E T I K E T T E N   D R U C K E N           │ │
  │ ├────────────────────────────────────────────────────────┤ │
  │ │                                                        │ │
  │ │ ┌──────────────────────────────┐                       │ │
  │ │ │ Adressenlaenge ....:    5    │                       │ │
  │ │ │                              │   <F1>  = Drucken      │ │
  │ │ │ Linker Rand .......:    3    │                       │ │
  │ │ │                              │   <ESC> = Programm     │ │
  │ │ │ Zeilenvorschub ....:    4    │           beenden      │ │
  │ │ └──────────────────────────────┘                       │ │
  │ │                                                        │ │
  │ ├────────────────────────────────────────────────────────┤ │
  │ │                                                        │ │
  │ └────────────────────────────────────────────────────────┘ │
  └────────────────────────────────────────────────────────────┘
```

Abb. 7.3.1: Die Bildschirmmaske des Programms ETIKETT.PAS

Den Abstand zweier Etiketten auf dem Papier und die Länge einer Adresse können Sie im Programm verändern. Die Adressen könnten z.B. folgenden Aufbau haben (in der ersten Zeile ist eine fiktive Mitgliedsnummer angegeben, die Länge einer Adresse beträgt fünf Zeilen):

```
2234
Herrn
Peter Moeller
Meisenweg 12
3000 Hannover
```

```
6654
Firma
A & B Elektronikhandel
Wiesengrund 123
8000 München
```

Beachten Sie, daß die erste Adresse in der ersten Zeile der Datei beginnen muß. Außerdem sind die Adressen linksbündig einzugeben. Auf der Diskette befindet sich die Datei ADRESSEN.DAT, die bereits einige Adressen enthält. Testen Sie das Programm mit dieser Datei.

Hauptprogramm

Im Hauptprogramm werden der Variablen AUSWAHL die Zeichen zugeordnet, die für die Auswahl einer Funktion zur Verfügung stehen. Außerdem werden einige Variablen initialisiert und der Bildschirm aufgebaut. Die Prozedur WAEHLEN wird so oft aufgerufen, bis das Programm mit <ESC> beendet wird.

Prozedur WAEHLEN

Es wird ein Zeichen von der Tastatur eingelesen und die entsprechende Funktion ausgeführt oder ein Unterprogramm aufgerufen.

Prozedur WAHL_F1

Liest den Dateinamen der zu druckenden Datei ein und verzweigt, falls die Datei vorhanden ist, in die Prozedur ETIKETTEN_DRUCKEN.

Prozedur ETIKETTEN_DRUCKEN

Liest die Datei mit den Adressen zeilenweise ein und druckt den Inhalt ebenfalls zeilenweise.

7.3.1 Das Programmlisting zu ETIKETT.PAS

Programmname   : a:\prg\etikett.pas

```
 1: {------------------------------------------------------------}
 2: { program  : etikett.pas                                     }
 3: {                                                            }
 4: { date     : 15.12.88                                        }
 5: { compiler : turbo pascal 5.0/5.5                            }
 6: {                                                            }
 7: {                                                            }
 8: { update   : 16.12.88                                        }
 9: {                                                            }
10: { Autor    : Reiner Schoelles                                }
11: {------------------------------------------------------------}
```

```
12: { Das Programm druckt Etiketten aus. Die Etiketten     }
13: { (z.b. Adressen) muessen in einer Textdatei enthalten  }
14: { sein. Jede Adresse muss die gleiche Anzahl von Zeilen  }
15: { haben und zwei Etiketten muessen durch eine Leer-      }
16: { zeile voneinander getrennt sein. Die Laenge der Eti-   }
17: { ketten und die Zeilenvorschuebe zwischen zweien wer-   }
18: { den vom Programm abgefragt. Ausserdem kann der linke   }
19: { Rand eingestellt werden.                               }
20: {-----------------------------------------------------}
21: program EtikettenDrucken;
22: uses
23:    crt,printer,        { units aus turbo pascal 5.0 }
24:    t_decl,t_io,        { units aus tools            }
25:    t_check,t_print,    { units aus tools            }
26:    t_gibein,_eingabe;{ unit   aus tools            }
27:
28: var
29:    AdrLaenge,              { Adressenlaenge     }
30:    Lr,                    { Linker Rand        }
31:    ZeilenVor: integer;    { Zeilenvorschub     }
32:    wahl    : char;        { Auswahlpunkt       }
33:    auswahl  : set of char; { Wahlmoeglichkeiten }
34:    dateiname: t_workstring;{ Etikettendatei     }
35:
36: {-----------------------------------------------------}
37: { bildschirm_aufbauen                                   }
38: {                                                       }
39: { Zeichnet eine Rahmen und schreibt den Text auf den    }
40: { Bildschirm.                                           }
41: {-----------------------------------------------------}
42: procedure bildschirm_aufbauen;
43: const
44:    t1 = 'E T I K E T T E N   D R U C K E N ';
45:    t2 = 'Adressenlaenge ....: ';
46:    t3 = 'Linker Rand .......: ';
47:    t4 = 'Zeilenvorschub ....: ';
48:
49:    t5 = '<F1>  = Drucken';
50:    t6 = '<ESC> = Programm beenden';
51:
52:
53: begin
54:    t_umrandung(1,1,79,24,true,true,false);
55:    t_schreibe(1,5,chr(199));   t_schreibe(1,20,chr(199));
56:    t_horizontale(2,5,77,196); t_horizontale(2,20,77,196);
57:    t_schreibe(79,5,chr(182)); t_schreibe(79,20,chr(182));
58:
59:    t_schreibe(3,11,t2);
60:    t_schreibe(3,13,t3);
61:    t_schreibe(3,15,t4);
62:
63:    t_umrandung(1,9,30,17,true,false,false);
64:    t_schreibe(1,9,chr(204)); t_schreibe(1,17,chr(204));
65:
66:    t_invers_ein;
67:    t_schreibe(22,3,t1);
68:    t_schreibe(3,11,'A'); t_schreibe(3,13,'L');
69:    t_schreibe(3,15,'Z');
70:    t_invers_aus;
```

```
 71:
 72:    t_schreibe(40,12,t5);
 73:    t_schreibe(40,14,t6);
 74:
 75:    t_go(25,11); write(AdrLaenge:3);
 76:    t_go(25,13); write(Lr:3);
 77:    t_go(25,15); write(ZeilenVor:3);
 78: end;
 79: {----------------------------------------------------------}
 80: { etiketten_drucken                                        }
 81: {                                                          }
 82: { Steuert den Ausdruck der Etiketten                       }
 83: {----------------------------------------------------------}
 84: procedure etiketten_drucken;
 85: var
 86:    f    : text;         { Diskettendatei          }
 87:    i    : integer;      { Zaehlvariable           }
 88:    zeile: t_workstring; { Zeile aus Adressendatei }
 89:
 90: begin
 91:    if t_betriebsbereit_lst then
 92:    begin
 93:      t_schreibe(25,25,'Etiketten werden gedruckt ...');
 94:      t_voreinstellung_lst;
 95:      t_Lrand_lst(lr);
 96:      assign(f,dateiname);
 97:      reset(f);
 98:      while not eof(f) do
 99:      begin
100:        for i:= 1 to AdrLaenge do
101:        begin
102:          readln(f,zeile);
103:          writeln(lst,zeile);
104:        end;
105:        readln(f,zeile);   { Trennungszeile lesen }
106:        for i:= 1 to ZeilenVor do writeln(lst);
107:      end; { while }
108:      close(f);
109:    end; { if }
110:    t_clean(25,25,50);
111: end;
112: {----------------------------------------------------------}
113: { wahl_f1                                                  }
114: {                                                          }
115: { Steuert den Ausdruck der Etiketten                       }
116: {----------------------------------------------------------}
117: procedure wahl_f1;
118: const
119:    t1 = 'Name der Etikettendatei? :';
120:    err= '!! Datei nicht vorhanden !!  <Taste> ...';
121:
122: var
123:    ctrl: char; { von t_antwort benoetigt }
124:
125: begin
126:    dateiname:= t_antwort(3,22,40,t1,dateiname,ctrl);
127:    if t_datei_exist(dateiname)
128:    then etiketten_drucken
129:    else begin
```

```
130:              t_schreibe(10,25,err);
131:              t_piep(1);
132:              t_warten;
133:              t_clean(10,25,65);
134:            end;
135:     t_clean(3,22,76);
136: end;
137: {----------------------------------------------------------}
138: { waehlen                                                  }
139: {                                                          }
140: { Steuert die Auswahl                                      }
141: {----------------------------------------------------------}
142: procedure waehlen;
143: begin
144:    repeat
145:      t_go(79,24);
146:      wahl:= upcase(_readkey);
147:    until wahl in auswahl;
148:    case wahl of
149:      'A' : begin { Adressenlaenge veraendern }
150:              if adrLaenge = 10
151:              then adrLaenge:= 1
152:              else inc(adrLaenge);
153:              t_go(25,11); write(adrLaenge:3);
154:            end;
155:      'L' : begin { Linken Rand (Drucker) veraendern }
156:              if Lr = 10 then lr:= 0
157:                         else inc(lr);
158:              t_go(25,13); write(lr:3);
159:            end;
160:      'Z' : begin { Zeilenvorschub zw. Etiketten aendern }
161:              if zeilenvor = 10
162:              then zeilenvor:= 1
163:              else inc(zeilenvor);
164:              t_go(25,15); write(zeilenVor:3);
165:            end;
166:      _f1 : wahl_f1;
167:      _esc: begin { Programm beenden } end;
168:    end; { case }
169: end;
170: {----------------------------------------------------------}
171: { Hauptprogramm                                            }
172: {----------------------------------------------------------}
173: begin
174:    AdrLaenge:= 5;          { Initialisierung }
175:    Lr       := 3;          {       "         }
176:    ZeilenVor:= 4;          {       "         }
177:    dateiname:= ' ';        {       "         }
178:    auswahl  := ['A','L','Z',_f1,_esc];
179:    bildschirm_aufbauen;
180:    repeat
181:      waehlen;
182:    until wahl = _esc;
183:    clrscr;
184: end.
185: {----------------------------------------------------------}
186: { End of Program                                           }
187: {----------------------------------------------------------}
```

8. Der integrierte Debugger

Mit dem Debugger; steht ein Programm zur Verfügung, das Ihnen bei der Fehlersuche innerhalb von Pascal-Programmen behilflich ist. Grundsätzlich kann zwischen zwei Arten von Fehlern unterschieden werden:

▶ Formale Fehler, die in der Regel vom Linker und vom Compiler gefunden werden. Hierbei handelt es sich z.B. um falsch geschriebene Namen für Routinen, einfache Syntaxfehler usw.

▶ Laufzeitfehler, die oftmals erst nach dem Start eines Programms bemerkt werden, häufig erst dann, wenn sich das Programm an irgendeiner Stelle "aufgehängt" hat.

Bei der Suche und Beseitigung der Laufzeitfehler kann der Debugger behilflich sein. Mit ihm kann das zu untersuchende Programm ganz oder zum Teil schrittweise ausgeführt, Inhalte von Variablen ausgegeben oder geändert werden. Er arbeitet mit der Ihnen bekannten Syntax der integrierten Entwicklungsumgebung von Turbo Pascal.

Bei der Arbeit mit dem Debugger sollten die Schalter

```
Options/compileR/Debug information
Options/compileR/Lokal symbols
Debug/Integrated debugging
```

auf ON gesetzt und das zu untersuchende Programm mit dieser Einstellung kompiliert worden sein (Standardeinstellung von Turbo Pascal).

Die Fehlersuche mit dem Debugger beinhaltet unter anderem folgende Möglichkeiten:

▶ Formatierte Ausgabe von Variablenwerten und Ausdrücken.

▶ Veränderung von Variablenwerten.

▶ Definition von Ausdrücken, die Variablenwerte enthalten. Diese werden nach jedem Programmschritt neu berechnet und in einem Fenster ausgegeben.

▶ Setzen, Suchen und Löschen von Abbruchpunkten.

▶ Ausführung des Programms bis zum nächsten Abbruchpunkt oder schrittweise Ausführung.

Auch während der Arbeit mit dem Debugger kann das Menüsystem von Turbo Pascal in vollem Umfang genutzt werden.

8.1 Übersicht über die Menüpunkte des Debuggers

Die Untermenüpunkte der Menüs RUN, DEBUG und BREAK/WATCH stehen fast ausschließlich für die Fehlersuche zur Verfügung. In diesem Abschnitt finden Sie einen Überblick über die einzelnen Menüpunkte.

Der Menüpunkt RUN/Run (<CTRL F9>)

Mit diesem Menüpunkt wird das Programm gestartet und bis zum ersten gesetzten Abbruchpunkt ausgeführt oder nach einer Unterbrechung fortgesetzt. Wurde der Quelltext nach der letzten Kompilierung des Textes verändert, fragt Turbo Pascal, ob das Programm neu kompiliert werden soll. Wird diese Frage verneint, wird der "alte" Quelltext, ohne die vorgenommenen Veränderungen, weiter bearbeitet.

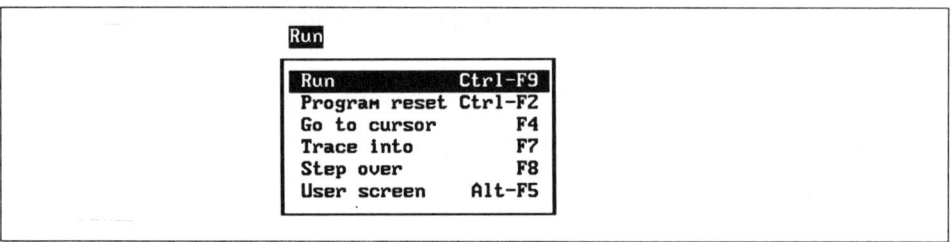

Abb. 8.1.1: Das Menü RUN

Der Menüpunkt RUN/Program reset (<CTRL F2>)

Mit diesem Menüpunkt wird die Fehlersuche über den integrierten Debugger beendet. Alle offenen Dateien werden geschlossen und zusätzlich belegter Speicherplatz wieder freigegeben. Eventuell gesetzte Abbruchpunkte bleiben erhalten. Dieser Befehl hat nur eine Wirkung, wenn der Debugger aktiviert ist.

Der Menüpunkt RUN/Go to cursor (<F4>)

Mit diesem Menüpunkt wird ein Programm gestartet und bis zum nächsten Abbruchpunkt ausgeführt. An der Stelle des Cursors wird ein temporärer Abbruchpunkt gesetzt. Falls noch nicht geschehen, wird der Debugger aktiviert. Ist vor dem Cursor bereits ein permanenter Abbruchpunkt gesetzt, wird das Programm bis zu diesem Punkt ausgeführt und bei erneuter Wahl dieses Menüpunktes fortgesetzt.

Der Menüpunkt RUN/Trace into (<F7>)

Mit diesem Menüpunkt wird ein Programm und seine Routinen schrittweise ausgeführt. Dabei gibt es folgende Voraussetzungen:

- ► Die Routinen des Programms müssen mit der Schaltereinstellung Options/Compiler/Debug information = ON kompiliert worden sein.

- ► Der Quelltext dieser Routinen muß sich in dem momentan gesetzten Directory befinden.

- ► Die Routinen dürfen nicht als INLINE deklariert sein.

Sind diese Voraussetzungen für eine Routine nicht erfüllt, wird sie wie ein Befehl ("en bloc") ausgeführt. Das gilt z.B. auch für die Bibliotheksfunktionen von Turbo Pascal.

Die schrittweise Ausführung beginnt dann mit dem ersten ausführbaren Befehl des Programms. Wird während der Arbeit mit TRACE INTO der Quelltext verändert, so fragt Turbo Pascal, ob der Text neu kompiliert werden soll. Wird diese Frage verneint, so wird das "alte" Programm, ohne die Aufnahme der Änderungen, weiter ausgeführt.

Der Menüpunkt RUN/Step over (<F8>)

Dieser Menüpunkt ist fast identisch mit RUN/TRACE INTO. Der Unterschied besteht darin, daß alle Routinen grundsätzlich "en bloc" ausgeführt werden. TRACE INTO und STEP OVER lassen sich auch wechselweise benutzen.

Der Menüpunkt RUN/User screen (<ALT F5>)

Mit diesem Menüpunkt schaltet Turbo Pascal auf den DOS-Bildschirm um. Ein weiterer Tastendruck schaltet wieder auf den Turbo-Bildschirm zurück.

Der Menüpunkt OPTIONS/COMPILER/Debug information

Dieser Menüpunkt ist ein Schalter. Er muß auf ON gesetzt sein, wenn das Programm mit dem Debugger überprüft werden soll.

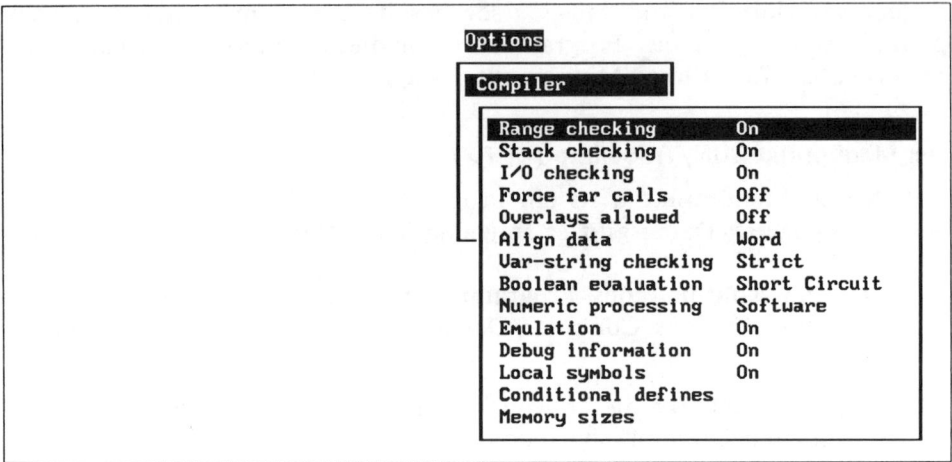

Abb. 8.1.2: Das Menü OPTIONS/COMPILER

Der Menüpunkt OPTIONS/COMPILER/Local symbols

Dieser Menüpunkt ist ein Schalter, der es im Zustand ON ermöglicht, lokale Variablen zu verfolgen.

Der Menüpunkt DEBUG/Evaluate (<CTRL F4>)

Mit diesem Menüpunkt lassen sich Pascalausdrücke berechnen, anzeigen und verändern. Bei aktiviertem Debugger können Variablen des laufenden Programms ausgegeben und verändert werden.

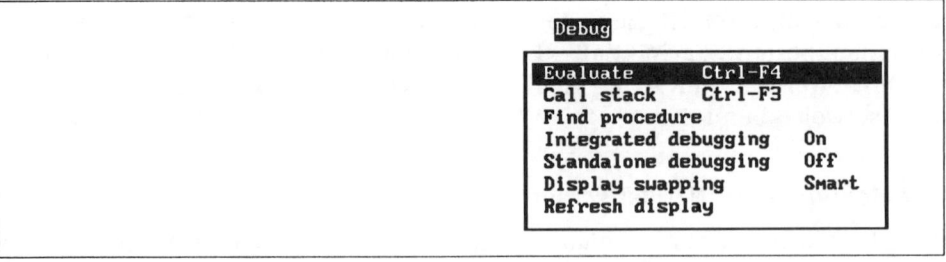

Abb. 8.1.3: Das Menü DEBUG

DEBUG/EVALUATE definiert ein Fenster mit drei Feldern auf dem Bildschirm:

▶ In das Feld Evaluate können Ausdrücke und Variablennamen mit Formatangaben eingegeben werden.

▶ In dem Feld Result wird das Ergebnis des in Evaluate angegebenen Ausdruckes ausgegeben.

▶ In dem Feld New Value kann der Wert des angegebenen Ausdruckes verändert werden.

```
┌────────────────── Evaluate ──────────────────┐
│ ┌───────────────────────────────────────────┐ │
│ └───────────────────────────────────────────┘ │
│ ─────────────────── Result ─────────────────── │
│ ┌───────────────────────────────────────────┐ │
│ └───────────────────────────────────────────┘ │
│ ─────────────────── New value ──────────────── │
│ ┌───────────────────────────────────────────┐ │
│ └───────────────────────────────────────────┘ │
└───────────────────────────────────────────────┘
```

Abb. 8.1.4: Der Menüpunkt DEBUG/Evaluate

Der Menüpunkt DEBUG/Call stack (<CTRL F3>)

Mit diesem Menüpunkt läßt sich darstellen, über welche Folge von Aufrufen der momentane Punkt der Ausführung erreicht wurde (Return-Stack). Er läßt sich nur nach dem Start des Debuggers anwählen. Call Stack erstellt auf dem Bildschirm ein eigenes Fenster, in dem die Namen der Funktionen und die Werte der übergebenen Parameter dargestellt werden. Das Hauptprogramm befindet sich immer am unteren Ende des Stacks und wird durch den Namen des Programms angegeben. Es werden maximal neun Ausdrücke gleichzeitig dargestellt, wobei sich mit <PgUp> und <PgDn> zwischen 128 Ebenen umblättern läßt.

Der Menüpunkt DEBUG/Find procedure

Mit diesem Menüpunkt kann durch die Eingabe des Namens einer Routine der Cursor auf den ersten Befehl der angegebenen Routine gesetzt werden. Gegebenenfalls wird der Quelltext der angegebenen Routine in den Editor geladen. Voraussetzung für die erfolgreiche Durchführung von FIND PROCEDURE ist, daß der Quelltext mit Options/Compiler/Debug Information = ON kompiliert wurde und bei geschachtelten Routinen auch die Namen der äußeren Routinen angegeben

werden. Auf INLINE- und Bibliotheksroutinen läßt sich dieser Menüpunkt nicht anwenden. Der Debugger muß für den Aufruf von FIND
PROCEDURE nicht aktiviert sein.

Der Menüpunkt DEBUG/Integrated debugging

Dieser Menüpunkt ist ein Schalter, der für die Prüfung großer Programme entwickelt wurde.

Schaltereinstellungen:

ON ist die Standardvorgabe und muß für die Arbeit mit dem Debugger
gesetzt sein.

OFF sollte nur dann benutzt gesetzt werden, wenn im Hauptspeicher
nicht genügend Platz vorhanden ist, um das Programm von der integrierten Entwicklungsumgebung aus zu starten. Alle Informationen zur
Fehlersuche werden vor dem Start des Programms entfernt und der Platz
im Hauptspeicher für das Programm freigegeben.

Der Menüpunkt DEBUG/Standalone debugging

Dieser Menüpunkt ist ein Schalter, der festlegt, ob die Informationen für
die Fehlersuche in der .EXE-Datei gespeichert werden sollen. Er arbeitet
unabhängig von der Einstellung des Schalters INTEGRATED DE-
BUGGING.

Schaltereinstellungen:

ON speichert die Informationen für die Fehlersuche in der .EXE-Datei.

OFF ist die Standardeinstellung.

Der Menüpunkt DEBUG/Display swapping

Dieser Menüpunkt ist ein Schalter und bestimmt, wann zwischen der integrierten Entwicklungsumgebung und dem DOS-Bildschirm umgeschaltet wird.

Schaltereinstellungen:

SMART   Wenn der nächste Befehl einen Zugriff auf den Bildschirmspeicher enthält und bei Routinen, die "en bloc" aufgerufen
werden, wird vor der Ausführung des Befehls umgeschaltet.

ALWAYS Bei der Ausführung eines jeden Befehls wird umgeschaltet.

NONE Es wird nicht automatisch umgeschaltet und eignet sich deshalb nur für Programme, die keine Bildschirmausgaben enthalten.

In einem System mit zwei Bildschirmen, das mit dem Schalter /d gestartet wurde, hat DISPLAY SWAPPING keine Wirkung.

Der Menüpunkt DEBUG/Refresh display

Mit diesem Menüpunkt wird ein Neuaufbau des Bildschirms der integrierten Entwicklungsumgebung bewirkt.

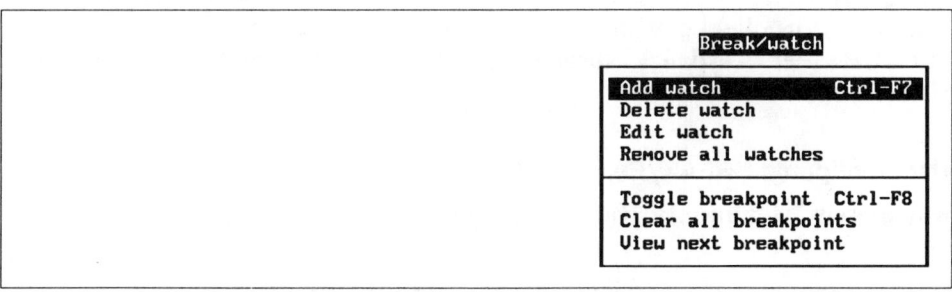

Abb. 8.1.5: Das Menü BREAK/WATCH

Der Menüpunkt BREAK/Add watch (<CTRL F7>)

Mit diesem Menüpunkt wird ein kleines Fenster geöffnet, in das Sie einen oder mehrere Watchausdrücke eingeben können. <CR> beendet die Eingabe der Watchausdrücke. Der Ausdruck und sein momentaner Wert werden in dem Fenster WATCH ausgegeben. Der Wert des Ausdrucks wird während des Programmablaufes ständig auf den neusten Stand gebracht. Auf diese Art können z.B. Inhalte von Variablen während eines Programmablaufes ständig kontrolliert werden.

Eine andere Möglichkeit, Watchausdrücke zu setzen, bietet die Aktivierung des Fensters WATCH (mit <F6>) und die Verwendung des Tastenbefehls <INS>.

Werden mehrere Watchausdrücke eingeben, wird das Fenster EDIT um den benötigten Platz des WATCH-Fensters verkleinert.

Der Menüpunkt BREAK/Delete watch

Mit diesem Menüpunkt wird der Watch-Ausdruck gelöscht, der bei aktiviertem Editor durch eine kleine Raute gekennzeichnet ist. Wenn das Fenster WATCH aktiviert ist, ist dieser Ausdruck durch einen Balken zusätzlich hervorgehoben. In diesem Modus können Watchausdrücke auch durch die Tastenbefehle <DEL> und <CTRL Y> gelöscht werden.

Der Menüpunkt BREAK/Edit watch

Mit diesem Menüpunkt kann der Watch-Ausdruck verändert werden, der bei aktiviertem Editor durch eine kleine Raute gekennzeichnet ist. <CR> schließt die Veränderung des Watch-Ausdruckes ab. Wenn das Fenster WATCH aktiviert ist, wird der Ausdruck durch einen Balken zusätzlich hervorgehoben. In diesem Modus kann auch zwischen verschiedenen Watch-Ausdrücken gewählt werden, indem der Cursor verschoben und mit <CR> der Ausdruck ausgewählt wird, auf dem sich der Cursor befindet.

Der Menüpunkt BREAK/Remove all watches

Mit diesem Menüpunkt werden alle gesetzten Watch-Ausdrücke gelöscht.

Der Menüpunkt BREAK/ Toggle breakpoint (< CTRL F8 >)

Mit diesem Menüpunkt werden Abbruchpunkte gesetzt oder gelöscht. An der Stelle des Cursors im Quelltext wird bei der Wahl von TOGGLE BREAKPOINT ein Abbruchpunkt gesetzt, wenn dort noch keiner vorhanden war. Im anderen Fall wird der gesetzte Abbruchpunkt gelöscht. Maximal können in einem Programm 21 Abbruchpunkte gesetzt werden. Die Abbruchpunkte verschieben sich beim Ergänzen oder Löschen von Zeilen, sie wandern also mit der Zeile, auf die sie gesetzt wurden, mit. Außerdem bleiben sie auch erhalten, wenn das Programm zwischenzeitlich durch ein anderes Programm im Editor ersetzt wurde.

Der Menüpunkt BREAK/Clear all breakpoints

Mit diesem Menüpunkt werden alle Abbruchpunkte gelöscht, die Turbo Pascal momentan gespeichert hat. Das Löschen von Abbruchpunkten bezieht sich nicht nur auf die Datei im Editor, sondern auch auf weitere Dateien, zu denen momentane Abbruchpunkte gespeichert sind.

Der Menüpunkt BREAK/View next breakpoint

Mit diesem Menüpunkt wird der Cursor auf die Zeile gesetzt, die den nächsten Abbruchpunkt enthält.

8.2 "Hotkeys" des integrierten Debuggers

Im folgenden geben wir Ihnen einen Überblick über die Tastenbefehle, die Ihnen die Arbeit mit dem integrierten Debugger erleichtern und den Weg über die Menüleiste sparen helfen.

Hotkey	Menüpunkt	Kurzbeschreibung
< CTRL F9 >	Run/Run	Programm wird kompiliert, gestartet und bis zum nächsten Abbruchpunkt ausgeführt oder nach einer Unterbrechung fortgesetzt.
< CTRL F2 >	Run/Program reset	Der Debugger wird beendet, alle offenen Dateien geschlossen und zusätzlich belegter Speicherplatz wieder freigegeben.
< F4 >	Run/Go to cursor	Ein temporärer Abbruchpunkt wird an der Cursorposition gesetzt und das Programm gestartet bzw. fortgesetzt.
< F7 >	Run/Trace into	Führt ein Programm und alle beteiligten Routinen, soweit möglich, schrittweise aus.
< F8 >	Run/Step over	Führt ein Programm schrittweise aus. Beteiligte Unterprogramme werden in einem Schritt ausgeführt.
< CTRL F4 >	Debug/Evaluate	Der Wert eines Ausdrucks wird berechnet, Variablenwerte können verändert werden.
< CTRL F3 >	Debug/Call Stack	Der "Return stack" wird dargestellt.
< CTRL F7 >	Break/Add Watch	Ermöglicht die Eingabe eines Watchausdrucks.
< CTRL F8 >	Break/Toggle	Setzt bzw. löscht Breakpoint/Abbruchpunkte an der Stelle des Cursors.

Ausdrücke für WATCH und EVALUATE

Das Format der Ausgabe für WATCH- und EVALUATE-Ausdrücke (Funktionen und Variablen) wird normalerweise über den Ergebnistyp des Ausdrucks festgelegt. Es lassen sich jedoch auch explizite Formate und Ausgaben vereinbaren. Eine explizite Formatangabe ist z.B. dann sinnvoll, wenn der Umfang von Datenstrukturen eine Zeile überschreitet.

Explizite Formatangaben bestehen aus einem optionalen Wiederholungs-zähler. Er legt fest, wieviele aufeinanderfolgende Werte ausgegeben wer-den sollen.

So kann z.B. ein Feld mit allen seinen Komponenten ausgegeben werden:

```
Feld: (1,2,3,4,5,6,7,8,9,10);
```

oder auch nur mit einer bestimmten Anzahl (hier z.B. wird die dritte Komponente und die vier folgenden (also insgesamt fünf Komponenten) ausgegeben):

```
Feld[3],5: (3,4,5,6,7).
```

Folgende Datentypen und Ausgabeformate sind für EVALUATE- bzw. WATCH-Ausdrücke zulässig:

Datentyp	Ausgabe
Integer	Dezimale Ausgabe.
Fließkomma	Ausgabe, soweit möglich, ohne Exponenten.
Boolean	Ausgabe in boolscher Form.
Aufzählungstypen	Ausgabe der entsprechenden Namen in Großbuchstaben.
Zeiger	Ausgabe in PTR-Form (Segment, Offset). Segment und Offset sind hexadezimal sortiert.
Strings	Ausgabe des momentanen Inhaltes in Hochkommata.
Arrays	Ausgabe der einzelnen Elemente durch Kommata getrennt. Die gesamte Ausgabe steht in der Klammer. Ausgabe mehrdimensionaler Arrays als typisierte Konstante.
Records	Ausgabe der einzelnen Felder durch Kommata getrennt. Die gesamte Ausgabe steht in Klammern.
Mengen	Ausgabe der einzelnen Elemente durch Kommata getrennt. Die gesamte Ausgabe steht in eckigen Klammern. Wenn möglich, werden Unterbereiche gebildet.
Dateien	Ausgabe des momentanen Status. Es wird zwischen vier Zuständen unterschieden: CLOSED, OPEN, INPUT, OUTPUT.

8.3 Der integrierte Debugger an einem Beispiel

Am besten lernen Sie, mit dem Debugger umzugehen, wenn Sie ihn in einer konkreten Situation anwenden.

Das folgende Programm enthält einige "gewollte" Fehler. Mit Hilfe des Debuggers sollen diese Fehler gefunden und korrigiert werden.

Das Programm erzeugt MAXANZ Zufallszahlen (in unserem Beispiel sind es 5) aus dem Bereich 0..MAXZAHL-1 (hier aus dem Bereich 0..9) und speichert sie in dem Feld ZUFALLSZAHLEN.Anschließend werden die Zufallszahlen sortiert und in dem Feld SORTIEREN.gespeichert. Die Prozedur AUSGABE gibt das Feld mit den Zufallszahlen und das Feld mit den sortierten Zahlen aus. So jedenfalls die Idee des Programms.

Laden Sie das Programm

    DEBUG.PAS

von der mitgelieferten Diskette in den Editor:

```
program DebugDemo;  {DEBUG.PAS}
uses
  crt;  { Unit aus Turbo Pascal 5.0 }

const
  maxZahl = 9; { Zufallszahlen 0..maxZahl }
  maxAnz  = 5; { Anzahl Array-Elemente   }

var
  zufallsZahlen: array[1..maxAnz] of integer;
  sortieren    : array[1..maxAnz] of integer;

{---------------------------------------------------}
{ felderInitialisieren                              }
{---------------------------------------------------}
procedure felderInitialisieren;
var  i: integer;  { Zaehlvariable }

begin
  for i:= 1 to maxAnz do
  begin
    zufallsZahlen[i]:= 0;
    sortieren[i]    := 0;
  end;
end;
{---------------------------------------------------}
{ zufallsZahlen_erzeugen                            }
{---------------------------------------------------}
procedure zufallsZahlen_erzeugen;
var
  i: integer; { Zaehlvariable }

begin
  for i:= 1 to maxAnz do
  begin
    randomize;
    {Initialisierung des Feldes}
    zufallsZahlen[i]:= random(maxZahl+1);
```

```
    end; { for }
end;
{------------------------------------------------}
{ zufallsZahlen_sortieren;                        }
{------------------------------------------------}
procedure zufallsZahlen_sortieren;
var
  i,k,m: integer; { Zaehlvariablen  }
  ok   : boolean; { Sortieren fertig }

begin
  ok:= false;  { Sortieren noch nicht fertig }
  i := 1;
  k := 0;
  repeat
    while i <= maxAnz do
    begin
      for m:= 1 to maxAnz do
      begin
        if zufallsZahlen[m] = k
        then begin
               sortieren[i]:= k;
               i:= i + 1;
             end; { if }
      end; { for }
      k:= k + 1;
    end; { while }
    if i = maxAnz
    then ok:= true;
  until ok;
end;
{------------------------------------------------}
{ ausgabe                                         }
{------------------------------------------------}
procedure ausgabe;
var
  i: integer; { Zaehlvariable }

begin
  clrscr;
  write('Erzeugte  Zufallszahlen: ');
  for i:= 1 to maxAnz do write(zufallsZahlen[i]:5);
  writeln;
  write('Sortierte Zufallszahlen: ');
  for i:= 1 to maxAnz do write(sortieren[i]:5);
  writeln;
  writeln;
  writeln('Bitte <CR> drücken...');
  readln;
end;
{------------------------------------------------}

begin { Hauptprogramm }
  clrscr;
  felderInitialisieren;
  zufallsZahlen_erzeugen;
  zufallsZahlen_sortieren;
  ausgabe;
end.
```

Prüfen Sie nochmals, ob folgende Schalter auf ON gesetzt sind:

```
OPTIONS/COMPILER/Debug information
OPTIONS/COMPILER/Local symbols
DEBUG/Integrated debugging
```

Sie sollten die Fehlersuche jedoch nicht mit der Originaldatei, sondern mit einer Arbeitsdatei durchführen. So ist sichergestellt, daß Ihnen die Ausgangsdatei immer wieder zur Verfügung steht und Sie die einzelnen Schritte des öfteren wiederholen können.

Erstellen Sie sich folgendermaßen eine Arbeitsdatei (Voraussetzung: Sie befinden sich im Editor und haben die Datei DEBUG.PAS bereits eingegeben oder sie auf Diskette vorliegen):

- ▶ <F3>   (Datei laden, Dateiname z.B.: TEST.PAS)
- ▶ <CTRL KR>   (Block lesen, Name: DEBUG.PAS)
- ▶ <F2>   (Datei speichern)

Starten Sie das Programm mit <CTRL F9>.

Das Programm wird, wie Sie vielleicht vermutet haben, nicht so ausgeführt, wie es die Programmidee vermuten ließ. Anscheinend hat sich das Programm in einer Endlosschleife "aufgehängt". Es läßt sich nur noch mit <CTRL BREAK> abbrechen. Im allgemeinen erfolgt jetzt eine Fehlersuche, indem der Quelltext "per Hand" genauer untersucht wird. Findet man den Fehler auf diese Weise nicht heraus, kann man sich des integrierten Debuggers bedienen.

Nachfolgend werden wir das Programm schrittweise ausführen und die Veränderungen der Variablen überprüfen. Zuerst werden wir die Prozedur ZUFALLSZAHLEN_ERZEUGEN überprüfen. Bewegen Sie den Cursor auf den letzten Befehl (END) dieser Prozedur, setzen Sie mit <CTRL F8> (Toggle breakpoint) einen permanenten Abbruchpunkt und aktivieren Sie mit <F6> (Fenster WATCH aktivieren/ verlassen) das WATCH-Fenster.

Um die Werte der Variablen beobachten zu können, müssen diese als WATCH-Ausdrücke in das eben aktivierte Fenster aufgenommen werden. Wir wollen vorerst die Veränderung der Variablen

```
ZUFALLSZAHLEN und
I
```

beobachten.

Um den Namen einer zu beobachtenden Variablen eingeben zu können, drücken Sie jetzt <INS>. Ein weiteres Fenster mit der Bezeichnung ADD WATCH wird geöffnet. Geben Sie in dieses Fenster den Text

    ZUFALLSZAHLEN

ein. Beenden Sie die Eingabe mit <CR>. Im Fenster WATCH sehen Sie den Bezeichner der Variablen und deren Inhalt. Drücken Sie nochmals <INS> und geben Sie "I" ein, um auch die Variable I in das WATCH-Fenster aufzunehmen.

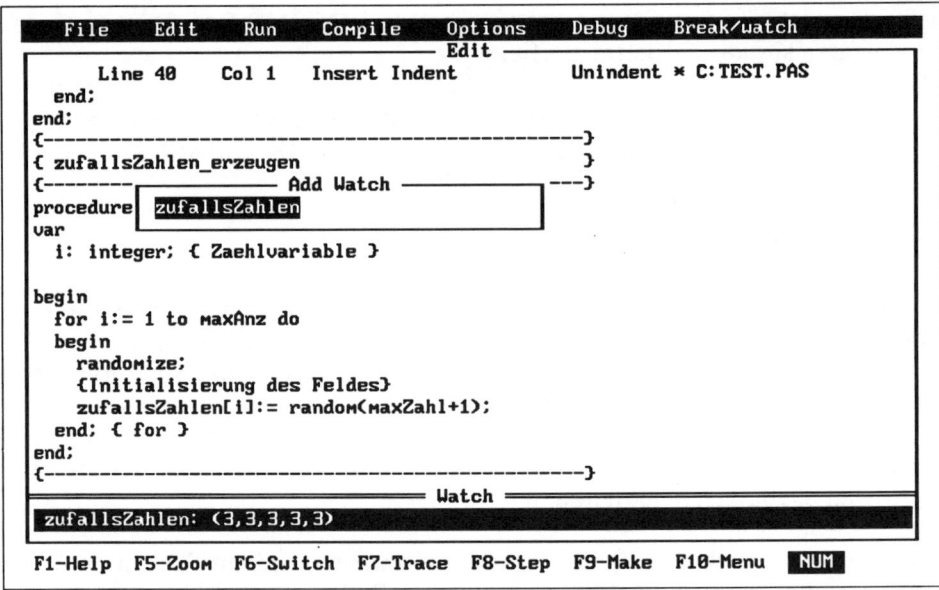

```
    File     Edit     Run     Compile     Options     Debug     Break/watch
  ┌──────────────────────────────── Edit ────────────────────────────────┐
  │      Line 40     Col 1     Insert Indent          Unindent * C:TEST.PAS
  │    end;
  │  end;
  │  {─────────────────────────────────────────────}
  │  { zufallsZahlen_erzeugen                       }
  │  {──────────────── Add Watch ──────────────┐───}
  │  procedure│ zufallsZahlen                   │
  │  var      └─────────────────────────────────┘
  │    i: integer; { Zaehlvariable }
  │
  │  begin
  │    for i:= 1 to maxAnz do
  │    begin
  │      randomize;
  │      {Initialisierung des Feldes}
  │      zufallsZahlen[i]:= random(maxZahl+1);
  │    end; { for }
  │  end;
  │  {─────────────────────────────────────────────}
  ├═══════════════════════════════ Watch ═══════════════════════════════┤
  │ zufallsZahlen: (3,3,3,3,3)
  └──────────────────────────────────────────────────────────────────────┘
    F1-Help  F5-Zoom  F6-Switch  F7-Trace  F8-Step  F9-Make  F10-Menu  NUM
```

Abb. 8.3.1: Eingabe von WATCH-Ausdrücken

Nachdem Sie die beiden Eingaben vorgenommen haben, kehren Sie bitte mit <F6> (Fenster WATCH aktivieren/ verlassen) in den Editor zurück.

Der Bildschirm ist in die beiden Fenster EDIT und WATCH unterteilt. Im WATCH-Fenster sehen Sie die beiden Variablen I und ZUFALLS-ZAHLEN sowie deren momentanen Inhalte.

Um das Programm nach einer Unterbrechung wieder von Anfang an zu starten, muß es vorher mit <CTRL F2> (Program reset) zurückgesetzt werden.

Führen Sie diesen Schritt aus und starten Sie das Programm anschließend mit <CTRL F9> (Run).

Damit wird das Programm kompiliert und bis zum ersten Abbruchpunkt ausgeführt (bis zum END der Prozedur ZUFALLSZAH-LEN_ERZEUGEN). Im WATCH-Fenster sehen Sie den Inhalt des Arrays ZUFALLSZAHLEN.

Obwohl das Feld mit Zufallszahlen gefüllt werden sollte, haben alle Elemente denselben Wert.

Selbstverständlich gibt Ihnen der Debugger den Fehler nicht explizit an. Aus dem gleichen Inhalt der Feldelemente müssen Sie jetzt schließen, daß ein Fehler beim Erzeugen der Zufallszahlen aufgetreten sein könnte.

Da der Fehler innerhalb der Prozedur ZUFALLSZAH-LEN_ERZEUGEN aufgetreten ist, soll diese nunmehr schrittweise ausgeführt werden. Setzen Sie das Programm mit <CTRL F2> (Program reset) zurück und führen Sie es mit <F7> (Trace into) schrittweise aus.

Nach dem ersten Druck auf <F7> befindet sich der unterlegte Balken auf dem BEGIN des Hauptprogramms. Wenn Sie <F7> drücken, wird jeweils die Anweisung ausgeführt, die durch den Balken hervorgehoben ist. Drücken Sie die Taste <F7> häufiger, um zu beobachten, wie das Programm schrittweise ausgeführt wird und wie die Felder initialisiert und die erzeugten Zufallszahlen den Elementen des Feldes zugewiesen werden. (Wiederholen Sie den Druck auf <F7> so oft, bis die Prozedur ZUFALLSZAHLEN_ERZEUGEN vollständig abgearbeitet wurde und der unterlegte Balken auf dem END der Prozedur steht.)

Bei der schrittweisen Ausführung des Programms werden den Feldelementen nun aber doch unterschiedliche (zufällige) Werte zugewiesen (Sehen Sie sich den Inhalt des Feldes ZUFALLSZAHLEN im WATCH-Fenster an!).

Wir müssen jetzt herausfinden, worin der Unterschied zwischen der schrittweisen Ausführung der Prozedur und der Ausführung "en bloc" besteht. Ein Anhaltspunkt könnte sein, daß die Zeitdifferenz bei der schrittweisen Ausführung größer ist, als bei der Ausführung "en bloc".

RANDOMIZE verwendet das System-Datum und die -Uhrzeit, um einen Startwert für den Aufruf von RANDOM zu erhalten.

Da RANDOMIZE innerhalb der FOR-Schleife liegt und die Ausführungsgeschwindigkeit des Rechners sehr groß ist, wird wahrscheinlich
für jeden RANDOM-Aufruf derselbe Startwert ermittelt.

Daher müßte sich das Problem lösen lassen, indem RANDOMIZE vor
der FOR-Schleife aufgerufen wird.

Setzen Sie das Programm mit <CTRL F2> zurück (bevor Sie die Veränderung durchführen) und nehmen Sie dann die Veränderung innerhalb
der Prozedur ZUFALLSZAHLEN_ERZEUGEN vor, die dann wie folgt
aussehen sollte:

```
procedure zufallsZahlen_erzeugen;
var
  i: integer; { Zaehlvariable }

begin
  randomize;
  for i:= 1 to maxAnz do
  begin
    {Initialisierung des Feldes}
    zufallsZahlen[i]:= random(maxZahl+1);
  end; { for }
end;
```

Starten Sie das Programm anschließend mit <CTRL F9>. Die Programmausführung wird an dem gesetzten Abbruchpunkt (am Ende der Prozedur ZUFALLSZAHLEN_ERZEUGEN) unterbrochen.

Im WATCH-Fenster sehen Sie den Inhalt der Variablen I und den Inhalt
der einzelnen Feldelemente, die jetzt nicht mehr alle gleich, sondern mit
unterschiedlichen (zufälligen) Werten belegt sein sollten.

Im weiteren Programmtest kann diese Prozedur, da der in ihr enthaltene
Fehler behoben ist, jeweils vollständig abgearbeitet werden. Löschen Sie
dazu den gesetzten Abbruchpunkt, indem Sie den Cursor darauf setzen
und <CTRL F8> (Toggle breakpoint) drücken.

Aufgrund des Programmverhaltens vermuten wir in der zweiten Prozedur (ZUFALLSZAHLEN_SORTIEREN) einen weiteren Fehler. Bewegen Sie den Cursor an das Ende der Prozedur und drücken Sie <CTRL
F8>, um einen neuen Abbruchpunkt zu setzen. Die Prozedur benutzt die
Variablen

```
SORTIEREN, K, M und OK.
```

Um auch deren Werte zu beobachten, sollen diese Variablen als WATCH-Ausdrücke in das Fenster WATCH mit aufgenommen werden. Gehen Sie dazu wie folgt vor:

- ▶ <F6> (Fenster WATCH aktivieren)
- ▶ <INS> SORTIEREN   <CR>
- ▶ <INS> K   <CR>
- ▶ <INS> M   <CR>
- ▶ <INS> OK   <CR>
- ▶ <F6> (Fenster WATCH verlassen)

(SORTIEREN, K, M und OK müssen Sie als Text eingeben!)

Nunmehr sollten im Fenster WATCH außerdem die Variablen SORTIEREN, K, M und OK aufgeführt sein, wobei K, M und OK noch als "Unknown identifier" bezeichnet werden, weil es sich dabei um lokale Variablen handelt, die dem Compiler bisher noch unbekannt sind. Starten Sie das Programm mit <F8> (Step over).

Die Programmausführung wird dort wieder aufgenommen, wo sie das letztemal unterbrochen wurde. Der unterlegte Balken sollte sich jetzt im Hauptprogramm in der Anweisungszeile

```
ZUFALLSZAHLEN_SORTIEREN;
```

befinden. Benutzen Sie den Tastenbefehl <F7> (Trace into), um die Ausführung dieser Prozedur schrittweise zu verfolgen. Dabei sollten Sie die Veränderung der Variablen nach jedem Schritt überprüfen.

In der Prozedur werden am Anfang die Variablen OK, I und K auf ihre Anfangswerte gesetzt. Die REPEAT-Schleife wird verlassen, wenn OK den Wert TRUE annimmt, wenn also die Sortierung abgeschlossen ist. Innerhalb der REPEAT-Schleife sorgt die Anweisung

```
IF i = maxAnz THEN ok:= TRUE
```

dafür, daß die Abbruchbedingung auch erfüllt werden kann. Führen Sie die schrittweise Ausführung dieser Prozedur mit <F7> solange durch, bis auch das letzte Element von ZUFALLSZAHLEN in dem Feld SORTIEREN richtig eingeordnet wurde. Beobachten Sie besonders bei der Sortierung der beiden letzten Elemente die Werte der Variablen im WATCH-Fenster und die Bewegung des unterlegten Balkens, der Ihnen jeweils zeigt, welche Anweisung gerade ausgeführt wird. Irgendwann springt er nur noch zwischen den Zeilen

```
WHILE i <= maxAnz do

IF i = maxAnz          und          UNTIL ok;
```

hin und her, ohne den THEN-Zweig, der die Variable OK auf den Wert TRUE setzt, auszuführen. An dieser Stelle haben wir die Endlosschleife entdeckt. Jetzt geht es darum, den Grund dafür zu finden.

Vergleichen Sie den Wert der Variablen I im WATCH-Fenster einmal mit der Abbruchbedingung!

I hat einen Wert, der größer als MAXANZ ist. Die Variable OK nimmt aber nur dann den Wert TRUE an, wenn

```
i = maxAnz
```

ist. Allerdings wird I innerhalb der FOR-Schleife im THEN-Zweig der IF-Entscheidung immer um 1 erhöht. Dies ist auch der Fall, wenn I bereits den Wert MAXANZ erreicht hat! Zu der Anweisung

```
IF i = maxAnz
```

gelangt die Prozedur also erst dann, wenn I bereits größer als MAXANZ ist. Damit haben wir einen weiteren Fehler entdeckt, der sich beheben läßt, wenn die Bedingung der IF-Entscheidung wie folgt verändert wird:

```
IF i > maxAnz THEN ok:= true;
```

Damit lautet die Prozedur ZUFALLSZAHLEN_SORTIEREN:

```
procedure zufallsZahlen_sortieren;
var
  i,k,m: integer; { Zaehlvariablen   }
  ok   : boolean; { Sortieren fertig }

begin
  ok:= false;  { Sortieren noch nicht fertig }
  i := 1;
  k := 0;
  repeat
    while i <= maxAnz do
    begin
      for m:= 1 to maxAnz do
      begin
        if zufallsZahlen[m] = k
        then begin
```

```
            sortieren[i]:= k;
               i:= i + 1;
            end; { if }
        end; { for }
        k:= k + 1;
      end; { while }
      if i > maxAnz
      then ok:= true;
    until ok;
  end;
```

Da wir einen weiteren Fehler gefunden und behoben haben, soll das Programm erneut bis zum gesetzten Abbruchpunkt (am Ende der Prozedur ZUFALLSZAHLEN_SORTIEREN) ausgeführt werden. Allerdings wollen wir die Prozedur nochmals schrittweise ausführen. Bewegen Sie dazu den Cursor auf das BEGIN der Prozedur und setzen Sie das Programm mit <CTRL F2> (Program reset) zurück. Starten Sie es mit <F4> (Go to Cursor).

Damit wird das Programm bis zur momentanen Cursorposition (bis zum BEGIN der Prozedur ZUFALLSZAHLEN_SORTIEREN) ausgeführt. Führen Sie es anschließend weiter schrittweise mit <F7> aus.

Den Sortiervorgang der ersten drei Elemente können Sie etwas beschleunigen, indem Sie die <F7>-Taste gedrückt halten. Beobachten Sie dabei die Werte der Variablen, um die Taste rechtzeitig loszulassen (spätestens bei I = 4). Den weiteren Sortiervorgang sollten Sie jedoch tatsächlich schrittweise ausführen, um zu sehen, daß der THEN-Zweig, der die Variable OK auf TRUE setzt, tatsächlich ausgeführt wird.

Da das Programm jetzt fehlerfrei läuft, kann die Arbeit mit dem integrierten Debugger beendet werden. Führen Sie dazu die folgenden Schritte aus (falls Sie die nachfolgende Übung noch machen wollen, sollten Sie "BREAK/Remove all watches" nicht ausführen):

- ▶ BREAK/Clear all breakpoints
- ▶ BREAK/Remove all watches
- ▶ <CTRL F2> (Program reset)
- ▶ <F2> (Korrigierte Fassung speichern!)

Bevor Sie den vorletzten Befehl (Remove all watches) ausführen, sollten Sie noch die Möglichkeit ausprobieren, sich den Inhalt von Variablen anzeigen zu lassen und deren Werte zu verändern. Führen Sie zunächst folgende Schritte aus:

Bewegen Sie den Cursor auf das BEGIN nach der folgenden Anweisungszeile (in der Prozedur ZUFALLSZAHLEN_SORTIEREN):

```
FOR m:= 1 TO maxAnz DO
```

Drücken Sie dann:

- ► <CTRL F2> (Program reset)
- ► <F4> (Go to Cursor)

```
  File     Edit     Run     Compile     Options     Debug     Break/watch
                                            Edit
     Line 58     Col 11     Insert Indent          Unindent     C:TEST.PAS
  while i <= maxAnz do
  begin
     for m:= 1 to maxAnz do
     begin
        if zufallsZahlen[m] = k
        then begin
              sortieren[i]:= k;
              i:= i + 1;
           end; { if }
     end; { for }
     k:= k + 1;
  end; { while }
  if i > maxAnz
  ─────────────────────────────── Watch ──────────────────
 ·ok: FALSE
  m: 1
  k: 0
  sortieren: (0,0,0,0,0)
  I: 1
  zufallsZahlen: (3,2,6,9,5)

  F1-Help F5-Zoom F6-Switch F7-Trace F8-Step F9-Make F10-Menu   NUM
```

Abb. 8.3.2: Der Bildschirm nach der Eingabe von <F4>

Im WATCH-Fenster sollten jetzt die Variablen M, K, I, OK, SORTIE-
REN und ZUFALLSZAHLEN mit ihren Werten angezeigt werden. Mit
<CTRL F4> (Evaluate) rufen Sie ein Fenster mit den drei Feldern
EVALUATE, RESULT und NEW VALUE auf. Geben Sie in das erste
Feld (Evaluate) den Variablennamen ZUFALLSZAHLEN ein. Beenden
Sie die Eingabe mit <CR>. Daraufhin wird im Feld RESULT der Inhalt
dieser Variablen angezeigt.

Von der Möglichkeit, sich Inhalte von Variablen anzeigen zu lassen,
können Sie z.B. immer dann Gebrauch machen, wenn Sie die entsprechende Variable nicht als WATCH-Ausdruck aufgenommen haben.

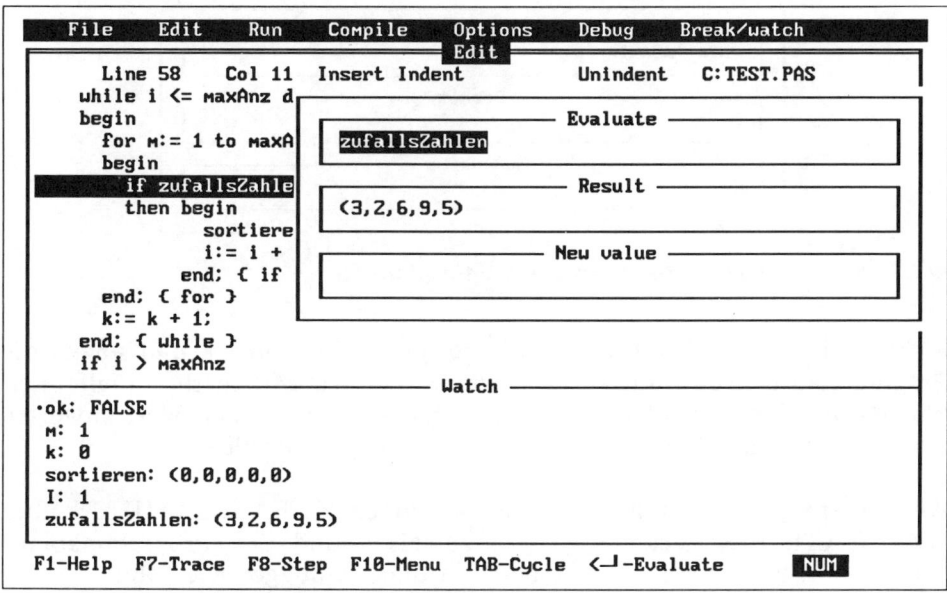

Abb. 8.3.3: Aktivierung von EVALUATE mit <CTRL F4>

Sie haben hier aber auch die Möglichkeit, Variablen neue Werte zuzuweisen, mit denen das Programm dann weiterarbeitet. Als Übung wollen
wir den einzelnen Elementen der Variablen ZUFALLSZAHLEN die
Werte (1,2,3,4,5) zuweisen. Tragen Sie dazu in das Feld EVALUATE
folgendes ein:

```
zufallsZahlen[1]   <CR>
```

Daraufhin wird im Feld RESULT der Inhalt des ersten Elementes der
Variablen ZUFALLSZAHLEN angezeigt. Bewegen Sie den Cursor mit
der Pfeiltaste in das Feld NEW VALUE.

Geben Sie dort den Wert

```
1   <CR>
```

ein. Damit haben Sie dem ersten Element der Variablen ZUFALLS-
ZAHLEN einen neuen Wert (den Wert 1) zugewiesen. Verfahren Sie mit
den übrigen Elementen (2..5) der Variablen ebenso.

```
┌──────────────── Evaluate ────────────────┐
│ zufallsZahlen[5]                          │
│                                           │
├──────────────── Result ───────────────────┤
│ 5                                         │
│                                           │
├──────────────── New value ────────────────┤
│ 5                                         │
│                                           │
└───────────────────────────────────────────┘
```

Abb. 8.3.4:   Wertzuweisung an die Variable ZUFALLSZAHLEN

Kehren Sie anschließend mit <ESC> in den Editor zurück und setzen die Programmausführung mit <F7> schrittweise fort. Mit dieser Möglichkeit können Sie einer Variablen einen von Ihnen vorgegebenen Wert zuweisen und die davon abhängige Programmausführung beobachten.

Als weitere Übung könnten Sie der Variablen ZUFALLSZAHLEN über EVALUATE die Werte (5,4,3,2,1) zuweisen und den Programmablauf beobachten. Beenden Sie die Arbeit mit dem Debugger wie folgt:

  ▶ BREAK/Clear all breakpoints
  ▶ BREAK/Remove all watches
  ▶ <CTRL F2> (Program reset)
  ▶ <F2> (Korrigierte Fassung speichern!)

Starten Sie das Programm abschließend noch einmal "ganz normal" mit <CTRL F9>, um sich von der richtigen Programmausführung zu überzeugen.

8.4   Hinweise zur Arbeit mit dem integrierten Debugger

Wie bereits am Anfang dieses Kapitels gesagt, steht Ihnen mit dem integrierten Debugger ein Programm zur Verfügung, das Ihnen bei der Fehlersuche innerhalb von Pascal-Programmen behilflich sein kann.

Damit der Debugger richtig und effektiv arbeiten kann, ist es jedoch notwendig, einige Regeln beim Programmieren und bei der Fehlersuche zu beachten:

  ▶ Programme sollten möglichst so geschrieben werden, daß sie übersichtlich und gut strukturiert sind.

► Ein Programm sollte in kleine und übersichtliche Unterprogramme (Funktionen und Prozeduren) unterteilt werden. Dabei sollte auf die Verwendung von lokalen Variablen besonderer Wert gelegt werden.

► Eine ausreichende Kommentierung des Quelltextes sorgt für ein besseres Verständnis und bietet die Gewähr, ein Programm auch noch nach einer gewissen "Ruhezeit" zu verstehen.

► Bei der Fehlersuche mit dem Debugger ist es einfacher, alle Routinen einzeln nach möglichen Fehlern zu durchsuchen. Routinen, die ohne Fehler laufen, können später immer noch "en bloc" aufgerufen werden.

► Arbeiten Sie bei der Fehlersuche immer so, daß zunächst die Routinen untersucht werden, die von anderen Routinen vorausgesetzt werden.

► Viele Fehler, die mit Hilfe des Debuggers gefunden werden, können auch durch logisches Überlegen entdeckt werden. Mit der Möglichkeit, jeden einzelnen Ausdruck während des Programmsablaufes zu verfolgen, werden diese Überlegungen jedoch unterstützt.

► Nach Möglichkeit sollte in einer Anweisungszeile auch nur ein ausführbarer Befehl stehen, da der Debugger das Programm zeilenweise abarbeitet.

Hätten wir in unserem Beispielprogramm den THEN-Zweig der IF-Entscheidung

```
IF i = maxAnz
THEN ok:= TRUE;
```

nicht in die nächste Zeile gerückt, wäre uns der optische Eindruck des Überspringens dieser Anweisung vorenthalten geblieben.

► Reicht der zur Verfügung stehende Hauptspeicher für die Fehlersuche nicht aus, so sollte das Programm als .EXE-Datei auf Diskette kompiliert werden.

9. Das Installationsprogramm TINST

Das Installationsprogramm TINST bietet Ihnen weitere Möglichkeiten, die integrierte Entwicklungsumgebung von Turbo Pascal an Ihre eigenen Bedürfnisse anzupassen.

Mit diesem Programm können Sie alle Standardvorgaben für Parameter und Schalter setzen bzw. verändern, die auch innerhalb des Menüsystems beeinflußt werden können. Das beinhaltet Veränderungen über das Menü Options/Compiler und Options/Environment, die Wahl zwischen der Kompilierung von Quelltexten auf Diskette oder in den Speicher und die Festlegung, welche Datei als erste kompiliert werden soll.

Zusätzlich können Sie mit TINST weitere Festlegungen treffen:

- ▶ Sie können Tastenbefehle des Editors verändern.
- ▶ Sie können Bildschirmfarben und Fenstergrößen verändern.
- ▶ Sie können einen Videomodus, sowie verschiedene Editormodi vorgeben.
- ▶ Sie können bestimmen, ob ein Teil des RAM für die Zwischenspeicherungen von Farbpaletten und anderen Grafikdaten verwendet werden soll.

Wenn Wahlpunkte sowohl mit TINST als auch aus dem Menüsystem heraus verändert werden können, haben die im Menüsystem vorgenommenen Veränderungen Vorrang vor den Einstellungen von TINST.

TINST starten

Das Installationsprogramm TINST wird von der DOS-Ebene aus gestartet. Die Dateien TINST.EXE und TURBO.EXE müssen sich beide in dem momentan gesetzten Directory befinden, ansonsten bricht der Aufruf von TINST mit einer Fehlermeldung ab. Gestartet wird die Installation mit dem Befehl:

```
TINST <CR>
```

Nach dem Start erscheint ein kleines Fenster auf dem Bildschirm, das die Menüpunkte des Installationsprogramms beinhaltet:

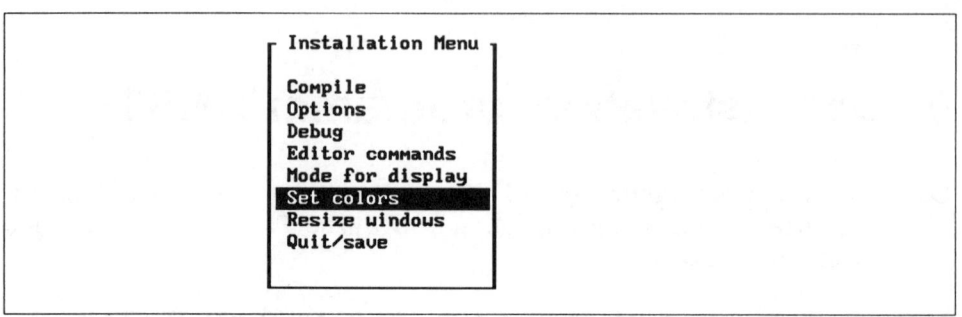

Abb. 9.1: TINST - Installation Menü

Mit den Cursortasten können Sie sich zwischen den einzelnen Menüpunkten hin- und herbewegen. Mit <CR> wird der unterlegte Menüpunkt ausgewählt, <ESC> bringt Sie wieder ins Hauptmenü zurück. Innerhalb der Menüpunkte verfahren Sie genauso. Eine jeweilige Betäti-
gung von <ESC> bewirkt den Abbruch der Eingabe und den Rücksprung
in die nächsthöhere Ebene. Mit <CR> wird die Eingabe abgeschlossen.
TINST "merkt" sich die vorgenommenen Veränderungen bis zum endgültigen Verlassen der Installation. Sie können die Tastenbefehle des Editors
auch während der Arbeit mit TINST verwenden.

Das Menü COMPILE

Dieses Menü besteht aus den Menüpunkten Destination und Primary file.

Destination

Dieser Menüpunkt ist ein Schalter, mit dem Sie bestimmen können, ob
Ihr Programm auf Diskette oder im Speicher kompiliert werden soll (vgl.
Kapitel 3).

Primary File

Mit diesem Punkt können Sie angeben, welche Datei von Turbo Pascal
bei der Kompilierung zuerst bearbeitet werden soll (vgl. Kapitel 3).

Das Menü OPTIONS

Es besteht aus den Menüpunkten Compiler, Link, Environment, Directories und Parameters.

Die Menüpunkte Compiler, Link, Directories und Parametes enthalten dieselben Untermenüs wie in der integrierten Entwicklungsumgebung (vgl. Kapitel 3). Der Menüpunkt Environment wurde um zwei Untermenüpunkte erweitert:

Schalter Full graphics state

Im Zustand ON werden beim Start von Turbo Pascal im RAM 8 KByte Platz für die Zwischenspeicherung von Farbpaletten und anderen Grafikdaten reserviert.

OFF sollte nur eingestellt werden, wenn Sie nicht mit Grafikprogrammen arbeiten wollen.

Options for Editor;

beinhaltet weitere Schalter und Parameter, die beim Start von Turbo Pascal gesetzt werden:

Schalter Insert mode

ON legt fest, daß der Editor beim Start im Insert-Modus arbeitet, mit OFF wird der Insert-Modus ausgeschaltet.

Schalter Autoindent mode

ON legt fest, daß der Editor beim Start im Indent-Modus arbeitet, mit OFF wird der Indent-Modus abgeschaltet.

Schalter Use tabs

ON legt fest, daß Tabs in den Text eingefügt werden, OFF bedeutet, daß nach einem Tab der Cursor unter dem ersten Zeichen der nächsten Reihe steht.

Schalter Optimal fill

Dieser Schalter hat nur eine Wirkung, wenn Use tabs auf ON steht. In diesem Fall bewirkt Optimal fill..ON, daß der Editor Leerzeichen möglichst platzsparend durch Leerzeichen und Tabs ersetzt.

Schalter Backspace unindents

ON bewirkt, daß durch die Eingabe von <BS> der Cursor automatisch um eine Ebene nach links eingerückt wird, wenn sich links vom Cursor nur noch Leerzeichen befinden. Im Zustand OFF wird der Cursor jeweils um eine Spalte nach links bewegt.

Tab Size

Tab size hat nur eine Wirkung, wenn Use tabs auf ON steht. Die Anzahl der Leerzeichen zwischen zwei Tabstopps können eingegeben werden.

Parameter Editor buffer size

Dieser Parameter kann zur Begrenzung des Speicherplatzes für Quelltexte verwendet werden. Standardmäßig sind 65534 Bytes vorgegeben, das Minimum beträgt 20000 Bytes. Diese Einstellung sollte nur verwendet werden, wenn Sie im Hauptspeicher nicht genügend Platz haben und mit kleinen Quelltexten arbeiten.

Schalter Make use of EMS memory;

Dieser Schalter hat nur eine Wirkung, wenn Ihr Computer mit einer EMS-Karte ausgerüstet ist. Im Zustand ON wird der Editor-Puffer, bei mindestens 64 KByte verfügbarem Speicherplatz auf der EMS-Karte, auf diese Karte ausgelagert. Somit wird im Hauptspeicher Platz geschaffen.

Das Menü DEBUG

Dieses Menü besteht aus den Menüpunkten Integrated debugging, Standalone debugging und Display swapping. Diese Menüpunkte stehen ihnen auch in der integrierten Entwicklungsumgebung zur Verfügung (vgl. Kapitel 8).

Das Menü EDITOR COMMANDS

Mit diesem Menüpunkt werden die Tastenbefehle des Editors ausgegeben und können verändert werden. Ohne Veränderung arbeitet der Editor im wesentlichen mit den Tastenbefehlen des Programms WordStar. Mit TINST können Sie (bis auf zwei Ausnahmen: <F1> und <ALT F1>) die Tastenbefehle des Editors verändern und nach Ihren Wünschen gestalten. Das ist aber nur sinnvoll, wenn Sie ansonsten mit anderen Programmen arbeiten, die andere Tastenbefehle benutzen.

EDITOR COMMANDS bringt eine dreispaltige Tabelle auf den Bildschirm.

In der ersten Spalte sind sämtliche Tastenbefehle aufgelistet. Die zweite
Spalte enthält die jeweils zugehörigen Tastenbefehle, die dritte die vorhandenen Alternativen.

Zur Auswahl und Veränderung stehen Ihnen folgende Befehle zur Verfügung:

Tasten	Funktion
< Cursor >	Verschieben des Cursors auf einzelne Elemente der Tabelle.
< PgUp > und < PgDn >	"Blättern" innerhalb der Tabelle.
< CR >	Ein Fenster wird geöffnet und der Tastenbefehl, auf dem der Cursor steht, kann verändert werden.
< R >	Macht alle Veränderungen wieder rückgängig.
< ESC >	Der Menüpunkt wird beendet; Veränderungen bleiben gültig.
< F4 >	Umschalten zwischen drei verschiedenen Eingabemodi.

Nach der Auswahl eines Tastenbefehls stehen ihnen zur Veränderung
folgende Kommandos zur Verfügung:

Tasten	Funktion
< BS >	Zeichen links vom Cursor löschen.
< CR >	Eingabe abschließen.
< ESC >	Eingabe abbrechen.
< F2 >	Alten Tastenbefehl wieder herstellen, aber noch nicht abbrechen.
< F3 >	Inhalt des Eingabefensters löschen.
< F4 >	Umschalten zwischen den Eingabemodi.

Die Funktionstasten <F2>, <F3> und <F4> werden mit einem vorangestellten, umgekehrten Hochkomma eingegeben.

<BS> wird als <CTRL H>, <CR> als <CTRL M> und <ESC> durch die
Tastenkombination <ALT 27> eingegeben.

Das Menü MODE FOR DISPLAY

In diesem Menü stehen Ihnen fünf Wahlmöglichkeiten zur Verfügung,
mit denen Sie den Videomodus einstellen können, der beim Start gesetzt

Das Menü MODE FOR DISPLAY

In diesem Menü stehen Ihnen fünf Wahlmöglichkeiten zur Verfügung, mit denen Sie den Videomodus einstellen können, der beim Start gesetzt werden soll. Beim Start von Turbo Pascal schaltet das Programm dann automatisch auf den angegebenen Videomodus um. Nach dem Beenden des Programms wird der ursprüngliche Zustand wieder hergestellt. Sie haben die Wahl zwischen:

Default	keine Veränderungen
Color	80 Zeichen, farbig
Black and white	80 Zeichen, schwarz-weiß
LCD or compatible	80 Zeichen, LCD Bildschirm
Monochrome	80 Zeichen, momochrome

Das Menü SET COLORS

Mit SET COLORS können Sie alle Bildschirmfarben der integrierten Entwicklungsumgebung verändern. Sie haben die Wahl zwischen:

Customize colors	freie Auswahl
Default colors set	Orginalfarben werden wieder gesetzt.
Turquoise color set	Vordefiniert (Pascal setzt Farben)
Magenta color set	Vordefiniert (Pascal setzt Farben)

Das Menü RESIZE WINDOW

Mit Resize Windows legen Sie das Verhältnis der Aufteilung zwischen den Bildschirmen Edit und Output fest. Gleichzeitig wird die maximale Größe des Watchfenstes festgelegt.

Das Menü QUIT/SAVE

Mit Quit/Save wird das Installationsprogramm beendet. Auf Rückfrage werden die vorgenommenen Veränderungen gespeichert. Noch ein Hinweis zum Schluß dieses Kapitels: Wenn Sie es wünschen, können Sie sich auf diese Weise mehrere Versionen Ihres Turbo-Editors schaffen. Kopieren Sie die Datei TURBO.EXE und geben Sie der kopierten Datei einen anderen Namen. Laden Sie dann das Installationsprogramm TINST, indem Sie zusätzlich den Namen der neuen Datei angeben, z.B:

```
TINST NEUNAME.EXE   <CR>.
```

10. Turbo Pascal 5.5

In diesem Kapitel haben wir versucht, für Sie die Neuerungen der Version 5.5 zusammenzustellen und zu beschreiben. Wie Sie bereits nach kurzer Zeit merken werden, liegt Ihnen nunmehr nicht nur eine neue Version von Turbo Pascal vor, sondern auch eine neue Programmier-Philosophie. Das Zauberwort heißt:

OOP

(Objektorientierte Programmierung).

Was darunter zu verstehen ist, lesen Sie etwas weiter unten im Text. Neu und eine Aufforderung zum Umdenken wird "OOP" für diejenigen von Ihnen sein, die nicht bereits z.B. mit SMALLTALK oder C++ gearbeitet haben.

Ob sich der Umstieg auf die Version 5.5 lohnt, mag jeder für sich entscheiden. Ein Entscheidungsgrund wird wohl auch sein, ob man an den Entwicklungen der 90er Jahre teilhaben und sich mit neuen Denkstrukturen auseinandersetzen will oder ob einem das bisher Erlernte ausreicht.

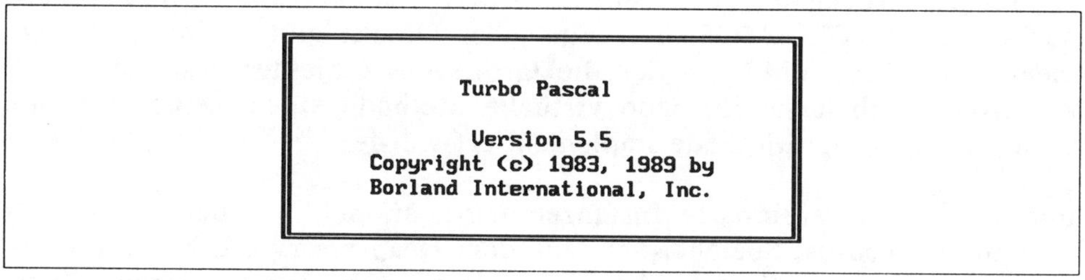

```
            Turbo Pascal

            Version 5.5
   Copyright (c) 1983, 1989 by
   Borland International, Inc.
```

Abb. 10.1: Der Startbildschirm von Turbo Pascal 5.5

Erfreulicherweise stellt sich die neue Pascal-Version vollkommen kompatibel zur Version 5.0 vor. Außerdem bleibt es dem Anwender überlassen, ob er wie bisher nur strukturiert programmiert oder zusätzlich die Elemente objektorientierter Programmierung benutzt. Sie können, müssen aber nicht, von den neuen Methoden Gebrauch machen. In der Version 5.5 stehen Ihnen beide Möglichkeiten nebeneinander zur Verfügung.

Installation und Benutzeroberfläche stellen sich im gewohnten Bild dar. Der Sprachumfang wurde nicht verändert, sondern um die Möglichkeiten der OOP erweitert. Ihre bisher erstellten Bibliotheken (Units) müssen lediglich rekompiliert werden.

In der objektorientierten Programmierung (OOP) dreht sich (fast) alles um Objekte. Diese sind mit den Ihnen bekannten Records vergleichbar. Werden beim Record unterschiedliche Datentypen zu Einheiten zusammengefaßt, beinhaltet ein Objekt als Komponenten Felder (wie beim herkömmlichen Record) und zusätzlich sog. Methoden (das sind Prozeduren und Funktionen), die u.a. mit diesen Feldern Operationen ausführen können. Die beschriebene Erweiterung des RECORDS führt zu dem neuen Datentyp OBJECT. Ein Objekt zeichnet sich jedoch besonders dadurch aus, daß es seine Komponenten an andere Objekte vererben kann, woraus sich unmittelbar Nachkommen ergeben, die dieselben (und eventuell noch weitere) Eigenschaften wie ihre Vorfahren haben. Die Möglichkeit der Vererbung besteht bei Records nicht.

Neben den statischen kennt Turbo Pascal außerdem die virtuellen Methoden, wobei die Verbindung zwischen Objekt und Methode nicht bereits zum Zeitpunkt der Kompilierung, sondern erst während der Laufzeit des Programms hergestellt wird. Durch das neue reservierte Wort VIRTUAL werden aus statischen virtuelle Methoden.

Die Verbindung zwischen der Instanz (Variablen) eines Objekts und seiner im Datensegment vorhandenen "Virtual Method Table" (VMT) stellt der sog. CONSTRUCTOR her. Für jedes Objekt gibt es im Datensegment genau eine VMT, in der die Größe des Objektes gespeichert ist. Außerdem enthält sie für jede virtuelle Methode einen Zeiger auf den Code, mit dem die Methode implementiert wurde.

Für dynamisch vereinbarte Instanzen wird, ähnlich wie bei den bereits bekannten Records, Speicherplatz auf dem Heap reserviert. Mit Hilfe einer speziellen Methode, die mit dem neuen reservierten Wort DESTRUCTOR bezeichnet wird, wird dieser Speicherbereich wieder freigegeben. Aufgrund der neuen Anforderungen von Objekten wurden die beiden Prozeduren NEW und DISPOSE entsprechend erweitert.

Erwähnenswert erscheint noch, daß Methoden sowohl statisch als auch virtuell sein können. Die virtuelle Verwendung ist also nicht zwingend vorgeschrieben.

Die Methoden der objektorientierten Programmierung stellen natürlich auch erweiterte Anforderungen an die Fehlersuche, so daß der integrierte Debugger jetzt auch Objekte und Methoden erkennen und in ihrem Ablauf verfolgen kann.

Der Overlay-Manager wurde verbessert, ist aber auch vollkommen kompatibel zur Vorgängerversion. Bereits existierende Overlays müssen lediglich rekompiliert werden. Außerdem stehen Ihnen erweiterte Hilfsbildschirme zur Verfügung, aus denen Sie Beispiele und Pascal-Syntax in Ihre Quelltexte übernehmen können.

Die CASE-Anweisung wurde dahingehend erweitert, daß nunmehr auch der Datentyp WORD als Auswahlbedingung zulässig ist.

Eine besondere Erwähnung verdient das neue "Lernprogramm" TOUR, das auf der Diskette mitgeliefert wird. Dieses Programm ist ein weiteres Beispiel für das besondere Interesse, das BORLAND seinen Kunden entgegenbringt und so für deren Zufriedenheit sorgt. Auch wenn TOUR nicht das gesamte Pascal-System erläutert, so wird es doch jedem Leser (ganz gleich, ob Sie Anfänger oder Fortgeschrittener sind) empfohlen. Starten Sie das Programm von der DOS-Ebene und lassen Sie sich einen Augenblick durch die integrierte Entwicklungsumgebung führen.

10.1 Was versteht man unter OOP?

Die objektorientierten Erweiterungen von Turbo Pascal 5.5 gehen auf Larry Teslers "Object Pascal Reports" (Apple, 1985) und Bjarne Stroustoups "The C++ Programming Language" (Addison-Wesley, 1986) zurück.

Die Grundidee der objektorientierten Programmierung (OOP) reichen jedoch bis ins Jahr 1967 zurück, in dem NYGAARD und DAHL als Weiterentwicklung der Programmiersprache ALGOL 60 die Sprache SIMULA entwickelt haben, die eine der ersten objektorientierten Programmiersprachen war.

Ein weiterer Schritt war die seit etwa 1970 am Palo Alto Research Center (PARC) von KAY und GOLDBERG entwickelte Programmiersprache SMALLTALK, die alle Elemente objektorientierter Programmierung in sich vereint.

Aber erst der Einsatz einer objektorientierten Programmiersprache (C++) auf einem Nicht-Großrechner verhalf der OOP zu einem größeren Bekanntheitsgrad. Als neueste Pascal-Entwicklungen auf diesem Gebiet sind sowohl Turbo Pascal (BORLAND) als auch Quick Pascal (MICROSOFT) zu nennen.

Fachleute und Fachpresse messen der OOP ähnliche innovative Bedeutung bei wie der 1972 eingeführten strukturierten Programmierung durch Niklaus Wirth, der die Programmiersprache Pascal als Lehrsprache entwickelt hat. Die Anforderungen, gerade in bezug auf Benutzerfreundlichkeit, an Softwareprodukte steigt ständig, so daß Software-Projekte einen immer größeren Umfang annehmen. Doch je größer der Quellcode wird, desto unübersichtlicher wird es für den Programmierer. Hier können die Möglichkeiten der OOP eine wertvolle Hilfe sein, ermöglichen sie doch eine ökonomische Programmerstellung und -pflege.

Die Komponenten der OOP entstammenden Objekte können Felder (wie bei Records) und/oder sog. Methoden (Prozeduren und Funktionen) sein. Objekte lassen sich zu Klassen zusammenfassen und mit Hilfe der Methoden bearbeiten. Ein besonderes Merkmal von Objekten ist ihre Fähigkeit, Felder und Methoden an andere Objekte zu vererben, wodurch neue Objekte mit den Eigenschaften des Vorgängers und zusätzlich neuen Eigenschaften entstehen. Zur Vererbung ist nicht einmal der Quellcode des Vorgängers notwendig, wodurch auf Objekte oder auf Klassen von Objekten durch die Erzeugung von Unterklassen zugegriffen werden kann, die dem Anwender von anderer Seite (ohne Quellcode) zur Verfügung gestellt werden.

Eine noch größere Flexibilität erhalten Sie durch die Verwendung von virtuellen Methoden, wodurch die Verbindung zwischen Objekt und Methoden nicht bereits bei der Kompilierung, sondern erst zur Laufzeit eines Programms hergestellt wird. Dieser Polymorphismus verringert die Codegröße eines Programms und hält es insgesamt übersichtlicher, da mit einer virtuellen Methode Arbeiten ausgeführt werden können, für die sonst mehrere statische Methoden notwendig wären.

10.2 Objektorientierte Programmierung

In den nachfolgenden Abschnitten werden die neuen Elemente der objektorientierten Programmierung beschrieben und anhand von Beispielprogrammen deren Verwendung gezeigt.

10.2.1 Objekte und die Vererbung ihrer Eigenschaften

Ein Objekt ist eine neue Datenstruktur in Turbo Pascal 5.5. Es ist dem Ihnen bereits bekannten RECORD sehr ähnlich. Vereint ein Record aber nur verschiedene Datentypen unter einem einheitlichen Namen, so besitzt ein Objekttyp noch zusätzlich die Möglichkeit, seine Eigenschaften an seine Nachkommen zu vererben und sog. Methoden (Prozeduren und Funktionen), die weiter unten noch beschrieben werden, zu beinhalten.

Betrachten Sie folgende Typvereinbarung:

```
TYPE
   Name = RECORD
             Vorname,
             Nachname: STRING;
          END;
```

Dann kann eine Variable vom Typ NAME vereinbart werden:

```
VAR
   PersName: Name;
```

Ein Zugriff auf die Felder des Records geschieht wie folgt:

```
PersName.Vorname := 'Klaus';
PersName.Nachname:= 'Wunder';
```

Soll jetzt die Möglichkeit bestehen, eine komplette Adresse zu bearbeiten, könnten Typ- und Variablenvereinbarung folgendermaßen erweitert bzw. verändert werden:

```
TYPE
   ...;
   Adresse = RECORD
                Person : Name;
                Str,Ort: STRING;
             END;

VAR
   Pers: Adresse;
```

Der Zugriff auf die Felder des Records lautet dann:

```
Pers.Person.Vorname := 'Klaus';
Pers.Person.Nachname:= 'Wunder';
Pers.Str            := 'Hohe Str. 112';
Pers.Ort            := '2800 Bremen';
```

Im Bereich der objektorientierten Programmierung wird noch eine besondere Bezeichnungsweise für Variablen, die hier z.B. vom Typ ADRESSE sind, eingeführt: Eine solche Variable (hier PERS) wird auch INSTANZ (Exemplar) des Typs ADRESSE genannt. Das ist natürlich kein neues Sprachelement, sondern lediglich eine neue Bezeichnung.

ADRESSE umfaßt einige Datenfelder mehr als NAME, beinhaltet aber auch die Felder, die bereits in NAME enthalten sind. ADRESSE ist somit der Nachkomme von NAME, NAME der direkte Vorfahre von ADRESSE oder auch: NAME vererbt seine Eigenschaften an ADRESSE!

Hier haben wir bereits eine der wesentlichen Eigenschaften objektorientierten Programmierens angesprochen: die Vererbung. Allerdings wurde an dieser Stelle noch der Versuch unternommen, neue Sprachelemente mit "alten" Datenstrukturen der Analogie wegen zu erklären; denn Records können ja nichts vererben!

Doch um zu dem neuen Datentyp, der der Vererbung mächtig ist, zu gelangen, müssen wir eigentlich nur das reservierte Wort RECORD durch das neue reservierte Wort OBJECT ersetzen und schon haben wir unseren vererbungsfähigen Datentyp:

```
TYPE
  Name    = OBJECT
               Vorname,
               Nachname: STRING;
            END;

  Adresse = OBJECT (Name)
               Str,
               Ort: STRING;
            END;
```

Hinter dem reservierten Wort OBJECT wird bei der Vereinbarung von ADRESSE in Klammern der Typ (NAME) angegeben, von dem ADRESSE Eigenschaften geerbt hat.

Entsprechend unserer obigen Erklärung ist NAME der Vorfahre von ADRESSE, ADRESSE der Nachkomme von NAME.

Der Vorgang der Vererbung kann nunmehr beliebig oft wiederholt werden, so daß eine entsprechende Objekthierarchie entsteht, die die OOP so interessant macht.

Ein Typ kann beliebig viele Nachkommen, aber stets nur maximal einen Vorfahren haben!

Im Gegensatz zum RECORD fällt auf, daß die vererbten Eigenschaften im Nachkommenstyp nicht nochmals explizit aufgeführt werden müssen. In unserem Beispiel sind die Felder VORNAME und NACHNAME auch im Typ ADRESSE in Folge der Vererbung vorhanden. Sie können dementsprechend auch angesprochen werden (als Instanz ist vereinbart: VAR Pers: ADRESSE):

```
Pers.Vorname := 'Klaus';
Pers.Nachname:= 'Wunder';
Pers.Str     := 'Hohe Str. 112';
Pers.Ort     := '2800 Bremen';
```

An der Vereinbarung von Instanzen (Variablen) von Objekttypen ändert sich im Vergleich mit der Vereinbarung von anderen Variablen nichts:

```
TYPE
   ...;
   Adresse = OBJECT (Name)
             Str,
             Ort: STRING;
          END;

VAR
   Pers: ADRESSE;
```

Auch der Zugriff auf die Felder eines Objekttyps ist mit dem Zugriff auf die Felder eines Records identisch:

▶ Entweder mit Hilfe der WITH-Anweisung

```
...
WITH Pers DO
BEGIN
  Vorname := 'Klaus';
  Nachname:= 'Wunder';
  ...;
END;
```

▶ oder über die bereits oben beschriebene Punktmethode.

Auf die Felder eines Objektes sollte nicht direkt zugegriffen werden, da dies gegen das Prinzip der Kapselung verstößt. Dafür stehen Ihnen die Methoden (Prozeduren und Funktionen) zur Verfügung.

10.2.2 Methoden

Methoden sind Prozeduren und Funktionen, mit deren Hilfe die Daten eines Objekttyps bearbeitet werden können. Durch ihre Aufnahme in

einen Objekttyp werden Daten und Code zu einer Einheit unter dem
Objektnamen zusammengefaßt, was der engen Beziehung zwischen Daten
und Code Rechnung trägt. Die Verbindung von Daten und Methoden innerhalb von Objekttypen wird auch als Kapselung bezeichnet.

Innerhalb des Objekttyps wird die Methode mit ihrer Kopfzeile und einer eventuellen Parameterliste nach den Datenfeldern vereinbart. Ihr
"Innenleben" erhält die Methode außerhalb des Objekttyps, was uns bereits von Units und der FORWARD-Deklaration her bekannt ist (auch
dort wird zuerst die Kopfzeile genannt und erst später der Rumpf angegeben).

Nehmen wir also in unseren Objekttyp NAME noch eine Methode auf,
die die Datenfelder VORNAME und NACHNAME initialisiert, damit,
wie gefordert, nicht direkt auf die Felder des Objekttyps zugegriffen
werden muß:

```
TYPE
  Name = OBJECT
          Vorname,
          Nachname: STRING;
          PROCEDURE InitName(Vor,Nach: STRING);
        END;
```

Anschließend muß außerhalb des Objekttyps die Methode mit "Inhalt"
gefüllt werden. Dort wird festgelegt, wie initialisiert werden soll, wobei
die Bezeichnung des Objekttyps (hier NAME) dem Bezeichner der Methode (hier INITNAME) mit einem Punkt vorangestellt werden muß:

```
PROCEDURE Name.InitName(Vor,Nach: STRING);
BEGIN
  Vorname := Vor;
  Nachname:= Nach;
END;
```

Es wird also die Prozedur INITNAME, die innerhalb des Objekttyps
NAME als Methode aufgenommen ist, definiert. Damit kann eine
Instanz des Typs NAME sehr einfach initialisiert werden:

```
VAR
  Pers: Name;

BEGIN
  ...;
  Pers.Name('Klaus','Wunder');
  ...;
```

Die Prozedur INITNAME übernimmt die Zuweisung an die Datenfelder
VORNAME und NACHNAME der Instanz PERS vom Typ NAME.

Datenfelder und Methoden eines Objekttyps liegen im selben Gültig-
keitsbereich, so daß die formalen Parameter einer Methode (sie werden
als Parameterliste übergeben) nicht mit den Datenfeldern des Objekttyps
identisch sein dürfen!

Achtung! Fehlerhafte Vereinbarung!

```
TYPE
   Name = OBJECT
           Vorname,
           Nachname: STRING;
           PROCEDURE InitName(Vorname,Nach:STRING);
        END;
```

Hier erhalten Sie die Fehlermeldung

```
Error 4: Duplicate identifier (VORNAME),
```

da der formale Parameter (VORNAME) mit einem Datenfeld
(VORNAME) identisch ist.

Um das Konzept der modularen Programmierung fortzusetzen, können
Objekttypen auch in Units aufgenommen werden. Analog zum bisherigen Unit-Konzept sind die im IMPLEMENTATION-Teil aufgeführten
Objekttypen "nicht-öffentlich", stehen also nur der entsprechenden Unit
zur Verfügung.

Die im INTERFACE-Teil vereinbarten Objekttypen sind dagegen
"öffentlich" und können durch die Aufnahme der Unit in Programme
zum Bilden von Unterklassen von Objekten benutzt werden.

Soll ein Objekttyp in einer Unit "öffentlich" vereinbart werden, so wird
er im INTERFACE-Teil definiert. Die Rümpfe der Methoden stehen im
IMPLEMENTATION-Teil.

In dem Beispielprogramm im Kapitel 10.2.4 wird die Verwendung von
Units im Zusammenhang mit Objekten noch einmal gezeigt.

Das nachfolgende Programm (WINOBJ.PAS) zeigt die Verwendung eines
Objektes ohne Vererbung seiner Eigenschaften. Um das Programm starten zu können, benötigen Sie die in diesem Buch (Kapitel 6) vorgestellten Units. Kopieren Sie die entsprechenden Dateien in ein Unterverzeichnis, in dem Turbo Pascal auch nach Units sucht!

Das Programm zeigt die Möglichkeit, ein Fenster (z.B. mit einer Fehlermeldung) auf dem Bildschirm zu öffnen und dieses dann beliebig mit
den Pfeiltasten, <Home> oder <End> verschieben oder mit <ESC> wieder
schließen zu können. Dabei wird der Bildschirminhalt vor dem Öffnen
des Fensters in einer Variablen gesichert. Die zufällig erzeugten Zeichen
auf dem Bildschirm dienen nur als Hintergrund. Nach dem Schließen des
Fensters kann das Programm mit <ESC> beendet oder mit einer beliebigen Taste fortgesetzt werden.

Sämtliche Routinen, die mit "t_" beginnen, stammen aus einer der Units
des Kapitels 6.

```
!,d<!SGc~q}7<+Aq03U8x0^2v?\8|;>8fSOpY vR$PN^мHjZi97J;uJt\:~{8eTnl$KEDcC?#BRO0k#_
X ;м#<ggv4IG<Y3nf`F2ZaR{;T'}JcnqEFN}F ^.8NE!Z9ID!{%Mpb~zrDJ_6s9<9?9CB_OB06/kb.0'
/t}P|1Qa~MPEulzj`<7k\Q<pq;+Mм"!K3L o3~rNF4TX3u!aHMv n0CISUPT^?<\k%|4uPn?G0SW1-5C
Du:,py#dap}{:oQ×^"8BeB08a%}9x2dHvPO×Couf&px0|UIG.`RPU0rgUb^}ue.[<\lalм|P.7eW=<^e
U=4Ss3cPdI/9U#|afPZn/×'\|<h#&iNEмUut}Unl JeQ]svqg<|1YKD}2HYqXU0Y.f;$unAt =0,n!4,z
|?2L3X%wCN5cz"\d1J:LS[$мIpFyUMjSi3eQ28|f+&y=ri,|:_y}T~.0Q TgAU/ZaFt|U?g2|W!r_=f!
0#-n}a0"C^%cW ,Gм]                                     gH01}q 0<t`a4м6nA:6
9DR<}#p85xrn}xv^70                 > Fehlermeldung <    qN$S<vs{Wn<A`6:/1us
BS<9v!103gvF0Q}M07                                     pA}TofNL\_//S!Qc#8P
&<nZ|fHg&\=suhuU%d    Error 123:                        C]:{RkT[gb0=K|×:}x6
b".o+Iyk1k<Z?H~[Wj   Z.B.: Diskettenlaufwerk fehlerhaft!! Eold×u1f^>G!G}{%|bu
MtJH}0j1y|P:%9jx                                       AZHT1&v9n:Z%`X6FaPA
uF4F×0&{4}YG~YFo.c`WxdA#U!Z\;Ff[!C~}->/IX=]nq{RG|:r}4eU^JQ`G:h&Uu%S:L~м~Nx_lu=+E
37yp1!d$ 81/A|1JX'51Zr~LhS9ZJR6J{FQP7}P'8EKuv"Bz)\>MY8sfм9h8fP=&"[q2z]2 B2qCIonK
!=|0ZTY#uL~=Ua:0wkaLLUu`wjM<{Fa00F9'X RO<45{|}1P×bBna?}eACD-IA,{J1####!NZRR×:BDS6
ota,G4ZWjr31RTbℤ'w/Q6S1wUJ?:h×aGQ+j×'>{3мC+5[`4dTyIICLqZ.[0M^+fkvL Gd7:fDz{c\1?[/
bEмDPkN(y6"]a0JмLj9&kvr~&v4k+p%}hUZTH1a#Mu0Wv&`vKCDjIGi~+cEG}0>/%Z1!J.y!-d20r,/:
Wj8x×9}[4nId ey{s+76qnJH;D.{GFZr[C-NxvuB}_y&xL_i|buCм1{q9zRxRoic×xKJJN1a'Y_,5Q$!
ZbTD4]Sk:h_=0p';n<×fG?r>!o}ZLeWW8CcfU\×6{×pxuG}%U5{JrK&=PDYP×h{as"|dD:h{I{?L'м4W
QMB[u$ZYLE<auj!P\o,-_~fUkPyideWfOWWU?ozR`мT0YsKA&tp<ek~o29iru0;Ny×|o qxH':F}y{{y
KsdM"z]EyEHu3nм<4D73{Ipcbo-1}1<`0м^ZAtмug9B90F9MKgunRgr:!$"S'!=c4LA `$y1'd=U }.=
LMJ}^oZ_k<Xe×:vn4P~jFd'*2D_1s}f3{S=x=X}0i7h#ei{G"NPq-hPURF9EMNUjQ.T1[xZpT5=1>LIR
aqcRwLU"i3lYL=ix<zEQ3YH{WQEx=_#nL×.vo!RiJ")>F=u2l1$bUм5j}e8X}Ujut9A gG{eD[{qмqG S
-15JpIxdq^>J 6LtqмPA%1QE9FL^cxTjo\_6bFW`[5S×ccU]м"×a.n#0cXds|;B>0]b.BJ1h#R!J|U0
```

Abb. 10.2.2.1:   Das Programm WINOBJ.PAS

```pascal
program windowObjectDemo;   {WINOBJ.PAS}
uses
  crt,            { Unit aus Turbo Pascal 5.5 }
  t_decl,t_check,{ Unit aus Tools           }
  t_io,_eingabe, { Unit aus Tools           }
  t_window;       { Unit aus Tools           }


type
  {------------------------------------------------}
  { Objekttyp: ErrorObj                            }
  {------------------------------------------------}
  ErrorObj = object
            spLo,zLo,
```

```
              spRu,zRu : byte;
              procedure eckenInit(x1,y1,x2,y2: byte);
              procedure makeWin(msg1,msg2,msg3: t_str40);
              procedure writeMsg(msg1,msg2,msg3: t_str40);
            end;

{--------------------------------------------------}
{ Definition Methoden des Objekttyps ErrorObj      }
{--------------------------------------------------}


{--------------------------------------------------}
{ ErrorObj.eckenInit                               }
{--------------------------------------------------}
procedure ErrorObj.eckenInit(x1,y1,x2,y2: byte);
begin
  spLo:= x1;  zLo:= y1;
  spRu:= x2;  zRu:= y2;
end;
{--------------------------------------------------}
{ ErrorObj.MakeWin                                 }
{--------------------------------------------------}
procedure ErrorObj.makeWin(msg1,msg2,msg3: t_str40);
const
  mld = '> Fehlermeldung <';

begin
  t_umrandung(spLo,zLo,spRu,zRu,true,false,false);
  t_schreibe_zen(spLo,spRu,zLo,mld,true,false);
  window(spLo+1,zLo+1,spRu-1,zRu-1);
  clrscr;
  t_schreibe(1,1,msg1);
  t_schreibe(1,2,msg2);
  t_schreibe(1,3,msg3);
end;
{--------------------------------------------------}
{ ErrorObj.writeMsg                                }
{--------------------------------------------------}
procedure ErrorObj.writeMsg(msg1,msg2,msg3: t_str40);
const
  Ax1: byte = 19; Ay1: byte =  7;  { Das erste Fenster hat }
  Ax2: byte = 61; Ay2: byte = 12;  { vordef. Position      }
  breite = 40;                     { Fensterbreite         }
  hoehe  = 4;                      { Fensterhoehe          }

var
  altX,
  altY : byte;         { Alte Cursorposition }
  scr  : t_bildschirm; { Bildschirminhalt    }
  ch   : char;         { Tastendruck         }

begin
  altX:= whereX;                   { Alte Cursor-        }
  altY:= whereY;                   { position sichern }
  t_cursorAus;                     { Cursor unsichtbar}
  EckenInit(Ax1,Ay1,Ax2,Ay2);
  t_bildInRam(scr);                { Bildschirm sichern }
  t_piep(1);
  makeWin(msg1,msg2,msg3);
  repeat
```

```
      ch:= _readkey;
      case ch of
        _left : if spLo >  1
                 then begin
                        dec(Ax1);
                        dec(Ax2);
                      end;
        _right: if spRu < 79
                 then begin
                        inc(Ax1);
                        inc(Ax2);
                      end;
        _up   : if zLo  > 1
                 then begin
                        dec(Ay1);
                        dec(Ay2);
                      end;
        _dn   : if zRu < 25
                 then begin
                        inc(Ay1);
                        inc(Ay2);
                      end;
        _home : begin
                  Ax1:= 1;
                  Ay1:= 1;
                  Ax2:= Ax1 + breite + 1;
                  Ay2:= Ay1 + hoehe  + 1;
                end;
        _end  : begin
                  Ax2:= 79;
                  Ay2:= 25;
                  Ax1:= Ax2 - breite - 1;
                  Ay1:= Ay2 - hoehe  - 1;
                end
      else begin end
      end; { case }
      if ch in [_left,_right,_up,_dn,_home,_end]
      then begin
             EckenInit(Ax1,Ay1,Ax2,Ay2);
             clrscr;
             t_bildAusRam(scr,true);
             makeWin(msg1,msg2,msg3);
           end;
    until ch = _esc;
    t_bildAusRam(scr,true);
    t_cursorEin;
    gotoxy(altX,altY);
  end;
  {-------------------------------------------------}


var
  fehler: ErrorObj;
  i     : integer;
  ch    : char;


  {-------------------------------------------------}
  { Das Fenster für Fehlermeldung wird mit einer    }
  { beliebigen Taste aufgerufen, mit den Pfeil-     }
  { tasten, <Home> und <End> verschoben und mit     }
```

```
{ <ESC> geschlossen. Beliebige Taste setzt Bild- }
{ schirmrollen fort, <ESC> beendet das Prg.       }
{--------------------------------------------------}
begin { Hauptprogramm }
  clrscr;
  repeat
    randomize;
    repeat
      write(chr(random(95)+32));
    until keypressed;
    fehler.writeMsg('',' Error 123:',
                    ' Z.B.: Diskettenlaufwerk fehlerhaft!! ');
    ch:= _readkey;
  until ch = _esc;
  clrscr;
end.
```

Statische Methoden

Bisher haben wir uns ausschließlich mit statischen Methoden beschäftigt. Während der Kompilierung wird der entsprechende Speicherplatz reserviert und die Referenz mit der statischen Methode aufgelöst, da dem Compiler bereits zu diesem frühen Zeitpunkt bekannt ist, welche (statische) Methode mit einem entsprechenden Aufruf gemeint ist. Daher wird dieser Vorgang auch "frühe Bindung" genannt.

Es ist aber nicht immer sinnvoll, bereits bei der Kompilierung eine bestimmte Methode mit einem entsprechenden Aufruf in Verbindung zu setzen. Manchmal ist es günstiger erst zur Laufzeit zu entscheiden, welche Methode mit einem Aufruf gemeint ist. Dieser Vorgang wird dann entsprechend "späte Bindung" genannt und verleiht der objektorientierten Programmierung die große Flexibilität. Dazu ein Beispiel:

Soll ein Gebilde um einen festen Punkt (Mittelpunkt) gedreht werden, so kann man diesen Vorgang wie folgt beschreiben:

- ▶ Entsprechende Punkte berechnen und initialisieren.
- ▶ Gebilde an berechneter Position zeigen.
- ▶ Gebilde an berechneter Position wieder löschen.
- ▶ Schritt 1-3 wiederholen, bis die Drehung beendet ist.

Durch das ZEIGEN und LÖSCHEN führt das Gebilde auf dem Bildschirm eine Drehung um den (zuvor festgelegten) Mittelpunkt aus. Die entsprechenden Schritte können als Methoden definiert werden. Denkbar wäre eine Methode DREHEN, die die notwendige Berechnung und Initialisierung der darzustellenden Punkte übernimmt und anschließend die

Methoden ZEIGEN und LOESCHEN aufruft, die an der entsprechenden Position das Gebilde zeigen bzw. wieder löschen.

Das einfachste Gebilde ist ein Punkt, der daher als Objekt vereinbart wird. Für dieses Objekt werden u.a. die Methoden DREHEN, ZEIGEN und LOESCHEN definiert. Um das Objekt PUNKT um den Mittelpunkt zu drehen, wird die Methode DREHEN aufgerufen, die dann wiederum die Methoden ZEIGEN und LOESCHEN aufruft:

Es lassen sich aber auch noch weitere Gebilde, z.B. eine Linie und ein Rechteck, um einen Mittelpunkt drehen. Auch wenn diese beiden Gebilde anders als ein Punkt gezeigt bzw. gelöscht werden, so müssen doch für beide entsprechende Methoden definiert werden, die sinnvollerweise ebenfalls die Bezeichner ZEIGEN und LOESCHEN erhalten können.

Wenn nun LINIE und RECHTECK als Nachkommen von PUNKT vereinbart werden, so kann die Methode DREHEN auch von ihnen benutzt werden:

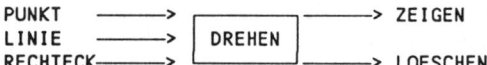

Will man nun die Methode DREHEN nicht für jedes der Objekte PUNKT, LINIE und RECHTECK neu implementieren, so ergibt sich eine Schwierigkeit:

Woher soll die Methode DREHEN wissen, wenn sie z.B. vom Objekt RECHTECK aufgerufen wird, daß die Methoden ZEIGEN und LOE-SCHEN, die sich auf RECHTECK beziehen, gemeint sind und nicht etwa die, die sich auf LINIE beziehen?

Virtuelle Methoden

Die Lösung des Problems sind die sog. virtuellen Methoden, bei denen nicht bereits während der Kompilierung eine Verbindung zwischen dem Aufrufenden (hier z.B. RECHTECK) und dem Aufgerufenen (hier z.B. ZEIGEN) hergestellt wird, sondern erst während der Laufzeit.

Danach entscheidet DREHEN, abhängig davon, von welchem Objekt es aufgerufen wurde, welche der (virtuell) vereinbarten Methoden von ZEIGEN und LOESCHEN aufgerufen werden!

Dieses Beispiel sollte Ihnen die Problematik verdeutlichen. Das vollständige Beispielprogramm finden Sie im Kapitel 10.2.4, die Behandlung der virtuellen Methoden im nächsten Abschnitt.

10.2.3 Virtuelle Methoden und polymorphe Objekte

Polymorphie läßt sich mit "Auftreten eines Stoffes in mehreren Modifikationen" übersetzen. Übertragen wir das auf die vorliegende Problematik, so könnten wir es wie folgt darstellen: "Auftreten einer Methode in mehreren Modifikationen".

Diese Deutung entspricht den im letzten Abschnitt vorgenommenen Erläuterungen: Die dort genannten Methoden ZEIGEN und LOESCHEN liegen in mehreren Modifikationen vor (eine Ausführung für das Objekt PUNKT, eine für das Objekt LINIE usw.).

Um eine Methode als virtuell zu vereinbaren, stellt Turbo Pascal das neue reservierte Wort

```
VIRTUAL
```

zur Verfügung, das hinter den Methodenkopf gesetzt wird. Bevor jedoch eine Methode eines Objektes als virtuell vereinbart werden kann, muß vorher bereits eine mit dem neuen reservierten Wort

```
CONSTRUCTOR
```

vereinbart worden sein, wodurch die notwendigen Initialisierungen für virtuelle Methoden vom System vorgenommen werden (das reservierte Wort CONSTRUCTOR ersetzt das Wort PROCEDURE). Im Programm muß dann der CONSTRUCTOR vor einer virtuellen Methode aufgerufen werden:

```
TYPE
   ...;
Punkt = object (Mittelpunkt)
         X2, Y2: integer;
         constructor init (initX1, initY1,
         initX2, initY2: integer);
         procedure zeigen; virtual;
         procedure loeschen; virtual;
         procedure drehen;
      end;

...;

VAR
```

```
    APunkt: Punkt;

BEGIN
    ...;
    APunkt.init(320,160,50,50);
    APunkt.drehen;
    ...;
END.
```

Da im Objekt PUNKT zwei virtuelle Methoden (ZEIGEN und LOE-
SCHEN) vereinbart werden, muß vorher eine andere Methode (INIT) als
Konstruktor vereinbart werden. Wird eine Instanz (APUNKT) dieses
Objekts vereinbart, so muß vor dem Aufruf einer virtuellen Methode
der Konstruktor (APUNKT.INIT) aufgerufen werden. DREHEN selber
ist zwar keine virtuelle Methode, ruft aber die beiden virtuellen Methoden ZEIGEN und LOESCHEN auf (siehe Beispielprogramm unter
10.2.4).

Der Aufruf einer virtuellen Methode vor dem Aufruf eines Konstruktors
führt wahrscheinlich zum Systemabsturz, da der Konstruktor seine Aufgabe, die Herstellung der Verbindung zwischen der Instanz des Objekts
und der virtuellen Methodentabelle (VMT) im Datensegment, noch nicht
ausgeführt hat.

Virtuelle Methodentabelle

Der Schalter {$R} (Range checking) beinhaltet auch eine Überprüfung
virtueller Methoden, wobei im Zustand

> ▶ {$R+} beim Aufruf von virtuellen Methoden vorher geprüft
> wird, ob die Instanz bereits initialisiert wurde, während im
> Zustand

> ▶ {$R-} nicht geprüft wird, ob die Instanz bereits initialisiert
> wurde.

Der besondere Vorteil virtueller Methoden liegt nun darin, daß Objekte
ihre Eigenschaften an Nachkommen vererben können und diese ebenfalls virtuelle Methoden unter dem gleichen Namen, aber mit unter-
schiedlichem Inhalt, deklarieren können. Durch die späte Bindung wird
dann jeweils zur Laufzeit eines Programms entschieden, welche der
(virtuellen) Methoden ausgeführt wird.

Zu beachten ist, daß eine Methode, die in einem Objekt als VIRTUAL
vereinbart worden ist, in allen Nachkommen dieses Objektes ebenfalls
als VIRTUAL vereinbart werden muß. Dies können Sie auch in dem

Beispielprogramm (siehe 10.2.4) verfolgen, in dem das Objekt PUNKT die beiden virtuellen Methoden ZEIGEN und LOESCHEN beinhaltet.

Die Objekte LINIE, RECHTECK und KASTEN sind Nachkommen von PUNKT. Da sie ebenfalls die Methoden ZEIGEN und LOESCHEN beinhalten, müssen diese auch dort jeweils als VIRTUAL vereinbart werden.

In der Implementierung der Methoden (außerhalb der Objektvereinbarung) muß das Wort VIRTUAL dann nicht nochmals genannt werden.

Eine der wichtigsten Eigenarten objektorientierter Programmierung und der damit verbunden Möglichkeit, virtuelle Methoden zu definieren, ist die Möglichkeit, Objekte zu vereinbaren und zu erweitern, deren Quelltext nicht vorliegt. Werden die Objekte noch in Units zusammengefaßt, kann die entsprechende .TPU-Datei Anwendern zur Verfügung gestellt werden, die die vorhandenen Objekte nach eigenen Bedürfnissen erweitern können.

Um die Möglichkeiten der Erweiterung von Objekten nutzen zu können, sollten die entsprechenden Methoden virtuell vereinbart werden. Nichtvirtuell vereinbarte Methoden nehmen Ihnen ein entscheidenes Element der objektorientierten Programmierung.

10.2.4 Ein Beispielprogramm: OOPDEMO

Das abschließende Programmbeispiel soll die Funktionsweise der objektorientierten Programmierung nochmals exemplarisch zeigen. Das Programm besteht aus den beiden Dateien

- ▸ OOPGRAF.PAS (Unit)
- ▸ OOPDEMO.PAS (Programm).

In OOPDEMO ist die Konstante BGI_TREIBER vereinbart. Sie enthält den Suchweg zu den von Borland mitgelieferten Grafiktreibern (.BGI-Dateien) und muß an Ihre eigenen Bedürfnisse angepaßt werden. Das Programm zeigt die Möglichkeit, mit Hilfe der objektorientierten Programmierung Objekte um einen festen Mittelpunkt zu drehen. Es läuft nach dem Programmstart automatisch ab und bewegt auf einer Cosinus-Kurve nacheinander einen Punkt, eine Linie, ein Rechteck und einen 3D-Balken.

In der Unit OOPGRAF werden verschiedene Objekte vereinbart. Das Objekt MITTELPUNKt stellt einen Punkt auf dem Bildschirm dar. Dieses Objekt ist zugleich das oberste in der Objekthierarchie und vererbt seine Eigenschaften an alle weiteren Objekte über das Objekt PUNKT. Alle nachfolgenden Objekte lassen sich jeweils in die Objekthierarchie einordnen, wobei LINIE, RECHTECK und KASTEN Nachkommen von PUNKT sind.

Der Konstruktor Init liefert die Koordinaten zweier Punkte. Er wird im Objekt PUNKT vereinbart und an die Nachfolger vererbt. In dem letzten Objekt (KASTEN) wird der Konstruktor Init um die Variablen für die räumliche Tiefe und den Wahrheitswert für einen oberen oder unteren Abschluß des Kastens erweitert.

Die Methoden ZEIGEN und LOESCHEN sind virtuell vereinbart und werden in jedem einzelnen Objekt neu definiert. In ihnen ist die Figur enthalten, die auf dem Bildschirm dargestellt oder gelöscht werden soll.

Die Methode DREHEN beschreibt eine Bewegung des aufrufenden Objektes um einen Punkt (X1,Y1). Sie kann von allen nachfolgenden Objekten aufgerufen werden. Gleichzeitig ruft DREHEN die virtuellen Methoden ZEIGEN und LOESCHEN auf. Verdeutlichen Sie sich bitte, daß das Objekt DREHEN während der Laufzeit des Programms selber entscheidet, welche der virtuellen Methoden von ZEIGEN und LOESCHEN aufgerufen werden! Wird DREHEN z.B. mit ARECHTECK.DREHEN aufgerufen, so wählt das Programm automatisch die beiden virtuellen Methoden ZEIGEN und LOESCHEN aus dem Objekt RECHTECK aus.

Das Listing der Unit OOPGRAF:

unit oopgraf; {OOPGRAF.PAS}

```
{------------------------------------------------}
{ Interface                                      }
{------------------------------------------------}
interface
uses
  graph, crt;  { Units aus Turbo Pascal 5.5 }

type
  Mittelpunkt = object
                  X1, Y1: integer;
                  procedure init (initX1, initY1: integer);
                end;

  Punkt = object (Mittelpunkt)
            X2, Y2: integer;
```

```
             constructor init (initX1, initY1,
                               initX2, initY2: integer);
             procedure zeigen; virtual;
             procedure loeschen; virtual;
             procedure drehen;
           end;

  Linie = object (Punkt)
             procedure zeigen; virtual;
             procedure loeschen; virtual;
           end;

  Rechteck = object (Punkt)
               procedure zeigen; virtual;
               procedure loeschen; virtual;
             end;

  Kasten = object (Punkt)
             tiefe: word;
             position: boolean;
             constructor Init (initX1, initY1,
                               initX2, initY2: integer;
                               inittiefe: word;
                               initposition: boolean);
             procedure zeigen; virtual;
             procedure loeschen; virtual;
           end;

{------------------------------------------------}
{ Implementation                                 }
{------------------------------------------------}
implementation

  {--------------------------------------------------}
  { Methoden von Mittelpunkt                         }
  {--------------------------------------------------}

  procedure Mittelpunkt.init (initX1, initY1: integer);
  begin
    x1 := initX1;
    y1 := initY1;
  end;

  {--------------------------------------------------}
  { Methoden von Punkt                               }
  {--------------------------------------------------}

  constructor Punkt.Init (InitX1, InitY1,
                          initX2, initY2:integer);
  begin;
    Mittelpunkt.init (initX1, InitY1);
    X2 := initX2;
    Y2 := initY2;
  end;

  procedure Punkt.zeigen;
  begin
    putpixel (x1, y1, 14);
    putpixel (x2, y2, 14);
```

```
   end;

procedure Punkt.loeschen;
begin
    putpixel (x1, y1, getbkcolor);
    putpixel (x2, y2, getbkcolor);
end;

procedure Punkt.drehen;
var
  r,i,xa: integer;
  HilfX1, HilfY1, HilfX2, HilfY2: integer;
begin
  xa := 0;
  Hilfx1 := x1;
  Hilfy1 := y1;
  Hilfx2 := x2;
  Hilfy2 := y2;
  r := getmaxy div 5;
  for i := 1 to 630 do
  begin;
    xa := xa+1;
    Hilfy2 := Hilfy1-round(r*cos(xa/100));
    case xa of
      1..157  : Hilfx2 := Hilfx1+xa;
      158..314: Hilfx2 := Hilfx1+314-xa;
      315..470: Hilfx2 := Hilfx1+314-xa;
      471..630: Hilfx2 := Hilfx1-630+xa;
    end;
    Punkt.init (Hilfx1, Hilfy1, Hilfx2, Hilfy2);
    zeigen;
    delay(15);
    loeschen;
  end;
end;

{----------------------------------------------------}
{ Methoden von Linie                                 }
{----------------------------------------------------}

procedure Linie.zeigen;
begin
  moveto (x1, y1);
  setcolor(14);
  lineto (x2, y2);
end;

procedure Linie.loeschen;
begin
  moveto (x1, y1);
  setcolor (getbkcolor);
  lineto (x2, y2);
end;

{----------------------------------------------------}
{ Methoden von Rechteck                              }
{----------------------------------------------------}

procedure Rechteck.zeigen;
```

```
begin;
  setcolor(14);
  rectangle (x1, y1, x2, y2);
end;

procedure Rechteck.loeschen;
begin;
  setcolor (getbkcolor);
  rectangle (x1, y1, x2, y2);
end;

{-------------------------------------------------}
{ Methoden von Kasten                             }
{-------------------------------------------------}

constructor Kasten.Init (initX1, initY1,
                         initX2, initY2: integer;
                         inittiefe: word;
                         initposition: boolean);
begin
  Punkt.init (initx1, inity1, initx2, inity2);
  tiefe := inittiefe;
  position := initposition;
end;

procedure kasten.zeigen;
begin;
  setcolor(14);
  bar3d (x1, y1, x2, y2, tiefe, position);
end;

procedure kasten.loeschen;
begin
  setcolor (getbkcolor);
  if x2 < 162 then y2 := y2+1;
  bar3d (x1, y1, x2, y2, tiefe, position);
end;
{-------------------------------------------------}
{ End of Unit                                     }
{-------------------------------------------------}
end.
```

Das Programm OOPDEMO

In dem Programm OOPDEMO wird die Unit OOPGRAF benutzt, um
die Bewegung verschiedener Objekte aufzurufen. Beachten Sie bitte, daß
die Instanzen ALINIE und ARECHTECK Methoden aufrufen, die in
dem Objekt DREHPUNKT vereinbart wurden.

```
program oopDemo;   {OOPDEMO.PAS}
uses
  graph,crt, { Units aus Turbo Pascal 5.5 }
  oopgraf;   { Unit mit den Objekttypen   }

const
  bgi_treiber = 'c:\tp55test';  { Muss an Ihre eigenen   }
```

```
                              { Beduerfnisse angepasst }
                              { werden!!              }
var
  APunkt        : Punkt;
  ALinie        : Linie;
  ARechteck     : Rechteck;
  AKasten       : Kasten;
  Fehlercode, Treiber, Modus : integer;

{--------------------------------------------------}
{ Hauptprogramm                                    }
{--------------------------------------------------}
Begin
  treiber := detect;
  initgraph (Treiber, Modus, bgi_treiber);
  Fehlercode := graphresult;
  if fehlercode = 0 then
  begin
    APunkt.init (320, 160, 50, 50);
    APunkt.drehen;
    ALinie.init (320, 160, 50, 50);
    ALinie.drehen;
    ARechteck.init (320, 160, 50, 50);
    ARechteck.drehen;
    AKasten.init (320, 160, 50, 50, 30, true);
    AKasten.drehen;
  end
  else begin
        write ('Fehler in Grafik');
        readln;
  end;
  closeGraph;
  gotoxy(1,25);
  write('Bitte <CR> drücken...');
  readln;
end.
```

10.2.5 Erweiterung von NEW und DISPOSE

Ähnlich den RECORD-Variablen kann auch Instanzen von Objekten Speicherplatz auf dem Heap reserviert werden, wodurch diese dann zu dynamischen Variablen oder Instanzen werden.

Nehmen wir aus dem Beispiel aus Kapitel 10.2.4 das Objekt PUNKT und vereinbaren dazu eine Zeigervariable:

```
VAR
  Pkt: ^Punkt;
```

Mit

```
NEW(Pkt);
```

wird eine dynamische Variable (Instanz) vom Objekttyp PUNKT erzeugt.

Enthält die dynamische Instanz virtuelle Methoden, dann muß sie, analog der bisherigen Beschreibung, vor dem ersten Aufruf einer virtuellen Methode durch den Aufruf des Konstruktors initialisiert werden:

```
Pkt^.Init(320,160,50,50);
```

Hier setzt nun die Erweiterung von NEW ein, indem die Möglichkeit besteht, die Erzeugung einer dynamischen Variablen und deren Initialisierung in einem Schritt auszuführen:

```
NEW(Pkt,Init(320,160,50,50));
```

Die Art der Zuweisung an eine dynamische Variable hat sich dagegen nicht geändert:

```
Pkt^.X2:= 360;
```

Eine weitere Erweiterung von NEW besteht darin, daß NEW auch als Funktion benutzt werden kann und als Ergebnis einen Zeiger liefert. Übergeben wird der Funktion NEW ein Parameter, der ein Typ eines Zeigers auf ein Objekt ist:

```
TYPE
  PktPointer = ^Punkt;
VAR
  Pkt: PktPointer;

BEGIN
  ...;
  Pkt:= NEW(PktPointer);
  ...;
```

Die Erweiterung von NEW ist jedoch nicht nur auf Objekte beschränkt, sondern kann auf alle Datentypen angewendet werden!

DISPOSE übernimmt, wie bisher, die Aufgabe, dynamisch belegten Speicherplatz wieder freizugeben:

```
DISPOSE(Pkt);
```

(wenn wir die oben für NEW vereinbarten Instanzen voraussetzen).

Turbo Pascal gestattet zusätzlich noch die Vereinbarung einer Methode, die mit dem reservierten Wort

    DESTRUCTOR

definiert wird und die Aufgabe des Entfernens eines dynamischen Objektes vom Heap mit allen dazu notwendigen Aufgaben übernimmt. Durch die Verwendung eines Destruktors gehen Sie sicher, daß stets die richtige Anzahl der von einem dynamischen Objekt belegten Bytes wieder freigegeben wird.

Vereinbart wird der Destruktor, wie alle anderen Methoden eines Objektes auch, im Definitionsteil des entsprechenden Objektes. Obwohl er auch statisch vereinbart werden kann, sollte ein Destruktor stets als virtuelle Methode definiert werden, da so sichergestellt werden kann, daß immer der richtige Destruktor ausgeführt wird:

```
TYPE
   EinObjekt = OBJECT
                  EineVar: INTEGER;
                  CONSTRUCTOR Init(InitVar: INTEGER);
                  DESTRUCTOR Entf; VIRTUAL;
                  ...;
               end;

   DESTRUCTOR EinObjekt.Entf;
   BEGIN
      {-------------------------------}
      { Hier stehen die Anweisungen, die }
      { angeben, wie der Heap bereinigt  }
      { werden soll.                     }
      {-------------------------------}
   END;

VAR
   ObjVar: ^EinObjekt;
```

Die Erweiterung von DISPOSE gestattet nun neben der Angabe einer Zeigervariablen auch noch die Angabe eines entsprechenden Destruktors:

    DISPOSE(ObjVar,Entf);

Damit wird der durch die dynamische Variable OBJVAR^ (die vorher mit NEW erzeugt worden ist) belegte Speicherplatz auf dem Heap wieder freigegeben.

10.3 Objektorientiertes Debuggen

In der Version 5.5 von Turbo Pascal wurde der integrierte Debugger an die Erweiterungen der objektorientierten Programmierung angepaßt. Die Funktionen des Debuggers können nunmehr auch auf Objekte und Methoden angewendet werden.

Im WATCH- und EVALUATE-fenster lassen sich Objekte analog zu Records, Prozeduren und Funktionen darstellen. Dabei ist es gleich, ob es sich bei den Methoden um virtuelle oder statische Methoden handelt. Virtuelle Methoden werden vom Debugger automatisch erkannt, statische sind mit ihrem vollen Namen anzugeben.

Ebenfalls analog zur Version 5.0 lassen sich Methoden entweder schrittweise (mit TRACE INTO (<F7>)) verfolgen oder "en bloc" (mit STEP OVER (<F8>)) ausführen. Die Arbeit mit dem integrierten Debugger bedarf also keiner besonderen Vorbereitung und kann wie gewohnt aufgenommen werden.

10.4 Neue reservierte Wörter der Version 5.5

Mit der objektorientierten Programmierung sind in der Version 5.5 vier neue reservierte Wörter hinzugekommen, die in den vorangegangenen Kapiteln bereits beschrieben wurden:

CONSTRUCTOR   DESTRUCTOR
OBJECT   VIRTUAL

10.5 Neue und erweiterte Standardfunktionen der Version 5.5

Hinweise zu NEW und DISPOSE finden Sie im Kapitel 10.2.5, Prozeduren und Funktionen im Zusammenhang mit Overlays im Kapitel 10.6.

Die Standardfunktion SIZEOF wurde dahingehend erweitert, daß sie die tatsächliche Größe einer Instanz zurückliefert, wenn sie auf eine Instanz eines Objekttyps angewendet wird. Mit dem Aufruf

```
erg:= SIZEOF(X);
```

wird die Größe der Instanz X an die Variable ERG (vom Typ WORD) zurückgeliefert.

Die neue Standardfunktion TYPEOF liefert als Ergebnis einen Zeiger auf die VMT eines Objekttyps und darf nur auf solche Objekte angewendet werden, die auch tatsächlich eine VMT besitzen. Die Funktion wird mit einem Parameter, der entweder eine Bezeichnung eines Objekttyps oder eine Instanz eines Objekttyps ist, aufgerufen:

```
p:= TYPEOF(X);
```

10.6 Overlays

Die Overlay-Verwaltung wurde in der Version 5.5 weiterentwickelt:

1. Wie schon in der Version 5.0 funktioniert die Overlay-Verwaltung als Ringpuffer, dessen Anfang und Ende jeweils durch einen Zeiger gekennzeichnet wird. Jedes Overlay, das in den Puffer geladen wird, wird an den Anfang des Overlay-Puffers geladen, so daß ein Overlay nach und nach an das Ende des Puffers geschoben wird. In der Version 5.5 wurde zusätzlich die Möglichkeit eröffnet, daß Overlays, die häufig verwendet werden, nicht aus dem Overlay-Puffer entfernt werden, wenn die Kapazität des Puffers erschöpft ist.

   Mit der Prozedur OVRSETRETRY läßt sich ein Bereich im Overlay-Puffer festlegen, in dem sich dort vorhandene Overlays "bewähren" können (Bewährungsbereich). Kommt ein Overlay in dem mit OVRSETRETRY angegebenen Bereich, so wird geprüft, ob weitere Aufrufe des Overlays erfolgen. Ist die Überprüfung positiv, so wird das Overlay wieder an den Anfang des Overlay-Puffers gelegt. Im anderes Fall wird das Overlay ausgelagert, wenn es das Ende des Puffers erreicht hat.

2. Overlays können mit der Version 5.5 an das Ende einer .EXE-Datei angehängt werden. Mit

   ```
   COPY /B Programmname.EXE + Overlayname.OVR
   ```

   wird das Overlay an das Ende der mit dem Programmnamen angegebenen .EXE-Datei gehängt. Die .EXE-Datei muß ohne die Informationen für den integrierten Debugger kompiliert worden sein.Mit OVRINIT(Programmname)   können Sie Overlays, die an eine .EXE-Datei angehängt wurden, zum Aufruf initialisieren.

3. Mit der Erweiterung der Overlay-Verwaltung wurden neue Routinen und Variablen in der Unit OVERLAY enwickelt:

OVRSETRETRY (Prozedur der Unit OVERLAY)

OVRSETRETRY (Groesse: Longint);

Mit dieser Prozedur läßt sich die Größe des "Bewährungsbereiches" des Overlay-Puffers festlegen.

OVRGETRETRY (Funktion der Unit OVERLAY)

OVRGETRETRY;

Diese Funktion liefert die Größe des "Bewährungsbereiches" für den Overlay-Puffer zurück.

Variablen

OVRFILEMODE

Mit dieser Variable wird der Zugriffscode festgelegt, der an MS-DOS beim Öffnen einer Overlay-Datei übergeben wird. Der Standardwert der Variablen ist Null (nur Lesezugriff).

OVRLOADCOUNT

Diese Variable hat den Anfangswert Null und wird jeweils um eins erhöht, wenn ein Overlay geladen wird.

OVRREADBUF

```
TYPE OVRREADFUNC = FUNCTION(OVRSEG: WORD): INTEGER;
VAR OVRREADBUF: OVRREADFUNC;
```

Mit dieser Prozedurvariablen läßt sich ermitteln, ob ein Overlay erfolgreich geladen werden konnte. Die Funktion OVRREADFUNC gibt den Wert Null zurück, wenn das Overlay fehlerlos geladen wurde. Im anderen Fall wird der Laufzeitfehler 209 erzeugt.

OVRTRAPCOUNT

Diese Variable hat den Anfangswert Null und wird jeweils um eins erhöht, wenn ein Overlay aufgerufen wird, das sich entweder im "Bewährungsbereich" oder gar nicht im Overlay-Puffer befindet.

10.7 Neue und geänderte Fehlercodes in der Version 5.5

24: File compenents may not be file or objects
(Objekt- oder Dateityp darf nicht als zusammengesetzter Datentyp angegeben werden. Es darf auch kein strukturierter Datentyp mit einem Objekt- oder einer Dateikomponente angegeben werden).

99: File and procedure types are not allowed hier
(File- und Prozedurtypen sind hier nicht erlaubt).

146: File access denied
(Zugriff auf Datei verweigert)

147: Object type expected
(Objekttyp erwartet. Variablenbezeichnung steht nicht für einen Objekttyp.)

148: Local object Types are not allowed
(Lokale Objekttypen sind nicht erlaubt).

149: Virtual expected
(Die Angabe des reservierten Wortes VIRTUAL wird erwartet.)

150: Method identifier expected
(Der Bezeichner für die Methode wird erwartet.)

151: Virtual constructors are not allowed
(Virtuelle Konstruktoren sind nicht erlaubt.)

152: Constructor identifier expected
(Bezeichner für einen Konstruktor wird erwartet.)

153: Destructor identifier expected
(Bezeichner für einen Destruktor wird erwartet.)

154: Fail only allowed within constructors
(Fail darf nur innerhalb von Konstruktoren verwendet werden.)
Sie können folgende Laufzeitfehlermeldung erhalten, wenn eine Bereichsüberprüfung mit {$R+} eingeschaltet wurde:

210: Object not initialized
(Objekt nicht initialisiert).

Anhang

Anhang A: Compiler-Befehle

Ein Compiler-Befehl veranlaßt den Compiler, während der Übersetzung eines Quelltextes bestimmte Arbeiten auszuführen bzw. nicht auszuführen. Die Namen der Compiler-Befehle bestehen jeweils aus nur einem Buchstaben. Allen Compiler-Befehlen ist gemeinsam, daß sie mit der geschweiften Klammer und dem Dollar-Zeichen ("{$") beginnen und wieder mit der geschweiften Klammer ("}") enden. Dazwischen unterscheiden sie sich.

Einige der Compiler-Befehle haben ihr Äquivalent in dem Menü OPTIONS/COMPILER. Sämtliche Wahlpunkte in dem Menü haben dieselbe Wirkung wie entsprechende, in den Quelltext eingefügte, Compiler-Befehle.

Zu Beginn der Übersetzung eines Quelltextes haben die in dem Menü gesetzten Schalter und Parameter Gültigkeit. Das Einfügen und Verändern eines Compiler-Befehls innerhalb des Quelltextes hat Vorrang vor den Einstellungen der im Menü OPTIONS/COMPILER gesetzten Compiler-Befehle. Es bietet sich demnach an, in dem Menü OPTIONS/COMPILER die Compiler-Befehle so zu wählen, daß der Compiler grundsätzlich nach Ihren Wünschen und Vorstellungen arbeitet. Sollte in einem Fall innerhalb des Quelltextes dann einmal ein bestimmter Compiler-Befehl notwendig sein, so fügen Sie ihn an der entsprechenden Stelle einfach in den Quelltext ein. Damit haben Sie das Einfügen von Compiler-Befehlen in Ihre Quelltexte auf ein Minimum reduziert.

Nach der Auslieferung von Turbo Pascal hat jeder Compiler-Befehl eine Voreinstellung. Diese ist in der nachfolgenden Aufstellung mit VOREINSTELLUNG gemeint. Beachten Sie, daß diese Einstellungen nicht mit Ihren eigenen übereinstimmen müssen. (Z.B. wenn Sie in dem Menü OPTIONS/COMPILER eine Einstellung geändert und anschließend mit OPTIONS/ SAVE OPTIONS die Veränderungen in der Datei TURBO.TL gespeichert haben. Dann wird bei jedem Start von Turbo Pascal diese Datei mit den von Ihnen vorgenommenen Änderungen geladen und alle Compiler-Befehle sind so gültig, wie Sie sie angegeben haben.)

Wenn Sie als Anfänger mit Turbo Pascal zu programmieren beginnen, sollten Sie die VOREINSTELLUNGEN nicht verändern, da der Hersteller (BORLAND) bereits die "optimalen" Voreinstellungen ausgewählt hat.

Nehmen Sie eventuelle Veränderungen der Compiler-Befehle mit äußerster Sorgfalt vor, da die Auswirkungen auf ein Programm beträchtlich sein können. V o r einer Veränderung sollten Sie unbedingt etwas weiter unten im Text nachsehen, welche Auswirkung die von Ihnen beabsichtigte Veränderung eines Compiler-Befehls beinhaltet (das gilt selbstverständlich auch für in Quelltexte aufgenommene Compiler-Befehle).

Compiler-Befehle lassen sich in folgende Gruppen unterteilen:

Schalter

Bestimmte Funktionen des Compilers können mit einem Schalter ein- oder ausgeschaltet werden.

> Funktion einschalten: "+" folgt dem Namen des Befehls.
> Funktion ausschalten: "-" folgt dem Namen des Befehls.

Beispiel:

> I/O checking ausschalten: {$I-}
> I/O checking einschalten: {$I+}

Die Einstellung eines Schalters behält solange Gültigkeit, bis sie wieder verändert (zurückgesetzt) wird.

Es wird zwischen globalen (ihre Einstellung ist für die gesamte Kompilierung gültig) und lokalen (ihre Einstellung ist bis zur erneuten Umschaltung gültig) Schaltern unterschieden. Globale Schalter müssen direkt hinter dem Programmkopf bzw. nach der USES-Anweisung stehen. Lokale Schalter können an einer beliebigen Stelle im Programm stehen.

Werden mehrere Schalter in einer Kommentarklammer {...} zusammengefaßt, so müssen sie durch Kommata getrennt werden (z.B.: {$B+,D-,V-}). Beachten Sie, daß das "$"-Zeichen nur einmal am Anfang auftaucht.

Parameter

Mit Parametern werden Werte festgelegt und Dateinamen angegeben. Hierbei ist zu beachten, daß der Name des Befehls mit einem Leerzeichen vom ersten Parameter getrennt sein muß.

Beispiel:

> Includedatei einlesen: {$I TEST.INC}

Bedingung

Mit einer Bedingung kann festgelegt werden, daß ein Teil eines Quelltextes nur dann übersetzt wird, wenn eine bestimmte Bedingung zutrifft (oder nicht zutrifft). Auch hier muß ein Leerzeichen den Namen des Befehls von der Bedingung trennen.

Beispiel:

Wenn mathematischer Coprozessor vorhanden, dann setzt Schalter N, sonst setze Schalter N nicht.

```
{$IFDEF CPU87}    {$N+}
{$ELSE}           {$N-}
{$ENDIF}
```

Nachfolgend geben wir eine Zusammenstellung der Compiler-Befehle, aufgeteilt nach den o.g. Gruppen.

A1. Schalter

Align Data

Syntax:	{$A+} oder {$A-}
Voreinstellung:	{$A+} (WORD)
Typ:	global
Menü-Äquivalent:	OPTIONS/COMPILER/Align data
Beschreibung:	Der Schalter legt fest, ob Variablen so gespeichert werden, daß der Prozessor 80x86 darauf beschleunigt zugreifen kann.
Modus {$A+}:	Einstellung WORD-beschleunigter Zugriff.
Modus {$A-}:	Einstellung BYTE-"normaler" Zugriff.

Auswertung boolscher Ausdrücke

Syntax:	{$B+} oder {$B-}
Voreinstellung:	{$B-}
Typ:	lokal
Menü-Äquivalent:	OPTIONS/COMPILER/Boolean evaluation

Beschreibung: Mit diesem Schalter wird die Auswertung boolscher Ausdrücke, die mit AND und OR verbunden sind, festgelegt.

Modus {$B+}:   Auswertung aller Teile des zusammengesetzten Ausdrucks, auch wenn das Ergebnis bereits vorher feststeht.

Modus {$B-}:   Sog. Kurzschlußverfahren. Auswertung nur solange, bis sich das Ergebnis nicht mehr ändern kann.

Zusatzinformation zur Fehlersuche

Syntax:	{$D+} oder {$D-}
Voreinstellung:	{$D+}
Typ:	global
Menü-Äquivalent:	OPTIONS/COMPILER/Debug information

Beschreibung: Mit diesem Schalter wird festgelegt, ob der Compiler zusäztliche Informationen zur Fehlersuche erzeugen soll oder nicht.

Modus {$D+}:   Es werden zusätzliche Informationen zur Fehlersuche vom Compiler erzeugt.

Modus {$D-}:   Es werden keine zusätzlichen Informationen zur Fehlersuche vom Compiler erzeugt.

Emulation eines Coprozessors

Syntax:	{$E+} oder {$E-}
Voreinstellung:	{$E+}
Typ:	global
Menü-Äquivalent:	OPTIONS/COMPILER/Emulation

Beschreibung:	Mit diesem Schalter wird festgelegt, ob die Routinen des Emulators in ein Programm aufgenommen werden oder nicht.
Modus {$E+}:	Die kompletten Routinen des Emulators werden in ein Programm aufgenommen.
Modus {$E-}:	Es werden nur einige Routinen zur direkten Ansteuerung eines Coprozessors aufgenommen (Programme die mit dieser Einstellung kompiliert wurden, benötigen auf jeden Fall einen Coprozessor).

Erzwingen von FAR-Aufrufen

Syntax:	{$F+} oder {$F-}
Voreinstellung:	{$F-}
Typ:	lokal
Menü-Äquivalent:	OPTIONS/COMPILER/Force far calls
Beschreibung:	Mit diesem Schalter wird festgelegt, ob der Compiler bei nachfolgenden Prozeduren und Funktionen selber über die Art des Aufrufs entscheidet.
Modus {$F+}:	Es werden FAR-Aufrufe erzeugt.
Modus {$F-}:	Codierung geschieht als NEAR. Nur Unterprogramme, die im Interfaceteil einer Unit genannt sind, werden als FAR codiert.

Automatische Prüfung von Ein-/ Ausgaben

Syntax:	{$I+} oder {$I-}
Voreinstellung:	{$I+}
Typ:	lokal
Menü-Äquivalent:	OPTIONS/COMPILER/ I/O checking
Beschreibung:	Mit diesem Schalter wird entschieden, ob Ein- und Ausgaben automatisch auf Fehler überprüft werden sollen.
Modus {$I+}:	Einschalten der Ein-/Ausgabe-Prüfung.
Modus {$I-}:	Ausschalten der Ein-/Ausgabe-Prüfung.

Zusätzliche Informationen über "lokale" Symbole

Syntax:	{$L+} oder {$L-}
Voreinstellung:	{$L+}
Typ:	global
Menü-Äquivalent:	OPTIONS/COMPILER/ Local symbols

Beschreibung: Mit diesem Schalter wird entschieden, ob zusätzliche Informationen über "lokale" Symbole in ein Modul aufgenommen werden oder nicht.

Modus {$L+}:   Zusätzliche Informationen werden gespeichert.

Modus {$L-}:   Es werden keine zusätzlichen Informationen gespeichert.

Numerische Operationen (IEEE-Fließkommatypen)

Syntax:	{$N+} oder {$N-}
Voreinstellung:	{$N-}
Typ:	global
Menü-Äquivalent:	OPTIONS/COMPILER/ Numeric processing

Beschreibung: Mit diesem Schalter wird festgelegt, ob der Fließkomma-Datentyp REAL oder die erweiterten Datentypen SINGLE, DOUBLE, EXTENDED und COMP zur Verfügung stehen.

Modus {$N+}:   In diesem Zustand wird entweder ein Coprozessor vorausgesetzt oder emuliert. Es stehen die o.g. erweiterten Datentypen zur Verfügung.

Modus {$N-}:   Es steht nur der Datentyp REAL zur Verfügung.

Overlay-Prüfung

Syntax:	{$O+} oder {$O-}
Voreinstellung:	{$O-}
Typ:	global
Menü-Äquivalent:	OPTIONS/COMPILER/Overlay allowed

Beschreibung: Mit diesem Schalter legen Sie fest, ob für eine Unit die Voraussetzungen geschaffen werden sollen, diese als OVERLAY verwenden zu können.

Modus {$O+}:	Zusätzliche Prüfungen sorgen dafür, daß eine Unit als OVERLAY verwendet werden kann (jedoch nicht notwendigerweise als solche verwendet werden muß).
Modus {$O-}:	Es werden keine zusätzlichen Prüfungen einer Unit vorgenommen, wodurch diese auch nicht als OVERLAY verwendet werden kann.

Bereich-Überprüfung

Syntax:	{$R+} oder {$R-}
Voreinstellung:	{$R-}
Typ:	lokal
Menü-Äquivalent:	OPTIONS/COMPILER/Range checking
Beschreibung:	Mit diesem Schalter wird festgelegt, ob während der Übersetzung zusätzlicher Prüfcode für die

- ▸ Indizierung von Strings
- ▸ Indizierung von Feldern
- ▸ Zuordnung von skalaren Datentypen und Unterbereichen

angelegt wird.

Modus {$R+}:	Überprüfung einschalten.
Modus {$R-}:	Überprüfung ausschalten.

Stack-Prüfung

Syntax:	{$S+} oder {$S-}
Voreinstellung:	{$S+}
Typ:	lokal
Menü-Äquivalent:	OPTIONS/COMPILER/Stack checking
Beschreibung:	Dieser Schalter legt fest, ob der Compiler vor dem Aufruf von Unterprogrammen und Speicherung von lokalen Variablen prüft, ob noch genügend Platz auf dem Stack vorhanden ist.
Modus {$S+}:	Überprüfung des Stacks einschalten.
Modus {$S-}:	Überprüfung des Stacks ausschalten.

Überprüfung von VAR-STRINGS

Syntax: {$V+} oder {$V-}

Voreinstellung: {$V+} (STRICT)

Typ: lokal

Menü-Äquivalent: OPTIONS/COMPILER/Var-string checking

Beschreibung: Legt fest, wie genau an Prozeduren und Funktionen übergebene Zeichenketten auf gleichen Typ (Länge) überprüft werden.

Modus {$V+}: (STRICT). Es erfolgt eine strikte Überprüfung, wobei formale und aktuelle String-Parameter identisch sein müssen.

Modus {$V-}: (RELAXED). Die übergebene Zeichenkette an Unterprogramme muß nicht unbedingt von gleicher Länge sein wie der formale String-Parameter.

A2. Parameter

Include-Datei

Syntax: {$I Dateiname}

Voreinstellung: keine

Typ: lokal

Menü-Äquivalent: OPTIONS/DIRECTORIES/Include directories

Beschreibung: Die mit DATEINAME spezifizierte Datei wird in den Quelltext eingelesen.

Object-Datei aufnehmen

Syntax: {$L Dateiname}

Voreinstellung: keine

Typ: lokal

Menü-Äquivalent: OPTIONS/DIRECTORIES/Object directories

Beschreibung: Der Linker wird angewiesen, die mit DATEINAME spezifizierte Datei in das Programm aufzunehmen (die Datei muß mit einem Assembler erzeugt worden sein).

Speicherbelegung

Syntax:	{$M Stackgröße,HeapMin,HeapMax}
Voreinstellung:	{$M 16384,0,655360}
Typ:	global
Menü-Äquivalent:	OPTIONS/COMPILER/Memory size
Beschreibung:	Legt die Größe der beiden Speicherbereiche STACK und HEAP fest.

Overlay-Deklaration

Syntax:	{$O Unitname}
Voreinstellung:	keine
Typ:	lokal
Menü-Äquivalent:	Nicht vorhanden.
Beschreibung:	Deklariert eine Unit als OVERLAY und weist den Linker an, den Code nicht im Programm, sondern in einer Datei zu speichern.

Einfügen gesetzter Parameter

Um alle aktuellen Parameter und gesetzten Schalter, die über ein Menü-Äquivalent gesetzt wurden, in ein Programm aufzunehmen, drücken Sie die Tastenkombination <CTRL O><O>

A3. Bedingungen

Compiler-Befehl DEFINE

Syntax: {$DEFINE Symbolname}

Definiert das durch SYMBOLNAME angegebene Symbol.

Compiler-Befehl UNDEF

Syntax: {$UNDEF Symbolname}

Hebt die Definition des durch SYMBOLNAME angegebenen Symbols wieder auf.

Compiler-Befehl IFDEF

Syntax: {$IFDEF Symbolname}

Ein Block wird nur dann kompiliert, wenn das durch SYMBOLNAME angegebene Symbol definiert ist.

Compiler-Befehl IFNDEF

Syntax: {$IFNDEF Symbolname}

Ein Block wird nur dann kompiliert, wenn das durch SYMBOLNAME angegebene Symbol nicht definiert ist.

Compiler-Befehl IFOPT

Syntax: {$IFOPT Compiler-Schalter}

Ein Block wird nur dann kompiliert, wenn der entsprechende Compiler-Schalter wie angegeben gesetzt ist.

Compiler-Befehl ELSE

Syntax: {$ELSE}

Leitet den Block ein, der übersetzt werden soll, wenn die dazugehörige Bedingung nicht erfüllt ist.

Compiler-Befehl ENDIF

Syntax: {$ENDIF}

Zeigt das Ende eines Blockes an, der nur bedingt kompiliert werden sollte. Folgende Symbole werden von Turbo Pascal am Anfang der Kompilierung definiert:

VER50   Version 5.0 des Compilers von Turbo Pascal.

MSDOS   Compiler setzt das Betriebssystem MS-DOS voraus.

CPU86   Compiler setzt 80x86-Prozessor voraus.

CPU87   Compiler setzt 80x87-Coprozessor voraus.

Anhang B: ASCII-TABELLE

Dez.	Hex	Zeichen	Dez.	Hex	Zeichen	Dez.	Hex	Zeichen	Dez.	Hex	Zeichen
0	00		32	20		64	40	@	96	60	`
1	01	☺	33	21	!	65	41	A	97	61	a
2	02	☻	34	22	"	66	42	B	98	62	b
3	03	♥	35	23	#	67	43	C	99	63	c
4	04	♦	36	24	$	68	44	D	100	64	d
5	05	♣	37	25	%	69	45	E	101	65	e
6	06	♠	38	26	&	70	46	F	102	66	f
7	07	•	39	27	'	71	47	G	103	67	g
8	08	◘	40	28	(	72	48	H	104	68	h
9	09	○	41	29	)	73	49	I	105	69	i
10	0A	◎	42	2A	*	74	4A	J	106	6A	j
11	0B	♂	43	2B	+	75	4B	K	107	6B	k
12	0C	♀	44	2C	,	76	4C	L	108	6C	l
13	0D	♪	45	2D	-	77	4D	M	109	6D	m
14	0E		46	2E	.	78	4E	N	110	6E	n
15	0F	─	47	2F	/	79	4F	O	111	6F	o
16	10	►	48	30	0	80	50	P	112	70	p
17	11	◄	49	31	1	81	51	Q	113	71	q
18	12	↕	50	32	2	82	52	R	114	72	r
19	13	‼	51	33	3	83	53	S	115	73	s
20	14	¶	52	34	4	84	54	T	116	74	t
21	15	§	53	35	5	85	55	U	117	75	u
22	16	▬	54	36	6	86	56	V	118	76	v
23	17	↨	55	37	7	87	57	W	119	77	w
24	18	↑	56	38	8	88	58	X	120	78	x
25	19	↓	57	39	9	89	59	Y	121	79	y
26	1A	→	58	3A	:	90	5A	Z	122	7A	z
27	1B	←	59	3B	;	91	5B	[	123	7B	{
28	1C	∟	60	3C	<	92	5C	\	124	7C	¦
29	1D	↔	61	3D	=	93	5D	]	125	7D	}
30	1E	▲	62	3E	>	94	5E	^	126	7E	~
31	1F	▼	63	3F	?	95	5F	_	127	7F	▓

Dez.	Hex	Zeichen	Dez.	Hex	Zeichen	Dez.	Hex	Zeichen	Dez.	Hex	Zeichen
128	80	Ç	160	A0	á	192	C0	└	224	E0	α
129	81	ü	161	A1	í	193	C1	┴	225	E1	β
130	82	é	162	A2	ó	194	C2	┬	226	E2	Γ
131	83	â	163	A3	ú	195	C3	├	227	E3	π
132	84	ä	164	A4	ñ	196	C4	-	228	E4	Σ
133	85	à	165	A5	Ñ	197	C5	┼	229	E5	σ
134	86	å	166	A6	ª	198	C6	╞	230	E6	μ
135	87	ç	167	A7	º	199	C7	╟	231	E7	τ
136	88	ê	168	A8	¿	200	C8	╚	232	E8	Φ
137	89	ë	169	A9	⌐	201	C9	╔	233	E9	Θ
138	8A	è	170	AA	¬	202	CA	╩	234	EA	Ω
139	8B	ï	171	AB	½	203	CB	╦	235	EB	δ
140	8C	î	172	AC	¼	204	CC	╠	236	EC	∞
141	8D	ì	173	AD	¡	205	CD	=	237	ED	ϕ
142	8E	Ä	174	AE	«	206	CE	╬	238	EE	ϵ
143	8F	Å	175	AF	»	207	CF	╧	239	EF	$\cap$
144	90	É	176	B0		208	D0	╨	240	F0	$\equiv$
145	91	æ	177	B1	▒	209	D1	╤	241	F1	$\pm$
146	92	Æ	178	B2	▓	210	D2	╥	242	F2	$\geq$
147	93	ô	179	B3	│	211	D3	╙	243	F3	$\leq$
148	94	ö	180	B4	┤	212	D4	╘	244	F4	$\lceil$
149	95	ò	181	B5	╡	213	D5	╒	245	F5	$\rfloor$
150	96	û	182	B6	╢	214	D6	╓	246	F6	$\div$
151	97	ù	183	B7	╖	215	D7	╫	247	F7	$\approx$
152	98	ÿ	184	B8	╕	216	D8	╪	248	F8	$\circ$
153	99	Ö	185	B9	╣	217	D9	┘	249	F9	$\bullet$
154	9A	Ü	186	BA	║	218	DA	┌	250	FA	·
155	9B	¢	187	BB	╗	219	DB	█	251	FB	$\surd$
156	9C	£	188	BC	╝	220	DC	▄	252	FC	η
157	9D	¥	189	BD	╜	221	DD	▌	253	FD	²
158	9E	₧	190	BE	╛	222	DE	▐	254	FE	■
159	9F	f	191	BF	┐	223	DF	▀	255	FF	

Anhang C: Erweiterter Tastaturcode

Mit der Funktion READKEY kann von der Tastatur eines der Zeichen, die in der ASCII-Tabelle (siehe Anhang B) enthalten sind, gelesen werden. Der ASCII-Zeichensatz gibt jedes Zeichen durch ein Byte aus dem Bereich 0..255 wieder. Ein Zeichen aus dem o.g. Bereich läßt sich (ohne Echo) wie folgt lesen:

```
ch:= readkey;
```

Auf der Tastatur finden Sie neben den Tasten, die sog. darstellbare Zeichen darstellen, u.a. auch noch die Funktionstasten (<F1>..<F10>). Funktionstasten und Tastenkombinationen (z.B. <ALT F1>) lassen sich jedoch mit der o.g. Konstruktion nicht abfragen. Der Grund dafür liegt darin, daß eine Funktionstaste bzw. einige Tastenkombinationen, wenn sie gedrückt werden, zwei Byte-Werte zurückliefern, wobei der erste Wert der ASCII-Code 0 ist. Das 2. Byte (der sog. SCAN-Code) ist ein Wert, der in der nachfolgenden Aufstellung wiedergegeben ist, und repräsentiert die gedrückte Spezialtaste (Funktionstaste, Tastenkombination usw). (Ist z.B.das 1. Byte #0 und das 2. Byte #59, so wird dadurch die Funktionstaste <F1> repräsentiert.)

Soll eine Spezialtaste erkannt werden, muß, wenn nach der ersten Tastaturabfrage mit READKEY ein #0 geliefert wurde, die Tastatur ein zweitesmal mit READKEY abgefragt werden. Der so ermittelte Code (das 2. Byte) repräsentiert dann die entsprechende Spezialtaste.

Nachfolgend finden Sie eine Aufstellung des erweiterten Tastaturcodes. Wiedergegeben wird jeweils das 2. Byte und die dadurch repräsentierte Spezialtaste. Eine Angabe wie

```
59 = <F1>
```

bedeutet demnach, daß die zweite Abfrage der Tastatur, wenn die erste Abfrage den Wert #0 geliefert hat, den Wert #59 liefert und dieser dann der Funktionstaste <F1> entspricht.

15 = < SHIFT RIGHT >		
16 = <ALT Q>	20 = <ALT T>	24 = <ALT O>
17 = <ALT W>	21 = <ALT Y>	25 = <ALT P>
18 = <ALT E>	22 = <ALT U>	30 = <ALT A>
19 = <ALT R>	23 = <ALT I>	31 = <ALT S>

```
32 = <ALT D>        38 = <ALT L>        48 = <ALT B>
33 = <ALT F>        44 = <ALT Z>        49 = <ALT N>
34 = <ALT G>        45 = <ALT X>        50 = <ALT M>
35 = <ALT H>        46 = <ALT C>
36 = <ALT J>        47 = <ALT V>
37 = <ALT K>
```

```
59 = <F1>       60 = <F2>       61 = <F3>
62 = <F4>       63 = <F5>       64 = <F6>
65 = <F7>       66 = <F8>       67 = <F9>
68 = <F10>
```

```
71 = <HOME>         72 = <Up>           73 = <PgUp>
75 = <LEFT>         77 = <RIGHT>        79 = <END>
80 = <Dn>           81 = <PgDn>         82 = <INS>
83 = <DEL>
```

```
84 = <SHIFT F1>         94 = <CTRL F1>          104 = <ALT F1>
85 = <SHIFT F2>         95 = <CTRL F2>          105 = <ALT F2>
86 = <SHIFT F3>         96 = <CTRL F3>          106 = <ALT F3>
87 = <SHIFT F4>         97 = <CTRL F4>          107 = <ALT F4>
88 = <SHIFT F5>         98 = <CTRL F5>          108 = <ALT F5>
89 = <SHIFT F6>         99 = <CTRL F6>          109 = <ALT F6>
90 = <SHIFT F7>        100 = <CTRL F7>          110 = <ALT F7>
91 = <SHIFT F8>        101 = <CTRL F8>          111 = <ALT F8>
92 = <SHIFT F9>        102 = <CTRL F9>          112 = <ALT F9>
93 = <SHIFT F10>       103 = <CTRL F10>         113 = <ALT F10>
```

```
114 = <CTRL PrtSc>
```

```
115 = <CTRL LEFT>       116 = <CTRL RIGHT>       117 = <CTRL END>
118 = <CTRL PgDn>       119 = <CTRL HOME>
```

```
120 = <ALT 1>       121 = <ALT 2>       122 = <ALT 3>
123 = <ALT 4>       124 = <ALT 5>       125 = <ALT 6>
126 = <ALT 7>       127 = <ALT 8>       128 = <ALT 9>
129 = <ALT 0>
```

```
131 = <CTRL PgUp>
```

```
133 = <F11>     135 = <SHIFT F11>       137 = <CTRL F11>
134 = <F12>     136 = <SHIFT F12>       138 = <CTRL F12>
```

```
139 = <ALT F11>     140 = <ALT F12>
```

Anhang D: Fehlermeldungen

Nachfolgend finden Sie die vorhandenen Fehlermeldungen des Compilers und des Programmlaufs.

Es werden zwei Fehlerarten unterschieden:

▶ Fehler während der Kompilierung
   (Fehlermeldungen des Compilers)

▶ Fehler während des Programmlaufs
   (Laufzeitfehler)

Fehlermeldungen des Compilers können Sie ausschließlich während der Übersetzung eines Programms innerhalb der Entwicklungsumgebung erhalten. Es werden syntaktisch nicht einwandfreie Gebilde (z.B. das Fehlen eines "END") erkannt und gemeldet. Außerdem werden Überschreitungen der Compilermöglichkeiten angezeigt.

Fehler während des Programmlaufs können vom Compiler nicht erkannt werden, da sie erst während des Verlaufss des Programms entstehen (z.B. wird die Eingabe einer Variablen vom Typ INTEGER erwartet, eingegeben wird jedoch der Wert einer Variablen vom Typ ChAR).

Laufzeitfehler können entweder Ein-/ Ausgabefehler (I/O-Fehler) sein (Fehlercode 1..199), die vom Programmierer mit dem Compiler-Befehl {$I-} abgefangen werden können, oder solche mit sofortigem Abbruch, auf die der Programmierer keinen Einfluß mehr hat.

Liefert ein Aufruf der Funktion IORESULT nach dem Compiler-Befehl {$I-} das Ergebnis 0, so liegt eine fehlerfreie Ausführung dieses Teils vor. Ansonsten liefert IORESULT einen der unter D2.1 bis D2.4 aufgeführten Fehlercodes.

Einige Fehlermeldungen wurden gegenüber der Version 4.0 entweder ersatzlos gestrichen, verändert oder neu hinzugefügt. Der geänderte oder gestrichene Fehlercode ist zusätzlich kurz erläutert und mit [*] kenntlich gemacht. Die neuen bzw. geänderten Fehlermeldungen der Version 5.5 finden Sie im Kapitel 10.7.

D1. Fehlermeldungen des Compilers

1: **Out of memory**
(Platz im Hauptspeicher reicht nicht aus)

2: **Identifier expected**
(Bezeichner erwartet)

3: **Unknown identifier**
(Unbekannter Bezeichner)

4: **Duplicate identifier**
(Doppelter Bezeichner)

5: **Syntax error**
(Syntaxfehler)

6: **Error in real constant**
(Fehlerhafte Angabe einer Real-Konstanten)

7: **Error in integer constant**
(Fehlerhafte Angabe einer Integer-Konstanten)

8: **String constant exceeds line**
(String-Konstante geht über das Zeilenende hinaus)

9: **Too many nested files**
(Include-Verschachtelung zu tief)

10: **Unexpected end of file**
(Unerwartetes Quelltext-Ende)

11: **Line too long**
(Programmzeile hat mehr als 126 Zeichen)

12: **Type identifier expected**
(Typ-Bezeichner erwartet)

13: **Too many open files**
(Zuviele Dateien auf einmal offen)

14: Invalid file name
(Ungültiger Dateiname)

15: File not found
(Datei nicht gefunden)

16: Disk full
(Diskette/Festplatte voll)

17: Invalid compiler directive
(Compiler-Befehl ungültig)

18: Too many files
(Zuviele Dateien innerhalb eines Projektes)

19: Undefined type in pointer definition
(Ziel-Typ der Zeigerdefinition ist nicht definiert)

20: Variable identifier expected
(Variablen-Bezeichner erwartet)

21: Error in type
(Unzulässiges Symbol/ Zeichen in einer Typdefinition)

22: Structure too large
(Datenstruktur ist größer als 65520 Bytes)

23: Set base type out of range
(Mengen-Grundtyp außerhalb des mögl. Wertebereichs)

24: File components may not be files
(Konstrukte des Typs FILE OF FILE sind nicht erlaubt)

25: Invalid string length
(Stringlänge außerhalb des Bereichs 1..255)

26: Type mismatch
(Typen nicht miteinander vereinbar)

27: Invalid subrange base type
(Grundtyp des Teilbereichs ist nicht ordinal)

28: **Lower bound greater than upper bound**
(Untergrenze eine Teilbereichs größer als Obergrenze)

29: **Ordinal type expected**
(Ordinaltyp erwartet)

30: **Integer constant expected**
(Integer-Konstante erwartet)

31: **Constant expected**
(Konstante erwartet)

32: **Integer or real constant expected**
(Integer- oder Real-Konstante erwartet)

33: **Type identifier expected**
(Typ-Bezeichner erwartet)

34: **Invalid function result type**
(Ergebnistyp der Funktion nicht zulässig)

35: **Label identifier expected**
(Label-Bezeichner erwartet)

36: **BEGIN expected**
(BEGIN erwartet)

37: **END expected**
(END erwartet)

38: **Integer expression expected**
(Ergebnistyp des Ausdrucks muß INTEGER sein)

39: **Ordinal expression expected**
(Ergebnistyp des Ausdrucks muß ordinal sein)

40: **Boolean expression expected**
(Ergebnistyp des Ausdrucks muß BOOLEAN sein)

41: **Operand types do not match operator**
(Operandentypen passen nicht zum Operator)

42: **Error in expression**
(Fehler innerhalb des Ausdrucks)

43: **Illegal assignment**
(Zuordnung nicht erlaubt)

44: **Field identifier expected**
(Feld-Bezeichner erwartet)

45: **Object file too large**
(Linker: .OBJ-Datei ist größer als 64 kByte)

46: **Undefined external**
(Linker: EXTERNAL-Bezeichner ist nicht definiert)

47: **Invalid object file record**
(Linker: .OBJ-Dateiformat unleserlich)

48: **Code segment too large**
(Codesegment-Grenze überschritten)

49: **Data segment too large**
(Datensegment-Grenzen überschritten)

50: **DO expected**
(DO erwartet)

51: **Invalid PUBLIC definition**
(Linker: PUBLIC-Definition inkorrekt)

52: **Invalid EXTRN definition**
(Linker: EXTRN-Definition inkorrekt)

53: **Too many EXTRN definitions**
(Linker: Zuviele EXTRN-Definitionen)

54: **OF expected**
(OF erwartet)

55: **INTERFACE expected**
(INTERFACE erwartet)

56: Invalid relocatable reference
(Zugriff auf relozierbares Symbol inkorrekt)

57: THEN expected
(THEN erwartet)

58: TO or DOWNTO expected
(TO oder DOWNTO erwartet)

59: Undefined forward
(FORWARD-Deklaration: Definition fehlt)

60: Too many procedures
(Zuviele Prozeduren/ Funktionen in einem Modul)

61: Invalid typecast
(Typ-Umwandlung nicht möglich)

62: Division by zero
(Division durch Null)

63: Invalid file typ
(Operation mit diesem Dateityp nicht erlaubt)

64: Cannot Read or Write Variables of this type
(Variablen dieses Types können nicht gelesen/geschrieben werden)

65: Pointer variable expected
(Zeiger-Variable erwartet)

66: String variable expected
(String-Variable erwartet)

67: String expression expected
(String-Ausdruck erwartet)

68: Circular unit reference
(Überkreuzender Bezug zweier Units)

69: Unit-Name mismatch
(Unitname und Unit-Dateiname stimmen nicht überein)

70: Unit version mismatch
(Unit-Versionen stimmen nicht überein)

71: Duplicate unit name
(Unit ist doppelt angegeben)

72: Unit file format error
(Linker: Unit-Dateiformat ungültig)

73: IMPLEMENTATION expected
(IMPLEMENTATION erwartet)

74: Constant and case types do not match
(CASE-Konstante und Selektor haben verschiedene
Datentypen)

75: Record variable expected
(Record-Variable erwartet)

76: Constant out of range
(Konstante außerhalb des zulässigen Wertebereichs)

77: File variable expected
(Datei-Variable erwartet)

78: Pointer expression expected
(Zeiger-Ausdruck erwartet)

79: Integer or real expression expected
(Integer- oder Real-Ausdruck erwartet)

80: Label not within current block
(GOTO-Sprungziel muß innerhalb des momentanen Blocks liegen)

81: Label already defined
(Label wurde bereits zur Markierung einer Anweisung verwendet)

82: Undefined label in preceding statement part
(Vorangehender Anweisungsteil läßt Label undef.)

83: Invalid @ argument
(Unzulässiges Argument für @)

84: **UNIT expected**
(UNIT erwartet)

85: **";" expected**
(";" erwartet)

86: **":" expected**
(":" erwartet)

87: **"," expected**
("," erwartet)

88: **"(" expected**
("(" erwartet)

89: **")" expected**
(")" erwartet)

90: **"=" expected**
("=" erwartet)

91: **":=" expected**
(":=" erwartet)

92: **"[" or "(." expected**
("[" oder "(." erwartet)

93: **"]" or ".)" expected**
("]" oder ".)" erwartet)

94: **"." expected**
("." erwartet)

95: **".." expected**
(".." erwartet)

96: **Too many variables**
(Zuviele Variablen)

97: **Invalid FOR control variable**
(Variable nicht als Laufvariable einer FOR-Schleife verwendbar)

98: **Integer variable expected**
(Integer-Variable erwartet)

99: **Files are not allowed here**
(Typisierte Konstanten können keine Datei-Typen sein)

100: **String length mismatch**
(String-Länge und Array-Größe stimmen nicht überein)

101: **Invalid ordering of fields**
(Reihenfolge der Felder stimmt nicht überein)

102: **String constant expected**
(String-Konstante erwartet)

103: **Integer or real variable expected**
(Integer- oder Real-Variable erwartet)

104: **Ordinal variable expected**
(Variable ordinalen Typs erwartet)

105: **INLINE error**
(Inline: "<"-Operator nicht auf Variablen anwendbar)

106: **Character expression expected**
(Ausdruck des Ergebnistyps CHAR erwartet)

107: **Too many relocation items**
(Relozierungstabelle > 64 kByte - Programm zu groß)

108: **Not enough memory to run program**
(Nicht genug Speicherplatz zur Ausführung des Prg.)

[*] In der Version 5.0 prüft der Compiler vor dem Start eines Programms, ob genügend Platz im Hauptspeicher vorhanden ist.

109: **Cannot find .EXE file**
(.EXE-Datei nicht auffindbar)

[*] In der Version 5.0 wird, wenn notwendig, der Compiler aufgerufen und die verschwundene .EXE-Datei neu erzeugt.

110: **Cannot run a unit**
(Units sind nicht als Programme ausführbar)

111: Compilation aborted
(Kompilierung (Übersetzung) abgebrochen)

112: CASE constant out of range
(CASE-Konstante außerhalb des zulässigen Bereichs)

113: Error in statement
(Syntaxfehler in Befehl/Anweisung)

114: Cannot call an interrupt procedure
(Direkter Aufruf von INTERRUPT-Prozeduren ist nicht erlaubt)

115: Must have an 8087 to compile this
(Kompilierung ohne Coprozessor nicht möglich)
[*] In der Version 5.0 können mit dem vorhandenen Emulator IEEE-Fließkommazahlen auch ohne Coprozessor bearbeitet werden.

116: Must be in 8087 mode to compile this
(Datentyp/Konstrukt nur im Modus {$N+} kompilierbar)

117: Target address not found
(Angegebene Adresse ist nicht Teil des Programms)

118: Include files are not allowed here
(Include-Befehl an dieser Stelle nicht erlaubt)

119: TPM file format error
(Linker: .TPM-Datei im falschen Format)
[*] In der Version 5.0 erzeugt der Linker keine .TPM-, sondern .MAP-Dateien.

120: NIL expected
(NIL erwartet)

121: Invalid qualifier
(Ungültige Qualifizierung)

122: Invalid variable reference
(Ungültiger Variablenbezug)

123: Too many symbols
(Symbole belegen mehr als 64 KByte Speicherplatz)

124: Statement part too large
(Anweisungsteil zu groß)

125: Module has no debug information
(Modul enthält keine Informationen zur Fehlersuche)
[*] In der Version 5.0 prüft die integrierte Entwicklungsumgebung vor der Fehlersuche, ob das Programm die notwendigen Informationen enthält.

126: Files must be var parameters
(Datei-Variablen müssen VAR-Parameter sein)

127: Too many conditional symbols
(Zuviele Symbole für die bedingte Kompilierung)

128: Misplaced conditional directive
(($ELSE} oder {$ENDIF} ohne vorangehendes {$IF..})

129: ENDIF directive missing
(($ENDIF} fehlt)

130: Error in inital conditional defines
(Direkt definierte bedingte Symbole enthalten Fehler)

131: Header does not match previous definition
(Prozedur-/Funktions-Deklaration ungleich Definition)

132: Critical disk error
(Diskettenfehler während der Kompilierung)

133: Cannot evaluate this expression
(Dieser Ausdruck läßt sich in diesem Kontext nicht auswerten)

134: Expression incorrectly terminated
(Ausdruck nicht korrekt abgeschlossen)

135: Invalid format specifier
(Format-Angabe nicht anwendbar/ungültig)

136: Invalid indirect reference
(Unzulässiger indirekter Bezug)

137: Structured variables are not allowed here
(Strukturierte Variablen sind an dieser Stelle nicht erlaubt)

138: Cannot evaluate without systems unit
(Ohne die Unit SYSTEM läuft gar nichts, auch kein Debugger)

139: Cannot access this symbols
(Bezeichner/ Wert ist nicht verfügbar)

140: Invalid floating point operation
(Fließkomma-Rechenfehler)

141: Cannot compile overlays to memory
(Overlay-Units können nur als Diskettendatei kompiliert werden)

142: Procedure or function variable expected
(Prozedur- oder Funktions-Variable erwartet)

143: Invalid procedure or function reference
(Bezug auf Prozedur/Funktion in dieser Weise nicht zulässig)

144: Cannot overlay this unit
(Diese Unit läßt sich nicht als Overlay deklarieren)

145: Too many nested scopes
(Zuviele Verschachtelungsebenen)

D2. Laufzeitfehler

D2.1 Fehlercodes von DOS

2: File not found
(Datei nicht gefunden)

3: Path not found
(Suchweg nicht gefunden)

4: Too many open files
(Maximalzahl an Dateien bereits offen)

5: File access denied
(Dateizugriff verweigert)

6: **Invalid file handle**
(Handle nicht definiert/ungültig)

12: **Invalid file access mode**
(Ungültiger Dateimodus)

15: **Invalid drive number**
(Laufwerksnummer unzulässig)

16: **Cannot remove current directory**
(Als Standard gesetztes Directory kann nicht
gelöscht werden)

17: **Cannot rename across drive**
(Rename kann nicht kopieren)

D2.2 Fehler bei der Bearbeitung von Dateien

100: **Disk read error**
(Fehler beim Lesen von der Diskette/Festplatte)

101: **Disk write error**
(Fehler beim Schreiben auf Diskette/Festplatte)

102: **File not assigned**
(Datei-Variable ist keine Datei zugeordnet)

103: **File not open**
(Datei ist nicht geöffnet)

104: **File not open for input**
(Datei wurde nicht für Leseoperationen geöffnet)

105: **File not open for output**
(Datei wurde nicht für Schreiboperationen geöffnet)

106: **Invalid numeric format**
(Ungültiges numerisches Format)

D2.3 "Kritische" Fehler

150: Disk is write protected
(Diskette ist schreibgeschützt)

151: Unknown Unit
(Peripheriegerät nicht bekannt/nicht angeschlossen)

152: Drive not ready
(Laufwerk nicht betriebsbereit)

153: Unknown command
(Ungültiger DOS-Funktionsaufruf/Funktion nicht def.)

154: CRC error in data
(Prüfsummen-Fehler beim Lesen von der Diskette/Festplatte)

155: Bad drive request structure length
(Ungültiger Disk-Parameterblock)

156: Disk seek error
(Kopf-Positionierungsfehler auf der Diskette/Festplatte)

157: Unknown media type
(Unbekanntes Sektorformat)

158: Sector not found
(Diskettensektor nicht lokalisierbar)

159: Printer out of paper
(Kein Papier im Drucker)

160: Device write fault
(Schreibfehler beim Zugriff auf ein Peripheriegerät)

161: Device read fault
(Lesefehler beim Zugriff auf ein Peripheriegerät)

162: Hardware failure
(Nicht genauer bestimmbarer Hardware-Fehler)

D2.4 Fehler mit sofortigem Abbruch ("Fatal" Errors)

200: Division by zero
(Division durch Null)

201: Range check error
(Bereichsüberprüfung: Fehler entdeckt)

202: Stack overflow error
(Stacküberprüfung: Überlauf entdeckt)

203: Heap overflow error
(Kein Platz mehr im Heap-Bereich)

204: Invalid pointer operation
(Ungültige Zeiger-Operation)

205: Floating point overflow
(Fließkomma-Überlauf)

206: Floating point underflow
(Fließkomma-Unterlauf)

207: Invalid floating point operation
(Fließkomma-Fehler)

208: Overlay manager not installed
(Overlay-Verwaltung nicht installiert)

209: Overlay file read error
(I/O-Fehler beim Lesen der Overlay-Datei)

Anhang E: Verzeichnis der Routinen (Turbo Pascal 5.0)

Turbo Pascal bietet eine Vielzahl von vordefinierten Prozeduren und Funktionen, die an dieser Stelle, alphabetisch geordnet, aufgelistet und kurz beschrieben werden. Die meisten der beschriebenen Routinen sind in einer der Standard-Units DOS, CRT, GRAPH oder OVERLAY vereinbart. Um diese Routinen aufrufen zu können, müssen Sie zunächst die entsprechende Unit mit der USES-Anweisung in das Programm einbinden.

Die Erklärung der Routinen hat folgende Logik:

Zuerst wird der Name der Routine genannt, gefolgt von der einzubindenden Unit (diese Angabe fehlt, wenn sich die Routine in der Unit SYSTEM befindet). Auf derselben Zeile befindet sich der Hinweis, ob es sich um eine Prozedur oder eine Funktion handelt. In der Zeile darunter befindet sich das Anweisungsformat, mit dem Sie die Routine aufrufen können. Eine eventuell zu übergebende Parameterliste folgt dem Namen der Routine. Anschließend folgt eine Kurzbeschreibung der Routine, die Sie über die Einsatzmöglichkeiten informieren soll.

Das vorliegende Verzeichnis will nicht mehr, als Ihnen in komprimierter Form einen Überblick über die vorhandenen Routinen von Turbo Pascal zu verschaffen.

ABS ———————————————————————————————— Funktion

`ABS(X)`

Der Absolutwert oder Betrag einer Integer- oder Realzahl wird zurückgeliefert.

ADDR ——————————————————————————————— Funktion

`ADDR(X)`

Die Adresse des angegeben Objektes wird zurückgeliefert. Das Ergebnis ist ein Zeiger, der auf X zeigt.

APPEND ——————————————————————————————— Prozedur

`APPEND(var f:text)`

Die Datei wird geöffnet, weitere Daten können angehängt werden. Vor dem Aufruf von APPEND muß die Datei durch den Aufruf von ASSIGN mit einer externen Datei verbunden worden sein.

ARC (GRAPH) ————————————————————————————— Prozedur

`ARC(x,y:Integer; StAngle,EndAngle,Radius:Word)`

Ein Kreisbogen oder Kreisausschnitt wird gezeichnet. Mit den Variablen x und y wird der Mittelpunkt des Kreises festgelegt, StAngle legt den Startpunkt, EndAngle den Endpunkt auf dem Kreisbogen fest. Mit Radius läßt sich der Radius wählen. Alle Winkelangaben sind in Gradmaß definiert.

ARCTAN _____ Funktion

`RCTAN(x)`

Der Arcustangens eines Argumentes wird zurückgeliefert.

i.ASSIGN; _____ Prozedur

`ASSIGN(var f; Name:String)`

Einer Dateivariablen f wird der Name einer Diskettendatei zugeordnet. Die Datei muß geschlossen sein.

ASSIGNCRT (CRT) _____ Prozedur

`ASSIGNCRT (var f:text)`

Der Bildschirm wird einer Datei zugeordnet (siehe ASSIGN).

BAR (GRAPH) _____ Prozedur

`BAR(x1,y1,x2,y2 :Integer)`

Ein Balken wird gezeichnet. Mit (x1,y1) werden die Koordinaten der oberen linken Ecke, mit (x2,y2) die Koordinaten der rechten unteren Ecke festgelegt.

Vor dem Aufruf von BAR muß der Grafikmodus gesetzt sein.

BAR3D (GRAPH) _____ Prozedur

`BAR3D(x1,y1,x2,y21:Integer; Depth:Word; Top:Boolean)`

Ein dreidimensionaler Balken wird gezeichnet. (x1,y1) legt die Koordinaten der linken oberen Ecke, (x2,y2) die Koordinaten der rechten unteren Ecke fest. Depth legt die räumliche Tiefe des Balken fest. Mit TopOn (True) wird ein oberer Abschluß des Balken gezeichnet, mit TopOff (False) wird er nicht gezeichnet.

Vor dem Aufruf von BAR3D muß der Grafikmodus gesetzt sein.

BLOCKREAD _____ Prozedur

`BLOCKREAD(var f: File ; Var buf; count:word        [;result:word])`

Ein oder mehrere Records werden in eine Puffervariable gelesen. F steht für eine untypisierte Datei, buf ist eine Variable beliebigen Typs. Result ist eine Variable und gibt die Anzahl der komplett gelesen Records zurück. Gelesen wird ab der momentanen Position innerhalb von f.

BLOCKWRITE _____ Prozedur

BLOCKWRITE (wie BLOCKREAD)

Ein oder mehrere Records werden aus einer Puffervariablen in eine Datei geschrieben (siehe BLOCKREAD).

CHDIR _____ Prozedur

CHDIR (s: String)

Das aktuelle Directory wird gewechselt. S gibt den Namen und den Pfad des neuen Directories an.

CHR _____ Funktion

CHR(x)

Gibt das Zeichen, dessen ASCII-Code durch x angegeben wurde, zurück.

CIRCLE (GRAPH) _____ Prozedur

CIRCLE(x,y: Integer; Radius: Word)

Zeichnet einen Kreis. (x,y) geben dabei die Koordinaten des Kreismittelpunktes mit dem Radius RADIUS an.

Vor dem Aufruf von CIRCLE muß der Grafikmodus gesetzt sein.

CLEARDEVICE (GRAPH) _____ Prozedur

CLEARDEVICE

Der Bildschirm wird gelöscht, alle Grafikparameter werden auf Standard gesetzt.

Vor dem Aufruf von CLEARDIVICE muß der Grafikmodus gesetzt sein.

CLEARVIEWPORT (GRAPH) _____ Prozedur

CLEARVIEWPORT

Der Inhalt des momentan gesetzten Zeichenfensters wird gelöscht.

Vor dem Aufruf von CLEARVIEWPORT muß der Grafikmodus gesetzt sein.

CLOSE _____ Prozedur

CLOSE (f)

Schließt eine Datei. Bei fehlerfreier Ausführung von CLOSE liefert ein nachfolgender Aufruf von IORESULT im Modus {$I-} den Wert 0 zurück.

CLOSEGRAPH (GRAPH) _____ Prozedur

CLOSEGRAPH

Der Grafikmodus wird beendet und auf den zuletzt gesetzten Textmodus zurückgeschaltet. Vor dem Aufruf von CLOSEGRAPH muß der Grafikmodus gesetzt sein.

CLREOL   (CRT) _____ Prozedur

CLREOL

Alle Zeichen ab der Cursorposition werden bis zum Zeilenende gelöscht. Die Zeile wird mit Leerzeichen aufgefüllt.

CLRSCR   (CTR) _____ Prozedur

CLRSCR

Löscht den Bildschirm und setzt den Cursor in die linke obere Ecke.

CONCAT _____ Funktion

CONCAT (s1 [,s2,..,sn]: string)

Zwei oder mehrere Strings werden miteinander verbunden.

Diese Funktion ist äquivalent zur Addition von Strings.

COPY _____ Funktion

COPY (s: string; Index, count: Integer)

Kopiert einen Teil eines Strings. Kopiert wird ab der mit Index angebenen Stelle im String. Die Anzahl der zu kopierenen Zeichen wird mit einer Integerzahl (count) angegeben.

COS ———————————————————————— Funktion

`COS(x)`

Der Cosinuswert (in Gradmaß) der angegebenen Variablen wird zurückgeliefert.

CSEG ——————————————————————— Funktion

`CSEG`

Die Adresse des momentan gesetzten Code-Segments wird zurückgeliefert.

DEC ———————————————————————— Prozedur

`DEC (x [,n])`

Eine Variable wird um den mit n angegebenen Wert erniedrigt. Wird kein n angegeben, so wird jeweils um 1 erniedrigt.

DELAY   (CRT) ———————————————— Prozedur

`DELAY (y:Word)`

Verzögert den Ablauf des Programms um die mit y angegebenen Millisekunden.

DELETE ——————————————————————— Prozedur

`DELETE (var s:string; index, count: Integer)`

Ein Teil eines Strings wird gelöscht. Gelöscht wird ab der durch Index angegebenen Stelle. Die Anzahl der zu löschenden Zeichen wird mit einer Integervariablen (count) angegeben.

DELLINE (CRT) ———————————————— Prozedur

`DELLINE`

Löscht die Zeile, in der sich der Cursor befindet, vom Bildschirm.

DETECTGRAPH (GRAPH) ——————————— Prozedur

`DETECTGRAPH (var Graphdriver, Graphmode :Integer)`

Die Hardware des Computers wird geprüft, und es wird bestimmt, welcher Grafiktreiber und welcher Grafikmodus verwendet werden sollen.

Diese Prozedur wird normalerweise von INITGRAPH aufgerufen. Sie sollte nur dann direkt aufgerufen werden, wenn Sie absichtlich einen bestimmten Modus setzten wollen.

Vor dem Aufruf von DETECTGRAPH muß der Grafikmodus gesetzt sein.

DISKFREE (DOS) _____ Funktion

`DISKFREE (Laufwerk :Word)`

Die Größe des freien Speicherplatzes (in Bytes) auf dem angegebenen Laufwerk wird zurückgeliefert. Das Laufwerk wird mit einer Variablen des Typs Word angegeben. Dabei steht 0 für das momentane Laufwerk, 1 für das Laufwerk A, 2 für das Laufwerk B usw. Das Ergebnis ist -1, wenn das angegebene Laufwerk ungültig ist.

DISKSIZE (DOS) _____ Funktion

`DISKSIZE (Laufwerk: WORD)`

Die Gesamtkapazität des angegebenen Laufwerkes wird zurückgeliefert. Das Laufwerk wird mit einer Variablen des Typs Word angegeben (siehe DISKFREE).

DISPOSE _____ Prozedur

`DISPOSE (var p: Pointer)`

Der durch eine dynamische Variable belegte Speicherplatz auf dem Heap wird wieder freigegeben.

DOSEXITCODE (DOS) _____ Funktion

`DOSEXITCODE`

Der EXIT-Code eines als Unterprozeß gestarteten Programms wird zurückgliefert.

DOSVERSION (DOS) _____ Funktion

`DOSVERSION`

Die Nummer der DOS-Version wird als Wordvariable zurückgeliefert.

DRAWPOLY (GRAPH) _____ Prozedur

```
DRAWPOLY (Numpoints: Word; var Polypoints)
```

Der Umriß eines Polygons wird gezeichnet. Die Koordinaten der Eckpunkte werden mit Polypoints angegeben, die Anzahl der Eckpunkte mit Numpoinits. Koordinatenpaare werden von der Unit GRAPH als Record (Pointtype) mit den Variablen x,y: Word definiert.

Vor dem Aufruf von DRAWPOLY muß der Grafikmodus gesetzt sein.

DSEG _____ Funktion

```
DSEG
```

Die Segmentadresse des Daten-Segments wird als Wordvariable zurückgeliefert.

ENVCOUNT (DOS) _____ Funktion

```
ENVCOUNT
```

Die Anzahl der Einträge in der Tabelle Enviroment wird zurückgeliefert.

ENVSTR (DOS) _____ Funktion

```
ENVSTR (Index: Integer)
```

Ein Eintrag der Tabelle Enviroment wird zurückgeliefert. Die Integervariable Index gibt die Nummer des Eintrages an.

ELLIPSE (Graph) _____ Prozedur

```
ELLIPSE (x,y: Integer; StAngle,EndAngle: Word;
         XRadius,YRadius: Word)
```

Ein elliptischer Kreisausschnitt wird gezeichnet. Die Koordinaten des Mittelpunktes werden mit x und y angegeben, StAngle gibt den Startpunkt auf der Ellpise, Endangle den Enpunkt im Gradmaß an. Vor dem Aufruf von ELLIPSE muß der Grafikmodus gesetzt sein.

EOF _____ Funktion

```
EOF(f)          für typisierte und untypisierte Dateien
EOF(var f: Text) für Textdateien.
```

Es wird geprüft, ob das Ende einer Datei erreicht ist. Die Funktion liefert das Ergebnis TRUE, wenn das Ende einer Datei erreicht ist. Konnte

EOF ohne Fehler ausgeführt werden, liefert ein nachfolgender Aufruf von IORESULT im Modus {I-} den Wert 0 zurück.

EOLN _____ Funktion

EOLN(f)   für typisierte und untypisierte Dateien

EOLN(var f: Text) für Textdateien.

Es wird geprüft, ob der Cursor innerhalb einer Datei auf einem Zeilen-ende steht. Die Funktion liefert das Ergebnis TRUE , wenn das Ende einer Zeile oder Datei erreicht ist. Konnte EOLN ohne Fehler ausgeführt werden, liefert ein nachfolgender Aufruf von IORESULT im Modus {$I-} den Wert 0 zurück.

ERASE _____ Prozedur

ERASE (f)

Löscht die angegebene Datei.

Konnte ERASE ohne Fehler ausgeführt werden, liefert ein nachfolgen-der Aufruf von IORESULT im Modus {$I-} den Wert 0 zurück.

EXEC (DOS) _____ Prozedur

EXEC (Path, DmdLine: String)

Führt ein anderes Programm aus, ohne das laufende zu beenden. Mit Path wird das Laufwerk angegeben, DmdLine enthält die Kommando-zeilen-Parameter.

EXIT _____ Prozedur

EXIT

Der momentane Block wird sofort verlassen.

EXP _____ Funktion

EXP(x)

Es wird das Ergebnis der Exponentialfuntion ex berechnet.

FEXPAND (DOS) _____ Funktion

`FEXPAND (Path: Pathstr)`

Der unvollständig angegebene Dateiname wird um den dazugehörigen Suchweg erweitert.

FILEPOS _____ Funktion

`FILEPOS(f)`

Die momentane Position innerhalb einer Datei wird zurückgeliefert. Konnte FILEPOS ohne Fehler ausgeführt werden, liefert ein nachfolgender Aufruf von IORESULT im Modus {$I-} den Wert 0 zurück.

FILESIZE _____ Funktion

`FILESIZE(f)`

Die Anzahl der Komponenten einer Datei wird zurückgeliefert. Konnte FILESIZE ohne Fehler ausgeführt werden, liefert ein nachfolgender Aufruf von IORESULT im Modus {$I-} den Wert 0 zurück.

FILLCHAR _____ Prozedur

`FILLCHAR (var x; count: Word; ch)`

Ein Speicherbereich wird mit einem bestimmten Wert gefüllt. X gibt die Startadesse des zu füllenden Bereiches, count die Anzahl der Speicherplätze, ch das Zeichen an. Bereichsprüfungen werden nicht vorgenommen.

FILLELLIPSE (GRAPH) _____ Prozedur

`FILLELLIPSE (x,y: Integer; XRadius, YRadius: Word)`

Eine ausgefüllte Ellipse wird gezeichnet. X und y geben die Koordinaten des Mittelpunktes an.

Vor dem Aufruf von FILLELLIPSE muß der Grafikmodus gesetzt sein.

FILLPOLY (GRAPH) _____ Prozedur

`FILLPOLY(NumPoints: Word; var PolyPoints)`

Ein ausgefülltes Polygon wird gezeichnet. Die Koordinaten der Eckpunkte werden mit Polypoints angegeben, die Anzahl der Eckpunkte mit Numpoinits. Koordinatenpaare werden von der Unit GRAPH als Record

(Pointtype) mit den Variablen x,y: Word definiert. Vor dem Aufruf von FILLPOLY muß der Grafikmodus gesetzt sein.

FINDFIRST (DOS) _____ Prozedur

```
FINDFIRST (Path: String; Attr: Byte; var s: SearchRec)
```

Ein Directory wird nach dem ersten Vorkommen eines Dateinamen abgesucht. Mit Path wird der Dateiname angegeben, mit Attr die Attribute des Dateieintrages festgelegt. Folgende Konstanten sind vordefiniert:

        ReadOnly ____$01
        Hidden _____$02
        SysFils _____$04
        VolumeID____$08
        Directory____$10
        Archive_____$20
        AnyFile_____$3F

SearchRec ist in der Unit DOS definiert als:

```
type searchRec=Record
        Fill: array[1..2] of byte;
        attr: byte;
        time,size: longint;
        Name: String[12];
     end;
```

FINDNEXT (DOS) _____ Prozedur

```
FINDNEXT (var s: searchRec)
```

Eine mit FINDFIRST begonnene Suche wird fortgesetzt.

FLOODFILL (GRAPH) _____ Prozedur

```
FLOODFILL (x,y, Border: Word)
```

Ein umschlossener Bereich, von dem eine Koordinate mit (x,y) angegeben wird, wird mit dem momentan gesetzten Füllmuster und mit der durch Border angegebenen Farbe gefüllt.

Vor dem Aufruf von FLOODFILL muß der Grafikmodus gesetzt sein.

FLUSH _____ Prozedur

`FLUSH (var f: text)`

Der Pufferdatei-Inhalt einer Textdatei wird geschrieben. Konnte FILE-POS ohne Fehler ausgeführt werden, liefert ein nachfolgender Aufruf von IORESULT im Modus {$I-} den Wert 0 zurück.

FRAC _____ Funktion

`FRAC(x)`
`Der nicht-ganzzahlige Teil von x wird zurückgeliefert.`

FREEMEM _____ Prozedur

`FREEMEM (var p:Pointer; size: Word)`

Ein Speicherplatz auf dem Heap der Größe Size wird wieder freigegeben. P ist eine Zeigervariable, der ein Speicherbereich auf dem Heap zugeordnet wurde.

FSEARCH (CRT) _____ Funktion

`FSEARCH (Path: Pathstr; DirList: String)`

Eine Liste von Directories wird nach einem Dateieintrag abgesucht. Path ist die angegebene Datei, DirList gibt das abzusuchende Directory an.

FSPLIT (DOS) _____ Prozedur

`FSPLIT (Path: Pathstr; var Dir: DirStr; var Name: NameStr; var ext: ExtStr)`

Ein vollständiger Dateiname wird in Suchweg, Name und Suffix zerlegt.

GETARCCOORDS (GRAPH) _____ Prozedur

`GETARCCOORDS (var ArcCoords: ArcCoordsType)`

Die Daten über den zuletzt ausgeührten Aufruf von ARC werden zurückgeliefert.

ArcCoordsType ist vordefiniert mit:

```
type ArcCoordsType = Record
       x,y      : integer; {Mittelpunkt}
       xs,ys,             {Startpunkt}
       Xend,Yend: Word;    {Endpunkt}
     end;
```

Vor dem Aufruf von GETARCCOORDS muß der Grafikmodus gesetzt sein.

GETASPECTRATIO (GRAPH) _____ Prozedur

`GETASPECTRATIO (var Xasp, Yasp: word)`

Das physikalische Höhen-/Seitenverhältnis wird ermittelt.

Vor dem Aufruf von GETASPECTRATIO muß der Grafikmodus gesetzt sein.

GETBKCOLOR (GRAPH) _____ Funktion

`GETBKCOLOR`

Die momentan gesetzte Hintergrundfarbe wird zurückgeliefert.

Vor dem Aufruf von GETBKCOLOR muß der Grafikmodus gesetzt sein.

GETCOLOR (GRAPH) _____ Funktion

`GETCOLOR`

Die momentan gesetzte Zeichenfarbe wird zurückgeliefert.

Vor dem Aufruf von GETCOLOR muß der Grafikmodus gesetzt sein.

GETCBREAK (DOS) _____ Prozedur

`GETCBREAK (var Break: Boolean)`

Es wird ermittelt, bei welchen Operation DOS auf <CTRL BREAK> prüft.

GETDATE (DOS) _____ Prozedur

`GETDATE (var year, month, day, dayofweek: word)`

Das momentan gesetzte Kalenderdatum wird ermittelt.

GETDEFAULTPALETTE (GRAPH) _____ Prozedur

`GETDEFAULTPALETTE (var pal: Palettetype)`

Die Farbpalette, die bei der Initialisierung des Grafiktreibers gesetzt war, wird zuückgeliefert.

Vor dem Aufruf von GETDEFAULTPALETTE muß der Grafikmodus gesetzt sein.

GETDIR _____ Prozedur

`GETDIR (d:Byte; var s:String)`

Das momentan gesetzte Directory wird ermittelt. Mit d wird das Lauf-werk angegeben (0 = Momemtan gesetztes Laufwerk, 1 = Laufwerk A...), s ist das Standarddirectory des gesetzten Laufwerkes. Konnte GETDIR ohne Fehler ausgeführt werden, liefert ein nachfolgender Aufruf von IORESULT im Modus {$I-} den Wert 0 zurück.

GETDRIVERNAME (GRAPH) _____ Funktion

`GETDRIVERNAME`

Der Name des momentan gesetzten Grafiktreibers wird zurückgeliefert.

Vor dem Aufruf von GETDRIVERNAME muß der Grafikmodus gesetzt sein.

GETENV (DOS) _____ Funktion

`GETENV (EnvVar: String)`

Ein Eintrag aus der Tabelle Enviroment wird zurückgliefert.

GETFATTR (DOS) _____ Prozedur

`GETTATTR (var f; var Attr: word)`

Die Attribute einer Datei werden zurückgliefert

(siehe FINDFIRST).

GETFILLSETTINGS (GRAPH) _____ Prozedur

`GETFILLSETTINGS (var Fillinfo: Fillsettingstype)`

Daten über das momentan gesetzte Füllmuster und die verwendete Farbe werden zurückgeliefert. Fillsettingstype ist folgendermaßen definiert:

```
type fillsettingstype = record
        Pattern, Color: Word;
     end;
```

Vor dem Aufruf von GETFILLSETTINGS muß der Grafikmodus gesetzt sein.

GETFTIME (DOS) _____ Prozedur

`GETFTIME (var f; var time: Longint)`

Das Datum und die Uhrzeit der letzten Veränderung einer Datei werden ermittelt.

GETGRAPHMODE (GRAPH) _____ Funktion

`GETGRAPHMODE`

Der momentan gesetzte Grafikmodus wird ermittelt und ein entsprechender Wert zurückgeliefert. Vor dem Aufruf von GETGRAPHMODE muß der Grafikmodus gesetzt sein.

GETIMAGE (GRAPH) _____ Funktion

`GETIMAGE (x1,y1,x2,y2: Word; var BitMap)`

Ein rechteckiger Bildschirmausschnitt wird in eine Puffervariable kopiert. x1 und y1 legen die Koordinaten der linken oberen Bildschirmseite, x2 und y2 die Koordinaten der rechten unteren Bildschirmseite fest. BitMap gibt die Startadresse des Speicherbereiches an, in den der Bildschirmausschnitt kopiert werden soll.

Vor dem Aufruf von GETIMAGE muß der Grafikmodus gesetzt sein.

GETINTVEC (DOS) _____ Prozedur

`GETINTVEC (IntNo: Byte; var vector: Pointer)`

Der Inhalt eines Interrupt-Vektors wird ermittelt.

GETLINESETTINGS (GRAPH) _____ Prozedur

`GETLINESETTINGS (var LineInfo: LineSettingsType)`

Die durch den letzten Aufruf von SETLINESTYLE gesetzten Parameter werden ermittelt. LineSettingsType ist folgendermaßen definiert:

```
type LineSettingsType = Record
        Linestyle,
        Pattern,
        Thickness : Word;
     end;
```

Vor dem Aufruf von GETLINESETTINGS muß der Grafikmodus gesetzt sein.

GETMAXMODE (Graph) _____ Funktion

GETMAXMODE

Die Nummer des "höchsten" Grafiktreibers für den momentan aktiven Treiber wird ermittelt. Vor dem Aufruf von GETMAXMODE muß der Grafikmodus gesetzt sein.

GETMAXX (GRAPH) _____ Funktion

GETMAXX

Die maximal mögliche x-Koordinate des Bildschirms wird ermittelt.

Vor dem Aufruf von GETMAXX muß der Grafikmodus gesetzt sein.

GETMAXY (GRAPH) _____ Funktion

GETMAXY

Die maximal mögliche y-Koordinate des Bildschirms wird ermittelt.

Vor dem Aufruf von GETMAXY muß der Grafikmodus gesetzt sein.

GETMEM _____ Prozedur

GETMEM (var p pointer; Size: Word)

Ein Speicherbereich mit Size-Byte Länge wird auf dem Heap belegt. P wird die Startadresse dieses Speicherbereiches zugewiesen.

GETMODENAME (GRAPH) _____ Funktion

GETMODENAME (ModeNumber: Word)

Liefert den Namen eines Grafikmodus zurück.

Vor dem Aufruf von GETMODENAME muß der Grafikmodus gesetzt sein.

GETPALETTE (GRAPH) _____ Prozedur

`GETPALETTE (var Palette: Palettetype)`

Liefert Informationen über die momentan gesetzte Farbpalette. Vor dem Aufruf von GETPALETTE muß der Grafikmodus gesetzt sein.

GETPALETTESIZE (GRAPH) _____ Funktion

`GETPALETTESIZE`

Die Größe der momentan gesetzten Farbpalette wird zurückgeliefert.

Vor dem Aufruf von GETPALEETESIZS muß der Grafikmodus gesetzt sein.

GETPIXEL (GRAPH) _____ Funktion

`GETPIXEL (x,y: Integer)`

Die Farbe eines Pixel wird zurückgeliefert.

Vor dem Aufruf von GETPIXEL muß der Grafikmodus gesetzt sein.

GETTEXTSETTINGS (GRAPH) _____ Prozedur

`GETTEXTSETTINGS (var TextInfo: Textsettingstype)`

Informationen über die Parameter, die mit SETTEXTFILE und SET-TEXTJUSTIFY gesetzt wurden, werden zurückgeliefert.

TextSettingsType ist folgendermaßen definiert:

```
Type TextSettingsType = Record;
     Font,Direction,
     Charsize,
     Horiz, Vert: Word;
     end;
```

Vor dem Aufruf von GETTEXTSETTINGS muß der Grafikmodus gesetzt sein.

GETTIME (DOS) _____ Prozedur

`GETTIME (var hour, min, second, sec100: Word)`

Die Systemuhrzeit wird zurückgliefert.

GETVERIFY (DOS) _____ Prozedur

`GETVERIFY (var verify: Boolean)`

Der Stand des DOS-FLAGS Verify wird ermittelt.

GETVIEWSETTINGS (GRAPH) _____ Prozedur

`GETVIEWSETTINGS (var ViewPort: ViewPorttype)`

In Viewport werden Werte für die Grenzen des Zeichenfensters und ein boolscher Wert für die Clip- Funktion zurückgeliefert.

ViewportType ist folgendermaßen definiert:

```
Type ViewportType = Record;
      x1,y1,x2,y2: Word;
      {Koordinaten für Bildschirmrand}
      Clip: Boolean {True=aktiv};
    end;
```

Vor dem Aufruf von GETVIEWSETTINGS muß der Grafikmodus gesetzt sein.

GETX (GRAPH) _____ Funktion

`GETX`

Die x-Koordinate des momentanen Grafikcursors wird zurückgeliefert.

Vor dem Aufruf von GETX muß der Grafikmodus gesetzt sein.

GETY (GRAPH) _____ Funktion

`GETY`

Die y-Koordinate des momentanen Grafikcursors wird zurückgeliefert.

Vor dem Aufruf von GETY muß der Grafikmodus gesetzt sein.

GOTOXY (CRT) _____ Prozedur

`GOTOXY (x,y : Byte)`

Der Cursor wird im Textmodus auf die durch x und y angegebene Koordinate gesetzt.

GRAPHERRORMSG (GRAPH) _____ Funktion

`GRAPHERRORMSG (ErrorCode: Integer)`

Eine Fehlermeldung des Grafikpakets wird als Text geliefert.

Vor dem Aufruf von GRAPHERRORMSG muß INITGRAPH ausgeführt worden sein.

GRAPHRESULT (GRAPH) _____ Funktion

`GRAPHRESULT`

Der Fehlerstatus der letzten Grafik-Operation wird zurückgeliefert.

HALT _____ Prozedur

`HALT (Exitcode: Word)`

Die Ausführung des Programms wird abgebrochen.

HI _____ Funktion

`HI (x)`

Das höherwertige Byte von x wird zurückgeliefert.

HIGHVIDEO (CRT) _____ Prozedur

`HIGHVIDEO`

Setzt für nachfolgende Ausgaben eine "hohe Intensität" der Zeichen.

IMAGESIZE (GRAPH) _____ Funktion

`IMAGESIZE (x1,y1,x2,y2: Word)`

Die Größe einer Puffervariablen zur Speicherung von Bildschirmauschnitten wird bestimmt. Mit (x1,y1) und (x2,y2) werden die linke obere und die rechte untere Ecke des Bildschirmausschnittes ausgewählt.

Vor dem Aufruf von IMAGESIZE muß der Grafikmodus gesetzt werden.

INC _____ Prozedur

`INC (x [,n])`

Die Variable x wird um n erhöht. Ist n nicht angegeben, so wird die Variable x um eins erhöht.

INITGRAPH (GRAPH) _____ Prozedur

```
INITGRAPH (var Graphdriver, Graphmode: Integer,
              DriverPath: String)
```

Das Grafikpaket wird initialisiert und ein Grafikmodus gesetzt.

INSERT _____ Prozedur

```
INSERT (st: String; var s: String, i: Integer)
```

In einen String st wird ab der mit i angegebenen Stelle ein String s eingefügt.

INSLINE (CRT) _____ Prozedur

```
INSLINE
```

An der Cursor-Position wird eine Leerzeile in den Text eingefügt.

INSTALLUSERDRIVER (GRAPH) _____ Funktion

```
INSTALLUSERDRIVER (Name: String; AutoDetectPtr: Pointer)
```

Grafiktreiber, die nicht von Borland angeboten werden, können installiert werden.

INSTALLUSERFONT (GRAPH) _____ Funktion

```
INSTALLUSERFONT (FontFileName: String)
```

Vektortreiber, die nicht von Borland angeboten werden, können installiert werden.

INT _____ Prozedur

```
INT (x)
```

Der ganzzahlige Anteil von x wird zurückgeliefert.

INTR (DOS) _____ Prozedur

```
INTR (IntNo: Byte; var Regs: Registers)
```

Ein Software-Interrupt der Nummer IntNo (0..255) wird ausgeführt.

IORESULT _____ Funktion

`IORESULT`

Der Fehlerstatus der letzten Ein-/Ausgabeoperation wird zurückgeliefert.

KEEP (DOS) _____ Prozedur

`KEEP (ExitCode: Word)`

Beendet ein Programm und macht es speicherresident.

KEYPRESSED (CRT) _____ Funktion

`KEYPRESSED`

Es wird geprüft, ob eine Taste gedrückt wurde. Dabei werden nur Tastendrücke von auf dem Bildschirm darstellbaren Zeichen entgegengenommen.

LENGTH _____ Funktion

`LENGTH (s: String)`

Die Anzahl der in s enthaltenen Zeichen wird in eine Integervariable geschrieben.

LINE (GRAPH) _____ Prozedur

`LINE (x1,y1,x2,y2: Integer)`

Eine Linie wird gezeichnet. (x1,y1) legt die Koordinaten des Startpunktes, (x2,y2) die Koordinaten des Zielpunktes fest.

Vor dem Aufruf von LINE muß der Grafikmodus eingeschaltet werden.

LINEREL (GRAPH) _____ Prozedur

`LINEREL (Dx,Dy: Integer)`

Eine Linie, relativ zur Position des momentanen Grafikcursors, wird gezeichnet. Dx und Dy geben die Entfernung des Zielpunktes von der Position des Grafikcursors an.

Vor dem Aufruf von LINEREL muß der Grafikmodus eingeschaltet werden.

LINETO (GRAPH) _____ Prozedur

`LINETO (x,y: Integer)`

Eine Linie von der momentanen Position des Grafikcursors zu der durch (x,y) angegebenen Koordinate wird gezeichnet.

Vor dem Aufruf von LINETO muß der Grafikmodus eingeschaltet werden.

LN _____ Funktion

`LN (x)`

Der natürliche Logarithmus von x wird zurückgeliefert.

LO _____ Funktion

`LO (x)`

Das niederwertige Byte von x wird zurückgeliefert.

LOWVIDEO (CRT) _____ Prozedur

`LOWVIDEO`

Setzt für nachfolgende Ausgaben eine "niedrige Intensität" der Zeichen.

MARK _____ Prozedur

`MARK (var p: Pointer)`

Die momentane Spitze des Heaps wird in einer Zeigervariablen festgehalten.

MAXAVAIL _____ Funktion

`MAXAVAIL`

Der Umfang des größten freien Blocks auf dem Heap wird zurückgeliefert. Die Angabe erfolgt in Bytes.

MEMAVAIL _____ Funktion

`MEMAVAIL`

Die Größe des freien Speicherplatzes auf dem Heap wird zurückgeliefert. Die Angabe erfolgt in Bytes.

MKDIR _____ Prozedur

`MKDIR (s: String)`

Ein Subdirectory mit dem Namen s wird angelegt. Konnte MKDIR ohne
Fehler ausgeführt werden, liefert ein nachfolgender Aufruf von IORE-
SULT im Modus {$I-} den Wert 0 zurück.

MOVE _____ Prozedur

`MOVE (Var Source, dest, count: Word)`

Bytes werden von einem Speicherbereich in einen anderen kopiert.
Source gibt die Speicheradresse an, in der sich das erste zu kopierende
Byte befindet, count die Anzahl der zu kopierenden Bytes und dest die
Zieladresse für die kopierten Bytes.

MOVEREL (GRAPH) _____ Prozedur

`MOVEREL (Dx,Dy: Integer)`

Der Grafikcursor wird relativ zu seiner eigenen Position verschoben. Dx
und Dy geben die Entfernung des Zielpunktes von der Position des
Grafikcursors an.

Vor dem Aufruf von MOVEREL muß der Grafikmodus eingeschaltet
werden.

MOVETO (GRAPH) _____ Prozedur

`MOVETO (x,y: Integer)`

Der Grafikcursor wird auf die durch x und y angegebene Koordinate
des Bildschirms gesetzt.

Vor dem Aufruf von MOVETO muß der Grafikmodus eingeschaltet
werden.

MSDOS (DOS) _____ Prozedur

`MSDOS (var Regs: Registers)`

Ein Funktionsaufruf von DOS wird ausgeführt.

NEW _____ Prozedur

`NEW (var p: pointer)`

Eine dynamische Variable wird erzeugt und ein Zeiger auf sie gesetzt.

NORMVIDEO (CRT) _____ Prozedur

NORMVIDEO

Setzt für nachfolgende Ausgaben das Textattribut, das beim Start gesetzt war.

NOSOUND (CRT) _____ Prozedur

NOSOUND

Der eingebaute Lautsprecher wird abgeschaltet.

ODD _____ Funktion

ODD (x)

Es wird geprüft, ob x eine ungerade Zahl ist.

OFS _____ Funktion

OFS (x)

Der Offset-Anteil der durch x angegebenen Adresse wird zurrückgeliefert.

ORD _____ Funktion

ORD(x)

Die Ordinalzahl einer Variablen wird zurückgliefert. Bei nicht benutzervereinbarten Variablen wird mit ORD(X) der dezimale Wert des ASCII-Codes des angegebenen Zeichens zurückgeliefert.

OUTTEXT (GRAPH) _____ Prozedur

OUTTEXT (Textstring: String)

Ein Textstring wird an der Position des Grafikcursors ausgegeben. Numerische Werte müssen als Textstring formatiert werden.

Vor dem Aufruf von OUTTEXT muß der Grafikmodus eingeschaltet werden.

OUTTEXTXY (GRAPH) _____ Prozedur

OUTTEXTXY (x,y: Integer; Textstring: String)

Ein Textstring wird an der durch (x,y) angegebenen Koordinate ausgegeben.

Vor dem Aufruf von OUTTEXTXY muß der Grafikmodus eingeschaltet werden.

OVRCLEARBUF (OVERLAY) _____ Prozedur

OVRCLEARBUF

Der Overlaypuffer wird gelöscht.

OVRGETBUF (OVERLAY) _____ Funktion

OVRGETBUF

Die momentane Größe des Overlaypuffers wird zurückgeliefert.

OVRINIT (OVERLAY) _____ Prozedur

OVRINIT (Filename: Sting)

Die Overlayverwaltung wird initialisiert und die .OVR- Datei des Programms geöffnet.

OVRINITEMS (OVERLAY) _____ Prozedur

OVERINITEMS

Die Overlay-Datei des Programms wird in eine EMS Karte kopiert.

OVRSETBUF (OVERLAY) _____ Prozedur

OVRSETBUF (Size: Longint)

Die Größe des Overlaypuffers kann festgelegt werden. Die Angabe erfolgt in Bytes.

PACKTIME (DOS) _____ Prozedur

PACKTIME (var DT: DateTime; var Time: Longint)

Ein Record des Typs DateTime wird für die Verwendung in SetTime konvertiert.

DateTime ist folgendermaßen definiert:

```
type DateTime = Record
        Year, Month,
        Day, Hour, Min, Sec: Word
     end;
```

PARAMCOUNT _____ Funktion

PARAMCOUNT

Die Anzahl der Kommandozeilenparameter, die dem Programm übergeben wurden, werden zurückgeliefert.

PARAMSTR _____ Funktion

PARAMSTR (Index: Word)

Der Kommandozeilenparameter, der an der durch Index angegebenen Stelle steht, wird zurückgeliefert.

PI _____ Funktion

PI

Der Wert der mathematischen Konstanten wird zurückgliefert.

PIESLICE (GRAPH) _____ Prozedur

PIESLICE (x,y: Integer,StAngle,EndAngle,Radius: Word)

Ein Kreisausschnitt wird gezeichnet. (x,y) liefert die Koordinaten des Mittelpunktes, StAngle, EndAngle die Start- und Zielpunkte auf dem Kreisbogen und Radius den Radius des Kreises.

Vor dem Aufruf von PIESCLICE muß der Grafikmodus eingeschaltet werden.

POS _____ Funktion

POS (s1,s2: String)

Ein String wird nach einer Zeichenkette abgesucht. Die Position des ersten Vorkommens dieser Zeichenkette wird zurückgeliefert.

PRED _____ Funktion

PRED(x)

Der Vorgänger der Variablen x wird zurückgliefert.

PTR _____ Funktion

PTR (seg,ofs: Pointer)

Zwei Angaben für Offset und Segment werden in einen Wert des Typs Pointer konvertiert.

PUTIMAGE (GRAPH) _____ Prozedur

`PUTIMAGE (x,y: Word; var BitMap,Bitblt: Word)`

Der Inhalt einer Puffervariablen wird bitweise in einen rechteckigen Bildschirmausschnitt kopiert. (x,y) legt die Koordinaten für die linke obere Bildschirmausschnittecke fest, BitMap ist die Startadresse der zu kopierenden Bits und mit BitBlt werden Verknüpfungsparameter eingegeben.

Vor dem Aufruf von PUTIMAGE muß der Grafikmodus eingeschaltet werden.

PUTPIXEL (GRAPH) _____ Prozedur

`PUTPIXEL (x,y: Integer; Color: Word)`

Zeichnet einen Punkt auf die mit x und y angegebene Koordinate des Bildschirms.

Vor dem Aufruf von PUTPIXELE muß der Grafikmodus eingeschaltet werden.

RANDOM _____ Funktion

`RANDOM (Zahl)`

Eine Zufallszahl des Types, der durch Zahl angegeben ist, wird zurückgeliefert. Die Zufallszahl hat einen Wert zwischen 0 und Zahl. Ist keine Zahl angegeben, wird eine Zufallszahl Z des Typs Real erzeugt, für die gilt:

$$0 \leq Z < 1.$$

RANDOMIZE _____ Prozedur

`RANDOMIZE`

Der Zufallszahlgenerator wird initialisiert.

READ _____ Prozedur

`READ (f,v1...)`   für typisierte Dateien

`READ ([var f: Text] v1,v2... )` für Textdateien

Ein oder mehrere Werte (Komponenten) werden gelesen und in eine oder mehrere Variablen geschrieben.

READKEY (CRT) _____ Funktion

READKEY

Ein Zeichen wird von der Tastatur gelesen.

READLN _____ Prozedur

READLN ([var f: Text], v1,v2....)

Wie READ. Der Cursor wird jedoch nach dem Drücken von <CR> auf den Anfang der nächsten Zeile gesetzt.

RECTANGLE (GRAPH) _____ Prozedur

RECTANGLE (x1,y1,x2,y2: Integer)

Ein Rechteck wird gezeichnet. (x1,y1) legt die Koordinaten für die linke obere Ecke, (x2,y2) die Koordinaten für die rechte untere Ecke fest.

Vor dem Aufruf von RECTANGLE muß der Grafikmodus eingeschaltet werden.

RELEASE _____ Prozedur

RELEASE (var p: Pointer)

Der Heap wird auf einen Zustand zurückgesetzt, der vorher mit MARK festgehalten wurde.

RENAME _____ Prozedur

RENAME (f; newname: String)

Einer Diskettendatei wird ein neuer Name gegeben.

RESET _____ Prozedur

RESET (f[:file; ressize: Word])

Eine existierende Datei wird geöffnet.

RESTORECRTMODE (GRAPH) _____ Prozedur

RESTORECTRMODE

Der Videomodus, der beim Start der Grafik aktiv war, wird gesetzt.

REWRITE _____ Prozedur

`REWRITE (f[:file; ressize: Word])`

Eine neue Datei wird erzeugt und geöffnet.

RMDIR _____ Prozedur

`RMDIR (s:String)`

Ein leeres Subdirectory wird gelöscht.

ROUND _____ Funktion

`ROUND (x: Real)`

Die Variable x wird auf einen ganzzahligen Wert gerundet.

RUNERROR _____ Prozedur

`RUNERROR [(ErrorCode: Word)]`

Ein Laufzeitfehler, der das Programm definiert abbricht, wird erzeugt.

SECTOR (GRAPH) _____ Prozedur

`SECTOR (x,y: Integer; StAngle,EndAngle, Xrad,Yrad: Word)`

Ein Ellipsenausschnitt wird gezeichntet. (x,y) liefert die Koordinaten des Mittelpunktes, StAngle, EndAngle die Start- und Zielpunkte auf dem Ellipsenbogen und Xrad,Yrad die Radien der Ellipse.

Vor dem Aufruf von SECTOR muß der Grafikmodus eingeschaltet werden.

SEEK _____ Prozedur

`SEEK (f; n:Longint)`

Der Positionszeiger wird innerhalb einer Datei auf eine bestimmte Komponente gesetzt.

SEEKEOF _____ Funktion

`SEEKEOF [(var f: Text)]`

Es wird geprüft, ob sich weitere Daten zwischen der momentanen Position und dem Ende der Datei befinden.

SEEKEOLN _____ Funktion

`SEEKEOLN [(var f: Text)]`

Es wird geprüft, ob sich weitere Daten zwischen der momentanen Position und dem nächsten Zeilenende befinden.

SEG _____ Funktion

`SEG(x)`

Die Speicheradresse von x wird zurückgliefert.

SETACTIVPAGE (GRAPH) _____ Prozedur

`SETACTIVPAGE (Page: Word)`

Es wird festgelegt, auf welcher Grafikseite gearbeitet werden soll.

Vor dem Aufruf von SETACTIVEPAGE muß der Grafikmosus eingschaltet werden.

SETALLPALETTE (GRAPH) _____ Prozedur

`SETALLPALETTE (var: Palette)`

Die Farbpalette wird neu gesetzt.

Vor dem Aufruf von SETALLPALETTE muß der Grafikmodus eingeschaltet werden.

SETASPECTRATIO (GRAPH) _____ Prozedur

`SETASPECTRATIO (var Xasp, Yasp: word)`

Das physikalische Höhen-/Seitenverhältnis wird gesetzt.

Vor dem Aufruf von SETASPECTRATIO muß der Grafikmodus gesetzt sein.

SETBKCOLOR (GRAPH) _____ Prozedur

`SETBKCOLOR`

Die Hintergrundfarbe wird gesetzt.

Vor dem Aufruf von SETBKCOLOR muß der Grafikmodus gesetzt sein.

SETCBREAK (DOS) _____ Prozedur

`SETCBREAK (var Break: Boolean).`

Es wird festgelegt, bei welchen Operation DOS auf <CTRL BREAK>
prüft.

SETCOLOR (GRAPH) _____ Prozedur

`SETCOLOR (color: Word)`

Die Zeichenfarbe wird gesetzt.

Vor dem Aufruf von SETCOLOR muß der Grafikmodus gesetzt sein.

SETDATE (DOS) _____ Prozedur

`SETDATE (var year, month, day, dayofweek: word)`

Das Kalenderdatum des Betriebssystems wird gesetzt.

SETFATTR (DOS) _____ Prozedur

`SETTATTR (var f; var Attr: word)`

Die Attribute einer Datei werden gesetzt.

SETFILLPATTERN (GRAPH) _____ Prozedur

`SETFILLPATTERN (Pattern: Fillpatterntype; Color: Word)`

Muster für Flächen können definiert werden. FillPatterntype ist folgendermaßen definiert:

```
type fillPatterntype = array [1..8] of Byte;
```

Vor dem Aufruf von SETFILLPATTERN muß der Grafikmodus gesetzt
sein.

SETFILLSTYLE (GRAPH) _____ Prozedur

`SETFILLSTYLE (Pattern: Word, Color: Word)`

Muster für Flächen können gesetzt werden.

Color legt die Farbe fest, mit Pattern wird ein vordefiniertes Muster gewählt.

Vor dem Aufruf von SETFILLSTYLE muß der Grafikmodus gesetzt sein.

SETFTIME (DOS) _____ Prozedur

SETFTIME (var f; var time: Longint)

Das Datum und die Uhrzeit der letzten Veränderung einer Datei werden direkt gesetzt.

SETGRAPHMODE (GRAPH) _____ Prozedur

SETGRAPHMODE (Mode: Integer)

Es wird in den Grafikmodus umgeschaltet und der Bildschirm gelöscht.

Vor dem Aufruf von SETGRAPHMODE muß der Grafikmodus gesetzt sein.

SETINTVEC (DOS) _____ Prozedur

SETINTVEC (IntNo: Byte; var vector: Pointer)

Der Interrupt-Vektor des Systems wird auf eine Adresse gesetzt.

SETLLINESTYLE (GRAPH) _____ Prozedur

SETLINESTYLE (var LineStyle,Pattern, Thickness: Word)

Linienart und -Dicke werden gesetzt. Vor dem Aufruf von SET-LINESTYLE muß der Grafikmodus gesetzt sein.

SETPALETTE (GRAPH) _____ Prozedur

SETPALETTE (ColorNum: Word; Color: Byte)

Ein Eintrag der momentan gesetzten Farbpalette wird geändert.

Vor dem Aufruf von SETPALETTE muß der Grafikmodus gesetzt sein.

SETRGBPALETTE (GRAPH) _____ Prozedur

SETRGBPALETTE (ColorNum,RedValue,GreenValue,Bluevalue:word)

Ein Eintrag der momentan gesetzten Farbpalette wird für den IBM-Adapter8514 und für VGA-Karten geändert.

Vor dem Aufruf von SETRGBPALETTE muß der Grafikmodus gesetzt sein.

SETTEXTBUF (GRAPH) _____ Prozedur

`SETTEXTBUF (var f: Text; var buf[; size: Word]))`

Einer Textvariablen wird ein Puffer zugewiesen.

Vor dem Aufruf von SETTEXTBUF muß der Grafikmodus gesetzt sein.

SETTEXTJUSTFY (GRAPH) _____ Prozedur

`SETTEXTJUSTIFY (Horitz, Vert: Word)`

Die Ausrichtung von Textausgaben wird durch OutText und OutTextXY festgelegt.

Vor dem Aufruf von SETTEXTJUSTIFY muß der Grafikmodus gesetzt sein.

SETTEXTSTYLE (GRAPH) _____ Prozedur

`SETTEXTSTYLE (Font, Direction: Word; CharSize: Word)`

Der Zeichensatz, die Rotation und die Größe der Textausgaben wird festgelegt.

Vor dem Aufruf von SETTEXTSTYLE muß der Grafikmodus gesetzt sein.

SETTIME (DOS) _____ Prozedur

`SETTIME (hour, min, second, sec100: Word)`

Die Uhrzeit des Systems wird gesetzt.

SETUSERCHARSIZE (GRAPH) _____ Prozedur

`SETUSERCHARSIZE (MultX,DivX,MultY, DivY: Word)`

Unabhängige Vergrößerungsfaktoren in x- und y-Richtung für Grafikzeichensätze werden festgelegt.

Vor dem Aufruf von SETUSERCHARSIZE muß der Grafikmodus gesetzt sein.

SETVERIFY (DOS) _____ Prozedur

SETVRIFY (Verify: Boolea)

Das Verify-Flag von DOS wird gesetzt.

SETVIEWPORT (GRAPH) _____ Prozedur

SETVIEWPORT (var x1,y1,x2,y2: Word; Clip: Boolean)

Ein Grafikzeichenfenster wird gesetzt.

Vor dem Aufruf von SETVIEWPORT muß der Grafikmodus gesetzt sein.

SETVISUALPAGE (GRAPH) _____ Prozedur

SETVISUALPAGE (Page: Word)

Eine Grafikseite wird zur Anzeige ausgwählt.

Vor dem Aufruf von SETVISUALPAGE muß der Grafikmodus gesetzt sein.

SETWRITEMODE (GRAPH) _____ Prozedur

SETWRITEMODE (WriteMode: Integer)

Es wird festgelegt, ob Linien-Zeichnenoperationen den vorherigen Bildausschnitt überschreiben oder eine Verknüpfung stattfindet.

Vor dem Aufruf von SETWRITEMODE muß der Grafikmodus gesetzt sein.

SIN _____ Funktion

SIN(x)

Der Sinus (im Bogenmaß) von x wird zurückgeliefert.

SIZEOF _____ Funktion

SIZEOF (x)

Die Anzahl der Bytes, die x an Speicherplatz belegt, wird zurückgeliefert.

SOUND (CRT) _____ Prozedur

SOUND (Frequenz: Word)

Der Lautsprecher wird eingeschaltet. Mit Frequenz läßt sich die Höhe des Tons wählen.

SPTR _____ Funktion

SPRT

Der momentane Wert des Stackzeigers wird zurückgeliefert.

SQR _____ Funktion

SQR(x)

Das Quadrat von x wird zurückgeliefert.

SQRT _____ Funktion

SQRT (x)

Die Wurzel von x wird zurückgliefert.

SSEG _____ Funktion

SSEG

Die Adresse des Stack-Segments wird zurückgeliefert.

STR _____ Prozedur

STR (x, var s: String)

Ein numerischer Wert wird in einen String umgewandelt.

SUCC _____ Funktion

SUCC (x)

Der Nachfolger von x wird zurückgeliefert.

SWAP _____ Funktion

SWAP (x)

Das niederwertige und das höherwertige Byte von x werden miteinander vertauscht.

SWAPVECTORS (DOS) _____ Prozedur

SWAPVECTORS

Die von System belegten Interrupt-Vektoren werden mit den entsprechenden Vektoren der Unit SYSTEM vertauscht.

TEXTBACKROUND (CRT) _____ Prozedur

TEXTBACKROUND (Color: Byte)

Die Hintergrundfarbe für Textausgaben wird festgelegt.

TEXTCOLOR (CRT) _____ Prozedur

TEXTCOLOR (Color: Byte)

Die Zeichenfarbe für Textausgaben wird festgelegt.

TEXTHIGHT (GRAPH) _____ Funktion

TEXTHIGHT (Textstring: String)

Die Höhe eines Textstring in Pixeln wird zurückgeliefert.

Vor dem Aufruf von TEXTHIGHT muß der Grafikmodus gesetzt sein.

TEXTMODE (CRT) _____ Prozedur

TEXTMODE (Mode: Word)

Der Textmodus wird gesetzt.

TEXTWIDTH (GRAPH) _____ Funktion

TEXTWIDTH (Textstring: String)

Die Breite eines Textstring wird zurückgeliefert.

Vor dem Aufruf von TEXTWIDTH muß der Grafikmodus gesetzt sein.

TRUNC _____ Funktion

TRUNC (x)

Die Realzahl x wird durch Abschneiden der Nachkommastellen in eine Integerzahl verwandelt.

TRUNCATE _____ Prozedur

TRUNCATE (f)

Eine Datei wird an der momentanen Position abgeschnitten.

UNPACKTIME (DOS) _____ Prozedur

UNPACKTIME (Time: Longint; var DT: DateTime)

Uhrzeit und Datum werden von einem gepackten Format in einen Record des Typs DateTime umgewandelt.

UPCASE _____ Funktion

UPCASE (ch: Char)

Kleinbuchstaben werden in Großbuchstaben umgewandelt.

VAL _____ Prozedur

VAL (s: String; v ; var code: Integer)

Ein String s wird in einen numerischen Wert umgewandelt und in die Variable v geschrieben. Konnte die Umwandlung fehlerfrei ausgeführt werden, liefert code den Wert 0.

WHEREX (CRT) _____ Funktion

WHEREX

Die momentane Spaltenpostion des Cursors wird zurückgeliefert.

WHEREY (CRT) _____ Funktion

WHEREY

Die momentane Zeilenposition des Cursors wird zurückgeliefert.

WINDOW (CRT) _____ Prozedur

WINDOW (x1,y1,x2,y2: Byte)

Ein Bereich des Bildschirms wird als Textbildschirm definiert. (x1,y1) sind die Koordinaten der linken oberen Ecke, (x2,y2) die Koordinaten der rechten unteren Ecke. Der Cursor wird auf die Position (1,1) innerhalb dieses Fensters gesetzt.

WRITE _____ Prozedur

```
WRITE(f, v1,v2,...)              für typisierte Dateien
WRITE([var f: Text;] v1,v2,...) für untypisierte Dateien
```

Daten werden in eine Datei oder auf den Bildschirm (Standard-Ausgabe-datei) geschrieben.

WRITELN _____ Prozedur

```
WRITELN ([var f: Text;] v1,v2...)
```

Wie WRITE. Nach dem Schreibvorgang wird jedoch ein Zeilenvorschub vorgenommen und der Cursor an den Anfang der nächsten Zeile gesetzt.

Anhang F: Verzeichnis der Unit-Routinen

Die Unit T_IO

t_piep(n: integer);

t_go(spalte,zeile: byte);

t_umrandung(sp_LO,z_LO,sp_ru,z_ru: byte;
```
        breit,clear,text: boolean);
```

t_clean(spalte,zeile,laenge: byte);

t_cleanZeilen(sp,zeiAnf,zeiEnd,laenge: byte);

t_clean25;

t_cursorErmitteln;

t_cursorAus;

t_cursorEin;

t_schreibe(spalte,zeile: byte; text: t_workstring);

t_schreibe_inv(spalte,zeile: byte; text: t_workstring);

t_schreibe_bli(spalte,zeile: byte; text: t_workstring);

t_schreibe_zen(anf,ende,zeile: byte;
```
        Text       : t_workstring;
        invers,blink: boolean);
```

t_horizontale(spalte,zeile,laenge: byte; zeichen: integer);

t_vertikale(spalte,zeile,laenge: byte; zeichen: integer);

t_leer(zeilen: byte);

t_weiter(spalte,zeile: byte);

t_mit_taste;

t_warten;

t_frage_jn(spalte,zeile: byte;
```
        frage: t_workstring): char;
```

t_frage_ja(sp,zei: byte; frage: t_workstring): boolean;

t_frage(spalte,zeile: byte; frage: t_workstring): char;

t_readkey: char;

t_auswahlLeiste(Leiste: t_Leiste;
```
        anz,anf: integer;
        nebeneinander: boolean): integer;
```

t_menu1(ueberschrift: t_str60; auswahl: t_aryMenu1): char;

t_str_aus_Datei(dateiname: t_workstring;
```
        var str_feld : t_ary500_str10;
        var anzahl   : integer;
        var ok       : boolean);
```

t_invers_ein;

t_invers_aus;

t_blink_ein;

t_blink_aus;

t_grossBuchstaben(var zeile: t_workstring);

t_datei_upper(quelle,ziel: t_workstring; var t_err: byte);

t_set_monitor(monitor,vorder,hinter: byte; clear: boolean);

t_dir(suchweg: t_workstring);

Die Unit T_GIBEIN

t_datum_in(spalte,zeile: byte): t_str10;

t_uhrzeit_in(spalte,zeile: byte): t_str8;

t_passwort(zeile : byte;
```
        geheim: t_str20;
        anz   : integer): boolean;
```

t_bildFarben;

t_antwort(spalte,zeile,laenge: byte;
```
        text               : t_workstring;
        vor_ant            : t_workstring;
        var ctrl_taste     : char): t_workstring;
```

Die Unit T_PRINT

```
t_teil_init_lst;
t_voreinstellung_lst;
t_papierEnde_ein_lst;
t_papierEnde_aus_lst;
t_seitenVorschub_lst;
t_perforation_aus_lst;
t_perforation_zeilen_lst(n: integer);
t_normal_ein_lst;
t_elite_ein_lst;
t_elite_aus_lst;
t_gedehnt_ein_lst;
t_gedehnt_aus_lst;
t_klein_ein_lst;
t_klein_aus_lst;
t_betont_ein_lst;
t_betont_aus_lst;
t_doppel_ein_lst;
t_doppel_aus_lst;
t_italic_ein_lst;
t_italic_aus_lst;
t_unidirectional_lst;
t_bidirectional_lst;
t_LRand_lst(n: integer);
t_RRand_lst(n: integer);
t_zeilenAbstand_lst(n: integer);
t_FL_zeilen_lst(n: integer);
t_FL_zoll_lst(n: integer);
t_langsam_ein_lst;
t_langsam_aus_lst;
t_ZS_lst(n: integer);
t_unterstreichen_ein_lst;
```

t_unterstreichen_aus_lst;

t_horizontale_lst(laenge: byte; zeichen: integer);

t_leer_lst(zeilen: integer);

t_druckerName_lst: t_workstring;

t_betriebsbereit_lst: boolean;

t_ueberschr_lst(text: t_workstring; leer: byte);

Die Unit T_CHECK

t_kleinbuchstabe(ch: char): boolean;

t_grossbuchstabe(ch: char): boolean;

t_buchstabe(ch: char): boolean;

t_numerisch(ch: char): boolean;

t_datei_exist(dateiname: t_workstring): boolean;

t_datei_erzeugen(dateiname: t_workstring): boolean;

t_str1_numerisch(st: t_str1): boolean;

t_str1_kleinbuchstabe(st: t_str1): boolean;

t_str1_grossbuchstabe(st: t_str1): boolean;

t_str1_buchstabe(st: t_str1): boolean;

t_dm(x: real): real;

t_freier_platz(Laufwerk: t_str1): longint;

t_reicht_platz(Laufwerk: t_str1; kByte: longint): boolean;

t_leer_ent(st: t_workstring): t_workstring;

t_gesetztes_LW: string;

t_LW_wechseln(LW: string): boolean;

t_tag: t_str10;

t_datum: t_str10;

t_str_to_int(st: t_workstring;
                    var t_err: byte): integer;

t_num_to_str(zahl: real; laenge,nach: byte): t_workstring;

t_str_to_num(st: t_workstring; var t_err): real;

t_uhrzeit(sek,sek100: boolean): t_str11;

t_datei_zeilen(dateiname: t_workstring): integer;

t_min_delta(t1,t2: t_str5; var error: byte): integer;

```
t_sec_delta(t1,t2, t_str8; var error: byte): longint;

t_real_range(min,max,zahl: real): boolean;

t_int_range(min,max,zahl: integer): boolean;
```

Die Unit T_MAT

```
t_lsg_quad(a2,a1,a0: real; var x1: real;
                var x2  : real; var ok: boolean;
                var re  : real; var im: real);

t_pytha(a,b,c: real): real;

t_kreis(radius: real; var flaeche: real;
                var umfang : real);

t_kugel(radius: real; var volumen: real;
                var oberfl : real);

t_rechteck(a,b: real; var flaeche : real;
                var umfang   : real;
                var diagonale: real);
```

Die Unit T_STAT

```
t_mean_int500(eingeben  : boolean;
                text    : t_workstring;
                spalte,
                zeile   : byte;
            var str_feld: t_ary500_str6;
            var anzahl  : integer;
            var xQuer   : real;
            var sigma   : real;
            var low     : integer;
            var high    : integer;
            var ok      : boolean);


t_mean_int1000(eingeben  : boolean;
                text    : t_workstring;
                spalte,
                zeile   : byte;
            var str_feld: t_ary1000_str6;
            var anzahl  : integer;
            var xQuer   : real;
            var sigma   : real;
            var low     : integer;
            var high    : integer;
            var ok      : boolean);


t_mean_reaL500(eingeben  : boolean;
                text    : t_workstring;
                spalte,
                zeile   : byte;
```

```
var str_feld: t_ary500_str10;
var anzahl  : integer;
var xQuer   : real;
var sigma   : real;
var low     : real;
var high    : real;
var ok      : boolean);
```

Die Unit T_FKT

t_bisektion(a,b,epsilon: real;

```
var n     : integer;
var t_err : byte): real;
```

Die Unit T_WINDOW

t_farbMonitor: boolean;

t_heapMin(Groesse: LongInt);

t_bildAufHeap(var bildName: t_bildPointer);

t_bildVomHeap(bildname : t_bildPointer;

```
normScreen: boolean);
```

t_bildSpeichern(name : t_workstring;

```
ueber : boolean): boolean;
```

t_bildLaden(name : t_workstring;

```
loesch: boolean): boolean;
```

t_makeWindow(spLO,zLO,

```
spRu,zRu : byte;
rand     : boolean;
hinter   : byte);
```

t_pullDownMenu(hauptLeiste : t_leistPullDown;

```
anzahl,anf    : byte;
nebeneinander : boolean;
fensterVorh   : t_windowVorhanden;
unterFenster  : t_unterWindow;
rahmen        : boolean;
farbe         : byte): integer;
```

Die Unit _EINGABE

_readkey: char;

_input(sp,zeile,laenge: byte;

```
text          : t_workstring;
vor_ant       : t_workstring;
var ctrl_taste : char): t_workstring;
```

Anhang G: Unterschiede zur Version 4.0

Das vorliegende Buch ist im wesentlichen ein Buch über Turbo Pascal 5.0 und beschreibt in seinen Kapiteln die Möglichkeiten dieser Pascal-Version. Erweiterungen und Veränderungen gegenüber älteren Versionen sind bereits in den einzelnen Kapiteln eingearbeitet. Das betrifft z.B Erweiterungen der integrierten Entwicklungsumgebung, den Debugger zur Fehlersuche, die Möglichkeit, wieder Overlays in das Programm aufzunehmen, Veränderungen im Unit-Konzept, neue Prozeduren, Funktionen und Compilerbefehle und vieles andere mehr.

Wir wollen Ihnen jedoch an dieser Stelle eine Übersicht über die wichtigsten Erweiterungen und Veränderungen der Version 5.0 gegenüber der Version 4.0 geben.

1. Die integrierte Entwicklungsumgebung wurde um die Menüpunkte Debug und Break/watch erweitert. Zu einzelnen Menüpunkten kamen weitere Pulldown-Menüs hinzu. Fast alle diese Punkte beziehen sich auf den integrierten Debugger, der bei der Fehlersuche behilflich sein kann. Er bietet unter anderem Möglichkeiten, ein Programm schrittweise zu verfolgen, den Inhalt von Variablen innerhalb eines eigenen Fensters zu verfolgen, sowie der freien Wahl von Abbruchpunkten innerhalb des Programms. Der integrierte Debugger wird im Kapitel 8 ausführlich besprochen.

2. Mit der Version 5.0 ist es wieder möglich, Overlays in ein Programm aufzunehmen. Einen genaueren Überblick erhalten Sie im Kapitel 5.8.2.

3. Falls Ihr Computer mit einer EMS-Karte ausgerüstet ist, können Sie diese Karte als Puffer für den Editor benutzen oder Overlays darauf zwischenspeichern. Auf diese Weise ist es möglich, bis zu 64 KByte Platz im Hauptspeicher zu sparen.

4. Wenn Ihr Computer mit einem Coprozessor 8087 bzw. mit einem Coprozessor 80287 oder 80387 ausgrüstet ist, können sie unterschiedliche Fließkommatypen vereinbaren. Neben dem Datentyp Real sind die Datentypen Single, Double, Extended und Comp verfügbar. Diese ermöglichen eine schnellere und teilweise genauere Berechnung von Fließkommazahlen.

5. Das Grafikpaket wurde um mehrere Funktionen und Prozeduren erweitert, eigene Grafiktreiber und -Zeichensätze können installiert werden. Die Unit GRAPH enthält auch die einzige Routine, die ge-

genüber der Version 4.0 verändert wurde: Nach SETUSERCHAR-SIZE darf SETTEXTSTYLE nicht aufgerufen werden, da von dieser Routine wieder eine andere Zeichengröße gesetzt wird. Eine Einführung in die Grafik erhalten Sie im Kapitel 5.12.

6. Der Linker wurde verbessert. Endlich ist es auch möglich, mit Units zu arbeiten, die sich gegenseitig voraussetzen. Im Unterschied zur Version 4.0 erzeugt der Linker keine .TPM-Dateien mehr, sondern .MAP-Dateien. Über Units können Sie sich im Kapitel 6 des vorliegenden Buches informieren.

7. In der Version 5.0 sind Konstanten-Ausdrücke erlaubt. Im Gegensatz zu vorherigen Versionen können Konstanten vom Compiler berechnet werden.

8. Prozeduren und Funktionen können als Parameter übergeben werden.

9. Viele einzelne Veränderungen in der Gestaltung des Editors, Hinzufügen neuer Prozeduren und Funktionen, Veränderung und Erweitung der Fehlermeldungen sind ebenfalls in der Version 5.0 enthalten. Auf diese Erweiterungen wird an den jeweils betreffenden Stellen dieses Buches eingegangen.

Anhang H: Literaturverzeichnis

ATKINSON, Kendall: Elementary numerical analysis, John Wiley & Sons, New York

GERKEN, Wolfgang: Grundlagen systematischer Programmentwicklung, Bibliographisches Institut, Mannheim 1985

GOTTFRIED, Byron S.: Programmieren mit Pascal, McGraw-Hill Book Company, Hamburg 1986

HEIMSOETH & BORLAND1: Turbo Pascal 4.0
Band 1: Benutzerhandbuch
Band 2: Referenzhandbuch
München 1987

HEIMSOETH & BORLAND2: Turbo Pascal
Addendum Version 5.0, München 1988

HEIMSOETH & BORLAND3: Turbo Pascal (5.5)
Objektorientierte Programmierung
München 1989

HERING, E./ SCHEURER, K.: Fortgeschrittene Programmiertechniken
in Turbo Pascal, Vieweg,
Braunschweig 1986

HEYN, Marius: Das große Buch zu Turbo Pascal in den
Versionen 3, 4 und 5, 2. Aufl., DATA BECKER,
Düsseldorf 1988

HORSTER, P. u.a: Turbo Pascal, Ein Lehr-, Hand- und Übungsbuch,
Hüthig Verlag, Heidelberg 1987

LAMMERS, Susan: Faszination Programmieren, Markt & Technik, Haar
bei München 1987

MILLER, Alan R.: Pascal Programme Mathematik, Statistik, Informatik,
3. Aufl., Sybex-Verlag, Düsseldorf 1986

PLATE/ WITTSTOCK: Pascal: Einführung - Programmentwicklung -
Strukturen, 3. Aufl., Franzis-Verlag,
München 1986

RAUCH, H.: Modelle der Wirklichkeit: Simulation dynam. Systeme mit
d. Mikrocomputer, Verlag Heise, Hannover 1985

RINKE, W. u. SCHLÖTER, M.: OOP: Objektorientierte Programmierung, Teil 1, in: TOOLBOX, 8/89,
S. 42ff, DMV Verlag

RINKE, W.: Turbo Pascal 5.5, in: TOOLBOX, 8/89, S. 24/25, DMV
Verlag

ROLLKE1, K.-H.: Grundkurs Turbo Pascal, Band 1, 6. Aufl., Sybex-
Verlag, Düsseldorf 1988

ROLLKE2, K.-H.: Grundkurs Turbo Pascal, Band 2, 3. Aufl., Sybex-
Verlag, Düsseldorf 1988

ROLLKE3, K.-H.: Das Turbo Pascal 5.0 Buch, 1. Aufl., Sybex-Verlag,
Düsseldorf 1988

SCHÄPERS, A.: Turbo Pascal 5.0, Addison-Wesley, München 1989

SAND, Paul A.: Pascal - Programmiertechniken für Fortgeschrittene, McGraw-Hill Book Company, Hamburg 1986

SCHIEB, J. u. TISCHER, M.: Objektorientierte Programmierung, in: DATA WELT, 7/89, S. 116ff, Verlag DATA BECKER

SCHUPP, Wilfried: Schüler programmieren in Turbo-Pascal, Schöningh, Paderborn 1986

SCHUMANN, H.-G.: Turbo Pascal 4.0 für Einsteiger, Verlag DATA BECKER, 2. Aufl., Düsseldorf 1988

SCHWALM, T.S [Mitverf.]: Das Allerbeste aus der Turbo-Reihe für die Turbo-Pascal-Version ab 4.0, Vogel Verlag, Würzburg 1989

STAL, Michael: Turbo-Pascal 5.5 und Quick-Pascal, in: CHIP, 7/89, S. 44ff, Vogel Verlag

WIRTH, N.: Algorithmen und Datenstrukturen, Teubner, 3. Aufl., Stuttgart 1983

Stichwortverzeichnis

Über 1000 Seiten Know-how vom Profi!

PC Intern – das Buch der Superlative: Auf über 1.000 (!) starken Seiten finden Sie das gesamte Know-how zum PC – sei es Hardware, BIOS oder DOS. Ein Buch, bei dem allein die Fakten zählen:

die Hardware des PCs, DMA-Controller, die mathematischen Coprozessoren, Hard und Software-Interrupts, Aufruf von Interrupts, die Funktionen des DOS, geheime DOS-Strukturen und -Funktionsaufrufe, COM- und EXEC-Programme, Zugriff auf Directories, RAM-Speicherverwaltung des DOS, DOS-Gerätetreiber, die Grafikkarten (insbesondere VGA) und ihre Programmierung, TSR-Programme, Zugriff auf den EMS-Speicher, Booten des Systems, Wissenswertes über DOS 4.0 und und und. Dazu zahlreiche Beispiele zur Systemprogrammierung in BASIC, Turbo Pascal, Assembler, Microsoft C und Turbo C. Der eigentliche Clou jedoch kommt erst noch: Auf zwei beigefügten 5 ¹/₄"-Disketten finden Sie über 1 MegaByte Source-Code. PC-Intern – ein absolutes Muß.

Tischer
PC Intern 2.0
Hardcover, inkl. zwei 5 ¹/₄" -Disketten
1.167 Seiten, DM 98,-
ISBN 3-89011-331-1

Theorie und Praxis der Grafikkarten

Auf die richtige Karte zu setzen, wünschen sich nicht nur Skat-Freunde. Denn auch beim Personal Computer bringt erst die passende Karte Farbe ins Spiel: CGA-, HGC-, HRF-, EGA/AGA- oder VGA-Karten sind nicht bei allen Programmen und für jede Anwendung Trumpf. Welche Software mit welcher Grafikkarte zusammenarbeitet und welche Leistungen die einzelnen Karten bringen, sagt Ihnen das große PC-Grafik-Buch. Erfahren Sie, wie man Zeichensätze und Grafiken editiert, Hardcopy- und Snapshot-Routinen erstellt oder Dia-

Shows und Animationen programmiert. Vom Einbrenn-Schutz für EGA-/VGA-Monitore bis zur Pin-Belegung der einzelnen Karten: Das große PC-Grafik-Buch macht Sie zum kompetenten Grafik-Anwender. Im Anhang finden Sie nützliche Übersichten und auf der zugehörigen Diskette diverse Beispiel-Programme.

Heinz-Josef Bomanns
Das große PC-Grafik-Buch
Hardcover, 440 Seiten
inkl. Diskette, DM 59,-
ISBN 3-89011-214-5

F9856E
DM 7,-

HFL 8.50   LFR 175   ÖS 55.   SFR 7,

DATA WELT

PCPraxis

11/89

Low-Cost-Drucker im Vergleich
24 Nadeln
für wenig Geld

Word 5.0
Grafikeinbindung
leicht gemacht

Praxistest

- 386er im Vergleich
- David: Alternative zu dBASE ?
- Norton Commander 3.0

DOS Praxis
Festplatten-Tuning

PC als Fotolabor
Alles zum Thema digitale Bildverarbeitung